文化伟人代表作图释书系

An Illustrated Series of Masterpieces of the Great Minds

非凡的阅读

从影响每一代学人的知识名著开始

知识分子阅读，不仅是指其特有的阅读姿态和思考方式，更重要的还包括读物的选择。在众多当代出版物中，哪些读物的知识价值最具引领性，许多人都很难确切判定。

"文化伟人代表作图释书系"所选择的，正是对人类知识体系的构建有着重大影响的伟大人物的代表著作，这些著述不仅从各自不同的角度深刻影响着人类文明的发展进程，而且自面世之日起，便不断改变着我们对世界和自身的认知，不仅给了我们思考的勇气和力量，更让我们实现了对自身的一次次突破。

这些著述大都篇幅宏大，难以适应当代阅读的特有习惯。为此，对其中的一部分著述，我们在凝练编译的基础上，以插图的方式对书中的知识精要进行了必要补述，既突出了原著的伟大之处，又消除了更多人可能存在的阅读障碍。

我们相信，一切尖端的知识都能轻松理解，一切深奥的思想都可以真切领悟。

■ 文化伟人代表作图释书系

利维坦 （全新插图版）

Leviathan

杨春景 / 译

〔英〕霍布斯 / 著

重庆出版社

图书在版编目(CIP)数据

利维坦 /（英）霍布斯著；杨春景译. —重庆：重庆出版社，2021.12（2025.8重印）

书名原文：Leviathan

ISBN 978-7-229-16145-3

Ⅰ.①利… Ⅱ.①霍…②杨… Ⅲ.①国家理论 Ⅳ.①D03

中国版本图书馆CIP数据核字（2021）第222196号

利维坦
LIWEITAN

〔英〕霍布斯 著 杨春景 译

策 划 人：刘太亨
责任编辑：陈 冲
责任校对：李小君
特约编辑：何 滟
封面设计：日日新
版式设计：曲 丹

重庆出版社 出版

重庆市南岸区南滨路162号1幢 邮编：400061 http://www.cqph.com
重庆博优印务有限公司印刷
重庆出版社有限责任公司发行
全国新华书店经销

开本：720mm×1000mm 1/16 印张：31.75 字数：600千
2022年3月第1版 2025年8月第3次印刷
ISBN 978-7-229-16145-3

定价：68.00元

如有印装质量问题，请向本社调换：023-61520678

版权所有 侵权必究

Translator's Preface | 译者序

1651年，霍布斯出版了传世名著《利维坦》，370年来，这本书一直是西方世界最著名且最具影响力的政治思想著作之一。《利维坦》不仅对唯物论、人性论、无神论、契约论、专制主义、自由主义、君权神授论等产生了巨大的影响，而且对整个西方世界在之后的国家建构、公民权利运动、教会改革等现实社会问题也产生了深远的影响。霍布斯被视为西方思想界从中世纪阴霾桎梏走向近代光明的引路者之一。

正是凭借着《利维坦》这本书，霍布斯成为西方世界最著名的政治哲学家之一，而其思想也被冠之以"霍布斯主义"而延存至今；对其思想的讨论和解读也一直是政治哲学、法学等学科学者的课题之一，经久而不衰。

"利维坦"（leviathan）究竟为何物？在西方语境之下，"利维坦"是一个具象化的概念。"利维坦"在《圣经》中共出现过5次，全都出现在《旧约》中。[1]《圣经》说，"利维坦"乃是海洋之中的生物，这种生物"在地上没有

---

[1] 分别是在《约伯记》第3章第8节、第41章第1节，《诗篇》第74章第14节、第104章第26节以及《以赛亚书》第27章第1节。需要说明的一点是，在《圣经》中文和合本译本中，"leviathan"均被翻译为"鳄鱼"，使其具象化；显然这一翻译极易误导中文世界的读者，实际上"leviathan"绝不是"鳄鱼"这种动物所能指代的。《约伯记》第41章第12~34节对"利维坦"到底是何物以及其具备何等令人畏惧的能量进行了描述："论到鳄鱼的肢体和它的大力，以及美好的骨骼，我不能缄默不言。谁能剥它的外衣？谁能进它上下牙骨之间呢？谁能开它的鳃颊？它牙齿四围是可畏的。它以坚固的鳞甲为可夸，紧紧合闭，封得严密。这鳞甲——相连，甚至气不得透入其间，都是互相联络，胶结不能分离。它打喷嚏，就发出光来；它眼睛好像早晨的光线。从它口中发出烧着的火把，与飞进的火星；从它鼻孔冒出烟来，如烧开的锅和点着的芦苇。它的气点着煤炭，有火焰从它口中发出。它颈项中存着劲力，在它面前的都恐吓蹦跳。它的肉块互相联络，紧贴其身，不能摇动。它的心结实如石头，如下磨石那样结实。它一起来，勇士都惊恐，心里慌乱，便都昏迷。人若用刀，用枪，用标枪，用尖枪扎它，都是无用。它以铁为干草，以铜为烂木。箭不能恐吓它使它逃避，弹石在它看为碎秸，棍棒算为禾秸；它嗤笑短枪嗖的响声。它肚腹下有尖瓦片，它如钉耙经过淤泥。它使深渊开滚如锅，使洋海如锅中的膏油。它行的路随后发光，令人想深渊如同白发。在地上没有像它那样无所惧怕的。凡高大的，它无不藐视，它在骄傲的水族上作王。"

1

像它那样无所惧怕的。凡高大的，它无不藐视，它在骄傲的水族上作王"。霍布斯用《圣经》中的恶兽来指代国家，通过这样一种比喻作为切入点来阐述他本人关于国家的系统学说。从一定意义上来说，这是他在某种形式上对当时的宗教的反叛和君权神授的嘲讽，因为利维坦"凡高大的，它无不藐视"，它是人创造的活的"上帝"，是维护人作为个体和集体福祉的一种存在，即国家。

毋庸讳言，当时在欧洲人的心目中，君权神授是欧洲各国统治者、罗马教廷维护自身利益的"生死命门"，成为教会干预世俗、统治者统治民众的根本法宝所在，但是霍布斯恰恰是通过引述和评论基督教的经典《圣经》，将"君权神授"的王冠摔得粉碎，"以子之矛攻子之盾"，可谓釜底抽薪；他将教会和宗教冠以行尸走肉的角色，而将主权国家凌驾于教会之上，将神权置于人权之下，对腐朽的教会、教皇和教士进行了无情的嘲讽，从精神上将教会推上了断头台。

如果说哥白尼、伽利略等科学巨匠从科学角度给了基督教当头一击，那么毫无疑问，霍布斯通过自己入木三分的逻辑分析，从思想上再次给当时教会干预世俗和蒙蔽民众的做法以毁灭性的打击。在霍布斯笔下，人不再处处受宗教以及教会限制，不再由虚幻的神指引人在世间的路，而毋宁是原先平凡的人都在参与塑造国家这样一个"利维坦"，这给近四百年前的欧洲社会各阶层带来了巨大的冲击。

《利维坦》一书分为四部分，分别是论人类、论国家、论基督教体系的国家以及论黑暗王国。实际上，就内容来看，这本书分为三个部分，分别是关于人类、国家和神学思想批判。

在第一部分内容中，霍布斯就已经摒弃了神学的思想，从一种唯物主义的自然观出发，夯实整部书的基础，即"人性恶"，也就是在自然状态下"人人相互为战"，自我保全生命是人最根本的需求。第二部分内容则是全书的核心所在，霍布斯在人性论的基础上，论证了在自然状态下人根据理性所作出的最正确的选择就是放弃自身的某些自然权利，交付给一个人或一些人组成的会议，使其形成一个"人格"，这样的人格就是维护个人自身安全的主权者，也就是一种信约，经由此，国家这个"利维坦"横空出世。这就是说，国家乃是人造，君权并非神授。第三部分内容是对神学系统的系统批判，在这部分中，霍布斯酣畅淋漓、毫不留情地将腐朽、伪善的教会及教皇的假面具彻底撕毁，从而得出结论：教会要依附国家，受主权者管辖，而不是恰恰相反，所以根本不存在一统天下的教会秩序。

如果说370年前生性胆小的霍布斯能够"冒思想之大不韪"写成了《利维坦》一书，成为点燃欧洲思想解放的火把之一，启迪了当时思想界的心智，那么在370年后的今天，当我们重新翻看《利维坦》一书的时候，就会发现人类社会依然逃脱不了霍布斯为我们描绘的"丛林社会"，各种各样的现代技术和新发明，以及人类对客观世界的认识和自身的认知虽有了突飞猛进的进展，但都没有从根本上改变"丛林社会"中形形色色的人物或者团体。霍布斯式的"丛林社会"从来没有真正消失过，不管丛林中有多少鲜花点缀，它始终没有改变弱肉强食局面。想到这一点，不禁使人更加敬仰霍布斯在三百余年前鞭辟入里的杰作。

我初识《利维坦》一书是在近20年前本科学习法律的时候，当时我翻阅的《利维坦》英文原著还是"隐藏"在图书室一角的一本影印本。后来，我选择攻读国际法专业硕士和博士学位，《利维坦》一直是我仔细研读的著作之一。作为一本思想巨著，这本书在我求学、求知和认知世事的路上给了我极大的启发。

翻译这本书的时候我正在南亚某国工作，当地条件比较艰苦，环境污染比较严重，治安不算太好，所以在住所翻译《利维坦》成为我"休闲"的好方式。每当回到住所坐在书桌前开始例行翻译之时，便仿佛是在霍布斯身旁听他娓娓道来，这是一种多么奇妙的意境！那段翻译时光成为我在南亚次大陆最值得回味的一段时光。

《利维坦》博大精深，我不能说已经全然明了作者在近四百年前的思想和心路历程，而翻译一本著作并不是简单的语言转换，更是一种思想的"搬运"；同时，作为一个并未浸润在西方世界和语境中的中国人，很难全然把控从英文到中文的完美语言转换；所以，本书稿中肯定存在疏漏之处，还请读者指正。

杨春景
2019年5月于北京

PREFACE 序言

自然（上帝创造和治理世界的艺术），如同其他诸多事物一样，也被技艺高超的人类所模仿，并创造出人造动物。既然生命被视为只是一种肢体运动，源自于身体内部某一主要组成部分，那么我们为什么不能说所有的"自动机械装置"（像钟表一样通过发条和齿轮来维持自身运动）都是人造生命呢？那么是否可以认为，发条就是它们的心脏，大量的线绳就是它们的神经，齿轮就是它们的关节，这些零件根据创造者的意志，使整体得以运行？人类要模仿的是自然创造的具有理性且最为卓越的作品——人。因为被称为"共和国"或"国家"的庞然大物"利维坦"，就是通过人类高超的技艺创造出来的，是一个"人造之人"。尽管它的身躯和力量都超过自然人，但其目的却是保护自然人。在"利维坦"中，"主权"是赋予整个身体生命和活动的"人造灵魂"；官员和其他司法、行政人员是其"人造关节"；"奖赏"和"惩戒"（经由此与主权紧密联系在一起，促使每一个关节和成员履行自己的职责）是其"神经"，与自然人的功能并无二致；所有特定成员的"资产"和"财富"是它的"力量"；"百姓的安全"是它的"事业"；为它提供必要知识的顾问则是它的记忆；"公平"和"法律"是人造的一种"理性"和"意志"；"和谐"使之"健康"，"动乱"使之"生病"，"内战"致其"死亡"。最后，最初创设、联合并组织该政治体各个部分的"协定"和"公约"是上帝在创世之时所昭示的谕令，即"我们要……造人"[1]。

我将从以下几个方面揭示"利维坦"这个"人造之人"的本质：

第一，它的制造材料及其创造者都是"人"。

---

[1] 参见《创世记》第1章第26节："神说，我们要照着我们的形象，按着我们的样式造人，使他们管理海里的鱼、空中的鸟、地上的牲畜和全地，并地上所爬的一切昆虫。"（转下页）

第二，它是如何以及根据何种"盟约"而创造的；统治者的权力、正当的权利或权威是什么；它存续和解体的原因又是什么？

第三，什么是基督教国家？

最后，什么是黑暗王国？

关于第一个问题，正如近来被大量引述的一句俗语："智慧不是从书本中得来，而是从识人中得来"。大多数无法展示自己的"聪明才智"的人，往往通过在背后相互进行恶毒攻击，以展示他们自以为是的识人本领。然而，近来还有一句人们尚未得其真谛的俗语——"认识你自己"[1]。如果人们愿意躬行实践，他们可能会真正学会相互了解。与当下所指有所不同，这句俗语并非意味着支持权贵对待下人颐指气使，也不鼓励地下阶层的人与比自己地位高的人针锋相对；而是告诫我们，由于人与人之间思想和感情的相似性，人在自我反省之时，应考量当自己在"思考""构思""推理""希望""恐惧"等等之时，正在做什么事，以及为什么这么做，从而认识并知晓人们在类似情况下的思想激情，如"欲望""恐惧"和"希望"等。但这种相似性不包括感情对象的相似性，即"欲望""恐惧"和"希望"等所指向对象的相似性：因为个体的素质和所接受的教育参差不齐，人的品行被伪装、欺诈、造假和谬论掩盖和混淆，很容易超出我们的认知范围，只有那些读心之人才能识别。虽然有时候

（接上页）需要特别说明的是，《圣经》最初并不是用英语写成的，大量的英语版本是后来才出现的。霍布斯在本书中引用了大量的《圣经》经文，他写作本书时是公元17世纪，当时在英国最具影响力的《圣经》文本为英王詹姆斯一世完成修订的，一般称之为《英王詹姆斯钦定版圣经》（*King James Version of the Bible*，简称KJV译本）。该版本于公元1611年正式出版，是英国第一部通行的《圣经》版本，在西方英语世界尤其是英国宗教和文学史上占据极其重要的地位。霍布斯所引用的经文大部分与《钦定版圣经》相一致，但在某些章节上仍存在一定差异（对于差异较大的经文，译者均作了说明）。之所以造成这种情况，很可能是因为霍布斯引用的是当时与KJV译本相近的其他《圣经》英文译本，但囿于译者在这方面并未进行专门的研究以及资料的不足，并未找到霍布斯所引用的这一版本。另外，1941年刊印的简易英文《圣经》译本（*Bible in Basic English*，简称BBE译本）用语浅显平实，易于理解，译者在翻译本书时也多有参阅。关于《圣经》中文本的翻译，目前也存在多个版本，在翻译本书的过程中译者全部采用当前华语世界最为流行和最具权威的中文和合本《圣经》。——译者注

[1] 这句话相传为刻在德尔斐阿波罗神庙石柱上的三句箴言之一。

我们观其行可知其意；但是，如果我们没有同时将其与我们自身的行为进行比较，没有辨识可能引发事情变化的所有情况，便会不得要领，并且在大多数情况下会因为过于信任他人或极度缺乏自信而被蒙骗；因为从事了解的人本身，要么是善良的，要么是邪恶的。

然而，根据一个人的行为去了解这个人，这种方法只适用于彼此相熟者，而这样的人少之又少。想要治理整个国家的人必须要亲自了解全人类，而不是了解某个特定的个体；这绝不是一件容易的事，甚至比学习任何一门语言或科学学科都要困难。然而，当我清晰明确地系统论述了我的认识方法之后，留下的另一个难题只有在他自己也发现不一样的时候才会考虑，因为这类理论不允许有其他的论证。

目 录 CONTENTS

译者序 / 1
序言 / 1

第一编　论人类

- 第一章　论感觉 ………………………………………… 2
- 第二章　论想象 ………………………………………… 4
- 第三章　论想象的因果关系或后果 …………………… 10
- 第四章　论语言 ………………………………………… 14
- 第五章　论推理与学识 ………………………………… 22
- 第六章　论一般被称为"激情"的自觉运动的内在开端以及它的表达术语 …………………………… 28
- 第七章　论讨论的终结或决断 ………………………… 37
- 第八章　论一般被称为"智慧"的美德以及与之相对的缺陷 ………………………………………………… 40
- 第九章　论知识的几种学科 …………………………… 50
- 第十章　论权势、身价、地位、尊重及资格 ………… 52
- 第十一章　论品行的差异 ……………………………… 60
- 第十二章　论宗教 ……………………………………… 66
- 第十三章　论人类幸福与苦难的自然状况 …………… 78
- 第十四章　论第一自然法、第二自然法和契约 ……… 82
- 第十五章　论其他自然法 ……………………………… 91

第十六章　论人、授权人和被人格化的事物 ………… 101

第二编　论国家

第十七章　论国家的成因、产生和定义 ……………… 106
第十八章　论按信约建立的主权者的权利 …………… 110
第十九章　论按信约建立的国家的几种类型以及主权继承
　　　　　问题 ……………………………………………… 117
第二十章　论宗法管辖权与专制管辖权 ……………… 126
第二十一章　论臣民的自由 …………………………… 133
第二十二章　论臣民的政治团体和私人团体 ………… 142
第二十三章　论主权权利的政务大臣 ………………… 152
第二十四章　论一个国家的给养与殖民地 …………… 156
第二十五章　论建议 …………………………………… 161
第二十六章　论市民法 ………………………………… 167
第二十七章　论罪行、豁免与减罪 …………………… 183
第二十八章　论惩罚与奖赏 …………………………… 195
第二十九章　论导致一个国家衰弱或趋向解体的因素 … 202
第三十章　论主权代表者的职分 ……………………… 211
第三十一章　论自然的神国 …………………………… 223

第三编　论基督教国家

第三十二章　论基督教体系的政治原理 ……………… 234
第三十三章　论《圣经》篇章的数目、年代、范围、
　　　　　　依据和注释者 ………………………………… 239
第三十四章　论《圣经》各篇中"灵""天使"和
　　　　　　"灵感"的意义 ………………………………… 249

第三十五章　论《圣经》中"神的国""圣洁" "神圣"和"圣礼"的意义 …………… 261

第三十六章　论上帝的道和先知的言词 ………… 269

第三十七章　论神迹及其用处 ……………… 284

第三十八章　论《圣经》中永生、地狱、救恩、来世和 救赎的意义 …………………… 291

第三十九章　论《圣经》中"Church"一词的含义 … 306

第四十章　　论亚伯拉罕、摩西、大祭司和犹太诸王的 神国权利 ………………………… 309

第四十一章　论我们的神圣救主的职分 …………… 319

第四十二章　论教权 …………………………… 326

第四十三章　论一个人被接受进入天国的必要条件 … 398

第四编　论黑暗的王国

第四十四章　论因曲解《圣经》而产生的灵的黑暗 … 414

第四十五章　论外邦人的魔鬼学及其他宗教残余 …… 438

第四十六章　论空洞的哲学和荒诞的传说所导致的黑暗 …………………………………………… 458

第四十七章　论这种黑暗所产生的利益及其归属 …… 474

综述和结论 ……………………………………………… 482

第一编 | 论人类

霍布斯在本编中的阐述为后续三编的论述提供了理论基础。在他看来，人作为个体，其生命是一种机械运动，个人与其他个体、国家、社会以及宗教的纠葛皆发自人性。因此，他开篇即以人性为切入点，从人的感觉、想象、语言、智慧、理性、品行等一直扩展到外在的宗教、环境，将个体内在和社会外延不断扩大并展开论述，为他后续提出的国家理论奠定基础。霍布斯认为，人的本性是要保全自己，避免死亡。从这一目的出发，他提出了"自然状态"假设和自然法理论。在人人相互为战、无时不处于恐惧和死亡威胁的自然状态下，人必然尽其全力寻找一种可以保全自身的方法，也就是需要一个凌驾于众人之上的权力。

第一章　论感觉

就人类的思想而言，我首先将逐个对其进行讨论，然后根据它们彼此之间的因果关系或相互依存关系进行讨论。就单独的思想而言，它们是我们身外物体某种性质的表征或现象，抑或物体的其他偶性[1]，我们将其通称为"客体"。客体会作用于人的眼睛、耳朵和身体的其他部位，多样化的作用方式导致了现象的多样化。

所有这些均根源于我们所谓的感觉（因为人类意识中的概念无一不是首先完全或部分地源自于器官的感觉）。除此之外，其他感觉都是源自于该根源。

探究感觉的自然原因于本书的讨论并非十分必要；我曾经在其他地方撰文详细讨论过这一问题。但是为了在每一篇中都纳入我当前采用的研究方法，我在此把这一问题简要地提一提。

之所以产生感觉，原因在于外物或客体作用于专司某一感觉的器官，这种作用方式可以是直接的，如味觉和触觉；亦可以是间接的，如视觉、听觉和嗅觉。压力经由身体的神经、其他经络和筋膜继续向内传导至大脑和心脏并引发抵抗力、反压力，抑或是心脏自我表达的微动，因为这种微动的外向性，致使它看起来似乎是外物。这一表象或幻象即为人类所谓的"感觉"。之于眼睛，感觉就是光或色彩图形；之于耳朵，感觉就是声音；之于鼻子，感觉就是气味；之于舌颚，感觉就是味道；之于身体的其他部位，感觉就是热、冷、软、硬和其他通过知觉而感知的特性。一切所谓可感知的特性均蕴含于通过大量不同的物质运动而引发这种特性的客体之中，客体借此对我们的器官施以各种不同的压力。施加

---

[1] 偶性为霍布斯提出的一个重要的哲学范畴，他从亚里士多德那里借用而来，却又有着不同的理解，即偶性并非事物无足轻重的性质，而是事物的一切性质。物体是主体，偶性则为物体的特性。

于人体的压力恰恰是各种不同的运动（因为运动只能产生运动）。但是，对我们而言，这些现象属于幻象，无论是在清醒时还是睡梦中并无二致。如同压迫、揉搓或击打眼睛时，眼前会出现光的幻象，压迫耳朵时会产生耳鸣一样；我们所看到或听到的客体通过强烈但我们难以觉察的作用力也会产生同样的效果。如果这些颜色和声音存在于导致其产生的物体或客体之中，那么它们就不能脱离原物而存在，但我们可以在镜子中看到色彩、可以通过声音反射听到回声；在这种情况下，我们知晓我们所看见的物体在甲处，而其现象在乙处。实在的、真正的客体与我们的感觉可能存在一定的差距，但是它似乎赋予了我们对它的幻象。然而，客体是一回事，影像或幻象则是另一回事。因此，在所有情形中，感觉并非他物，而只是初始幻象；如前所述，它们是因为压力——外物作用于我们的眼睛、耳朵以及其他专司某一感觉的器官而产生的。

然而，基督教世界中所有大学的哲学学派却借助亚里士多德的某些理论传授另一种学说。他们认为，视觉的产生是由于人所看到的物体向各个方向散发出一种"可见种相"，用英文来表述便是"可视形状、幻象、相态或可视性的存在"，它们经眼睛接收后形成视觉；听觉的产生是因为被听见的物体散发出一种"可闻种相"，即一种可被听见或者一种被感知的可听见的存在，经耳朵接收后形成了听觉。此外，他们认为知识的形成也是因为被理解的物体散发出一种"可被理解"的种相，即一种可被理解的存在，经过认识接收后形成了知识。[1]我提及这些并不是要否定大学发挥的作用，而是因为我将在后文中谈及它们在国家中的地位；因此，我必须通过各种机会让大家认识到在大学中需要纠正的一些事情，其中需要纠正的一件事情就是毫无意义的老生常谈。

---

[1]关于感觉种相说的理论，其核心就在于认识可感知的事物如何作用于感觉器官，以及感觉种相在介质和器官中的存在样态。从严格意义上来讲，这种理论可以追溯至亚里士多德在《论灵魂》中关于灵魂感觉活动的讨论。后来，阿奎那、培根等人均对这一理论进行了进一步的发展；例如，阿奎那就曾以视觉为例，指出种相并非视觉意义上被看到的东西，而是视觉借助于种相才得以看见。

第二章　论想象

对于某一处于静止状态的物体，除非有其他物体去推动它，否则它将永远保持静止状态，这一真理无可置疑；相反，当某一物体处于运动状态时，除非有其他物体去阻止它，否则它将永远保持运动状态。虽然二者道理相同（即没有物体可以自我改变），但并不是所有人都赞同这个观点。因为人不但将自己作为衡量他人的尺度，还将自己作为衡量其他一切事物的尺度。因为人类发现自己在运动结束时会出现疼痛和疲倦的感觉，所以认为所有事物都会渐渐厌倦运动并自动想去休息，而很少会考虑在自己身上发现的休息欲望是否也存在于其他形式的运动之中。基于此，经院学派认为重物往下坠落是源自于重物的休息欲望以及它们在最为适当的位置保持其本质的欲望；他们荒谬地将人类所特有的、有利于自身保全的欲望和知识都套用在无生命的物体身上。

如果某一物体一旦进入运动状态（除非其他物体对其进行阻挡），该物体将永远保持运动状态；不管是什么物体对其进行阻挡，也不能让它立即停止下来，而只能使其逐渐停止下来。这如同我们观察到的水面，风停之后波浪经过很长时间才会停下来；当人看到或梦见某一物体时，人体内部的运动亦是如此。当某一物体被移除之后或者我们闭上眼睛时，我们（之前）看到的物体仍会留下一个影像，尽管这个影像比我们之前看到该物体时产生的影像模糊。这种现象被拉丁人称为"想象"，其源自于人们所看到的影像；拉丁人还把这一名词推而广之，用于所有其他的感觉（尽管这样做是不合适的）。而希腊人将其称为"幻象"，意即表象，其可同等适用于其他感觉。因此，想象不过是一种渐次消退的感觉，人以及许多动物在清醒时和睡梦中都会有这种感觉。

人在清醒状态下，感觉衰退并非是感觉中所发生运动的衰退，而是人类对运动感觉的模糊化。这就如同星星发光人们才能看见星星，太阳光遮蔽了星光而导致白天看不见星星，但并不是说星光在白天比夜间弱。但是，对于外部的多种作用力，因为我们的眼睛、耳朵以及其他器官只能感受到那些明显的作用力；所以我们可以感觉到强烈的太阳光而感受不到星光。物体从我们眼睛前移开之后，虽然它留给我们的映象仍然存在，但是由于更为近前的物体接续地映入我们的眼帘并对我们施加作用力，因此此前的想象变得模糊而薄弱；这种情形类似于人的声音在白天嘈杂的环境下比在晚上安静的环境下要微弱一些。因此，在我们看到或感觉到任何客体之后，过后时间越长，想象越模糊。因为人体处于持续的变化之中，我们在感觉中活动的那部分就会被清除殆尽，所以时空距离也会对我们产生相同的作用。这就如同我们向远方瞭望时，会看到一片模糊的、无法辨别的微小事物；也如同声音一样，距离越远就越微弱和含糊不清，直至听不见。同样，时间跨度越长，我们对于此前事物的想象就越模糊。例如，我们会忘记曾到过的城市、走过的许多具体的街道，也会忘记之前做过的事及其细节。当我们在表达这种渐次消退的感觉时（我在此处是指幻象本身），正如我在前面对它的称谓一样，我们将其称之为"想象"。但是，当我们表述这种消退、衰退或流逝时，我们称之为"记忆"。因此，想象和记忆是一回事，只是因为考量的不同而导致不同的称谓。

我们将大量的记忆或对大量事物的记忆称为"经验"。除此之外，想象也仅限于曾突然间或是分时分部分地被感官感觉到的事物；对前者而言（对整个客体的想象，因为它是通过整体的形式呈现给感觉的），是简单想象。例如，某人想象从前曾见过的一个人或一匹马的情形。另一种是复合想象。例如，某人在心里将某次见到的一个人和另一次见到的一匹马复合成一个人头马身的怪物形象。所以当一个人将自身的影像与他人的行为影像结合起来时，就如同一个人将自己想象成赫拉克勒斯[1]或亚历山大[2]（当沉浸于罗马小说时往往会出现这种情形），这就是一种复合想象，更确切地说是一种意识的虚构。此外，人们虽然处在清醒状态，但是也会因为感觉中某些深刻的印象而出现其他想象。例如，人在凝视太阳一会儿之后，即使将视线从太阳移开很长一段时间，太阳的影像还会在眼前持续很久。

---

[1] 赫拉克勒斯，古希腊神话中的英雄人物，主神宙斯与阿尔克墨涅之子，力大无穷，曾经解救了被宙斯绑缚在山崖上的普罗米修斯。
[2] 亚历山大（公元前356—前323年），古马其顿国王，伟大的政治家、军事家，曾师从古希腊著名学者亚里士多德，以其雄才大略，建立了横跨亚洲、欧洲和非洲的超级帝国。

再比如，在人们长时间聚精会神地观察几何图形后，尽管人是清醒的，但是在黑暗中眼前仍会浮现出线段、棱角的影像。由于这种幻觉不在我们的讨论范围之内，所以就没有赋予其特定的称谓。

我们将睡眠状态下的想象称为"梦"。这种想象与其他想象一样，也是此前早就全部或局部存在于感觉中的。但因为在睡眠状态下，大脑和神经等必要的感觉器官在感觉方面处于麻木状态，除了人体内部的运动引发的现象之外，人的感觉器官不易对外物起反应，这种情况就很少会出现想象，因此就不会出现梦。而这些人体内部部分与大脑以及其他器官是相互关联的，所以它们的运动会导致关联器官产生运动，所以之前这些器官形成的想象就会像在清醒状态下一样显现。只不过由于这些感觉器官此时处于麻木状态，没有新客体以更强烈的印象支配和遮蔽它们，所以在这种感觉的静止状态之下，梦必然比我们在清醒状态下更清晰。因此，要严格区分梦和感觉并非易事，很多人甚至认为这是无法做到的。以我自己为例，我在做梦的时候，并不像在清醒状态下那样，会经常想到相同的人物、地点、物体和行为；同时，我也不会像在清醒状态下那样，能够记住一系列冗长连贯的想法；不仅如此，我在做梦时总也想不到自己清醒时的想法有多荒谬，但在清醒状态下，却常常能看出自己梦境的荒谬。如此，我感到颇为欣慰，因为自己在清醒时不做梦，在做梦时仍清醒。

既然梦是由身体内部某些部位的骚动所导致的，那么不同的骚动状态必然会导致不同的梦。例如，睡觉时受寒会使人做噩梦，从而引发对某种可怕事物的想象和影像，这是因为从大脑到躯体的运动和从躯体到大脑的运动是互动的。又比如，当我们处于清醒状态时，愤怒会导致身体的某些部位发热；因此，在睡眠状态下如果这些部位过热，那么也会导致人体处于愤怒的状态，从而在大脑中产生出一个敌人的影像。同理，人类与生俱来的爱情会让人产生欲望，而欲望又会导

□ 毕加索的《梦》

人在睡眠时，感觉器官处于麻木状态，很少会出现想象，因此不容易有梦。但是，当人体内其他部分发生骚动，引发与之相关联的感觉器官也发生运动时，以往存在于这些器官的想象便形成了梦。

致身体的某些部位发热，因此，如果睡眠状态下这些部位过热，我们的大脑中就会出现曾出现过的关于爱情的想象。总之，我们所做的梦是我们在清醒状态下想象的逆向回归；当我们处于清醒状态时，运动以此端作为起始点，在梦中则以彼端作为起始点。

要区别做梦和清醒状态下的思想最难的是，人偶尔会在不知不觉中睡着。人在充满恐惧、心神不宁的情况下，很容易出现此类情况，而且往往还没躺到床上或还没有宽衣就睡着了，就像坐在椅子上打瞌睡一般。因为人在非正常情况下入睡时，会出现一些离奇古怪的幻象，并很容易将其当作是梦。我们从书中得知，玛尔库斯·布鲁图斯[1]（尤里乌斯·恺撒[2]救了他的性命并且非常器重他，但是最后却被他谋杀）在腓力比[3]与奥古斯都·恺撒[4]一决雌雄的前夜，看到了一个可怕的鬼魂。历史学家通常认为那是布鲁图斯的幻觉，但结合当时的情况，我们很容易就可以做出判断，即那不过是一个很短暂的梦。当时布鲁图斯坐于房内，心烦意乱，他对自己的鲁莽行为感到恐惧不安，因此当他在寒冷环境中入睡时，很容易就会梦到让他深感恐惧的事情。恐惧渐渐使他惊醒，鬼魂的幻觉也逐渐烟消云散。但是由于布鲁图斯不能确定自己是否已入睡，因此他无法断定那是梦还是其他什么东西，所以便认定那就是鬼魂。这并非稀奇之事，因为即便是某个处于完全清醒的状态下的人，若此人是一个胆小、迷信且被恐怖故事所扰，当他独自待在黑暗中时，他也会产生类似的幻觉，以为自己看到了在坟地里游荡的孤魂野鬼；事实上，这不过是他的幻觉或者一些人的鬼把戏，后者利用人们的迷信和恐惧心理，夜晚乔装打扮，到人迹罕至的偏僻之地装神弄鬼。

此前，正是因为人们不知如何区分梦以及其他强烈的幻觉、视觉和感觉，所

---

[1] 玛尔库斯·布鲁图斯（公元前85—前42年），罗马共和国晚期的一名元老院议员，他组织并参与了谋杀恺撒。

[2] 尤里乌斯·恺撒（公元前102—前44年），史称恺撒大帝，古罗马杰出的军事统帅、政治家。公元前44年，恺撒惨遭以布鲁图斯为首的元老院成员的暗杀而身亡。

[3] 腓力比是位于马其顿的一座小城。公元前42年，在该地爆发的战争中，布鲁图斯被屋大维一举歼灭。

[4] 奥古斯都·恺撒（公元前63—公元14年），原名盖乌斯·屋大维·图里努斯，罗马帝国开国之君，元首政制的创始人，统治罗马长达40年。

8 | 利维坦 Leviathan

□ 伟大的恺撒之魂

据说，在腓力比战役的前一天晚上，布鲁图斯看到了恺撒大帝的魂魄——那不过是他的幻觉。为此，他心神不宁，以致在第二天的战役中遭遇失败，死于敌人的乱刀之下。

以人们才会崇拜林神、牧神、女妖以及类似神妖的异端邪教。时至今日，也是因为这一点才出现了未开化的愚民关于怪力乱神、女巫魔力的观点。至于女巫，在我看来，她们的巫术没有真正的魔力；因为她们自欺欺人，自认为能够施展魔法并故意借此招摇撞骗，所以她们受到的惩罚是罪有应得的；她们的所作所为近似于一种新式的宗教，但是谈不上是一种技能或知识。至于神仙、幽灵，我认为是有人故意传播或不反驳关于它们的观点，从而使人们笃信驱邪符咒、十字架、圣水以及一些险恶用心者的伎俩。但是，毋庸置疑的是，只有上帝才能制造非自然的幻象。但是基督教的信条教人不要相信这些，以至于人们对非自然幻象的恐惧，远远超出对上帝中止和改变自然规律（上帝亦可以为之）的恐惧，但邪恶奸诈之人假借上帝万能之说，明知荒诞无稽，却为了一己之私而口出狂言，毫无禁忌。智者的职责在于用理性去判明这些邪恶之人所说的一切。如果能消除对这种鬼神的迷信和恐惧，同时将占梦术、虚假预言以及狡诈之人大量的无稽之谈一并扫清，那么民众就会更加积极地履行社会义务。

这恰恰是经院学派的分内之事，但是他们却助长这种观点，因为他们不知想象或感觉为何物，只会照本宣科。有人认为，想象是自动出现的；另外一些人认为，最常见的情况是想象源自于意念。有人认为善念是上帝注入（灌入）人体内部的力量，恶念是魔鬼灌入的（力量）。还有人认为，感觉先是接受事物的类别，并将其传给常识；常识将其转换为幻象，幻象再传导给记忆，由记忆形成判断，就如同物品手手相传；他们长篇累牍说了这么多，却没有让人明白任何东西。

我们将经由语言或其他自发的征象而引发的人（或任何其他具备想象能力的生物）的想象统称为"知性"，这一点对人和兽都是一样的。例如，经过驯化的小狗能听明白它主人的召唤或训斥，其他很多兽类也是如此。人类所特有的知性不仅仅在于理解他人的意志，而且还在于能根据事物名词的次序和脉络联系所转换而成的肯定、否定或其他语言形式来理解他人的概念和思想。我将在下文中对这种知性进行讨论。

第三章　论想象的因果关系或后果

根据我的理解，为了与"语言讨论"相区分，我认为思维的因果关系或后果是某一思想与另一思想之间的接续过程，可将其称为"心理讨论"。

当一个人在思考某一事物时，接续而来的思想并非如其表象那样全都是偶然出现的。思想与思想之间的接续并不是随意的。正如我们不会对此前并未形成全部或部分感觉的事物产生想象，也不会出现从此想象到彼想象的过渡，除非这种过渡曾经出现过。因为所有幻象均是我们身体内部的运动，是一种对运动遗存下来的感觉。在感觉中，这些运动接踵而至，感觉消失之后它们仍会连接起来：这些运动数量非常之多，前一个运动再次出现并占据主导，后一个运动根据被移动之物的相关性又接续而至，此类情形就像平板桌上的水，它在人手的指引下就能流到相应的任何一处地方。但是对于感觉而言，接续在同一感知事物后面的，有时是此物，有时是彼物；这就会导致出现这样一种情形：当我们想象某一事物的时候，我们将要想象的对象却具有不确定性；唯一确定的是，在此前的某一时刻这一对象曾与该同一事物之间存在接续性。

这种思想后果或心理讨论可分为两类，一类是未经指引的、无目的和非恒定的。其中，没有任何激情思想将自身作为某种欲望或其他激情的目的和范围，从而去控制和引导它的后继思想：这种情形可称之为"思想的游离"，就如同在梦中一样彼此胡乱冲撞。对于寡居独处并且对凡事漠不关心的人们而言，这是他们常见的思想；尽管他们的思想也和其他时候一样紧张，却没有和谐性可言；就像有人随意弹奏一只走调的鲁特琴[1]所发出的音调或一个不谙琴术的人弹奏正调的鲁特琴所发出的音调一样。然而，即便是在这种天马行空的意识状态下，人们往往也会发现其中的思路和这些思想的遗存关系。例如，在谈到我们当前所面临

---

[1] 鲁特琴是欧洲中世纪流行的一种弹拨乐器，也称琉特琴。

的内战情况时，如果有人问一个罗马便士价值几何，那么还有比这看起来更风马牛不相及的问题吗？然而，在我看来，其相关性是非常明显的。因为关于这场战争的思想引出了我们的国王被送入敌手的事情；继而引出基督被献出的事情，接着又引出了关于献身的代价——价值30便士的事情，由此很容易就会提出上面不怀善意的问题。因为思想的速度非常之迅速，所以所有这些都是瞬间出现的事情。

□ **古希腊七贤**

指古希腊人所说的七位最著名的智者。今人了解较多的只有立法者梭伦和哲学家泰勒斯，其余五人一般认为是奇伦、毕阿斯、庇塔库斯、勃里安德和克莱俄布卢。

第二类思维后果由于受某种欲望和目的的控制，因而更具有恒定性。因为我们的欲望、恐惧等的影响是非常强烈且持久的，这种印象（即使暂时中断）也会快速恢复：在某些时候，这种影响有时会妨碍我们入睡或使我们从睡梦中惊醒。欲望出现之后我们就会联想到之前曾产生的与现有目标类似的方式，从这一思想出发，我们又会联想到得出这种方式的方法；以此类推，直至我们能力所及并回到某一起点。由于对这一目的的印象非常强烈，以至于它经常出现在我们的意识之中。在我们的思想开始游离时，它会很快重返原先的方式：七贤[1]中的某一位贤人注意到了这一点，并由此给人们提出了一句至理名言——"行事前要三思"[2]；现在这句话已成了老生常谈，它的意思是说凡事要三思而后行，这也是指导我们实现目标的重要思想。

定向思维后果分为两类，一类是在我们探究某一想象结果的成因或产生方式时形成的，这一点人兽无异。另一类是在我们想象任何事物并探究其一切可能性的过程中形成的，即当我们想象自身具备了此种对象后将如何处理的问题。除了在人类身上发现存在这种思想后果之外，我在任何其他生物身上均未发现这种

---

[1] 指的是古希腊七贤，一般认为是梭伦、泰勒斯、奇伦、毕阿斯、庇塔库斯、勃里安德和克莱俄布卢。

[2] 这是古希腊七贤之一勃里安德的格言。

标志。原因在于对那些仅有饥饿、口渴、兽欲、愤怒等肉身激情的生物而言，它们无法凭借天性而形成这种穷根溯源的意识。总而言之，当意识讨论受到某种目的约束，那么就只剩下探究或发明的能力，拉丁语称之为"洞察力"或"洞见力"，即探究当下或此前某一结果的原因，也可以是探究当下或此前某一原因的结果。在某人寻找丢失物品之时，他的意识会从知道丢失物品的时间与地点开始，逐个地点、逐段时间展开回想从而确定物品丢失的大概时间，即确定一个确切的时间和地点后开始寻找。然后他的意识会将此作为起始点，去发现究竟发生了什么情况而可能导致其丢失该物品。我们将其称为"记忆"或"回忆"，意思就是我们对此前行为的检视。

当一个人知道搜寻范围内某一确定的地点，随后他在头脑中就会搜寻这个地点的所有区域，就如同为寻找丢失的珠宝而掘地三尺，或是如同一只猎犬为搜寻猎物的气味而嗅遍某一个区域，又或是如同有人为找到某个韵脚而找遍整个字母表一样。

有时一个人想知道行为的后果，他会假设类似的行为将产生类似的后果，继而就会想到此前类似的行为以及随后所产生的后果。就像一个人在预测某一罪行的后果时，他会回忆起此前所见的类似罪行的后果一样，他的思想顺序是罪行—警察—监狱—法官—绞刑架。我们称这种思想为"预见""慎虑"或"远见"，有时也将其称为"智慧"；尽管这一预测难以囊括所有情形，而显现出不可靠性。但是有一点是可以确定的，即如果一个人比另一个人多吃亏多少，那么这人的慎虑程度就多出多少，其预测就更少地落空。本质上，当前就是现实，只有当前的事物才会留在记忆之中，而根本不存在未来的事物。未来之事是意识的虚构，是将此前的行为序列适用于当前的行为序列；经验最丰富的人所做出的假设确定性最高，但是也并非百分之百准确。尽管在后果符合我们预期的情况下它被称为"慎虑"，但是从本质而言，它只是一种假设。因为对未来事物的预见是远见，只有可以根据其意志产生未来的事物的上帝才具有这种远见。只有上帝才能通过超自然的方式做预言。最厉害的预言者自然就是最厉害的猜测者，最厉害的猜测者是对其猜测的事物最精通、研究最深入的人，因为他掌握了据以进行猜测最多的迹象。

迹象是结果的先见征兆；与之相反，如果事先已观察到了类似的结果，迹象就是先见征兆的结果。观测到结果的频次越高，迹象就越是确定。因此，一个人对任意某一事务的经验掌握得最多，那么他掌握的、用来预测未来的迹象也最多，因此他也是慎虑最深的人；尽管很多年轻人对此可能持相反的观点，但是这人超过从事该事务新手的慎虑程度是无法通过天资或智力方面的优势来弥补的。

但是，慎虑不是人类与禽兽的区别。有些一岁的禽兽比十岁的孩童观察到的事物还要多，并且它们可以更"深谋远虑"地追求它们的利益。

鉴于慎虑是根据此前的经验对未来的假设，因而也有一种对此前事物的预测是根据此前的而不是未来的其他事物做出的假设。如果一个人此前见证了一个繁荣的国家如何从鼎盛逐渐陷入第一次内战并走向崩溃，那么当他看到任何其他国家的断壁残垣时，他就会推测这个国家也爆发过类似的战争并经历了类似的过程。但是，他的这种推测与对未来的推测具有同等的不确定性，二者唯一的依据就是经验。

就我所能想到的情形，一个人除了使用他的五种感官之外，还没有其他天生就有的意识活动，让他无须假借他物，生来就能加以利用。我在后文中讨论的其他官能似乎只有人类才具备，它们都是通过指导和管教而在后天获得的，并且都是在文字和语言发明之后才出现的。原因在于除感觉、思想和思想因果关系之外，人类的意识不存在其他运动，尽管相同的感官可以借助语言和方法将人类和所有其他生物区分开来。

不管我们想象出什么样的东西，想象总是"有限的"。因此，我们不能称任何事物的观念或概念是"无限的"。任何人的意识中都不可能存在无限大的影像、无限的速度、无限的时间或者无限的力量和能量。当我们说某一事物是无限的时候，意思是指我们无法得知该事物的终极所在及其范围，我们对这种事物并没有形成一种概念，我们认识到了自己能力方面的局限性。因此，借上帝之名并不是让我们对上帝展开想象（因为上帝是不可知的，上帝的伟大和权势是不可想象的），而是让我们去颂赞上帝。此外，如我此前所述，不论我们想象的内容是什么，它无一不是经由感官全部或部分感知的，一个人不会存在非经感官感知的思想。因此，除非想象某一事物处在某一位置、具有特定的大小并可以分为多个部分，否则那就谈不上对该事物的想象；不能将一个事物想象为在同一时间既处于此处，又处于彼处；也不能将两个及以上的事物想象成同时处在同一位置：因为感觉从未感知到曾经存在这样的事物，这些毫无用处的荒唐言论都应算作是那些被欺骗的哲学家、受人欺骗或欺骗人的经院学派学者的"功劳"。

第四章　论语言

　　虽然印刷术是一项精妙的发明，但是与文字的发明相比，它仍稍显逊色。至于是谁最先发明了文字的使用方法，至今仍不可考。据说腓尼基王阿基诺尔的儿子卡德谟斯首次将文字引入希腊[1]。文字的发明可谓居功至伟，它能延续先前时代的记忆，使散落居住在地球上的数量庞大但相距甚远的人们可以相互交流。同时，文字的发明绝非易事，因为这需要对舌、颚、嘴唇等语言器官的各种动作进行细致观察，并根据观察结果造出同等数量的差异字形并记忆下来。显而易见，语言是最高贵和最有益的发明，它由名词或名称及其连词构成。人类借助于语言记录自己的思想，回忆此前的想法，并且基于相互为用和交流的目的相互表达自己的思想；如果没有语言，那么人类社会就不会存在国家、社会、契约或和平，如同狮子、熊和狼群一样不存在所有这一切。上帝首创语言，并曾给亚当展示过一些动物，然后教导他如何给它们起名，不过《圣经》并未深入谈论这个问题[2]。但是这些已足以指导亚当给生物起更多的名字，因为亚当在接触和利用生物的过程中会遇到这样的情况；并且能够指导亚当逐渐通过某种方式将其联系起来，使他人理解；如此一来，经过一段时间之后，他就会根据自己的需要而形成大量的语言词汇，虽然不如演说家或哲学家所需要的语言那般丰富。因为我在《圣经》里尚未找到任何依据可以直接或间接推论出亚当曾被传授了所有图形、数字、度量、色彩、声音、幻象及关系的名词，以及被传授了诸如"一般""特殊""肯定""否定""疑问""祈求""无限"等用处很大的词汇或语言名词，更

---

　　[1] 在古希腊神话传说中，腓尼基王子卡德谟斯为寻找被宙斯拐走的妹妹欧罗巴而来到希腊境内，并为希腊带去了16个腓尼基字母。这些字母后来经希腊人的运用和改造，最终形成24个希腊字母，此即西方文字的起源。

　　[2] 参见《创世记》第2章第19和20节："耶和华神将自己用土所造的野地上的各样走兽和空中的各样飞鸟都带到那人（亚当）面前，看那人怎样叫各样的活物，那便是它们的名字。那人便给一切牲畜和空中飞鸟、野地走兽都起了名。"

□ 巴别塔

《创世记》第11章记载：在经历了大洪水之后，世界上的人越来越多，人们讲同一种语言。后来，人们谋划并在一处平原上建造一座通天塔，以传扬声名，避免人类分散。就在塔顶快要通天之际，惊动了上帝，上帝为了阻止人类的计划，来到人间，变乱了人类的语言，使他们无法沟通，使得巴别塔计划失败，人类从此各散东西。这一事件，为世界上出现不同的语言和种族给出了解释。

遑论"实体""意向性""实质"及经院学派使用的其他无其意义的词汇。

然而，亚当及其后代掌握并进行扩展的这种语言在巴别塔再次遗失了；由于亚当背叛了上帝，上帝让每个人忘却了自己此前的语言。由此，人类被迫向世界各地流散，所以现有语言之间的差异必然是根据需要从上帝教导给他们的方式（即一切发明的本源）中逐步形成的，并且经过漫长的时期之后，这些语言变得越来越丰富。

语言的一般用途是将我们的心理讨论转化为口头讨论，或是将我们的思想转变为一套语词，这样一来语言就会有两种用途。一种是记录我们思想的因果关系，这种关系容易被我们的记忆所遗忘，导致我们需要重新构思，通过词语的标记让人重新回忆起来。因此，名词的第一种用途就是用作记忆的标记。另一种是当众人使用相同的一些语词时，人们通过语词之间的联系和顺序，向彼此表达对每一事物的想象及想象的内容，也可以通过词语之间的相互联系与顺序表达各自所渴望、惧怕或热衷的事物。就这种用法而言，语言被称为"符号"。语言的特殊用途在于：首先，它表示我们经过思考而发现的所有当下或此前事物的原因，以及我们所发现的当下或此前事物可能会产生的结果。总之，这就是在获取艺术知识。其次，它可以向他人展示我们已经获得的知识，即相互探讨和学习。再次，它可以让他人知晓我们的意愿和目的，以便互帮互助。最后，出于娱乐和炫耀的目的，它可以通过无害地遣词造句来自娱自乐并取悦他人。

与这些用途相对应，语言也存在四种滥用形式。第一种是当人们用不准确的词语错误地表达其思想，用他们的概念表达那些其从未想象过的事物时，其结果就是自欺欺人。第二种是当他们使用的不是词语原来指向的含义，而是词语的隐喻意义时，其结果就是欺骗他人。第三种是他们将非其本愿的事物宣称为自己的意志。第四种是用语言互相伤害。自然赋予某些生物以利齿、犄角、肢体来攻击敌人，因而除非职责所在而对某一人进行管制，否则用舌头伤害他人就是对语言的一种滥用，应当予以矫正和改造。

基于记忆的原因与结果的因果关系来使用语言时，使用方式是赋予这些因果关系以名称并将其关联在一起。

有些名词是专有名词，是某一对象特有的名称，例如彼得、约翰、这个人、这棵树；但是有一些是许多事物共有的名词，例如人、马、树等；其中虽然每个词只是一个名词，但是各种不同特定事物名词的合称就是一般名词。世界上除了名词之外，没有任何事物是普遍性的事物，因为被命名的对象都是单独的个体和单数的个体。

基于某一性质或其他偶性的相似性，许多事物被赋予同一个一般名词。对于专有名词，我们的意识中指向单一对象；对于一般名词，我们的意识指向众多事物的任意的单独个体。一般名词的所指范围大小不一。所指范围较大的一般名词包含所指范围较小的一般名词，还有一些一般名词范围相同、相互包容。比如，"身体"这一名词的意义比"人"这一名词的意义更为广泛，且前者包含后者。"人"和"理性"这两个名词的范围是一样的，相互包容。此处我们必须指出，名词并不总像在语法中那样被理解为一个词汇，有时因为其复杂的表述形式而指代多个词汇的结合。例如"遵守他的国家法律的人",所有这些词就只相当于一个名词,即等于"公正"一词。

赋予事物意义范围大小不等的名词后,我们就把意识中对所想象事物的因果关系的考量变为了名词因果关系的考量。例如,一个从未使用过语言的人(天生的聋哑人),如果在他的眼前放一个三角形,旁边放两个直角(如正方形的角),那么他可能会默默进行比较,然后发现三角形的三个角(度数之和)等于其旁边的两个直角(度数之和)。但是,如果给他出示另外一个不同形状的三角形时,如果他没有经过从头思考,那么他不可能知道该三角形的三个角(度数之和)也等于两个直角(度数之和)。但是,如果一个可以使用语言的人在观察到这种(度数)相等的关系并非因为边的长度或其三角形中其他任何特殊条件所致,而只是因为直线边和三个角,即他将该图形称为三角形所需的全部要件;此时,他会大胆地提出一个普遍性结论,即所有三角形中都存在这种角(度数)的相等关系,而且他还会通过普遍性的语词表述他的这一发现,即"三角形三个角的度数之和等于两个直角的度数之和"。因此,在特殊条件中得出的结论会被视为一个普遍性的原理而被记录和记忆下来,从而让我们无须在意识中考量时间和地点(的差异),同时除了第一次之外,也能够免除我们内心所有的心理负担,使得我们在此时此地发现的事物的真理是放之四海而皆准的。

但是,在使用词汇表达思想方面,表现最为明显之处就是数数。生下来就是傻瓜的人从来都不知道"1""2""3"这些数字的先后顺序,他在敲钟时会一下一下地数,还会一边点头一边说"1""2""3",但是他永不会知道这些数字的意义。由此可见,此前的某一个时期,这些数字名词并不是通用的,计数的时候只能用手指头数数。因此,当前所有民族的数字名词都仅有10个,有些民族只有5个,数完(5个数)之后就要从头再来。对于一个只能数到10的人,如果将数字次序打乱进行复述,那么他就会犯糊涂,不知道何时数完这10个数,更无法做加法、减法及其他所有的数学运算。所以,没有相应的语词就无法计数,更无法计算量值、速度、力及其他的事物,但这些计算对人类的生存或福祉而言是必不可少的。

当将两个名词组合成一种因果关系或一个断语,如"人是一种生物"或"如果他是人,那么他是一个生物",如果后一个名词"生物"所指包含前一个名词"人"所包含的全部含义,那么该断语或因果关系便为真,否则便为假。因为真和假是语言属性而非事物属性。在不存在语言的地方,就不存在真实或虚假;错误倒可能发生,比如当我们预测不会发生某种事情或怀疑某事从未发生过时就是这种情形。但是在任何情形下我们都不可能说某人是一个"假人"。

既然真实存在于断语中名词的正确排序,那么一个追求真实严谨的人就必须要记住自己所使用的每一个名词所代表的事物,并据此进行排列。否则,他会发现自己如同一只站在涂有粘鸟胶的树枝上的鸟,纠缠于词汇之中,愈挣脱就会被粘得愈牢。因此,在几何学中(上帝眷顾人类并赐予人类的唯一一门科学知识),人类首先从确定其词汇的意义开始。人们将确定词汇意义称为"定义",即作为其计算的起始点。

由此可见,对任何一个一心追求真正知识的人而言,非常有必要对此前著作家所进行的定义进行检视;如果草率地进行定义,那么就需要进行修正或自己重新定义。因为在进行计算时,错误的定义会自动引发更多的错误,从而引导人们得出荒谬的结论;人们在最后会觉察到这一点,但是如果不从荒谬结论的根源正本清源,重新计算,那么荒谬就是不可避免的。因此死啃书本的人就会像某些人一样,只会将许多个小的数目累加成大的数目,而不先去考虑这些小的数目计算是否正确;最后在发现非常明显的错误时,他们还对此前的计算基础信心满满,不知道要如何弄清楚,只是浪费大量的时间去翻演算簿。这种情形就好比一些鸟从烟囱进入房间后发现它们被关在了一间屋子中,因为鸟不是那么聪明,无法辨识进时的路,所以它们就会对着玻璃窗上那种虚幻的光胡乱扑棱。因此,语言的首要用途是正确地定义名词,这一点是科学的一个重大成就。语言首当其冲的滥用便是错误地定义或没有定义。这是所有虚假或无意义学说的根源。这就致使那些盲从书本教育权威而不独立思考的人远不及那些毫无学识的人,这恰如具备真知之人胜过无知之人,因为无知是真理知识与谬误学说的中点。自然的感觉和影像不会导致产生荒谬。自然本身不会犯错:有些人的语言丰富,他们就比普通人更为聪明或癫狂。目不识丁的人不可能在聪慧方面出类拔萃或在愚蠢方面愚不可及(除非他的记忆因为疾病而受到损害)。词语是聪明人手中的筹码,他们只将词语用于计算;而对愚笨之人来说,词语是财富,他们借助亚里士多德[1]、

---

[1]亚里士多德(公元前384—前322年),古希腊著名的哲学家、科学家和教育家。

西塞罗[1]、托马斯[2]或任何其他学者的权威进行评估，不论这种人是谁，只要是个人就可以。

只要能够列入或进行计算并能相加成和或相减余差的，这一切均是名词的主体。拉丁人将钱款账目称为"理由"，将钱款计算称为"推理"，我们在票据或账簿中称为"项目"的，拉丁人均称为"名目"，即"名称"。由此看来，拉丁人似乎将"理知[3]"一词推而广之，应用于其他一切事物的计算能力方面。希腊人只用"逻各斯"一词表示语言和推理；之所以如此，并非是因为他们不认同所有语言均蕴含推理，而是因为在他们看来任何推理均可通过语言进行表述。他们将推理活动称为"三段论法"，它是对人类彼此之间言语因果关系的总结。因为相同的事物可能因不同的偶性被纳入计算，所以为了表征其差异性，名词就有多种偏离原意的解释和变化形式。此类名词的多种形式可归纳为四大类：

第一类，表示某一事物的物质或形体情况。例如，"活着的""可感觉的""理性的""炽热的""冰冷的""被移动的""静止的"，通过这些名词可理解物质或其形体，所有这些均为物质的名词。

第二类，表示或考量我们所认为存在于事物之中的某一偶性或特性。例如"被移动的""如此之长""炽热的"等；据此，只要将事物本身的名词稍作改动或稍偏离原意，它就能够成为我们所考量的偶性的一个名词。比如，"有生命的"是将"生命"纳入考量；"被移动的"是将"运动"纳入考量；"炽热的"是将"炽热"纳入考量；"如此之长"是将"长度"纳入考量等。所有这些名词都是将物体或物质彼此区分的偶性和特性的名词，即抽象名词；因为它们并非从物质演绎而来，而是从对物质的计算演绎而来。

第三类，我们将从自身出发据以得出上述差异的特性作为考量因素；比如对于我们所看到的任何事物，我们所依据的不是该事物本身，而是幻象；我们所考量的不是该事物本身，而是它在我们幻象中的景象、颜色或观点。当我们听到某

---

[1] 西塞罗（公元前106—前43年），古罗马著名政治家、演说家、法学家和哲学家。

[2] 此处的托马斯似乎应该指的是托马斯·阿奎那（约1225—1274年），中世纪的经院哲学家、神学家。

[3] 亦为"理智"。意即清醒、冷静、合乎事实。

些事物时，我们考量的不是事物本身，而只是听觉或声音，它们是这些事物通过耳朵而产生的幻象或概念，即幻象的名词。

第四类，我们将名词本身和语言进行考虑和考量并赋予其名词，例如"一般的""普遍的""特殊的""歧义的"，它们是名词的名词。"肯定""疑问""命令""陈述""三段论""说教""演讲"以及其他此类名词都是语言的名词，此即为肯定名词的全部种类。它们可以用来表示自然界中存在的事物，或人类心里假想或想象存在的事物，或人类心里假想或想象中事物的固有性质或词汇和语言等。

另外，其他的一些名词被称为否定名词，用来表示某一词汇不能作为所谈及事物的名词的符号，如"无物""无人""无限""不可教的""不可能的"等都属于这一类名词。虽然它们不用来指代任何事物的名词，但是因为它们可以用作否定那些使用不当的名词，所以它们在计算、修正计算或回顾此前的思维时仍有一定的用处。

所有其他名词均属于没有意义的声音。它们可分为两类：一类是新出现的名词，但是其意义尚没有定义进行解释。经院学者和令人迷惑的哲学家创造了大量的此类名词。

另一类是将两个意义相互矛盾且不一致的名词放在一起而创造出来的一个名词，诸如"无形之物体"或"无形之实体"（二者其实是同一个意思）之类的其他大量名词。因为不管何时，当任何断言为假时，构成断言的两个名词在一起构成一个新名词后，它根本不能指代任何事物。例如，如果"四角形是圆的"这一断言为假，那么"圆四角形"这一名词就不可能指代任何事物，它只是一个声音而已。同理，如果存在"美德可以被灌注或被吹入"这种虚假的断言，那么，"被灌注的美德""被吹入的美德"这类词汇就和"圆四角形"这类词汇是同等的荒谬且毫无意义。因此，人们见到的那些无意义的词汇极少不是由拉丁语或希腊语组成的。极少听到法国人称救世主为"Parole"，而常听到的是"Verbe"；事实上，这两者是一回事，只不过一个是拉丁语词汇，一个是法语词汇而已。

当一个人在听到任何话后就能知晓这话中的单词并知晓该词的关联结构所表达的观点时，那么他（她）就已经理解了这话。"理解"只是语言形成的一个概念。如果说语言是人类特有的，并且我认为的确如此，那么"理解"也是人类特有的。因此，如果荒谬和虚假的断言具有普遍性，那么就没有人能够理解它们。

尽管很多人自以为理解它们，殊不知他们只不过是愚蠢地人云亦云或在意识中记诵而已。

在讨论完"激情"之后，我将会再对有关人类意识的欲求、厌恶、激情等词语的用法及滥用等问题进行讨论。

那些让我们感到愉快或厌恶的事物的表达，即影响情感的名词，由于不同人既不可能对同一事物产生相同的情感，也不可能在任何时候都只产生同一种情感。因此在一般讨论中，其意义往往是变动不居的。既然所有名词都用来表示概念，而人类的各种情感又由概念构成，因此当我们对同类事物产生不同的感受时，在赋予其名词方面产生分歧就难以避免。因为尽管我们感受到的事物的本质是一致的，但是因体质结构的差异和对意见的偏好会导致我们在接受事物时会有所差异，这就使得每一事物都被赋予不同激情的色彩。因此，一个人在推理时必须要注意用词；语词除了能够在我们想象其本质的意义方面发挥作用外，还代表说话人的本性、倾向与兴趣所赋予的意义，诸如"美德"和"邪恶"等名词。因为甲之"智慧"，于乙则是"恐惧"；甲之"残忍"，于乙则是"正义"；甲之"挥霍浪费"，于乙则是"慷慨大方"；甲之"庄重大气"，于乙则是"愚笨无知"等；由此可见，这类名词从未被用作一切推理的真实基础，比喻或隐喻亦是如此，但是后者危险性小一些，因为它们公开宣称其意义具有不恒定性，但是前者则不是这样。

第五章　论推理与学识

当一个人进行推理时，他所做的无非是对各部分之和进行加总，或是求算一个数减去另一个数的差；如果用语言推进这一过程，那么他就要构想将各部分的名词因果关系连接成一个整体性名词，或是从整体及某一个部分的名词得出另一部分的名词。尽管在数学等领域，除了加减法之外还有乘除法等其他运算法则，但是实际上这些运算法则都是一回事。因为乘法是将相等的事物进行加总，除法是一个事物能够减少的最大次数。这些运算法则的适用不限于数学领域，而是适用于所有可以进行加减运算的领域，因为正如算术家也会讲授数学方面的加减运算一样，几何学家在线、图形（立体图形和平面图形）、角、比例、倍数、速度、力与力量等方面也讲授加减运算；逻辑学家在语词逻辑关系、两个名词结合构成一个断语、两个断语结合构成一个三段论、多个三段论构成一个证明以及从一个三段论证的总结或结论中去掉一个命题可得出另一个命题等方面同样也讲授加减运算。政治学著作家将契约加总来确定人们的义务责任；法学家将法律和事实加总来判断私人行为的是非曲直。总之，不论哪一种事物，凡可加减即可推理，凡不可加减便全然不能推理。

据此，我们就可以确定当"推理"作为一种意识官能时的意义。从这种意义而言，推理就是对公认为表示或表征我们思想的一般名称构成的因果关系进行的运算（即加法和减法）；我所说的对它们进行"表示"是当我们自己在计算时的说法，"表征"则是向他人展示或证明我们计算时的说法。

在算术方面，未经训练的人必定会犯错，他们的计算并不可靠；即便是教授，犯错也是在所难免。在其他推理问题上也是如此，即便是那些最能干、最细心和最内行的人，也有可能受欺骗而得出虚假的结论。但是，推理本身如同算术一样始终都是正确的推理，始终都是一门确凿无疑的学问，只是任何一个人或一群人的推理都无法构成确定性的标准，就正如一种计算结果不会因为得到众人的一致认同就认定是可靠无误的。因此，一旦推理出现争议，争议方必须自动将某一仲裁人或裁定人的推理视为正确的推理，他们彼此接受其裁决，否则必然会争论不止甚至发展成武力冲突，或因为天生就缺乏正确的推理而变成一个悬而未决的遗留问题。其他各种不同的辩论情形也是如此。有人认为自己聪慧过人，叫嚷着要根据正确的推理进行裁定，但是其意图却不是依据他人的推理来裁定，而是依据自己的推理予以确定，这就好比人类社会中的桥牌游戏，在确定了王之后，每一轮都要将他们手中最长的那副牌作为王牌，这是令人无法容忍的。他们这样做，无非是将自己身上占据主导的每一种激情作为正确的推理；然而，正是因为其在争论中自称推理是正确的，反而暴露了他们理性的匮乏。

推理的用途和目的不是为了找到一个或几个与名词的原始定义和确切含义相差甚远的结论的总和与真理，而是以定义和确切含义为判断起点，从一个结论得出另一个结论。因为在最后据以推论出的所有断语和否定具有不确定性时，最终结论也不可能具有确定性。这就如同一家之长在算账时，如果他只计算所有支出账单的总和，却不关心记账人是如何计算出每一份账单且为何物而支出的，而是将整个账单照单全收，充分信任每个记账人，那么这样不会给他带来任何好处。所有其他事物的推理也同样如此。如果一个人信任著作家给出的结论而不是根据每一次计算的原始账目得出结论（这些原始账目就是根据定义给出的名词含义），他就会像那位一家之长一样盲从，除此之外，一无所知。

对于某些特定的事物，可以不通过词语进行推理。例如，一个人在看见某一事物后，会推想该事物之前会出现什么事物，或者随后将要出现什么事物，这就属于这种情况。如果他认为会后续出现的事物并未在它之后出现，或他认为会先出现的事物未在它之前出现，那么这就是所称的"错误"。这种情况对于最为谨小慎微之人也概莫能外。但是，如果我们根据一般意义的语词进行推理并得出一个虚假的一般推论，人们虽然也将其称为"错误"，但是事实上它不过是一种荒诞不经的话。因为错误不过是在对过去或未来之事进行假定时所出现的谬误。尽管这种事物此前未发生或未来未出现，但是这并不意味着不具有发现它的可能性。然而，如果我们说出一个一般性的断语时，除非它为真，否则它就不可能具有可能性。除了声音之外别无意义的那些词语，我们称之为"谬论""妄言"或"废话"。因此，如果有人与我谈论"圆的四角形""干酪具有面包偶性""非物质的物体""自由的臣民""自由的意志"或"不受任何阻挠的自由"时，我不会说他是错的，而会说他所说无纤毫意义可言，即荒诞不经。

我在第二章中曾经提到，人有一种超越其他动物的官能，即当其在想象一种事物的时候，经常会考虑到它的结果以及通过它可以获得的效果。在这里，我要对这种优越性进行补充，即人们通过语言可以将自己发现的结果变成定律或准则。换言之，人们不仅可以推理或进行数字计算，还能够推理或计算其他可进行加减的事物。

但是，与另一种优越性即荒谬性相比，上面的优越性则稍显逊色。这种优越性是人类所特有的，其他任何动物都不具备。在整个人类中，教授哲学之人的荒谬语言最多。西塞罗也承认这一点。他指出，哲学家的著作中包含了天下所有的荒谬之事。道理很简单，因为在推理的时候，他们不会从其所用名词的定义或解释作为切入点。这种方法只有在几何学中才会使用，因此几何学的结论总是无可辩驳的。

1. 我把导致得出荒谬结论的第一种原因归于方法不当。在此种情形下，他们不是将定义作为推理的起始点，即不以其词汇的既定含义作为起始点，这就如同他们不知道"1""2""3"的值却说自己能算账一样。

根据我在前一章中提及的各种不同考量因素，所有物体皆可进行计算。因为这些考量被赋予不同的名词，所以使用这些混乱而又关联不恰当的名词所构成的论断时，就会产生各种各样的荒谬断语。据此才出现了下述第二种原因。

2. 我把导致得出荒谬结论的第二种原因归于使物体名词具备偶性，或将物体用偶性的名词来表示。有人认为"信仰是被灌入或吹入的"，实际上除物体之外，任何东西都可能被灌入或吹入任何另外的一种东西；或者说"广延[1]即是物体""幻影即是精灵"等就属于这种情况。

3. 我将第三种原因归于使我们自己身体之外物的偶性名词具备我们自己身体的偶性。有人认为"色彩存在于物体中""声音存在于空气中"等就属于这种情况。

4. 第四种原因是将物体的名词用名词或语言表示。有人认为"有些事物具有普遍性""一种生物是一个种属或一种普遍性的事物"等就是这种情况。

---

[1] 广延：出自笛卡尔学说，为物质的基本属性，即物质的空间属性——长宽高。因为只要是物质，就必然会占据空间，这就是广延。

5. 第五种原因是将偶性的名词用名词和语言来表示。有人认为"某一物的性质是其定义""一个人的命令是他的意志"等就属于这种情况。

6. 第六种原因是使用隐喻、比喻或其他修辞手法而不使用正式的词汇。例如，在日常交谈中，我们可以合理地说"这条路通向这里或那里"；在格言中也可以说类似这样或那样的说法，这没有什么问题（尽管路并不会自己走，格言也不会自己说）。但是，在计算或探寻真理的过程中，这种表述是不为人认可的。

7. 第七种原因是归于无意义的名词，只是这些名词是从经院学派生搬来的，如"位格"[1]"变体"[2]"实化"[3]"永恒的现在"[4]，以及经院哲学家貌似虔诚的言说。

在推理或探寻真相的过程中，如果能够避免上述这些情形，那么在通常情况下就不容易陷入任何谬误中；但是如果计算太过冗长，那么人就可能忘掉了之前的事务。因为从天性来看，在遵从正确的原则情况下，所有的人都会得出类似的推理和恰当的推理。试问在几何学中犯了错误被人指出后，谁还会继续坚持错误呢？

综上所述，理性并非同感觉和记忆一样是天生的，也不若仅仅从经验中即可

□ **经院哲学家托马斯·阿奎那**

经院学派为中世纪西欧教会哲学家所建立的思想流派。该学派建立的经院哲学，用哲学形式为宗教神学作论证，是一种理论化、系统化了的神学。图为13世纪最著名的经院哲学家托马斯·阿奎那，他的代表作品有《神学大全》《论君主政治》《反异教大全》《亚里士多德诠释》等。

---

[1] "位格"是基督教神学理论的观点，用来表达耶稣基督的人性和神性之间的关系。

[2] 变体，又译为"化质""变质""变形"等，基督教中的一种理论，主要是认为圣餐的饼和酒尽管外形没有任何变化，但是实际上已经变成救主的肉和血。

[3] "实化"用来指代基督教中信仰转变为实际的存在。

[4] "永恒的现在"用来指代基督教中神因具有永恒性且无所不知，所以通晓过去、现在和未来；对人而言的未来之事，对神都是"永恒的现在"。

获得的慎虑，而是经由艰苦努力获得的。至于获得理性的步骤，第一步是恰当地使用名词；第二步是从名词这一基本元素开始到将一个名词与另一个名词连在一起形成断语为止的过程中，所用的方法必须是恰当且条理清晰的；而后形成三段论，即一个断语与另一个断语的结合，直至我们得出问题所属名词的全部结论。此即是人们所说的"学识"。感觉和记忆是关于不能改变的既定事实的知识，而学识是关于结果的知识以及此事实与彼事实相互依存的知识。我们可以通过学识并根据当前的作为，推断自己到底愿意在何时做何事，或者如何在其他时间做类似的事；因为当我们看到某一事物如何产生、为什么产生以及通过何种方式产生后，如果类似原因尚在我们的能力范围内，那么我们就会知道如何使其产生类似的结果。

因此，虽然儿童在尚未学会使用语言之前不会推理，但是也可将他们称为理性动物，原因在于他们未来显然都是会推理的。尽管大部分成年人也会一点推理，比如简单的计数，但是在日常生活中推理却少有用处。在日常生活中，由于人们在经验、记忆的敏捷性以及对不同目的的倾向性等方面存在差异，尤其是还会受到运气好坏的影响，因此他们管理个人事务的能力强弱不均。对于学识或某些行为准则方面，不同人更是相距遥远，有人甚至完全不知道其为何物。有人将几何学视为鬼画符，而对于其他学识，因为他们未经过启蒙，所以没有什么进步，至今仍不知所以然。在这一点上，他们就如同儿童完全不知道人是从何而来一样，对女人们的戏谑之言深信不疑，即他们兄弟姐妹都不是生下来的，而是从花园捡来的。

然而，比起那些因推理错误或因盲目信赖而做出错误推理，从而遵从虚假和荒谬的一般法则的人，那些没有具备学识却天生慎虑之人的情况要好得多。虽然不懂因果和法则也会使人偏离正道，但是与那些信赖虚假法则、将与事实相背的原因视为自己热心追求的目标的人相比，前者的严重程度要小得多。

综上所述，清晰的言语表达是人类的心灵之光，但是首先应通过严格的定义进行检验，剔除其中含混不清的意思。推理是跋涉前行，学识的增长是前行的道路，目标是为了实现人类利益。与之相反，隐喻、没有意义和含糊不清的话语就像鬼火一般，以此为基础进行推理无异于迷失在不计其数的谬论之中，结局就是引发争斗、煽动叛乱或招致屈辱。

经验累积使人慎虑；同理，学识累积使人睿智。我们习惯性地将二者都称为

"智慧",但是拉丁人一直对"慎虑"和"睿智"进行区分,他们将前者归于经验范畴,将后者归于学识范畴。为了更加清晰地区分它们,我们假设有人天生善用武器并且技术熟练;而另一个人除此之外还具备学识,懂得自己该从何处进攻敌人,或被敌人进攻时应从何处着手防御。前者所拥有的能力相对于后者所拥有的能力而言,就如同慎虑之于学识的关系。虽然二者都是有益的,但是后者更为可靠。对于那些只知道死读书、迷信书本权威、蒙眼跟着盲人狂奔的人,他们就如同一味迷信击剑师虚假的法则的人一样,贸然与敌人展开拼杀,但是他们要么白白送死,要么自取其辱。

学识的某些证据是确凿和可靠的,有些则是不确定的。如果一个人宣称自己知晓任何一种事物的学识并且可以传授这种学识,即他可以清晰地向其他人阐述其中的真相,那么这就是确凿无疑的证据。如果只是某些特殊情况与他自称所具备的知识是一致的,并且他声称的某些必然出现的情形在许多情况下也是如此,那么这就是不确定的证据。关于慎虑的所有证据均是不确定的,因为没有人能通过经验来观察事物并记住所有影响事情成败的因素。但是,对于所有没有可供遵循的学识的事务,如果一个人将与生俱来的判断力弃之不用,而只以权威学者的泛泛之谈作为指南,那么这就足以证明他的愚蠢,我们通常讽刺其过于迂腐。即便是那些在联邦政府议会中喜欢炫耀其政治和历史学识的人,除了极少数人外,他们在私人事务中都会保持足够的慎虑,在关系自身利益的家庭事务中,也很少会炫耀自己的学识;但是他们在公共事务中会格外在意他们自己学识的声誉,而不是别人事业的成功。

第六章 论一般被称为"激情"的自觉运动的内在开端以及它的表达术语

动物有两种特有的运动：一种是生命运动，它始于出生，贯穿整个生命周期，诸如血液流动、脉搏、呼吸、消化、营养、排泄等，这种运动是不言自明的；另一种是动物运动，又称自觉运动，它是指按照心中事先设想好的方式走路、说话、移动身体等运动。感觉是人的身体器官和内在部分的一种运动，它是由我们的所见或所听所引发的；幻象是同一运动在产生感觉后留下的痕迹。第一章和第二章已提及上述内容。因为走路、说话等自觉运动始终取决于此前出现的"去什么地方""选哪条路"和"说什么话"等想法，所以想象便成了所有自觉运动初始性的内在开端。当我们无法看见被移动的物体或因其运动空间过小而不能感知时，虽然无知之人无法想象到那里会存在任何运动，但是不妨碍实际存在相应的运动。因为即使再小的空间也是较大空间的组成部分，而那些被驱动的事物首先必须经过该较小的空间。在未表现出走路、说话、击打等可见的动作前，该运动在人体内的微小开端一般被称为"意向"。

当这种意向趋向引发它的某一事物时，这种意向就称为"欲求"或"欲望"，后者是普通名词，前者往往限于指食欲，即饥饿和口渴。当这种意向背离某一事物时，这种意向一般被称为"厌恶"。"欲望"和"厌恶"这两个词汇均源自拉丁语，二者都表示动作，一个是趋近，一个是躲避。在希腊语中，这两个词的意义与在拉丁语中的意义是一致的。的确，自然本身时常将一些真理灌输给人类，每当人们追求自然之外的事物时，人们就会受到这些真理的羁绊。经院学派完全没有注意到单纯走路或运动的欲望中存在实际的运动，但是他们又必须得承认其中确实存在某种运动，因此他们将其称为"隐喻式的运动"。因为虽然我们称词语具有隐喻性，但是不能称物体和运动具有隐喻性，所以说物体和运动具有隐喻性就是一种谬论。

人们将想要得到的东西称为所爱之物，将厌恶的东西称为所憎之物。因此，

"爱"和"欲望"是一回事，只不过"欲望"始终指向是客体尚不存在的情形，而通常来说，"爱"是指客体已经存在的情形。同理，"厌恶"是指客体尚不存在的情形，"憎恨"是指客体已经存在的情形。

有些欲望与厌恶是天生的，如食欲、排泄欲和排除欲（也许将后者称为对身体内所感受到的某种事物的厌恶更为恰当），以及其他几种为数不多的欲望皆

□ **强烈欲望**

作为厌憎的对立面，人的欲望与"爱"和"善"有关，这是一种人们对想要得到的所爱之物的欲求。欲望分为天生的和后天的，前者包括食欲、排泄欲等自然欲求，后者则是从经验中产生，经由欲望者本人或其他人验证而得来的。

是如此。其余的欲望则是对特定事物的欲望，是从经验之中所得来的，即经由本人或其他人尝试其效果所得到的。因为对于一无所知的事物或自认为并不存在的事物，我们除了想要尝试之外不可能存在更多的欲望。但是，我们不仅对那些曾对我们有所损害的事物有厌恶的欲望，而且对那些我们不知道是否会损害我们的事物也会有厌恶的欲望。

对那些我们无爱无憎的事物，我们称之为"轻视"：这是一种当内心抵制某些事物时表现出来的无动于衷或不服从的状态；这种状态产生的原因是内心被其他更有力的事物吸引而转移，或是因为对被轻视事物缺乏经验。

因为人体结构一直处于持续性变化之中，所以同一类事物在同一个人身上不可能始终引发同一类的欲望或厌恶，更不要说所有人对任何单一对象产生完全一样的欲望了。

对任何人来说，不论他欲求或欲望的对象是什么，他本人将其称为"善"；将憎恶或厌恶的对象称为"恶"，将轻视的对象称作"鄙薄"和"微不足道"之物。因为"善""恶"和"轻视"等词语的用法一直都是与使用者有关，任何事物都不可能是单纯、绝对的，也不可能从其客体本身的性质中总结得出关于善恶

的共同准则。国家不存在时，只能从人自身得出这种准则；国家存在时，则从代表国家的人那里得出这种准则；若以经争议方合议所选择的一名仲裁员或法官的裁断为准则，则这种规则也可以从该仲裁员或法官那里得出。

拉丁语中"美"和"丑"两个词的意思分别与"善""恶"相近，但又不完全一样。前一个词指从某种表面征象预示为"善"的事物，后一个词指预示为"恶"的事物。然而，在我们的语言中，尚不存在可表达这两种意思的一般性词语。关于"美"，我们称某些事物为"俊美"，称另一些事物为"美丽""英俊""壮美""体面""动人""可亲"等；关于丑，因情形不同而可称为"下流""畸形""丑陋""卑贱""作呕"等。其用法视情况而定，不一而足。当所有这些词语被恰当运用时，所表示的皆是预示"善"或"恶"的外表。如此一来，"善"可分为三种：预期之"善"称为"美"；效果之"善"，意即如愿以偿，称为"令人高兴"；手段之善称为"有效利用"。"恶"也分为三种：预期之"恶"称为"丑"；效果和目的之"恶"称为"讨厌"或"烦恼"；手段之"恶"称为"无益""无利"或"有害"。

如前所述，就感觉而言，我们体内真正存在的只是外在客体的作用引发的运动。从表象来看，视觉表现为光和色，听觉表现为声音，嗅觉表现为气味，凡此种种，不再赘述。因此，当同一客体的作用从眼、耳和其他器官继续传导到心脏时，它所产生的实际效果除了运动或意向之外，并无别的东西。当这种运动或意向趋向于发生运动的对象，它就是欲望；当它背离发生运动的对象，它就是厌恶。我们将这种运动的表象或感觉称为"愉快"或"不愉快"的意识。

被称为"欲望"的运动的表象是"高兴"或"愉悦"，如同对生命运动的强化和辅助。因此，能让人高兴的事因为能够有助于或强化生命运动，所以被称为"高兴"并非是不恰当的；与之相反的事物因为妨碍和干扰生命的运动，所以被恰当地称为"令人不快"。

据此，善的表象或感觉就是愉悦或高兴，恶的表象或感觉便是不愉快或不高兴。因此，一切欲望和爱好或多或少都伴随着高兴，一切憎恨或厌恶或多或少都伴随着不高兴和不愉快。

有时候愉快或高兴源自对现实客体的感觉，可称为"感觉的愉悦"（因为"肉欲"一词仅用于贬意，所以非经法律许可不得用作其他意义）。这种愉悦包括身体所有的增益与排解；此外还包括视觉、听觉、嗅觉、味觉和触觉方面的一切愉悦之事。另一类愉悦是因预见到事物的结局或终结而产生的，无论这些事物感觉是否愉悦。这类愉悦是得出这类结论的人在意识层面的愉悦，一般称为"高兴"。与之类似，有些不愉快是属于感觉层面，称为"痛苦"；另一些属于对结果的预期，称为"悲痛"。

欲求、欲望、爱、厌恶、憎恨、高兴和悲痛等单纯的激情因考量不同而称谓各异。首先，当其相继出现时，会因人们对实现欲望可能性看法的差异而被赋予不同的称谓；其次，它们会因喜爱或憎恨它们的对象不同而被赋予不同的称谓；再次，它们会由于多种激情经常一同考量而被赋予不同的称谓；第四，则是因为它们本身所具有的变化性或连续性而被赋予不同的称谓。

当人们认为可以达成目标时，"欲求"称为"希望"。

同样，当人们没有这种看法时，"欲求"称为"失望"。

当人们认为客体将造成伤害时，"厌恶"称为"恐惧"。

同样，当人们认为有希望通过抵抗避免遭受伤害时，"厌恶"称为"勇气"。

骤发之勇称为"愤怒"。

永怀希望称为"自信"。

常怀失望称为"不自信"。

当看到别人因受极大伤害而愤怒时，我们想象同样的伤害如同己受而产生的愤怒称为"义愤"。

为人求福的欲望称为"慈悯""善意"或"慈爱"；如果这种期望属于普遍性的，那么就称为"善良的天性"。

追求财富的欲望称为"贪婪"：因为追求财富的人，会因他人获得财富而心生不悦，所以这个词一直被用作贬义。尽管这种欲望本身究竟应予谴责或包容，需根据追求财富的方法而定。

追求职位或级别的欲望称为"野心"。根据上面提及的理由，这个词也被用于贬义。

对达成目的并无多大帮助的事物的欲望以及无多大妨害的事物的恐惧皆称为"怯懦"。

对小利和小害的轻视称为"大度"。

身处死亡或受伤的危急情况下表现出的"大度"称为"刚强"或"刚毅"。

使用钱财方面表现出的"大度"称为"大方"。

根据人们喜欢与否，在同等卑微情况下表现出的"怯懦"，分别称为"可怜"和"寒酸"。

为社交而产生的对人的爱称为"亲切"。

仅仅是为了感官愉悦而产生的对人的爱称为"自然的情欲"。

回味、想象此前的愉快而产生的对人的爱称为"追忆"。

专情而又欲独享该人爱意的爱情称为"激情之爱"。同样，害怕爱不能得的心理称为"嫉妒"。

施害于人，以使他人对自己所做的某件事自我谴责的欲望称为"报复"。

想知其然及所以然的欲望称为"好奇心"。在生物世界中，只有人类才有好奇心，它是一种除了人类的理性之外，区别于其他动物的特有激情。而其他动物因为食欲和其他感官的愉悦占据支配地位，所以并不注重去探知万事万物的原因。这是一种发自内心的欲念，它源自于持之以恒、孜孜不倦地增长知识所感受到的愉悦，因此胜过短暂而强烈的肉体欢愉。

大脑里假想的或根据众所周知的传说构想的对非现实力量的恐惧称为"宗教"。如果所根据的传说为大众所认可则称为"迷信"。当想象中的力量与想象一致时便称为"真正的宗教"。

在原因不详或不明就里时所产生的恐惧称为"恐慌（panic terror）"。传说牧神潘（Pan）制造了这一恐惧，故而称为"panic terror"。实际上，最初产生这种恐惧的人多少有些了解其起因，因为每个人都认为其他人知道起因何在，所以一群人如鸟兽散。因此，该激情只存在于乌合之众或人群之中。

因了解新奇事物而产生的快乐称为"赞美"，这是人类特有的快乐。因为它会激发人类探求原因的欲望。

因想象自己的权势与能力而产生的快乐称为自我荣耀的"欣喜"。如果它是根据自己此前行为的经验，那么这种心情与"自信"就是相同的。如果它只是根据他人的阿谀之词，或来自自己异想天开的自娱自乐，那么则称为"虚荣"。这一名词恰如其分，因为底气十足的自信能够激发力量，但自认手握权力却无法激发力量，故称之为"虚荣"是名副其实的。

自己认为缺乏权力而产生的悲伤称为"沮丧"。

青年人最易产生假想或自以为具备某种明知自己不具备的能力的虚荣心，英雄人物的历史或虚构的故事助长了这种心理，但是随着年岁的增长和工作阅历的丰富，这种心理会逐渐得到矫正。

骤然迸发的自豪感会使人出现"笑"的激情，一般这种现象是由使自己感到愉悦的某种自身骤发的动作引发的；或是发现别人的某种缺陷，继而经由对比而为自己喝彩所引发的。那些自知本人能力有限的人，最易出现这种情况。这种人不得不通过寻找别人的缺陷聊以自慰。因此，喜欢取笑他人的缺陷是怯懦的象征。伟人最突出的特点是以助人为己任，使人免遭耻笑，并且只会见贤思齐。

□ 牧神潘

潘，古希腊神话中的牧神，掌管山林、田园和羊群。他长相奇特，有着人一样的头和身躯，山羊一样的角、腿和耳朵。半人半羊的潘既象征着创造力、音乐、诗歌和性爱，同时也是恐慌与噩梦的标志。在罗马神话中，他又名福纳斯。

与之相反，骤然迸发的沮丧会使人出现"哭"的激情。这是由骤然失去满心期待的东西或支持的力量等意外情况所致，这种情形大多出现在主要依靠外界帮助的人身上，如女人或儿童等。因此，有人因为失去朋友而哭泣，有人因为朋友粗暴而哭泣，还有人因为在和解过程中被迫终止报复的思想而哭泣。但是，笑和哭在所有这些情形中都是骤然迸发的行为，在人们习以为常后就会全部消散。因为无人会被老掉牙的笑话逗笑，也无人会为之前的灾难而哭泣。

发现自己能力存在某种缺陷而悲伤称为"羞愧"，表现出来的就是羞赧的激情。因为知道存在某种不体面的事情，所以才会有这种情绪。对青年人而言，这是他们爱惜名誉的象征，值得褒扬。对老年人而言，这也属爱惜名誉的象征，但是因为为时已晚，所以并不值得褒扬。

轻视名誉称为"厚颜无耻"。因他人受苦而悲伤称为"怜悯"，这是因为想象类似苦难可能自己也会经历而引发的，所以称为"恻隐之心"，用现在的话来表述就是"同情"。因此，在大恶之人遭灾受难时，最贤良的人对其怜悯最少；同样，那些自认己身遭此灾难可能性最小的人，对其怜悯也最少。

对他人遭灾受难漠不关心或无动于衷称为"残忍"，产生这种情绪是因为他们自身的幸福得到了保障。在我看来，任何人都不可能无缘无故地对别人的大灾大难幸灾乐祸。

因竞争者在财富、名誉或其他美好的事务方面取得成功而感到悲伤，如果在这个时候发愤图强以期与对方不分伯仲或胜过对方，那么就称为"竞争"；但是，如果竭力去排挤或妨碍竞争者，那么则称为"嫉妒"。

如果一个人的意识中交替出现对某一事物的欲求、厌恶、希望与恐惧，不停地闪现做或不做这件事情的各种善恶结果，以至于时而渴望，时而厌恶；时而希望做这件事，时而又失望或畏惧尝试；直至事毕之后或被认为不可能再做此事为止，在这一过程中的所有欲求、厌恶、希望和恐惧的总和就是我们所称的"斟酌"。

因此，对于已经逝去的事物就不存在"斟酌"，因为它显然是昨日之事，无可更改；明知具有可能性的事情或被认为不具有可能性的事情就不存在"斟酌"，因为人们知道（或认为）即便"斟酌"，也是徒劳无益。然而，对于一些原本不可能但我们认为具备可能性的事情，在不知道"斟酌"徒劳时，是可以"斟酌"的。因为它使我们不会随意根据自己的欲望或厌恶去做或不做某事，所以称其为"斟酌"。

在其他动物身上也存在和人类一样的欲求、厌恶、希望、恐惧交替接续的现象，因此动物身上也存在"斟酌"。

当斟酌之事已完结或已被认为完全不具有可能性时，所有"斟酌"便宣告终止，因为在此刻之前，我们一直可以根据自己的欲望或厌恶自由决定做或不做此事。

在斟酌的过程中，与为或不为直接相关的最后的欲望或厌恶称为"意志"。它不是一种官能行为，而是一种意志行为。能斟酌的兽类必然具有"意志"。通常经院学派将意志定义为理性的欲望，该定义并不恰当。如果这个定义是恰当的，那么就不存在违背理性的自愿行为。因为自愿行为只是根据意志产生的行为而非别的东西。但是，如果我们不是将其视为理性的欲望，而是认为它是源自于前一项斟酌的欲望，那么这个定义就与此处我提出的定义是一样的。因此，意志是斟酌过程中最后的那个欲望。在一般性讨论中，尽管我们说某人曾立志做某一件事但又未去做，它只能恰当地被视为一种要去做的倾向，这不会产生任何自愿的行为；这是因为行为不取决于此，而是取决于最后的倾向或欲望。如果在中间过程出现的欲望可以使得任何行为成为自愿行为，那么根据同样的道理，所有在中间过程中产生的厌恶也会使得同一行为变成非自愿行为。因此，同一行为变成既属于自愿行为又属于非自愿行为。

据此，因对某一事物的贪婪、野心、情欲或其他欲望而引发的行为理当属于自愿行为；因厌恶或恐惧不行动将导致的后果而付诸行动，这也属于自愿行为。

表达激情与思想的语言形式部分是相同的，部分存在差异。第一，一般而言，所有激情均可通过直叙式语言表达；例如"我爱""我害怕""我高兴""我斟酌""我愿意""我命令"等，但是其中一部分有它们自身特有的表达方式。除非它们在表达自身根据的激情外，还被用来得出其他推论，否则这一方式就不是断言。斟酌还采用假定式语言的表达方式，这种表达方式的正式用法是用来表达假设及结论，比如"如果做此事，那么就会……"等。这与推理语言并无二致，只不过推理使用的是一般性词语，斟酌绝大部分使用特定词语。表达欲望与厌恶使用命令式的语言，如"做这件事""不要做那件事"等；当要求对方必须做某事或不做某事时，这就是命令，否则就是祈求或商议。虚荣、义愤、怜悯和报复等属于祈使式[1]语言。但是求知欲有特殊的表达方式，即所谓的"疑问式"，例如"这是什么""何时会""如何做""怎么会这样"等。除此之外，我并未发现关于激情的其他语言；因为诅咒、发誓、辱骂以及类似的事情并不像语言那样具有指示性，这些只不过是像舌头习惯的动作一样。

我认为，这些语言形式是对我们激情的展示或主动的表达，而非确定性的象征。因为不论是否存在这种激情，人们都可以恣意使用这些表达形式。表情、身体动作、行动以及我们通过其他方式知道某人的目的或目标是现实激情最佳的象征。

在斟酌的过程中，由于欲求与厌恶源自于对被斟酌行为善果和恶果的预测以及被斟酌行为的后果，后果的好坏取决于对一个长的因果链条的预见，通常极少有人能看到这种因果链条的尽头。但是，对于一个人能预见到的范围而言，如果其结果之中善多恶少，那么整条结果链就是学者所说的表现出的或外在的善。反之，如果恶多善少，那么整条结果链就称为表现出的或外在的恶。因此，根据经验或推理而对结果做出最长远和最具可靠性预见的人，其本身是最精于斟酌的

---

[1]指希望获得。

人。如果他愿意，那么他可以为别人提供最好的意见。

　　一个人对于渴望之事常常能不断获取，即保持欣欣向荣的状态，便是人们所谓的"福祉"——我说的是今世的福祉——因为今世不存在永恒的心灵宁静。原因在于生命本身是一种运动，我们不可能摆脱欲望和恐惧，就如同我们不能没有感觉一样。至于上帝赐予那些虔诚信神之人的福祉，据说当事人一经理解就会立刻受享这一福祉；这种快乐就如同经院哲学家所说的"极乐美景"一词那样让人难以理解。

　　人们描述事物的善的语言形式称为"赞美"；描述事物的威力与至伟的语言形式称为"推崇"。希腊人将描述自己认为某人受福祉的观点的语言形式称为"$\mu\alpha A\alpha\rho\iota\sigma\mu o$"，在我们自己的语言（英语）中尚不存在这样一个与之对应的词。因此，对于当前讨论的激情问题，本部分已进行了充分的论述。

第七章　论讨论的终结或决断

在求知欲驱动下进行的所有讨论，无论得出结论或放弃得出结论，最终都会有个终结。而且不论讨论链条在哪一环被打断，那么在被打断的时刻就会有一个终结。

如果讨论只是心理层面的讨论，那么它就是由关于某一事物将是或将不是、曾是或不曾是方面的想法交替而成的。因此，不论你于何处打断一个人的讨论链条，你都将会使他处于"将会存在""将不会存在""存在过""不曾存在"的假定之中，这些全部都是意见。在对过去和未来真理的探寻中，接续出现的是意见；在对善和恶的斟酌中，接续出现的是欲望。正如将斟酌过程中最后出现的欲望称为"意志"一样，在过去和未来真理的探寻中最后出现的意见称为"判断""决断"或"最后判定"。正如将善恶问题交替出现的欲望形成的整个链条称为"斟酌"一样，在真假问题上交替出现的意见形成的整个链条称为"怀疑"。

任何讨论都不能以对过去或未来事实的绝对知识作为终结。因为事实知识最初源自感觉，之后则依赖记忆。并且对于此前我所提到的将关于序列的知识称为"科学"，也并非绝对的，而是有条件的。没有人能够因为通过讨论知晓此物或彼物已存在或将要存在，就说自己已经绝对知晓。他唯一知晓的就是如果存在此物，那么就存在彼物；如果已存在此物，那么也已存在彼物；如果将存在此物，那么也将存在彼物。这种知晓是有条件的知晓。他所知的不是此物与彼物之间的因果关系，而是同一物的一个名词与另一个名词之间的因果关系。

因此，当将讨论转为语言层面，以词语的定义为出发点，通过词语定义的联系形成一般性论断，再根据论断之间的联系形成三段论法，其终结或最终的总论称为"结论"。结论表达的思想意识是有条件的知识或关于词语因果关系的知识，通常称为"知识"。但是，如果这一讨论不是以定义作为初始基础，或者定义并未正确地构成三段论法，那么其终结或结论就仍然只是意见；它是关于所谈及事物真实状况的意见,虽然有时语言的荒谬且无意义让人无法理解。当两个或两个以上的人了解了同一事实,即称为相互注意到了这一事实,也就是说他们共同知晓了该事实。因为他们彼此之间或对第三方而言是这一事实的最佳见证人;因为人们一直以来极为珍视良知,如果他们中任何一个人说了违背良知的话,或者威胁、强迫另外一个人这样做,那么此种行为便是令人唾弃的恶行。后来人们以"良知"的比喻意义形容对自己私密之事和私密思想的认识。用修辞手法来说就是"良知是众目之下的见证人"。最后,还有一些人笃信自己标新立异的意见,哪怕这种意见荒谬至极,他们仍固执己见,甚至美其名曰"良知",给人的感觉就如同改变或反对这些意见就是违反了法律一样;并且当他们至多只是知道他们自己认为如此时,却假装知道它们是正确的。

如果某一人进行的讨论不以定义而是以他自己的其他想法为出发点,那么这种想法仍可称为"意见";或者这个人将其他人的某种意见作为出发点,他对此人认知真理的能力以及诚实不欺深信不疑。对于后者而言,讨论关注更多的是人而不是事情,其决断谓之"相信"或"信任",信他人谓之"信任",信他人及其言词的真实性谓之"相信"。因此,"相信"一词包含两种看法:一是对人所说的话的看法,一是对该人人品的看法。信任一个人,或信赖一个人,或相信一个人,这些并没有任何区别,都是对某人的诚实的一种看法;相信某人说的话仅表示对某人所言是否真实的一种看法。然而,需要指出的是,只有在关于上帝的著作中才用"我信"这种表述,其他地方从来不用;拉丁语中的"相信"和希腊语中的"信"亦是如此。在其他著作中,"我信"均使用"我相信他""我信赖他""我信得过他""我信靠他"等表述。拉丁语中是"相信他""信任他";希腊语中则是"相信"。教会关于这些词语的特殊用法导致人们在基督教信仰的正确对象问题上出现了大量争论。

宗教信条中的"信"不是指信赖人,而是指对教义的明证和相信。因为不仅仅是基督徒,其他各类人等均是按照这种方式信神,而不论其是否理解,都将上帝所说的话奉为真理;这对任何人来说,他所能获得的信任和信赖只能如此而已,但是这些人也不是全然相信教义的信条。

据此,我们可以得出推论,当我们相信某一说法为真时,不论其内容为何,如果它不是根据事物本身或自然理性原理所得来的,而是源自于说话人的权威和自己对这人的推崇,那么我们相信或信赖的是说这话的人,我们信任的对象是他所说的并且被我们所接受的话，由此信任的尊荣专属于这一人。因此，在我们未得到上帝直接的启示而认为《圣经》是上帝说的话时，我们信仰、信任以及信赖教会，教会的观点为我们所接受和默认。那些相信先知以上帝之名对自己说话的人，他们接受先知的话，尊敬他、信任他并信他所言，对先知的真假则毫不在意。关于所有其他方面的历史亦是如此。因为如果我们完全不相信历史学家关于亚历山大大帝和恺撒大帝丰功伟绩的描述，假使亚历山大大帝和恺撒大帝有灵，那么他们以及除了历史学家之外的其他人都没有任何正当理由认为我这样是冒犯了亚历山大大帝和恺撒大帝。如果我们并不相信李维[1]所说的——上帝曾让牛开口说话，那么就该问题而言，我们不是不信上帝，而是我们不信李维。所以，显而易见，如果只是以作者及其著作的权威为依据，那么不论他们是否由上帝所派遣，当我们说相信任何事物时，这种信任只是基于对这些人的相信罢了。

---

[1] 蒂托·李维（公元前59—公元17年），古罗马著名的历史学家，主要著作有《罗马史》。

第八章 论一般被称为"智慧"的美德
以及与之相对的缺陷

一般而言，美德是所有事物中被奉为因卓越而显尊贵的品质，通过比较方可得见。因为如果人人在各个方面都不分高下，那么就不存在尊贵的东西了。智慧的美德通常被理解为被人称颂、珍爱并渴望自身拥有的心理能力，统称为"美好的智慧"；但是，"智慧"一词也专指不同于其他能力的某一种能力。

智慧的美德可以分为两种：一种是自然的美德，另一种是后天形成的美德。所谓自然的美德不是指天生就有的美德，因为只有感觉才是与生俱来的。在这一点上，因为人和人之间、人和禽兽之间几乎不存在差别，所以不能将其视为美德。我所说的这种智慧是直接通过利用和凭借经验得来的智慧，而不是依靠任何方法、培养或者教导而具有的智慧。这种自然的智慧主要表现在两个方面：想象的敏捷性（即一种思想与另一种思想之间的迅速接续）和确定目标后持之以恒。相反，想象迟缓会导致一种心理缺陷，一般称为"迟钝"或"愚笨"，有时会使用其他表示运动迟缓或移动困难的词语来表示。

人们的激情差异，即人们对同一事物爱憎方面的差异，导致出现了想象缓急方面的差异。因此，一些人的思想朝此方向发展，而另一些人的思想朝彼方向发展。长此以

□ 美德的胜利

在人的所有品质中，美德是最为尊贵的品质。智慧的美德被人视若珍宝。图为安德烈亚·曼特尼亚的作品《美德的胜利》（1502年）。画中，以石栅栏围住的池塘里充满了邪恶，而左边身穿黄色战袍者，就是智慧、技术及工艺之神密涅瓦。她正驱赶着懒惰者向前走，并营救被人马兽胁迫的月亮女神黛安娜。

往，他们就会对人们想象的事物形成不同的观点。在人们接续不断的思维之中，其对所观察事物的思考只包括以下几个问题：它们的相似性在哪里？它们的差异性在哪里？它们能发挥什么作用以及如何发挥作用？在此方面，如果一个人能观察到很少有人发现的相似之处，那么就称他具有"美好的智慧"，事实上，此种情况下所指的是"美好的想象"。但是，如果一个人在观察事物时能够观察到他人很少能够发现的事物之间的差异，即区分、识别与判断事物的特征，那么就可以说他具有"良好的判断"；尤其是在谈话和办事时，识别时间、地点和人物的美德被称为"辨别力"。前者即想象，如果不借助判断，那么就不能称为"美德"；后者即判断和辨别力，无需借助想象，其本身即可称为"美德"。除了具备良好的想象力所必需的对时间、地点与人物的辨别力之外，还必须时常将他们的思想运用到实现其目标的过程之中，也就是说，要发挥它们的作用。一旦具备这种美德的人做到了这一点，那么他们就可以容易地获取大量的比喻材料，使他们在讨论中不但可以举出大量例子，并且能够使用新颖恰当的隐喻进行修饰，甚至别出心裁，令人刮目相看。但是，不能持之以恒且朝着特定目标的方向努力，只是做白日梦，就会陷入癫狂之中；就如同一些人不管是在什么样的讨论中，出现在他们思想中的任何事物都会导致他们信马由缰，不断跑题，啰啰嗦嗦，乱说一气，让人不知所云。据我的经验来看，尚没有一个恰当的名词来形容这种愚蠢的事情。有时候，经验匮乏是导致出现这种情形的原因，在此情形下，别人不以为奇的事，他们却好奇无比；有时候，导致出现这种情形的原因是谨小慎微，在此情形下，别人以为微不足道的事，他们往往小题大做，大惊小怪。他们认为值得讨论、新奇的大事，会使他们在讨论中逐渐偏离主题。对于一首好诗，不管是史诗、戏剧诗、十四行诗、讽刺诗，抑或其他诗歌，都必须兼具想象和判断，但是前者更为重要。因为诗歌是因辞藻华丽而使人愉悦，但不应因轻佻浮夸而惹人厌恶。

  优秀的史学典籍在判断方面必须非常突出，因为其卓越性就在于它的方法、真实性和所选史实是最广为人知的。想象除了修饰文辞之外没有其他作用。

  对于以赞美或咒骂为主题的讲演，想象占主导地位。因为演讲的目的不是陈述实情，而是通过高贵或卑劣的比较进行褒扬或者诋毁。判断所表明的只是何种条件下何种行为是值得赞扬或贬损的。

  对于以劝告或请求为目的的演讲，如果讲出实情或进行掩饰最利于实现相应目的，那么最需要的就是判断或想象。

对于证明、咨议及其他所有探究真理的严谨性的论述，当认知需要通过恰当的比喻启发人们的理解时，想象将发挥重要作用，所有这一切都需要判断发挥作用。但是，在这种情况下绝不能使用隐喻的手法。因为这种言词明显是虚构的，再将其用在咨议或推理过程之中显然是愚蠢之举。

不管在何种讨论之中，如果判断力有明显缺陷，那么不论想象何等天马行空，整个讨论也将会被人视为缺乏智慧；但是，如果明显存在判断力，那么不论想象何等平淡无奇，整个讨论绝对不至于像前者一样（即被视为缺乏智慧）。

一个人的隐秘思想包罗万象，或神圣尊崇，或亵渎不敬，或圣洁正派，或污秽下流，或严肃庄重，或愚蠢无知，他人不应以之为耻，也不应因之而责备于人。但是，口头讨论时则不能这样，不能超出判断所要求的时间、地点和人物。解剖学家或医师可以对他们关于不洁之物的判断加以讨论或将其写入书中；因为这样做不是为了取悦人而是有益于人。但是，如果另一个人就同样的东西作天马行空甚或自娱自乐的想象，则无疑像是一个跌落到淤泥之中的人去参见尊贵的客人，其中的区别就在于是否缺乏明辨。除此之外，在心情闲适时与故友闲谈，还可以玩单词发音和谐音词的游戏，很多时候甚至可以比一比谁的想象力更加丰富。但是，在布道和一些公开场合、在有陌生人在场或在应表达尊敬之人面前玩谐音词的游戏，皆是愚拙之举，它们的区别也只在于缺乏辨别力。因此，在缺乏智慧的地方并非是缺乏想象，而是缺乏辨别力。也就是说，可以将不具有想象的判断视为智慧，但不能将没有判断的想象视为智慧。

如果一个人运筹帷幄，对大量事物进行考量，并了解这些事物如何有助于促成他的谋划或有利于促进哪一计划，则在这种观察罕见的情况下，可以将其智慧称为"慎虑"。这一智慧需要以大量的经验和对类似事物及后果的记忆作为支撑。因为同龄人的经验差别不会太大，所以人们在这种智慧方面的差别不像在想象和判断方面的差距那样大，其差别表现为由于情况不同，人们因而有各自的打算。善于齐家和善于治国并非两种程度不同的慎虑，而是两种不同的事务；这就如同小于、等于和大于原物的画像，并非属于不同程度的艺术一样。一个普通农民考虑自己的家务事方面要比一名枢密大臣考虑另一个人的家务事方面更为慎虑。

如果你在慎虑的基础上还玩弄不公正或不诚实的伎俩，就像恐惧或贫困往往促使人们去做那些不好的勾当一样，此即狡诈的邪恶智慧，是怯懦的标志。因为豪迈之品质，就是对一切不公正或不诚实的伎俩表现出嗤之以鼻。拉丁语中的

"狡诈"译成英文为"便宜之计",也就是采用这种手段来躲避眼前的危险和障碍,结果却适得其反,正如同通过抢劫一个人来偿还欠另外一个人的债务,这就是一种短视的狡诈办法。这种情形被称为"versutia",源自于"versura"一词,意思是借高利贷来偿还当前的债务利息。

关于获取的智慧(我是指通过方法和教导所得的智慧)就是推理,而不是别的什么东西,推理是在正确使用语言的基础上产生的学识。但是,对于推理和学识而言,我已在第五章和第六章中进行了讨论。

激情会导致这种智慧之间存在差异,而导致激情存在差异的原因,部分来自体质差异,部分来自修养差异。因为如果因大脑或内外感觉器官的性质差异而导致智慧差异,那么人们的视觉、听觉或其他感觉的差异就无异于想象和辨别力方面的差异。因此,差异源自于激情。激情本身会因人的体质结构差异而各不相同,同时也会因人的习惯和教养差异而各不相同。

最可能导致智慧产生差异的激情,主要来自于程度各异的权势、财富、知识和名誉的欲望。所有这些都可以归结为第一种欲望,即对权势的欲望。因为财富、知识和荣誉不过是权势的几种不同形式。

因此,倘若一个人对以上所述的欲望并无多少热情,而是持既来之则安之的态度,那么即便他是一位不与人相争的好人,却也不可能拥有丰富的想象力或强大的判断力。因为对欲望而言,思想就如同侦察员和侦探一般,他们四处探查情况,以便发现他们所希望找到的东西。所有意识活动的稳定性和敏捷性均源自于欲望。如同没有欲望就等于"死亡",激情不足就等于"愚钝"。对于任何事物都不甚在意、漫不经心,这就是轻率妄举和心神涣散;反之,对任何事物的激情都比别人来得更加强劲和激烈,这便是人们所说的"癫狂"。

因此,癫狂种类的繁多,无异于激情本身的种类。有时过度和过分的激情是因为身体器官的不良结构或遭到损害而导致的,有时器官受伤或不健康是因激情过度或持续时间过长而导致的。但是,这两种情形下的"癫狂"具有相同的属性。

因强烈或持久而导致疯狂行为的激情,要么是过于自负,要么是过于沮丧,其中前者通常被称为"骄傲"和"自负"。骄傲使人易怒,过分时就会导致出现癫狂的行为,此即"暴怒"或"狂怒"。因此,当报复欲过于强烈并成为一种习惯时,就会伤及器官而导致暴怒。爱慕过于强烈再加上嫉妒,也会导致暴怒。一个人在与生俱来的灵感、智慧、学识、外表及类似方面自视甚高,就会导致精神错乱和轻率妄动，再加上嫉妒就会引发暴怒。当过分笃信某一事物的真理观点，一旦其遭到他人反对，也会产生暴怒的激情。

一个人会因沮丧产生莫名的恐惧，这种癫狂通常被称为"忧郁"，它可以表现为多种不同的方式，诸如游荡于荒野墓地、笃信迷信，以及对于特定的事，有人怕它的这一方面，有人怕它的那一方面。总而言之，导致奇怪和反常行为的所有激情总称为"癫狂"。但是，一个人只要用心去做，他就能罗列出很多"癫狂"的种类来。如果过度激情被视为癫狂，那么毫无疑问，在激情自身趋向于恶时，就会产生不同程度的各种癫狂。

例如，一群人自认为受了神启并执念于此，尽管这种愚蠢行为的后果往往不会通过其中的某个人因该激情而导致的任何特别过分的行为看出来，但是当他们聚众谋划时，这一群人的集体怒狂就表现得非常明显。因为有什么行为能比朝着我们最要好的朋友大叫、扔石头或殴打他们还癫狂的呢？但是，相比之下，这一群人则是有过之而无不及。他们对于那些一生都需要其保护并免于伤害的人，也会大声叫嚷，甚至加以殴打或杀害。如果整个群体处于癫狂之中，那么其中的每一个成员都会是这种状态。因为当一个人身在海洋中时，虽然他听不到自己身旁的水声，但是他确信这部分海水和其他任何同等分量的海水一样，在促成海浪咆哮方面会发挥同样的作用。同理，虽然从一两个人身上难以感觉出多大的骚动不安，但是我们确信，其各自的激情是整个骚乱国家中那些煽动性喧嚣骚动的组成部分。尽管他们没有流露出癫狂情绪的任何其他迹象，但他们狂妄地声称获得神启就已是确凿的证据。如果疯人院的一个人热情地招待你，并和你清醒地谈话，临别之际，你想知道他是何人便于下次你再去拜访，然而他却告诉你他是圣父，我想，你自然无须浪费精力去寻找其他过激的行为来佐证他的癫狂。

这种关于神启的观点一般称为"秘启精神"，往往是源于幸运地发现了其他人通常所犯的错误。由于他们不知晓或不记得获得这种独特真理的过程——他们对此信以为真，尽管这些"真理"在很多情况下并非是真理——他们从此自命不凡，以为是万能的上帝青睐于他们，以超自然方式通过圣灵给了他们这一真理的启示。

除此之外，癫狂不过是过分表露出来的激情，我们可以从喝酒所产生的效果来推论出这一点，这种效果同器官紊乱产生的结果完全一致。因为对酗酒的人和癫狂的人而言，二者都会表现出一些相似的行为。有的人会怒发冲冠，有的人会爱意绵绵，有的人则会开怀大笑，这些均受他们不同激情的支配而表露出来。因

□ **摩西选立七十个长老**

关于以色列长老制度的由来，《圣经》中有这样的表述：在摩西带领以色列人逃离埃及的路上，上帝赐予他们许多恩典。可是这群以色列人不但不知感恩，反而稍不如意就喋喋不休地抱怨。后来，以色列人因抱怨"谁给我们肉吃"而触动了上帝的怒气，摩西便负起代求的职事，向上帝求情。上帝怜悯以色列人，一方面教导摩西选立七十个长老来分担管理重任，一方面借供应肉食来显明上帝的大能。

为喝酒产生的效果褪去了所有掩饰，使得这些人无法看到自己激情的丑陋一面。因为我相信，当一个头脑最为清醒的人悠闲自得、心无挂碍地一人散步时，他肯定不愿向人展示自己浮夸和放浪的思想；这就是承认大部分未加限制的激情就是"癫狂"。

自古至今，世人关于癫狂的原因有两种看法。一部分人认为癫狂因激情而生，还有一部分人认为是善恶鬼神或精灵导致的，这种鬼神或精灵能够进入人体内并缠附于人，使人的器官状态和疯子的器官状态一样，产生奇特怪异的运动。因此，前一种人被称为"疯子"，后一种人有时候被称为"幽灵附体的人"，有时候又被称为"邪气上身的人"。在今天的意大利，这种人既被称为"疯子"，又被称为"妖魔附体的人"。

某次，天气极其炎热，希腊的阿布德拉聚集了很多人一起观看悲剧《安德洛墨达》[1]。观看过程中，这些观众同时出现发烧症状——炎热的天气和悲剧的

---

[1] 该剧为古希腊悲剧作家欧里庇得斯（公元前480—前406年）创作的作品。该剧主要是讲埃塞俄比亚公主安德洛墨达为拯救整个国家而被绑在柱子上作为祭品奉献给海神，后被路过此地的珀尔修斯所搭救的故事。

效果共同导致发生这一状况。此时，观众们只能反复念诵珀尔修斯[1]和安德洛墨达[2]的名字，其他什么也不敢做，他们的发烧和癫狂状态直到冬天才结束。当时，人们认为是悲剧引发的激情导致了这种癫狂状态。在另一个希腊城市，也曾发生过类似的癫狂事件，只不过出现癫狂的人都是少女，后来她们中的很多人自缢而死。当时大多数人认为这是妖魔作祟。但是有一个人认为，她们之所以轻生，应该是由心灵的某种激情所导致，但她们不会置自己的名誉于不顾，因此这个人向政府当局建言，将自缢少女的衣服剥光，将尸体赤裸裸地挂起来示众。据说这样做以后便治愈了那种癫狂的状态。但是有时这些希腊人又将癫狂归因于愤怒女神欧墨尼得斯在作怪，有时还将其归因于农神息利斯或光明神费保斯以及其他神灵作怪。当时他们深信这是由于幻象造成的，并且认为幻象是无形的活物，一般将其称为"精灵"。对于这一点，罗马人和希腊人观点一致。犹太人也是如此，他们将疯子称为"先知"，或依照他们认为幽灵分善恶的观点而将"疯子"称为"幽灵附体的人"。但是犹太人中，有的人将先知和被幽灵附体的人皆称为"疯子"，有的人则将同一个人既称为"幽灵附体的人"，又称为"疯子"。对于非犹太人的异教徒而言，这种看法不足为奇，因为他们将疾病与健康、邪恶与美德以及许多自然偶性均奉为神灵而敬拜。所以，他们既会将神看作魔鬼，有时也将疟疾看作魔鬼。但是，如果犹太人持这种观点，未免显得很奇怪。因为无论是摩西还是亚伯拉罕，都未曾自称因幽灵附体而作出预言，而只说获得了来自上帝的声音的指示，或源自异象或梦境。摩西律法、道德、仪典中不存在任何教导犹太人存在任何该激情状态或幽灵附身的内容。据说上帝从摩西身上取灵并分赐于七十长老时[3]，并未将上帝自己的灵（可视为上帝的实体）进行分割。《圣经》中所说的人身上的圣灵，是指此人趋向于神性的灵。《圣经》中说的"我用智慧的灵所充满的，给亚伦作衣服"[4]，这不是说放入他们身体里的灵能作衣服，而是指他们从事该工作的灵的智慧能作衣服。与之类似，在人们的灵做出污秽举止

---

[1] 珀尔修斯：古希腊神话中有名的英雄，是宙斯和达那厄的儿子。
[2] 安德洛墨达：埃塞俄比亚国王刻甫斯（仙王座）与王后卡西奥佩娅（仙后座）之女。
[3] 参见《民数记》第11章第25节。
[4] 参见《出埃及记》第28章第3节。

时，通常称其为"不洁的灵"，其他的灵亦是如此，虽然这种情形也并非一直如此，但是当美德或邪恶非比寻常时，也作此称呼。在《旧约》中，其他先知也不曾自称有神灵附体或神在他们体内说话，只是说神通过声音、异象或梦对他们进行启示，"降圣灵"不是圣灵附体而是一种命令。如此一来，为什么犹太人会沉迷于幽灵附体的观点呢？除了存在于所有人身上的共同原因之外，我想不出其他的原因；即他们没有探究自然原因的好奇心，并且将幸福视为获得低级的肉体欢愉以及最能够直接产生这种欢愉的事物。他们如果发现某人心思奇异、天赋异禀或存有缺陷，除非他们同时发现了可能的原因，否则他们就难以认定这是自然属性；如果并非自然属性，那么他们就必然会将其认定为超自然属性；由此，如果不是神或魔附身，那又会是什么呢？据此，从前就出现过这种情形：当一群人围住我们的救主时[1]，他的亲属认为他发疯了，就想把他拉住；但是文士说他被别西卜[2]附体，又说他就是靠着别西卜赶鬼的，就好像大疯子制服小疯子一样。还有人说："他是被鬼附着，所以疯了。"[3]但是另外一些将其视为先知的人说："这不是鬼附之人所说的话。"因此，虽然《旧约》中给耶户施膏礼的人是先知，但是却有人对耶户说："这狂妄的人来见你有什么事呢？"[4]总之，我们明显可以看到，无论是什么人出现行为异常时，犹太人都认为这是由或善或恶的神灵附身所导致的。只有撒都该人不持这种观点。但是他们走向另一个极端，即几乎不相信存在任何神灵，这种观点非常接近彻底的无神论。因此，当他们不将这种人称为"幽灵附体的人"，而是称之为"疯子"时，或许更能激起对方的愤怒。

但是我们的救主在为人治病时，为什么将病人视为幽灵附体而不是将他们视为疯子呢？关于这个问题，我只能给那些以同样的方式指出《圣经》反对"地动说"的人一些答复。《圣经》的出现是为了向人们昭示上帝的国，并使人们从心理上做好准备去做上帝的忠顺子民，而世界及其哲学问题则供世人讨论，以锤炼

---

[1] 参见《马可福音》第3章第21节。

[2] 原本是腓尼基人的神巴力西卜，意思为"天上的主人"。但是在拉比（犹太教的宗教领袖）的文献中，别西卜这个名字已经是作为"苍蝇王"的意思在使用了，它被视为引起疾病的恶魔。

[3] 参见《约翰福音》第10章第20节。

[4] 参见《列王记下》第9章第11节。

48 | 利维坦　Leviathan

□ 耶户被膏为以色列王

《圣经》中有耶户被施膏立礼的描述。耶户原是以色列王约兰手下的军长，善骑善射，意志坚强。上帝曾命以利亚膏耶户为王，此命令由以利沙执行。以利沙派遣门徒去到基列的拉末，找到耶户，告知他耶和华要他做以色列的王，并将耶和华击杀亚哈家的使命交付给他。图为耶户受膏为以色列王。根据希伯来人的信仰传统，被（其他人用油）膏立是一种特别的宗教仪式，代表着被膏立的人是上帝所选定的。

其自然理性。不论是地球自转还是太阳自转导致了昼夜现象，也不论是激情还是魔鬼导致了人们的过激行为，所有这些对我们听命于和服从于全能的主而言并无二致，而这正是《圣经》的目的所在。至于我们的救主和疾病说话与和人说话无异的问题，基督的话不过是那些仅靠诵念来治病的人的常用语；不论那些念咒的人是否真的与鬼对话，他们总得假装成这种样子。耶稣不是还斥责过风吗？[1]他不是也斥责过热病吗？[2]但是，这并不说明热病就是魔鬼。据说很多魔鬼都曾向基督忏悔。其实此处无需任何其他解释，只需将其解释为是那些疯子向基督忏悔就可以了。但是，我们的救主还曾提到，污鬼离了人身，就在无水之地徘徊，寻求安歇之处，却遍寻不着；便又带了七个比自己更恶的鬼来，全都住到之前的人身里。[3]显而易见，这只是一个比喻，指一个人为摆脱情欲而做了一些努力，最后不得不屈服于自己的情欲，变得比他之前还要坏上七倍。所以，我从《圣经》中找不到任何关于幽灵附体的人不是"疯子"而是别的东西的内容。

有些人的言谈还存在另外一种缺陷，也可视其为一种癫狂，即我在前文第五章中提到的——滥用词语到近乎荒谬的程度。即当人们说某话的时候，连在一起的词语根本没有任何意义。但有些人之所以使用其中的词语，只是因为误读了自己死记硬背的话；另外一些人则故意用佶屈聱牙的话来行骗。只有像经院哲学

---

[1] 参见《马太福音》第8章第26节。
[2] 参见《路加福音》第4章第39节。
[3] 参见《马太福音》第12章第43节。

家那样常常谈论一些艰涩难懂的问题的人，或者讨论玄妙晦涩的哲学问题的人，才会比较容易出现这种情况。普通人极少讲废话，也正是基于这一点，那些卓越的人物才将他们视为愚夫。但是，为证明滥用词语者的话在自己心中根本毫无依据，还需要举例来说明。如果有人认为有必要，可以去找一位经院哲学家做验证，看他能否将诸如三位一体、神性、基督本质、变体、自由意志等任何一个难题翻译为任何一种能让人理解的现代语言文本；或是将其翻译成生活在拉丁语普及时代的任何人都能读懂的拉丁语文本。"第一因并非必定会因第二因的本质依附而使任何事物流入第二因，由此会有助于其发挥作用"，这句话究竟是什么意思呢？这是苏亚雷斯[1]《论上帝的神助、运动和护佑》第一篇第六章标题的译文。如果有人长篇大论地写出了这样的文章，难道他们不是自己发了疯或是想让别人发疯吗？尤其对于"变体"问题来说，他们在寥寥数语之后，就直接说纯洁、完满、伟大、性质、可腐性等无形物从圣餐中进入我们神圣的救主身体中。如此这般，他们难道不是要将那些"属性""量级""性质"等视为附在救主身上的许多幽灵吗？因为他们所说的"幽灵"一直是指无形的但却能到处移动的事物；故而将这类荒谬言辞列为一种疯癫是恰当的；除了神志清醒时，凡是在被尘世欲望中真切的想法支配时，他们就会容忍这种争论或文章。以上就是对智慧的美德及其缺陷的讨论。

---

[1] 此处应是指西班牙人弗朗西斯科·苏亚雷斯（1548—1617年），西班牙神学家、哲学家，被誉为是托马斯·阿奎那之后最重要的经院哲学家。

第九章　论知识的几种学科

知识可分为两种，一是关于事实的知识，一是通过断言推论出的知识。前者只是感觉和记忆，是绝对的知识。例如，我们看见正在发生的事情而得到的知识，或通过回想已经发生的事情而得到的知识，都属于事实知识；这也是要求有证人见证的一类知识。后者被称为"科学"，即有条件的知识。例如，我们所知道的"如果所展示的图形是圆形，那么经其圆心的任何直线均将其二等分"，就属于此类知识；这是那些自认为能进行推理的哲学家必须了解的一类知识。

将事实的知识进行的记录称为"历史"，它可以分为两种：一种是自然史，即不因人的意志为转移的自然事实或结果的历史，如金属史、植物史、动物史、区域史及与之类似的历史。另一种是人文史，是一个国家内公民的自觉行为的历史。

学问的记录是包含证明断言之间接续性推理的书籍，一般将其称为"哲学书籍"，根据学科的多样性可分为多种不同种类。我按照这种方式对这类书籍进行了分类：

1. 从自然物体的偶性进行推理所得到的知识，称为"自然哲学"，包括数量与运动的推理、物理学或质量的推理。

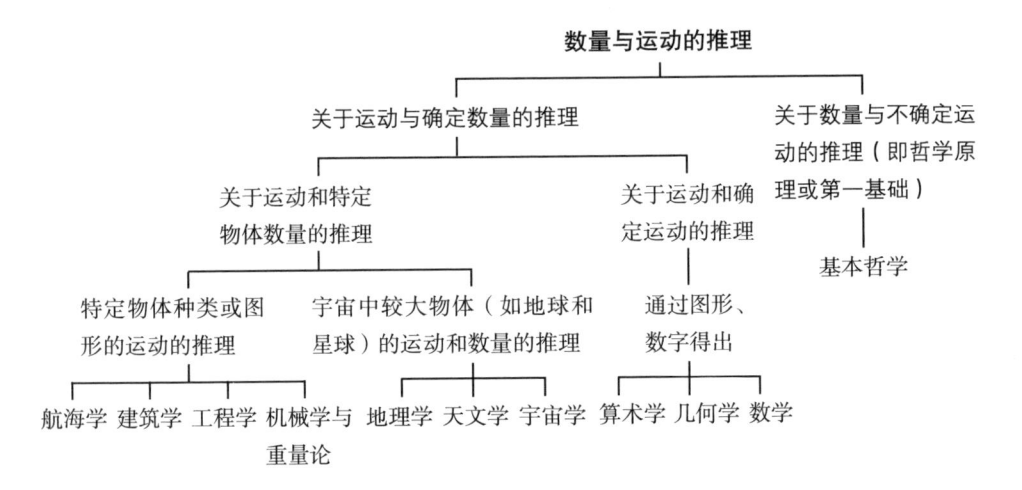

```
                        数量与运动的推理
          ┌─────────────────────┴─────────────────────┐
   关于运动与确定数量的推理                  关于数量与不确定运动
          │                                  的推理（即哲学原
   ┌──────┴──────┐                          理或第一基础）
关于运动和特定   关于运动和确
物体数量的推理   定运动的推理                    │
   ┌──┴──┐           │                        基本哲学
特定物体种类或图  宇宙中较大物体（如地球和  通过图形、
形的运动的推理    星球）的运动和数量的推理   数字得出

航海学 建筑学 工程学 机械学与  地理学 天文学 宇宙学  算术学 几何学 数学
                      重量论
```

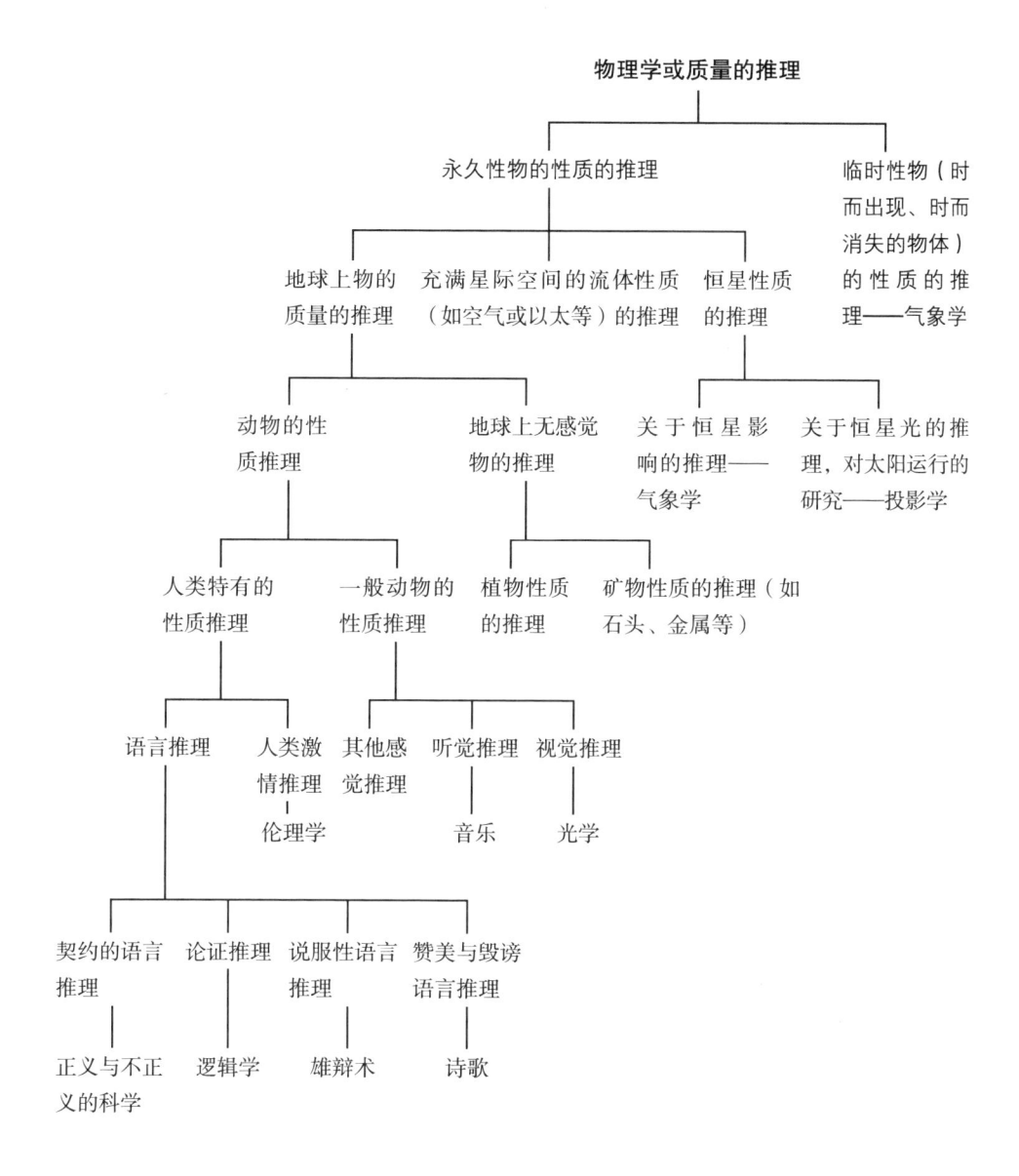

```
                            物理学或质量的推理
                                    │
                ┌───────────────────┴───────────────────┐
         永久性物的性质的推理                      临时性物（时
                │                                 而出现、时而
                │                                 消失的物体）
                │                                 的性质的推
                │                                 理——气象学
    ┌───────┬───┴───┬───────┐
 地球上物的  充满星际空间的流体性质  恒星性质   
 质量的推理  （如空气或以太等）的推理  的推理
    │                                 │
    │                         ┌───────┴───────┐
    │                    关于恒星影         关于恒星光的推
    │                    响的推理——       理，对太阳运行的
    │                    气象学           研究——投影学
    │
┌───┴────┐        ┌──────────┐
动物的性    地球上无感觉
质推理      物的推理
    │              │
┌───┴───┐    ┌─────┼──────┐
人类特有的  一般动物的  植物性质  矿物性质的推理（如
性质推理    性质推理    的推理    石头、金属等）
    │
┌───┴───┐              ┌───┬────┐
语言推理  人类激            其他感  听觉推理  视觉推理
          情推理            觉推理
          │                        │         │
          伦理学                  音乐       光学
    │
┌────┬────┬────┬────┐
契约的语言  论证推理  说服性语言  赞美与毁谤
推理                  推理        语言推理
 │          │          │          │
正义与不正  逻辑学    雄辩术      诗歌
义的科学
```

2. 从政治机构的偶性推理所得到的知识，称为"政治学"或"人文哲学"。

　　a. 从国家机构的建立进行推理得出关于政体或主权者的权利、义务的知识。

　　b. 从国家机构的建立进行推理得出关于臣民的权利和义务的知识。

第十章　论权势、身价、地位、尊重及资格

从普遍意义来讲，一个人的权势是他获取某种未来具体利益的现实手段，它包括自然权势和工具性权势两种。

自然权势是身体或心理方面的优越性，例如出众的力量、仪表、慎虑、技术、口才、慷慨和高贵等。工具性权势是指那些通过已有的权势或运气获得的权势，并将其作为获得更多权势的手段和工具，诸如财富、名誉、朋友以及上帝暗中的庇佑（即人们所谓的"好运"）等。就这一点而言，权势的性质就如同名誉一样会不断增加；或者说像重物的运动一样，越跑越远。

人类最大的权势是大多数人依照一致同意的原则团结在一起并将自己的权势归于一个自然人或社会法人的权势之上；该自然人或社会法人可根据自己的意志使用所有人的权势，例如国家的权势即是如此；亦可根据每一特定组成部分的意志使用该权势，例如党派或不同党派的联盟。因此，仆人可算得上是一种权势，朋友也可算得上是一种权势，因为他们都是一种团结在一起的力量。

此外，家财万贯和慷慨大方结合在一起是一种权势，因为这样能够拥有朋友和仆人。只有家财万贯而没有慷慨大方，情形就不同了，因为在这种情况下，财富不仅不能保护人，反而会因为露富而受人嫉妒，使人成为被掠夺的对象。

声望是一种权势，因为它可以吸引他人前来依附以求得保护。

基于同样的原因，受国人爱戴的声誉，即"得民心"的声誉也是一种权势。

同样，使一人受众人爱戴或畏惧的任何品质或声誉皆是权势，因为它是得到众人帮助或服务的手段。

成功是一种权势，因为它可以带来智慧或幸运的声誉而让人们惧怕或依赖成功的人。

当权者平易近人能扩大权势，因为可以受人爱戴。

慎虑在和平或战争时期是一种权势，因为我们愿意将自我管理的权利交与此人而非其他人。

高贵是一种权势，但是并非放之四海而皆准，只有存在特权的国家才会这样。因为他们的权势寓于特权中。

口才是一种权势，因为它是表面的慎虑。

仪表是一种权势，因为它是美的象征，能够让男人赢得女人和陌生人的喜爱。

学识是一种微小的权势，因为任何人的学识都不十分突出，所以并不为人所公认；撇开少数人而言，它甚至连微小的权势都算不上，而且少数人的这种权势也局限于少数事物。因为学识的本质决定了除了造诣深厚的人之外，掌握它的人屈指可数。

从事公共事务的技艺，如修建城堡、制造兵器及其他战争武器的技艺有助于防御和赢得胜利，所以也是权势。虽然数学这门科学才是形成所有这些技艺的源泉，但是由于它要通过匠人之手才能完成，所以人们认为这一切是由匠人完成的（这就好比将产婆当成产妇）。

一个人的价值或身价，就如同所有其他事物的价值一样，通过价格来表现，即在利用他的权势时应该付给他的费用。因此，身价不是绝对的，而是取决于他人的需求和判断。善于统兵之人在战争时期或战争一触即发的时候，身价极高，但是在和平时期却并非如此。在和平时期，学识渊博、廉洁奉公的法官身价极高，但是在战争时期则不然。和其他事物一样，人的身价是由买方而不是卖方决定的。即便让一个人对自己进行最高的估价——就像一般人都会做的那样——他的真正身价也不会超过旁人对他的估价。

人们之间的相互评价一般称为"尊重"或"鄙视"。给予一个人较高的评价就是尊重，给予一个人较低的评价就是鄙视。但是此处所谓的"高低"，可以通过与对自己的评价进行比较来理解。

一个人的公众身价是国家赋予他的身价，人们一般称其为"尊严"。这种国家赋予的价值根据其发号施令、断狱决讼、履行公职来理解，或者是根据专门展示这种价值的名称或头衔来理解。

向他人寻求任何的帮助都代表着对这个人的尊重，因为这说明我们认为他具备施以援手的权势；寻求对方帮助的难度越大，则对方的荣耀越大。

服从就是尊重，因为没有人会服从那些没有权势可以帮助自己的人，或给自己造成伤害的人。因此，不服从他人就是对他人的蔑视。

馈赠他人贵重礼物也代表着尊重这个人，因为馈赠本身是为了换取这个人的保护并承认他的权势。对他人略施薄礼是对他人的轻视,因为这只是很小的恩惠,说明他人对自己的帮助只是举手之劳而已。

竭力宣扬他人的善品是尊重,奉承亦是如此。因为这是我们在寻求他人的保护或帮助的标志;对他人的善品视而不见是对他人的轻视。

在任何便宜之事上对人礼让是尊重,因为这意味着承认对方的权势大过自己的权势;越权妄取就是对他人的轻视。

一切表现出喜爱或畏惧他人的征象都是尊重,因为喜爱或畏惧是一种高度评价。喜爱或畏惧未达到期望的程度是对他人的轻视,因为这意味着对他人的较低评价。

赞颂、赞美或称颂福祉是尊重,因为除了善良、权势和福祉之外,没有什么别的东西值得推崇。辱骂、嘲笑或怜悯是轻视。

与他人说话态度毕恭毕敬或在他人面前谦逊有礼是对他人的尊重,因为这是唯恐有所冒犯的标志。与他人说话态度粗鲁蛮横,或在他人面前行事卑贱下流、邋遢懒散、无礼冒失是轻视。

相信、信任和信靠他人是尊重,这是对他人品德和权势高度评价的标志。不信任或不相信是轻视。

对他人的任何一种意见或议论都洗耳恭听是尊重,这是我们认为他聪慧过人、口才雄辩或机智聪明的标志。听别人说话时瞌睡不断、起身离席或东拉西扯是轻视。

以自己认为表示尊敬或根据法律和习惯规定为尊敬的行为对待他人是尊重。尊重众人所尊敬的对象就是承认众人所承认的权势。拒绝按此行事是轻视。

对他人的意见从之如流是尊重,因为这是我们认同其判断和智慧的标志。对别人的意见不予认可是轻视或对这人错误的指责;如果对他人的大多数意见都持反对态度就是指责他人的愚笨。

仿效他人是对他人的尊重,因为这是对其表示心悦诚服。仿效他人的仇敌是轻视。

尊重他人所尊重的人是对他人的尊重。因为这是我们赞同他的判断的标志。尊重他人的仇敌是对他人的轻视。

与人商议或请人解决难题是尊重,因为这是推崇他人的智慧或其他权势的标志。在同等情形下,如果对他人的请求帮助予以拒绝则是对他人的轻视。

所有这些尊重的方式均是自然而然的，这不分是在国家范围内还是在国家范围外。但是，在这样一种国家，即君主或其他掌权者可以凭借其至高无上的威严随意将他们喜欢的事物规定为尊荣的象征，则存在一些其他的尊重方式。

国家的君主通过头衔、职位、公务事项或行为等他所认为尊崇的方式赋予其臣民尊荣。

为了表示对末底改的尊重，波斯国王让他穿王袍、骑御马、着王冠，并由一位王子在前开道，游遍街市，并宣告"王所喜悦尊荣的人就如此待他"。但是另一位波斯国王（或有可能是同一位国王在不同时期的事），虽然答应了一位立下大功的人想要穿王袍的请求，却在他穿了之后说，他是作为国王弄臣的身份穿上王袍的，因此这就成了对这个人的轻视。因此，世俗尊重的源泉在于国家的人格，取决于君主的意志，因此这种尊重是暂时的，被称为世俗的尊重，如官爵、职位、头衔，以及在某些地方的衣袍和标牌等。人们将获得这些东西的人作为享受国家尊崇的象征而对其尊重，这种尊崇就是权势。

□ 末底改

末底改是《圣经》中的人物，犹太族人，被掳去巴比伦。他隐姓埋名，收养了自己叔叔的女儿以斯帖，后以斯帖被选为波斯王后。在末底改和以斯帖的共同努力下，他们说服波斯国王放弃执行将境内犹太人全部处死的政策，让犹太人幸免于难。

所有可以成为权势证明和象征的器物、行为或品质都受人尊重。

因此，受大多数人尊敬、爱戴或畏惧的人是受人尊重的人，因为这是对他权势的证明。鲜有人或无人尊敬的人就是不受人尊重的人。

统治和胜利应受人尊重，因为这些是通过权势而获得的，因需求或畏惧而接受被奴役的地位是不受人尊重的。

如果好运连连，那么就是受人尊重的，因为这象征着上帝的眷顾。遭受厄运和损失则是不受人尊重的。因为财富是权势，所以拥有财富是受人尊重的。贫穷是不受人尊重的。慷慨、大度、希望、勇敢和自信是受人尊重的，因为它们源自权势的意识；怯懦、吝啬、畏惧和自卑是不受人尊重的。

刚毅果决是受人尊重的，因为这是对微小困难和危险的藐视；优柔寡断是不受人尊重的，因为这说明将小利小害看得过重。如果一个人在时间允许的范围内仔细权衡利害而没有做出决断，那么说明事物的利害差别是极小的。因此，如果他没有决断，那么他就是过于看中微小的事物，此即怯懦。

一切源自或看起来是源自丰富的经验、学识、明辨或智慧的行为和言辞都是受人尊重的，因为它们都属于权势；源自错误、无知或愚蠢的行为或言辞，都是不受人尊重的。

看似内心另有所思而显得沉着冷静就是受人尊重的，因为用心思考是权势的一种象征；如果表面的沉着是故意为之，那么就是不受人尊重的。前一种沉着冷静犹如货船因装载货物而显现出来的稳重，后一种沉着冷静则如同货船因装载沙土或其他破烂物品而显现出来的稳重。

因为财富、职位、壮举或任何其他卓越的善行而受人关注或闻名的就是受人尊重的，因为这是一种使他成名的权势的象征。默默无闻是不受人尊重的。

生于名门望族是受人尊重的，因为他们能够更易于得到祖先的庇护和结交朋友。出身贫寒是不受人尊重的。

因主持正义而蒙损的行为是受人尊重的，这是慷慨的象征，而慷慨象征着权势。奸诈、狡诈、狡猾和不主持正义是不受人尊重的。

追逐巨额财富或热衷于追求好名声是受人尊重的，因为这是获取这一切的权势的象征。贪求蝇头小利或一官半职的晋升是不受人尊重的。

不论某一行为（其必须是伟大而艰巨的行为，并因之成为一种极大权势的象征）是正义的还是非正义的，都不能改变它受人尊重的事实。正因为如此，古代异教徒诗歌中描述诸神的欢淫、偷盗以及其他严重且不义或肮脏之举时并不认为这是对诸神的不敬，反而认为这是对诸神的极大尊敬。朱庇特[1]最出名的事就是他屡屡行苟且私通，而墨丘利[2]的欺诈和偷盗行径亦是如此。荷马曾在一首赞美诗中称颂后者，对他早上出生、中午就发明了音乐且在夜晚降临前从阿波罗的牧人那里偷走了阿波罗的牛给予了最高赞扬。

---

〔1〕朱庇特，古罗马神话中统管神域和凡间的众神之王，是天空神及光明、法律之神，位列罗马十二主神之首。

〔2〕墨丘利，古罗马神话中众神的使者，朱庇特与女神迈亚之子，是畜牧、小偷、商业、交通、旅游和体育之神，是罗马十二主神之一。

在大的国家出现之前，海盗或路匪并不被人们认为是可耻的，反而被认为是一种正当职业；不仅希腊人是这样认为的，所有其他民族也都是这样认为的，古代史中清楚地说明了这一点。现今在我们国家，虽然私人决斗属于非法，却是受人尊重的，在有正式成文法规定拒绝参与决斗应受人尊重、发起决斗应受人歧视之前，人们对私人决斗的态度一直像先前一样。因为在很多时候，决斗也是属于勇敢之举，勇敢源自力量或技艺，它们都是权势。不可否认，大部分决斗是由于决斗一方或双方出言不逊或怕有失颜面而挑起的；他们因为鲁莽而无法自制，从而选择决斗以免有失颜面。

□ 墨丘利

在罗马神话中墨丘利是主神朱庇特的儿子，他的形象一般是头戴一顶插有双翅的帽子，脚穿飞行鞋，手执魔杖，行走如飞。他还身怀偷窃之术，经常与众神开玩笑，偷走了朱庇特的权杖、尼普顿的三股叉、阿波罗的金箭和银弓、战神的宝剑，又被视为欺骗术的创造者。

在持有世袭的标志和战袍即能享受任何与众不同的特权的地方，标志和战袍是受人尊重的；相反，在无法享受特权的地方，它们就是不受人尊重的：因为它们的权势要么存在于特权之中，要么存在于财富之中，抑或存在于其他人身上受同等尊重的事物中。一般将这种尊荣称为"豪门之荣"[1]；这个词源自古日耳曼人，因为在不存在日耳曼风俗的地方从未存在过这种东西，没有日耳曼人居住的地方也没有人会用这些物件。古希腊的将军在奔赴战场时，都会在盾牌上绘上一些自己喜欢的花纹纹饰，因为没有花纹的圆盾就是贫穷和普通士兵身份的象征，这种盾牌不是代代相传的。罗马人会世代传承他们的家族标志，但是这些标志只是图形而不是祖先用过的器物。生活在亚洲、非洲和美洲的民族从未有过这类物件，只有日耳曼人才有这种物件和风俗。大量的英国人、法国人、西班牙人和意大利人是在帮助罗马人或他们自己去征服西方世界的某些地区时，从日耳曼人那

---

[1] 英语中写作"gentry"，尤其是指拥有大量土地且有佩戴盾形纹章资格的非贵族。

里沿袭了这种风俗。

古代日耳曼与其他国家一样，有无数小领主或家族族长争霸，彼此之间战争不断。这些族长或领主不但在他们的盔甲、标志或衣袍上画上一些野兽等图形，同时还在头盔顶装上突出且明显的标志，这样做主要是为了让自己在披盔戴甲时能够让兵卒们辨识出来，另外还有部分原因是出于装饰的目的。后来，他们将这种盔甲和头盔顶上的装饰传给子孙，嫡长子孙的装饰与原先的样式相同，庶幼子孙的装饰会根据族长（荷兰人称之为"Here-alt"）的决定对原先的样式略加改动。当大量的这种家族组建成一个更大规模的君主国时，族长辨识标识的职责成为一种非官方性的私人职责。这些领主的后裔就成为古代影响力强大的豪门，因为当时的人们只崇尚武德，所以他们大多使用那些凶猛且富于侵略性的动物作为标志，或者用城堡、城墙、绶带、武器、围栏、栅栏或其他表示战争的图形作为标志。后来，不仅国王们，就连很多民主国家，都将各类不同的标志授予出征或凯旋的人以表彰或褒奖其战功。细心的读者会在古希腊、罗马历史典籍中关于当时日耳曼民族及其风俗习惯的部分看到上述提及的内容。

公爵、伯爵、侯爵和男爵等封号表示国家主权者赋予他们的价值，所以它们是受人尊重的。这些关于古代职位或管辖权方面的封号，有些源自罗马人，有些源自日耳曼人和法国人。在拉丁语中，公爵原意是指战将，伯爵原意是指出于友谊而伴同将军征讨并留下来管理和卫戍那些被征服地区和被平定地区的人。侯爵是指管理帝国边疆地区的伯爵。大约在君士坦丁大帝时期，公爵、伯爵和侯爵等尊号传入罗马帝国，它们是源自日耳曼民兵组织的风俗。然而，男爵似乎是一个源自高卢的尊号，它原意指重要的人物，例如战时国王或王子携带的随从。这个词似乎先是将拉丁语中的"士兵（Vir）"一词变成"Ber"或"Bar"（它们在高卢语中的意思和拉丁语的"Vir"是相同的），再从"Ber"或"Bar"变成"Bero"和"Baro"，因此这种人被称为"Berones"，后变为"Barones（男爵）"，西班牙人则称之为"Varones"。想了解这些封号渊源的人，我建议可以从塞尔登[1]先生关于这一问题的最杰出著作中去寻找。经过一段时期之后，由于这些受人尊敬的职

---

[1] 此处应是指约翰·塞尔登（1584—1654年），英国历史学家、人文主义学者、法学家和英国考古学会会员，被弥尔顿称为"本国以博学传世的第一人"。

位导致了战乱，同时为了维持良好及和平的统治，它们都变成了虚衔，主要用来区分一国之中臣民的级别高低、地位和位序。那些被授予公爵、伯爵、侯爵、男爵封号的人，既不能占有也不能管辖某一地区，为此后来还增设了一些其他头衔。

一个人的资格不同于他的身价或价值，也不同于他的优点或美德。它存在于一个人被认为具有的某种特殊权势或能力之中。一般称这一特殊能力为"胜任的能力"或"才能"。

因为最有资格担任将帅、法官或任何其他职务的人是那个最具备所履行职务要求品质的人。最具有资格做富豪的人是那些最具备善于理财所需品质的人。即使缺乏这些品质，一个人仍可以具备其他方面的资格，并发挥自身价值。此外，虽然一个人有资格获得财富、被授予职务或被任用，但是他不能要求享有得到这些东西的优先权利，因此不能称他们"理应获得"。因为"理应获得"意味着事先假设了一种权利，"理应获得"之物则是因承诺而应得的。我在后文讨论契约的时候会进行更多的讨论。

第十一章　论品行的差异

　　我这里所指的品行并不是指行为端庄得体，诸如如何向人行礼、如何在有旁人在场的情况下漱口、剔牙以及其他无足轻重的道德行为；而是指有关人类和平团结共处的品质。为实现该目的，我们要认识到今生的幸福不在于沉溺于一种心满意足的心绪。古时候的道德哲学家所谓的"终极目的"和"至善"是不存在的。没有欲望的人和丧失感受和想象的人一样，都是无法生存的。幸福是从实现一个目标到另一个目标过程中欲望的不断发展，实现前一个目标是为实现后一个目标奠定基础。这是因为人类欲望的目标不是为了一次或一时的享受，而是为了保证未来能够一直享受。因此，所有人的自愿行为和倾向不仅是过上满意的生活，而是要保证能够长久地过这样的生活，只不过方式有别。之所以存在这样的差异，一部分原因是不同人的激情存在差异，一部分原因是人们对产生欲望效果的原因持有不同的看法和认识。

　　因此，首先我认为连绵不绝、无休无止的权势欲望是一种全人类所共有的倾向。这并不是因为一个人总是贪婪或者不满足于一般的权势，而是因为如果他不获得更多的权势，那么他就无法保住他当前已有的权势和美好生活。因此，手握最高权力的君主们，在内会力求通过法律、在外会通过发动战争来维持其权势；当他们做到了这一点，随之又会产生新的欲望。有些君主希望通过新的征服赢得声望，有些君主追求安逸的生活和肉体的愉悦；还有的君主则希望能在某些艺术或其他心理能力方面高人一筹，从而赢得人们的崇拜或奉承。

　　夺利争名、竞逐统治权或其他权势容易导致产生争斗、敌意和战争，因为一个追逐这些东西的人往往就是通过消灭、征服、取代或驱逐另一个同样的人来满足自己的欲望。特别是在争名方面，人们倾向于是古非今。因为人们是在与今人竞争而不是与古人竞争，对古人赞誉过当，就能让今人的荣耀逊色不少。

　　对安逸和肉体愉悦欲望的追求，会使人服从一个共同的权力，因为人在有了这些欲望之后，就会放弃原本可以通过他自己的勤奋和努力所能得到的保障。

对于死亡和伤痛的恐惧也会因为同样的理由而产生同样的效果。相反，贫穷、鲁莽的人往往不满足于自身的现状。对兵权野心勃勃的人也是如此，他们希望战火不断，并制造麻烦和叛乱；因为只有通过战争他们才能获得荣耀，而对于一场失败的战争，除了发动另一场新的战争之外，再也没有别的方式可以转败为胜。

对知识与和平的欲望，也会让人倾向于服从一个共同的权力，因为这种欲望包含着追求安逸的欲望，这就导致他们希冀寻求自身以外的权势保障。

对赞誉的欲望会使人称颂他人的行为，诸如因佩服他人的决断而对其称赞有加。因为对于我们所轻视的人，我们根本不屑于他们的赞美。对身后之名的欲望亦是如此。人死之后，尘世的赞誉对他来说变成了虚幻，这些赞誉所带来的精神愉悦，要么被吞没在天堂那不可用言语描述的快乐之中，要么在地狱的极度痛苦之中灰飞烟灭。尽管如此，身后之名对一个人而言并非毫无意义，因为人们从预见获得这一声誉及其惠及子孙后代的情形可以感受到一种眼前的快慰。尽管当前无法看到，但是可以展开想象，对于即刻感觉到的愉悦之事，想象也是一种愉悦。

如果人们从那些他们自认为与自身处在同样地位的人那里获得了高于期望值的恩惠，那么爱敬就会流于其表，这是一种虚假的爱敬，实际上却暗恨在心，这就好比一个绝望的欠债人，不愿见到他的债主，私底下希望债主去一个自己不复再见的地方。因为受人恩惠会让人感恩，而感恩就是一种羁绊，难以报答的恩惠就是永远的羁绊。这对地位相同的人而言，是一件可恨之事。但是，如果我们从那些我们自认比自己地位高的人那里获得恩惠，那么我们便会产生爱敬之情，欣然接受，因为此种感恩不会产生新的压力，此即人们所谓的"感激"。欣然接受是对施惠人的一种荣耀，一般施惠人会将其视作一种"报答"。如果从地位与自己相同或地位低于自己的人那里接受恩惠，只要这种恩惠是有望报答的，那么就会产生爱敬，因为对于接受恩惠的人而言，这是一种相互帮助和帮忙，并由此产生竞争，看谁施与对方的恩惠更多。这是最高贵且最有益的一种竞争，胜利者会为自己的胜利而倍感愉悦，另一方所受到的"惩罚"就是承认他的胜利。

如果施害者对他人的伤害超出施害者能够或愿意补偿的程度，便会导致施害者对受害者产生痛恨之情。因为施害者必须做好心理准备，要么受到受害者对他的报复，要么求得受害者的谅解，而这两者都会使人心生怨恨。

遭受压迫所产生的恐惧会让人们未雨绸缪或同仇敌忾。因为除此之外，一个人无法用其他方法来保全自己的性命和自由。

动乱之时对自己的敏锐性缺乏自信的人，要比那些自以为聪明过人或善弄权术的人更容易取得胜利。因为前者喜欢与人商议，后者则因害怕落入圈套而先下手为强。发生骚乱时，在战场上始终选择集结并利用一切有利条件的做法始终强于任何智谋计策。

那些不认为自己能力强却又爱慕虚荣的人，总是喜欢假想自己英勇无畏，却只会虚张声势而不会付诸行动；因为当面临危险或困难时，他们手足无措，只会暴露自己的无能。

如果仅仅参照他人对自己的阿谀奉承或之前靠碰运气取得的成功来评估自己的能力，而不是根据对自我的正确认识来评估成功的可能性，这样的人常常会莽撞行事；而当危险或困难来临时，他们却会千方百计地打退堂鼓。因为他们找不到安全的出路，所以宁肯舍车保帅，拿自己的名誉冒险而不愿有生命之虞；名誉可以找理由来挽回，人却死而无法复生。

在处理政治事务的智慧方面自信不疑的人容易有野心。因为如果不在议会或行政机关担任公职，那么他们就会丧失因智慧而可望获得的荣誉。因此，高谈阔论的人容易有野心，因为在他们自己和其他人看来，口才是一种智慧。

怯懦容易让人踌躇不决，从而在行动上坐失良机。如果人们遇事踟蹰，到了临近采取行动的时候还难以决断，那么就说明不管采用何种方式，动机方面的差别都不大。因此，无法当机立断就是因为计较鸡毛蒜皮的琐事而坐失良机，这就是怯懦。

虽然对穷人来说节俭是一种美德，但是如果一个人需要完成凭借众人之力才可完成的工作，那么节俭对他而言就不是一种美德。因为通过报酬可以增加和保持众人干劲的活力，而节俭则会降低众人的努力程度。

高谈阔论而又善于溜须拍马容易获得他人的信任，因为从表象上看，前者是智慧，后者是友善。如果这种人又善于用兵，那么人们就会依附和服从具备这样的人。前面两种品质能保证人们不受此人的伤害，后一种品质能保证人们不会遭到外人的伤害。

科学知识贫乏，即对因果关系无知，往往会引导甚至迫使一个人依赖他人的意见和权威。因为对于所有与事实相关的人来说，如果不能倚仗自己的意见，那么必然要依赖那些自认为其聪慧胜过自己且找不出理由来欺骗自己的人的意见。

对词语意义的无知，即缺乏知性，往往不仅容易让人信赖自己所不懂的真理，而且也容易让人信赖谬误，甚至还会相信自己所信赖之人的荒谬言论。因为不能完全理解词语（的意义）就无法辨别谬误或荒谬言论。

基于同样的道理，人们因各自激情的不同而赋予同一事物不同的名称。例如，人们如果赞成某一个人的观点就称之为"观点"；他们如果不赞成这一观点就称之为"异端邪说"。但是，异端邪说也是一种个人观点，只不过（这种称谓）带有较多的怒责意味罢了。

□ 喀提林阴谋

路西乌斯·塞尔吉乌斯·喀提林（约公元前108—前62年），曾任罗马共和国大法官、非洲总督等职。公元前64年和公元前63年，他两度竞选执政官，均告失败。公元前63年，罗马共和国大法官喀提林及其党羽企图通过兵变夺取政权，并计划刺杀执政官西塞罗和其他对自己有敌意的元老，同时作了政治革命的全面安排。后来这一阴谋被西塞罗发现，他在元老院发表演说，公开反对喀提林的阴谋，并予以镇压。公元前62年，在伊特鲁利亚境内的战斗中，喀提林兵败被杀。

基于同样的道理，很多人在未进行研究和获得全面理解的情况下，无法区分一群人的一致行动和多头行动。例如，无法区分罗马元老院的所有议员杀死喀提林的一致行动和元老院众多议员杀害恺撒的多头行动。如此一来，他们就会将一群人的多头行动当做民众的一致行动，而这群人有可能是在某一人的怂恿之下做出如此行动。

对权利、公平、法律与正义的原始构成和成因的无知，往往容易导致一个人将习惯和先例当作行为准则。基于此，他会认为凡是习俗所惩戒之事即属非正义之事，而对于凡是自己能够列举事例或（如同律师强横利用这种虚假的正义尺度而称之为的）先例以证明某事不为习俗所惩罚或被习俗所赞誉的事，则认为是正义之事。这无异于孩童一般，除了父母和师者的训诫之外，没有其他关于行为善恶的准则。唯一的差异在于孩童会坚持自己的准则，而成人则不会。因为人长大之后会变得固执己见，会在习惯和理性之间摇摆不定，他们会根据自己的切身情况，时而以习惯为准则，时而以理性为依据。在自身利益需要时，他们就会抛弃习惯；而在理性对自己不利时，他们又会反对理性。正因为如此，他们以文字

□ **元老院议员杀害恺撒**

恺撒的独裁统治，引起了支持共和制的元老院贵族的极大不满和仇视。为了维护自身岌岌可危的权力与地位，众多元老院议员串通起来，密谋暗杀恺撒。公元前44年3月15日，布鲁图斯和卡西约为首的元老院议员在议会上刺杀了恺撒，恺撒身中23刀倒在其政敌庞培的塑像脚下。

和武力的方式对是非之说争论不休；但是对于线与图形的相关学说，态度却截然不同，因为这些与他们的野心、欲望和利益并无冲突，所以他们对其真理为何并不关心。因此我毫不怀疑，如果"三角形的三内角之和等于两直角之和"这样的观点与任何人的统治权或掌握统治权的一些人的利益相冲突，那么这种观点即使无可非议，与之相关的人也会在其能力所及的范围内通过烧掉所有几何学书籍来压制它。

不了解事物很早之前的成因，会使人们将所有结果都归结于直接原因和工具原因，因为这些原因是他们能够认识到的。因此，当人们备受缴纳公共捐税之苦时，就会迁怒于公务人员，即向包税人、税务官和其他公共税收管理官员泄愤，并同那些反对政府的人联合起来，这种情况在所有地区概莫能外。如此一来，当他们没有正当理由为自己申诉时，就会出于害怕受到惩罚或无颜接受宽恕而攻击最高管理机关。

对自然规律无知往往让人容易轻信，以至于他们会相信那些不可能的事情。因为他们看不出其中的不可能性，根本就不知道任何与之相反的情形，所以只能相信这一切确实为真。并且人们喜欢让众人倾听自己，因而轻信又容易导致他们谎话连篇。总而言之，虽然无知本身没有恶意，但是却可以使人相信并传播谎言，有时甚至使人编造谎言。

对未来的焦虑促使人去探寻事物的原因。因为有关事物原因的知识，能让人更好地对现有情况做出最有利的安排。

好奇心或对事物原因知识的偏好，将引导一个人从研究事物的效果转而探求其原因，随后再去探求原因的原因，直至最后必然会得出一种想法：某一原因的原因到一定程度就不再有原因，它是永恒因，即人们所说的上帝。因此，如果不是倾向于相信存在一个永恒的上帝，人们就不可能对自然原因进行深入研究，也就不存在关于神性的任何概念。正如一个生来就看不见的人，当他听到人们在谈论烤火可以使人暖和，并且自己也被带去烤火取暖时，他可能会更容易认识到并自我确信某一东西就是人们所说的"火"，并且这是他之所以感受到温暖的原因，但是他却想象不出"火"的样子，他心中也不可能有那种看到过"火"的人（头脑中）关于"火"的样子。同理，一个人根据所见到的这个世界上的事物和他所羡慕的秩序，他就可能会想象到存在一个原因，即人们所说的上帝，但在他的意识中并不存在一种关于上帝的观念或影像。

他们极少或根本不去探究事物的自然原因，但是由于他们不知道那种可以给他们带来幸福或造成伤害的力量究竟是什么，以至于这种无知状态形成的恐惧，也让他们假设存在某些看不见的力量并且对它充满敬畏，逢难遇险时求告它，称心如意时感激它；他们将自己幻想出来的力量当作神。由此，他们根据自己不可计数的幻想创造出世界上不可计数的各式各样的神灵。这种对无形物的恐惧就是每个人所谓的"宗教的自然种子"；而对于那些不通过这种方式崇拜或畏惧这种力量的人，就成了"迷信的自然种子"。

很多人都注意到了这种"宗教的种子"，于是有人便对其加以扶植和装饰，使之形成了法律，并且将自己编造的观点纳入未来事件的自然成因之中，因为他们认为这些对统治他人以及最大限度地利用自己的权势最为有利。

第十二章 论宗教

因为只有人类才具备宗教的标志或受宗教的影响，所以毫无疑问，只有人类才拥有宗教的种子，并且它存在于人类的某种特殊品质之中，在任何其他生物身上都找不到这种品质，或者说至少它在人类身上比在其他生物身上表现得更明显。

第一，人类所特有的本性促使他们探究他们所看到的事情的原因，至于这种特性，有的人多一些，有的人少一些，但无论多少，都足以引发人类去探究他们自身运气之好坏的原因的好奇心。

第二，当人们看到任一事物在某时某刻出现时，他们也会想到，其中必然存在一个原因决定了该事物不迟不早而恰在这个时刻出现。

第三，因为禽兽对它们所看到的事物的次序、后果和依赖关系缺少洞察和记忆，所以它们极少或根本不会预见未来；由此，它们除了享受每天的口欲之乐、安逸之乐和肉欲之欢外，没有其他幸福可言。人类却能够观察到某一事件是如何引发另一事件的，并记得其中的因果关系。当他们自己无法确定事物的真正原因时（因为导致命运好坏的原因大多都是无形的），他们要么根据自己的想象给出的暗示，要么信任其他人（诸如他们认为的比自己更聪慧的朋友）的权威，假想出原因。

上述前两种情形均会让人产生焦虑。因为人类既然确定此前已发生或未来将要发生的一切事均是有原因的，而且他们一直竭力做到趋利避祸，那么他们不可能不对未来产生忧虑。因此，每个人尤其是那些对未来过分忧虑的人，就处于类似普罗米修斯般的境遇中。因为他们就像被钉在视野开阔的高加索山之上的普罗米修斯（这个名字的意义已经演变为"慎虑之人"），有一只鹰啄食他的肝脏，白天被吃掉的那部分肝脏夜晚又会复生出来。所以一个过于深谋远虑的人，他的心也会整天因为恐惧死亡、贫穷或其他灾难而备受煎熬，这种焦虑无休无止，只有在睡觉的时候才会稍作停歇。

这种无时无刻不存在的恐惧，往往伴随着人们对事物原因的无知，就如同在黑暗之中，必然会将某物想象成为畏惧对象。因此，当我们无法看见任何东西时，我们无法苛责事物所带来的好运或厄运，而只能将其归因于某种看不见的力量或媒介。也许正是基于此，一些古代诗人才说诸神最初是由人的恐惧创造而来的；谈到诸神（即异教徒所崇拜的众神），这一说法无疑是正确的。但是，与人们对未来降临在自己身上的事情的恐惧相比，人们基于对自然物体的成因、各种不同的性质和作用的认知欲望，更容易引导人们承认一个永恒的、无限的、万能的上帝。因为一个人只要看到了任何结果的发生，他就会从该结果开始推理引发它的直接原因，随后再推理引发这一原因的原因，使自己深陷于对原因的探索之中，最终的结论就是必然存在一个第一推动者（就连异教哲学家也承认这一点），即万物最初和永恒的原因，也就是人们所称之为"上帝"这一称呼的意义所在。所有这一切均未将推理者自己的命运纳入考量范围。关注命运使人产生恐惧，还会对人们去探究其他事物的原因产生消极的影响，并导致这样一种情形的出现，即有多少人假想，就有多少被假想出来的神。

□ **被缚的普罗米修斯**

普罗米修斯同情人类的苦难，想方设法帮助他们。他将科学、艺术、医术、占卜等传授给人类，使他们有了技术、知识和智慧，远离苦难与危险，享受文明与幸福。宙斯知道这件事以后，大为恼怒，将普罗米修斯绑在高加索悬崖上，每天派一只鹰啄食他的肝脏，晚上又使那被啄食的肝脏恢复，让他的痛苦无限轮回。

人们不可能通过自然思维得出关于这种想象出来的无形媒介的物质或者实体的任何其他概念，于是只能认为它是与人类灵魂相同的东西，人类灵魂的实体与睡梦中出现的或清醒时在镜奁中显现的影像相同。因为人们并不知道这种幻影不过是他们自己幻想出来的东西，而是认为这是真实的和外在的实体，并将其称为"鬼魂"。拉丁人将其称为"意象"或"幻影"，认为它们是精灵（即虚幻的物体）；他们所畏惧的这些不可见的无形物与自己的区别只在于它们可以自由无碍地显现和消失。但是，任何人不是生来就知道"精灵是无形或非实体的"。因为

□ 弗尔米奥

弗尔米奥是一位才华横溢的雅典海军将领。他在公元前428年的几次著名的雅典海战中,担任指挥官并取得胜利。他死后,人们在卫城上为他立了一座雕像,并举行了国葬,以示举国上下对他的敬意。他被认为是雅典众多伟大的海军元帅之一,与古希腊军事家特米斯托克利和政治家西蒙齐名。

尽管人们会将精灵、无形等意义互相矛盾的词语放在一起,却根本想象不出任何与它们一一对应的事物。因此,人们根据自己的想象,承认有那么一个无限的、万能的、永恒的上帝存在,并且宁愿承认上帝是不可思议的,远非自己所能理解的,也不愿意将其定性为无形的精灵,因此这就相当于承认他们自己的定义是不可理解的。或者说,即便他们将上帝的性质认定为无形的精灵,也并非是出于教义以便于人们理解神的性质,而是使用那些在意义上与用来形容有形之物的粗俗相去甚远的词语来虔诚地尊重神。

由此,关于人们认为这些无形的力量通过何种方式发挥作用的问题,即它们通过何种直接原因促使事物出现的问题,那些不懂得我们所称之为"起因"的人(几乎是所有的人)只能通过观察和记忆,才能知道之前某一次或某几次发生类似作用之前所发生的事情,却根本不了解因果之间的相互依存关系或联系;除此之外,他们无法根据其他准则去揣测这一问题。因此,他们就根据此前的类似事物来预测未来将出现的类似事物,并且迷信地用与之毫无关联的事物去祈求好运或厄运。在勒班陀战役[1]中,雅典人祈求出现另一个弗尔米奥[2];在非洲之战中,庞培党人祈求出现另一个西庇阿[3],后

---

[1] 勒班陀战役,公元1571年欧洲基督教国家联合海军与奥斯曼帝国海军在希腊勒班陀近海展开的一场海战。最终奥斯曼海军溃败,奥斯曼帝国从此失去地中海海上霸权。

[2] 弗尔米奥,伯罗奔尼撒战争之前和期间的著名雅典海军将领,被认为是雅典历史上最伟大的海军将领之一。

[3] 西庇阿(公元前235—前183年),古罗马统帅和政治家,在扎马战役中打败迦太基统帅汉尼拔而闻名于世。因他曾征服非洲而被尊称为"阿非利加征服者"。

来其他人在很多其他情况下做了同样的事情。通过同样的方式，他们还将自己的命运归因于一个不相干的人，或某一地点的吉利与否，或那些如同女巫施法和念咒请神时所说的话语，尤其是一些含有上帝之名的话；以至于他们相信这些话语蕴含着魔力，可以将一块石头变成面包，将面包变成一个人，或者将一种东西任意地变成另外一种东西。

第三[1]，人们对无形力量所自然表现出的敬拜方式，无外乎是他们对人表达尊敬的方式，如祭祀、祈愿、感恩、献身、祷祝、洁身自好、诵读祭文、以其名宣誓（通过这种方式确保履行自身承诺）等。除此之外，理性无法提示任何其他方式，而只能让人们要么适可而止，要么去相信那些比自己更聪慧的人以寻求更多的方式。

最后，关于这些无形力量究竟如何向人们揭示一般性的好运和厄运、某事的成功和失败等未来之事的问题，人们自然无从知晓；因为人们习惯于根据过去来预测未来，这就极易导致他们不仅将出现一次或两次的偶然事件视为未来类似事件出现的征兆，并且对他们曾信任之人的类似预言深信不疑。

上述几个方面，即关于鬼魂的观点、对第二因的无知、对所恐惧之事的敬拜和将偶然之事视为征兆，是"宗教的自然种子"。因为不同的人的想象、判断和激情各不相同，这就导致出现了存在差别的各种仪式，从而使某一个人所使用的大部分仪式被别人视为荒诞不经。

有两种人会"培养"这些"宗教的自然种子"。一种人会根据自己的意愿对其加以"培育"和"整理"，另一种人则根据上帝的命令和指示进行"培育"和"整理"。但是，其目的都是使依附他们的人更加服从、守法、和平相处以及互爱乐群。因此，前一种人的宗教是人的政治的组成部分，宣告俗世君主要求臣民履行的部分义务。后一种人的宗教是神的政治，包含将自身视为神国臣民的人的诫律。前一种人包括所有国家的缔造者和异教的立法者，后一种人包括亚伯拉罕、摩西和向我们宣示神国律法的救主。

某一部分宗教对无形力量性质的观点是，几乎所有具有名称的事物，都曾在某一个地方被异教徒当作神或魔鬼；或被他们中的诗人假想为某种精灵或其他鬼

---

[1] 根据次序，此处应为"第四"，英文原本此处为"第三"，特此说明。

神附体、纠缠或附身。

世界未形成时的物质是一位神,名叫"混沌(Chaos)"。

天空、海洋、星球、火、土、风等都是神。

男人、女人、飞鸟、鳄鱼、牛犊、狗、蛇、葱头和韭菜都被奉为神灵。除此之外,他们认为各个角落几乎都有精灵,并将其称为"魔鬼"。平原地区有潘神和女神潘妮,或半人半兽的萨蒂尔[1];森林中有农牧神[2]和宁芙[3];海洋中有海神特里顿[4]和其他宁芙,每一条河流、每一处泉水都有同名的水神和宁芙,每一家族都有家族的守护神拉尔[5],每一人都有自己的守护神;地狱里有小鬼和鬼官卡戎、塞伯流斯和弗里斯等;到了晚上,则有怨鬼、冤魂和亡者的灵魂四处游荡,还有成群的精灵和妖怪出没。此外,他们还赋予单纯的偶性和时间、黑夜、白昼、和平、和谐、爱情、竞争、美德、荣誉、健康、懒散、发热病等性质神性,并修造庙宇进行供奉;当他们在祈求或免除以上这些东西的时候,就好像真的有与这些名称对应的鬼在他们的头顶上,可以根据他们的祈祷降临或免除其福泽或灾祸。他们还以缪斯[6]之名为自己的智慧祝祷、以弗尔

□ 冥河渡神卡戎

卡戎,古希腊神话中五大创世神的黑暗神厄瑞玻斯和黑夜女神倪克斯的儿子,冥王哈迪斯的船夫,也就是冥河中的摆渡人,专门负责把亡魂渡到冥河的对岸去。传说,如果生者付钱给卡戎,他也会将其摆渡到冥河的另一边,但他的船会因生者的重量而变得很不安全。

---

[1]萨蒂尔,古希腊神话中半人半兽的森林之神,长有公羊角和尾巴。

[2]古希腊神话中掌管农牧的神。

[3]宁芙,古希腊神话中对山林水泽等女神的统称,也翻译为精灵、仙女、女妖等。

[4]特里顿,古希腊神话中的海神,人身鱼尾。

[5]拉尔,古罗马神话中的家族守护神。

[6]缪斯,古希腊神话中的九位文艺和科学女神的统称,为主神宙斯和记忆女神的女儿。

图娜[1]之名为自己的无知祝祷、以丘比特[2]之名为自己的情欲祝祷、以弗里斯[3]之名为自己的愤怒作祝祷、以普里阿普斯[4]之名为自己的生殖器官祝祷，将污秽邪气归因于男女妖魔。凡是诗人在诗歌中将其人格化的事物，他们都将其视为神灵或魔鬼。

异端邪教的这些创教者注意到了宗教的第二基础，那就是人们对事物原因的无知；因此他们故意将好运归结于一些几乎毫无干系的原因，并借此机会利用人们的无知，不但不告诉他们第二因，反而说存在掌管相关事务的次级神灵。他们将怀孕归因于维纳斯[5]、将艺术归因于阿波罗[6]、将狡诈和阴险归因于墨丘利，将风暴归因于伊俄罗勒斯[7]，将其他事物归因于其他神；在异教中，有多少事物几乎就会有多少个神。

在对神的敬拜方面，除了人们自然想到的适合对神敬拜的方式，诸如祭献、祈祷、感恩以及此前所提及的方式外，这些异教的立法者还增加了通过绘画与雕塑展示出来的"神像"，以让那些无知之人（人类中的大部分或普通人）认为这些神像所代表的神位列其中，因而让人们对其敬畏有加。此外，还为这些神像绘图、修建寺庙和配备事官，并将一些人类不使用的山洞、林甸、森林、山川以及岛屿都献给这些神像。他们不仅赋予这些神像人、兽、妖怪的形象，同时还赋予其感觉、语言、性别、肉欲、繁衍子孙等一切动物所具有的官能和激情；此处所谓的"繁衍子孙"，不仅仅是神与神交配生出神，还包括神与男人或女人交配生出半人半神。这些半人半神有酒神巴克斯、大力神赫拉克勒斯等，他们都居住在天上。此外，他们还赋予这些神以生物所具有的愤怒、报复和其他激情，以及由此产生的欺诈、窃盗、偷情、奸淫和其他可认为是权势的结果或享乐的原因的所有恶行；甚至包括在人世间被认定为犯法但并非有损荣誉的一切行为。

---

[1] 弗尔图娜，古罗马神话中的命运女神。
[2] 丘比特，古罗马神话中的小爱神。
[3] 古希腊神话中掌管复仇的三女神阿勒克托、墨盖拉和底西福涅的统称。
[4] 普里阿普斯，希腊神话中的生殖之神。
[5] 维纳斯，古罗马神话中掌管爱与美的女神，同时执掌生育与航海。
[6] 阿波罗，古希腊神话中掌管音乐、光明、预言和医药之神，也是太阳神。
[7] 伊俄罗勒斯，古希腊神话中的风神。

最后，至于未来的征兆——从自然道理的角度而言，它们是依照此前的经验进行的猜测；从迷信的角度而言，则是神的启示——部分根据来自这些异端邪教的创教人所自称具备的经验，部分根据来自其自称具有的神的启示，同时还包括其他许多迷信的占卜术。有时候，他们告诉人们，其命运的秘密就隐藏在德尔菲[1]、提洛[2]、阿蒙[3]及其他著名的神殿中，让人们从神殿中僧侣那含糊不清或毫无意义的解答中去寻找答案。这些僧侣的解答本身就是模棱两可、无从指摘的；更荒唐的是，人们有时候还被神像摆放场所（经常是在硫矿洞内）的烟雾熏得昏迷过去。有时，他们又让人们从西比尔[4]的著述中去寻找答案。或许，西比尔的预言有点像诺查丹玛斯[5]的预言，罗马共和国时代有几本他的预言书颇为著名，现存的残章断简似乎是后世的伪作。有时，他们让人们从那些据说是神灵附体的疯子那毫无意义的话语中去寻找答案，他们将这种附体称为"神托"。这些预言事件被称为"神谕"或"预言"。有时，他们根据对星象天宫的观察进行预言，称为"占星术"，并被认为是决断占星学的组成部分。有时，他们让人们从自己的希冀与恐惧中去寻找，这被称为"求神问卜术"或"预兆之术"。有时候，他们让人们从自称可以和亡魂对话的女巫的预言之中去寻找，这被称为"招魂术""唤鬼术"或"巫术"，然而这些都不过是诈骗和串通欺骗罢了。有时，他们让人们从鸟的无意识的飞翔或啄食中去寻找，这被称为"灵雀占卜术"；有时，他们让人们从祭祀牺牲的动物肠子中去寻找，这被称为"兽肠占卜术"；有时，他们让人们从梦中、鸦雀鸣叫声中去寻找；有时，他们让人们观察面相，这被称为"相面术"；有时，他们让人们观察手掌纹路，这被称为"手相术"；有时，他们让人们从异象或少见的现象中去寻找，如日食、月食、彗星，罕见的流

---

[1]德尔菲被古希腊人认为是地球的中心，是"地球的肚脐"，是所有希腊圣地中最重要的神殿。在这里，祭司通过举行仪式向世人传达神的神谕，即德尔菲神谕。

[2]提洛被认为是阿波罗的出生地，是地中海中的一座小岛，也建有阿波罗的神托所，祭司在这里传达神谕。

[3]阿蒙神是古埃及人所认为的主神。

[4]西比尔，古希腊神话中能传达神谕的女先知。

[5]诺查丹玛斯（1503—1566年），法国籍犹太裔预言家，著有预言集《百诗集》。有研究者认为其预言了法国大革命、希特勒崛起等历史事件和飞机、原子弹等重要发明。

星、地震、洪水、怪胎等，这被称为"征兆之术"或"预兆之术"。因为他们认为这些现象预示着将发生大灾难。有时，他们让人们只关注彩头，例如通过抛硬币看正反来卜卦，或是数筛眼，或是用荷马或维吉尔[1]的诗抽签，以及其他不可计数的这类毫无用处的想法。人们对自己所信任的人的所作所为也非常容易相信，因此它可以温和而巧妙地利用他们的无知和恐惧。

因此，那些只是为了让人民臣服或以安定为目的的外族国家缔造者和立法者，在各地都特别注意：首先，要在人民的意识中灌输一种信念，即他们所提出的宗教信条不是由他们自己凭空独创的，而是根据神或其他精灵的指示创造的，或者让人们相信，他们比普通人更为不凡，从而使人们更易于接受他们制定的律法。因此，努马·庞皮留斯[2]假称自己为罗马人制定的仪式源自宁芙埃吉丽亚[3]；秘鲁王国的开国之君自称他和皇后是太阳的孩子；穆罕默德创立他的新宗教时，自称他能够与化身为鸽子的圣灵交谈。其次，他们也特别注意让人们相信，法律禁止之事便是诸神不悦之事。再次，他们规定仪式、祈祷、祭祀和节日，让人们相信通过所有这些能够平息神的愤怒；他们还要让人相信，战争失利、大瘟疫、地震和个体的灾祸都源自神的愤怒，而神发怒是因为人们没有按时礼拜，或是遗漏了礼拜仪式中的某些要点。在古罗马，尽管法律不禁止否认寓言家书中所写的所谓来世苦乐说的行为，而且许多具有崇高地位的权威人士在讲演中也对这些说法进行公开讽刺，但是关于来世苦乐的信仰，仍然比它的相反观点更加被人们珍视。

根据上述种种以及其他类似的制度，这些创立者或立法者为了达到国家安定的目的，成功地引导普通平民将灾祸归咎于礼拜意识上的疏忽或错误，或归咎于平民自己的违法行为；因此，他们不会去反对统治者。另一方面，当他们沉浸在节日的盛大仪式和娱乐活动以及为敬神而举行的公共竞技活动中时，只要让人民有饭吃就可以消弭其不满、怨恨和叛乱。因此，罗马人（当时已征服了世界已知最

---

[1] 维吉尔（公元前70—前19年），古罗马诗人，著有《牧歌》《农事诗》《埃涅阿斯纪》等。
[2] 努马·庞皮留斯（公元前753—前673年），罗马王政时期第二任国王。
[3] 埃吉丽亚，古罗马神话中罗马国王努马·庞皮留斯的妻子，有未卜先知的能力。

大部分的土地）毫不迟疑地对罗马城的所有宗教采取了宽容态度，除非其中有某些存在与世俗政府水火难容。并且我们从典籍上也看到，当时除了犹太教被禁止以外，其他所有宗教都被接纳。犹太人（他们的天国理论非常奇特）认为，臣服任何俗世的君主和国家均属非法。由此我们可以得知，异教人的宗教是如何成为他们政策的组成部分的。

然而，上帝在通过超自然的启示创立宗教的地方也为他自己建立了一个特殊的王国，他不仅为人与神之间的行为制定了律法，而且为人与人的行为制定了律法。因此，在神的国中，世俗政策和法律是宗教的组成部分，世俗和宗教统治不存在差别。毋庸置疑，上帝是全宇宙的王，但他也是某一个特定和某一选定的民族的王。就如同指挥三军和指挥其专辖的一个团或连并不矛盾一样。上帝根据其权势而成为全宇宙的王，但是，他是通过信约成为其选民的王。关于自然的神的国和按约建立的神的国的问题，我将在后文中进行专门的讨论。

从宗教的传播中，我们不难理解宗教何以分解为最初的种子或原则；它们只是关于神以及无形和超自然力量的看法，这些看法无法从人性中根除，但是可以通过专业者的"培育"而创立新的宗教。

从所有已创立的宗教来看，宗教最初是基于一群人对某一个人的信任而创立的。这一群人不仅相信此人就是呕心沥血为他们谋福祉的智者，并且认为神恩准他是可以通过超自然的方式宣布神的旨意的圣人。据此，就必然得出一个推论，如果掌管宗教之人的智慧、忠诚或仁爱遭到怀疑，或不能显现出任何可能的神的启示的征兆时，那么他们企图坚持的宗教也必然遭到人们的质疑，一旦离开世俗暴力的威慑，这种宗教必然遭到反对和抛弃。

如果某些宗教创教者或在已创立的宗教中进行增补的人教人们相信一些自相矛盾的说法，那么必然会损害他自己的声誉，因为自相矛盾的两个方面不可能同时都是正确的；所以教人们相信矛盾说法的这一举动本身就说明了教者的无知，并因此而使其原形毕露，甚至还会让人们不再相信其他任何关于神的启示的东西。诚然，人们虽然可以在很多事情上得到神的启示，但是无论什么事情都不能违背自然理性。

教别人相信自己都不相信的言行，也会让教者丧失诚实的名声。因此，所有此类言行被称为有损名誉的言行，因为这些言行（诸如非正义、残忍、渎神、贪婪和奢侈等），都是让人们笃信宗教的绊脚石。如果一个人经常做出上述的任一行为，难道还会有人相信他所真正信仰的、在别人犯下微小过失时用来吓唬别人的那种无形的力量吗?

如果暴露了一心为己的目的,便会让他们丧失仁爱的名声。例如,如果他们所要求人们信奉的一切信仰都是为了方便自己获得统治权、财富、地位或享乐,那么就属于此类情形,因为在人们看来,谋求利益的事都是为他们自己而做,不是为他人而做。

最后,人们用以证明神的启示的就只有奇事、实现了的预言(同样属于奇事)或非同寻常的福祉。因此,人们在那些他们从某些曾创造奇事的人那里接受的教义,以及后续增加但未经奇事

□ 摩西造蛇

摩西带领以色列人沿着红海的路,绕过以东,逃离埃及。百姓因这路难行,心中甚是烦躁,就怨渎神和摩西,说:"你们为什么把我们从埃及领出来,使我们死在旷野呢?这里没有粮,没有水,我们的心厌恶这淡薄的食物。"于是耶和华让火蛇进入百姓中间,蛇就咬他们。以色列人因此死了许多。百姓到摩西那里说:"我们怨渎耶和华和你,有罪了。求你祷告耶和华,叫这些蛇离开我们。"于是摩西为百姓祷告。耶和华对摩西说:"你制造一条火蛇,挂在杆子上,凡被咬的,一望这蛇,就必得活。"摩西便制造一条铜蛇,挂在杆子上。凡被蛇咬的,一望这铜蛇,就活了。(引自《出埃及记》第21章)

证明为神的启示的教义中所获得的信仰,不会多于他们从当地的风俗和律法中习得的信仰。因为在认可某一自然事物之前,有判断力的人需要有自然的征象和证据,所以对于超自然事物,他们也需要有超自然的征象(即奇事),然后才会从内心予以认可。

从以下事例中,可以轻易发现那些削弱人们信仰的原因。首先,我们以以色列百姓为例。摩西曾通过奇事以及成功带领以色列百姓逃离埃及的事实,向人们证明了他的确受到上帝的启示。但是在摩西离开四十天后,以色列人就背叛了摩西传给他们的对真神的信仰,转而铸造了一只金牛犊作为他们的神[1]——他们刚摆脱埃及人的束缚,却又立刻陷入埃及人的偶像崇拜中去了。除此之外,当摩西、亚伦、约书亚以及曾亲眼见证上帝在以色列建造伟业的那代人去世后,另一

---

[1]参见《出埃及记》第32章第1和第2节。

代人出世了，他们开始敬拜巴力[1]。这就说明，奇事过后，信仰便戛然而止。

除此之外，撒母耳在别士巴立他的儿子为士师后，他的儿子收受贿赂，贪赃枉法，从而使以色列百姓拒绝上帝通过不同于作列国的王的方式来作他们的王，并向撒母耳申述，请求他立一个王来治理他们，像列国一样[2]。这说明公道湮失之后，信仰随之不复存在，以致他们厌弃上帝统治他们。

但是，基督教传入罗马帝国后，各国的圣谕销声匿迹，然而经过信徒和福音书传布者的传经布道，各地基督徒每天都在以惊人的数量猛增。之所以（基督教传播）如此成功，大部分原因在于当时的异教僧侣贪污成性、在王公之中玩弄诈术而让人们颇为鄙视。罗马天主教会在英国和基督教世界的许多其他地方被废除，一部分原因也是如此，因为他们的传教士道德败坏，致使百姓的信仰出现了动摇；还有一部分原因是由于经院学者在宗教之中掺杂了亚里士多德的哲学思想和学说，由此导致产生许多自相矛盾甚至荒谬的观点，传教士们背上了愚昧与欺诈的名声，使民众要么违背国王的意志而背叛他们（如法国和荷兰），要么经国王授意而背叛他们（如英格兰）。

在罗马教会宣布的为获得救赎而必备的事物之中，显然有好几项是为了满足教皇的利益和居住在各基督教王国的教徒们的利益。如果不是因为各国的国王相互争斗，这些教义本可以像英格兰一样，不费一兵一卒而将外来势力排除在外。罗马教会让人们相信，如果国王不由主教进行加冕，那么他的权威就不是源自基督；如果国王是一名教士，那么他就不能结婚；王子要由罗马教廷进行裁断是否经合法婚姻所生；如果罗马教廷认定国王为异教徒，那么臣民就可以放弃效忠他的义务；教皇可以无需任何理由而废黜国王，并将其王国交给一位臣民，就如同教皇扎加利对法兰西国王希尔德里克所做的那样[3]；任何国家的国王均不得对教

---

[1]参见《士师记》第2章第11节。

[2]参见《撒母耳记上》第8章第3节。

[3]希尔德里克三世（743—751年在位），法兰克王国国王。他虽然是国王，但并无实权。当时，兰登的丕平以宫相身份独揽大权。公元751年，丕平派使节前往罗马，询问教皇扎加利（741—752年在位）没有权力的统治者是否仍适合冠以君主名衔。教皇表示应由掌握实权的人当国王。由此，丕平废黜并软禁了希尔德里克三世，随后举行加冕仪式，开创了加洛林王朝时代。

士和修士的刑事案件进行审判。当罗马教会要求人们信仰这些教义的时候，谁会看不出这些都是为了维护哪些人的利益？如果世俗官员和风俗的支持未超过对教士的神圣、智慧和正直的估价，谁会看不出是谁昧心收了私人弥撒钱、炼狱钱和大量其他徇私的迹象？正如我前面所说的，这一切足以扼杀充满活力的信仰。所以，我将世界上宗教的所有变化归于同一个原因，即那些令人生厌的教士；不单单是天主教如此，甚至最极力鼓吹宗教改革的教会也是如此。

第十三章　论人类幸福与苦难的自然状况

　　自然平等地分配人在身心两方面的能力，即便有时候某一个人的体力可能强于另一个人，或其脑力较之另一个人更为敏捷，但是将二者加总之后，不会导致人们之间的差异大到使一个人有权利对任何利益提出诉求而其他人则不能提出诉求的地步。就体力而言，最柔弱的人通过秘密谋划或者联合那些共处危险之中的人，也可以具备足够的力量战胜体力最好的人。

　　就智力而言，除基于词语的技艺，尤其是根据普遍的和放之四海而皆准的法则处理问题的技能，即科学的技能（这种技能极少数人拥有，而且它只局限于少数的事物；它既不是一种与生俱来的能力，也不像慎虑那样能够通过我们对其他事物的观察来获得）之外，至今我尚未发现比人的体力上的平等更大的平等。因为慎虑在实质上就是一种经验，人们经过同等的时间，就可以从所从事的同样的事务中收获同样的东西。这似乎难以置信，这种不可信性只是由于某些人非常自负，认为只有自己才拥有智慧，几乎所有人都自认为比普通人聪明，也就是说，除了少数或声名远扬，或赞同甚至膜拜自己的人以外，其他人都比不上自己。他们也不会承认其他很多人和自己一样聪明，因为他们于近处审视自己的智慧而在远处评判他人的智慧。但是，这一点反而能够证明人类在智慧方面是平等的而不是不平等的。因为在对任何东西进行平均分配时，能说明分配平均的最大证据就是人人均对自己所分得的部分感到满意。

　　基于这种能力方面的平等，便产生了实现目的方面的平等的希望。因此，如果有任何两个人希望得到同一个无法共享的东西，那么他们就会互为仇敌。在实现他们目的的过程中（他们主要是为了自我保全，有时只是为了自身的欢愉），他们会试图摧毁或征服对方。因此就会出现这样一种情形：如果令侵犯者忌惮的敌人，只有单枪匹马的力量；如果有一个人养精蓄锐、谋划或占据有利地位，那么其他人则有可能联合他的力量掠夺侵犯者的劳动成果，甚至会剥夺侵犯者的生命或自由。这时，侵犯方将再次面临来自另一人的类似危险。

因为人与人之间会互生疑窦，所以没有人能够确保自身的安全；这时候所能想到的合理方法就是通过武力或用计谋控制所有他能控制的人，直至不再存在其他强大到足以威胁自己的力量。这没有超出一个人对自我保全的需要，一般是允许的。此外，由于一些人的征服超出确保自身安全的需要，沉迷于征服所带来的权势的愉悦中，这就导致另外一些原本安于现状、无意通过侵略扩张其权势的人无法仅通过防卫而长期生存下来。由此产生的结果就是通过扩大统治权来自我保全成为一些人的必要，这同样是应该允许的。

除此之外，在没有权力可使所有人敬畏的地方，人们之间的相处并不会有快乐可言（相反会有很多痛苦）。因为每个人都期待同伴对自己的评价能够和他本人的自我评价相同。一旦他遭到轻视或被评价过低，他就会自然而然地尽己所能地伤害轻视他的人以获得更高的评价；更有甚者，他会以杀一儆百的方式从另外一些人那里获得更高的评价。

因此，我们在人的本性中可以发现导致争斗的三个主要原因：首先是竞争，其次是猜疑，再次是荣誉。

第一个原因是人因逐利性而进行侵犯；第二个原因是人因安全需求而进行侵犯；第三个原因是人因追求名誉而进行侵犯。第一个原因会让人们采用暴力方式奴役他人及他人的妻儿和牲畜。第二个原因是人们为保全这一切而进行防御。第三个原因是人们因为琐碎之事而进行侵犯，诸如一句话、一声笑、一个不同的意见以及任何其他明显至极的蔑视，或者直接蔑视其本人，或间接蔑视其亲戚、朋友、国家、职业或名誉。

由此可见，在缺少让众人敬畏的共同权力时，人们所处的状态便是"战争状态"，这种战争是个人与个人之间的战争。因为不仅战役或战斗中存在这种"战争"，在通过战争进行争夺的意图为众人皆知的时期也存在这种"战争"。因此，对于战争性质的考量就如同对天气性质的考量，也要将时间的概念纳入其中。因为正如恶劣气候的性质并不在于一两场阵雨，而是在于连续多日的暴雨如注，所以战争的性质不在于实际的战斗之中，而是在于缺乏和平保障时期人们所共知的战争倾向。除此之外，其他所有时期都是和平时期。

因此，在人人相互为战的战争时代所出现的一切后果，也会出现在人们只能靠他们自己的体力和自己的创造保障生活的时代。在这样的状况下，产业没有发展空间，因为产业产出具有不确定性；土地耕作、航海也不存在，人们无法通过航海进口商品以供使用；人们没有舒适的房屋，没有用于移动和拆卸需要耗费大力量的物体的工具，也没有地理、历史、艺术、文学和社会知识。最糟糕的后果是，人们长期处在暴力死亡的恐惧和危险境遇之中，生活孤独、贫困、艰险、粗俗，且寿命短。

在没有认真考虑这些事宜的人看来，人性竟然导致人类如此相互分裂、相互侵犯和侵害，这似乎是很奇怪的事情。因此，他可能不会相信根据激情得出的这一推论，而是希望通过经验予以验证。那么我们可以让他以自身为例进行考量：当他旅行时，他会携带武器并寻求结伴出行；当他睡觉时，他会将门锁牢；即便是在房间里，他也要给箱柜上锁。在他做这些事情的时候，他对法律和配备武器的公职人员会惩办那些可能导致自己遭受伤害的所有行为是心知肚明的。那么，他旅行时携带武器，是将自己的本国人看作什么了呢？他锁门时，是将自己的同胞看作什么了呢？当他将箱柜上锁时，他又将自己的子女和仆人看作什么了呢？他通过这些行为对人类进行指责的程度，不也和我通过文字对人类进行指责的程度一样吗？但是，我们这样做都不是谴责人类的天性，因为人的欲望和其他激情本身是无罪的。在人们不知道某一法律禁止其相关行为之前，由这些激情所导致的行为同样是无罪的；在法律未制定前，人们无从知晓法律的禁止性规定，在人们同意由某一人制定法律前，法律也不可能制定出来。

有人可能认为，这样的时代和战争状态从未存在过；我也认为，这样的时代或战争状态不会在全世界范围内大量存在；但是，很多人现在就生活在这种状态中。例如，美洲许多地区的野蛮民族除了一些小型家族之外，并不存在其他类型的政府，而小型家族则完全基于自然欲望进行协调，他们今天仍处于我上文提到的那种野蛮残忍的生活方式中。总而言之，从原本在和平政府统治下的人们因为某次战争而陷入悲惨境况的真实案例中，我们可以看出，在没有使人敬畏的共同权力存在的地方，人们的生活方式是怎样的。

尽管就个体来说，从未有过人人相互为战的时代，但是一直以来，国王和最高主权者由于相互独立而一直互相猜疑，彼此之间随时保持着展开格斗的架势和状态，剑拔弩张，一触即发。他们在边境修筑碉堡、派驻边防军队、部署武器，并不断派遣间谍至邻国内四处活动，这就是一种开战的架势。但是因为他们通过这种方式捍卫了臣民的产业，所以并未产生与特定个人的自由行动相伴而生的悲惨境况。

人人相互为战的战争将导致一种结果，即没有任何事情是不正义的。这种状态下不存在正确或错误、正义或非正义的观念；不存在共同权力的地方也不存在法律，不存在法律的地方也就无所谓非正义。在战争中，暴力和欺诈是两种主要的道德行为。正义和非正义既不是身体官能，也不是意识官能。如果它们果真属于官能，那么世界上的独处之人身上便可能存在这种官能，就如同存在感觉和激情一样。它们是群居者的本性，而不是独处者的本性。这种状况也是如下情形导致的结果，即不存在财产和统治权，不存在领地，也没有你我之分；每一个人所能得到的东西，只要他能保住，便一直属于他。这些都是人的天性将人陷于糟糕境遇的情形；尽管有脱离这种境遇的可能性，但是这种可能性必须同时依赖于人的激情和理性。

人对死亡的恐惧、对安逸生活所必需条件的欲望以及通过自己的辛勤劳作获得这一切的希冀——这些激情使人们向往和平。理性使人们发明了便于就实现和平达成一致的契约条款。在其他情形下，这些条款也被称为"自然法"，我将在后续两章中详加讨论。

第十四章　论第一自然法、第二自然法和契约

著作家们一般称自然权利为"自然法",即每个人都有自由按自己所愿意的方式通过自己的力量保全自己的天性,也就是保全自己的生命。因此,人可以通过自己的判断和理性去做任何事情,这是他认为达到上述目的的最佳方式。

确切来讲,"自由"就是不存在外部障碍的状态。这些障碍往往会导致人们丧失他们所想要做某事的部分权利,但是却不能妨碍他们根据自己的判断和理性利用剩余的权利。

自然法是理性所发现的规则或一般法则。这种规则或一般法则禁止人们做出损害自己生命或剥夺保全其生命的手段的事,但是它并不禁止人们做自己认为最有利于保全生命的事。讨论这个问题的人往往将其与权利和法律混为一谈,但是我们应该对它们进行区分;因为权利是做或不做某事的自由;而法律则是对人们做或不做某事的规定。所以,法律和权利的区别就如同义务与自由的区别,二者蕴含在同一事物之中,但是彼此并不相同。

(如上一章所述)因为人所处的状态是人人相互为战的状态;在这种情况下,每个人都受自己的理性制约。为了保全自己的生命而与敌人作战时,他会利用一切可供他利用之物。结果就是,在这种状态下,每一人对每一事物都享有权利,甚至对彼此的身体亦是如此。因此,只要依旧存在每一人对每一物的这种自然权利,那么在自然允许的生活实践范围内,无论多么强悍或聪慧的人,都不可能获得安全保障,不可能享有大自然赋予其原本可以享受的一般寿限。由此形成了一条诫律或理性的一般原则:只要存在获得和平的希望,每个人都应为和平而努力;当他无法获得和平时,他就可能寻求和利用战争所能带来的一切助力和有利条件。该规则的第一分支包括首要的和基本的自然法,即追求、维护并信守和平;第二分支是对自然权利的概括总结,即我们应用尽一切办法来保全自身。

基于该基本自然法,人们按此指引努力追求和平,由此又引出第二自然法:当其他人愿意时,一个人在他自认为对于自己的和平和防卫有必要的情况下,他

将愿意放弃对所有事物享有的权利；他对其他人的自由进行的限制等同于允许其他人对他的自由进行的限制。因为只要每个人都保留做任何喜欢做的事情的权利，那么所有人都将永远处于战争状态中。但是，如果其他人不愿像他一样放弃自己的权利，那么就没有任何人有理由去剥夺其权利，因为这样做就意味着将自生自灭（这方面没有人有义务这样做），而不是和平状态。此即福音书上所写的诫律："你们愿意别人怎样待你们，你们也要怎样待人"[1]；这就是适用于所有人的准则，即"己所不欲，勿施于人"。

一个人放弃对任何事物的权利就是舍弃了他自身妨碍另一个人享有同一事物权利而获得利益的自由。一个人放弃或转让自己的权利，并不会给予任何其他人一项他此前所未曾拥有的权利，因为每个人对任何事物都享有自然权利。一个人放弃或转让权利的做法只是退出，让其他人可以享受其原有的权利而不受他的妨碍，但不代表后者不受其他人的妨碍。所以，一个人丧失权利对其他人的助益不过是相应减少了其他人行使自己原有权利的障碍。

放弃权利可以是直接放弃，也可以是将权利转让给另一人。直接放弃权利就是一个人不在乎谁会因自己放弃权利而受益；权利转让就是将权利利益转让给特定的某个人或某些人。一个人不论是放弃权利或转让权利，均有义务或者应受约束，即不得妨碍那些因他放弃权利或转让权利而受益的人；他应当、也有责任使自己出于自愿的行为不会归于无效。由于权利已被放弃或转让，这种障碍就成为一种非正义或伤害行为。因此，人们关于这种非正义或伤害的争论就如同经院学者辩论中所谓的"荒谬"一样。这种辩论中所谓的"荒谬"就是学者们反对自己一开始提出的观点。因此，在俗世之中，非正义或伤害就是自动背弃一个人最初的自愿作为。直接放弃或转让权利的方式就是通过某种自愿和一个或多个充分迹象，宣示或表明一个人放弃或转让，或者已放弃或已转让权利给接受权利的一方。这种表示仅通过语言或行为即可，最常见的情形是既包含语言又包括行为。契约亦是如此，人们根据它受到约束或承担义务。契约的约束力并非源自其本质（最容易违背的莫过于人们所说的话），而是来自对违约后所导致的有害后果的畏惧。

---

[1] 参见《路加福音》第6章第31节。

□ 伊壁鸠鲁

契约思想最早可追溯到古希腊时代的伊壁鸠鲁，他提出了西方历史上最早的约定论思想，认为国家是人们为了"避免彼此伤害和受害"，通过"相互约定"而产生的。此后，格劳秀斯、霍布斯、斯宾诺莎、洛克和卢梭等，都相继提出并完善了社会契约论思想，使之至近代逐步发展成熟并形成体系。图为伊壁鸠鲁。

不管一个人何时转让或放弃他的权利，他或是考虑到对方会将某种权利同等地转让给他，或是希望因此得到某些其他的利益。因为这是一种自愿行为，而任何一个人做出自愿行为的目的就是为了自己的某种利益。因此，无论通过任何语言或其他迹象都不能认定他人已经放弃或转让了某些权利。首先，如果一个人受到武力攻击，将被夺去生命，他就不能放弃抵抗的权利，因为这样别人就不能认为他的目的是为了他自己的任何好处。伤害、戴枷或监禁也是同样的道理。这是因为人们对这些事情的容忍不会带来任何利益，就像不会因其他人受伤害或受监禁而得到任何好处。此外，这也是因为当一个人面临他人的暴力攻击时，他不能预先评估他们是否要取其性命。最后，像这种放弃、转让权利，其动机与目的只不过是为了使一个人的生命得到保障，以及获得保全生命而不会厌倦生命的手段。因此，如果一个人通过他的语言或其他迹象似乎表明放弃了追求实现上述目的，而实际上却是为了实现该目的，那么不能认为他确是出于这种想法或这就是他的意志；而只能认为他完全不知道人们会如何理解自己的这些语言和行为。

人们将权利的互相转让称为"契约"。

对某物权利的转让不同于该物本身的转让，即传统上所讲的交付。物的交付可以连同权利转移一起进行交付，例如现金买卖、商品或土地交换；但是也可以经过一定的时间后再行交付。

除此之外，缔约一方可将约定由其交付的标的物先行交付，允许另一方在此后某一确定时间履行其义务，在此期间内对标的物先予以托管，那么对于他这一方，契约就被称为协定或信约。双方也可在当下订立契约而在以后的时间履行。在这类情况下，如果将来他履行契约，那么就称为履约或信守；如果他根据其本意而未履行契约，那么就是违约。

如果不是相互间的权利转让，而是当事一方的转让，目的在于希望因之获得他人的友谊或帮助，或是希望因之而赢得乐善好施或豪爽大度的名声，或是摆脱内心产生的恻隐之心，或是希望能够得到天国福报等，那么这就不能被称为"契约"，而应被称为"赠与""无偿赠与"或"恩惠"——它们表达的是同一回事。

契约的（意思）表示可以包括明示和默示。明示是指缔约方所说的话应按其本意进行理解。这些话可以是现在时态，也可以是过去时态，如"我给与""我同意""我已给与""我已同意""我愿将此物给你"等，还有些话属于将来时态，如"我将给与""我将允许"等。这种将来时态的话被称为"承诺"。

有时默示是话语的结果，有时是沉默的结果，有时是行动的结果，有时是不行动的结果。一般而言，任何契约的默示无一不是对契约方意思的说明。

表示未来时态的语词本身并非无偿赠与的充分表示，因此不具有约束力。因为如果是未来的某一个时间，例如，"明天我将给予某物"，即表示我尚未给予某物，所以我的权利尚未转让，此物在我未通过某种其他行为转让前仍归属于我。但是，如果语词是现在时态或过去时态，如"我已给与"或"我给与并将在明日交付"等，那么这是在今天将我明天的权利转让给了他人；尽管不存在其他证据佐证我的意愿，但是我用的语词的性质已证明了这一点。这些词的含义相差极大，如拉丁语"我愿意使它明天归属于你"，翻译为英语为"我将在明天把它给你"，在前面的话中，"I will"表示的是当前意志表示的行为，即"我愿意"；而在后面的话中，则表示"我将"，即对将来意志表示的承诺。因此，前者是现在时态，转让的是一项未来的权利；后者是将来时态，未转让任何权利。但是，如果还有除语词之外的其他关于意愿的表示，那么尽管是无偿赠与，但是可以将其理解为该权利已根据将来时的语言进行了转让。就如同一个人将为赛跑比赛第一名颁发奖项，该赠与属于无偿赠与；尽管他的用语属于将来时态，但是其权利已经进行了转让。因为如果不将其语言作这种理解，那么他就不应当让他们比赛赛跑。

在契约中，不仅可以通过现在时态或过去时态的语言进行权利转让，还可通过未来时态的语言进行权利转让；因为所有契约都是相互转让或交换权利，所以仅因已获得承诺交换的利益而作出承诺的人，应被理解为想要转让权利。因为除非他此前愿意使他的语言被人作这种理解，否则另一方就不会先予履行义务。基于此，对于契约中的买、卖和其他行为，承诺就等同于信约，并因此而具有约束力。

　　先行履约的一方被认为应获得契约另一方对契约的履行及其所交付的标的物，他将该标的物视为应得之物。此外，当向多人宣告悬赏，最后却仅将奖赏给予获胜方，或是在众人面前抛钱币而使其归抢到者所有时，虽然这也是一种无偿赠与，但获胜得奖或抢到钱币的人同样应当得到它，并将其视为应得到的标的物。因为在提出悬赏或抛钱币时已经发生权利转移，尽管当时尚未确定权利的归属方，但是可以通过竞争来确定归属方。不过，这两种应得到的标的物存在差异，在契约中，之所以"应得"，是根据一方的权利和另一方的需求而来；然而，对于无偿赠与的情况，受赠者得到应得到的标的物是完全出于赠与者的善意。在契约中，一方应得到的标的物是对另一方理应放弃他对该标的物的权利；而在赠与的情形之下，赠与者并非理应放弃他对该标的物的权利，而是当他主动放弃该权利时，该标的物才理应归属于受赠者而不是其他人。我认为此即经院学者所谓的对"适宜性功德"和"等值性功德"进行区别的意义所在。因为全能的上帝会让那些从尘世中走来的、被肉体欲望蒙蔽但同时又能遵从他所规定的诫律与限制的人进入天堂；根据经院学者的说法，此等俗世之人因为具备适当的功德而应当进入天堂。但是，所有人只能因着上帝普泽世人的慈悯而进入天堂，而不是因着自己的正义或任何别的权势而要求有权进入天堂。根据经院学者的说法，没有任何人能根据其自身具备的等值性功德而进入天堂。对此，我认为区别的意义在于，争论者只有当术语有利于他自己时，才会认同术语本身的意义。因此，对于术语的意义，我不会作任何肯定，我只说一点，当赠与对象不确定时，诸如通过竞争才能取得奖赏的情况，胜利者就应得到奖赏并且有权要求该奖赏作为其应得的标的物。

　　如果订立信约后，双方均未立即履行，而是彼此信任，那么在纯粹的自然状态（即人人相互为战的状态）中，一旦出现任何合理猜疑，那么信约便将归于无效。但是，如果信约双方之外还存在一个共同的权力，有充分的权利和强制力督促各方履行信约，那么该信约便不会归为无效。这是因为先履约一方不能保证后履约一方是否履约，当不存在某种令人畏惧的强制力时，信约的约束力太弱，不足以约束人们的野心、贪欲、愤怒和其他激情。因为在纯粹的自然状态下，人人平等，并且都可自行判断自身对违约的畏惧是否具备正当理由，而无法想象有这种强制性权力存在。因此，先履约一方的履约行为就是向他的相对方"投降"，这就违背了他绝不能放弃保护他生命和生存手段的权利。

但是，在一个已经建立了一种权力来约束那些违约之人的世俗国家中，这种畏惧违约的心理就不再具有合理性。正是基于此，根据信约应先履约的一方有义务先履约。

导致出现畏惧信约失效心理的原因必然是订约后出现的某种情势，比如能够充分说明不履行信约意愿的某种新的事实或其他迹象等，否则它就不能导致信约无效。因为一种情势如果不能妨碍缔约方做出承诺，那么也不应认定它是信约履行的障碍。

□ 婚契

图为一张书写在羊皮纸上的婚契，落款为：直布罗陀（1790年）。契约书的装饰轮廓是用铅笔画出来的，但是并未完成。从内容上看，新娘和新郎是西班牙犹太家庭的成员。文中有一段祷告，大意是祈求神怜悯他们，保护他们，并最终为他们所受的不公伸张正义。

一个人转让其任何权利就是转让在他的权力范围内享受权利的手段。例如，一个人要出售土地，就可以认为他将土地上的牧草和生长的其他一切均予以转让。一个出售了水磨的人不能引走推磨的溪流。人们将政府主权交给某个人就是将通过征税维持军队、委派官员进行司法裁判的权利转让给了这人。

人类无法同禽兽订立信约。因为禽兽无法理解人类的语言，因此禽兽无法理解也不能接受任何转让的权利，同时它们也不能转让给人类任何权利。相互之间不存在权利的接受就说明不存在信约。

人类无法同上帝订立信约，除非上帝通过超自然的启示或他的助手以他的名义传话给我们，方能够同他订立信约；否则我们不知道上帝是否接受了该信约。因此，任何人违背自然法所做出的誓愿均归于无效，因为这种誓愿如果得到了回报，那么它将是不公正的。如果这是自然法所管辖的范围，那么它就不是誓愿，而是自然法对其具有的约束力。

因为签订信约是一种意志行为，所以信约的内容或主题往往是经过深思熟虑的；即它是一种行为并且是经过深思熟虑做出的终局性行为。因此，信约内容就常被理解为未来要发生的事，并且是经立约者断定为可履行的事。

因此，针对已知不可能实现的事做出承诺便不是信约。但是，如果原先认为有可能实现的事情，后经证明并不可能，那么信约仍有效且具有约束力，虽然这种约束力不针对事物本身而只针对其价值有效力。或者，如果在这种情况之下仍属不可能实现，那么只能通过实实在在的努力尽力履约，因为任何人都不可能做出超过该限度之外的努力。

人们可以通过两种方式解除信约，或是通过履约解除信约约束，或是免于履行信约。因为履约意味着义务的自然免除，免于履约是通过义务所对应的权利再转让而恢复自由。

在纯粹的自然状态中，因畏惧而订立的信约具有约束力。例如，我为了保全生命而向敌人承诺给付赎金或提供劳务，那么我就要受该信约的约束。因为这是一份契约。契约一方得到的利益是生命，契约另一方得到的利益是金钱或劳务服务。因此，如果没有其他法律禁止这种履约行为（就如同在纯粹的自然状态下一样），那么这类信约就具有效力。因此，如果信赖战俘将偿付赎金，那么他就有义务支付赎金。如果一个弱小国家的国王出于畏惧而和一个强大国家的国王签订了对自己不利的和约，那么他就有信守义务，除非（如前所述）出现了引起畏惧的新的正当理由而重新开战。甚至在一个国家中，如果我为了从强盗那里赎身被迫依照承诺给付赎金，在市民法没有规定我可不必履行之前，我必须给付赎金。因为凡在我不承担义务的情况下可以从事的事务，也可因畏惧而合法地订立信约去从事相关事务：经合法约定的事情，不得违约。

前一信约可使后一信约归于无效。因为一个人今天将权利转让给某个人后，明天他就不享有该权利并且不能将其转让给另一人；因此，之后的承诺因不能转让任何权利而不具有任何法律效力。

不以暴防暴的信约将永远归于无效。因为（如前所述）没有人能够转让或者放弃免受被杀戮、伤害或监禁的权利，避免出现此类情势是放弃这些权利的唯一目的所在。因此，任何信约中关于放弃抵抗暴力的承诺都不能转让任何权利，也不具有约束力。因为一个人虽然可订立信约说"除非我做某某事，否则杀我"，但是他不能订立信约说"除非我做某某事，否则你来杀我的时候我不抵抗你"。因抵抗而死的危险较小，因为按目前的情况来看，不抵抗必定要死的危险较大，对人类而言，两害相权则取其轻。这一点放之四海而皆准。例如，罪犯判罪服法后，被押赴刑场或送入监狱时仍需要武装押解。

未获得免于履约的保证而自己提起控告的信约同样归于无效。因为在自然状态中，每个人都是法官，根本不可能提起控告；而在世俗国家中，控告和惩罚是前后关联的，惩罚就是暴力，人们没有义务不进行抵抗。同样，一个人的确也会因为控告某些人而悲痛，诸如控告自己的父亲、妻子或恩人。因为在此类情形中，如果控告者的证据不是自愿提供的，那么就应认为它并非确凿，所以不能接受为证据；如果一个人的证据不可信，那么他就没有提供证据的义务。通过严刑拷打逼迫所提起的控告不能视为证据。因为严刑拷打只能是进一步审查和探究真相时进行推测和指引的手段。而受刑者在严刑拷打中承认的事情往往是为了减轻痛苦，并非是向施刑者告知相关情况，所以不能视其为充分的证据而采信。因为受刑人为了使自己解脱痛苦，无论提出真实或虚假的控告，都是为了保全自己的生命而行使的权利。

语言与词的力量过于薄弱（如我此前所述）则不足以约束人履行信约。可以想到，人的本性中唯有两种可以有助于增强语词的力量：一是对违背承诺所导致后果的畏惧；二是因未违背承诺而感受到的荣耀或骄傲。后一种感受因为殊为罕见而无法认定为依据，特别是在追求财富权力和感官快乐的人身上尤为少见，而这类人在现实生活中甚众。可以依靠的激情就是畏惧，它有两个普遍的对象，一个是无形的神灵力量，另一个是违约时将要冒犯到的人的力量。对于这两种力量，尽管前一种力量较为强大，但是相对而言，对后者的畏惧感更加深重。就每个人而言，对前者的畏惧是他在自己信仰的宗教中所表现出的恐惧，是文明社会出现之前在人类的本性中就已然存在的；后者则不是这样，至少它的地位不足以使人信守承诺。因为在纯粹的自然状态中，除了战时，权力的不平等是无法看出来的。因此，在文明社会之前或者因战争而导致文明社会状态处于中断之时，除了每个人因为崇拜无形力量而减损敬奉为神的畏惧外，没有其他任何东西能够强化根据协议订立的和平条约，以之对抗因贪婪、野心、感官愉悦或其他强烈欲望的引诱而对条约造成的破坏。因此，两个不受世俗权力约束的人能做的全部就是在畏惧的神面前彼此相互起誓。发誓或誓言是一种附于承诺之上的语言形式，做出承诺者根据这种语言形式表明，除非他履行承诺，否则他将无法得到神的慈悯，或者请求神报复他自己。异教徒的誓言形式是"不如约就请朱庇特神像我杀这兽一样杀我"。我们的誓言形式是"我将怎样怎样做，愿上帝保佑我"。像这种誓言再加上每个人在自己信仰的宗教中使用的各种各样的仪式，对违背信仰的恐惧就更加强烈。

据此可以看出，除了发誓者根据所采用的形式或仪式发出的誓言之外，其他任何誓言均为无效，且不能算作誓言，发誓者不能对他认为不是神的任何东西起誓。因为人们或出于畏惧，或出于奉承而以他们的国王的名义发誓，借此使人明白他们是把神的尊荣赋予他们的国王。因此，在不必要的情况下对神起誓就是对神的亵渎，而像人们在日常谈话中那样通过其他事物发的誓言则根本不是誓言，而是因为言辞激烈而形成的一种不虔敬的习惯。

此外，誓言于义务而言无任何增益。因为一项信约如果是合法的，那么不论有无誓言，在神看来都具有约束力；如果信约不合法，那么即便信约经誓言确认也完全不具有约束力。

第十五章　论其他自然法

根据自然法，我们必须将那些如果我们予以保留便将有碍人类和平的权利转让给其他人，由此就出现了第三自然法——"信约必须履行"；如果缺失这一条，那么信约将归于无效而只是一堆空话；所有人对所有物仍可以主张权利，我们仍将处于战争状态。

正义的源泉就存在于这一自然法之中。因为没有信约的地方就不存在权利转让，所有人对所有物都可主张权利，没有任何行为是非正义的；但是在订立信约之后，违反信约就是非正义的行为；对非正义的定义就是不履行信约。凡不属于非正义的行为，就属于正义的行为。

但是，基于相互信赖所订立的信约，对信约一方不履行合同的恐惧会导致合同归于无效（如前一章所述）；虽然正义的源泉是信约的订立，但是在未消除这种畏惧的原因之前，实际上不可能存在正义；当人处于自然的战争状态中时，根本无法消除畏惧的原因。因此，在所谓正义和非正义出现之前，必须先存在某种具备强制性的权力，通过人们对因违反契约而遭受的惩罚大于其期待能够得到的利益而生出的恐惧来强制人们平等地履行信约，使人们通过平等履行信约维持其获得的补偿与其放弃权利的利益大致相当。在国家出现之前，不存在这样的共同权力。根据经院学派对"正义"的一般性定义也可以推导出这一点，因为他们指出，"正义就是将属于每个人自己的东西归其所有的恒定意志"。因此，在一个没有属于自己的东西的地方，即没有所有权的地方，就不存在非正义的行为；在一个没有确立强制权力的地方就不存在国家，也就不存在所有权；在这里，所有人对所有事物都可以主张权利，所以这种地方也就不存在国家，也没有什么事情是非正义的。因此，正义的本质在于信守有效的信约；但是信约的有效性源自于建立一个足以强制人们履约的社会权力，所有权由此发端。

愚昧者在其内心不认为存在所谓的"正义"，有时候甚至还将这种想法表达出来，郑重其事地（将这种观点）公之于众，既然每个人将自我保全和自我满足寄

□ 萨图恩

萨图恩，古罗马神话中的农业之神。他掌管播种，教人耕种，培植果木。萨图恩虽为古罗马最古老的神祇之一，但是古代罗马人对他的来历也不甚清楚。当宙斯的化身——朱庇特成为罗马神话的核心之后，由于人们将罗马神话与希腊神话相混淆，萨图恩便与希腊神话中的宙斯之父克洛诺斯混同，被视为朱庇特之父，成为一个带着邪恶色彩的古神。

托在他自己身上，那么只要对他自己有好处，各人就没有理由不按照有利于实现这一目的的方式付诸行动，诸如是否订立信约及履行信约。此处，他并不是否认存在信约，也不是否认有时候会违反信约或有时候会履行信约，以及违反信约即为非正义、履行信约即为正义。他的问题只是在于：在没有对神心存畏惧的情况下（愚蠢者内心中认为神是不存在的），非正义有时是否不能与引导每个人为自己谋取利益的理性相一致，尤其是当这种非正义能够产生一种利益，使人们不仅不顾忌他人的指责和谩骂，而且同样处在一种不顾忌他人权势的情态中时，其是否无法与这种理性保持一致。神的国是凭借暴力而建立的，如果能通过非正义的暴力建立，那么会出现什么样的情形呢？如果通过非正义的方式建立且不可能因之而受到伤害，那么就是违背了理性吗？如果没有违背理性，那么它就没有违背正义，否则正义就毫无价值。根据该推理，邪恶意图得逞后便赢得了嘉德之名，有的人不允许在其他所有方面背信，却容许背信弃义地夺取一国的政权。异教徒认为，萨图恩[1]是被他的儿子朱庇特废黜的，但那是朱庇特在惩罚不义之神，这有些像柯克的《柯克论利特尔顿》[2]中提到的一条法律，其规定如果法定王位继承人因犯叛逆罪而丧失公权的，仍应将王位传给他；并且自继位起，丧失公权即归于无效。据此，一个人很容易得出一个推论，即法定王位继承人杀害现任国王后——

---

[1] 萨图恩，古罗马神话中的农神。

[2] 此处霍布斯提到的"柯克"应当是指爱德华·柯克爵士（1552—1634年），英国法学家和政治家，1613年被任命为王座法院首席法官。《柯克论利特尔顿》是其代表作之一，书中主要评述了利特尔顿法官的著述。

哪怕该国王是他的父亲，虽然人们可以称其行径为不义，或冠之以任何其他的恶名，但是不能认为他违背了理性；因为所有人根据自由意志做出的行为都是为了他们自己的利益，这些行为是最有助于实现其目的的行为，因而是最符合理性的行为。然而，不管怎样，这种似是而非的推理是错误的。

　　这里的问题与没有建立世俗权力来对双方进行约束，使得双方在缺乏保障的情况下互相承诺的问题不同，因为这种互相承诺不是信约。这里的问题真正在于，契约一方已履行信约或存在一个权力促其履行信约，那么这种履约是否违背理性，即是否损害履约相对方的利益。为说明这个问题，我们将考虑以下几个方面：第一，当一个人在可以预测到种种情形而做某件会导致其自身毁灭的事情时，无论发生任何他所未预料到的、对其有利的偶然事件，这些事件都不能使做这件事情变得合理或明智。第二，在战争状态下，因为不存在一个让人们畏惧的共同权力，人与人相互为敌。在缺少联盟的帮助下，没有人能希冀依靠一己之力或自己的智慧而使自己免遭灭顶之灾。在这样的联盟之中，人人都希望得到与其他人同等的保护；因此，如果有人宣称他认为欺骗帮助他的人属于合理行为，那么他就有理由期待保护其安全的手段就是只靠他的一己之力的手段。因此，对于违反信约后又宣称自己的所作所为属于合理行为的人，不可能得到通过形成群体追求和平与自我保全的社会的接纳，除非接纳他的人错看了他；当他被接纳和收留之后，他也不可能看不到别人所犯的这个错误中隐藏的危机，一个理性的人不会将他人的错误作为保证自己安全的手段。因此，如果他遭到社会的抛弃或驱逐，那么他将会死亡；而如果他要在社会中生存下去，那么只能靠其他人犯错才行；但是，别人犯错是他所不能预见或倚靠的，所以也违背了他自我保全的理性。因此，所有能够促使他毁灭的人之所以对其容忍，是因为他们对于如何才能有利于自身这个问题尚处于一种无知的状态之中。

　　至于获得天国稳固且永恒幸福的事例，都不甚可靠。所能够想象出的唯一方法就是不违背信约而是信守信约。

　　至于另一个通过叛乱夺得政权的例子，很明显的一点就是，虽然通过叛乱能够夺得政权，但是由于依照常理无法预期，便只能预期出现与之相反的情形；同时，他人会效仿通过这种方式取得政权，所以这种行为违背了理性。因此，正义即遵守信约是一条理性的规则，根据这一规则我们不能做出任何有毁自己生命的事情；因此，这就是一项自然法。

有些人可谓有过之而无不及，他们并未将自然法看作有助于保全人们在俗世中生命的法则，而是将其看作有助于人去世后获得永福的法则。这些人认为违反信约有助于获得永福，因此违约是符合正义和理性的。他们认为，杀戮、废黜或反抗经自己同意而成立并管理自己的主权权力是一种功德。但是，由于我们对人去世之后的情形一无所知，更不用说违约在去世后会带来何等果报的知识，我们所具有的信念就是建立在他人的说法之上，即他们能够通过超自然的方式知晓这些知识，或者他们知道一些人能够通过超自然的方式知晓这些知识；因此，背信就不能称之为一种理性或自然的准则。

　　另一些人认为信守约定是一项自然法，但是他们认为它在某些人身上并不适用，例如异教徒和经常不守信约的人等。这种观点也是有违理性的。因为如果一个人的任何过错足以使我们解除所订立的信约，那么这种过错就有足够充分的理由阻止我们订立该信约。

　　在形容人时，正义与非正义这两个词表示同样的意思；当它们在形容行为时，则表示的是另外一种意思。当用来形容人时，它们表示这个人的品行是否符合理性；用于形容行为时，它们表示行为是否符合理性，而不是品行或生活方式是否合乎理性。因此，一个正义之人会尽可能谨慎地使他的行为完全符合正义的要求；一个不义之人则对正义的要求视而不见。在我们的语言中，将这两种人称为"正直"和"奸邪"比将其称为"正义"和"非正义"更加常见，只不过它们的意思都是一样的。因此，一个正直之人不会因激情冲动或是误识人或事导致的一次或少数几次非正义的行为而丧失了正直之名；一个奸邪之人也不会因出于畏惧而做或不做的一些行为而除去了奸邪的本性，因为他的意志出发点不在于正义而在于他将要做的事情的显著利益。赋予人类行为正义的是某种罕见的高贵或豪侠式的勇敢精神，正是基于这一精神，人们羞于让他人窥见自己为了生活而欺诈或违约。这种品行的正义之处就是视正义为一种美德，视非正义为一种邪恶。

　　但是，一个人行为的正义不能使他被称为"正义之人"，人们只是将其称为"无罪之人"；同样，一个人行为的非正义（又称"侵害"）则只会使其被人们称为"有罪之人"。

　　除此之外，品行的非正义是指侵害的意图或倾向，它在未付诸行动之前即为非正义，无需以任何个体受到侵害作为条件。但是，行为的非正义（此处指侵害）是以个体受到侵害为前提，即与之订立了信约的人；因此很多时候，受侵害的是一个人，而损失却落到另一个人身上。例如，当主人盼咐他的仆人将一笔钱交给一位陌生人，而仆人并未送达时，受到侵害的是仆人此前与之订立信约的主人，而损失却转移到该陌生人身上；因为仆人对这位陌生人不承担义务，所以就不能说他对陌生人进行了侵害。同理，在一国之内，虽然人与人之间可以互免债务，但是却不能免除他们因抢劫或其他暴力行为产生损害的责任，因为不偿还债务只会害及自身，但是抢劫和暴力行为却是侵害了国家人格。

不论一个人被施加了何种行为，如果该行为符合他向行为方表达的他自己的意愿，那么该行为就不算是对他的侵害。因为如果行为方并未事先订立信约而放弃他可以任意作为的原始权利，那么他就没有违背信约，也就是未对其施以侵害。反之，如果他因为订立信约而放弃了这种权利，那么通过这种表示即解除了这一信约，所以也未对其造成侵害。

著作家们将行为的正义分为交换的正义和分配的正义。他们认为，前者存在于算术比例之中，后者存在于几何比例之中。因此，他们认为交换的正义在于契约标的物的等值性，分配的正义在于将相等的利益分配给条件相同的人。意思好像是，我们贱买贵卖属于非正义，给一个人超过其自身应得的利益也属于非正义。所有契约标的物的价值都是以契约当事方的偏好作为尺度，因此公道的价值就是他们愿意给予的价值。应当得到的标的物不是根据正义应得的标的物（除非经信约约定，一方对信约的履行是另一方履行信约的条件，此情形属于交换的正义而非分配的正义），而只是根据恩惠给予的报偿。因此，对这种区分所阐述的意义是不正确的。准确地说，交换的正义是契约一方的正义，即履行买卖、雇佣、租赁、借贷、交换、以物易物及其他契约性的行为。

分配的正义是裁决者的正义，即确定何为正义的行为。其中，一个人因接受人们的信托而成为裁决者，他如果实施了信托事项，即将个人应得的标的物分配给每一个人，那么这确实是一种符合正义的分配，可以称之为分配的正义，或者称之为"公正"更为恰当。这也是一项自然法，我将在下文适当的地方予以说明。

正义取决于此前订立的信约，表达谢意也取决于此前所施的恩惠，即此前的无偿赠与。这是第四自然法，可以表述成：一个人若接受了他人纯粹根据恩惠给予的利益，就应尽其所能地使施惠方不会因任何合理的原因而对自己的善意后悔。因为没有人不是为了自身的利益而施惠，而赠与属于自愿行为，所有自愿行为的目的都是为了各人自身的利益；如果人们因施惠而失望，那么就不存在恩惠或信任，也不会有互助或人与人之间的和谐相处，如此一来，人们将仍处于战争状态——这就违背了关于人应追求和平主张的第一和基本自然法。违背该自然法的规定被称为"忘恩"，它与恩惠的关系就如同非正义和信约义务的关系。

第五自然法是谦恭勤勉，即每个人都应尽力使他自己与其他人和谐共处。为了方便理解，我们不妨这样来看待问题：人类社会倾向因情感的多样性而导致其本质上的多样性，这种情形就如同用来修建建筑物而堆砌在一起的石块。如果一块石头坑坑洼洼、奇形怪状，那么堆砌的时候它就会占据其他石头的空间，并且由于它坚硬而难以磨平，还会有碍建设进程，因此建筑工人就会因为它没有利用价值且会带来麻烦而弃之不用。同样，如果一个人性格乖戾，而又力图占据那些对自己属于多余而对他人属于必要的东西；同时他冥顽不化、无法改变想法，那么这种人就会因为对社会构成妨碍而被抛弃或驱除。对于每个人而言，不论是根据其权利，还是根据天性，都应尽可能获得保全其自身的必要条件，为不必要之物而违背这一点的人应对由此导致的战争承担责任；因此，如此行事便是有违追求和平的基本自然法。遵守该自然法便可称为"乐群"（拉丁语称之为"commodi"，即"和善"之意）；反之，就是顽固、孤僻、刚愎自用或倔强倨傲。

第六自然法是一个人应当宽恕此前曾对自己进行冒犯但已悔过并保证未来不再冒犯自己的人。因为宽恕就是寻求和平；虽然对于那些抱有敌意的人而言，寻求和平只是出于畏惧；但是，不与保证未来不再冒犯的人和解就意味着反对和平，因此它违背了自然法。

第七自然法是人们在报复（即"以怨报怨"）的过程中，应关注的不是此前的罪恶有多大，而是未来的利益有多少。根据这一自然法，除非为了矫正冒犯者或警示其他人，我们不得以任何其他理由惩罚他人。该自然法是上一项自然法的必然结论，即为了未来的安全而宽恕冒犯者。除此之外，无视教训和未来利益而进行报复并洋洋得意，或以伤害他人为荣，则将不会有任何结果（因为结果终究是未来的某一事物）；没有结果的荣耀是毫无用益的荣耀；无缘无故地伤害他人会导致战争，这是违背自然法的，一般称其为"残暴"。

所有的仇恨或蔑视的迹象都会引发争斗，大多数人宁肯有生命之虞也不愿忍辱偷生，由此我们得出了第八项自然法，即任何人不得通过行为、言语、表情或姿势对另一人表示仇恨或蔑视。违反这一自然法的行为一般被称为"侮辱"。

在纯粹的自然状态下，人人平等（如前所述），不存在谁比谁更优越的问题。

当下的不平等是由市民法所导致的；据我所知，亚里士多德在他的《政治学》第一篇谈到了他的学说基础，即根据人的天性，有些人适宜发号施令，也就是较为贤明的人——他本人便因为自己提出的哲学思想而自认为属于这类人；另一类人则是适宜服务他人，即那些体格健硕而不属于他那一类哲学家的人。主仆之分并非根据人们的同意而产生的，而是因智慧的差别所导致的。这种理论不仅违反理性，而且违反经验。因为极少有人会愚笨到不愿自我约束而被别人约束的地步。那些自认为聪明绝顶的人，在对那些不相信自己的聪明才智的人诉诸武力时，聪明人并不总是或经常胜出，甚至大都会败下阵来。因此，如果自然使人人平等，那么就应承认这种平等性；如果人并非生而平等，那么也是因为人们自认为平等，除非在平等的条件下不愿进入和平状态。因此就必须承认这种平等性。因之也就得出第九自然法——我将其表述为：人人都应承认自己与他人是生而平等的，违反这一自然法就是"倨傲无礼"。

□《柯克论利特尔顿》扉页

爱德华·柯克爵士（1552—1634年），英国著名的普通法学家。与霍布斯、菲尔默、洛克、哈林顿等人所讨论的法律问题不同，他主要讨论的并非一般性的法律问题，而是英国法律问题的一部分。他所著的《柯克论利特尔顿》，全名为《柯克之利特尔顿土地保有权释评》，是对法学家托马斯·利特尔顿爵士的《土地保有权》一书所进行的评释。

这一自然法的基础是另一自然法：在进入和平状态时，所有人都不得保留他不希望他人保留的任何权利。所有寻求和平的人，必须放弃一定的自然权利；这就是说，没有不受限制的自由；人们需要为保全生命而保留某些权利，如支配他们的身体的权利、享有空气和水的权利、行动和迁徙的权利，以及获取那些一旦缺失就无法生活或无法很好地生活的东西的权利。在这种情况下，如果人们在追求和平时，为了自己而主张不给予其他人东西，那么他就违背了前一项自然法，即规定人们承认人生而平等的法则，因此也就违背了自然法。我们称遵守这项自然法的人为"谦虚之人"，称违反这一自然法的人为"傲慢之人"。对于这种违反自然法的行为，希腊人称之为"πλεονεξια"，即"贪婪"。

另外，如果一个人接受他人的信托而裁断人们之间的纠纷，那么自然法的一条法则就是要求其秉公裁断。因为如果缺少这一点，人们之间的纠纷就只能通过战争来解决。如此一来，裁断偏袒者就会通过滥用职权来阻止人们任用公正的法官和仲裁员定分止争，因此他就违背了基本自然法而变成了战争的导火索。

遵守这一自然法就是将本应属于每一人的东西平等地分给各人，这被称为"公正"，即前面所说的分配的正义。违反这一项自然法就是"偏袒"（希腊语为"προσωποληψια"）。

根据这一项自然法可以得出另一项自然法：如果不可分之物能够共享，那么就应共享；如果数量允许，那么不应予以限制；否则就应根据有权获得该物的人数按比例分配。因为如果不按照这种方式进行分配，那么就是分配不均，有违公正。

但是，有些东西不可分割或共享，那么关于公平的自然法就要求通过抽签的方式决定一切权利或者（轮流使用的情况下）第一次占有权。因为公平分配是一项自然法，而我们也难以想象其他公平分配的方法。

抽签包括两种方式，一种由人决定，一种由天意决定。对于由人决定的情况，需竞争者协商一致。对于由天意决定的情况，则要么通过嫡长继承制（希腊人称之为"Κληρονομία"，即给予其命运应得之分）或是通过原占有权决定。

因此，对于不能共同享有且不可分割的东西，应裁断归原占有者所有；在某些情况下则应按命运应得之分裁断归长子所有。

以下也是一项自然法：对于为和平进行斡旋的所有人均应保障其在进行斡旋时的安全。以追求和平为目的的自然法也规定调停应作为一种手段，运用该手段时需确保其安全。

因为尽管人们非常愿意遵守这些法律，但是在牵涉某一个人的行为时，就会出现问题。第一，行为是否已付诸实施？第二，如果行为已付诸实施，那么行为是否违法？前者称之为事实问题，后者称之为权利问题；因此，除非问题所涉及的相关方能够互相订立信约以服从他人的裁断，否则他们将永远不能实现和平。将问题提交并由其裁断的一方被称为裁断者。因此，这也是一项自然法，即争议方应将权利交由一名仲裁员裁断。

既然我们假定凡人的所为皆是为了一己之私，那么在涉及自己的事项中，最不适宜作为裁断者的就是当事人；即便他十分适宜做裁断者，但由于公平要求每一方需得到同等的利益，如果一方可以作为裁断者，那么另一方也应作为裁断者；这样就成了战争的导火索，这也是违反自然法的。

同理，在任何事项中，如果有人在一方获胜时相比另一方获胜而获得更多的利益、荣誉或愉悦，那么此人也不应被接受作为裁断者，因为事实上他虽然只是被动地收受了贿赂，却是一笔实实在在的贿赂，所以没有人会信服他。如此一来，争议和战争状态将持续下去，这是违反自然法的。

关于事实方面的争议，裁断者对一方的信任不得超过对另一方的信任；如果不存在其他证据，那么裁断者应信任第三方，或信任第三方和第四方，或信任更多的其他方。因为对争议不予裁断而听任其诉诸暴力来解决是有违自然法的。

以上所列自然法规定了和平是人们在社群中保全自身的手段，它们只是与文明社会有关的规则。此外，还有其他事物会对人造成损害，如酗酒和所有其他放纵行为均被列入自然法所禁止的事项之中。这些无须赘述，也不适宜在此处展开讨论。

自然法的这些看似过于隐晦的推理，并不是所有人都能理解，因为大多数人都忙于生计，其他人则过于疏忽大意。但是，为了不使所有人以此为借口，这些自然法已被浓缩成一条浅显的归纳总则，就连那些最平庸的人都可以理解，即"己所不欲，勿施于人"；它说明在认识自然法时只要做到一点即可：当一个人将其他人的行为和自己的行为放在天平上进行权衡，如果发现其他人的行为显得过重，那么将其放置到自己的一端，再将自己的行为放置到其他人那一端，以使自己的激情与自爱不会为自己的行为增加权重，这时他就会发现，适用于他自身的前述自然法没有一项不是极合理的。

自然法约束人的内心，只要它们出现，便对人的欲望产生约束力。但从外部范畴而言，也就是说将其付诸行动时，自然法便不会一直具有约束力。因为一个人如果谦虚温顺，履行自己的所有承诺，那么在其他人均不履行诺言的时候或地方，他只会让自己成为别人的猎物而受到侵害，这有违保全自己本性的自然法的基础。并且，如果一个人得到了充分保证，即别人会按照上述自然法对待他，但他自己却不遵守，那么他所寻求的就是战争而不是和平，其后果就是通过暴力毁灭了自己的本性。

无论自然法如何在内心发挥约束力，它不仅可能因与之相违背的事实而被违反，也可能因符合自然法的事实被人们认为与之相违背而被违反。因为在这种情形下，尽管人的行为符合自然法，但是他的目的违背了自然法，即违背了自然法对内心的约束。

自然法是不可改变和永恒的；非正义、忘恩负义、骄傲自大、傲慢无礼、畸重畸轻、徇私偏向等永远不会与自然法相符。因为战争绝不可能使生命保全，和平绝不可能使生灵涂炭。

因为这些自然法只是约束欲望和做某事的尝试，即诚实无欺和持久的努力，所以极易被遵守。正因为如此，自然法对人们没有什么要求，只要求人们努力去做，竭尽全力履约，这就遵守了自然法，而遵守自然法的行为就是正义之举。

自然法科学是唯一真正的道德哲学，因为道德哲学就是研究人类交往与社交中"善"与"恶"的科学。"善"与"恶"是表达我们欲望与厌恶的名词，它们在人们不同的性情、习俗和学说中存在差异。不仅味觉、嗅觉、听觉、触觉和视觉的判断会因人而异，对日常生活中行为合理性方面何为一致或不一致的判断也存在差异。不但如此，同一人在不同时间的判断也存在差异。此时被称颂而称之为"善"的，彼时也可能被贬斥而称之为"恶"。由此就会导致争论和纠纷，最后引发战争。因此，当人处于纯粹的自然状态即战争状态下，善恶的尺度就是个人的欲望；因此所有人都认同和平是善这一观点，而寻求和平的方法或手段就是（如前所述）正义、感恩、谦虚、公平、慈悯，其他自然法也是善；换言之，它们皆是美德，与它们相悖的便是恶行。当下，因为研究美德与恶行的科学是道德哲学，所以关于自然法的真正学说就是真正的道德哲学。然而，尽管道德哲学领域的著作家承认同样的美德与恶行，但是他们并未注意到蕴藏在这些美德之中的善，也未注意到这些美德是作为寻求和平、乐群和舒适生活的手段而被人称颂，因此他们认为美德就是一种适度的激情，就如同"坚毅"不是看英勇的动因而是看英勇的程度；"慷慨"不是看馈赠的动因而是看馈赠的数量。

人们曾将这些理性的规定称为"法律"，但这是不恰当的。因为它们不过是关于哪些事物有助于他们保全和防卫的结论或理论。严格说来，法律是指一个有权管辖其他人的人所说的话。但是，如果我们将同等理论视为有权支配万物的上帝所说的话，那么称其为法律则是恰当的。

第十六章　论人、授权人和被人格化的事物

一个人的言语或行为，要么是代表他自己，要么是代表其他人，又或者是代表（无论是以真实还是虚拟的方式归之于他）被人格化的事物。

当认为它们代表一个人自己的（语言或行为），那么这人就被称为"自然人"；当认为它们代表他人的（语言或行为），那么这人就被称为"想象出来的人"或"虚拟人"。

"person"是一个拉丁语词汇，在希腊语中作"πρόσωπον"，它不是指人，而是指容貌，它和"persona"一词在拉丁语的含义相同，意思是指人在舞台上假扮或化装成某一个人的外貌；有时特指装扮人脸的面具或脸盔。这个词从一个舞台术语转化成指代在法庭或剧院中所作的任何言论和行为。因此，在舞台表演和日常对话中，"人"与"演员"的含义相同；"代表"就是指扮演或代表自己或另一个人；代表另一个人就是承当了这人的人格或以他的名义行事（西塞罗就是在这种意义上使用这个词的，他提出"我承当了三重人格——我自己、我的对手和裁判者的人格"）；场合不同，称谓也各不相同，诸如代表人、代表、代理官、主教代理、受委托人、副手、代理和代理人等称谓。

某些虚拟人将其言行交由某些人来代表，代表它们的这些人被称为"代理人"，对代理人言行予以承认的人就是"授权人"；在这种情况下，代理人由授权人指定。从货物和财产意义上来看，他们被称为"所有权人"，拉丁语称之为"dominus"，希腊语称之为"χύριος"；从行为意义上来看，他们被称为"授权人"。正如"占有权"被称为"所有权"一样，可以做出任何行为的权利就被称为"授权"。因此，一直以来，"授权"被理解为是做出任何行为的权利，它经由授权或是经权利所有权人的许可或任命而行动。

据此，当某一代理人根据授权订立信约时，他便可以使授权人像他自己订立信约一样受约束；并且授权人同样要承担该信约的全部后果。因此，在前面（第十四章）提及的人与人以自然人身份订立的信约，同样适用于经授权人授权的代理

人、代表人或代诉人在未超越其授权范围内订立的信约。

因此，如果一个人在不知道代理人或代表人授权权限的情况下与其订立一项信约，那么由此产生的风险由其自行承担。（在这种情况下）因为订立信约的一方不是授权人，所以此人不会受到所订信约的约束；相应地，如果所订立的信约违背或超出他所做出的授权范围，那么他也不会受该信约的约束。

当代理人根据此前所立信约的约束需要服从授权人时，如果他根据授权人的指示而做出的行为违反了任何自然法，那么就不是他本人而是授权人违反了自然法。因为尽管这一行为违反了自然法，但是该行为不是他本人的行为。相反，如果他拒绝按授权人指示行事，那么他就违反了不得违背信约的自然法。

一个人在不知代理人授权权限的情况下，仅凭代理人的言辞，通过代理人的居间中介与授权人订立一项信约，如果他要求明示授权权限而未被予以证明的，那么他就不受信约约束。因为与授权人签署的此项信约在未得到授权人相应保证的情况下，该信约归于无效。但是，如果通过这种方式订立信约的人事先就已知他除了代理人的言辞之外别无其他保证，那么该信约有效。因为在这种情况下，代理人行使的是授权人的权利。因此，如果授权明确，那么信约就会对授权人而不是对代理人构成约束；如果授权虚假，那么信约只对代理人构成约束，因为这种情形下不存在授权人，只有他自己。

极少有物不能通过虚拟的方式进行代表。例如，教堂、医院、桥梁这些无生命的物可以通过教区长、院长或监督人代表。无生命的物不能是授权人，因此不能对代理人进行授权，但是代理人仍可根据这些物的所有者或管理人的授权对其加以维护保养。因此，在世俗政府的国家出现以前，上述物无法被人格化。

同理，无法运用理智的儿童、傻痴之人、疯癫之人等可由监护人或管理人来代表，但除非经确定他们已可运用理智，否则在其不能运用理智的期间，他们不能充当监护人或管理人而做任何行为的授权人。然而，在他们不具备理智的期间，有权管理他们的人却可以将权授予监护人。

偶像或仅仅靠大脑臆想的事物也可以被人格化，包括异教神。根据国家的任命，这种神由指定的官员代表，他们占有人们不时供奉的财产、其他货品和权利等。但是偶像不是实际的物，不能成为授权人。这是一种国家授权，所以在公民政府成立以前，异教的神不能被人格化。

真正的神可以被人格化。之于上帝，他首先由统治以色列人的摩西代表，以色列人不是摩西的臣民而是上帝的臣民；摩西不以自己的名义，即通过"摩西说"这种方式来统治，而是以神的名义，即用"神说"这种方式来统治。其次，上帝由人子、神自己的儿子和我们神圣的救主耶稣基督所代表，耶稣降临来教化犹太人并接引所有国民至圣父的国；他不是自己降临的，而是由圣父遣派来的。再次，上帝由通过使徒说话和在使徒身上显灵的圣灵或保惠师所代表；圣灵是一位保惠师，他不是自己降临的，而是由他们（指神和神自己的儿子）遣派和指派来的。

□ 耶稣创造神迹（救治病人）

在《新约》中有这样的记载，当拉比（犹太人中的一个特别阶层，为智者的象征）对耶稣的圣洁以及他所声称的自己来自上帝的说法质疑时，他们被反问，如果一个人不是来自上帝，他怎么可能创造神迹奇事呢？

一群人经其中每一人单独同意的情况下，可由一个人予以代表，那么一群人就成为了一个单一人格。之所以成为单一人格，是因为代表者的统一性而不是因为被代表群体的统一性。代表者承担这一人格且是这唯一人格，而群体的统一性无法作其他理解。

当然，一群人不是一人而是众人，他们不能被理解为一个人，而是将其中每一个人都理解为一个授权人。他们的代表以他们的名义做出言行，每一个人均以个人身份对共同的代表进行授权，并就该代表的所有行为承担责任，但前提是他们对代表人的授权不设限制。如果不是这样，当他们被限定对何种事物和何种程度进行代表时，他们中就没有任何人对超出所代表授权范围的行为承担责任。

如果由多个人担任代表，那么多数人的意见应视为全体的意见。例如，如果少数人同意而多数人反对，那么反对票在抵消支持票后仍有足够多的剩余，而剩余的这些反对票不会有人反对，因此就形成代表者的唯一意见。

如果代表的人数为偶数，尤其是在人数不多的情况下，意见相左的人数经常出现旗鼓相当的情况，因此往往造成无法表达意见并采取行动。但是，在某些情况下，持两种相反意见的人数相等，这时候仍然可以做出决定。例如，在判决是否有罪的问题上，持正反意见的票数正好相等，这就意味着法官无法作出有罪的判决，因此只能宣告其无罪；但是，如果反过来说，因为法官无法作出无罪的判决，因此可以宣告其有罪，那就是错误的。在立即执行还是延期执行的问题上也是如此，如果持两种相反意见的票数相等而不能宣告立即执行时，那么就相当于宣告延期执行。

如果代表的人数为奇数，如由三个或大于三的奇数群体组成，那么其中每人可以用一票否决其他赞成票的效力，那么他们就无法形成代表。由于人们的意见和利益的多样性，在很多情况下，或在最为重大的事件上，往往因为意见不统一和利益无法达成一致而不能形成意见；因此，就如同不适合管理许多其他事项一样，他们也不适合管理人民的政府，战争时期尤为如此。

授权人可以分为两种。第一种授权人是一般授权人，此前我已给出了定义，即对另一人的行为承担全部责任。第二种授权人是对另一人的某一行为或订立的契约有条件地承担责任，即他作为另一人在某个时间或某个时间之前不做某事的担保授权人。此类有条件的授权人一般称为"担保人"；拉丁语将其称为"发誓担保人"和"保证人"；在与债务相关时，他们被称为"担保人"，在法官或行政官员作为相对方时，他们被称为"保证人"。

第二编 | 论国家

霍布斯在本编中提出了自己的国家理论，这是整部书的核心所在，也是论述最为精彩的部分。人类追求自我保全、摆脱自然状态的欲望推动人类根据理性、通过契约让渡自身的权利给一个集体或一个人来保护自身，从而出现了国家——"人造的利维坦"，国家的初衷就是为了保护每一个个体的安全。以此作为基础，霍布斯提出了自己的主权学说，论证了主权的至高无上性，主权是绝对且不可分割的，并指出君主政体是最为优秀的政体形式。同时，霍布斯还建立了自己的法律理论（尤其是刑法领域）、自由理论、臣民和主权者权利义务体系，构建了一种融国家—主权者—臣民三者权利义务于一体的国家理论体系。

第十七章　论国家的成因、产生和定义

我们可以看到，生活在国家中的人们（天性热爱自由并喜欢支配他人）甘愿受束缚的终极原因、目的和意图，无非是希望实现他们的自我保全和过上更舒心的生活，也就是使自己从悲惨的战争状态中摆脱出来。这是人们自然激情的必然结果，因为没有其他有形的权力可以令其感到畏惧，并通过惩罚的畏惧约束他们履行信约，以及遵守第十四章和第十五章中所提到的自然法。

对于诸如正义、公平、谦虚、慈悯这些自然法而言，一言以蔽之，就是"己所不欲，勿施于人"；如果在缺少某种权力使人们因畏惧而遵守它们时，那么由之而产生的偏袒、自傲、报复等自然激情就会与自然法相冲突。缺少强力保证履行的信约只不过是一纸空文，因为其中缺少可以保护任何人的力量。因此，尽管存在自然法（当一个人有意愿遵守自然法并在遵守之后能够获得安全时，他才会遵守），如果未建立权力或权力不足以保护我们的安全，那么每个人将合法地依靠他自己的力量和技艺去震慑其他所有人。在所有人按照小型家族为单位生活的地区，人与人之间以抢夺和掠夺为业，他们绝不会认为这违反了自然法，并且所劫掠之物愈多，就愈显得荣耀；在这种情况下，人们除了遵守荣誉法则之外，别无其他法则。荣誉法则禁止残忍地进行劫掠，不得侵害生命和抢劫农具。那时的小型家族所做的一切与现在的城邦和王国的做法如出一辙，城邦和王国不过是大型家族（为了它们自身的安全组建而成）而已，它们以应对危机、畏惧侵略和入侵者可能有外援等作为借口来扩展领地；它们无所不用其极，企图通过公开武力或秘密阴谋征服或削弱其邻国；因为缺少其他保障，所以这些行为被认为是正义的，并且还会青史留名，流芳百世。

少数人联合起来也不能为人们提供这种保障。因为在他们中间，一方的人数稍有增加就会强大到足以胜出，因此会鼓励人们发动侵略。决定群体是否能够提供给人们安全保障的因素不是特定的人数，而是与我们所畏惧的敌人的力量对比。当敌人的优势并未显著到足以决定战争的胜负而使之敢于尝试时，才可以认为能够充分地保障我们的安全。

不论群体成员的数量多少，如果其成员是根据自己的特定判断和特定欲望而付诸行动，那么就既不能指望这个群体能够抵御共同的敌人，也不能指望它可以阻止成员之间互相伤害。因为在如何利用和运用他们的力量方面产生意见分歧的时候，他们不会相互帮助，反而会相互阻碍，并由于互相反对而导致总体力量减损直至全部丧失；如此一来，他们不仅容易被数量虽少但同仇敌忾的群体所征服，而且当不存在共同的敌人时，他们也容易为一己之利而发动内战。因为如果我们可以假定在一个有大量成员的群体中，不需要存在一个共同权力使成员敬畏就能够令他们全都遵守信约和其他自然法，那么我们也可以假定全体人类都可能出现这种情况；既然无需服从就能实现和平，那么就无需存在世俗政府或国家了。

人类希望终生都有安全保障，如果只是在有限的时间内（如一次战役或一次战争）受某种决断意见的统治和管理，那么这样所获得的安全保障是不够的。因为尽管通过协同一致反抗外敌赢得了胜利，但是当事后没有了共同的敌人时，或是一部分人认为他人是敌人而另一部分人认为他人是朋友时，持相反意见的人们必然会因为各自的利益分歧而解体，他们之间会重新爆发战争。

的确，某些动物（如蜜蜂、蚂蚁）能够过着安稳的群居生活，并因此被亚里士多德列为"政治动物"。但是，它们只受它们的判断和欲望驱使；它们没有语言，无法相互表达自己所认为有利于公共利益的想法。因此有人可能会想知道为什么人类做不到这一点。对于这个问题，我的回答如下：

第一，人类为了荣誉和尊严争斗不休，但是这些动物不会。因此，人与人之间会因之而产生嫉妒和仇恨，并最终爆发战争，但是这些动物之间不会出现这种情况。

第二，这些动物的共同利益与个体利益之间没有冲突；因为出于天性，它们生来就会为个体利益考虑，由此也有助于实现公共利益。但是，人类的快乐源自于将自己与别人作比较，只有那些功成名就的事才能使人喜悦。

第三，与人类不同，这些动物无法运用理智，它们无法发现，也不认为自己可以发现公共事务管理中的任何缺陷。但是，人类中间有许多人认为自己比其他人更聪明且更善于管理公共事务，他们试图按照自己的想法革新，结果却因为彼此改革的方向迥然相异而陷入纷争和内战。

□ 《旧约》中的利维坦

"Leviathan"（利维坦）这个希伯来词在圣经中出现过五次。它是一种被用来象征邪恶的海怪，通常被描述为鲸鱼的形象，即体形和力量都非常庞大的海洋生物。霍布斯用《圣经》中的这一恶兽来指代国家，并通过这样一种比喻作为切入点来阐述他本人关于国家的系统学说。

第四，虽然这些动物也能通过声音表达自己的欲望或其他情感，但它们不像人类那样具备语言技能，而人类的语言技能可以混淆善恶，夸大其词或文过饰非，肆意扰乱人心并打破和平的状态。

第五，非理智的动物无法区分隐形的侵害和实际的损失；因此，只要它们处于闲适状态，就不会知觉被同伴侵犯；但是，人在最闲适的时候则是他最不安分的时候，因为他在那个时候最喜欢展示自己的聪慧和插手国家当政者的行为。

最后，动物的这种合意是天生就有的，而人类只能通过信约才能达成这种合意，信约则是人为制订的。因此，如果除了信约还需要其他东西来使人们的合意得以维持和延续的话，那么无疑就是使人们畏惧并指引他们的行为服务共同利益的一种公共权力。

这种权力能够保护人们免受外敌入侵和彼此相互伤害，因此可以保障他们凭借自己的劳作和土地的产出生存下来并过上满意的生活。建立这一公共权力的唯一途径就是将他们的所有权利和力量授予一个人，或授予一个可以将所有人的意志通过多种不同的意见简化为一个意志的群体。这就是说，指定一个人或一个群体来代表他们的人格，每个人都承认作为授权人授权给承当其人格的人在关于公共和平与安全方面的任何行为，或命令他人做出的行为；个人意志服从代表人的意志，个人判断服从代表人的判断。这不仅仅是同意或协调一致，而是群体真正统一到单一人格之中，它是每一个人彼此之间通过立约形成的，这就好比每一个人都对其他人说：我放弃自我管理的权利，并将该权利有条件地授予这人或这一群体；但条件是你也要放弃自己的权利并将它授予代表人，通过相同的方式承认他的所有行为。据此，统一于单一人格中的一群人就称为"国家"，拉丁语称之为"城邦"；由此诞生了伟大的利维坦，或者用更为恭敬的话来讲，即在永恒的上帝之下，诞生了人间的"上帝"，由它掌管我们的和平与安全。因为通过这个国家中每个人的授权，利维坦便可以利用授予它的巨大权力和力量进行威慑，由此形成所有人的意志，内可安邦定国，外可联合御敌。国家的本质即寓于其身；可以将其定义如下：利维坦是一个人格，它通过人与人之间彼此订立信约（其中每一个人都是授权人）来实现维护他们的和平与共同防卫的目的，为了实现这个目的，它可以按照自己认为有利于实现该目的的方式来运用所有人的力量和手段。

承当这一人格的人被称为"主权者"，他被认为具有主权权利，其余的所有人都成为他的臣民。

这种主权权利可以通过两种方式获得。一种是通过自然的力量：当一个人命令其子孙服从他的管理，如果子孙拒绝，那么他就可以处死他们；或是通过战争使敌人服从其意志并以此作为他们免死的条件。另一种是人们之间达成合意，自愿服从他们认为能够抵抗所有其他人的某一人或某一群体，从而保护他们自己。后者可被称为一个政治国家或一个按信约建立的国家；前者则被称为一个通过武力建立的国家。我将首先对按信约建立的国家进行讨论。

第十八章　论按信约建立的主权者的权利

当一群人同意并彼此订立信约，大多数人将代表他们全体人格的权利授予任何一个人或一个群体（他们的代表）时，无论同意或反对的人，都应以相同的方式认可此人或此群体为实现彼此之间和平相处以及防卫其他人的目的所做的所有行为或决断，并将此人或此群体的所有行为或决断看作自己的行为。由此就是按信约建立了一个国家。

经所有人一致同意而授予一个人或一个群体以国家主权者的全部权利和职能，都源自于按信约建立的国家。

第一，因为他们订立了信约，所以应理解为任何与之相抵触的旧信约不再对他们构成约束。由于他们已按信约建立了一个国家，他们受信约约束，必须认可（被授权的）某一个人的行为和决断；在未经许可的情况下，他们之间不得合法地订立一项新的信约来服从主权者之外的任何其他人。因此，服从君主的臣民，未经君主的许可，不得抛弃君主政体而重新回到群体混乱的状态；也不得将他们的人格从他（主权者）转移到另外一个人或其他群体身上。因为他们每个人都彼此订立了信约，愿意承认主权者的全部作为和主权者认为适宜去做的全部作为，并被称为主权者全部作为的授权人。因此，如果有任何人不同意，那么其余所有人就违背了他们与此人订立的信约，即为非正义；并且因为他们每个人都将自己的人格授予主权者来承当，所以如果他们废黜主权者，那么他们就是从主权者那里夺走本应归主权者所有的东西，因此也为非正义。此外，如果一个人企图废黜主权者而被主权者处死或惩罚的，那么他（企图废黜主权者的人）也是他自身所受惩罚的授权人；因为根据约定，他是主权者全部行为的授权人。由于一个人所做出的、将受自己所授权惩戒的任何作为是非正义的，那么他的所作所为也是非正义的。但是，有一些人以他们是与上帝而不是与人订立了一项新的信约作为借口而不服从他们的主权者，这也是非正义的：因为不借助代表上帝人格之人的中介作用就无法和上帝订立信约，而代表上帝人格的是那在上帝之下拥有主权的上帝的代理。但是，这种与上帝订立信约的借口明显是一个谎言，甚至以此为借口的人内心也认可这种观点，因此这不仅是一种非正义的行为，也是一种卑鄙无耻和懦弱无能的行径。

  第二，因为只是通过人与人之间订立信约而不是主权者与他们中的任何人订立信约才使主权者承当他们所有人的人格权利，所以对主权者而言，他不可能违背信约；因此他的任何臣民都不能以撤回授权为由而摆脱对他的服从。显而易见，主权者在成为主权者之前并未事先与自己的臣民订立信约；因为如果是这样的话，要么他必须与作为信约一方的整个群体订立信约，要么就是必须和每个人分别订立信约。他无法与作为整体的一方订立信约，因为彼时他们尚未成为单一人格；如果有多少人，他就得与之订立多少份信约，那么这些信约在其掌握主权之后将归于无效；因为无论何种行为，只要有一个人声称那是违反信约的，那么这一行为就不仅是他自己的行为，也是其他人的行为；原因在于这是以人格的名义做的行为，是根据他们之中每个人的权利所做出的行为。除此之外，如果他们中有一个人或多个人认为，按信约确立的主权者存在违反契约的情形，但是其他人或另一位臣民或主权者自己认为并未违反契约的，那么在这种情况下就不会有一个裁决者来裁断该争议；因此就会再次回到依靠武力的情况，每个人重新享有通过自己的力量来保护自己的权利，这就违背了最初按信约建立国家的目的。因此，通过事先订立信约授予主权权利的方式也是徒劳的。关于任何君主主权源自订立信约，即君主主权的获取是有条件的观点，完全是因为对某一简明的真理缺乏了解，即信约本身不过一纸文字，除了从公众的武力得到力量（即从掌握主权且不受约束的一个人或一个群体手中获得的力量，这人或这群人的行为经全体成员保证并根据所有人凝聚在这人或这些人身上的力量实施）之外，不存在任何能够约束、规制、限制或保护任何人的力量。但是，如果一个群体成为主权者，那么任何人都想象不到在按信约建立国家时会通过该信约。举例来说，因为没有人会愚笨到认为罗马城邦的百姓和罗马城邦的官员立了一个约，其中规定在某些条件下能保留主权权利。如果信约未被履行，那么罗马城邦的官员就可以依法使罗马城邦的百姓不再具有罗马百姓的身份。人们之所以看不到君主政体和平民政体的共通之处，是因为某些人怀有野心，他们对集体政府偏爱有加（因为可以参与其中）而对君主政体心灰意冷。

  第三，因为大多数人经过一致同意确立了一个主权者，此前不同意的人就必须赞同其他人的意见。换言之，这些人必须要自觉自愿地认同主权者的全部作为，否则他将被其他人以正当理由处死。因为他如果自愿加入由这群人组成的群体，那么他的该行为就充分彰显了他的意愿，即通过默认来表示遵守多数人所做的规定。因此，如果他拒绝遵守或反对大多数人的任何规定，那么他就是违背了他自己的信约，这就是非正义的行为。不论是否属于该群体，也不论是否征求了他的同意，他要么服从该群体的规定，要么被群体抛弃，回到他此前所处的战争状态中；在这种状态下，无论是谁，都可以处死他而且不会被认为是非正义的。

第四，根据建立国家的信约，每一位臣民都成了按信约确立的主权者的全部行为和决断的授权人，所以不论主权者做何事，任何臣民都不能以任何理由控告他为非正义的，因为根据授权，主权者所做的任何事情都不可能对任何臣民造成伤害。根据建立国家的信约，每一个个体都是主权者所有行为的授权人，因此任何个体除了控告自己之外不能控告任何人，甚至他也不能控告自己，因为一个人不可能伤害自己。虽然主权者可能做出某些不公正的行为，但这并不是非正义的，也不是严格意义上的侵害。

第五，根据前述可以得出结论，处死掌握主权的人或臣民通过任何方式对其（掌握主权的人）进行惩罚都是非正义的。因为每一位臣民都是其主权者行为的授权人，所以他因主权者的行为而施加惩罚就等于是为自己所做的事去惩罚另外一个人。

由于按信约建立国家的目的是为了所有人的和平与防卫，因此任何人只要对这一目的主张权利，那么他就可以对达到目的的手段主张权利；所有具有主权的个人或会议便有权裁断实现和平与防卫的手段，以及裁断和平与防卫所有障碍与妨害的事务。为了保障和平与安全，在必要的情况下，他可以预先采取任何行为来阻止内部的冲突和外部的敌对行为。当丧失和平与安全时，为了恢复和平与安全，他也可以按上述方式行事。

第六，裁断哪些观点和学说有利于或不利于和平，并以此为基础决定对百姓讲话时，哪些人在何种场合以及在何种程度上可以被信任，以及决定哪些人可以审查所有学术书籍的出版等权利，都属于主权者。因为人们通过思想来指挥行动，所以为实现他们的和平与和睦相处，主权者需要很好地管控他们的思想，进而很好地管控他们的行为。虽然对于学说的问题，唯一应被尊崇的只有真理，但是这与根据和平来管控并不矛盾。因为与和平相抵触的学说不是真理，这就如同和平与和睦相处不可能与自然法相抵触。在一个国家内部，由于统治者和圣师们的疏忽或愚笨，有时候荒谬的学说的确会被普遍接受，与真理相抵触的学说也可能四处传播，但是突然武断地引入新的学说绝不会破坏和平，而是有时会引发战争。由于对人们的统治如此疏忽大意，以至于人们敢于拿起武器捍卫或引入一种思想，他们便仍处于战争状态之中。他们所处的状态就不是和平状态，而是因相互畏惧而暂时处于休战的状态，就如同一直生活在战争的边缘一样。因此，主权者有权审查思想和学说，或规定审查人将其作为和平的必要之事，以此来防止混乱和内战。

第七，主权者享有制定规则的所有权力，即每一个人根据这些规则就能知道哪些财物归自己所有，哪些事可以在不受其他臣民妨碍的情况下去做，这就是人们所说的"规约"。在主权者权利出现之前，所有人对所有事物都享有权利，这必然会引发战争。因此，规约是和平的必要因素并依赖主权权利，是主权权利为实现公共和平应做出的行为。这些臣民之间关于财产权（或属于我，或属于你）、善恶、合法与非法的规约就是市民法，它是每个国家的特定法律。不过，"市民法"这一名称现在特指罗马城邦的古代市民法，因为罗马曾经统治着世界上的大部分地区，当时在其统治地区实施的法律就是"市民法"。

第八，主权者享有司法权。司法权是对市民法、自然法抑或关于事实的纠纷进行审理并裁断的权力。如果没有定分止争，那么就不能保证臣民之间不互相侵害，有关私有财产权的法律就形同虚设。如此一来，每一个人就会根据自然和必要的自我保全的欲望，通过自己的力量保留和行使自我保护的权利，此即战争状态，这与按信约建立国家的目的相抵触。

第九，主权者享有向其他民族和国家宣战及缔结和约的权利。具体而言，就是为了公共利益而决定募兵数量、武装军队发放军饷以及向臣民征收捐税、支付战争费用的权利。因为保卫臣民的力量来自军队，而军队的力量是将所有人的力量集中服从于一人的指挥。主权者制定了指挥权，因此他享有这种权利；因为军队指挥权不需要通过其他制度进行规定，就可以使享有这种权利的人成为主权者。因此，无论一支军队的将军由谁担任，其最高统帅始终是拥有主权权利的主权者。

第十，主权者享有在和平和战争时期任命所有参事、大臣、地方行政官和官吏的权力。既然主权者负责公共和平与防卫，他就应该享有使用他自己认为最能

□ 罗马法

罗马法，一般是指罗马奴隶制国家法律的总称，它反映了跨越一千多年的法理学的法律发展。从《十二铜表法》（公元前449年发布）到东罗马皇帝查士丁尼一世下令编纂的《民学大全》（公元529年），罗马法的重要性体现在受其影响的法律体系中拉丁法律术语的不断使用。

恰当履行其职责的手段和方法的权力。

第十一，主权者被赋予了根据事先制定的法律赏赐臣民财富和荣勋的权力，以及施以体刑、罚金和剥夺荣勋的处罚权力。如果事先未制定法律，那么主权者可以按照他认为最有利于激发百姓服务国家或防止危害国家的方式进行赏赐或处罚。

最后，鉴于人们天然具有既希望能够获得他人的尊敬同时又对他人做出极低评价的倾向，因此容易引发持续不断的争斗、争论、党争甚至战争，导致彼此走向毁灭并减损抗击共同仇敌的力量，因而有必要制定关于荣勋的法律，并且必须通过公开的标准衡量那些已经为国建功或能够为国建功的人的价值，同时需要某些掌握武力的人将这些法律付诸实施。但是，如上所述，不仅是国家的全部军队或武力的指挥权，连同一切争端的司法裁判权也均属于主权者。因此，主权者也享有颁授荣勋的权力，即规定每一个人的层级和地位，以及规定公共或私下会见场合应给予他人的礼遇。

这些权利就是主权的本质，同时也是识别哪些人或会议掌握并控制主权的标志；因为它们是不可转让且不可分割的。主权者可以转让铸币权、处置未成年继承人财产权和人格权、市场中的优先购买权以及其他法律明文规定的特权，但是保护臣民的权力则予以保留。然而，如果他转让了军队指挥权，那么他所保留的司法权将因法律无法实施而形同虚设；或者如果他转让了筹集资金的权力，那么军队指挥权就变得徒有其名；又或者他转让了对学说的管控权，那么人们会因为畏惧幽灵而受惊吓，从而发生叛乱。因此，如果我们稍加思考以上提及的任何一项权利就会马上看出，即便保留了其他所有权利，也不会在所有按信约建立国家的目的即维护和平与正义方面产生任何影响。人们将这种权力分割称为导致一个王国"国将不国"的权力分割；因为除非事先出现了这种分割，否则不会分裂出现敌对阵营的情况。如果起初绝大多数英格兰人不接受这种观点，将这些权利在国王、上议院和下议院之间进行分配，那么百姓就不会出现分裂并陷入本次内战之中——首先是政见不同的人之间爆发内战，随后是关于宗教信仰、自由问题意见相左的人之间爆发内战。对于主权问题，上述情形给了人们一个深刻的教训，以至于现在很少有英国人不知道此类权利是不能分割的，并且在之后的和平时期也被人们普遍认可，直到人们忘却他们的痛苦之时。除非普通百姓得到比现在更好的教化，否则这种情形将难以为继。

因为这些都是至关重要且不可分割的权利，所以必然得出结论：不论通过何种言词将任何一种权利转让出去，只要主权本身未被直接放弃，并且受让人不再将主权者的名称赋予转让权利的人，那么这种转让就是无效的。因为当一个人将一切可转让的权利全部转让出去之后，如果我们能将主权予以恢复，那么就是恢复了所有不可分割的、从属于主权的一切。

这种至高无上的权柄是不可分割的，并且不能从其所附属的主权者身上剥离；因此，有人认为，主权君主的权力虽然大于每一位臣民个体的权力，但它小于全体臣民的权力总和——这种说法几乎是站不住脚的。因为他们所谓的"全体"不是指具有单一人格的集体，那么"全体"等同于每一个个体的说法就是荒谬的。但是，如果他们把"全体"臣民作为一个人格来理解，并由主权者承当这一人格，那么所有人的权力等同于主权者的权力的说法依然是荒谬的，其荒谬性在于当主权掌握在一群人的集体手中时，他们会看得比较清楚；但当它掌握在君主一人手中时，他们却看不清楚。然而，无论主权被谁掌控都是一样的。

主权者的荣耀和权力一样，也应高于任何一个或全体臣民的荣耀。因为荣耀源于主权。勋爵、伯爵、公爵和贵族的身份均由主权者封赏。正如在主人面前，所有仆人一律平等且不存在任何荣耀的差别；在主权者面前，臣民亦是如此。当臣民不在主权者面前时，他们的身份也许有显耀和卑微之别，但是在主权者面前，他们就如同众星围绕太阳一样黯然无光。

然而，关于这一点，有人会提出反对意见，认为臣民的境遇太过悲惨，易于遭到那些享有无限权力的某一人或某些人的贪欲以及其他不正常的激情的伤害。一般而言，君主统治下的人认为这是君主制的弊病；而生活在民主政体或其他集体主权政体中的人则认为所有种种弊病都是由国家形式造成的。但是，不论何种形式的权力，只要它们完善到足以保障臣民，那么它们就是一样的权力。世事不可能十全十美，任何政体对百姓可能造成的普遍的最大损害，同那些伴随战争而来的悲惨境遇和可怕灾难，或者与无政府状态下没有可以服从的法律和强制力量来约束人们相互劫掠和报复的混乱状态相比，可谓不值一提。对最高统治者而言，他们最大的压力绝不是来自于他们期望损害或减损臣民的喜悦或利益，因为他们的力量和荣耀蕴含在臣民的活力之中。他们最大的压力来自于百姓的抵抗，来自于百姓不愿意为自己的保障纳捐。这就使统治者有必要在和平时期尽量从百姓身上征税，以备在紧急或意外之需时用来抵抗并战胜敌人。因为所有人生来就拿着一个高倍放大镜，也就是他们的激情和自爱；通过放大镜，再轻的捐税都会让他们牢骚满腹。但是他们却缺少一个能够望见那些笼罩在自己头顶的灾祸的望远镜，即伦理和政治，他们不知道的是，如果没有捐税，那么灾祸就不可避免。

第十九章　论按信约建立的国家的几种类型以及主权继承问题

　　国家之间的差别在于主权者的差别或者全体人民的代表者和群体中每一成员的差别。主权或是归一人所有，或是归多个人组成的会议所有。这个会议或是人人均有权利担任成员，或并非每个人而是与其他人不同的某些人才有权担任成员。由此可见，显然存在三种国家。因为代表者必定是一个人或者多个人，如果是多个人，那么代表者不是会议的全体成员就是其中的部分成员。当代表者是一个人时，那么这种国家类型就是君主制国家；当代表者是构成会议的全体成员时，那么这种国家类型就是民主制国家或平民制国家；当代表者是构成会议的部分成员时，那么国家类型就是贵族制国家。除此之外没有其他国家类型，因为主权权利必然是由一个人、多个人或所有人所拥有的一个完整的整体（我已说明它是不可分割的）。

　　在历史学和政治学著作中还出现过其他的政体名称，如僭主政体和寡头政体；但它们不是其他政体的名称，而是同一政体被人们憎恶时所赋予的名称。对君主政体不满的人们将其称为"僭主政体"，对贵族政体不满的人们将其称为"寡头政体"，对民主政体不满的人们则将其称为"无政府状态"，意为不存在政府的状态。但我认为，没有人会相信无政府是一种新的政府形式。基于同一原因，人们也不应该在他们喜欢一种政体时就称它为这一种政府，而在他们憎恶它或被它压迫时则称它为另一种政府。

　　显而易见，如果拥有绝对自由的人们愿意，他们就可以授权一人来代表他们所有人，也可以授权一个由多人组成的集体来代表他们每一个人。也就是说，只要他们认为这样是有利的，就可以让自己绝对臣服于一个君主或任何其他代表。因此，在已建立一个主权权力的情况下，同一民众不可能存在其他的代表，但是根据主权者限定的某些特定目的方面除外。因为如果存在两个主权者，那么每个人都有两个代理人代表他的人格；如果二者相互对立，必然就会要求对权力进行

□ 英王詹姆斯一世

1603年，斯图亚特家族的詹姆斯六世继承英国王位，成为英王詹姆斯一世，自此，斯图亚特王朝开始了对英国的专制统治。但是，随着资产阶级和新贵族力量的日益强大，斯图亚特王朝的专制统治严重阻碍了英国资本主义的发展，尤其是在苏格兰的詹姆斯一世和其子查理一世在位时期，他们鼓吹"君权神授"，顽固推行专制主义政策，迫害清教徒，甚至解散会议，使资本主义发展极其缓慢。图为英王詹姆斯一世。

分割（如果人们希望生活在和平状态下的话），而主权是不可分割的；如若不然，就会导致众人陷入战争状态，这与按照契约建立的所有主权者的目的是相抵触的。因此，一个主权会议邀请其管辖的百姓选派并授权他们的代表提出建议或要求，主权者就应将百姓选派的代表作为百姓的绝对代表，而不是将自己作为百姓的绝对代表的观点，无疑是非常荒谬的。同理，这种观点在一个君主制国家中也是荒谬的。我想不明白，人们近来为何没有注意到这条如此明了的真理，以至于在君主政体中，君主根据六百年王统获得主权，只有他一人被称为主权者，他的每一位臣民都称他为"陛下"，他们毫不质疑地尊他为王；但是，他却从未被认为是他们的代表。毫无疑问，"代表"竟然被认为是君主命令臣民遣派来呈递他们的请愿书并经君主许可而向君主提供建议的人。这对现在作为臣民真正和绝对的代表的人有所警示：如果他们要履行臣民对他们的托付，就要教化臣民认识他们的职分性质，并时刻警惕臣民将承认另外一个人为一般性代表。

三种国家的区别不是在于权力的差异，而是在于获得和平与百姓安全方面——此为按信约建立的国家的目的——便利性和倾向性上的差别。如果我们对比君主政体和另外两种政体就会发现：第一，不管是谁承当百姓的人格或是作为承当百姓人格的会议的成员，他同时也承当自己本身的自然人人格。虽然他以其政治人格勤勉地谋取公共利益，但是他也会或多或少地注意去谋取他自身、家族和亲朋好友的私人利益。当公共利益和私人利益发生冲突时，他在多数情况下会先顾及个人利益，因为一般而言，人的情感力量要强过理智力量。由此可以得出结论，在公共利益和私人利益结合最紧密的地方，公共利益会得到最大程度的彰显。现在，私人利益和公共利益在君主制国家中是同一回事。一位君主的财富、权力和荣誉只能是来自他的臣民的财富、权力和荣誉，因为在他的臣民穷困、鄙贱，或是因贫乏、纷争而太过羸弱，以致无法与敌人抗争时，君主不可能处于富足、荣耀和安全的状态。但是，对于那些贪污腐败、野心勃勃之人的个人利益而言，在民主政体或贵族政体中，公众的富足所能给予他们的，往往比不上奸诈的建议、背信弃义的行径或内战所给予他们的。

第二，君主可以在任何时间和地点听取任何人的建议，因此，他可以听取专家关于他所考虑的事项的意见而不论此人所处的阶层和身份。而且他想什么时候听取就可以什么时候听取，想如何保密就如何保密。但是，当一个主权会议在需要听取建议时，除了最初即有权入选该议会的人之外，其他人不得入内。他们大多数人在谋求财富方面是一把好手，而在获求知识方面却显得笨拙愚钝，他们喜欢发表长篇累牍的意见，这通常会鼓舞百姓付诸行动，却无法对其加以控制。因为情感的火焰只会让理性陷入晕眩状态，但是不能给理性带来启示。与此同时，在会议听取意见时，因为人数众多，所以无论何时和何地都不能做到保密。

第三，除了因人性所导致的来回反复的情形外，君主的决断不会在其他方面存在前后矛盾的地方。但是，在主权会议中，除了人性导致的矛盾之外，还存在因会议人数导致的矛盾。因为，如果主张做出决议后就应当一以贯之予以执行的少数人由于未能出席会议（因为安全状况、疏忽大意或私事羁绊会出现这种情况），或持反对意见的人一直出席会议，那么就会导致昨天做出的决议在今天被推翻。

第四，君主绝不会因为嫉妒或利益而自己反对自己，但是会议会出现这种情形，甚至发展到能引发内战的程度。

第五，君主制国家存在一种弊病，那就是所有臣民的一切财产均可能被一个人的权力剥夺，从而使宠幸之臣或谄媚之臣大发横财。我承认，这是一种严重且不可避免的弊病。但是在主权会议掌握主权的地方，同样会发生这样的事情，因为他们所掌握的权力是一样的；会议成员也会像君主听信谄媚之言那样听信奸诈的建议并受说客们引诱；成员之间还可能会相互吹捧，以便满足各自的贪欲和野心。君主的宠幸之臣数量极少，除去他们的亲族之外没有其他人可以提拔；而会议所宠信之人的数量众多，其亲族数量也远远超过任何君主的亲族数量。此外，君主的宠信之臣无不是既可外御强敌又可为朋友两肋插刀的；而说客，也就是主权会议的宠信之人，尽管具备极大的伤害能力，但是却很少有权力给别人雪中送炭。因为攻击别人（这是人的本性）的口才要求低于为他人辩护的口才要求；谴责

□ 都铎王朝

1485年8月，亨利·都铎在法国的援助下，在博斯沃思战役中打败理查三世，称王即位，建立都铎王朝，统治英格兰王国及其属土周围地区。直到1603年伊丽莎白一世去世，都铎王朝统治英格兰王国118年之久，共经历了五代君主。都铎王朝处于英国从封建主义社会向资本主义社会的过渡时期，被认为是英国君主专制历史上的黄金时期。

比赦免更接近正义。

第六，君主制国家还存在一种弊端，即主权可能传至一个婴儿或不辨善恶的人手中。由此，他的权力行使其实是被另一个人或由多个人组成的会议所操控，后者是他的人格和权力的监护人，以他的名义进行统治。但是，如果说将主权的行使归于一个人或由多数人组成的会议会存在弊端，那就等于是说，相比于混乱或内战，所有政体都存在更多弊端。因此，所有的危险均来自于人们对名利双收的职位的争夺。为说明这种弊端并非源自我们所说的君主政体，我们可以研究一下前任君主任命他人对年幼继承人进行监护的情形。他或是通过遗嘱的明确规定，或是通过习惯做法而不加以限制的办法予以默认。在这样的情形下，如果出现了这种弊端，那么也不能将其归咎于君主政体，而应当归咎于臣民的野心和非正义行为；在所有的政体之中，如果人民在自身的义务和主权权利方面没有受到教化，那么情况都是相同的。另一种情形就是，前任君主未对监护年幼继承人的问题做出安排，在这种情况下自然法就提供了一项充分的规则，即让保护年幼继承人权力对其最有利且年幼继承人死亡或权威削弱对其最有害的人来承担监护职责。既然每个人的本性都是谋取私利和升迁，那么如果将年幼继承人托付给一个因杀害或伤害年幼继承人就可以升迁的人，便不是监护幼主而是叛国行为。所以，在对涉及幼主执政的全部正当争论进行充分管控之后，如果再发生任何扰乱公共和平的争斗，那么就不应将其归咎于君主制的政体形式而应当归咎于臣民的野心以及他们对自身义务的无知。另一方面，如果会议操纵着一个大国的主权，在有关媾和、战争和立法的咨议方面，此种情形也如同幼主执政一样。因为幼主判断力不足，无法不认可向他提出的建议，所以他有必要接受他的监护人或会议的建议；

会议对那些根据大多数人意见做出的决议，不论好坏均不得反对，在这一点上，会议和幼主是一样的。正如同幼主需要一个监护人或保护人来保全自己的人身和权力，当一个大国的主权会议面临重大危机和混乱时，它也需要一位自由守护人，也就是一位独裁者或权力保护人，这种人就相当于临时君主；他们将全部权力交由此人在某一时期内行使。在这一时期结束后，与保护人、摄政者或任何其他监护人剥夺幼主权力的情形相比，剥夺临时君主权力的情形更为常见。

正如我已经说明的那样，主权只存在三种形式，即由一人掌握政权的君主政体、由全体臣民会议掌握政权的民主政体以及由经指定或区别于他人的特定人员组成的会议掌握政权的贵族政体。但是，当我们考察世界上曾经存在或现今存在的特定国家时，可能很难将它们归于这三种形式；因此，人们可能会倾向于认为存在混合这些形式的其他主权形式。比如，在选举制王国中，国王仅在一段时间内掌握主权权力；或者在王国中，国王仅拥有有限的权力，但大多数著作者还是将这种政府形式称为君主政体。与之类似，当一个民主政体或者贵族政体在征服敌国之后，委派总督、代理人或其他地方长官对该敌国进行统治，表面上看这类似一个民主或贵族政体，但却并非如此。因为选举出来的国王并非主权者而只是主权者的大臣；拥有有限权力的国王亦是如此，他同样只是主权者的大臣。臣服于另一个民主政体或贵族政体的地区，也不是通过民主制或贵族制的方式被统治，而是依照君主制的方式被统治。

第一，经选举出来的国王的权力仅在其在世期间有效，当前基督教世界中很多地方的情况即是如此；或者仅在数年或数月之内有效，罗马时期的独裁者的权力即是如此，如果他有权指定继承人，那么他就不是被选举出来的国王，而是世袭的国王。但是，如果他没有权力选举他的继承人，那么在其去世之后，为人所知的另一个人或会议就会选任新的国王，或者这个国家就会在其去世之后解体，重新回到战争状态。如果知道国王去世之后谁将有权被授予主权，那么毋庸置疑，主权此前就掌控在此人手中。因为没有人可以将此前保有但并不归其所有的权利转让给其他人，以及在其认为于己有利的时候继续占有该项权利。但是，如果最初经选举出来的国王去世之后无人可被授予主权，那么臣民有权且（根据自然法）有义务选定继承人，因而臣民为了不至于陷入内战的悲惨境遇之中而委以统治权的那个人就是主权者。从中可以看出，当此人被选举出来之时，已然成为一位绝对的主权者。

第二，权力受限制的国王的地位不高于有权对国王权力进行限制的某个人或某些人的地位；如果地位并不高于其他人，那么他的地位就不是至高无上的，也就是说，他不是主权者。因此，有权对其进行限制的会议就始终掌握着主权；据此，这种政府就不是君主政体，而是民主政体或贵族政体。古代斯巴达就是属于这种情况，其国王有统帅军队之权，但是主权却掌握在监察官[1]手中。

第三，如同罗马人委派一位总督统治犹太地区[2]，犹太地区并不会因此而变成一个民主政体，因为它并不是由一个任何人都有权进入的会议进行统治的；又因为它不是由一个人进行统治的，所以它也不是一个贵族政体。对罗马人而言，这个犹太地区是一个全体会议或民主政体，但是对于无权参与治理的犹太人而言，统治该地区的总督就是君主。因为当一个民族由其自行选举出的人员组成会议进行统治时，它固然属于民主政体或贵族政体，但当这个民族不是由他们自己选举出的会议进行统治时，它就是一种君主政体；这不是一个人对另一个人的统治，而是一个民族对另一个民族的统治。

这些所有形式的政体都会走向消亡，不但君主会去世，整个会议也会消亡；为了保证百姓的和平，就有必要对人造之人进行规制，同时就人造的永恒生命进行规制。如果毫无约束，那么被会议统治的人们在经过一个时期之后就会重新回到战争状态，被一个人统治的人们将在统治者去世后立即重新回到战争状态。这种人造永恒的状态就是人们所说的"继承权"。

在任何一个完善的政体形式中，继承权都是由现任主权者所掌控的。因为如果它由任何其他特定的个人或私人会议进行处置，那么就相当于由某一臣民进行处置；由此，主权者便恣意僭越，而权利仍由他所掌握。但是，如果继承权不是由任何个人决定而是重新选举，那么国家就会解体，权利就归于那些可以得到权利的人所有；由此就违背了他们建立国家的宗旨，即为获得永久性的安全而不是暂时性的安全。

在一个民主政体中，除非被统治者全部去世，否则全民会议不会消亡，所以

---

[1] 监察官是斯巴达城邦中负责对官员进行监督的人员，与国王、执政官分享权力，后逐渐掌握国政。

[2] 今天的中东巴勒斯坦、以色列地区。

这种政体中根本不存在继承权的问题。

在一个贵族政体中，当会议的任一成员去世后，会议将负责选举另一个人来补缺，就如同主权者享有选任参事和官吏的权利一样。因为代理人所做的事情就是每一位臣民作为授权人所做的事情。虽然主权会议将权力授予其他人，并选举新成员来补缺，但是这仍然是根据他们的权力来进行选举的，因此如若公众要求，他们也可根据权力予以撤销。

就继承权而言，最大的困难出现在君主政体中。之所以产生这样的困难，是因为从起初来看，由谁指定继承是不明确的，并且在很多时候，所指定的继承人也是不明确的。因为在这两种情形之下，对每个人而言，需要具备的推理比惯常的推理更为严格。对于谁将指定享有主权的君主继承人的问题（因为经选举出来的国王和贵族并没有主权者权力的所有权，只是拥有使用权），我们需要考虑的是，要么掌权的国王有权处理继承的问题，要么这一权利重新被处在混乱状态的臣民所掌握。因为享有主权权利的国王至死没有为臣民确定任何主权者，也就是没有给臣民确认任何一位集臣民人格于一身并可以统一行动的代表者。因此，他们就无法选举出新的君主，由此每个人都平等地享有臣服于自认为最能够保护自己的人的权利，或者如果他有能力的话，他就会通过自己的力量来保护自己，重返人人相互为战的状态，这与最初按其信约建立君主政体的初衷是相违背的。由此可以完全看出，按信约建立的君主政体往往会将继承权处置问题交由在位的君主，使其根据他自己的决断和意愿进行处置。

有时候还会出现在位的君主指定某人继承其权力的问题，这一问题通过君主

□ 查理一世被处死

查理一世在位的最后几年，他与议会之间爆发了第一次英国内战。当他被击败后，议会希望他能够接受君主立宪制。但是查理一世不但拒绝了议会的要求，还与苏格兰结盟，逃到了怀特岛郡，此举彻底激怒了议会，从而导致了第二次英国内战。查理一世再次战败，并被英国议会以叛国罪送上了断头台，成为英国历史上唯一一位被公开处死的国王，也是欧洲史上第一位被公开处死的君主。随后，英国君主体制土崩瓦解，共和国成立。

明确的言词和遗嘱，或通过其他有充分迹象表明的默示来决定。

当君主在世时，他通过明确的言词、遗嘱或通过书面方式宣布（继承人），如罗马初期的几位皇帝就宣布了继承人人选。因为"继承人"一词本身并不代表传位者的子女或最亲近的亲族，而是表示某个人通过任何方式宣布的将继承他地位的任何人。因此，如果某一位君主通过言语或书面方式明确宣布某人将成为他的继承人，那么该人在这任君主去世后将立刻享有成为君主的权利。

但是，在缺少遗嘱或明确的言语表示时，则需要遵从代表其意愿的其他自然迹象，比如习俗。因此，如果某些地方的习俗规定由君主最亲近的亲族继承，那么最亲近的亲族就享有继承权。因为，如果他在位时没有此等意愿，那么他当时是很容易阐明这一点的。与之类似，如果某些地方的习俗规定由最亲近的男性亲族继承权力，那么最亲近的男性亲族就享有继承权，道理和前面一样。如果习俗规定应先由女性进行继承，那么情形也一样。因为不管习俗如何，人们都可以通过言语予以限定，如果未予限定，那么它是默认遵从习俗的一项自然表示。

但是，对于此前没有习俗也未订立遗嘱的情形，则应按如下方式解读该君主的意愿：首先，因为君主本人支持这一政府，所以他的意愿是维持君主政体。其次，他自己的子女较之于任何其他人享有优先权，因为从人的天性而言，可以假定他会提携自己的子女而不是别人的子女；就自己的子女而言，他更愿意擢升他的儿子，因为相比女性，男性更适合从事劳作和应对风险。再次，如果他没有子女，那么他的兄弟应优先于陌生人，因为血缘亲近的人优先于血缘较远的人；这就是我们通常所认为的，血缘愈亲近，感情愈深厚。还有一点是显而易见的，即当一个人最亲近的亲族尊贵发达时，他与有荣焉的荣耀感也最强烈。

但是，如果君主采用契约或遗嘱的形式处置继承权的问题是合法的话，那么有人可能会因为其中存在的一个巨大弊端而予以反对，因为君主有可能将他的治理职权出售或让与一个外国人（即原先未生活在同一政府治下的人，同时不使用同一种语言的人），而由于分属不同国家的人们往往相互轻视，该外国人可能会压迫其臣民；诚然，这是一个巨大的弊端。但是，这种弊端不一定因臣服于一个外国人的政府而存在，而是因统治者不善统治、不谙真正的政治法则而导致的。因此，当罗马人征服了许多民族之后，为了更易于让人们服从他们的统治，罗马人往往尽其所能，在其认为必要的程度上平息这种愤恨；罗马人采用的方式就是有时不仅仅赋予他们所征服的整个民族（或所征服民族的主要人物）以特权，并且还称他们为

"罗马人",甚至让很多被征服民族的人进入罗马元老院任职。我们最英明的国王——詹姆斯国王竭力推动英格兰和苏格兰两个王国的合并,也正是出于这一目的。如果他做到了这一点,那么就很有可能阻止当前使两个王国陷入悲惨境地的内战。因此,君主根据自己的意愿决定继承问题,并不会因之对百姓造成任何伤害,尽管有时确实会因许多君主的过失而产生弊端。关于这一方式的合法性,以下可作为一项论据:将王权传给一个外国人会导致何等的弊端,与外国人通婚就可以导致同样的弊端,因为他们在后一种情形之下也可能取得继承权。然而,所有人都认为通婚是合法的。

第二十章　论宗法管辖权与专制管辖权

一个通过武力建立的国家就是通过武力取得主权权利的国家。人们因畏惧死亡或受奴役而由一个人或多个人共同根据多数人的意见，将其个人或集体的全部行为授权给被授权人，即他们的生命和自由皆处于被授权人的权力管辖之下。

这种管辖权或主权与按信约建立的主权的区别仅在于，人们是因为彼此相互畏惧而非畏惧他们按信约建立的主权者才选择了该主权者。但是，在这种情况下，他们是将其自身臣服于他们畏惧的人。在两种情况下，人们皆是因为畏惧而臣服。那些认为出于对死亡和暴力的畏惧而订立的契约一律归于无效的人应该注意：如果确实是这样，那么任何国家中没有任何人会承担服从的义务。的确，一旦国家依照信约建立或通过武力建立之后，如果出于对死亡和暴力的畏惧而承诺的事情是违反法律的，那么这种承诺就不是信约，并不具有约束力；但是，其原因不在于承诺是因恐惧而做出的，而是在于做出承诺的人对所承诺的事情不能主张权利。除此之外，当他依法应履行承诺而未履行时，也不是因信约无效而解除对承诺的履行，而是因为主权者的裁断使其解除对承诺的履行。另外，不论一个人在何时依法做出承诺，不履行承诺就是违反法律。但是，当他由作为代理人的主权者解除了履行义务时，他就是由强迫他作出承诺的人作为解除承诺行为的授权人而解除了义务。

然而，在这两种国家之中，主权的权利和结果是相同的。未经主权者允许，主权者的权力不得转让给另一人，亦不能被剥夺，他的任何臣民均不能通过控诉而对其加以侵害，他们也不能对其进行惩罚；他是关于和平所需事项的裁断者，他是各类学说的审定者，他是唯一的立法者和争端的最高法官，他是关于媾和以及开战的时间和时机问题的最高决断者，地方长官、参事、司令官以及其他所有官员与大臣悉由其选任，奖赏、惩罚、荣誉和勋级等均由其决定。这一切的理由与前一章中关于按约建立的主权的同一权利和结果是相同的。

管辖权可以通过世代生育和征服这两种方式获得。通过世代生育获得的管辖权是父母对子女的管辖权，称为"宗法管辖权"；通过世代生育享有管辖权不是因为父母生育了子女，而是子女通过明确的方式或由其他充分证据表明的方式同意授予管辖权。之于生育，上帝为男人规定了一个合作者，子女的父母永远是两个人。因此，对于子女的管辖权应平等地归属于父母双方，子女应同等地服从父母双方。然而，这是不可能做到的，因为没有人可以一人侍二主。有人认为，管辖权应归属男方，因为男性具有更大的性别优势。但是，他们关于这一问题的观点是错误的，因为男性与女性在体力和慎虑方面的差别并非一直那么大，所以无需通过争斗便可决定这种权利的归属。某些国家根据市民法解决这种争议，其中大多数裁决都偏向于父亲，当然也并非一直如此；因为绝大多数国家都是由家族中的男性而不是女性建立的。但是，现在的问题在于，在纯粹的自然状态之中，假设不存在婚姻法和子女教育方面的法规，而是只存在自然法和两性相互之间及其对子女自然倾向的规则；在这种纯粹的自然状态下，父母要么通过契约协商确定对子女的管辖权，要么根本就没有进行协定。如果他们就该问题进行了协定，那么权利则依照契约实行。我们可以看到，历史上的亚马逊人就与靠其繁育的邻国男子约定，如果生下的是男孩，就送回邻国；如果生下的是女孩，那么就留在亚马逊，所以女孩的管辖权属于其母亲。

如果没有契约，那么子女的管辖权便属于母亲一方。因为在纯粹的自然状态之下并不存在婚姻法，除非母亲说出谁是（孩子的）父亲，否则就没有人知道；所以，对于子女的管辖权取决于她的意愿，因而就归属于她。此外，因为婴儿最初是处于母亲的权力之下，所以母亲可以养育或抛弃婴儿；如果母亲养育婴儿，那么婴儿的生命就来自母亲，因此子女就有义务服从于她而不是服从于其他人，因此管辖权即归属于她。但是，如果婴儿被母亲抛弃而由另一个人发现并养育，那么婴儿的管辖权就归属于养育人。理由是，他应服从于保全他生命的人，因为一个人服从另一个人的目的就在于生命的保全，每个人都应该服从掌握其生死大权的那个人。

如果母亲服从父亲，那么父亲就享有对子女的管辖权。如果父亲服从于母亲（就如同女王与她的一位臣民结婚的情形），那么母亲就享有对子女的管辖权。

如果一个男人和一个女人分别是两个国家的君主，他们生育了一个孩子，并就谁享有对孩子的管辖权问题订立了契约，那么就应依契约确定该管辖权。如果未订立契约，那么就应依其居所所在地来确定管辖权。因为每个国家的主权者都对居住在其国内的所有人享有管辖权。

对子女拥有管辖权的父母，对子女的子孙后代也拥有管辖权。因为如果一个人对某一人的人格享有管辖权，那么他对这人的一切都享有管辖权；如果不是这样，那么管辖权就没有任何意义。

宗法管辖权的继承权与君主继承权的处理方式相同，关于君主继承权已在上一章中进行了充分讨论。

有些著作家将通过政府或赢得战争而取得的管辖权称为专制管辖权。这个词由希腊语"Αεσπότης"演变而来，原意是"领主或主人"，即主人对他奴仆的管辖权。当被征服者为避免当下所面临的灭顶之灾，或通过明确的言词，或通过其他的充分迹象表明其意志的形式与征服者订立契约而使胜利者获得这一管辖权，即只要保全他的生命和身体的自由，胜利者可根据其意愿随意利用该管辖权。缔结这样的契约之后，被征服者沦为奴仆，而在未订约时，他们不是奴仆。因为"奴仆"（究竟是源自"服务"还是源自"保命"，这一问题我交由文法学家们去讨论）一词的意思并不总是指"俘虏"，即被关在监狱中或用镣铐锁住、等待俘虏他的主人或从俘虏他的人那里将其买下的主人进行处置的人。因为一般而言，这种人被称为"奴隶"，他们不受任何义务约束；他们有可能打开镣铐或越狱，杀死或掳走他们的主人；这是正义的行为。而奴仆是指被俘虏之后又获得自由，并承诺不再逃跑，也不再对主人使用暴力因而得到主人信任的人。

因此，使胜利方获得对被征服者管辖权的不是他取胜这一事实，而是被征服者自己的信约。被征服者受约束也不是因为其被征服，诸如被打败、被俘虏或被打得落花流水而负有义务，而是因为他对战胜者的妥协和服从。战胜者在没有做出承诺不处死被征服者之前，并不会因为被征服者纳降而负有义务不对他予以任意性处置；关于投降这一点，只有战胜者自己认为在适当的情况下才会对他构成约束。

当人们要求得到所谓的"饶恕"（希腊语为"Ζωγρία"，意为"免死"）时，就是通过纳降来避免胜利者当下发怒，然后再通过赎金、服役以求活命。因此，被饶恕之人的性命并未保全，而只是留命并有待进一步考量。因为这样的纳降不是以保全性命为条件的，而是将自身交由胜利者处置。只有当胜利者信任他并赋予其自由时，他的性命才具有安全保障，才应进行服役。因为被关在监狱中或被镣铐锁住的奴隶，不是因为有义务而劳作，而是为了避免监工残酷的惩罚而劳作。

对于奴仆的主人而言，他也是奴仆所拥有的一切的主人，他可随时索用；即在他认为适当的时候，可以索要奴仆的物资、劳务、奴仆的仆人以及他的子女。因为奴仆已经通过信约表示了服从，并因此从主人处得以保全自己的生命，即承认和授权主人的全部行为。就主人而言，如果奴仆拒绝，那么主人可以处死奴仆或将其用镣铐锁住，或者用其他的方式惩罚奴仆的不服从行为。奴仆本人是这一行为的授权人，不能控告主人伤害了他。

总而言之，宗法管辖权和专制管辖权的权利和结果同按信约建立的主权者的权利与结果是完全一致的，而且原因也完全一致。原理在前一章中已经进行了论述。因此，对于一个担任两个国家君主的人，他在其中一个国家中的主权权利是众人按信约建立起来的，在另一个国家的主权权利则是通过征服建立起来的，即通过每一个单独个体为避免被处死或监禁而纳降来取得的；那么如果他以征服之名，对一个国家提出的要求多于对另外一个国家时，就是一种对主权权利无知的行为。因为主权对二者的绝对性方面都是一样的，否则就根本没有主权者；那样一来，每个人在其可以的情况下，都能合法地利用自己的武力来保护自己的生命，这就是战争状态。

□ 撒母耳膏大卫

撒母耳膏大卫是西方常见的绘画题材，讲述撒母耳听从上帝的话，来到伯利恒，暗中察访新国王的最佳人选。最后，撒母耳选中了牧人耶西的小儿子大卫。撒母耳便将膏油装满角，当着众人的面膏立了大卫。

由此可以看出，如果一个大家族不是某一国家的组成部分，那么从主权者权利来看，它本身就是一个小的君主政体，而不论家族是由一个人及其子女、一个人及其奴仆或一个人连同奴仆和子女一起构成的；父亲或主人就是主权者。但是，将一个家族称为一个国家是不恰当的，除非它因其人员数量或其他机遇而形成一种力量，以至于不通过战争就不会被征服。因为一群人的力量如果过于单薄而不能通过自身的联合来抵抗外敌，那么每个人在面对危险的时候，就会运用自己的理智，以他认为最佳的方式来保护他自己的生命，要么选择逃跑，要么选择向敌人纳降。就如同一小队士兵在遭遇大军袭击时不会拿起武器战斗,而是要么扔下武器祈求饶恕,要么选择四散而逃。至此,我根据人们建立国家并使自己臣服于他们授予足够权利保护自己的君主或会议的性质、需求和目的,在经过思考和推理后所得出的关于主权权利的全部内容均已完整地包含在上述的论述之中。

现在,让我们看看《圣经》中是如何宣扬这一切的。以色列的百姓对摩西说:"求你和我们说话,我们必听,不要神和我们说话,恐怕我们死亡。"[1] 这便是对摩西的绝对服从。关于君主的权利,上帝假撒母耳之口说道:"管辖你们的王必这样行,他必派你们的儿子为他赶车、跟马、奔走在车前,收割庄稼。制造军器和车上的器械;必取你们的女儿为他制作香膏、作饭烤饼;也必取你们……的田地、葡萄园、橄榄园,赐给他的臣仆;你们的粮食和葡萄园所出的,他必取十分之一,给他的太监和臣仆;又必取你们的仆人和婢女、健壮的少年人供他的差役。你们的羊群他必取十分之一,你们也必作他的仆人。"[2] 这就是绝对的权力,最后一句进行了概括,即"你们也必作他的仆人"。此外,当百姓听到他们的王将享有何种权力后,他们依然同意并如此说道:"使我们像列国一样,有王治理我们,统领我们,为我们争战。"[3] 此处即确认了主权者指挥军队和裁判一切事务的权力,其中包括一个人享有将绝对权力让渡给另一个人的绝对权力。除此之外,所罗门王向上帝祷告说:"求你赐我智慧,可以判断你的民,能辨别是非。"[4] 因此,主权者享有裁断案件并规定辨别是非的规则的权利。因为这种规则就是法律,所以立法权也属于主权者。虽然扫罗曾追杀大卫,但是当大卫有权力处死扫罗且跟随他的人也打算处死扫罗的时候,大卫却阻止了他们,并说道:"我在耶和华面前万不敢伸手害他,因为他是耶和华的受膏者。"[5] 关于奴仆的服从,圣保罗曾说,"你们作仆人的,要凡事听从主人"[6],"你们做儿女的,要凡事听从父母"。[7] 对服从宗法或专制统辖权的人而言,这些话中包含

---

[1] 参见《出埃及记》第20章第19节。
[2] 参见《撒母耳记上》第8章第11—17节。
[3] 参见《撒母耳记上》第8章第19和第20节。
[4] 参见《列王记上》第3章第9节。
[5] 参见《撒母耳记上》第24章第6节。
[6] 参见《歌罗西书》第3章第22节。
[7] 参见《歌罗西书》第3章第20节。

着绝对服从。除此之外，（耶和华）还说："文士和法利赛人坐在摩西的位上。凡他们所吩咐你们的，你们都要谨守、遵行。"[1]这也是绝对服从。圣保罗也说："你要提醒众人，叫他们顺服作官的、掌权的，遵他的命。"[2]这种服从的性质也是绝对的。最后，我们的救主自己所说的话也承认人们应缴纳国王所课征的税收，他说，"该撒的物当归给该撒"[3]，并且他自己也缴纳了这种税。除此之外，在必要的情况下，单凭君主的话就可以从臣民那里任意拿走任何东西，而君主有权裁断是否有这种需要；因为耶稣本身作为犹太的王，也曾命令门徒去取驴和驴驹送他到耶路撒冷，他说："你们往对面村子里去，必看见一匹驴拴在那里，还有驴驹同在一处。你们解开牵到我这里来，若有人对你们说什么，你们就说，主要用他，那人必立时让你们牵来。"[4]他们既没有追问他的需求是否理由充分，也没有追问他的需求是否由他裁断，他们只是服从主的意志。

□ 原罪

亚当与夏娃是《圣经》里记载的人物，他们住在伊甸园中，上帝告诫他们：无论如何不可摘取园中那两棵树上的苹果来吃，否则必遭天谴。然而，后来夏娃受毒蛇的哄诱，偷食了知善恶树所结的果实，并让亚当也偷食了。二人吃下苹果后，便有了上帝的智慧，同时也有了羞耻之心。因犯了原罪，受了天罚，他们被上帝逐出了伊甸园。

除了这些话之外，还可以补充《创世记》中的经文来说明，"你们便如神能知道善恶"[5]，"谁告诉你们赤身裸体呢，莫非你吃了我吩咐你不可吃的那树上的果子么"[6]。因为认识或辨别善恶已经借由智慧之树的果实的名字，作为对亚当服从的一种考验而被禁止，但是魔鬼却激发了已认为那果实诱人的女人的野心，并对女人说，尝了那果实后他们就能像神那样辨别善恶。两个人都吃了

---

[1] 参见《马太福音》第23章第23节。
[2] 参见《提多书》第3章第1节。
[3] 参见《马太福音》第22章第21节。
[4] 参见《马太福音》第21章第2和第3节。
[5] 参见《创世记》第3章第5节。
[6] 参见《创世记》第3章第11节。

之后，确实像神那样辨别了善恶，但却没有得到新的知识来对善恶加以正确地甄别。根据《圣经》的说法，他们吃了（那果实）后，发现自己是赤身裸体，没有人对此进行解释，就恍若之前他们是瞎子，不能看到自己的身体。这里的意义非常明显，他们直到此时才第一次判断出自己赤身裸体（上帝将他们创造成这个模样）是丑陋的，他们因为觉得羞耻而暗暗责怪上帝。因此上帝说："莫非你吃了（我吩咐你不可吃的）那树上的果子吗？"[1] 似乎是在说，你们应该臣服于我，但现在竟评判起我的命令来了？虽然这是一种比喻的方式，但是很明显表示出有管辖权的人的命令不应受其臣民谴责或引发争议。

因此，根据我的理解，通过理性和《圣经》可以清楚地看到，主权不论是像君主政体一样集中于一人之手，或像民主政体和贵族政体那样集中于一个会议之中，它有多大或多小，都是人们想象出来的。尽管这是一种不受限制的权力，人们可以想象出会引发的邪恶后果；但是，如果缺乏这一权力，那么后果就是人们将永远陷入人人为战的状态，与前者相比，这无疑更糟糕。虽然人们今世的境遇不可能不存在弊端，但是所有国家的最大弊端无不是因臣民的不服从和违反建立国家的信约而导致的。无论是谁，如果认为主权过于强大，想方设法予以减损，那么他就必须使自身服从一个可以对主权进行限制的权力，即一个比主权强大的权力。

最有力的反对理由源于实践。人们可能会问，臣民在什么时候、什么地点承认过这样的权力？但是，有人可能会反问他们，何时何地，曾有哪一个国家未曾经历过骚乱和内战？在那些长久存在的国家中，臣民从来不会对主权权利产生争议，除非受外来战争的影响，否则国家不会灭亡。不管怎样，根据那些未经透彻审视和精确推理探究国家成因和性质，且经常因之而遭难受苦的人的实践提出的论据均属无效。因为纵使全世界的人们都在沙滩上修筑房屋的地基，我们也不能因之得出推论说应按这种方式去修筑地基。建立和维持国家的技术蕴含在一些规则之中，就像算术学和几何学一样；而不是像打网球那样只存在于实践之中。穷人没有闲暇时间去思考这些规则，但是有闲暇时间的人迄今都缺少发现这些规则的好奇心或方法。

---

[1] 参见《创世记》第3章第11节。

第二十一章　论臣民的自由

"自由"的本义是指不存在妨碍，我所谓的"妨碍"是指对运动的外部阻碍；并且它不仅适用于有理性的造物，也同样适用于无理性和无生命的造物。无论何种事物，只要它被禁锢或限制而只能局限在外界的障碍所确定的一定空间内运动时，我们就可以认为它没有越出该空间而在更大范围内运动的自由。因此，当所有的生物被墙体或锁链所禁锢或限制，或当水被堤坝或器物所阻挡而不能流向更大的空间时，我们则一般称它们不能像没有这些外界妨碍时那样自由运动。但是，如果事物本身的构成导致了对运动的妨碍，那么我们往往认为它不是没有自由而是没有运动的力，就像处于静态的石头或因疾病而卧床动弹不得的病人一样。

"自由人"一词严格且为公众一般认可的本义是指一个在有能力和智慧做某事时，能够按照其意志做某事而不受妨碍的人。但是，当"自由的""无束缚的"这些词汇用于形容身体之外的事物时，则是对它们的滥用。因为不存在运动的事物就不会受妨碍。举例来说，当我们说"这条路是自由的"时，并不是指这条路本身是自由的，而是指沿这条路行走的人无需停下来。当我们说"这项赠与是自由的"时，也不是指赠与物是自由的，而是指赠与人是自由的，即赠与人不受任何法律或信约的约束而赠与某物。所以，当我们提到"自由表达"时，并不是指声音或发音的自由，而是指讲话人的自由，没有法律要求其采用其他的讲话方式讲话。最后，根据"自由意志"的用法，并不能推导出意志、欲望或意向方面的自由，而只能推导出人的自由；这种自由在于，他在根据自己的意志、欲望或意向做某事时不会遭遇妨碍。

畏惧和自由是不矛盾的。例如，当一个人因为畏惧沉船而将货物抛入大海时，他这样做是心甘情愿的；如果他不愿意，那么也可以不这样做。因此，这是一个自由的人的行为。同样，人们有时候因为畏惧监禁而偿还债务，因为没有人妨碍他无法偿还债务，所以这是自由人的行为。一般而言，在一个国家中，人们因为畏惧法律而做出的所有行为都是行为人可以自由选择不去做的行为。

　　自由和必然是不矛盾的。例如，水不仅仅可以自由流淌，而且必然会顺河道流淌。人的自愿行为也与之类似，因为人们按照自己的意志行事，而意志来自于自由；根据人的意志所做出的每一行为、每一欲望和意向都源自同一原因，而这一原因又源自必然性连续因果关系链上的另一项原因（因果链上的第一环是所有原因的第一因，由上帝掌握）。因此，对于那些可以洞悉这些原因之间的联系的人而言，人的全部自愿行为的必然性就一目了然了。因此，鉴察并支配万物的上帝也会鉴察人们按照自己的意志行事的自由，使之恰好与上帝期望人们所做行为的必然性相一致。因为人们尽管能够做很多上帝未命令，也未授权他们做的事，但是他们对任何事物的激情或欲望的动因都是上帝的意志。如果上帝的意志并不保证人们的意志具有必然性，因而保证依赖于人们意志的一切具有必然性，那么人们的自由就会对上帝的无所不能和自由构成冲突和妨碍。对于当前所讨论的问题而言，上述已经能充分说明唯一可以被真正称为自由的就是"自然的自由"。

　　但是人们为了获得和平和对自身生命的保全，创造了一个"人造人"，即我们所说的"国家"；他们还创造了"人造的锁链"，即我们所说的"市民法"，人们通过相互之间订立的信约，亲手将锁链的一端套在被授予主权的人或会议的嘴巴上，将另一端系在他们自己的耳朵上。就其本质而言，这些锁链并不牢固，而它们之所以能够得以维系，不是因为打破锁链的难度（太高），而是因为打破锁链后带来的危险。

　　我现在将要讨论的"臣民的自由"就只是与这些锁链具有关联的自由。既然世界上没有任何一个国家能够制定出足以管理人们所有行为和言论的规则（这是不可能的事情），那么必然可以得出结论，即根据法律的许可，人们可以自由去做其理性认为利益最大化的事情。因为我们如果正确理解了"自由"的含义就是人身体的自由，即不被镣铐锁住以及监禁的自由，那么当人们在显然享有这种自由的情况下却吵嚷着要求获得这种自由就是荒谬至极的。此外，如果我们将"自由"看作免受法律约束的自由，那么同样也是荒谬的；因为根据人们要求的这种自由，所有其他人均可成为他们自己生命的主人。尽管这是荒谬的，却是人们提出的要求，他们不明白如果不是由一个人或多个人掌握武力而使法律付诸实施，那么法律将无力保护他们。因此，臣民的自由仅存在于那些主权者对其行为的管制而允许其可以作为的行为之中；诸如买卖自由、与他人订立其他契约的自由，以及选择居所、饮食、职业以及按照自身认为的适当方式管教子女的自由等。

但是，我们不能因为这些自由而废除或限制主权权利的生杀大权。我业已说明，不管主权者代表对臣民做任何事，都不能将其称为非正义或伤害，因为每一位臣民都是主权者所做任一行为的授权人，所以主权者除了自己是上帝的臣民而必须服从自然法之外，他不缺乏对任何事物的权利。也就是说，在一个国家之中，根据主权权利的命令，臣民可以甚至经常会被处死，并且主权者与该臣民互无瓜葛。耶弗他将自己的女儿献祭就属于这种情形。一个主权君主处死一个无辜臣民亦是如此。尽管该行为违反自然法，有违公平，如大卫杀死乌利亚的事[1]，但是这并不是对乌利亚的一种伤害，而是对上帝的伤害。之所以说这不是对乌利亚的伤害，是因为乌利亚本人已经交出了做他所喜悦事情的权利；之所以说这是对上帝的伤害，是因为大卫是上帝的臣民，根据自然法不得做出任何不公正之事。当大卫自己为这件事情表达忏悔的时候，就明显证明了这一点。大卫说："我对你犯罪，唯独得罪了你。"[2]与之类似，当雅典人将他

□ 耶弗他献祭女儿

据《圣经》记载，耶弗他向上帝许愿说，如果以色列人能击败亚扪人，那么等他凯旋而归的时候，他将杀掉第一个从家门口出来迎接他的人作为燔祭。后来，以色列人大败亚扪人，耶弗他胜利而归。然而第一个从家里出来迎接他的人居然是他唯一的女儿。

---

[1] 参见《撒母耳记下》第11章。乌利亚是以色列王大卫的战士，是拔示巴的丈夫。有一天，大卫从床上起来，在王宫的平顶上散步，看见一个妇人沐浴，容貌甚美。经差人询问，得知其是乌利亚的妻子拔示巴。大卫派人将她接进宫同房，并使之怀孕。大卫恐怕这丑事被传扬出去，因此先将乌利亚从战场上召回来，叫他回家与妻子同住。但乌利亚忠心耿耿，认为主帅仍在战场上打仗，他自己不应回家与妻子亲近。大卫为了避免自己的丑行暴露，便想杀死乌利亚，于是让乌利亚带了一封信给约押，上面写道："要派乌利亚前进，到阵势极险之处，你们便退后，使他被杀。"后来，约押围城的时候，知道敌人那里有勇士，便将乌利亚派往那里，结果导致乌利亚被杀。

[2] 参见《诗篇》第51章第4节。

们城邦中最有权势的人驱逐达十年之久时，他们并不认为自己做了非正义之事；并且他们从不问被驱逐的人犯了何罪，只问他们造成了什么损害。他们甚至下令驱逐他们根本就不认识的人。每个公民将他想驱逐的人的名字写在贝壳上带到市场，不提出实际的控诉；有一次，他们驱逐了一个叫亚里斯泰迪斯[1]的人，因为他有着公正的名声；有一次，他们驱逐了一个像海柏波拉斯[2]那样喜欢开玩笑的人，目的就是为了和他开一个玩笑。但是，我们并不能说作为雅典主权者的臣民不享有放逐他们的权利，或者说雅典人没有开玩笑或得到公正的自由。

在古希腊和古罗马人的历史与哲学著作，以及从其中承袭全部政治学说的人的著作和论述中反复提倡的自由，不是个人自由，而是国家自由。这种自由与没有市民法和国家时每个人所享有的自由是相同的，后果也是一样的。因为众人之中没有一个管理者，那么每个人与邻人之间相互为战的战争状态将持续存在。一个人没有遗产留给儿子，也不寄希望于从自己父亲那里得到遗产；人人都不享有财物与土地的所有权，也不存在安全保障，但是每个人都享有充分且绝对的自由。彼此之间互相独立的国家也是如此，它在判断最有利于本国利益的事，即根据代表国家的个人或会议判断最有利于本国利益的事时，每一个国家而不是每一个人享有绝对的自由。与之相对应的是，他们生活在永恒的战争状态之中，武装力量列陈边境，火炮对准周边四邻。说古雅典人和罗马人是自由的，是指他们的国家是自由的，不是指任何人具有反对自己代表者的自由，而是指他们的代表者有抵抗或侵略其他民族的自由。今天，卢卡城[3]的塔楼上用大字写着"自由"一词，但谁也不能因之而推断，相比于君士坦丁堡的百姓，卢卡城的人民享有更多自由或者可以免除更多义务。不管一个国家是君主政体或民主政体，自由总是一致的。

但是，人们容易被"自由"盛名之下其实难副的名称所欺骗；由于人们缺

---

[1] 亚里斯泰迪斯（约公元前530—前468年），雅典政治家，公元前490年马拉松战役中雅典著名的十大将军之一，曾被选为执政官。后因与民主派领导人地米斯托克利发生冲突，于公元前483年被放逐。

[2] 海柏波拉斯，生卒年月存在争议，是公元前5世纪古希腊的著名平民领袖。公元前415年或前416年因党派之争而被放逐，后在公元前412年或前411年被杀害。

[3] 此处似乎是指意大利中部小城卢卡。

乏判断力，所以将私有遗产和天赋权利同公共权利相混淆。当在这一方面享有盛誉的权威人士对这种错误大加肯定之后，骚乱频发和政府更迭也就一点也不足为奇。在西方世界，我们从生活在民主国家中的亚里士多德、西塞罗和其他古希腊人、古罗马人那里接受了关于国家制度与权利的学说；这些权利不是源自自然的原理，而是将他们自己国家的实践纳入书中。这就如同文法家根据当时的语言使用情况描述语言使用规则，或者依据荷马和维吉尔的诗歌描述诗歌的规则一样。雅典人接受的教育（为了抑制人们更换政府的想法）就是，他们是自由的人，所有生活在君主制下的人们都是奴隶。因此，亚里士多德在《政治学》一书（卷6）中指出："自由在民主国家中是应然的，因为通常认为人们在任何其他政府之下都不是自由的。"同亚里士多德一样，西塞罗和其他作者的政治理论也是以教导罗马人痛恨君主政体的思想为基础，这些教导者就是最初那些废黜君主并瓜分罗马主权的人，后来则成为他们的继承人。通过阅读这些古希腊和拉丁作者的书籍，人们从小就在虚假自由的表象之下形成了一种习惯，即支持骚乱，赞成对主权者进行恣意控制的行为，而后进一步对这些主权者进行控制，结果导致如此多的流血事件。因此，我认为我可以毫不讳言地说，从来没有任何事情像西方世界学习希腊和罗马学说这样付出了如此高昂的代价。

现在，我们考察一下臣民真正自由的具体情形。那就是在某些时候臣民对主权者发出的命令可以拒绝且不被称为"非正义"。我们需要考量的是，当我们建立一个国家的时候我们让渡了哪些权利；或者说，在经我们无一例外地授权使之成为主权者的人或会议的所有作为中，我们让渡了哪些自由。这其实是同一个问题。因为我们的服从蕴含着我们的义务和我们的自由。因此，它们必须依照这一论据推理而得出结论：如果不是某个人自己的行为，那么任何人都不承担义务，因为所有人的自由都是一样地与生俱来。并且，因为这种论据要么是从"我授权其可为任何行为"的明确言词中推导而来，要么是从他将其自身臣服于他的权力的意愿（这种意愿可以通过他做出这种臣服行为的目的进行理解）当中推导而来。臣民的义务和责任要么源自这些言词或其他同等的表示，要么源自所谓的建立主权的目的，即维持臣民之间的和平状态与防卫共同敌人的目的。

因此，首先既然按信约建立的主权是通过人与人之间相互订立信约而产生的，而强力取得的主权是通过被征服者与战胜者或子女与父母之间订立信约而产生的，那么显然每一位臣民在所有那些不能通过契约进行转让的事物上都享有自由。关于这一点，我已经在前面第十四章中进行了阐述，让一个人不得保护自己躯体的信约是无效的。据此，可以得出如下结论：

如果主权者命令一个人自杀、自伤、自残或不反抗攻击他的人，或命令他绝食、不得呼吸、不得服用药品或其他一旦缺失就无法生存的物品，即便主权者的裁断是合乎正义的，这个人也有理由不予服从。

如果一个人被主权者或当权者审问所犯的罪行时，他并没有义务认罪（在未获得赦免保证的情况下），因为正如我在同一章所作的论述，没有人会受信约的约束来控告他自己。

除此之外，"他的一切行为都予认可或由我承担责任"这句话包含了一个臣民对主权者的认可，这对他此前生而具有的自由没有任何限制。因为"允许他处死我"，并不是说"他这样命令我时我就一定得处死我自己"。"如果你愿意，你可以处死我或我的

□ 大卫杀死乌利亚

《圣经》中记载，以色列王大卫因贪恋战士乌利亚的妻子拔示巴的美色，与其私通，并使其怀孕。为了避免丑事暴露，大卫使计陷害乌利亚并致其死亡，而大卫则迎娶了拔示巴。图为乌利亚被砍下了头颅。

同伴"这句话指的是一回事，而"我将处死我自己或我的同伴"则指的是另一回事。据此，可以得出以下推论：

没有任何人会受言语自身的约束去处死自己或任何其他人。因此，有时一个人会根据主权者的命令去执行具有危险性或不光彩的任务，但是这并不是取决于我们言语上的臣服，而是基于我们臣服的意愿，这种意愿要根据所做事情的目的进行理解。因此，如果我们拒绝服从就会妨碍主权建立的目的，那么我们就没有拒绝的自由；如果不是这样，那么我们就有这种自由。

基于此，一个人受命从戎却予以拒绝的时候，尽管他的主权者有充分的权利将他处死，但是在很多情况下，这人可以对此予以拒绝且不能认为他是非正义的。例如他找到一名合格的士兵来替他出战，那么他在这种情形下并未逃避为国家服役。应当宽恕天生的胆怯，不仅仅对于女性（没有人会要求女性从事如此危险的事务）如此，而且对于如同女性一样怯懦的男性也应如此。在战斗中，一方或双

方都会出现逃兵；但如果逃兵的这种行为并不是因为叛国而是出于恐惧的心理，则不能将其视为非正义的行为，而应将其视为不光彩的行为。同理，逃避战斗不是非正义的行为，而是怯懦的行为。但是，如果一个人是应征入伍或受领粮饷，那么他就不得以天性胆怯作为借口，他不仅有义务参加战斗，而且未经他的长官许可不得离开战场。如果为了保卫国家而要求所有能够拿起武器的人立即开始战斗，那么每个人都有义务这样做，否则建立了国家却没有保护它的意志和勇气，那么国家的建立就毫无意义。

没有人享有为保护另一人而反抗国家权力的自由，无论另一人是否有罪。因为这种自由会剥夺主权者保护我们的手段，所以是从实质上破坏政府。但是，如果一大群人已对政府的权力进行了非正义的抵抗，或者犯下死罪，那么在每个人都知道将被处死的情况下，他们是否享有团结起来、相互协助并进行共同防卫的自由呢？答案是肯定的，因为他们这样做只是为了保护自己的生命，一个人不论是否有罪，皆可以做出这种行为。他们最初违反义务确实是非正义的行为，虽然他们随后拿起武器是为了支持自己的一切作为，但是这并不是一种新的非正义行为。然而，如果他们只为保护自身，那么这就根本不是非正义的行为。经颁布赦令而获得赦免的人不得以自我防卫为理由继续协助或保护其他人，否则就是非法行为。

至于其他自由，则是法不禁止的自由。如果主权者（就某些事项）未颁布法规，那么臣民根据自己的判断享有作为或不作为的自由。因此，这种自由因地、因时而异，根据主权者所认为何种最为有利而定。例如，曾有一段时间人们可以自由踏入自己的土地，并凭借武力将非法侵占者驱逐出去。但是，根据国王及会议制定的成文法规定，后来取消了这一自由。世界某些地区的人们享有一夫多妻的自由，但是在其他地区则没有这种自由。

如果一位臣民根据此前的法律规定，与他的主权者在债务、土地或财务所有权，服徭役及其他任何身体或金钱上的惩罚存在争议时，那么他可以像针对另一位臣民提起诉讼的情形一样，在主权者委任的法官面前为自己的权利提起诉讼。因为既然主权者是根据此前法律的效力而不是他的权力提出需求的，他就宣示了自己的要求不会超出此前法律规定他所应得的范围。因此，该诉讼没有违背主权者的意志，所以这位臣民享有根据先前法律要求对自己的案件进行审理和裁判的自由。但是，如果主权者根据其权力要求或取得任何东西，那么就不存在法律诉讼问题，因为所有这一切都是根据自己的权力所做出的，是根据每一位臣民所授予他的权力而做出的；因此，对主权者提起诉讼就是对自己提起诉讼。

如果一位君主或主权会议授予所有臣民或其任一臣民一项自由，当该行为成立时，该君主或主权会议却不能够为其臣民提供安全保证，那么除非其直接放弃主权或将主权转让给另一个人，否则这种授予行为是无效的。因此，如果确为主权者的意愿，主权者就会通过明确的言词公开放弃或转让主权；如果主权者没有这样行事，那么就可以理解为这并非其意志，这种授权就源自对自由和主权权利之间冲突的无知；因此，主权仍予保留，相应地行使主权所需的全部权力也予以保留，诸如战争、媾和、司法、任命官吏和参事、征税及其他在第十八章中所列举的权力。

应将臣民对主权者承担的义务视为只存在于不超过主权权利能够保护他们安全的期限之内。因为当没有他人能够保卫自己的时候，人们不能通过任何信约放弃与生俱来的自我保护权利。主权是国家的灵魂，一旦脱离躯体，国家成员就不能从灵魂处接收到任何运动（的命令）。服从的目的是为了获得保护；一个人无论是从自身还是他人的权力处获得这种保护，其天性都会让他服从并且设法去维护这种权力。根据建立主权者的意图而言，虽然主权是永恒的，但是根据其本身的性质，它不但会因为外战而归于消亡，同时也会在其建立之初因为人们的无知和激情，经由内部的不协调而埋下自然消亡的祸根。

如果一个臣民在战争中被俘虏，或敌人管制其人身或生存手段，只要他满足臣服于战胜者的条件就能活命和具有人身自由时，那么他就享有接受该条件的自由；接受该条件后，他就成为了战胜者的臣民，因为他若要保全他自己，除此之外别无他法。如果一个人在国外被拘禁，那么情形也是一样的。但是，如果一个人被投入监狱、被镣铐锁住或者没有人身自由时，那么就不能将其理解为受信约约束而臣服，因此如果可能的话，他可以通过任何方式逃跑。

如果一位君主放弃了他自己和他的继承人的主权，那么他的臣民就回到了绝对的自然自由之中；因为尽管如上一章所述，自然可以决定谁是他的儿子，谁是他最亲近的亲族，但是谁将成为他的继承人却取决于他的意志。因此，如果根据他的意志，他不想有继承人，那么就不存在主权，也不存在臣服关系。如果他去世之后没有为众人所知的亲族，也没有经他宣布的继承人，那么情形也是一样。因为没有为众人所知的继承人，所以不存在应有的臣服关系。

如果主权者驱逐了他的臣民，那么后者在被驱逐阶段就不是他的臣民。但是，如果臣民是出使外邦完成某一使命或休假游历，那么他仍是主权者的臣民，但它是根据主权者之间的契约而不是根据臣服的信约。因为不管是谁进入另外一国管辖范围之内，都应遵守当地的所有法律，除非因主权者之间的亲善关系或经特别许可而享有特权。如果一位君主因战败而向战胜者俯首称臣，那么他的臣民就解除了此前的义务而承担对战胜者的义务。但是，如果这位君主被监禁或被剥夺了人身自由，那么就不能理解为他放弃了自己的主权权利；因此，他的臣民有义务服从原先他所委任的地方行政官，这些官员不是以自身名义而是以君主的名义进行治理，因为他的权利依然存在，只是在行政事务管理上存在问题。也就是地方行政官和官吏的问题；如果君主无法委任官员，那么就默认他认可此前他自己委任的那些人。

第二十二章　论臣民的政治团体和私人团体

在对国家的产生、形式和权力进行讨论之后，接下来我将按次序对国家各组成部分的情况展开讨论。首先要讨论的是类似自然人身体的部位或肌肉的"团体"。我认为，因某一共同利益或共同事业而聚合在一起的任何数量的人就是团体。有些团体是固定的，有些团体则是不固定的。固定的团体是指那些由其中一人或多人组成的会议来代表全体人员的团体。其他团体均为非固定团体。

在固定团体中，有些是不受限制和独立的团体，除了服从自己的代表之外不服从任何人，只有国家才属于这种团体，我已经在之前的五个章节中对其进行了讨论。其他团体都是非独立的团体，即从属于某一主权权利之下，团体中的每一个人以及他们的代表者都是主权者的臣民。

在从属团体中，有些是政治团体，有些是私人团体。政治团体（也称为政治实体和法人）是根据国家主权者的授权而成立的。私人团体是在臣民之间成立的或是根据一个外国人的权力成立的。因为没有任何一种从外邦权力那里获得的权力可以在另一国家管辖范围之内具有公共权力属性，因此这种权力只具有私人属性。

在私人团体中，有些是合法团体，有些是非法团体。国家允许存在的团体就是合法团体，其他所有的团体都是非法团体。没有代表者的团体是非固定团体，它是由人们汇聚而成的。如果国家未禁止该团体且该团体不以作奸犯科为目的而形成，那么该团体就是合法团体（如为了去市场、观看表演或任何其他无害的目的而汇聚而成的群体）。但是，如果该团体的意图是为了作奸犯科或人数众多且目的不明时，那么该团体便是非法团体。

政治团体代表者的权力始终是有限制的，其权力由主权权利进行限制。因为不受限制的权力是绝对的主权。每一个国家的主权者都是臣民的绝对代表，所以除经其准许，任何人都不得担当部分臣民的代表。如果允许臣民组成的政治团体对于所有目的和意图有一个绝对代表，那么就等于放弃了国家对其的统治，并有违和平与防卫的目的，这是对统治权的分裂；未经主权者直接并明确地解除臣民对主权者的臣服时，则不能认定主权者已照此行事。因为存在相反情形的其他方面结果时，语言的结果就不是表达他的意志，而只是表示发生了错误或错估，这种事对所有人来说都是常有的。

政治团体代表的权力限制可通过两个方面辨识。一个方面是主权者颁发的令状或特许状，另一个方面是这个国家的法律。

按信约建立的或通过武力取得的独立国家无需书面文件，因为在这种情况下，主权代表者的权力除了不成文的自然法予以限制外，不存在任何限制。但是，从属团体所开展的活动、活动时间、活动地点方面存在多种限制，以至于人们在没有证明文件的情况下无法记住，而且如果不具备能向成员宣告、加封或加盖有主权者印章或主权者的其他永久性印记证明的特许状，那么人们就不会注意到它们。

因为这样的限制并不总是容易或可以通过书面进行限定，对于适用于所有臣民的一般法而言，就必须在特许状未予规定的所有地方对代表者符合法律的行为作出规定。因此会有如下结论：

如果一个政治团体的代表者是一个人时，他代表团体人格做出既非依照特许状对他的授权又非依据法律做出的任何行为，那么该作为属于他自己的行为，不属于该团体或团体中他本人之外任何其他成员的行为：因为超出特许状或法律的限制范围，他不得代表任何人的人格，只能代表他本人的人格。但是，他根据特许状和法律所做出的行为则是团体中每个人的行为；对于主权者的行为，每一个人都是授权人，因为主权者是他们未予设定限制的代表人。因此，未超越主权者特许状的行为属于主权者的行为，团体中的每个人都是这一行为的授权人。

但是，如果该代表者是一个会议，那么不论该会议未根据特许状或法律发布何种命令，该行为都属于该会议或政治团体的行为以及通过投票批准该命令的人们的行为，但不是任何出席会议并投反对票的人们的行为；也不是缺席人的行为，缺席人通过其代理人进行投票的除外。因为该行为是经多数人投票赞成通过的，所以该行为属于该会议的行为；并且如果这一行为构成一项犯罪，那么应在可能的范围内对该会议进行惩罚，如解除或撤销其特许状（这对于这种人为设立的机构或虚拟机构而言就是"死刑"）；或者，如果会议持有公共财产且没有任何无过错的成员拥有财产所有权的情况下，那么可处以罚金。因为从体刑的性质来讲，政治团体无法承担体刑惩罚。因此，对于那些未进行投票的人而言，他们是无辜的；因为对于在特许状中找不到依据的事，会议的行为不代表任何人，所以这些人未牵涉进他们的投票活动。

如果是一个人代表政治团体的人格，这人从一个不属于同一政治体的陌生人那里借了款（因为人类本身就具有一种克制借款的倾向，所以任何特许状都不需对借款进行限制），那么该债务是该代表者的债务。因为如果他根据特许状的授权，由团体的成员偿还其借款，那么他便是团体成员的主权者。因此，这种权利授予要么是因为根据人类本性经常会出现的错误并且授权人意志的证据不充分而归于无效；要么是得到授权人的公开承认，而此代表者为团体的最高代表，这种情况不属于这一问题的范畴，此处只是讨论从属团体的问题。因此，像这类借款，除了代表者本人以外，没有团体成员有义务进行清偿；因为将钱借给他的人对于特许状和该团体的授权一无所知，只认定向自己借款的人是债务人；又由于代表者只能代表他自己，不能代表其他人，所以他只能使自己成为唯一的债务人；当团体有公共财产时，那么用公共财产进行偿付；如果团体没有公共财产时，那么就应该以自有财产进行偿付。

如果他是因契约、罚金而负债的，那么情形也是一样的。

但是，如果代表者是一个会议并且对一个陌生人承担债务，那么那些投票赞成借款或赞成订立应偿付债务契约的人，或者投票赞成导致罚款事实的人们应当承担该项债务责任。因为每一个投赞成票的人就是对债务做出了担保，他作为借款行为的授权人有义务按照整体债务的平均份额进行偿付；只有在其他人偿付了债务时，他才能被免除偿付的义务。

但是，如果会议中的某一个成员借债，那么该会议仅在拥有公共财产的情况下才有义务进行偿付。因为他享有投票自由，如果他投票赞成应当进行借债，那么就是赞成该债务应予以偿付。如果他反对借款或者缺席对该借款问题的投票，但是因为他后来进行了借款，那么就等同于他后来赞成了借款，因此他会受后一项行为的约束，他就既是贷款人，又是借款人；所以，他不能要求任何特定的个人进行偿付，而只能拿公共财产进行偿付；如果公共财产未能进行偿付，那么他就没有任何的救济措施，他也不能抱怨他人，只能埋怨自己。因为他知道该会议活动的秘密和支付方式的内情，而且其自身未被强迫，而只是因为自己的愚蠢才将自己的钱借了出去。

据此，显而易见，在臣服于一个主权权利之下的从属政治团体中，如某一特定的个人公开声明反对代表会议公布的决定并且将反对意见记录在案或进行公示，那么该行为不仅合法，而且对他有利；因为如果不这样做，那么他们就有义务对他人因契约而产生的债务和所犯罪行承担责任。但是，在主权会议中他则被剥夺了这一自由，一方面因为他表示反对即是对他们主权者的否认，另一方面因为不论主权权力的命令为何，对于臣民而言都是正当的命令（尽管在上帝看来并不总是如此），这是由于每一臣民都是这一命令的授权人。

□ 克伦威尔解散议会

1645年，由于克伦威尔屡建战功，英国议会授权他改组军队。于是，克伦威尔在铁骑军的基础上组成"新模范军"，并指挥这支军队战胜了王党的军队。1649年1月30日，克伦威尔在人民的压力下，以议会和军队的名义处死国王查理一世。5月，他宣布英国为共和国，成为了实际军事独裁者。但是，由于议会的意见经常与他相左，他越来越感觉到议会的存在对于自己是一种制约，便于1653年4月20日解散议会，自任"护国公"。

政治团体的种类几乎是无穷尽的，因为这些团体不仅仅是因从事的事务不同而存在差异，就这一点而言就有不计其数的种类；同时又因为时间、地点和人数方面受到的诸多限制而存在差异。就这些团体的事务而言，有些是政府指令要求的。第一，一个行省可能会交由一个由众人组成的会议治理，其中全部决议应由多数票通过，那么这种会议就是一个政治团体，它们的权力以委托为限。"行省"一词表示掌管或负责某一事务的人将该事务委托给他人，由其代为管理并在其管辖之下；因此在一个国家之内有不同的地区，并且不同地区的法律存在差异或者距离遥远，政府管理就委托给不同的人，那么主权者不在当地且委托不同的人进行管理的地区就称为"行省"。但是，行省由行省的本地会议进行管理的例子比较少见。罗马人对多个行省拥有主权，但始终委派总督和政务官进行治理，而不是像他们通过会议对罗马城及其周边地区那样进行治理。同样，当英格兰派出的移民停驻在弗吉尼亚和萨默群岛[1]时，虽然由位于伦敦的会议进

---

[1] 萨默群岛，位于苏格兰北部、大西洋沿岸的群岛。

行管理，但是这些会议从未将在它们管辖之下的地区交由当地的一个会议进行管理，而是为每一个殖民地委派一名总督。因为从人的天性而言，当能亲临现场时他们愿意参与管理，但是当不能亲临现场时，从本性上他们又愿意将管理事务委托给一个同他们有着共同利益的君主制政府而不是一个民主制政府。这一点在拥有大量私人财产的人身上表现得也很明显。当他们不愿意因为管理这些自身事务而费心劳神时，他们就宁愿将其委托给一位家人管理，而不是委托给许多朋友或家人组成的会议进行管理。但是，不管事实是什么，我们往往会假定委派一个会议对一个行省或殖民地的政务进行管理。在这种情况下，我在这里要指出的是，无论这个会议通过契约承担何种债务，或者无论其公开规定了何种非法行为，该行为只是属于那些同意者的行为，不属于那些反对者或缺席者的行为，理由在前文中已经提过了。位于境外、管理某一殖民地的会议，不得在该殖民地之外的任何地方对该殖民地的任何人或资财行使任何权力，也不得基于任何债务或其他义务而对其进行拘留；因为除了这些地区的法律赋予其的救济措施之外，他们在其他地方都不享有任何司法管辖权或行政职权。尽管该会议有权对违反其所订立规则的任何成员处以罚金，但是在本殖民地之外他们没有权力予以执行。此处所提到的会议管理某一行省或某一殖民地的权利同样适用于管理一个城市、一所大学、一所学院、一座教堂或任何其他负责人身事务的会议。

一般而言，在所有的政治团体中，如果任何团体成员认为遭到该团体本身的侵害，那么该案件的审理权属于主权者或者主权者为该类案件任命的法官或者为审理该案件而指派的法官，而不属于该政治团体。因为整个团体是主权者的臣民，主权者会议则是另外一种情形。因为在主权者会议中，尽管主权者是案件的当事人，但是如果他不担任法官，那么就根本不存在法官。

为了更好地管理对外贸易而设立的政治团体中，最适当的代表者就是全体成员会议；也就是说，每一名出资方只要愿意即可出席该团体会议，并可以对团体的全体事务进行审议和做出决定。为证明这一点，我们可以根据自己的判断思考一下买卖、进口和出口商品的商人联合起来成立一家公司的目的。的确，在那些从国内购买货物的商人中，极少有人能负担得起自雇一艘船以运出商品的运费，在国外购买货物的商人将货物运回国也是同样的情形，因此他们需要联合起来成立一个社团；每个人可按出资比例获得收益，自己也可以将其所运输或进口的货物按自己认为合适的价格售出。但是因为没有一名共同的代表强制其服从其他所有臣民共同服从的法律之外的其他任何法律，所以这不是一个政治团体。他们联合的目的在于使自己获得更大的收益，可以通过两种方式实现这一目的，即作为国内和国外的独家购买方和独家销售方。所以，允许部分商人成为一个法人或政治团体就是许可其双重垄断，第一重垄断是独家购买，另一重垄断是独家售卖。因为任何一个特定的外邦成立了一家公司，并只有这家公司可以出口在另一国家销售的商品，这就是在国内独家购买、在国外独家售卖。因为这家公司在国内是唯一的买方，在国外则是唯一的卖方，对于商人而言这两方面均可获利，这样一来，他们在国内可以低价买入，在国外可以高价卖出。在国外有且只有一家外国商品的买方，在国内有且只有一家销售外国商品的卖方这两种情形，对于出资人而言均可获利。

对于这种双重垄断，一方面它于国内人民不利，另一方面它也于外国百姓不利。因为在国内他们通过独家出口可就百姓生产的农产品和手工产品设定他们所满意的价格，通过独家进口则可就某一所需要的全部外国商品设定他们所满意的价格，这两种情形都有损百姓利益。从另一方面而言，通过在国外独家卖出本国的商品以及独家买入该外国的商品，从而抬高本国商品价格，打压当地产品价格，这对该外国百姓也是不利的。因为在独家卖出的地方，商品价格更高一些，而在独家购买的地方，商品价格则更低一些。因此，这种公司就是垄断公司。如果他们在国外市场上联合成为一个团体而在国内市场上自由竞争，每个人都按照愿意给出的价格买卖，那么对国家将是大大的利好。

这些商人团体的目的不是为了整个团体的共同利益（在这种情形下，扣除了他们为建造、购买船舶以及为船舶运营备存食物以及配备人员进行的特定投资之外，他们没有共同财产），而是为了每一位投资者的利益，这就是每个人应当知晓他自己的投资用于何处的原因，即让每个人可以参加有权决定投资用途的会议，了解他们的账目明细。因此，这种团体的代表必须是一个会议，团体的每一成员如果愿意，都可以出席会议进行磋商。

如果一个商人的政治团体经由其会议代表与某一陌生人订立契约来借债，那么团体的每一名成员自身对全部债务承担责任。因为一位陌生人对团体自身的规定一无所知，而只是将他们视为许多个体看待，因此在某一成员清偿的款项解除了所有其他人承担的债务之前，每一成员都有义务清偿全部债务。但是，如果债务是团体中某一成员的借债，那么债权人自己就是全部借款的债务人，因此如果团体拥有共同财产，那么只能从公共财产中进行清偿，而不能通过其他方式主张清偿其债权。

如果国家对这一团体课税，那么应将其理解为按照每一成员在该团体的出资比例进行课税。因为在这种情况下，除了个人出资以外，团体没有其他公共财产。

如果该团体因某一违法行为而被处以罚金，那么只有那些投票决定实施该行为的人或在其协助之下才实施该行为的人承担责任；因为其余任何人除了作为团体成员之外没有其他任何罪行；由于团体是根据国家授权成立，因而参加该团体不应算作犯罪。

如果团体中某一成员对团体负有债务，那么该团体可以对其提起诉讼，但是不能根据该团体的权力没收这人的货物或对其进行拘禁，而只有国家权力才可以这样做。因为他们如果可以根据其自身的权力按此行事，那么他们也可根据自身的权力判定债务应予清偿，这等于是自己做自己的法官。

这些为管理人员或商业而成立的团体可以永久性存续下去，也可以书面明确规定其存续时间。但是，还有一些团体的存续时间是有时限的，该时限仅受其业务性质的限制。例如，如果一位主权国家的君主或一个主权会议认为，应下令要求其领土范围内的各城镇和其他地区派出代表并向其陈奏臣民的境况和需求，或是就其实施良法或任何其他事项提供咨议时，那么此时就是让一个人代表某一整个地区，并在规定的地点和时间召开会议，此时此地，这些每一地区的臣民代表就组成了一个政治团体。但是，他们仅是根据代表主权者的个人或会议召集向其提交问题才组成了这一团体；当宣布没有相关情况提交给他们或由其讨论时，则团体即行解散。因为如果他们是百姓的绝对代表或者会议是主权会议，那么在同一百姓群体之上就会出现两个主权会议或两个主权者，这与他们所追求的和平状态不符。因此，如果一旦出现某一主权，除了根据主权产生的绝对的百姓代表之外，不可能存在其他绝对的百姓代表。至于这一团体究竟能在何种程度上代表全体百姓的问题，则应参照召集其参会的书面文件的规定。因为百姓只能根据主权者发给百姓的、通过书面明确其目的会议召集文件选派代表，而不能根据其他目的选派代表。

除了根据所有其他全体臣民遵守的共同法律之外，未根据任何特许状或其他书面文件授权组建的团体是固定且合法的私人团体。因为他们统一于一个代表者，所以认为它们是固定的，就像在所有的家庭中，其中父亲或者家长管理整个家庭。他们可在法律许可的范围内约束子女和奴仆，但是不能超过这一范围，因为对法律禁止的行为，他们之中没有人负有服从义务；在其处于家庭管理的环境时，对其他所有行为而言，他们需要将他们父亲和家长视为他们的直接主权者那样进行服从。因为在按约建立国家之前，父亲和家长是他们自己家庭中的绝对主权者，后来他们失去的权力并未有超过国家法律从其身上掳夺去的权力。

统一于一个代表者身上但不具有任何公共权力的私人团体是固定但非法的私人团体。诸如，为更好管理乞讨和偷盗，由乞丐、小偷和吉卜赛人组成的团体就属于这类团体。根据外帮人的权力，在他国领土内为了更便利传播学说而成立党派反对该国权力的团体也属于这种情形。

就性质而言，非固定团体只是一种联盟，某些时候只是聚合起来的一群人，没有任何特定的目的，彼此之间也不负有任何义务，只是因为意愿和意向相似而聚在一起，该等团体是否合法则取决于其中每一特定个人的目的是否合法，该特定个人的目的则需根据当时的情形予以理解。

因为联盟一般是基于共同防卫的目的而成立的，所以在一个国家（国家不过是所有臣民的联合体）中，大多数情况下臣民的联盟是不必要的且带有非法目的。因此，这种联盟是非法的，通常被称为"朋党"或"阴谋团伙"。因为人们根据信约联合而形成联盟，如果未给予任何一个人或会议权力（就如纯粹的自然状态下的情况）以强制他们履行信约，那么仅在未出现正当且互不信任的理由时联盟才会发挥作用；因此，未建立人类权力使各方均畏服的国家之间的联盟在存续期间不仅合法，而且有利于其存续。但是，同一国家臣民之间的联盟，如果在这个国家中每一位臣民都可以通过主权权利获得他的权利，那么该联盟对维持和平和正义就是不必要的；而且，如果联盟中成员的目的是邪恶的或者是国家所不知晓的，那么联盟就是非法的。因为如果一切私人力量联合的目的是邪恶的，那么这种联合就是非正义的；如果目的是不为国家所知晓的，那么就会对公众构成威胁，其隐瞒也是非正义的。

当由数量众多的人组成的会议掌握主权权利时，如果一些人或会议中的部分人未经授权而协商图谋去指挥其他人，那么这就是非法的朋党或阴谋团伙。因为这是利用欺诈手段诱使该会议来满足其一己私利。但是，如果将在会议中对某一人的私人利益进行辩论并作判定时，他因为这个原因而结交尽可能多的朋友，那

么他的这种行为就不是非正义的。因为他在这种情况下并不是会议的组成部分。尽管他通过金钱收买这些朋友，但是除非法律予以明令禁止，则该行为也不是非正义的。因为有时候人类的事务就是如此，没有金钱就不涉及正义，在未经审判和判决之前，每个人都认为他自己的理由是正当的。

在所有的国家中，如果某一个人拥有的奴仆数量超出了管理他的财产所需和他合法雇佣奴仆的数量要求，那么这就是非法的朋党。因为在国家的保护之下，他不需要通过私人力量进行防卫。在那些文明尚未彻底开化的民族中，很多家族都相互存在敌意，并且通过私人力量相互侵犯；但是，显而易见，他们的所作所为是非正义的，否则（如果说他们的所作所为是正义的）他们就是没有归属于某个国家。

□ 保罗在以弗所布道

使徒保罗一生中至少进行了三次漫长的布道之旅，足迹遍布小亚细亚、加拉太、弗吕家、彼西底、旁非利亚等地区。保罗在以弗所布道了大约两年时间，这是他布道时间最长的地方。

正如家族结成私党是非正义的一样，为管理宗教事务（如教皇党、新教党等）或管理国家而结成的朋党（如古罗马的贵族党和平民党，以及古希腊的贵族党和民主党）也是非正义的，因为这不但违反了百姓的和平和正义，而且夺走了主权者手中的权力。

聚集起来的百姓是一种非固定的团体，其是否合法取决于其聚集的理由和聚集的人数。如果理由合法且明显，那么该种聚集就是合法的，比如正常数量的人聚集在教堂或公共剧场参加惯常的聚会。因为如果人数数量之多超乎寻常，那么这种情况下就不甚明确；如果一个人没有一个特定和善意的理由而参加聚集活动，那么就会被认定为怀有非法和制造骚乱的目的。一千人联合向法官或地方行政官递交一份请愿书是合法的，但是，如果一千人都来递交请愿书就是属于制造骚乱的聚集，因为只需要一到两个人就可以达到（递交请愿书的）目的。但是，在这些情况下，并不是人数数量而是当时的官员所不能控制和依法对其进行惩处而导致这种聚集是非法的。

当一群超出正常数量的人聚在一处反对被他们控告的某一人时，这种聚集就是一种非法的骚乱，因为他们可以由某几个人或某个人将其控告信提交给地方行政官。圣保罗在以弗所就遇到了这种情形。在以弗所，底米丢和其他一大群人带着保罗的两个同行人来到长官面前，同声喊道："大哉以弗所人的亚底米阿！"[1]这是百姓因这二人向他们宣讲了违反他们宗教和营生的教义而要求依法惩罚他们的方式。虽然根据那些百姓的法律，此处的情形是正当的，但是他们的聚集被判定为非法的，地方行政官因而责备他们说："若是底米丢和他同行的人有控告人的事，自有放告的日子（或作自有公堂）。也有方伯可以彼此对告。你们若问别的事，就可以照常例聚集断定。今日的扰乱本是无缘无故，我们难免被查问。论及这样的聚众，我们也说不出所以然来。"[2]如果一个人将许多人聚集在一处，但是他们又没有正当的解释，那么这就是骚乱，他们担负不起这种责任。这些是我讨论团体和人们聚集的全部内容。如前所述，它们可以类比作人体类似的部位，合法的团体和人们的聚集可类比作肌肉，不合法的团体和人们的聚集则可类比作有害的毒液，非正常集中而生的毒瘤、脓肿和疮疖。

---

　　[1] 参见《使徒行传》第19章第34节。
　　[2] 参见《使徒行传》第19章第40节。原文中，霍布斯标明此处引自《使徒行传》第19章第40节，在英王詹姆斯钦定版《圣经》中，实际为第19章第38—40节。

第二十三章　论主权权利的政务大臣

我已在上一章中对一个国家与人体相似的部分进行了论述，我将在本章中对一个国家的官能（与人体相似的部分）即政务大臣进行讨论。

政务大臣是主权者任用于从事某一事务并有权代表国家人格处理该事务的人，主权者是一位君主抑或一个会议则在所不问。享有主权的每一个人或会议均代表两个人格，或者用更浅显易懂的话就是具有两个身份。第一个身份是自然身份。第二个身份是政治身份：一个君主不仅具有国家人格，而且也具有自然人人格；一个主权者会议也不仅具有国家人格，而且也具有会议人格。所以，以自然身份做奴仆的人不是政务大臣，只有那些管理公共事务的人才是政务大臣。因此，一个贵族或民主制国家会议中的招待员、卫兵及其他只为参会者提供便利服务的人都不是政务大臣。一个君主制国家王室的管家、侍从、国库管理员及任何其他官吏也不是政务大臣。

对于政务大臣而言，有些人被委派的职责是全面管理整个国家或某一地区的政务。从全国政务方面而言，如受前任国王之托的幼主监护人或摄政人在幼主未成年时署理幼主国家的全部政务。在这种情况下，每一位臣民对这人以国王名义颁布的且不违背他主权的法令和命令都负有服从义务。从某一地区或行省政务方面而言，一名君主或一个主权会议可能委派一名长官、军政官、政务官或总督署理该地区的全部政务。在这一情形下，该行省的每一个人也要受他们以主权者的名义办理的且不违背主权者权利的一切事务的约束。监护人、总督和长官所享有的权利只是根据主权意志所确定的权利。如果不存在明确且确切的文字声明表示主权者将主权转让给他们，那么就不能将他们所接受的任何委任解释为主权转让。这种政务大臣类似于使一个自然人躯体四肢能运动的神经和肌腱。

其他大臣都各自负责专门事务，即负责国内或国外特定的事务。就国内事务而言，首先是负责国家经济事务的大臣。有权管理贡品、捐税、租金、罚金或任何公共收入等钱物的征收、接收、发放或记录的人是政务大臣。因为他们服务国家代表者，并且不得违抗国家代表者的命令或未经其授权不得做任何事，所以他们是大臣；因为他们以其政治身份服务国家代表者，所以他们是政务大臣。

其次，是掌管军事权力的大臣。负责管理兵器、堡垒、港口以及负责征兵、发军饷或指挥士兵以及从海上或陆上为战争提供任何必要给养的人是政务大臣。虽然一名没有指挥权的士兵也在为国家战斗，但是他不能基于此就能代表国家人格，因为没有相对方来使他可代表国家人格。每一个有指挥权的人只有对他所指挥的人来说可以代表国家人格。

有权教化或使他人教化百姓认识他们对主权者的义务、教导他们关于何为正义和非正义的知识，从而使他们彼此更为虔敬、和平地生活并抵抗共同敌人的人也是政务大臣。因为他们不是根据他们自己的权力施行这些事务的，而是根据其他人的权力施行的，所以他们是大臣；因为他们只是根据主权者的权力去从事或应从事相关事务，所以他们是政务大臣。只有君主或主权会议才能直接从上帝那里获得权力去教化和教导百姓；除了主权者之外，没有人可以纯粹凭借神的眷顾而获得权力，也就是只从上帝的眷顾中获得权力。所有其他人都是从上帝和他们主权者的眷顾中获得他们的权力，诸如在一个君主制国家中就说"蒙神与王的眷顾"或"蒙上帝与王的眷顾"。

掌握司法权的人也是政务大臣。他们在审判席上代表主权者的人格，他们做出的判决是主权者做出的判决。正如此前所述，因为所有司法权本质上依附于主权，所以其他所有法官只是享有主权的某一人或某些人的大臣。因为纠纷分为事实纠纷与法律纠纷，所以有些审判是关于事实的审判，有些审判是关于法律的审判；因此，可能会有两名法官审理同一纠纷，一名法官负责审理事实，另一名法官负责断明法律。

在这两种纠纷的审判中，受审判一方可能会与法官产生争执，因为他们同时也是主权者的臣民，所以对于这种争议应由双方均认可的人进行公正裁断，因为任何人都不能担任自己所涉案件的法官。但是，如果双方均同意由主权者担任审判人，那么他要么亲自审理并判决该案，要么指定双方均认可的人担任法官。这可以理解成他们通过不同的方式达成了这种合意。首先，如果允许被告针对因利益关系而引发其怀疑的法官提出异议（原告已选定了他自己的法官），那些他未提出异议的法官就是他认可的法官。其次，如果他向任意其他法官提起上诉，那么他不能就此继续提出上诉，因为提起上诉是他自己的选择。再次，如果他向主权者

□ 英格兰大法官法庭

大法官法庭是英格兰高等法院的法庭之一。大法官制度始于古罗马。英格兰的大法官分为内阁中的大法官和高等法院的大法官，而高等法院由御座法庭、家事法庭和大法官法庭三部分组成。图为乔治一世时期英格兰的大法官法庭。

本人提起上诉并由主权者或当事方认可的代表进行判决，那么该判决即为终局性判决，因为完全是根据被告方选择的法官做出的判决，即由他自己做出的判决。

在对公正和理性的司法性质进行讨论之后，我不禁要评述一下英格兰原先精心设置的民事法院和刑事法院。我这里所说的民事诉讼是指原告和被告均为臣民的诉讼；公诉（也称为"王室诉讼"）则是指原告一方为主权者的诉讼。因为人可以分为两个阶层，即贵族阶层和平民阶层。贵族原先享有一项特权，即在所有死刑案件中，只有贵族才能担任法官，有多少名贵族涉案就应当有多少名法官。这种情况被认为属于荣宠的特权，审判他们的法官除了他们所希望的法官外并没有其他人。对于臣民而言，在所有的争议中（贵族的民事争议也是如此）他们只能选择争议所在地的法官，他们可以针对这些法官提出异议，直至最后同意对其中十二位法官不提出异议，则由该十二名法官进行审判。既然法官是由他们自行选定的，那么任何一方就不得基于任何借口否认该判决的终局性。作为国家成员，这些从主权权利那里获得权力以教化百姓或为百姓审理案件的政务官可以被恰当地比作自然人的喉舌。

经主权者授权执行已作出的判决、发布主权者的命令、镇压骚乱、逮捕并拘禁犯罪分子以及从事其他维护和平工作的人也均是政务大臣。因为他们依据权力所做出的每一个行为均属国家行为，他们提供的服务可以比作自然人的双手。

身在外国的政务大臣是指对外代表他们本国主权者人格的人，这些根据公权并执行公务的政务大臣包括大使、信使代理人和传令官。

但是，对于处在动乱中的国家的某一私党授权派出的人，虽然他受到外国礼遇，但是该人仍不是国家的政务大臣，也不是国家的私务大臣，因为他们的任何行为都不是国家作为授权人授权的行为。与之类似，虽然国王根据公权派出大使参加吊唁、庆贺或协助礼仪，但是因为该事务属于私人事务，属于主权者以私人身份所从事的事务，他所派遣的人代表的是他的个人人格，所以他是协助国王处理私人事务的人员。此外，如果一个人被秘密派往他国，刺探他国情报和他国实力，虽然他既得到了主权者的授权，又是从事公共事务，但是因为没有任何人知道他所代表的任何人格，所以他也是私臣，但是他确实是国家的大臣，可以将其比作自然人的眼睛。那些被任命去听取百姓请愿和其他诉求的人，可以比作公众的耳朵，他们也是公共事务大臣，其担任的职务代表他们的主权者。

如果我们认为一位参议人员或一个国家的顾问不具有司法权或管辖权，只是在经要求的情况下为主权者提供建议，或未经要求而主动提供建议，那么他们就不具备公共人格。因为意见仅仅是向主权者提出的，当主权者在场时，他的人格不能由另外一个人代表。但是，参议机构从来不享有某些其他权力，既没有司法权，也没有直接的行政权。比如，在君主政体国家中，他们代表君主向政务大臣传达君主命令；在民主政体国家中，议会或参议院作为参议机构向百姓公布讨论结果。当他们任命法官、审理案件或接见外国大使时，他们就是以百姓的大臣身份从事这些事务。在一个贵族政体国家中，国家参议机构就是主权议会本身，只对自身而不对任何其他人提供咨询。

第二十四章　论一个国家的给养与殖民地

一个国家的给养包括生活物资的数量与分配、调配或制备,以及调制完成之后通过便捷的渠道供给公共事业使用。

物资的丰裕程度受自然所提供物品的限制,即上帝通过我们人类共同母亲的双乳（陆地和海洋）无偿赠给人类,或者与人类的劳动相交换。

这些给养物资包括动物、植物、矿物,上帝已经慷慨地将其放在我们的近前,我们仅需通过一些辛苦劳作就可以获取。由此,决定我们获取这些给养物资数量的因素,除了上帝的恩惠之外,只取决于人类的劳动及其辛苦程度。

这种物资一般被称为"商品",部分为本地出产,部分为外来品。本地产品是国内的,外来品是从国外进口的。除非某一个国家的领土幅员极其辽阔,否则没有任何一个主权所管辖的领土能够出产可供整个国家的维系及运行所需的一切物资;并且极少有国家出产的某种物资不会超过其需要;因此,从境内取得的商品通过交易、正义的战争或劳动同国外交换商品后,除非继续供应国内,否则这些商品就不显得多余;因为与任何其他商品一样,人类的劳动也可以作为商品进行利益交换。有些国家的领土仅够居民居住之用,但是这个国家不仅能够得以维持而且还可以增长它们的实力;这部分是因为不同地区之间劳动贸易交换而得来的,部分则是因为通过从别的国家购买原材料制成工业品后销售得来的。

给养物资分配就是关于决定给养物资归属于我、归属于你以及归属于他的制度;用一个词概括就是"私有制",它在所有形式的国家中都是主权者的权力。如前所述,如果没有国家,那么人们就处于人人相互为战的持续战争状态之中,因此主权者所拥有的每一件东西都是通过武力获得并占有的。这既不是私有制,也不是公有制,而是处于一种不确定的状态。这种情形不言自明,甚至连积极的自由捍卫者西塞罗在一次公开辩论中也将所有的私有制归于市民法的范畴。他说："如果市民法被抛弃或维护不力,更不用说是被压制,那么没有人能够得到保障,确保从祖先那里获得遗产或者将遗产留给子孙。没有了市民法,没有人知道什么属于自己，什么属于他人。"鉴于私有制的建立是建立国家所导致的结果，国家除了通过代表它的人做出行为外，国家不能做出任何作为，因此私有制的建立仅仅是主权者的行为，并且存在于法律之中，而不具有主权权利的任何人无法制定法律。对于我们所称的"法律（law）"，此前古人将其称为"Nomos（'分配'的意思）"，而将"正义"定义为将每个人所应得之份分配给每个人。

　　关于分配，第一条法则是关于土地本身的分配。对于这种分配，主权者根据自己而不是任何单个或群体臣民认为公平或符合共同利益的方式分配给每人一份。虽然以色列百姓在旷野中时就已是一个国家，但是在他们成为应许之地的主人前，他们缺乏土地上出产的各种产品；后来他们也并未根据自己的决定，而是根据祭司以利亚撒和将军约书亚的决定对土地进行了分配：当时共有十二支派，将约瑟支派分为两个支派后共有十三支派，但是土地只有十二份。根据规定，利未支派未分得土地，但是分配给他们全部出产的十分之一，因此这种分配具有随意性[1]。一个民族通过战争占有土地时，虽然不像犹太人之前所做的那样将原住民赶尽杀绝，而是给他们留下大部分甚至全部的财产，但是随后这些原住民对财产的占有，则显然是以战胜者分配给其的财产的名义而占有的，就正如同英格兰人民从征服者威廉[2]那里获得他们的所有财产的情形一样。

□ 西塞罗

　　马库斯·图留斯·西塞罗（公元前106—前43年），古罗马著名政治家、演说家、雄辩家、法学家和哲学家。西塞罗是私有制的坚定拥护者，这体现在他对私有财产的保护上。他在其作品中不断地强调："每个国家与城市的特定职能，就是要保证他的每一位公民都可以自由且不受干扰地享有自己的财产。"他指出："公民的所有私有财产都应得到保护，任何人不能以任何方式加以侵犯。"

---

　　[1] 对于在十二支派中进行分配土地的描述可参见《约书亚记》第14章和第21章、《民数记》第1章等。
　　[2] 征服者威廉一世（1027—1087年），1066—1087年在位。他原本是法国诺曼底公爵，1066年，他在黑斯廷斯与英国国王哈罗德二世决战，获胜后攻占伦敦并自封为王。

由此，我们可以得出推论，臣民对他的土地的私有权是排斥所有其他臣民使用的排他性权利，但不排除其主权者的使用，不论该主权者是一个会议还是一位君主。因为主权者，即国家（主权者所代表的人格）被认为除了维持公共和平与安全之外没有其他事务；对土地进行分配也被认为是基于同样的目的。因此，如果他所做的任何分配有违这一目的，就是违背了那些将自身的和平与安全托付给他的判断和良知的每一位臣民的意志。因此，这种分配应被认定为无效。诚然，一位主权君主或一个主权会议的多数意见可能违背他们的良知——为了追求自己的私欲规定做很多事情，这便违背了臣民的托付和自然法。但是，这并不足以授权任何臣民可以对主权者发动战争，甚至控告或诅咒主权者。因为他们已对主权者的所有行为进行了授权，在赋予主权者权力时就已使主权者行为成为他们自己的行为。但是，在何种情形下主权者的命令是违背公正和自然法的问题将后续在别处进行讨论。

在分配土地时，可以设想国家本身也想拥有一份土地，由国家代表者占有并使用。这样的土地份额必须足以满足维持共同和平和防卫的全部开支。如果设想存在任何代表者能够使人类从欲望和弱点中解脱出来，那么这就是非常正确的做法。但是人性既已如此，为国家拨出一定的公共土地和收入就是徒劳的；一旦主权权利落入花钱大手大脚或将公共资金冒险用于长期或耗费巨大的战争之中的一位君主或一个会议之手，那么往往就会导致政府的解体，国家将会陷入纯粹的自然状态和战争中。因为国家的开支并不受自身"食欲"的限制，而是受外部偶然事件、邻邦欲望的限制，所以国家不能忍受没有"食物"；因此，除了应对紧急状态所需的限制外，公共财富不受其他因素限制。然而，在英格兰，征服者威廉为了供自己使用（除为自己的娱乐或保护树木的目的之外）而保留了大量土地，同时保留了赐给臣民的土地上不同种类的徭役，但是这些看起来并不是他为了保持自己的公务身份而作出的保留，而是为了维持他的自然人身份而作出的保留。因为他和他的继承者往往毫不顾及这一切，而在他们认为必要的情况下恣意征收所有臣民的领地赋税。或者，如果最初规定这些公共土地和徭役是为了维持国家运转的充足经费，那么就有违按约建立国家的目的；（根据这些增加的赋税来看）经费是不充裕的，并且（根据王室后来的微薄收入来看）是可以转让和减少的。于是分配部分财产给国家是徒劳的，因为国家可以将其出售或赠与；而当这些资财被臣民的代表者按照这种方式处置时，实际上就是国家已将其出售或赠与。

正如分配国内土地一样，主权者也规定了臣民开展对外贸易的地点和商品种类。因为上述事务如果由私人根据自行判断确定，那么他们中的某些人会为谋取利益而向敌人提供危害国家的手段并进口那些对国人有害的或至少是无益却能满足其欲望的商品来危害自己国家的国民。因此，是否批准对外贸易的地点和商品种类的权力归国家所有（即仅归属于主权者）。

此外，每一个人仅拥有一份土地或少量商品的私有财产权或对某些有用的技艺拥有与生俱来的所有权并不足以维持一个国家；并且几乎对每一个特定的个人而言，世上没有一种技艺对人的生存或福利不具有必要性；人们有必要通过交换或共同契约将自己所余的物品分配给别人并相互转让所有权。因此，臣民（购买、出售、交换、贷款、借款、租赁和雇佣等活动）应按何种方式订立契约以及根据何种文字、措辞以及如何签署方为有效等事项应由国家进行规定。对于营养物质及将其分配给国家成员的问题，其内容是庞杂的，鉴于整本书的体例，上述论述已非常充分了。

□ 约书亚分配土地

《圣经》中记载，约书亚聚集以色列各支派的族长，请大祭司以利亚撒作为监督，公开抽签，将土地分配给十二个支派。图为约书亚把迦南的一部分土地分给各支派。

我认为，所有当前未消费的商品通过调配可留作将来给养之用，并变换为等值且便于携带、不会妨碍人们在地区间往来的东西，其目的就是使人们不论身在何处都可通过这些东西获得当地可以提供的给养。这些东西除了黄金、白银和货币之外，别无他物。实际上，因为在所有的国家中黄金和白银都被认为是贵重之物，是国家之间衡量所有其他物品价值的、便利的价值尺度。一个国家的主权者不管采用何种材料铸造而成的货币也是衡量该国家的臣民之间所有其他物资是否充足的价值尺度。通过这些方法可以衡量所有商品的价值，不论商品是否能移动，都可随人离开惯常的居所而被带到他所到的任何地方。同样，在一个国家之内，这些尺度也可以在人与人之间流转，并且在流转的过程之中为这个国家的每一部分提供给养；就这种调制而言，它就如同一个国家的血脉流通，因为自然人身体的血液也来自土地的出产，在流通循环的过程中会营养人身体的各个组成部分。

因为黄金和白银的价值源自它们本身的材质，所以它们首先具有一种特性，即作为各地通用的一种衡量所有商品的价值尺度，它们的价值不能被某一权力或少数几个国家改变。但是，贱金属制成的货币则容易升值或贬值。其次，它们还具有在必要的时候使国家运动臂膀并伸到外邦之中；它们不但能够为在外旅行的臣民提供盘缠，而且能够为全体军队提供给养。但是，货币的价值不是因为自身的材质而是因为当地政府的印信而获得价值；因为它们不能经受空间的变换，所以只是在国内具有效力，而且也会因为法律的变化而出现贬值，在很多时候会损害那些货币持有人的利益。

货币供应给公众使用的渠道和方式分为两种，一种是将货币存入国库，另一种是从国库中再次支取用作公共开支。第一种方式的实施人是征收员、保管员和出纳；第二种方式的实施人也包括出纳，还有指定将款项派发给各公务大臣和私务大臣的官员。在这方面，人造之人和自然人类似，自然人的血管从身体的不同部分获得血液并输送到心脏，在心脏处获得动力之后，心脏通过动脉将血液再次输送出去，使身体各个部分充满活力并可以运动。

国家的"后嗣"或"子女"是指我们所称的"移民地"或"殖民地"；由国家派出的这群人在一名管理者或总督的领导下定居于一个此前无人居住或是因战争而变得人烟稀少的外邦。当殖民地建立之后，要么是人们自己成立的国家，解除了同原先派他们出来的主权者之间的臣服关系（古代许多国家即属此类），原先派遣他们出来的国家被称为他们的"宗主国"或"母国"，其对殖民地的要求就如同是父亲解除对子女的家庭管理关系后对子女的要求那样，变成一种尊重和友好关系；要么它们像罗马人的殖民地那样，仍与宗主国联合，因此，殖民地本身就不是国家，只是行省而已，属于派出国家的一部分。所以，对于殖民地的权利而言，除了尊重和联合宗主国之外，其他则完全取决于他们的主权者授权他们出去开拓殖民地时的许可或特许状的内容。

第二十五章　论建议

根据日常以及变幻无常的措辞来判定事物属性的那些做法可谓荒谬至极，这一点在对"建议"和"命令"的混淆中体现得最清晰，因为提出建议和发布命令以及其他许多情形下都是采用命令式的方式而导致出现这种混淆。因为"这样做"这句话不仅仅是一个人发出命令时使用的言词，也是他提出建议和劝告时使用的言词。极少有人看不出这些是截然不同的事情或者在察觉到讲话人、讲话的受众和讲话的场合时不能对二者进行区分。但是，人们看到这些言词的书面形式时，因为不能或者不愿思考其语境，所以他们就根据最符合他们想得出的推论或者他们最想赞成的行为来理解，有时候他们将建议的话误以为是命令的话，有时又作相反的理解。为避免这样的错误，赋予"命令""建议"和"劝告"恰当和明确的含义，因此我对它们进行了定义。

一个人说"这样做"或者"不能这样做"时，这就是"命令"，除了讲话者的意志之外没有其他的理由。从这一点上可以明显看出他是基于自己的利益发出的命令，因为他发出命令的理由只能是他的意志，每一个人意志的固有目标都是为了他自己的利益。

一个人说"要这样做"或者"不要这样做"时，这就是"建议"，从他的理由推断他的讲话对象会因他的话而获益。从这一点上可以明显看出他提出建议（不究其内心的意图）只是为了建议对象的利益。

因此，建议与命令的很大一个区别就在于命令是为了命令者本人的利益，建议则是为了其他人的利益。由此又得出另一个区别，即命令一个人做的事，这个人必须服从，就如同订立信约就有义务遵守信约一样；但是，当听取建议时，这个人没有义务遵从别人的建议，因为不听从建议所受到的伤害只及于其自身。或者说如果他像遵守信约一样服从建议，那么建议就具备了命令的性质。第三个区别就是没有人可以宣称自己有权作为另外一个人的建议者，因为他不能宣称从中可以取得什么利益，他只能以知晓他的计划的意愿或为自身谋取其他的利益而要求取得建议的权利，正如我前文所讲到的，每一个人的意志都有固有的目标。

另外，根据建议的性质，不管征求建议的人咨询什么样的问题，从公平角度而言，不得对其进行控告或惩罚，因为向他人征求建议只是允许他人提出其所认为最好的意见。因此，当主权者（不论是一位君主还是一个会议）咨询一个人建议而该人向他的主权者提供建议时，从公平角度而言，这人不得因之而受惩罚，该意见是否与大多数人的意见相合则在所不问，因为该建议与在辩论中提出的意见具有同样的性质。因为如果在辩论终结前就可以觉察出会议的公开意见，那么他们既不应该征求建议，也不应该进一步听取建议；因为会议的公开意见就是辩论所通过的决议和进行所有商议的目的所在。一般而言，由于征求建议的人就是（提供建议人的）授权人，所以不能惩罚提出建议的人，主权者不能对其惩罚，其他人也不能对其惩罚。但是，如果一位臣民建议另一位臣民去做任何违反法律的事情，那么不论该建议是出于邪恶的目的或只是因为对法律的无知，国家均可惩罚他。因为对法律的无知并不是有效的借口，每个人都应认识到他所应当遵守的法律。

"劝告"和"劝阻"是建议，根据其所包含的特征，提出建议的人强烈希望他的建议能够被接受；或者简而言之，就是将建议强加于人。因为提出劝告的一方不会推导出根据他所提出的建议行事而出现的结果为何，并在这里运用真正说理的力量，他只是鼓励被建议一方付诸行动，正如劝阻是阻止他人付诸行动一样。因此，他在言谈中会注意公众情绪和舆论，并运用直喻、隐喻、举例和其他讲演方法说服听众相信在接受其建议之后将获得何种益处、荣誉或公正。

由此可以推导得出以下结论：第一，如果劝告与劝阻是为了自身的好处而不是为了征求建议者的利益，那么就违背了建议者的义务。根据建议的定义，建议者不应当考虑自己的利益而应当考虑被建议对象的利益。而他为了自身利益，可以通过他长期极力的督促或是虚情假意的姿态充分地展现出来。因为没有人向他征求这种建议，所以这是从他自己的需要出发提出的建议，主要是为了他自身的利益，顺便附带为了建议对象的利益，甚至根本就没有考虑建议对象的利益。

第二，劝告和劝阻只是出现在一个人面对一群人演讲的场合。因为对一个人讲话的时候，讲话人可能会被这个人打断，并且相对于面对一群人进行演讲，这种情况下这个人会对演讲人提出的理由进行更为严格的审视。因为人群中人数太多，所以不能与那个不加区别地、同时对他们所有人发表演说的人进行辩论和对话。

第三，当被要求提供建议时，那些反而进行规劝或劝阻的人实际上就是腐败的顾问，他们可以说是受了自身利益的贿赂。因为不管他们提供的建议是何等的金玉良言，也如同为了贪图报酬而做出公正判决的法官不是真正的法官一样，给出这样的建议的人就不是一个好建议者。但是，一个可以依法下达命令的人如一个家庭中的父亲或一支军队的统帅，他的劝告和劝说不仅仅是合法的，而且是必要和值得称赞的。但是，这对他们而言不是建议，而是命令。当为了推进辛劳的工作而发布命令时，有时是必要的，更多的情况是出于人道主义考虑，需通过鼓励的方式发布且采用建议的语调和表述，使其更为舒心悦耳，而不是采用严厉的命令式语言。

□ 摩西十诫

传说上帝亲手将"十诫"刻在石碑上，并于西奈山的山顶将它传达给了摩西。然而，后来摩西发现以色列人根本不听从这些诫条，便在盛怒下将石碑销毁。之后，上帝命令摩西重新制作了新的石碑，并把它放在约柜里。图为西班牙巴伦西亚教堂的中世纪绘画，画中描绘的正是摩西和石碑。

我们可以引用《圣经》中命令和建议的语言形式为例来说明它们之间的区别。例如，"除了我以外，你不可有别的神"[1]"不可为自己雕偶像"[2]"不可妄称耶和华你神的名"[3]"守安息日为圣日"[4]"孝敬父母"[5]"不可杀人"[6]"不可偷盗"[7]等均是命令，因为服从这些命令的理由是根据他们是上帝——我们的主的意志，所以我们有义务奉行。但是，诸如"要变卖你一切所有的分给穷人""你还要来跟从我"[8]等这些表述则是建议，因为我们按此行事的理由是以我们自己的利益为依

---

[1] 参见《申命记》第5章第7节。
[2] 参见《申命记》第5章第8节。
[3] 参见《申命记》第5章第11节。
[4] 参见《申命记》第5章第12节。
[5] 参见《申命记》第5章第16节。
[6] 参见《申命记》第5章第17节。
[7] 参见《申命记》第5章第19节。
[8] 参见《路加福音》第28章第22节。

据，即将来我们"有财宝在天上"[1]。"你们往对面村子里去，必看见一匹驴拴在那里，还有驴驹同在一处，你们解开牵到我这里来"[2]是命令，因为他们按此行事的理由是以他们的主的意志为依据，但是"你们各人要悔改，奉耶稣基督的名受洗"[3]是建议，因为我们按此行事的理由并不是为了全能的神的任何利益，无论我们如何背叛他，全能的神仍是我们的主；我们只是为了我们自己的利益，除了按此行事以外，我们没有别的方法避免因为自己的罪恶而将遭受的惩罚。

现在我们已经从建议的性质推导得出建议与命令的区别，建议的性质在于提供者提出建议行为的必然或可能的后果，即听取建议的人得利或遭损。我们也可以通过同样的方式推导得出参事本身适合与否。因为经验只不过是对先前所见行为结果的记忆，建议只是将这种经验告诉他人的言词。建议和智慧有共同的优缺点。国家参事在记忆和心理讨论方面为国家法人提供服务。虽然在这一方面自然人和国家具有相似性，但是连带具有一个重要的差异：自然人的经验源自于感觉到的自然对象，自然对象作用于人时本身并不具有激情或私利；但为国家的代表者提供建议的人则可能常常抱有特定的目的和感情，这就导致他们的建议时常遭到质疑，而且很多时候他们甚至不怀忠心。因此，我们确定一个优秀参事的首要条件是他自己的目的和利益不得与他所建议对象的目的和利益存在冲突。

其次，参事的职分在于对某一行为进行审议时，他应当以对方能够真实和清楚地了解情况的方式明白地展示行为的后果；他应当通过最清楚表明真理的方式提出建议，即在证据允许的范围内，尽可能通过可靠的推理以及言之有物且恰当的语言简明扼要地提出自己的建议。因此，对于鲁莽草率和毫无根据的推理而言，诸如从书中找到的事例或根据权威著作的观点，它们根本不能算作善恶的论据，只能算作一种事实或意见的辅证；那些混乱迷杂和模棱两可的表述，以及那些可能招致激情的所有隐喻式言词都与参事的职务矛盾（因为这类推理和表达只能用来欺骗或使参议对象迷失自己的目标）。

第三，因为提供建议的能力来自经验和长期的研究，没有人被认为具备管理

---

[1] 参见《马太福音》第19章第21节。
[2] 参见《马太福音》第21章第2节。
[3] 参见《使徒行传》第2章第38节。

一个大国所有必要事项方面的经验，只有在那些某个人自身精通且经深入思考和研究过的事物上，才可称这人是一个优秀的参事。鉴于国家的职责是对内维护百姓和平、对外抵抗外国侵略，我们会发现这需要具备关于人性、政府权利以及公平、法律、正义和荣誉的性质等方面的渊博知识，不经一番研究是无法获得该等知识的；并且需要具备关于本国和邻国国力、物资、地理状况及外国可能通过何等方式侵扰本国的倾向与企图的渊博知识。没有丰富的经验则无法做到这些。对于这些，不仅对其整体，而且对其中特定的某一项都需要一个成年人长年累月的观察以及超乎寻常的研究。如我在前文所述（第八章），建议者需要具备判断的智慧。在这一方面，人与人之间的差异是因不同的教育背景所导致的，一些人从事此方面的研究或事务，另一些人从事彼方面的研究或事务。如果做任何事情都有放之四海而皆准的规则，就像机械装置和建筑方面的几何规则一样，那么所有人的经验都不如学习或发现该规则的人的意见。在没有这种规则可供遵循时，这一方面事务最有经验的人能够做出最佳的判断，他就是最优秀的参事。

第四，如果要做到能就另一国相关事务向国家提供有关建议，那么就必须熟悉该国的情报与文献、两国间的全部条约以及其他国家事务方面的记录。除国家代表者认为适当的人外，无人能从事该项事务。据此，我们可以看到，那些未被召集来提供建议的人就不可能提出关于这些事务方面的好建议。

第五，如果参事人数满足需求，个别地听取他们的建议比召集会议集体听取建议的效果更好。这样做有许多原因。首先，个别听取他们的建议会得到每个人的意见，而在集体会议时，很多人会唯唯诺诺地提意见，或无法自控而被他人长篇累牍的言词所控制，因为他们害怕提出反对意见后会让已发言的人或所有人不悦，或者担心自己的理解比那些赞成反对意见的人的理解更显迟钝。其次，多数人在参加集体会议时必然存在有一些人的利益与公共利益冲突，而这些人为了自己的利益容易情绪激动而发表充满激情、口若悬河式的演讲，这样的演讲会吸引他人也持相同的观点。因为在人们被隔离开时，人的激情是温和的，就如同一块燃烧的木头；当人们聚集在一起的时候，人的激情就如同许多燃烧的木头，彼此越烧越旺（特别是他们相互通过言词攻击对方时），他们更会以提出意见为名而导致全国陷入烈火的险境。再次，个别地听取每一人的意见时，如有必要则可时常打断和反问对方，以便审视他所提意见的理由是否正确或可能性有多大。但是，召集许多人参加集体会议时就无法做到这一点。在这种场合中，人们对每一个困难问题的庞杂议论会使人惊诧错愕且晕头转向，无法知道应该采取何种措施。此外，召集多人参加集体会议研提建议时，很难做到其中没有一些野心勃勃之人，意欲使别人认为自己辩口利辞且精通政治，因此，这些人在提意见时就会离题万里，只顾将一些著作中找来的形形色色的只言片语拼凑成天花乱坠的演讲词来邀人喝彩。这些风马牛不相及的事占据了认真商议的时间；但是通过秘密地、个别地听取意见的方式就易于避免这种情形。最后，很多情况下，审议公共事务时需要秘密进行，许多人参与，尤其是采用集体会议的形式是很危险的。因此，大型会议有必要将此类事务交由最精通且其忠诚度最值得信赖的少数人进行处理。

　　总而言之，对于子女嫁娶、处置土地、管理家事或经营私产等问题，谁又会接受在大型参事会议上听取建议，或者希望或愿意接受参事为其操劳，尤其是如果这些参事中有些人并不愿意看到他兴旺发达呢？如果一个人在许多谨慎的参事协助下经营他的事业并结合每一参事的专长分别征询他们的意见，那么这是最好的方法；就如同在打网球时派出能干的副手并将其安排在适当的位置上一样。次优的方法就如同那些根本没有副手的人一样，只是依赖自己的判断。但是，如果一个人被一堆参议意见左右其从事的事务，除非赞成者占多数，否则这种参议意见无法通过，且在执行过程中往往因为嫉妒或利益而遭到反对方的阻碍，那么这就是最糟糕的方法；这就如同一个人被别人带去打球，虽然同伴是优秀的运动员，但是因为他们乘坐独轮车或其他笨重的交通工具，并且驾车人意见和动作不相协调，因此导致他们受阻；在这种情况下，掺和的人越多就越糟糕，如果其中有一个人或几个人希望他输掉比赛，那么这就糟糕透顶了。虽然"一目之察不如众目之明"的说法是对的，但是我们却不能按此理解许多参事的意见，只有在一人掌握最后决定权时才能这样理解。否则，因为很多双眼睛观察同一事物时的视角不同，易于偏离到他们自己的利益上去。虽然那些不想偏离目标的人用两只眼睛观察四周，但是瞄准时从来只用一只眼睛。因此，一个伟大的民主国家之所以能够得以存续，或因外敌使人们精诚团结，或因某一杰出人物的声望就能号令众人，或因少数人秘密商议，又或因势均力敌的党派互相忌惮，但绝不是因为通过召开会议进行公开商议而使其存续。对于非常小的国家，无论其是君主制国家抑或民主制国家，人类的智慧无法使它存在的时间超出它的强大邻邦对它猜忌戒备的时限。

第二十六章　论市民法

我所说的"市民法"是指人们作为国家成员而不是此国或彼国的成员而有义务服从的法律。因为特定法律的知识属于以多个国家法律研究为业的人的研究范畴；但是，关于市民法的一般知识则为所有人共享，对任何人都是一样的。古罗马法称其为"市民法"（civil law），其源自于（拉丁语）单词"civitas"，意思是指一个国家。那些曾在罗马帝国统治下的国家仍保留着它们认为适合自身的部分古罗马法规定，并将其称为"市民法"，从而与他们本国的其他民法区分开来。但是，我在这里并不想讨论这种法律，我的目的不是对此地和彼地的法律作说明，而是要像柏拉图、亚里士多德、西塞罗和其他不是研究法律的人那样去说明法律是什么。

首先，显而易见，法律总体上不是建议而是命令；法律不是任意某一人对任意另一个人的命令，而是一个人对原先有服从他的义务的人发布的命令；市民法只不过是被冠以命令发布人之名，即冠以国家的人格（拉丁语为"persona civitatis"）。

鉴于此，我按照这种方式来定义市民法：对每一位臣民而言，市民法是国家通过语言、文字或其他充分的意志发布命令而使人明辨是非曲直的规则，即何为违反规则以及何为不违反规则。

该定义中没有半点难懂的地方。因为每一个人都看得出来，有些法律普遍性地适用于全体臣民，有些法律适用于某些地区，有些法律适用于某些职业，有些法律则适用于某些人。因此，对命令所适用于他们之中的每个人而言，这些命令就是法律；对其他人而言，这些命令则不是法律。同时，法律是关于正义与非正义的规则，被视为非正义的事无一不与某些法律冲突。同样，因为我们只服从国家，所以除国家之外无人可以立法。法律还必须通过充分的标志表达，否则人们就不知如何守法。因此，根据该定义的必然结论而推导出的全部内容应被视为真理。现在，我从中推导出以下内容：

1. 所有国家的立法者都只能是主权者：在君主制国家中，立法者是一个人；在民主或贵族国家中，立法者是一个由多人组成的会议。因为立法者是订立法律之人，而唯有主权者可以制定并命令人们遵守被称为法律的规则；因此，国家就是立法者。但是国家不是一个人，除了通过其代表（即主权者）行事以外，它不能做任何事情；因此主权者是唯一的立法者。同理，除主权者外，无人可废除已制定的法律，因为一部法律除非经另一部法律禁止实施，否则该法律不得废除。

2. 一个国家的主权者不论是一个会议或一个人，均不受市民法约束。因为主权者有权制定和废除法律，所以他便可在他高兴时废除妨碍他的法律并制定新法，使他自己从服从中解脱出来；由此得出的结论就是他原本是自由的。因为希望自由就能自由的人就是自由人：要使任何人对他自己承担义务是不可能的，因为能将自己绑起来的人就能够自我松绑，所以只对他自己承担义务的人就是不受约束的人。

3. 当长期的习惯具备了法律效力时，这不是因为历经长久的时间而使之具备了这一效力，而是由于主权者通过沉默的方式表明了自己的意志（因为有时候沉默就表示同意）。只要主权者对此不保持沉默，那它就不能成为法律。因此，如果主权者不是根据自己当前的意志而是以原先制定的法律作为裁断某一权利问题的依据，那么该法律运行的长短不妨碍他的权利，而该问题应当根据公平原则进行裁断。因为在超出一个人可以记忆的漫长时间内，很多不公正的行为与裁断均未被禁止。除了那些合理的习惯外，我们的法学家并不认可习惯，他们认为邪恶的习惯应予以废除。但是哪些属于合理的习惯、哪些属于不合理而应被废除的习惯则应根据制定法律的主权会议或君主裁断。

4. 自然法和市民法彼此互相包含且范围相同。因为自然法是公平、正义、感恩以及据此产生的其他美德，在纯粹的自然状态下（正如我在第十五章结尾所说），所有这些均不属于正式法律，而是使人趋于和平与服从的品质。但是，一个国家一旦成立，它们就成为实际的法律，在此之前则不是；因为此时它们变成了国家的命令；主权权利强制人们服从它们，所以它们成为市民法。因为要宣布私人纠纷何为公平、正义和道德并使其具有约束力，就必须通过有主权权利的法令并规定违反者应受到的惩罚；因此，这种法令就成为市民法的组成部分。所以，自然法就是世界上所有国家市民法的组成部分。反之亦然，市民法也是自然法的组成部分。因为正义，即信守信约并将每一人应得之物归于每一个人是一项自然法的命令，而国家的每一名臣民均订立信约遵守市民法；订立信约的方式要么是采用像人们聚集起来推举共同的代表时彼此之间订立信约的形式，要么是采用像被武力征服而承诺臣服以保住性命时各自与代表本身订立信约的形式。市民法和自然法并非不同种类的法律，而是法律的不同组成部分；书面形式的部分称为市民法，非书面形式的部分则称为自然法。但是，自然权利即人类与生俱来的自由权利可根据市民法予以剥夺和限制；不仅如此，法律制定没有其他目的，就只是要对这种自由进行限制，否则和平就绝无可能。法律在世界上出现没有其他目的，就是为了限制特定个人与生俱来的自由，使其不是互相加害而是互相帮助，联合抵御共同的敌人。

□ 乌尔纳姆法典

世人大多以为《汉谟拉比法典》是世上最早的一部成文法典，但事实上《乌尔纳姆法典》才是。这部法典由乌尔第三王朝创始人乌尔纳姆的儿子舒尔吉命人于约公元前2113—前2008年总结并汇编而成。乌尔纳姆当时统一了两河流域的法律，为了适应奴隶制的发展和奴隶主镇压奴隶反抗的需要，以及缓和自由民内部的矛盾，便下令用苏美尔文编纂了一部适用于乌尔全境的法典，即《乌尔纳姆法典》。该法典的内容主要包括政治、宗教和法律等方面。原件大约由30~35块泥板组成，如今泥板上的法律条文几乎已经看不清楚。

5. 如果一个国家的主权者征服了另一套成文法管辖下的百姓，而后又按原先统治这些百姓的相同法律统治他们，那么这些法律就是战胜者的市民法，而不是被征服国家的市民法。因为立法者不是根据其权威最终立法的人，而是根据其权威使这些法律在当下继续有效的人。因此，如果国家管辖范围之内存在多个不同的行省，并且这些行省存在通常被称为各行省习惯的不同法律时，我们就不应因为这些习惯历经了很长一段时间而认定其具备效力，而应认为它们的效力是因为此前它们就是成文法，或者是通过其他方式被公布成为之前主权者的法律和法令；之所以它们现在成为法律，并不是因为历经长久时间的遵守，而是因为当前主权者的授权。但是，如果一种不成文法在一个主权管辖范围之内的各行省中得到普遍遵守，并且遵守它们也未出现不公平情形，那么这种法律就不是别的，而是自然法，其对全人类具有同等约束力。

6. 鉴于此，不论成文法或不成文法，所有法律的权威与效力均源自国家意志，即源自代表者的意志。在君主制国家中，君主是代表者；在其他国家中，主权会议是代表者。有些国家的著名法律学家的著作直接或间接认为平民或下级法官掌握着立法权，这种观点从何而来让人迷惑不解。例如，只有会议掌管着普通法，这种说法只有在会议拥有主权权利并且召集和解散会议均由自身决定的情况下才是正确的。因为如果存在根据自身决定有权解散会议的任何其他人，那么此人就有权控制会议，从而控制会议所掌控的事项。如果不存在这种权利，那么法律的掌控者就不是会议，而是王权会议。当会议就是主权者，那么无论它在臣服于它的各国之中如何尽可能地广纳贤才，也不会有人相信该会议因此就获得立法权。还有一种观点认为"武力和正义是一个国家的左膀右臂"；武力掌控在国王手中，正义掌握在会议手中。这就好比，一个国家可以存在于任何一个拥有武力的人手中，而这个人是正义所无权指挥和进行统治的。

7. 我们的法律学家都认为法律不得违反理性，并且认为法律之所以成为法律不在于文字表述（即构成法律的每一个部分）而在于立法者的意愿。情况确实如此，但是问题在于将谁的理性接受为法律。这并非意味着任何平民的理性都可被接受为法律，如果是这种情况，那么法律中的冲突就如经院学派中的矛盾一样多如牛毛。同时，也不像爱德华·柯克爵士所说的，将像他那种"经过长期研究、观察和经验而得来的、人定的完美理性"接受为法律。因为长期研究可能会增加和支持错误的判断，就如同在根基不稳的地方建房一样，房屋建得愈高，坍塌时就愈为猛烈。对于在相同的时间内进行同等辛劳的研究和观察的人们而言，他们得出的推理和答案是不相符的，并且必定是不相符的。因此，法律不是由法理学或下级法官的智慧构成的，而是由我们这位人造之人——国家的理性及其命令构成的。因为国家在代表者身上所体现的只是一个人格，所以法律中就不容易产生矛盾；即便产生了矛盾，同一力量也可以通过解释和修订来消弭矛盾。在所有的法庭上，进行判决的是主权者（即国家的人格），下级法官应尊重主权者制定该法律的理性，确保判决与法律相符；据此，他的判决就是主权者的判决，否则就是他自己的判决，并且是一项非正义的判决。

8. 据此，法律是一项命令，这项命令是通过语言、书面文字或其他同等充分的论据对主权者的意志进行的宣示或告示。我们可以将国家命令理解为仅对有能力了解法律的人是法律。对生来就是傻瓜的人、儿童或疯子而言，就如同对禽兽而言，是不存在国家法律的；因为他们不具备订立任何信约或理解信约后果的能力，所以无法认定其正义性或非正义性；因此他们也不能像那些按约建立国家的人们那样必须对主权者的任何行为进行授权。对于那些因为与生俱来的原因或事故导致不能对法律进行一般性认知的人也是一样。对于因非本人过错所导致的偶然事故而丧失认识某种特定法律能力的人而言，如果他是为遵守该法律而导致该情形的，那么将不予追究其责任；确切地说，对他而言，这种法律不能算作法律。因此，我们此处必须讨论法律是根据何种论据和形式来判断；也就是说，在君主政体以及任何其他政体形式中，我们要知晓主权者的意志是什么。

  第一，如果一部法律无一例外地约束所有臣民，并且未形成书面形式或没有在人们看得到的地方通过其他方式予以公布的，那么该法律就是自然法。因为不管人们对法律的认识是什么，他们所依据的不是别人的言语，而是依据每个人自己的理性，其认识必然与所有人的理性相符；除自然法之外，没有其他法律能满足这一点。因此，无需对自然法进行任何宣示或公告；自然法寓于全世界公认的一句话之中，即"己所不欲，勿施于人"。

  第二，如果一部法律旨在某些情况下对人们或对某一特定人具有约束力，并且没有书面形式或口头告示的，那么这一法律也是自然法，认识这一法律的依据是在该情况下使之有别于其他法律的同等证据或形式。因为对于任何法律而言，如果未通过书面形式或其他形式公布的，那么人们只能通过自己的理性去了解并遵守，除此之外没有其他方式；因此这一法律就不仅是市民法，而且是自然法。例如，如果主权者要委任一名公务大臣，但没有通过书面指示其将从事的事务，那么该大臣就必须受理性指示的命令的约束。这就如同法官在判决时要注意符合主权者的理性，这种"理性"一直以来都被认为是公平，即他要受自然法的约束。如果是一名使者，若他的书面指示中未载明所有事务，那么他应根据理性将对他的主权者利益最为有利的判断作为指令，主权者的其他所有公务大臣和私务大臣均应如此。所有自然理性的指令均可涵盖在"忠诚"之中，"忠诚"是自然正义的一个分支。

  除自然法外，所有其他法律的本质就是通过主权者当局的言词、书面形式或一些其他行为让每个人都知道他有义务遵守法律。因为他人的意志只能通过其自身的言语或行动进行了解，或根据意图和目的进行猜测；对于一个国家的人格而言，其意图和目的一直被认为是符合公平和理性的。古时候，在文字被普遍使用之前，法律往往被编排成歌谣的形式；那些举止粗鲁的人会从吟唱或背诵歌谣中获得乐趣，这样他们就更容易记住法律。基于同样的原因，所罗门让一个人将十诫系在十个手指头上[1]。摩西和以色列人重新订立信约时给以色列人制定了法律，摩西叫他们让自己的儿女，无论是坐在家里、或行在路上、或躺着的、或站着的，都要谈论该法律，并要写在房屋的门框上、城门上[2]，并且"召集他们男、女、孩子……使他们听"[3]。

　　法律仅采用书面形式并进行公示是不够的，还应该通过明显的证据表明它是源自于主权者的意志。因为对平民而言，当其拥有或认为自己拥有的力量足以实现其非正义目的且可以安全地实现他们的雄心壮志时，他们就会不通过或反对立法当局根据其喜好制定的法律。因此，法律不但必须要公布，而且要通过充分的形式说明授权者和立法机构。每个国家的授权者或立法者都应是显见的，因为主权者是获得大家的认可而建立起来的，所以对每一个人而言他们是众人皆知的。大部分人都是无知且漫不经意的，以至于当最初按信约建立国家的记忆渐次消退时，他们不去思考他们是通过谁的力量来抵御敌人、使自己的产业得到保护以及让自己在遭受侵害时得到补偿的。而思考这些的人就不会产生怀疑，不会基于任何理由忽略主权的存在。既然人们自己要求或自愿接受该权力对自己的保护或约束，那么任何人都不应削弱该权力，这是自然理性的命令；因此，显而易见，这也是一项自然法。因此，对于谁是主权者的问题，如果不是因为自身的过失（奸邪之人持何种说法则在所不问），那么就没有人会质疑。而对于如何证明权力源自主权者，才是困难的。要解决这个难题需要具备关于政务记录、政务参事、政务大臣和公章的知识，通过这些可以对所有法律进行充分证明。我所说的是"证明"而不是"授权"，因为"证明"只是说明证据和记录，而无法说明法律的权力依据，这种依据只来源于主权者的命令之中。

　　因此，如果某一事件由于依据自然法即一般的公平原则而对当事人造成了损

---

〔1〕参见《箴言篇》第7章第3节。
〔2〕参见《申命记》第11章第19节。
〔3〕参见《申命记》第31章第12节。

害，那么经委派有权审查该案动机的法官所做出的判决是该案所涉及自然法的一项充分证明。因为尽管以法律研究为业的人的意见可以避免争议，但是这仅仅是意见而已；案件经审理后，必须由法官告诉人们何为法律。

对于依据成文法规定而被判定为构成侵害或罪行的行为，如果某人愿意，他只须自己或通过旁人查阅一下记录簿就可以在做出该侵害行为或犯该罪行前充分了解这些行为是否属于侵害。他不仅可以而且应当照此行事。因为当一个人对他将要做的行为属于正义或非正义产生怀疑，而且只要他愿意就能够了解时，那么他再做出这种行为就是非法的。与之类似，当一个人认为自己在一个依据成文法的案件中受到侵害，而又可以通过自己或其他人进行审视并考量时，那么如果他在查阅法律之前就提起诉讼，他的行为就是非正义的，他这样做就暴露了他的意图，即不是为了主张他自己的权利，而是为了给别人找麻烦。

如果是关于某一官员服从的问题，那么查看该官员盖有公章的委任状并听取其中宣读的内容，或是只要该人愿意他就可以通过其他方式了解委任状，此即是对该官员权力的充分证明。因为，每个人都有义务尽其所能了解与他自己未来行为相关的全部成文法。

除了有知悉法律的立法者以及法律经书面或自然因素充分公布两个条件，法律要具备约束力尚需一个极为重要的条件。因为法律的本质不寓于文字之中，而寓于其含义或意义之中，即对法律的权威解释之中（也就是立法者的观点）。因此，法律的解释取决于主权者当局，解释者只能是主权者所任命的人，主权者是臣民唯一臣服的对象。因为如果不按此行事，那么法律就不可能因为解释者作奸犯科而导致出现违背主权者意志的意义，通过这种方式，释法者变成了立法者。

□ 亚历山大剪断戈尔迪乌姆之结

传说戈尔迪乌姆当地的宙斯神庙中有一辆献给宙斯的战车，车轭和车辕用山茱萸绳结成一个绳扣，不见绳子头尾。几百年来，智者和能工巧匠几经尝试都无法将其解开，便将其称为"戈尔迪乌姆之结"。神谕说：谁能解开这个绳结，谁就能成为亚细亚之王。亚历山大在看到这个结之后，拔剑斩断了绳结，解决了千古难题，他也因此被众人赞为"神人"。现多用"戈尔迪乌姆之结"来表示复杂困难的难题。

不论是成文法还是不成文法，所有法律均需要解释。对于不成文的自然法而言，虽然那些毫无偏袒和不易冲动的人可以通过其自然理性进行了解，因此违反自然法之人就没有开脱理由；但是，考虑到在某些情况下极少有人或者没有任何人能够不受到自爱或其他激情的遮蔽，因而现在自然法成为所有法律中最模糊的法律。因此，现在最需要有能力的解释者（解释自然法）。对于成文法而言，如果法律篇幅短小，那么就容易因为一两个具有不同的含义的词而被曲解；如果法律篇幅冗长，那么就会因为很多词具有不同的含义而更加模糊。这就导致不论成文法的篇幅长短，如果不能很好地了解制定法律的目的因，那么就无法形成对法律本身透彻的理解。立法者掌握着关于目的因的知识，因此，对他而言，法律上不存在任何解决不了的难题；他或是找到解决问题的方法，或是（像亚历山大大帝挥剑斩断戈尔迪之结那样）通过立法权力创设自己所想要的方法，任何其他解释者都不能做到这一点。

在一个国家中，解释自然法的依据不是道德哲学书籍。如果缺失国家权力的支持，那么书籍作者的权威无法使他们的意见变成法律。在本书中，我已经对道德的价值及其在获得并维持和平的必要性方面进行了全面论述，虽然这是显而易见的真理，但是并不必然成为法律，而仅是因为其在世界各国均为市民法的一部分而成为法律。因为伦理道德虽然是天然合乎理性的，但是只有通过主权权利才能使之成为法律，否则我们将自然法称为不成文法就是一个极大的谬误；我们看到，关于这个问题的书籍已是浩如烟海，它们之间以及它们自身存在大量自相矛盾之处。

法律解释的本质是主权者当局授权法官审理、裁判与法律相关的争议而做出的判决，其本质寓于对当前案件的法律适用之中。因为法官在裁判中只考虑诉讼当事方的请求是否符合自然理性和公平原则，所以他作出的判决就是对自然法的解释；之所以判决是具有权威的解释，并不是因为这是他个人的判决，而是因为该判决是他根据主权者的授权而做出的，由此该判决就是主权者的判决，对当时的当事方而言，主权者的判决就是法律。

但是对于判决的公平问题，因为没有不犯错的下级法官或主权者，如果他发现后来类似的案件中做出的相反判决更合乎公平原则，那么他有义务按此判决。没有人会把错误变成自己的法律，也没有人会约束自己让自己坚持犯错。同理，虽然其他法官宣示遵守这一判决，但是这仍不能使其成为他们的法律。对于可变的法律来说，尽管在主权者知道并允许的情况下根据他的权力作出了错误判决，也就相当于主权者对每一细节都相同的案件制定了一部新法；但是，对于那些不会发生改变的法律，诸如自然法，对于同一法官或其他法官而言，在同类案件中这类判决都永不能成为法律。国王前后有相继，法官人事有更迭；不仅如此，甚至天地犹有尽时，但是自然法却永不会消亡，因为它是上帝永恒的律法。因此，之前法官的全部判决汇集在一处都不能形成一部违反自然公平的法律。之前法官的任何判例都不能成为不合理判决的依据，也不能免除现在的法官（在由他对此进行裁断时）根据自己与生俱来的理性原则费心劳神地去研判何为公平。

例如，对无辜之人进行惩罚是违反自然法的；无辜之人是法律宣告其无罪且法官承认其无罪的人。假设在一个案件中，有人被指控犯下一项应处死刑的罪行，但他因为看到某个仇敌有权有势且心肠狠毒以及法官贪赃枉法，所以出于对后果的恐惧而逃跑；在他后来被抓捕归案并交由法庭审判时，如果他在审判中能够充分证明自己未犯该罪并被无罪释放，但却被剥夺财产的，那么显然这就是对无辜之人进行的惩罚。因此，我认为世界上没有任何地区可将此作为自然法的一种解释，或者根据此法官所做出的同等判决而成为一项法律。因为他最初做出的这种判决就属于非正义的判决，而非正义的判决不能成为后来法官们判案的先例。成文法可以规定禁止无罪之人潜逃，也可以规定因其潜逃而进行惩罚。但是，如果法律上已宣告某人无罪后，却以他因为畏惧遭受侵害而逃跑的行为作为依据来推定该人有罪，那么这就违背了推定的性质；因为这种推定在做出判决之后即不复存在。但是，有一位伟大的英格兰法学家在普通法中确立了这一条。他指出，"如果一个无辜之人被指控犯有重罪并且他因为害怕该重罪而潜逃的，虽然法律宣告其并未犯该重罪，但是如果发现他因为害怕该重罪而潜逃的，那么尽管他是无辜的，也应被剥夺全部财产、牲畜、债权和职务。因为就上述各项剥夺而言，法律不允许人们提出反证推翻法律对该人潜逃所做出的推定"。据此，我们可以看到，虽然法律上被宣告无罪的无辜之人是无辜的（没有成文法规定禁止其潜逃），但是在宣告其无罪后却仍（因其潜逃）而根据某一法律推定判决剥夺其全部财产。如果根据其潜逃的事实，法律推定应判处其死刑的，那么做出的判决就应为判处死刑。但是，如果该推定不是事实，那么他又为何会被剥夺财产呢？因此，这不是英格兰的法律，也不是依据法律的一项推定而做出的判决，而是根据法官的推定而做出的判决。同时，"不允许对法律推定提出反证"的说法也不符合法律。因为不管是主权者还是下级法官，如果所有法官都拒绝审查证据，那么就是拒绝秉公判案；因为尽管判决是公平的，但是未审查证据的法官就是不公正的法官；他们的推定就只能是一种偏见。不论一个人自称以此前何等的判决或判例为依据，没有人可以将其带到法官席上来。确实存在因为相信先例而导致人们做出的判决颠倒黑白的这类性质的事，但是这一点足以证明虽然法官判决对当事人而言是法律，但是该判决对接替该法官的任何法官而言均不是法律。

　　与之类似，当问题涉及成文法时，对法律做评注的人并不是解释者；因为相比于法律条文，评注通常更容易被人"鸡蛋里挑骨头"，所以需要增加其他的评注；长此以往，解释就变得无穷无尽。因此，除非有一位经主权者授权且下级法官不得违背的解释者，否则解释者就是普通法官，这就同不成文法的情形如出一辙。在特定的案件中，诉讼当事方应将法官的判决接受为法律，但是这并不能约束其他法官就类似的案件做出类似的判决。对于某个法官而言，他甚至可能会在解释成文法方面犯错，但是下属法官的任何错误都不能改变法律，即主权者做出的一般性裁断。

　　对于成文法，人们往往将法律文本和判决进行区分。如果文本仅指文本的字面意义，那么就可以很好地进行区分。几乎所有的文本不论本义抑或喻义都是模糊不清的，在一般性讨论中会引申出许多意思；然而，法律文本只能有一种意思。如果文本表达的是字面意思，那么法律文本和法律判决（或法律目的）就是一样的，因为文义是立法者通过法律文本表达的含义。立法者的目的始终都被认为是实现公平，如果法官认为主权者的目的并非如此，那么这就是对主权者的大不敬。因此，如果法律文本规定不能完全支持做出一个合理的判决时，那么他（法官）就应使用自然法作为补充；或者如果该案属于疑难案件，在他得到更为充分的支持之前就应暂缓判决。例如，有一条成文法规定："如果一个人被武力驱逐出他的住宅，那么他可以通过武力重新进入他的住宅"；但对因为疏忽大意而导致住宅无人居住，且在原户主回来时被暴力拒之门外的情形，没有相关的法律规定。显然，这两种案情属于同一法律规定的范围，否则这人就没有其他办法获得救济，而这将被认为是违背了立法者的目的。再如，法律条文规定要求根据证据做出判决。例如，某人被错误地指控做了某事，法官本人却亲眼所见是另一人所为而不是被指控人所为。在此情形下，法官不能根据法律文本规定判定无辜者有罪，同时他也不能做出与证人（即他自己）证据相左的判决，因为这样做违反了法律文本的规定。他只得请求主权者另委派一人来担任法官，他自己做证人。因此，成文法文本所导致的不便会使他遵从法律的目的，从而可以将法律解释得更圆融，但是不能以任何法律条文带来的不便作为做出违反法律判决的依据。因为对于每一位裁断是非的法官而言，其都不能裁断对国家而言什么是方便的或什么是不便的。

　　在法律研究方面，一名优秀的法律解释者即一位优秀的法官所具备的能力和一位辩护律师所具备的能力是不同的。对于法官而言，正如他只应通过证人来了解事实，他只应通过在诉讼中援引的或主权当局授权宣布法令的人向他宣布的成文法和主权者的法令来了解法律，而无需事先了解他将要进行裁判的案件。因为证人会向他提供案件事实方面应表达的内容；而那些在他们的诉讼程序中提出并当场根据权威意见对法律进行解释的人则会向他提供法律方面要表达的内容。原先英格兰议院的贵族成员都是法官，他们曾审理并判决了许多最为疑难的案件。但是他们之中鲜有人精通法律，以法律为业的更是凤毛麟角。尽管他们被指定出席（庭审）以便法律家能向其咨询，但是他们自身有权做出判决。同样，在一般性权利的审判中，由12名平民充当法官并做出判决，他们不仅就事实进行判决，也就权利进行判决；即他们不仅是裁判事实方面的法官，而且是裁判权利方面的法官；在刑事案件中，他们不仅判定是否犯罪，而且判定罪行是属于故意杀人罪还是过失杀人罪，是重罪或是侵犯罪等，这些都是对法律的判决。但是，因为他们并不被认为是必须知晓这些法律，所以需要授权一个人在他们审理具体案件时告知他们相关的法律是什么。当他们不按该人所说的做出判决时，他们并不会因之而受到任何惩罚，除非有人证明他们的这种作为是违反了他们的良知或收受了贿赂。

　　要成为一位优秀的法官或优秀的法律解释者，第一个条件就是要正确理解自然法的主要原则——公平原则；要做到这一点，不应依赖阅读他人的著述，而是在于自身善良的天性和思考，那些被认为是闲暇时间最多、最乐于思考该问题的人对该问题的理解最为深刻。第二个条件就是要做到藐视不必要的财富和位阶。第三个条件就是在审判中使自身超脱一切恐惧、愤怒、憎恨、爱慕和同情。第四个条件即最后一个条件就是在审理案件时要有耐心和集中精力，并能够过目成诵、消化和运用他所听到的内容。

　　就法律的区别和分类而言，这一领域的著作家已按照各自的不同方法进行了

□ 查士丁尼法典

公元526年2月13日，为了维系庞大的罗马帝国的统治，查士丁尼大帝颁布了一项敕令，设立专门委员会编纂罗马法。公元530年左右，《查士丁尼法律汇编》《法学总论》《法律汇编》《新敕令》四部法律文献汇编形成《查士丁尼法典》。该法典的核心内容是财产神圣不可侵犯、法律面前人人平等的原则。《查士丁尼法典》标志着罗马法体系最终完成。

论述。因为该问题不是取决于问题的本质，而是取决于著作家的（研究）范围，同时也因每一个人特有的研究方法而存在差异。我们可以看到《查士丁尼法典》中将市民法分为七类：

1. 国王（即皇帝）的赦令、宪令和手谕。因为皇帝掌握着百姓的全部权力。英格兰国王的文告与此类似。

2. 罗马全体人民包括元老院根据元老院提议做出的决议。因为起初主权掌握在百姓手中，所以这些决议便成了当时的法律。现在，对于那些未被皇帝废除的决议，根据王室权力仍予以保留并最终成为法律。所有具有约束力的法律均可解释为是根据有权废除它们的人的权力而成为的法律。英格兰《议会法案》大致与这类法律类似。

3. 平民（不包括元老院）根据护民官的提议做出的决议。因为这些决议未被皇帝废除，所以根据王室的权力仍予保留而成为法律。英格兰议会下院的法案与这类法律类似。

4. 元老院决议。因为罗马的人口已增长到了一定程度，以至于很难把他们召集在一起，所以皇帝认为向元老院咨询以代替向百姓咨询是适当的。这与英格兰枢密院法案类似。

5. 大法官或市政官的告示。英格兰首席法官的告示便属于此类。

6. 法学家的解答。即那些经皇帝授权享有解释法律的权利，或皇帝就有关法律问题征求其意见时有权给出解答的法学家们的判断与观点。根据皇帝的宪令，法官在判决时也须遵守（法学家的解答）。如果英格兰法律规定其他法官也必须遵守它们，那么这种解答就像英格兰的判例。因为英格兰的普通法法官并不是正式法官，而只是咨询法官。正式法官或是贵族或是来自该地区的十二个人，审判时他们会就法律问题征询法学家们的意见。

7. 此外，还有不成文的习惯。其本质就是经皇帝默示同意的准法律。当它们和自然法不存在冲突时，它们就成为真正的法律。

另一种是将法律分为自然法和实在法，自然法是亘古未变的法律，它们不仅被称为自然法，而且也被称为道德律，寓于诸如正义、公平等道德价值和所有有益和平与仁爱的思想习惯之中，我在前述第十四章和第十五章中已进行了讨论。

实在法不是亘古未变的法律，而是根据那些对他人享有主权的人的意志而制定的法律。其中有些是通过书面形式载明，有些是通过某种其他方式公布而使人知悉。

除此之外，有些实在法是由人制定的，有些实在法是由上帝制定的。在人制定的实在法中，有些是关于分配的法律，有些是刑事法律。关于分配的法律是明确臣民的权利，是每一个人所取得和持有的土地或财物的财产权以及行动的权利或自由的根据。刑事法律则是明确因违反法律而施加何种惩罚的法律，这些法律告知的对象是负责执行法律的大臣和官吏。尽管每一个人都应事先知道就违法行为规定了何种惩罚，但是这种法令不是向犯罪人宣告的（他们不被认为会忠实地惩罚自己），而是向那些经任命去监督惩罚执行的大臣宣告的。大部分刑事法律和关于分配的法律混在一处，通常被称为"判例"。因为所有法律都是具有普遍性的判例或是立法者的判决，就如同对于诉讼当事方而言每个判决都是法律一样。

神定实在法（因为自然法是亘古未变和普遍适用的，所以自然法全都是神定实在法）是上帝的诫命，它们既不是亘古未变的法律，也不是向所有人普遍提出的法律，而只是适用于某一特定民族或某些特定人并经上帝授权宣示的法律。但是对宣示上帝实在法的人而言，如何获知其授权呢？上帝可以通过超自然的方式命令一个人向其他人宣示法律。但是，由于法律的本质在于受约束的人要确知宣示法律的人的权力，而我们无法通过自然方式知晓授权源自于上帝。一个没有获得超自然启示的人如何确知宣示者所获得的启示呢？并且他又如何受约束去服从它们（上帝实在法）呢？对于第一个问题，一个自己没有获得特别启示的人，显然不可能确知其他人获得了启示。因为尽管一个人可能看到某人行了神迹，或者看到某人至高圣洁的品行、超凡的智慧或者其所作所为带来的非同寻常的福祉而被诱使相信该人获得了该启示，所有这些都是上帝特别眷顾的迹象，但却不是得到上帝特别启示的确证。神迹是不可思议的事情，对某一个人来说是不可思议的事情，但对另一个人而言则不尽然。圣洁可以进行伪装，这个世界上可以看到的福祉之中，大部分都是上帝通过自然和普通原因而造就的。因此，任何人都不能通过自然理性知道另一人获得了上帝超自然的启示，这只不过是一种信念。对于每一个人而言，根据显示迹象的多寡，信念也有较为坚定或较为脆弱的差别。

但是对于第二个问题，即一个人为何有服从义务的问题则不像这般（第一个问题）难以解答。因为如果所宣示的法律不违背自然法，毫无疑问，自然法即上帝的法律，一个人承诺服从它，那么他就因为受自己的行为约束而服从它；我所说的是"受约束去服从它"，而不是"受约束去相信它"。因为一个人的信念和内心思维不会服从外部的命令，而只是受上帝一般或特殊的作用支配。信仰超自然法不是对这一自然法的奉行，而只是对这一自然法的认同。这不是我们对上帝所承担的义务，而是上帝无偿给予他所喜悦的人的一种恩赐。同时，不信这种法律也未破坏任何神定实在法，只是对神定实在法的全部摒弃，但是自然法除外。通过举《圣经》中关于这一方面的事例和证据可以将我所讨论的全部内容表达得更清楚。上帝和亚伯拉罕通过超自然的方式立的约即是如此，"你和你的后裔必世世代代遵守我的约"。[1]亚伯拉罕的后裔没有收到该启示，当时他们还没有出生；但是他们却成了该信约的当事方，并且受其约束，服从亚伯拉罕向他们宣示的上帝的法律。这只是因为他们必须服从父母，否则他们不可能承担该义务。父母（如果他们没有臣服于世界上任何其他权力，像亚伯拉罕那样）对子女和奴仆享有主权权利。此外，上帝对亚伯拉罕说："地上的万国都必因他得福……为要叫他吩咐他的众子和眷属遵守我的道，秉公行义。"[2]显而易见，没有受到启示的他的家庭成员的服从是源自于他们原先服从自己主权者的义务。只有摩西在西奈山上见到了上帝，其他人则禁止接近上帝，否则就将被处死，但是他们都必须服从摩西向他们宣布的上帝的全部法律。"求你和我们说话，我们必听，不要神和我们说话，恐怕我们死亡。"[3]除了他们自己服从外，这种情形还有什么其他理由作

---

[1] 参见《创世记》第17章第10节。
[2] 参见《创世记》第18章第18节。
[3] 参见《出埃及记》第20章第19节。

为依据呢？据此两处，显然，在一个国家中，臣民在未确信自己得到上帝对他的特别启示时，必须将国家的命令视为上帝的旨意来服从。因为人们如果能够随意将他们自己或别的平民的梦与幻象视为上帝的诫律，那么就极少有两个人对上帝诫律是什么的问题达成一致。如果尊重这些梦和幻象，那么人人就会藐视国家法令。因此，我的结论就是所有不违反道德律的事也就不会违反自然法，当国家通过法律将其定为神律时，所有臣民就必须将其视作神律来服从。这一点显见于每一个人的理性之中。因为只要不违背自然法，掌握主权权利的人都可以将其制定为法律，那么如果以上帝之名制定这些法律，人们就没有理由更少地受其约束。此外，世界上没有任何地方允许人们宣称在国家宣布的上帝诫命之外存在其他的上帝诫命。基督教国家对背叛基督教的人进行惩罚，而在所有其他国家中，如果国家禁止创立任何宗教，而某人创立了某一宗教，那么国家将会对该人进行惩罚。因为对任何国家未规定的事物中，每个人都平等地享有他的自由，也就是公平原则（即自然法，因此也是上帝永恒的律法）。

□ 上帝与亚伯拉罕立约

《创世记》中记载，有一天，上帝对亚伯拉罕说："亲爱的亚伯拉罕，你不必害怕，我要大大地赏赐你。"亚伯拉罕听了，却高兴不起来。他对上帝说："慈爱的上帝，即使您赏赐我再多的财产也没什么用，我连一个儿子也没有，将来谁来继承我的家业。"于是上帝对他说："亲爱的亚伯拉罕，你将来的子孙后代，会像天上的星星一样多。"

还有一种法律分类，即分为基本法和非基本法。但是，我从未在任何著作家的著述中看到过关于基本法意义的内容。但是，人们通过这种方式对法律进行划分是非常合理的。

因为任何一个国家中的某一基本法被废除后，国家就会像被毁坏了地基的建筑一样发生坍塌并彻底解体。因此，基本法就是这样的法律——根据这种法律，臣民必须服从已赋予主权者（不论是君主还是主权会议）的任何权力，诸如战争、媾和、司法、选拔官吏以及主权者所做出的、他认为对公共福利有必要的一切行为的权力等，如果缺失了这些权力，那么国将不国。非基本法是即使废除后也不会导致国家解体的法律。例如，有关解决臣民之间纠纷的法律就属此类。关于法律分类的讨论就到此为止。

　　对于"市民法"和"市民权利"这两个词，我发现即使那些最渊博的著作家也会将两者混淆为同一事物，但这样做是不应该的。因为权利就是自由，即市民法赋予我们的自由；但是市民法是一种义务，它废除了自然法赋予我们的自由。自然赋予每一个人通过自身的力量保卫自己的权利，并可以先发制人攻击他怀疑的邻人。但是，在一切法律能够提供足够安全保障的情况下，市民法废除了这种自由。"法律"和"权利"的差异就如同"义务"和"自由"的差异一样。

　　与之类似，"法律"和"特许状"被混淆为同一事物。然而，特许状是主权者授予的，它们不是法律而是对法律的豁免。法律规定的表述为"jubeo"和"injungo"，即"兹命"或"兹令"，但是特许状的表述则是"dedi"和"concessi"，即"兹赐予"或"兹给予"。但是所"赐予"或"给予"的东西并非利用法律强迫他接受。法律对一个国家的全体臣民都具有约束力，但是自由或特许状则仅属于某个人或某一部分人。因为如果说一个国家的所有百姓在任意一种情形下都享有自由，那么就说明国家未针对这一情形制定法律或曾经制定过法律但现已废除。

第二十七章　论罪行、豁免与减罪

罪恶不仅是指违反法律，而且也指对立法者的任何藐视。因为这种藐视是一次性违反了立法者的所有法律，所以罪恶不仅在于做出法律禁止的行为，说出法律禁止的言语，或者未做法律要求做的事情，还包括违法的意图或目的。因为违法的意图便是在某种程度内藐视执法的人。只是沉溺于痴想占有他人财物、仆人或妻子而没有使用武力或欺诈来占有的意图，则没有违背"不可贪婪"的诫律。一个人如果因为想象或幻想某一个在活着的时候只会给他带来侵害和不悦的人死去而心生快感，那么这也不是罪恶；只有决意将其付诸某种行动才属于罪恶。因为可以得到快感的想象如果成为现实将会使人感到愉悦，这是人类和任意其他动物根深蒂固的联系，如果将其视为是罪恶的，那么就是将人类视为是罪恶的。据此，我认为有些人对自己和他人过于苛刻，他们认为意识的最初动机就是罪恶的，尽管这一点会因为畏惧上帝而得到抑制。但是，我承认矫枉过正比矫枉不及更为安全。

罪行是一种罪恶，寓于做出法律禁止的行为或说出法律禁止的言词之中，或是寓于未做法律要求做的事情之中。因此，罪行是罪恶，但罪恶并不都是罪行。虽然偷盗或杀人的意图未付诸言语或行动，但是其属于罪恶，因为洞察人类想法的上帝会让他对这种意图负责。但是，在该意图付诸行为或言语从而让俗世的法官以其作为证据论罪之前，则不能称其为罪行。对此，希腊人用"ἁμάρτημα""ἔγχλημα"或"αἰτία"三个词对其差别进行区分，第一个词译为"罪恶"，指任何违法行为；后两个词译为"罪行"，仅指一个人控告另一个人的罪恶。但是，对于未见之于外在行为的意图，在俗世则无法对其进行控告。同样，拉丁语中"peccatum"一词，即译为"罪恶"，是指一切违法行为，而拉丁语中"crimen"一词（源自于拉丁语的"cerno"），即"察觉"之意，只是指可在法官面前控告的罪恶，因此也不是纯粹的意图。

根据罪恶和法律、罪行和市民法的这一关系，可以得出以下推论：第一个推论，无法律即无所谓罪恶。但是，因为自然法是永恒的，违背信约、忘恩负义、傲慢自大以及有违道德的行为都是罪恶。第二个推论，无市民法即无所谓罪行。因为在这种没有市民法的地方除了自然法之外没有其他法律，因此无处控告；人作为自己的法官只受自己良心的谴责，并且根据自身意图的正当性进行辩护。因此，当他的意图属正当时，那么他的行为就不是罪恶，否则他的行为就是罪恶但不是罪行。第三个推论，无主权即无所谓罪行。因为缺失这种权力的地方不可能存在法律保障，所以每个人都可以用他自己的力量保卫自己。在按信约建立主权权利的时候，不能认为人们放弃了保全其人身的权利，一切按信约成立的主权都是为了保护人们的人身安全。但是，这只是对那些未参与废除之前保护他们的权力的人们而言，因为在废除这种行为伊始就已经构成一种罪行。

每一种罪行均源自于某种理解上的某些瑕疵、某些推理上的错误或某些突然爆发的激情。理解上的瑕疵称为"无知"，推理上的瑕疵称为"谬论"。此外，"无知"可划分为三种类型，即对法律的无知、对主权者的无知以及对刑罚的无知。任何人都不能以对自然法的无知作为借口，因为每一个理性的人都应知道"己所不欲，勿施于人"的道理。因此，不论一个人身处何地，如果他做了任何违法之事，那么就是犯了一种罪行。如果一个从印度来的人来到这里劝说他人信奉一种新的宗教，或者唆使他们去做任何违背这个国家法律的事情，那么虽然他对自己宣讲的真理从未如此深以为然，他仍然构成一种犯罪，人们可以根据这一点正当地对其进行同等处罚；这不仅是因为他所宣称的教义是荒谬的，而且因为他做了他不愿意别人对他做的事情，就如同有人从我们这里去往他们那里并竭力改变他们那里的宗教一样。但是，如果一个人对市民法无知，那么在对他公布市民法之前，他在异邦时则可以得到豁免，因为任何市民法在公布之前都不具有约束力。

与之类似，如果一个国家的市民法未经充分公布以至于做不到只要这个国家的人有意愿就可以知晓该市民法的，当这个国家的人的行为未违反自然法，那么对市民法的无知就是一个有效的豁免理由。在其他情况下，对市民法的无知则不是豁免理由。

一个人在自己惯常居住地以对主权者无知作为豁免理由的，则不能予以豁免，因为他应注意到当地对他进行保护的权力。

在法律已公布的地方，以对刑罚的无知作为豁免理由的，任何人不得予以豁免：因为在做出违法行为时，法律却不具备惩罚的威慑力，那么这就不是一部法律，而只是一纸空文。虽然他不知道惩罚是什么，但是也应接受惩罚；因为不论是谁自愿做出某种行为时，他即接受该行为所产生的一切可知的后果。但是，在每一个国家之中，违法就应接受惩罚是世人皆知的一种后果。如果法律已经规定了该项惩罚，那么他即应接受惩罚；如果法律未规定，那么他就应接受经裁断而做出的惩罚。因为一个人在实施侵害行为时，除了受自己意志约束外，不受其他任何限制；他违反了国家法律，因而他理所应当要接受国家除了受国家意志限制外而不受其他任何限制所作出的惩罚。

□ 石刑

对于不同的罪行，犯罪者将被处以不同的刑罚。在古代西方，各种五花八门的刑罚包括拷问、锯刑、石刑、死亡轮、车裂等。基督教的首位殉道者史蒂芬就是被犹太人处以石刑。

但是，如果法律对某一惩罚连同罪行作出了规定或者在类似案件中经常适用该惩罚，那么违法者就可免除加重的惩罚。因为事先已知的惩罚如果不足够严厉以阻止人们做出这种行为，那么也就是鼓励人们这样作为。由于人们会对非正义行为带来的好处和他们所受惩罚的害处进行权衡，从人们的天性而言，他们会选择于其最为有利的一方面；因此，当人们受到的惩罚比法律预先规定的要重，或者就同一罪行比其他人接受的惩罚要重，那么法律就是在教唆或欺骗世人。

在某一事实行为出现之后制定的法律不能使该事实行为成为一种罪行。因为该事实行为如果违背了自然法，那么法律是存在于事实发生之前；在某一法律制定之前，人们是无法知悉的，因此它对人们不具有约束力。但是，如果禁止该事实行为的法律在该事实行为出现前就已事先制定，而此前也没有明文规定或通过先例规定更轻处罚的，根据上文中提及的理由，那么做出这一事实行为的人有义务接受事后规定的惩罚。

人们因为推理的瑕疵（即谬误）往往易于从三个方面违反法律。第一个方面，根据错误原则进行推定。比如，当一个人注意到从古至今所有地区发生的非正义行为都因为实施者的武力和胜利而被承认，强者可以违反本国迂腐的法律约束，但是弱者和那些在他们的事业上失败的人们则被认为是唯一的罪犯，因此他们便将"正义不过是一个空洞的词""一个人凭借自己的辛劳和冒险不管得到什么，这些都是他自己的""所有国家的实践不可能都是非正义的""先例是后世效仿的充分理由"等作为他们进行推理的原则和基础，这类说法不胜枚举。那么认定了这一点后，任何行为本身都不被认作是罪行；是否为罪行不是由法律决定的，而是根据成王败寇决定的。所以，某一行为之于马略是犯罪，之于苏拉则是功绩，而到了恺撒[1]，法律还是原来的法律，该行为却已是罪恶了，这样将导致国家的和平永不会实现。

第二个方面，被错误的宣教者误导。这些人对自然法进行曲解而使之与市民法相冲突，或向他人传授那些与臣民义务相矛盾的自创学说或之前时代的习惯行为。

第三个方面，根据正确的原则得出错误的推论。这种事情往往发生在那些对于将做之事鲁莽草率、急于得出结论并做出决定的人身上。这些人不仅对自己的理解力视之甚高，而且他们认为将要做的这类事情不需耗费时间进行研究，而只需要一般的经验和具备良好的天资即可，没有人认为自己缺少这些（经验和天资）。但是对于那些并不比这难度小的、关于是非问题的知识，没有人会不经深

---

〔1〕此处应当指的是古罗马历史上著名的"罗马人进攻自己的祖国"的事件。马略全名为盖乌斯·马略（公元前157—前86年），古罗马军事统帅、政治家和执政官。苏拉全名为路西乌斯·科尔涅利乌斯·苏拉（公元前138—前78年），古罗马著名的统帅、政治家。这两个人基本上处于同一时代，并且二人之间爆发过激烈的权力争斗。公元前88年，苏拉因战功卓著而当选罗马执政官，但马略纠集势力剥夺了苏拉的指挥权。苏拉随后率军进攻罗马，于是在古罗马历史上第一次出现了罗马军队进攻罗马的情形，被人们称为一个极其恶劣的先例。苏拉攻陷罗马后，马略被迫逃亡。随后，苏拉率兵东征，改革派于公元前87年选举秦纳为执政官。秦纳反对苏拉的政策，遭到苏拉党羽镇压。马略与秦纳汇合进军罗马，再次出现了罗马军队进攻罗马的情形，最终马略控制了政局并实行恐怖统治，大量苏拉党羽以及许多著名人物和无辜者惨遭杀戮。

恺撒全名为盖乌斯·尤利乌斯·恺撒（公元前102—前44年），古罗马著名的统帅、政治家。公元前60年与庞培、克拉苏结成前三头同盟，随后出任高卢总督。他几乎征服了高卢全境并袭击日耳曼和不列颠，由此引发庞培的忌惮。公元前49年，元老院要求恺撒撤回罗马，恺撒则回信希望延长总督任期。元老院拒绝恺撒的要求，并表示如果恺撒不立刻回罗马，将宣布其为国敌。随后，恺撒起兵进攻罗马，并最终打败庞培，成为独裁者。

入和长期的研究就自称具备这些知识。这些推理方面的瑕疵，尽管会使一些人的罪罚减轻，却不能作为豁免任何自称处理私人事务者所犯下的罪行的依据，更枉论那些履行公职之人了，因为他们自称具有理性，而豁免则需要以缺失理性为依据。

最经常引发犯罪的激情之一就是虚荣，或者是愚蠢地高估了自身的价值。似乎自身价值的差异是由智慧、财富、出身或某种其他自然天赋导致的结果，而不是取决于那些享有主权权利的人的意志。由此，可以得出一种假设，即施用于他们身上的法律规定普遍适用于所有臣民的惩罚时，不应像施用于那些统称为"平民"但却出身贫寒的无名小辈身上时那样严厉。

由此，以下就是一种常见的情形，即资财丰足且自视身价甚高的人认为通过贿赂公众法官或者通过金钱或其他报酬可以逃避惩罚，因而他们往往敢于冒险去犯罪。

那些有众多有势力的亲族成员且在百姓中有声望的名人会因认为有希望压制那些将其绳之以法的权力而敢于以身试法。

那些对自己的智慧自视甚高且妄言乱语的人，常常谴责统治者的行为并质疑统治者的权威；他们会在公开讨论中扰乱法律，认为除了根据他们自身的企图要求而应成为罪行的事外，任何事都不能成为一种罪行。此外，这种人往往会容易犯下因狡诈欺骗他们的邻人而导致的所有罪行；他们认为自己的企图极其巧妙从而难以被察觉。我认为这些都是他们对自己的智慧自视甚高的结果。对他们而言，他们是国家动乱（没有内战则不会出现这种情况）最初的推手，他们之中只有很少人的寿命长到足够可以看到他们的新企图变成现实，他们罪行的恶劣影响往往会贻害那些他们最不希望被侵害的后代子孙，这说明他们并非像自己所认为的那样聪明。那些欺骗他人却希望未被察觉的人往往都是自欺欺人，他们自认为是躲在黑暗之中，但只不过是因为他们自身看不见而已；他们并不比那些以为捂住自己的眼睛就能让所有人都看不到的孩童聪明。

一般而言，除非所有虚荣的人同时也很怯懦，否则他们就容易发怒；他们比其他人更容易将平常随意的谈话解读成（对他们的）蔑视。不是因为愤怒所导致的犯罪可谓凤毛麟角。

根据人的经验和认知，仇恨、淫欲、野心和贪婪这些激情易导致何种罪行是非常明显的，无须赘言；但是，需要指明的是，这些激情是依附于人类和其他一切动物的天性中的弱点，若非运用理智特别地对待或经常施以严厉的惩罚，其后果是难以预防的。因为人们会发现，所憎恨的事物会成为一种持续且不可避免的烦恼；所以，一个人要么具有持之以恒的忍耐力，要么能对抗让他烦恼的力量，才能使自己平复下来。前者很难做得到，而后者在很多时候如果不违法，就不可能做得到。野心和贪婪也是恒存且具有压迫性的激情，而理智却不是恒存且能够对其进行抵制的。因此，不论何时出现豁免惩罚的希望，（野心和贪婪的）效果就会显现。对淫欲而言，虽然其不具有持久性，但是其猛烈程度更甚，足以抵消所有轻微或不确定的惩罚带来的畏惧。

对所有激情而言，最不容易导致人犯罪的激情就是畏惧。不仅如此，除某些天性慷慨的人之外——当违法看起来可以获得利益或使人愉悦时——畏惧是唯一能让人守法的激情。但是，在很多情况下，人却又可能因为畏惧而犯罪。

并不是所有的畏惧都使其导致的行为具有正当性，只有对人身损害的畏惧才是这样，我们将其称为"身体畏惧"；一个人只有采取行动才能消除这种畏惧感。当一个人遭到攻击、害怕立即死亡时，如果他除了伤害攻击他的人外没有逃脱的方法，那么他伤害对方且致其死亡就不属于犯罪。因为在建立国家时，在法律不能对其提供及时救济的情况下没有人会放弃对自己的生命和身体进行自我防卫的权利。但是，如果是因为某人的行为或威胁而得出他有可能会杀死我的推论，因此我就先将其杀死，那么这就是一种犯罪（因为我有时间和办法从主权权利那里寻求保护）。除此之外，如果一个人受到言语侮辱或遭到某些轻微伤害，法律对此没有响应惩罚，也没有人认为这件事值得一个能够运用理性的人去关注，那么在此人担惊受怕且认为除非进行报复否则他将受到蔑视，因而会易于遭到其他人施与的类似伤害时，他为了避免出现这种情况而违法，并通过私人报复的恐怖来保护自己未来不受侵害，这种行为也是一种犯罪，原因在于（他所谓的）伤害不是对人身的伤害，而是幻想中的伤害；并且这种伤害如此轻微，以至于对一个勇猛之人或对自认为有胆量的人而言都不会注意到（尽管，在世界的一隅，近年来在我们这里兴起的一种风俗使年轻人和虚荣之人对这一点变得极其敏感）。还有人因为自己迷信或过分听信讲奇怪的梦境和幻象的其他人的话而害怕精灵，所以害怕由于做某事或未做某事而受到精灵的伤害，但是做或未做这些事是违法的；像这样做或未做某些事不能因为该畏惧而豁免，做或未做某些事是一种犯罪。因为正如我在前述第二章中所说的那样，梦不过是我们在醒着的时候感官所接受到的在我们入睡后自然出现的幻象。当人们因为任何偶然事件而不能确信他们是否已入睡时，梦看起来就像是真正的异象；如果人们根据自己或其他人的梦、妄称的异象以及除国家所允许敬拜的、不可见的精灵之外的其他精灵的力量而产生的幻象等犯法的，则必然是一种犯法行为；一个人根据自己的想象或另外一个人的想象，永远都不会知道其存在任何意义或不存在任何意义，他也不知道自己的梦到底是真实还是虚假；如果允许每个人都去做这种事情（根据自然法，如果任何一个人获得允许，那么所有人都应获得允许），那么任何法律都不是法律，整个国家也将解体。

根据罪行的这些不同来源，可以看出并不像古代斯多葛派主张的那样——所有罪行具有相同的性质。不但对看起来属于罪行而经证实不属于罪行的可以宽免，并且对看起来属重罪但经证明属轻罪的罪行可以减罪。斯多葛派认为所有罪行均应同样冠以非正义之名，就如同偏离直线的线均为曲线一样，这种观点是正确的；但并不等于所有罪行的非正义程度都是一样的，这就像所有曲线的弯曲度并不是一样的；斯多葛派却没有注意到这一点，因此认为杀鸡与弑父的罪行轻重程度相同。

要完全宽免某一事实并撤销其作为一种罪行的性质，除了通过同时解除法律义务之外，没有其他方法。一旦该事实违反了法律，如果做出该行为的人曾承诺受该法律约束，那么这必然是一种罪行。

缺少知晓法律的方法可以使人获得完全宽免，因为一个人如果无法使自己获知某法律，那么该法律是没有约束力的。但是，不去勤奋查证则不被认为缺少知晓的方法；并且任何宣称有足够理性管理自身事务的人也不被认为缺少认知自然法的方法。因为自然法是通过他们所宣称具有的理智来认知的，只有孩童和疯子才能被宽免违反自然法的行为。

当某个人被俘或在敌人权力的控制下时（即当他处在敌人权力控制之下，他的人格或生存方式也处在敌人权力的控制之下），如果这不是因为他自己的过失导致的，那么就不存在法律义务；因为他必须服从敌人，否则就会死亡，所以这种服从就不是一种罪行。当法律未能进行保护时，任何人都不会受约束，他可以通过他所能采取的最佳手段来保护自己。

如果某个人因为面临马上死亡的恐惧而被迫做出违法之事，那么他可以获得完全宽免；因为没有任何法律可以约束一个人放弃自我保全的权利。假如这种法律有约束力，人们就可以这样推理："如果我不做（违法之事），我立刻就会死

□ 斯多葛学派

斯多葛学派，又称斯多葛主义，与柏拉图的学院派、亚里士多德的逍遥学派和伊壁鸠鲁学派并称古希腊四大哲学学派。该学派的主要观点有：构成世界的基本物质是火，上帝是原始的火，是万物的最初源泉，有世界大火和世界轮回说；人的美德就是"顺应自然"（或"顺应理性"），德行是唯一的善；依据"宇宙精神"原则，形成一个最高权力之下的世界国家的观念。

亡；如果我做了（违法之事），那么我可以此后才死亡；所以做了（违法之事），就可以让生命获得更长一点的生存时间。因此，自然便强制他做了违法之事"。

当某个人缺少食物或维持其生命所必需的物品，除了违反法律之外没有任何其他方法可以自我保全，就如同他在饥荒时无法用钱购买或靠他人施舍得到食物时，他会通过抢劫或盗窃获得食物；或是如同为了保护自己的性命而去抢夺他人的刀剑，那么他可以获得完全宽免，理由如上文所述。

除此之外，根据另一人授权所做事实违反法律的，该人由于授权获得授权人的豁免，因为没有人可以控告另一个仅作为其工具的人所实施的行为。但是，这样的行为不能免除因该行为而伤及第三方所产生的责任。因为对于违法行为而言，授权人和行为人都是罪犯。由此可以得出结论，即当享有主权权利的个人或会议命令某人去做一件违反此前某部法律的事时，该行为就可以得到完全豁免。因为主权者是授权人，所以他不能控告自己，凡主权者不能正当地控告的事，任何其他人不能正当地进行惩罚。此外，当受主权者命令去做任何违反其此前所制定的法律的事时，这种行为就是一种特定的事实，而这一命令就是废除这部法律。

如果享有主权权利的个人或会议宣布放弃那些对主权者而言必不可缺的任何权利，从而使臣民获得与主权权利不相容的自由，即与国家之所以为国家不相容时，如果臣民拒绝服从与所授予的这种自由相违的任何命令，那么这就是一种罪恶，并且违背了臣民的义务。因为主权是经过他的同意并为了自我防卫而建立的，所以他就应知道哪些事与主权不相容，并且应知道这种与主权权利不相容的自由是因对其相应恶果的无知而被授予的。但是，他如果不仅不服从，而且在执行中抵制公务大臣，那么这就是一种罪行；因为他可以在不破坏和平的条件下通过提出申诉加以纠正。

罪行的严重程度可通过不同的尺度衡量。首先是犯罪根源或起因所含的恶意；其次是示范传播而产生的影响；再次是后果的危害性；第四是关于时间、地点和人物的综合情况。

对同一违法行为，依靠势力、财富或者朋友来抵抗执法者所做出的违法行为比希望不被发现或逃脱所做出的违法行为更严重。因为不论任何时候和任何诱因，认为凭借势力就可豁免是藐视所有法律的根源。但是，对后一种情形，人因为害怕危险而逃逸会使他在未来更加服从（法律）。明知故犯比误认为合法而犯的罪行更严重。因为违背他自己的良知而犯罪的人依仗的是自己的武力或其他权势，而这会鼓励他再犯同一罪行；但是误犯的人在明白错误后就会遵守法律。

一个人因为听从公认学者的权威或法律解释者的宣讲而犯下的过错，要小于那些专横地坚持自己的原则和理性的人所犯下的过错。因为学者根据公共权力授权所宣讲的内容就是国家所宣讲的内容，在同一权力机关予以管控之前，这种宣讲就与法律相类似。只要不是否定主权权利，也未违反明确的法律规定的，任何罪行都可完全豁免。但是，对根据个人判断做出行为的人而言，则应根据其判断的对错来确定是否属于罪行。

对于同一行为，如果对其他人一直给予处罚，那么这就是比此前的大量免罪先例更严重的一种罪行。因为这些先例是主权者本身所给出的免罪的希望，主权者使人得到宽免的希望和预期，这样会鼓励人去作奸犯科，参与这种违法行为，那么他（主权者）将全部责任归于违法者是不合理的。

激情犯罪要轻于长期蓄谋的犯罪。因为前一种情况是人类本性中的通病在作祟，所以可以减罪；而经预先准备后实施犯罪的人则已经周全考虑，并已知道了法律、惩罚和对人类社会产生的后果；在实施犯罪行为时，他已无所顾忌，肆意而为。但是，任何激情冲动都不足以让人获得彻底宽免，因为从最先知道法律到实施犯罪行为的间隔时间可以作为考虑时间，他应通过思考法律来纠正自己情感上的不正当行为。

如果已煞费苦心向全体百姓公开宣读并解释了法律，那么在这种情况下做出违法行为的罪恶则较重；如果未经这种讲解，以至于个人在知晓法律方面存在困难、面对诸多不确定性，并且会耽误他们的工作去向他人打听，这种情况下做出违法行为的罪恶则较轻。因为在后一种情况下，部分过失可以归结为人们共同的弱点；但是在前一种情况下，明显存在疏忽大意的情形，不可能没有对主权权利的藐视。

虽然法律明令禁止某些行为，但是立法者通过其他方式明显表示默许的，则违反这种法律的罪恶要小于法律和立法者一并禁止的相同行为。因为既然立法者的意志是法律，那么在这种情况下就存在两部自相矛盾的法律；如果人们不能根据主权者命令中明确表示的迹象而是必须通过其他迹象来了解主权者同意的事情，那么人们可以完全获得豁免。但是，由于人们不仅会因违反主权者的法律而受到惩罚，而且遵守主权者的法律也会受到惩罚，所以主权者是导致违法的部分原因，那么将所有罪恶归因于违法者身上是不合理的。例如，法律禁止决斗，违反这一条的惩罚是死刑。但是，从相反的方面而言，拒绝决斗的人会遭人蔑视和嘲讽且无法补救；有时主权者会认为他难堪重任或在战争中对他予以擢升。如果他因之而接受决斗，考虑到所有的人都可以有理由合法地努力取得主权者的赏识，那么从道理上而言，他不应受到严厉惩罚，因为部分过失可以归因于惩罚者。我所提到的这些并不是希望人们有报私仇的自由或做出任何其他的不服从行为，而是提醒统治者不要不明就里地纵容自己所禁止的任何事项。自古以来，对于那些目睹君主的行为榜样的人而言，君主榜样在规范这些人的行为方面比法律更有效。虽然我们的义务在于谨遵君主训示而不是谨遵君主所行，但是除非上帝赐予人们一种超凡和超自然的恩宠来遵守该诫律，否则人们将永远无法履行这一义务。

除此之外，如果我们根据犯罪效果的危害对罪行进行比较，那么就会出现如下情形：第一，同一行为损害许多人时比损害少数人时的罪行重。因此，如果某一行为对当下造成损害并在将来会被效仿，那么该行为与仅对当下造成损害的行为相比，其罪行更为严重，因为前者容易滋生犯罪，滋生的罪行会危害众人，而后者不会滋生犯罪。相比于普通人，经授权的传道士的观点违反国家所建立宗教的观点的，其过错的罪恶更为严重；生活荒淫无度以及做出任何不敬神的行为时也是如此。同理，对于一个法学教授而言，他提出的任何观点或做出的任何行为如果会削弱主权权利，那么其罪行要比其他人更为严重。一个因智慧而获得盛名且有多人遵从和仿效其建议和行为的人，如果其行为违反法律，那么较之于一般人同样的行为，他的罪行就更为严重。因为这种人不仅违反了法律，并且他将其作为法律对其他所有人进行宣教。因为他所导致的恶劣影响，其罪行更为严重；

对那些看不清自己行进的道路且只会仿效前人的弱者而言，这些罪行就会成为他们的绊脚石，因而此罪行更为严重。

另外，针对国家当下情况的敌对行为比针对私人的同一行为的罪恶更为严重，因为它所导致的损害会殃及所有人。将国力情况或秘密泄露给敌人、针对国家代表者（不论其为一位君主或者一个会议）的全部图谋以及当前或未来不断通过言词或行为削弱代表者权力的全部图谋均属此类；这类罪行在拉丁语中被称之为"大不敬罪"，即其阴谋或行为违反了某一基本大法。

同理，导致判决失效的那些罪行比侵害某一个人或少数几个人的罪行更为严重；比如，受贿枉法或作伪证比收受同样或更大数目的金钱以欺骗另一个人的行为的罪行更为严重。因为不仅受到枉法判决的人会遭受损失，所有判决也会因之无效，并且会让人们有使用武力和进行私人报复的机会。

另外，侵占和贪污公共财物或公共税款比抢劫或诈骗私人财物的罪行更为严重，因为抢劫公共财富是同时对众人实施抢劫。假冒公务部门、伪造公章或公共货币比假冒他人或伪造其印章的罪恶更为严重，因为这种欺骗对众人都造成了损害。

针对私人实施的违法行为，如果根据人们的一般观念来看属于最为敏感的损害，那么这种罪行就更为严重。因此：

违法杀人比保全性命的其他伤害的罪行更为严重。

通过虐待杀人比单纯杀人的罪行更为严重。

伤人肢体比劫人财物的罪行更为严重。

通过死亡或伤害的威胁抢劫财物比秘密盗窃的罪行更为严重。

秘密盗窃财物比骗取他人同意而获得财物的罪行更为严重。

强奸比诱奸的罪行更为严重。

奸污已婚女性比奸污未婚女性的罪行更为严重。

一般所有罪行均按此进行评价。尽管有些人对某一罪行敏感度高一些，对其他某些敏感度低一些，但是法律并不关注个人而是关注人类的一般倾向。

因此，当人们因言词或姿态侮辱而感到被冒犯——只是当时感到愤懑而不存在其他伤害时，希腊法律、罗马法律或其他古代和现代国家对此均不加以规制，这种愤懑的真正原因不是侮辱（对他们自己的品德有认知的人不会产生影响），而是被冒犯者的胆怯。

此外，针对私人的罪行会因人、因时、因地（的原因）而更为加重。例如，杀害自己的父母比杀害其他人的罪恶更为严重，因为父母就其先天本质而言即享有"主权"，应当视为主权者进行尊重（虽然父母已将其权力交给市民法）。抢劫贫民比抢劫富人的罪恶更严重，因为他导致穷人产生的损失更为显见。

在规定为敬神的时间或地点犯下的某一罪行比在其他时间或地点犯下的罪行更严重，因为前者源自于对法律更大程度的藐视。

我还可以举出很多罪行加重或减轻的其他情节；但是正如上述我所讨论的那样，显然每个人都知道应如何衡量任何其他罪行。

最后，因为几乎所有罪行不仅会对某些私人造成损害，而且会对国家造成损害。对于同一罪行，当以国家的名义指控时，则称之为"公罪"；以私人名义指控时，则称之为"私罪"。与之相对应，所提出的诉讼称之为"公诉"或"自诉"。例如，对一起谋杀案的指控，如果控告方是一位平民，则称之为"自诉"；如果控告方是一位主权者，则称之为"公诉"。

第二十八章　论惩罚与奖赏

　　惩罚是公共权力机关根据某人已做或未做某事且根据该同一公共权力机关认定属违法行为而施与这人的痛苦，其目的是使人们能够因之而更好地服从。

　　在我未就该定义进行任何推理之前，有一个重要的问题需要进行回答，即在任何一种情况下，惩罚的权利或权力究竟源自何处。因为如前所述，任何人都不得认为是受到信约的约束而不能抵抗暴力；因此，不能认定他赋予他人通过暴力手段伤害自己的权利。在建立国家的时候，每一个人均放弃了防卫他人的权利，但是他并未放弃保护自己的权利。同时，他也有义务协助掌握主权的人去惩罚他人，但是他没有义务惩罚自己。然而，在协助主权者伤害他人时，除非按照信约立约者享有这种权力去伤害人，否则就不能认为其被赋予惩罚他人的权利。因此，显而易见，国家（即代表国家的一个人或多个人）享有的这种权利基础并不是臣民的让与或赠与。但是，此前我已经指出，国家建立之前，每一个人对万物都可主张权利，可以为了保全自身做任何他认为有必要做的事情；为此，他可以征服、伤害或杀害任何人。这即是每一个国家行使惩罚权的权利基础。因为臣民并未赋予主权者这一权利，只是放弃了他们的这一权利，因而强化了主权者的权力，使主权者在他认为有利于保全全体臣民的情况下行使这一权利。因此，这一权利并不是（臣民）赋予他（主权者）的，而是留给他的，并且只留给他；除了自然法对他构成限制外，（这一权利）就如同在纯粹的自然状态和人人相互为战的状态下（所享有的权利）一样完整。

　　根据惩罚的定义，我得出的第一个推论，即把私人实施的报复或私人实施的侵害认为是属于"惩罚"是不恰当的，因为它们不是公共权力机关实施的。

　　我得出的第二个推论，即某人被公共机关恩惠所忽视或未选择某人施以恩惠不是一种惩罚，因为这种做法并没有让任何人遭受新的痛苦，只是使他处于原先的状态。

　　我得出的第三个推论，即未经事先公开定罪而由公共权力机关施加的痛苦不是一种惩罚,而只是一种敌对行为,因为应首先经公共权力机关审判确定其属违法行为才能对一个人进行惩罚。

我得出的第四个推论,即根据篡夺而来的权力以及未经主权者授权的法官所施与的痛苦不是一种惩罚,而是一种敌对行为。因为根据篡夺而来的权力做出的行为并未得到被惩罚者的授权,因此不属于公共权力机关的行为。

我得出的第五个推论,即所施加的一切痛苦若不是为了使违法者服从法律,或者通过违法者的案例使他人服从法律,或不具有上述这两种可能性的,则施加的痛苦不是一种惩罚,而是一种敌对行为;因为缺失上述目的时,任何伤害均不应冠以惩罚之名。

我得出的第六个推论,即有些行为可能会自然地导致产生各种损害后果,例如当一个人攻击另外一个人时自己被杀害或受伤,或因做出违法行为而染病,虽然对于创造自然的上帝而言,所施加的这种伤害是神的惩罚;但是对这些人而言,因为这不是根据人的授权而施与的,所以不应冠以惩罚之名。

我得出的第七个推论,即如果所施与的伤害小于实施犯罪后而自然产生的利益或满足时,这种伤害就不属于惩罚的定义范围,与其认为这是对某一罪行的惩罚,倒不如认为这是罪行的代价或赎价:因为惩罚的本质是使人们服从法律,如果惩罚(小于违法行为所产生的利益),没有达到这个目的,反而适得其反。

我得出的第八个推论,即如果法律本身已经规定和列明了某一惩罚,在(某人)犯下该罪行后被施与更重的惩罚,那么超出部分的惩罚就不是一种惩罚,而是一种敌对行为。因为惩罚的目的不在于报复而在于威慑。不为人知的重罚的威慑性被已宣布的较轻惩罚所取代,因此在人意料之外加重惩罚不属于惩罚的组成部分。但是,如果法律未确定惩罚的,那么不论施以何种痛苦均符合惩罚的性质。因为他违反的法律处于未确定惩罚的情况,所以他对不确定性是有预见的,

□ 被流放的该隐

流放是将已定刑的人押解到荒僻或远离乡土的地方,对违法犯罪者进行惩治,以此维护社会和统治秩序。《圣经》中,该隐因为憎恶自己的弟弟亚伯而将其杀害,因此受到上帝的惩罚而被流放,永生行走在黑暗和荒芜之中。

即会存在任意性的惩罚。

我得出的第九个推论，即对法律做出禁止性规定之前所实施的行为施与的损害不是惩罚，而是一种敌对行为。因为在法律实施以前，不存在所谓的违法，而惩罚则假定是针对某一经审判确定为违法的行为。因此，法律制定前施与的损害不是一种惩罚而是一种敌对行为。

我得出的第十个推论，即施与国家代表者的损害不是惩罚，而是一种敌对行为。因为根据惩罚的本质而言，惩罚应由公共权力机关实施，而只有国家代表者才有这种权力。

我得出的最后一个推论，即施与公敌的伤害不是惩罚。因为他们要么是从未服从这部法律，所以无所谓违反法律；要么是原先服从而现今已宣称不再服从这部法律，所以他们就否认违反了这部法律，对他们施与的所有损害都是敌对行为。但是，对公开宣称的敌对情况，所有施与的痛苦均属合法。由此可以得出结论，即如果一位臣民明知故犯地通过行为或言语否认国家代表的权利（不论此前对叛国罪规定了何种惩罚），那么国家代表就可以合法地根据自己的意志对其施与任何损害：因为他如果拒绝服从，那么就是否定法律对惩罚的规定，因此根据国家代表的意志，他就应当受到作为国家公敌所应施与的惩罚，即按照代表者自己的意志对其惩罚。因为法律规定的惩罚是规制臣民的，而不是对敌人（诸如根据自己的行为可以作为臣民，但又故意叛变和否认主权权利的人）的惩罚。

对惩罚的第一种分类，也是最普遍的分类，即将其分为神的惩罚和人的惩罚。对于前者而言，我将在随后更为适当的部分进行讨论。

人的惩罚是根据人的命令而施与的惩罚，包括体刑、财产刑、名誉刑、监禁、流放或混合上述刑种的混合刑。

体刑是根据施刑者的意愿而直接施与肉体的惩罚，如鞭刑、拷打或剥夺原先可以合法享受的肉体欢愉。

在这些体刑之中，有些是死刑，有些是轻于死刑的刑罚。死刑即处死。有些死刑是简单处死，有些则是拷打至死。轻于死刑的体刑有鞭刑、拷打、戴上锁链枷锁或任何其他从其性质上不属致命的肉体痛苦。如果在施与一种惩罚时导致（受惩罚人）死亡且并非属于施刑者的意愿的，那么虽然伤害结果是因为某一不可预见的偶然情况而导致的死亡，但是这种刑罚也不应被认为是施加的死刑，而是被导致的刑罚。

财产刑不仅包括剥夺一定数目的金钱，也包括剥夺土地或任何其他一般可以通过金钱进行买卖的财物。如果法律规定这种惩罚的目的是为了从违背该法律的人那里筹集金钱，那么这就不是严格意义上的一种惩罚，而是获得法律特权和豁免的代价。该法律并非绝对禁止该（违法）事实，而只是禁止那些无力支付该笔款项的人，但如果该法律属于自然法或宗教的组成部分则另当别论。因为在这种情形下，这不是豁免而是违法。如果某一法律规定对妄称上帝之名的人处以罚金，那么缴纳该罚金就不是豁免妄用神的名义而应付出的代价，而是对违犯某一不可或缺的法律而做出的惩罚。同理，如果某一法律规定向受伤者支付一笔款项，那么这只是对其所受伤害的赔偿，由此使受害的一方放弃控诉，但并不是使犯罪者犯下的罪行消于无形。

名誉刑是对犯罪者施与被国家认定为不荣的痛苦或剥夺其享有的、被国家定为荣誉的利益。因为某些事情就其本质而言是荣耀的，诸如勇气、宽宏大量、强力、智慧和其他身体和思想方面的能力；有一些则是根据国家规定而成为荣耀的，如勋章、头衔、职务或任何其他主权者表示恩宠的特定标志。对于前者，尽管可能因其本身的性质或偶然事件而失去，但不能通过法律被剥夺，所以失去这些荣誉并不属于惩罚。但是，对于后者而言，赋予其光荣称号的公共权力机关可以剥夺该光荣称号，将其称为惩罚是适当的，如撤销受惩罚者的勋章、头衔和职务，或宣布他们未来不得被授予类似的荣誉。

监禁是指被公共权力机关剥夺自由，其可能出于两种不同的目的。其中一个目的是对被控告一方进行安全看管；另一个目的是让受刑人遭受痛苦。因为任何人在经依法审理并宣布有罪之前都不能认定其应受惩罚，所以前者不属于惩罚。因此，在一个人的案件经审理前，对其约束或限制超出看管的必要限度而导致任何损害的，那么就是违反了自然法。但是后者属于惩罚，因为这是同一公共权力机关判定他的行为违法而施与的损害。对于"监禁"，我的理解是因某一外界障碍对行动造成的全部束缚，障碍可能是一间房子，即一般所称的"监狱"；或者是一座岛屿，当说某些人被幽禁在一座岛屿上时就是这种情形；或是人们被送去服劳役的某个地方，例如古代被判有罪的人们被送到石矿中劳作，在当代则是被判在桨帆并用的大木船上划桨；或者是镣铐或任何其他对行动构成妨碍的物体。

流放（驱逐）是指因犯某一种罪行而被判处离开一国的领土或其中某一特定部分，并且在某一规定的时间内或永远不得返回。从其自身的本质而言，这种刑罚不附加其他条件，似乎不算是一种惩罚，而是属于一种逃避，或者是通过逃亡来避免惩罚的一项公开命令。西塞罗指出，罗马城邦中从未规定过这种惩罚，而只称其为"深处险境的人的避难"。因为一个被驱逐的人如果被允许使用他的财物和他的土地的产出，唯一的变化就是交换环境，那么这不是惩罚；对规定了全部惩罚的国家而言也没有益处，这就是说在使人们遵守法律的意识方面毫无用益。这在很多时候也会对国家构成损害。因为对一个遭到驱逐的人而言，他是驱逐他的国家的合法敌人，他不再是这个国家的一员。但是，如果他被剥夺了土地或财物，那么惩罚就不是蕴含在流放之中，而是应归属财产刑之列。

对于施与无辜臣民的所有惩罚而言，不论其严重或轻微，均是违反了自然法。因为惩罚只是针对违反法律的行为，所以不应惩罚无辜臣民。因此，如果惩罚无辜臣民，那么这种做法首先是违反了禁止所有基于任何目的而进行报复的自然法，但是为了未来利益的目的除外：因为惩罚无辜者不会给国家带来任何好处。其次，惩罚无辜臣民也违反了关于禁止背信弃义的自然法。因为所有主权权利一开始都是经过每一位臣民的同意才被赋予的，这样做的目的是为了使他们只要服从主权权利，就会受到主权权利的保护，所以惩罚无辜者就是以怨报德。第三，惩罚无辜臣民也违反了关于人们应遵守公平原则即对正义进行公平分配的自然法。

但是，对不是臣民的无辜者施与任何损害，如果是为了国家的利益且又未违背任何先前订立的信约时，那么这就没有违反自然法。因为所有不属于臣民的人，要么是敌人，要么是根据此前订立的信约而不再属于臣民之列。但是根据原始的自然权利，国家对自认为可能对其造成损害的敌人发动战争是合法的；在从前的战争中，刀剑无法明辨无辜或有罪之人，胜利者也不会对此进行区分；除了

□ 耶稣遭受鞭刑

据《圣经》所述，犹太教祭司和长老以三十块银币收买了耶稣的门徒犹大，致使耶稣在逾越节前夜被非法逮捕，并被带到罗马总督彼拉多面前受审。彼拉多判耶稣鞭刑以作惩戒。在惨烈的鞭打之下，耶稣并没有死，彼拉多便把他钉死在十字架上。

为了它自己的百姓的利益外，不会有其他慈悯之处。根据该理由，对臣民中那些蓄意否认已建立国家主权的人而言，对其实施的报复不但可以合法地追溯至他的祖先，并且可以合法地惩罚尚未出生、未实施应受惩罚行为的无辜的第三代、第四代；因为这种犯罪的本质在于宣称拒绝臣服，即恢复到一般被称之为"叛乱"的战争状态。这种罪人不是作为臣民，而是作为敌人而遭受损害的。因为叛乱就是重新开战。

奖赏要么是根据赠与而得来的，要么是根据契约而得来的。如果（奖赏）是根据契约得来的，那么就称之为工资或薪酬，即是对已完成的或承诺完成的服务应兑现的利益。如果（奖赏）是通过赠与而得来的，即来自赠与者为鼓励人们或使人们能为他提供服务而给予的恩惠。因此，当一个国家的主权者规定某一公职的薪酬时，从正义的角度而言，领取薪酬的人员就有义务履行其职责；否则，他就仅从荣誉方面表达感激并尽力报偿。因为当人们被命令推掉个人事务且没有获得任何报酬或薪酬而服务公众时，虽然没有合法的救济措施，但是除非该工作必须如此，否则根据自然法或建立国家的信约，他没有义务照此行事；因为主权者被认为是可利用他所有能够利用的全部财富，所以即便是最普通的士兵也可以将自己作战的兵饷当作（国家对其承担的）债务要求偿付。

主权者因为畏惧臣民具备能够损害国家的某种权势和能力而给他的好处不能被恰当地称之为"奖赏"。因为既然每个人都有义务不得做危害国家的事情，则不能认为其中存在契约，所以这不是"薪酬"；因为这是出于畏惧而被索取的，所以也不是恩惠。这种情况本不应该发生在主权权利身上，这毋宁是一种牺牲，即主权者作为自然人而不是作为国家的法人，为平息他认为比自己强大的人的不满而做出的牺牲。这样做不会鼓励这种臣民服从，反而会适得其反，让其继续勒索并且不断加码。

然而，有些薪酬是固定的且由国库支付；另有一些薪酬是不固定的且进行临时性发放，在人们执行了规定该薪酬的职责时才发放。在某些情形下，后者对国家有害，比如说司法领域。因为在大量待审理的案件之中，当法官和法庭官员的利益牵涉其中时，必然就会产生两种弊端：其一是滋生诉讼，因为案件越多，利益就越大；与之相关的另外一种弊端就是争夺案件的审理权，每一个法庭都尽其所能地抢夺案件（由自己审理）。但是，负责执行的官员则不存在这些弊端，因为他们不会因他们的任何努力而增加自己的工作。以上所述足以阐明惩罚和奖赏的本质，可以将其比作使一个国家的肢体和关节活动的神经和筋腱。

　　行文至此，我已阐明了人类的天性，他们的骄傲和其他激情使自己被迫服从政府；连同人的统治者的巨大权力，我将其比作"利维坦"，该比喻出自《约伯记》第41章最后两节；其中，上帝阐明了利维坦的巨大力量，将其称为"骄傲之王"。上帝说："在地上没有像他造的那样无所惧怕。凡高大的，他无不藐视，他在骄傲的水族上作王。"[1]但是，和地上的其他一切生物一样，他也会消亡和腐化；并且因为他虽然在大地上没有惧怕的对象，但是在天上却有，所以他必须遵守天上他所惧怕的对象的律法。我将在后续的几章中对他患病和死亡的原因以及他所应遵守的自然法展开讨论。

---

[1] 参见《约伯记》第41章第33和第34节。

第二十九章　论导致一个国家衰弱或趋向解体的因素

虽然寿命有限的人创造的事物不会永恒存在，但是如果人们能够利用他们自认为所拥有的理性，那么他们的国家就能得以保全，至少不会因内患而灭亡。因为根据国家建立的性质而言，原本设计是让它们（国家）能够与赋予其生命的人类存续的时间或自然法存续的时间，又或者与正义本身存续的时间一样长久。因此，当国家不是因为外部暴力而是因为内部的秩序混乱而走向解体的时候，过错不在作为国家的物质构成者的人身上，而在于作为国家缔造者与安排者的人身上。对于人类而言，当他们最后厌倦了因混乱而导致的相互冲突和残杀时，他们就会齐心协力去构建一栋牢固而持久的建筑。所以，因为缺乏制定适当法律以保持彼此行为协调一致的技艺，又因为缺乏摒弃他们当前庞大材料上粗糙且碍事的棱角的谦恭和忍耐的态度，导致缺少非常能干的建筑师的帮助，所以建成的建筑不可能不摇摇晃晃。在当时他们所处的时代，这种建筑是难以维继的，将来必然会坍塌，砸在他们的后世子孙头上。

因此，对于一个国家的缺陷，首先我要提及的是按约建立之初存在的不完善情况，它们类似人类躯体的先天缺陷所导致的疾病。

其中第一处不完善的情形是当一个人拥有一个王国后，即使是保卫和平与国家防卫所必需的权利存在不足，他也会感到满足。由此，就会出现一种情形，即当他为恢复公共安全而使用被搁置在一旁的权力时，看起来就像是做了一件非正义的事情，在这种情形之下，许多人一旦有机会就会发动叛乱。这就像患有疾病的父母生下的子女的身体一样，要么是夭折，要么是通过身体出现脓包和疥疮来消除在胚胎时由病毒所导致的疾病体质。当君主放弃某些这类必要的权力时，虽然并非总是（但有时候是）因为不知自己所担当的职责需要什么，但是在很多时候是因为他们寄希望于将来可以根据自己的意愿收回权力。他们的这种推论并不恰当，因为外邦会利用使他们信守承诺的理由去反对他们；外邦为了本国臣民的利益，极少会放过削弱他们邻邦的机会。坎特伯雷大主教托马斯·贝克特就是在教皇的支持下反对亨利二世[1]的；原因在于原先的征服者威廉大帝登基时曾宣誓不会妨碍教会自由，从而免除了教士对国家的服从义务。此外，威廉二世·鲁弗斯[2]国王曾借助贵族的势力将他哥哥的王位继承权转移到自己身上，贵族势力扩张到与国家权力水火无法调和的程度；后来，在法国人的支持下，他们发动了反对约翰王的叛乱。

这种情形并非只发生在君主制国家。在古罗马共和国，"元老院和罗马人民"代表国家，但是元老院或百姓都不得要求掌握全部权力，这就首先导致了提比略·格拉古、盖约·格拉古[3]、路奇乌斯·萨图尔尼努斯[4]等人的叛乱，后来在马略和苏拉治下又爆发了元老院和人民之间的战争，之后在庞培[5]和恺撒治下也爆发了这样的战争，最终导致民主政体被摧毁并建立了君主政体。

雅典的百姓曾约束他们自己不去做一件事，即任何人都不得提议为夺回萨拉米斯岛[6]而重新开战，违者将被处死。如果不是梭伦装疯，之后穿上疯子的衣

---

[1] 亨利二世（1133—1189年），英格兰国王，1154—1189年在位，创立了历史上著名的金雀花王朝。1164年，亨利二世决定收回教会司法权，遭到坎特伯雷大主教托马斯·贝克特的反对，后者请求教皇的干预，因此触怒亨利二世。1170年，亨利二世派人刺杀了贝克特。在教皇亚历山大三世的压力下，亨利二世不得不屈服并赤身在法国阿夫朗什大教堂前表示悔罪。

[2] 威廉二世·鲁弗斯（约1056—1100年），英格兰国王，1087—1100年在位。他是威廉一世的二儿子，通过联合贵族从哥哥手中夺得了王位继承权。约翰王（1167—1216年），英格兰国王，1199—1216年在位，外号"无地王约翰"，是英国历史上最不得人心的国王之一。

[3] 提比略·格拉古（公元前168—前133年），古罗马政治家，平民派领袖。通常与其弟盖约·格拉古（公元前154—前121年）合称为格拉古兄弟，二人均曾担任过平民派保民官。提比略·格拉古发起旨在将贵族及大地主多得的地产分给平民的改革。因触动贵族尤其是元老院的利益，再加上他剥夺元老院特权等行为，最终被元老院杀害。盖约·格拉古继承长兄遗志，力主改革，同样被元老院杀害。

[4] 路奇乌斯·萨图尔尼努斯，出生年份不详，稍微晚于格拉古兄弟，古罗马平民派领袖，力主进行司法和土地分配改革，公元前99年，他杀害了执政官候选人梅米乌斯，遭到元老院的敌视，最后被元老院杀害。

[5] 格涅乌斯·庞培（公元前106—前48年），古代罗马共和国末期著名的军事家和政治家。公元前60年，克拉苏、庞培与恺撒结成秘密的政治同盟，即"前三头同盟"。后与恺撒爆发权力之争，被恺撒打败之后逃到埃及，最终被杀。

[6] 萨拉米斯岛是爱琴海上的一座岛屿，位于希腊半岛和伯罗奔尼撒半岛之间，地处雅典出海口，在雅典对外贸易中扮演着重要角色。公元前7世纪，雅典与邻邦麦加拉为争夺萨拉米斯岛爆发战争，结果雅典惨败，希腊对外贸易遭受沉重打击。（转下页）

服，装作疯子的模样，口里哼着歌向那些跟着他跑的人提出这个问题，那么在城邦的城门口就会有一个敌人一直监视着他们。任何权力稍微受到限制的国家都会被迫接受这种损害和变故。

第二，我观察到蛊惑人心的谬论毒害会导致国家产生疾患。其中有一个观点是"每个平民都是善恶行为的裁判者"。纯粹的自然状态下不存在市民法，这种观点是正确的；同时，在平民政府治下，对法律未作规定的事项，这种观点也是正确的。但是，显而易见，在其他情况下，善恶行为的标准是市民法；法官或立法者始终是国家的代表。根据这一错误的理论，人们就会自己思忖并质疑国家命令，然后根据个人判断来审视这些命令是否适当而后决定是否服从它们，这会导致国家混乱并衰弱。

□ 平民反抗古罗马共和国

古罗马共和国时期，连年的战争、繁重的劳役引起人民的普遍不满，肆意的屠杀暴行更是引发平民不断地对罗马政府发起反抗。在共和国早期，平民的反抗促使了十二铜表法、保民官以及所谓的古罗马混合共和制度（贵族和平民在一定程度上共享权力）的诞生；在共和国晚期，平民和贵族的反抗则直接导致了共和国的灭亡。图为公元前207年，平民反抗古罗马政府的起义。

另外一种与市民社会不可调和的观点是"一个人违背良知而做的任何事都是罪恶的"，它基于使自身成为善恶的裁判者的假定。因为一个人的良知和他的裁断是一回事；正如裁断会出错一样，良知同样会出错。因此，尽管对一个不服从任何市民法的人而言，因为他除了遵守他自己的理性以外没有其他可以遵守的法则，所以他所做的一切违背良知的事都属犯罪，但对生活在某一个国家中的某一

（接上页）战争结束后，希腊当局颁布了一条法令，规定任何人都不得提议为夺回萨拉米斯岛重新开战，否则将其处死。梭伦（古希腊改革家、政治家和诗人）根据考证，认为该岛属于希腊，他对城邦的这项法令极其不满。为了收复萨拉米斯岛，梭伦通过装疯在广场上朗诵歌颂萨拉米斯岛的诗篇，由此可以免受该法令的制约并唤起了希腊人的民族自尊心，最终使希腊当局废除了这一法令。公元前600年左右，梭伦被任命为指挥官，他率领军队夺回萨拉米斯岛。

人却并非如此，因为法律是公众的良知，他此前就已承诺要奉行。否则，在个人良知（无非就是个人意识）纷繁复杂的情况下，国家就必定陷入混乱，并且没有人会在超出自己看来有利的范围之内服从主权权利。

此外，一般人们接受的教导就是不可能通过学习和理性获得信仰和圣洁，而必须通过超自然的启示或灌输才能获得。如果将此视为理所当然，那么我就看不出一个人为什么要为他的信仰寻找一个理由；或者每个基督徒为什么不都是先知，或一个人为什么不是将自己获得的启示而是将国家法律作为自己行为的准则。如果是这样，那么我们就是再次犯了将自己作为善恶裁判者的错误；或者是犯了将那些自称获得超自然启示的人作为善恶裁判者的错误，这会导致所有的平民政府解体。信仰源自听道，那些偶然事件引导我们到那些向我们布道的人面前去听道，这些偶然事件都是万能的上帝安排的，但是它们不是超自然的。只是因为大量的偶然事件拼凑形成了某一效果，使之不易觉察而已。确实，信仰和圣洁的确不常见，但它们不是神迹，而只是上帝在其认为适当的时候经由宣教、训练、矫正或其他自然方式在他的选民中发挥作用而形成的。这三种危害和平与政府的观点源于那些学业不精的神职人员的口口相传和著述，这些人根据自己的喜好而不是根据理性拼接《圣经》的文字，他们为了使人们认为圣洁和自然理性不可调和而无所不用其极。

第四种与国家的性质不可调和的观点是"享有主权权利的人应服从市民法"。的确，因为自然法是神定的法律，是神圣的，任何个人或国家都不得废除，所以主权者均应服从自然法。但是，他并不会服从那些主权者本身即国家所制定的法律。因为服从法律就是服从国家，即服从主权代表，也就是他自己，那么这样就不是服从法律而是不受法律的约束。因为它将法律凌驾于主权者之上，同时将一个法官凌驾于他之上，并确立一种权力来惩罚他，所以这种观点是错误的；这样一来就造就了一个新的主权者；同理，又可由第三人去惩罚第二个人；以此持续，无休无止，国家就陷于混乱和解体。

第五种导致国家趋向解体的观点是"每一位平民对他的财物拥有绝对的所有权，连主权者权利也不得染指"。的确，人人都享有排斥所有其他臣民权利的所有权，他的这种所有权只能源于主权者，没有主权者的保护，其他人中的每个人都享有对同等财务同等的权利。但是，如果主权者的权利也被排斥，主权者就不能履行他们赋予他的对外抵御敌人和对内阻止臣民相互伤害的职分，那么国将不国。

如果臣民对其财物的所有权不排斥主权代表者的权利，那么就更不能排斥代表主权者本人的司法或执行机关的权利。

第六种明显且直接地背离国家本质的观点是"主权权利可以分割"。因为分割国家权力就是使国家解体，原因在于被分割的权力会彼此毁灭对方。对于这种观点，人们主要是追随那些法律专家的观点，这些人（的观点）不以立法权力而是以他们自己的学识为依据。

作为一种错误的观点，邻邦不同的政体模式也往往会促使人们想改变此前已经存在的模式。犹太人就曾经被鼓动弃绝上帝并到先知撒母耳那里要求像列国一样立一个王[1]；也基于这一原因，希腊较小的城邦在贵族派和平民派的煽动下持续地受到骚扰。几乎每个城邦都有部分人要求模仿斯巴达人，另外一部分人则要求模仿雅典人。我毫不怀疑许多人都幸灾乐祸地看着英格兰最近因模仿低地国家[2]而爆发的骚乱；他们认为只要像他们那样将政体转变一下就可以使国家富足。因为见异思迁是人类天性的本质。如果再和那些因之而富足的国家为邻，那么就会激励他们去模仿，由此他们就几乎不可能不赞成那些强劝他们进行改变的人。起初，他们会欢欣雀跃，但当骚乱继续发展又会使他们感到忧心忡忡；就如同血热之人发痒时，他们会用自己的指甲抓挠，直至出现自己难以忍受的疼痛才停下来。

至于专门针对君主制政体的叛乱，最常见的一个原因是因为阅读了古希腊与古罗马人的著述。青年人和其他所有没有坚定的理智且无法抵御思想流毒的人阅读了这些著述之后，他们对于书中那些统帅他们的军队并立下卓著战功的人会产生一种强烈且欢喜的印象，并对这些人所做的其他一切事情也有一种喜悦的感情；同时认为他们之所以取得伟大成就并不是因为个别人之间互争雄长，而是因为平民政府的形式才取得的，并没有考虑到当时因为他们的政策不完善而经常出现的叛乱和内战的情况。我所要说的是阅读了这些著述后，人们就会去弑杀君主，因为希腊和拉丁著作家在他们关于政策的著作和论述中指出，任何人只要事

---

[1] 参见《撒母耳记上》第8章。
[2] 今天的荷兰、比利时、卢森堡所在地区。

先将君主称为暴君，他弑杀君主的行为就应被视为是合法且值得赞扬的。因为他们不是说"弑君（即杀死一位国王）"，而是说"弑杀暴君（即杀死暴君）"是合法的。生活在君主制国家中的人们根据相同的著述又会有一种观点，认为民主国家中的百姓可以享受自由，而生活在君主制国家中的百姓则全部都是奴隶。我要说的是，生活在君主制国家中的人而不是生活在民主制国家中的人才会有这样的观点，因为（生活在民主制国家中的）人们根本就不存在这种问题。总而言之，未经谨慎的专家适当校正这些著述以去除其中的流毒之前就放任其流通传读，我无法想象还有什么事情能比对君主制国家更有害。我可以毫不迟疑地将这种毒害与被疯狗咬了相类比，医生将这种病称之为"狂犬病"或"恐水病"。因为被咬的人会经常口渴难耐但又怕水，这种症状就如同这毒素要将其变成一条狗一样。所以，当一个君主制国家被那些不断乱咬它的政治模式的写手们咬到了肉，它所需要的不是别的什么，而是一个强有力的君主，但是因为人们的某种暴君恐惧症，或者害怕有了这样的君主之后被残暴地统治，所以会对其产生憎恶之情。

□ 以色列人要求立王

以色列人要求士师撒母耳给他们立一个王，撒母耳集合十二个部落，以抽签的方式，立扫罗为第一任国王。扫罗时代是以色列人君主开始建立的时期，以撒母耳为代表的神权势力与王权并存，并处处限制王权，但在扫罗的统治下，以色列十二个部落的联系更加紧密，为日后大卫建立集权统治奠定了基础。

正如一些神学家认为人有三个灵魂一样，一些人也认为国家有不止一个灵魂，即存在多个主权者；他们提出存在与主权者对立的超级权力，与法律对立的神定法律以及与世俗权力机构相对立的神权机构。他们利用一些有着含混区别的毫无意义的词语来蛊惑人心，让人们认为（像一些人所想象的那样）还存在另外一个人们看不见的王国，就如同黑暗中的灵界王国一样。现在，既然世俗权力和国家权力显然是同一回事，那么最高权力、制定神律的权力和颁授神职的权力即意味着一个国家；由此，如果一个地方存在一个主权者并存在另外一个最高权力者，其中一个主权者可以制定法律，另一个最高权力者可以制定神律，那么同一臣民必然归属于两个国家，那么王国自身就会分裂，国将不国。虽然我们可以对俗世和灵界进行毫无意义的区分，但是它们是两个王国，每位臣民都有两个主人。既然神权有权宣布什么是罪恶，那么它就有权宣布什么是法律；因为罪恶不是其他别的东西，而是对法律的违反；但世俗权力也有权宣布什么是法律，因此每一臣民就必须服从两个主人，两者都要求人们将自己的命令当作法律予以服从，但这是不可能的。或者，如果只有一个王国，那就是要么作为国家权力当局的世俗王国必须服从神权王国，由此也就没有了主权者而只有神权；要么就是神权王国必须服从世俗王国，由此也就没有了神权而只有主权者。因此，当这两种权力相互反对时，国家就只会陷入内战和解体的极大危机。因为世俗权力机关是显见的，从自然理性角度而言更为清晰，所以必然会导致相当可观的一部分百姓会不假思索地始终归向它；至于灵界王国，尽管它只存在于经院学派进行区分的黑暗和佶屈聱牙的语句之中，但是因为人们对黑暗和鬼神的恐惧超过任何其他恐惧，所以肯定会存在足以给国家带来麻烦且有时还会摧毁国家的一伙人。将这种病患类比自然人身上的癫痫并非不恰当（犹太人认为这是一种鬼附体的疾病）。对这种疾病而言，人的头部有一种邪灵或一股邪气，阻障神经根部而导致其剧烈运动，消除了大脑中精神力量所自然促成的运动，由此导致身体部位的剧烈且不正常的运动，人们将其称为"痉挛"；这样就会导致得这种病的人如同失去了感觉的人一样受精神控制，有时会跌入火坑之中，有时会跌入水洼之中。对政治机构而言，情况也一样；如果神权通过人民对惩罚的恐惧和对奖赏的希冀即国家的神经来支配一个国家的成员，而不是通过世俗权力（国家的灵魂）来支配，同时用稀奇古怪且晦涩艰僻的言词来扼杀百姓的认知时，则必定导致人民误入歧途，其结果要么是导致国家在重压之下解体，要么是使国家陷入内战的烈焰之中。

在一个纯粹的世俗政府中，有时也不止存在一个灵魂：诸如作为一种给养官能而言，征收捐税的权力取决于全体会议；作为运动官能而言，行动与指挥权取决于一个人；作为理智官能而言，制定法律的权力不但取决于上述二者，而且取决于第三人那种让人捉摸不定的认可。这就会导致国家处于危险的境地之中，其原因有时是对制定良法难以达成一致意见，而最常见的原因是缺少运动和生命所必需的营养。虽然极少有人认识到这种"政府"并不是政府，而只是将一个国家分成三个派系并将其称为混合君主制国家；但事实上它不是一个独立国家，而只是三个独立派系；也不是有一个代表人格，而是有三个代表人格。在神的国中，三个代表人格可以是相互独立的，不会破坏上帝统一的统治；但是，在人统治之下，因为人们的意见各不相同，情形就不一样了。因此，如果国王承当了百姓的人格，全体会议也承当了百姓的人格，另外一个会议承当了部分百姓的人格，那么他们就不是一个人格，也不是一位主权者，而是三个人格和三位主权者。

我不知道将这种国家的不正常情况可以恰当地类比作人体的何种疾病。但是，我曾看到一个人在他身体的一侧又长出一个人来，并且有他自己的头、臂膀、胸和胃；如果他在身体的另一侧再长出一个人来，这种比喻应是恰如其分的。

到目前为止，我所列举的都是国家病患给国家带来最大和最现实的危险。此外，还有一些不及如此严重的病患，但是也并非不值得关注。第一，在国家存在必要之需时尤其是战事来临之际，筹措款项所面临的困难。这种困难是因如下观点导致的：每一位臣民享有他的土地和财物的所有权，并排斥主权者对该土地和财务的使用权。由此就会导致主权权利预见到国家的需求和危险后，却发现国库征缴捐税的途径被百姓的固执己见所淤堵。当危机刚露苗头他们应出面应对和防范危机时，却对其尽可能拖延，直至拖延不下去时才采用法律策略同百姓周旋，从而只获得微不足道的钱款；而这些钱款不够用的时候，最后主权者只得通过暴力打通当前提供给养的途径，否则他就会灭亡。在（主权者）时常采用这种极端措施后，百姓要么被治服，要么国家就必然灭亡。我们可以恰当地将这种情况与疟疾相类比：得了这种疾病，身上的肉会凝结或被有毒的物质所堵塞，于是静脉按照自然进程在将血液全部输送回心脏后，就不能（像正常情形那样）从动脉得到（血液）供应，由此（病人）首先出现发冷，浑身发抖；随后，又会发热，心脏强力为血液打开一条通道；在此之前，（病人）就可能冷一会儿，稍微舒缓一会儿，得到片刻满足。直至后来，如果一个人体质足够好，那么心脏就能最后打通被淤塞部分的阻障；如果病人体质太弱，那么病人就会死亡。

除此之外，有时候国家还会患上一种病患，可以类比作肋膜炎。国家的钱款通过正当的途径支出，由于垄断或年固定应缴税额过多聚集在一个或少数私人手中。这就像得肋膜炎病时，血液会流入肋膜中引发炎症并伴有发热和剧烈刺痛。

除此之外，对于有权有势且深孚众望的某一臣民而言，除非国家对他的忠诚极其警惕，否则这也是一种危险的病患。因为百姓应根据主权者的权利付诸相应行动，但是通过一个野心家的吹捧和声誉会使他们不服从法律而听从某一个人们对其品德和企图一无所知的人。一般而言，这种问题在民主制政府下比在君主制政府下的危害更大，因为前者军队的实力强大且人数众多，从而容易让人相信其代表百姓。尤利乌斯·恺撒就是通过这种方式利用百姓的拥戴来反对元老院的，但是他在赢得了军队的拥戴后，使自己成为元老院和百姓的统治者。深孚众望且野心勃勃之人的这一行径就是明明白白的叛乱，可以将其与巫术的效果相类比。

  国家的另一种病患是城市过于庞大，由此它就可以从本城市中招募人员和征收费用组建庞大的军队，自治市过多也是同样的情形；它们就如同一个大国的腹内存在许多小国一样，与一个自然人肠道中的虫子类似。补充一点，即自命有政治才干的人有质疑绝对权力的自由；这种人虽然大部分在百姓的庇佑之下繁衍生息，但是因为受到谬误学说的煽动而持续地干涉基本法律，滋扰国家，就像是医生所称为"蛔虫"的小虫子一样。

  再有，我们可以补充的病患还有对领土扩张的贪婪（或者称为"贪食症"），很多情况下在敌人那里所遭受的不可治愈的创伤，以及未纳入一体的被征服领土（类比于"粉瘤"）——这些在很多情况下往往是负担，放弃它们比保留它们的危害更小。另外，可以补充的病患还有贪图安逸、放纵狂欢和虚荣浪费。

  最后，当敌人最终取得了一场对内或对外战争的胜利时，国家的军队未能保卫疆土，不能再保护效忠的臣民，那么国家就解体了，每个人都可以根据他自己的判断自由选择保卫自己的方法。因为主权者是公众的灵魂，它赋予了国家生命和活动；它一旦消亡，国家的成员就不再受其管制，就如同人的尸体不受已出窍的灵魂控制，尽管灵魂是永生的。虽然主权者君主的权利不会被另一人的行为消灭，但是成员的义务却可因之而消灭。因为需要被保护的人可以从任何地方寻求保护，当他得到保护后，就有义务尽可能长久地保卫他所得到的保护（不必假装因畏惧而服从）。但是，当一个会议的权力一旦被压制，由于会议本身已消亡，它的权利就会彻底消失；因此，重新恢复主权就没有任何可能了。

第三十章　论主权代表者的职分

不论主权者是一位君主抑或是一个会议，其职分都寓于他在被赋予主权权利时的目的——为百姓谋安全。根据自然法，他有义务履行这一职分并向自然法的制定人上帝负责，并且除了对上帝负责之外不对任何其他人负责。但是，此处所谓的"安全"并不仅指（生命的）保全，也包括所有其他生命的满足，即每个人在不使国家陷入危险境地或对国家构成伤害的情况下，通过合法的劳作而得到的满足。

为了实现这一目的，要在个体提出控诉时保护他们免受伤害，对其加以保护使之不受伤害，并且除了顾及个体之外，还要在理论和实例的公开教化中提供一种总体性的安排并制定和实施能适用于个体自身情况的良法。

因为如果主权者的基本权利（此前第十八章中已作说明）被掳夺，那么国家就会解体，人们就会回到同任何其他人相互为战的状态和灾难之中，这是人一生中最大的灾祸。主权者的职分就是要保全这种权利；由此，第一点，如果主权者转让给他人或自身放弃其中任何权利都违反了主权者的职分。因为对手段的放弃就是对目的的放弃，作为主权者，放弃手段就是承认他自己受制于市民法，并且放弃了最高司法权，根据自己的权力决定宣战或媾和的权力，裁断国家需求的权力，根据他自己的道德良心在其认定必要的情况下决定征兵、征税的时间及数量的权力，任命战时与和平时期的官员与大臣的权力，指定宣教者的权力，以及审断各种学说是否符合或违反百姓的防卫、和平与权益的权力。第二点，使百姓忽视或错误地了解他的这些基本权利的根据与理由则是违背了他的义务，因为这样人们在国家需要他们发挥功能和作用的时候会很容易被诱骗并去反抗主权者。

因为任何市民法或刑罚的威慑都不足以维持这些权利的依据，所以有必要常常特意且如实地对百姓施以教化。因为禁止叛乱（即对主权者基本权利的一切反抗）的市民法，就其作为市民法而言，如果它的根据不是禁止背信弃义的自然法，那么它就没有约束力。但是，如果人们不知道这种自然约束力，那么他们就不知道主权者所制定的任何法律的权利。对于惩罚而言，他们只是将其视为一种敌对行为；当他们认为他们具备了足够强大的力量时，就会竭力通过敌对行为来避免主权者的惩罚。

我曾听到有人说，"正义只是一个词而已，毫无实际内容"以及"不管是在战争状态下还是在一个国家之中，凡是一个人能够通过武力或技艺所获得的东西都归属于他自己"，我已证明这些说法是错误的。因此也有人坚持认为，没有理由也没有理性的原则来维持那些使主权绝对化的基本权利。因为如果存在依据或支持，那么必然可以在某一个地方或其他地方找得到依据或支持。但是，截至目前，我们没有看到任何国家承认或挑战这些权利。对此，他们的论点是有问题的，就如同美洲的野蛮人认为建造一栋与建筑材料寿命一样长的房子是毫无依据或违反理性原理一样，因为他们从来没有见到过修建得如此牢固的房子。每一天，人类耗费的时间和付出的劳动都会产生新的知识。高超的建筑技术源自于理性的原理，但是这些原理是在人类开始粗糙地开展建筑实践很久之后，经过勤劳的人们长期研究材料的性质、形状与混合比例的不同效果的过程中所观察得到的。因此，在人类开始建设并不完善且容易退回到混乱状态的国家很久之后，才可能通过勤奋的思考发现能够使国家结构在没有外部暴力作用的前提下永存的理性原理。这些即是我在本书中所提出的那些理性原理：哪些有权力可以运用这些原理的人会看到这些原理，或者是否被其所忽视，这些并不是当前我个人的兴趣。但是，即便我提出的这些原理不属于理性原理，我确定它们是根据《圣经》的权威所得来的，在我谈及摩西治下的犹太人（即与上帝立约的他的特殊选民）的神国时会进行说明。

但是，他们又说即便原理是正确的，普通人也没有足够的能力去理解它们。如果一个王国中富裕和有势力的臣民，或是被认为学问最优的人与他们一样没有能力理解，那么我会感到很高兴。但是，众所周知，理解这类理论的障碍不在于其难度太大，而毋宁是缺乏学习的兴趣。对于有权势的人而言，任何设置权力对其情感进行约束的事物都难以理解；学问颇优的人无法接受揭露其谬误而导致其威信贬损的事情。就一般人而言，除非是因为依附有权势之人而受其影响或受到那些博洽淹贯之人观点的影响，否则他们就如同白纸一张，只待公共权力机关在其上肆意描画。难道使整个民族都可以接受超出理性范围的基督教伟大的奥理吗？难道可以使得数以百万的人都相信同一个躯体可以违背理性原则，在同一时间存在于无数个地方吗？通过受法律保护的教化和宣讲，难道就不能使合乎理性的事情为人们所接受，而不带有任何偏见的人只需要听别人的宣讲就可以学会吗？所以，我的结论就是，当一名主权者拥有完整的权力时，除非他自己或他委托治理国家的人存在过失，否则对百姓施以教化使他们认识这些基本权利（即主权者的自然法和基本法）就不存在困难。因此，使人们接受这样的教化，这不仅仅是他的义务，也会给他带来利益；并且，这也是一种安全保障，可以防止因叛乱而给他的肉身带来危险。

□ 珀琉斯和忒提斯的婚礼

珀琉斯，又译为佩琉斯，希腊神话中天父宙斯的孙子，阿耳戈英雄之一。泰坦神普罗米修斯告诉宙斯，如果珀琉斯娶海洋女神忒提斯为妻，他们的孩子将是一个伟大的英雄，但前提条件是珀琉斯必须先战胜忒提斯。后来，珀琉斯在神的帮助下，藏在忒提斯经常休息的山洞中，趁她不备而将她捉住，无论忒提斯变成母狮、水蛇还是海水，珀琉斯都没有放手，最终战胜了忒提斯并娶她为妻。他们后来所生的儿子就是阿喀琉斯，一个伟大的半神英雄。

并且，具体而言，应当教化百姓以下内容。第一，他们对在邻邦见到的任何政体形式的喜爱不应超过他们对自己国家政体形式的喜爱；同时，也不能因看到统治形式异于自己国家的国家当前处于兴旺昌盛而渴望变革。因为贵族或君主会议统治之下的百姓兴旺昌盛不是源自贵族政体或民主政体，而是源自于臣民的服从与协调；君主制国家的百姓兴旺发达也不是因为有一个人有权统治他们，而是因为百姓服从这个人。在任何一种国家之中，如果百姓不服从并因此而不协调，那么他们不仅不能兴旺发达，而且在短时间内就会解体。那些不服从而四处奔走要改革国家的人会发现他们这样做是毁掉了国家。正如同关于珀琉斯的几个愚蠢女儿们的寓言，她们因为想让垂垂老矣的父亲恢复青春活力，于是听信了美狄亚[1]的话，将他分割成碎片并和灵芝草一起煮，但是结果并没有使他变成一个全新的人。这一要求变革的愿望就像是违背了上帝的第一诫律，上帝在这

---

[1] 古希腊神话中科奇斯岛的公主，会施法术。

条诫律中说："除了我之外，你不可有别的神。"[1] 在另一处谈及君主的地方则指出君主就是神。

第二，要教化百姓，不应因仰慕其他臣民的品德而受到这种仰慕的引导，不论其身居何等高位，也不论其在国内何等显赫；也不应受主权会议以外的任何会议的引导，而采用礼遇主权者或服从主权者的方式来对待他们，即便该会议在职位上代表主权者；除了受他们代表主权者所传达的影响之外，也不应该受他们的任何影响。主权者爱护他的百姓，当深孚众望的人通过阿谀之词引诱百姓违背对主权者的效忠时，主权者因此会感到难受；这种引诱往往不仅会秘密进行，而且还会公开进行，甚至在教士面前合法宣布他们的婚姻，并在大街上公开宣布：这可以被恰当地类比为违反了十诫的第二诫。

第三，因为上述第二点，所以还应当告诉他们如下行为是何等大的过错：妄议主权代表者（不论是一个人或一个会议）、议论或抵抗他的权力，或以任何不敬的方式称呼其名，使他的臣民轻视他，因而导致臣民松懈事关国家安全的服从关系。第三诫律通过类似的方式指明了这一点。

第四，从日常的劳作中拿出特定的时间并指定人员去教化百姓，如果不按照这种方式，即便是进行了教化，百姓也记不住，一个世代过去之后，百姓也不知道主权掌握在谁的手中。有必要确定这样的时间使他们集合在一处，在向万王之王的上帝祈祷和礼拜之后，然后听人讲解他们的义务是什么，以及听人宣读和解释与他们所有人普遍相关的实在法，让他们记住制定法律的权力机关。为实现这个目的，犹太人将每周的第七日规定为安息日，并在这一日宣讲和解释法律。通过庄严的仪式，让人们记住他们的王是上帝；上帝在六天之中创造了世界，他在第七天休息。因为他们在这一天不再劳作，所以将他们从埃及的奴役和痛苦劳作中解救出来的上帝就是他们的王，在让上帝欢喜之后，他们能有时间通过合法的娱乐自我欢愉。所以，第一块刻有十诫的法版上全部是上帝的绝对权力，这些不仅是他作为上帝而拥有的权力，而且也是他通过信约而特别成为犹太人的王享有的权力；因此，这就提示那些因臣民的认可而获得主权的人，使他们知道应教导给臣民什么样的理论。

---

[1] 参见《出埃及记》第20章第3节；《申命记》第5章第7节。

因为子女教育的第一课依赖父母的管护，所以当他们在父母的教护之下时就应服从父母。不仅如此，嗣后子女为表达感激之情，也应以表示崇敬的外在形式对其受教导而产生的裨益表达感谢。为了实现这一目的就应教导人民，最初每个人的父亲也是他这个人的主权者，掌握着他的生死之权。国家建立后，家庭中的父亲就放弃了这一绝对权力，但是他们从未打算放弃因他们教育子女而应得到的尊敬。因为建立主权不必然要求放弃该等权利；如果他们此后从子女那里所得到的利益和从别人那里所得到的利益并无二致，那么一个人也就没有理由去生儿育女并用心抚养和教育子女。这一点是符合第五诫律的。

　　除此之外，每一主权者都向人民教化正义之学，正义寓于不将他人之物归于己有的道理之中；即教化人们不应通过暴力或欺诈夺取经主权权利机关规定为邻人所有的任何东西。对于享有所有权的所有事物之中，人们最重视他自己的生命和肢体；其次，对于大多数人而言就是夫妻恩爱之情；再次就是财富和谋生的手段。所以，要教化百姓不应因报私仇而对彼此人身施以暴力、不应破坏夫妻恩爱的贞德、不应强行劫取和欺诈骗取他人的财物。为了实现这一目的，还有必要向百姓说明因贿赂法官或证人所做出的不公正判决将导致的恶果，否则就不存在所有权之间的差别，正义也成为一纸空谈；所有这些与第六、第七、第八和第九诫律的内容相似。

　　最后，还应教化百姓不仅要知道什么是非正义的行为，而且要知道做这些行为的打算和意图（尽管可能因偶然原因受阻而未能实现）也是非正义的。这是第十诫律和第二块法版的意旨所在，所有这些归纳成一条就是关于互爱的诫律，即"爱邻如爱己"，这和第二块法版可以归纳成"爱上帝"这一诫律是一样的；当时上帝刚刚被接受作他们（犹太人）的王。

□ 安息日

　　安息日是犹太教的主要节日之一，在犹太历每周的第七日。在这一天，任何人都不得工作。据《摩西五经》记载，安息日和上帝创世有关。上帝耶和华用六天时间完成了创世的工作，第七天是他休息的日子。安息日之所以成为节日，是以色列人与上帝立下的约，它是神圣不可更改的。

关于百姓接受这一教导的方法和途径，我们要研究一下如此之多与人类和平相悖、所依据的原理既脆弱又谬误的观点是通过何种方法深深扎根于百姓之中的。我所谓的"观点"是指我在前一章中详细列举的那些观点，诸如：人们应当根据自己的良知即自己的判断而不是法律本身来判断事物是否合法；除非臣民经先行判断国家命令是否合法，否则服从这种国家命令就是犯罪；臣民对财物的所有权可以排斥国家对同等财物的管辖权；臣民处死他们称为"暴君"的人是合法的行为；可以对主权权利进行分割等类似观点。它们就是通过以下的方式扎根于百姓之中的：有些人因为事出必要或爱财而专心从事自己的职业和劳作，另外一些人则因为奢侈懒惰而沉迷于声色犬马之中（这两种人占据了人类社会的绝大部分），而无法深入思考真理。深入思考不仅对获知自然正义的真理是必要的，而且对获取其他所有科学的真理也是必要的。因此，他们主要是从讲经坛上的神职人员那里知道"义务"的概念，还有一部分是从那些伶牙俐齿、花言巧语的邻人或相熟之人那里知道的，这些人看起来比自己聪明，并且在法律和良知方面的学问看起来要胜过自己。这些神职人员以及其他炫耀学识之人的知识源自于各个大学、法学院以及这些学院、大学中的名人出版的书籍。因此，显而易见，对百姓的教化完全仰赖对大学青年开展正确教育。但是，有人可能会问，英格兰的大学已经在知识方面足够渊博从而可以这样做了吗？或者，你们要教化大学吗？这些是很难的问题。但是，对于第一个问题，我可以不加迟疑地答复如下：直到亨利八世[1]王朝终结，主要是大学在始终支持教皇的权力而反对国家权力；大量的教士以及大量接受过大学教育的法学家和其他一些人都认同反对君主主权的观点充分地说明了这一点，尽管大学并不是这些错误理论的创立者，但是它们也不懂得如何去培植正确的理论。在这些相互矛盾的观点中，有一点十分确定，即他们没有接受充分的教化；如果他们仍然还保留当初受熏陶而反对世俗权力的那种"淡酒的味道"，那么这也不足为奇。对于后一个问题，因为任何明白我在做什么的人都会很容易地看出我的观点，所以我既无必要也不适合进行评论。

---

[1] 亨利八世（1491—1547年），英格兰国王，1509—1547年在位。亨利八世在位期间，力主推进宗教改革，彻底削弱了罗马教皇对英国的影响，将当时英国主教立为英国国教会大主教，脱离罗马教廷，他自己则成为英格兰最高宗教领袖。

要保障百姓的安全还要求享有主权的个人或会议在使用法律时对各层级百姓一视同仁；即不论百姓贫富贵贱和权力大小，对于他们遭受的侵害都要做到公正对待，从而使那些身居高位之人在对卑贱之人实施暴力、损坏名誉或施加任何侵害时，他们获得豁免的希望不大于卑贱者对位居高位之人做出同类行为时而获得豁免的希望，这是公平原则的应有之义。公平是自然法的一条诫律，主权者要像最为卑贱的臣民一样去同等地遵守它。所有违法行为都是侵害国家的行为，但是有些行为同时是对私人的侵害。那些只是关系到国家而没有违反公平原则的行为则可以豁免；因为每个人都可以根据自己的判断宽恕损害自己的行为，但是对私人的侵害如果未经受害人本人同意或进行合理赔偿的，那么按照公平的原则就不能予以豁免。

因为臣民地位的不平等性是由主权者的规定所导致的，所以这种不平等性在主权者面前，即在法庭上是不存在的，这就如同在万王之王的上帝面前不存在君主与臣民的不平等性是一样的。之所以尊贵之人的尊荣地位是有价值的，是因为他们接济贫贱之人，否则其尊荣不名一文。他们犯下的暴行、压迫和伤害并不因他们人格的尊贵而豁免，反而会加重其罪行，因为他们犯这些罪行是最没有必要的。偏袒尊贵之人将会导致相应后果：豁免罪行将生傲慢；傲慢则生仇恨，仇恨会使人不惜毁灭国家而想去推翻所有压迫人和侮辱人的尊贵之人。

公平课税也属于平等正义，这种公平性不在于财富的平等，而在于每一个人因为他的安全而对国家所承担债务的平等性。一个人仅通过劳动来维持生计是不够的，在必要的时候，还需要通过战争来保卫自己的劳动成果。如果百姓不是像犹太人被掳返回后，在重建神殿的时候一手修建神殿，一手握着剑，那么他们就必须雇佣其他人为自己战斗。因为主权权利向百姓课征的税款不是别的，而只是国家发放给部队的军饷，部队就是为了保卫平民能够各安其业。鉴于每个人所得的利益就是享受生命，而生命对于贫穷之人和富足之人都是一样珍贵的，所以贫穷之人对保卫他生命的人所承担的债务与富足之人所承担的债务是同等的。只是因为富人会雇佣穷人提供服务，所以他们不但因为自己而且因为更多的其他人而承担债务。据此，与其说税收的公平取决于消费同一事物的财富均等性，倒不如说是取决于消费的均等性。那么既然一个人从国家那里得到的保护不多于另外一个人，对一个劳动所得较多同时为了节省劳动成果又消费非常之少的人课征更多的税收，对另外一个生活懒惰同时所得不多却将其挥霍一空的人课征较少的税收，这又是什么道理呢？但是如果按照所消耗的物品课征税收，则每一人将按照自己所消耗的物品平等缴税，那么国家也就不会因为私人的奢侈浪费而产生损失。

虽然很多人因为不可避免的事故而无法靠劳动来维持生计，但是对于这些人，不应该由私人的慈善接济，而是应该根据自然需求，根据国家法律进行救济。如同将羸弱之人遗弃是毫无慈悯之心一样，一个国家的主权者将这些人推向这种具有不确定性的慈善行为而使其遭受风险之虞也是毫无慈悯之心。

但是，对于那些身强力壮之人就是另外一种情形了：必须要强制他们工作，并且制定鼓励航海、农业、渔业等技术行业以及各种需要劳动力的制造业的相关法律，以防止这些人以找不到工作为借口（不工作）。贫穷和身强体壮的人的数量仍在不断增长，应将他们派至那些居民稀少的国家去；但是他们不应杀掉他们在当地遇到的人们，而应当同他们比邻而居；不应占据太大的地方并将所见之物悉数掳去，而是要通过技艺和劳作在每一小块土地上耕作，按季获得他们的收成。当人类遍布全世界的时候，最后的方法就是战争，对于每一个人而言，战争要么是胜利，要么是死亡。

主权者还应注意制定良法。但什么才是良法呢？因为没有不公正的法律，所以我所谓的良法不是指公正的法律。法律是根据主权权利制定的，百姓中的每一人都应担保并承认这种权力的所有作为。对于人人皆遂其愿的事，没有人能说它是不公正的。国家的法律就像游戏规则，参与游戏的人全都同意的事对他们中的每个人而言都不能说是不公正的。良法就是百姓利益所需要且清晰明确的法律。

法律（只不过是经批准的规则）的用处不在于约束百姓去做任何自愿做的事情，而是要指引和保护百姓，让他们在这种行为中不要因自己鲁莽的欲求、草率的行事或不慎的行为而伤及自身。这就像装篱笆不是为了禁止行人通行，而是让他们走正路。因此，一部不需要的法律就没有蕴含着法律的真正目的，它就不是一部良法。当一部法律符合主权者的利益，尽管对臣民而言是不必要的，但它也可能被认为是一部良法，然而情形并非如此。因为主权者的利益和百姓的利益无法分离。国家积弱则臣民羸弱；臣民羸弱，则其主权者就缺少根据他的意志统治臣民的权力。不具有必要性的法律不是良法，而只是敛财的陷阱；在承认主权者权利的地方，这种法律是多余的，但是在不承认主权者权利的地方，这种法律又不足以保护百姓。

法律的明确性与其说寓于法律文本本身，倒不如说是寓于颁布法律的动机与缘由，即向百姓说明立法者的意图所在。这种意图为人知晓之后，法律篇幅短小倒比冗长更容易被人理解，因为所有的词汇都可能存在模糊性，所以增加法律文本中的词句就是增加模糊性。此外，这似乎暗示谁能够费尽心机在文字上投机取巧，谁就可以逍遥法外。这就是造成大量滥讼的一个原因。当我想到古代的法律何其简短而后来如何变得日渐冗长时，就仿佛是看到了那些撰写法律条文的人和法律的辩护人之间的相互博弈，前者想方设法对后者进行限制，后者则穷尽脑汁去避免被限制，最终法律的辩护人成为胜利的一方。因此，立法者（诸如所有国家中的最高代表者，可能是一个人抑或是一个会议）的一项职责就是清楚地说明制定法律的目的所在，法律文本要尽可能简明，尽可能使用恰当且意义明确的术语。

奖罚分明也是主权者的职分。因为惩罚的目的不在于报复和泄愤，而是在于矫正作奸犯科者或效尤者，所以最严厉的惩罚就要施加在对公众造成最大危害的罪行上，这些罪行诸如因对已建立的政府预谋祸心而犯下的罪行、藐视法律犯下的罪行、引发百姓公愤的罪行以及那些如果不予惩罚就似乎被认为是被认可的罪行，例如那些当权之人的儿子、仆役或他们宠幸的人所犯下的罪行等，因为公愤不仅会导致人们反对这种非正义行为的案犯和主犯，而且会反对所有可能保护他们的权力。例如，塔奎因当政期间的情形就是这样，他的一个儿子因为横行霸道而被驱逐出罗马城，于是君主制本身也瓦解了。但是，因为人性弱点而导致的罪行，诸如因为受到严重挑衅而被激怒、巨大的恐惧或紧急避险而犯下的罪行，以及因为不知某事是否为严重的罪行而犯下的罪行等，可在很多情况下从宽处理而不至于对国家产生危害。根据自然法的要求，可从宽处理的罪行皆应从宽处理。惩罚暴动的罪魁祸首和教唆者，而不是惩罚被迫上当的可怜之人；当对他们进行惩罚之后，可以通过他们的例子让国家受益。对百姓的严厉之处在于惩罚他们的无知，而无知在很大程度上要归因于主权者，其过错在于没有更好地教化百姓。

同理，使奖赏永远有益于国家是主权者的职分和义务，这寓于奖赏的目的和用途之中。如果主权者能够在尽可能少地耗费国家财产的同时，使对国家有功的人得到最好的报偿，那么主权者就实现了奖赏的这一目的。这样可以激励其他人为国尽忠效力并且钻研技艺，从而能够更好地为国效力。如果（主权者）用金钱收买一位深孚众望却野心勃勃的臣民而使他保持沉默，避免其在臣民中留下不良的印象，这种做法便不具备任何奖赏的性质（设置奖赏不是为了防止危害，而是为了此前所立下的功劳）；这也不是一种感恩的象征，而是一种恐惧的象征。这样做不仅不会对公众有益，反而会殃及公众。与野心勃勃的人争斗就如同赫拉克勒斯和多头蛇怪物海德拉争斗一样，每砍掉海德拉的一颗头，它就会再长出三颗头出来。[1]因为在类似的情况下，当一个深孚众望之人的固执己见因被奖赏而不了了之之后，就会引起人们的群起效尤，从而做出类似的坏事，希望得到类似的好处。各种恶意图谋就如同所有各种各样的制造品一样，只要有销路，制造品就会越来越多。尽管有时候内战也可以通过这种方式得以延缓，但是危险越积越大，公众被毁灭的命运就在所难免了。因此，受托保护公共安全的主权者奖赏那些通过危害他们的国家和平为手段以谋求尊位的人，而不是将这种人的危险扼杀在萌芽状态，直到随着时间的递延危险越来越大的时候再行遏制，那么就违背了主权者的义务。

　　主权者的另一项任务是选任优秀的参事。我所谓的"参事"是指在治理国家方面为主权者提供建议的人。因为"参事"一词的意义非常广泛，意为所有人汇聚一堂，其中不仅包括研判未来事项的人，也包括裁断以往事实和现有法律组成的人。此处，我只是指第一种意义的参事：据此，因为咨询者也是被咨询者的组成部分，所以在民主国家和贵族国家之中没有选任参事这种事。因此，只有君主制国家中才存在选任参事的事。在君主制国家中，如果主权者不选任那些在各个

□ 九头蛇海德拉

　　海德拉，希腊神话中的九头蛇。一说它是最强悍的怪物之父百首巨龙堤丰和女首蛇身的怪物厄喀德那交配所生，一说它是帕拉思和冥河结合而生。传说如果斩断它的一颗头，它立刻又会生出三颗头来。海德拉生活在沼泽中，吞食田地，蹂躏人畜，无恶不作，它吐出来的毒气还会引发瘟疫。人们对它恨之入骨，却又对它万般忌惮。最后，伟大的英雄赫拉克勒斯使计成功地杀死了它。

---

[1]希腊神话中，赫拉克勒斯是宙斯的儿子，他受到天后赫拉的陷害，杀死自己的妻儿，为了赎罪，他接受神谕服侍他的表亲迈西尼国王尤理士。尤理士为向天后献媚，决定杀死赫拉克勒斯，于是交给他12项不可能完成的任务，其中一项就是杀死九头蛇海德拉。赫拉克勒斯每砍掉九头蛇的一颗头，就用火将被砍的地方烧焦，使其难以长出新的头，就这样最终将海德拉杀死。

方面最能干的人，那么他们就是没有做到尽职尽责。那些最能干的参事是指那些如果提供糟糕的建议，那么他们自己因之而受益的希望也最小，同时在促进和平与保卫国家的事业方面知识最为博学的人。然而，要知道谁有望从公众骚乱中获得好处是非常困难的，但是有些迹象却可将其作为合理怀疑的根据，诸如在百姓发出无理或无可补救的怨言时，那些自己的资财不足以承担日常花销却来安慰百姓的人；任何人如果了解情况，那么就可以很清楚地看出这种迹象。但是，要想知道谁在公共事务方面最为博学则是难上加难。能识得这些博学之人的那些人恰恰是那些从很大程度上而言并不需要他们的人。因为要知道谁通晓任何一门技艺的规则，谁就必须具备关于这门技艺的大量且深刻的知识，因为任何人只有自己首先接受教育并认识了这些规则之后才能够确定其他人所知晓的规则是否准确。但是，具备任何一门技艺知识的最佳标志就是经常性讨论它并能从中不断取得良好的效果。好建议不是靠掣签或者遗传得来的，因此希望从富贵之人那里获得关于国家治理方面的好建议就如同希望他们就堡垒的尺寸方面提出好建议一样毫无道理。除非我们认为政治学研究和几何学研究一样不需要方法，只需在一旁观瞧即可，但是事实并非如此。在这两门学问中，政治学研究更难一些。但是，在欧洲人们却将世袭最高参议会中的席位视为某些人的权利。这是古日耳曼人在征服战争过程中沿袭下来的做法，在征服的过程中，许多独裁的侯爵联合起来征服其他民族；如果当时他们不能获得一些特权，以此作为将他们的后裔与臣民的后裔区别开来的标志，他们就不会联合。因为这种特权与主权权利无法相容，所以看起来他们是因为得到了主权者的支持才得以保留（这一特权），但如果他们努力争取将这种特权作为自己的权利，那么就必然会被逐步剥夺这种权利，最后除了由于他们的才能自然获得的尊荣地位之外，他们再无其他尊位。

不论某一参事处理所有事务的能力何等卓越，他向每个人单独提供意见以及提供该意见的理由要比在一个会议中通过演讲的方式提出的意见效用要大；并且经过深思熟虑提出的建议要比突然提出的建议的效用要大，这不仅是因为这样可以让他们留出更多时间考虑行为后果，而且可以减少因意见分歧产生嫉妒、竞争或其他激情而陷入矛盾的状况。

对于仅涉及臣民、与单纯根据规制内部事务的法律所享受安宁和福利有关且与其他国家无关的事项，最好的意见应源自于各行省百姓的一般性信息和申诉。人们对自己需求的认识最清楚，所以如果百姓的诉求没有破坏基本主权权利，那么就应从善如流。因为正如我多次提及的那样，没有这些基本权利，则国将不国。

如果一支军队的统帅不能深孚众望，那么他的军队就得不到应有的爱戴和敬畏，因此履行职责时就无法取得丰功伟绩。所以，他必须是一个勤勉、勇敢、和善、宽容且幸运的人，从而树立一个出类拔萃且关爱兵士的形象。这就是深孚众望，它将会激发士兵的欲望和勇气以赢得统帅的喜爱；在必须惩罚叛乱犯上和玩忽职守的士兵的时候，可以维护统帅的威严。但是，对主权者而言，如果忽视了统帅的忠心，统帅这种关爱士兵的感情对主权权利而言就是一种危险的事，当主权是掌握在一个未孚众望的会议手中时尤为如此。因此，百姓的安全要求主权者授予军权的对象应该是优秀的指挥官，同时也应该是赤胆忠心的臣民。

但是，当主权者本身深孚众望时，即在受到他的百姓爱戴时，臣民的声望就不会导致任何危险。因为即便士兵爱戴自己的统帅，在他们不仅爱戴主权者的为人而且钟爱其事业时，他们也不会不公正地与统帅一起反对主权者。因此，那些在任何时候通过暴力推翻合法主权者权力的人，在自己的位子上站稳脚跟之前，往往要解决使他们自己名正言顺所面临的麻烦，从而使百姓不至于在接受他们的时候感到耻辱。对主权权利拥有一种众所周知的权利，这本身就是一种深孚众望的事情。从其自身而言，只要具有这种权利的人让人们看到他可以果断地处理自己的家族事务；对于敌人而言，只要他能击败敌人的军队，他就能赢得臣民之心。因为人类中最强大且最活跃的那部分就是那些对现状从未感到十分满意的人。

某一主权者对另一主权者的职分包含在通常称为"万民法"的法律之中。此处，因为万民法和自然法就是一回事，所以我没有必要讨论这一职分。在保护臣民安全方面，每一个主权者的权利与任何人在保护自己人身安全方面所具有的权利是相同的。对那些不在世俗政府管辖之下的人彼此关系方面可作为和不可作为事项作出规定的法律同样适用于国家之间，即同样地适用于主权君主和主权会议的良知。因为自然法法庭仅存在于良知之中，这里不归自然人管辖，而是归上帝管辖。上帝是自然的创造者，他的法律对全人类具有约束力，这就是自然法；上帝是万王之王，这种法律就是一般性的法律。但是在神的国之中，上帝既是万王之王，又是某一特殊选民的王，我将在本书后续部分对这个问题进行讨论。

第三十一章　论自然的神国

在纯粹的自然状态下，即绝对自由的状态之下，无所谓臣民或主权者，这是一种无政府状态和战争状态，而引导人们摆脱这种状态的法则是自然法。一个没有主权权利的国家如同没有实质内容的词语一样毫无意义，在一切不违反神律的事务方面，臣民都应绝对服从主权者。关于这些内容，我在此前都已作了充分证明。在一整套有关市民义务的知识中，我们仅缺少何为神律的认识。因为如果缺少这种认识，那么当世俗权力机关命令一个人做任何事时，此人就不知道这样做是否违背神律。所以，人们要么会因为过分地服从世俗权力机关而冒犯了上帝，要么因为惧怕冒犯上帝而违抗国家的命令。为了避免触碰到这两块礁石，我们有必要了解何为神律。因为对所有法律的了解都取决于对主权的了解，所以接下来我将对神的国[1]进行讨论。

《诗篇》的作者说，"耶和华作王，愿地快乐"[2]；又说："耶和华作王，万民当战抖。他坐在二基路伯[3]上，地当动摇"。[4]不管人们是否愿意，他们都必须永远服从神权。人们并不会因为否认上帝的存在或安排而摆脱束缚，这样会使他们失去安逸的状态。但是，将适用于人类、禽兽、植物和非生物的上帝的权力称为"王国"，只不过是使用了这个词的喻义。因为只有通过使用言词以及

---

[1] 又译作"天国"或"上帝王国"。《圣经》和合本中文译本翻译为"神的国"，在本书的翻译中采用"神国"或"神的国"的译法，下同。
[2] 参见《诗篇》第97章第1节。
[3] 基路伯即天使。《圣经》中多次提及神殿和约柜上的基路伯，诸如《历代志下》第5章第7和第8节，"祭司将耶和华的约柜抬进内殿，就是至圣所，放在两个基路伯的翅膀底下。基路伯张着翅膀在约柜之上，遮掩约柜和抬柜的杠。"又如，《出埃及记》第37章第7、第8和第9节，"用金子锤出两个基路伯来，安在施恩座的两头，这头作一个基路伯，那头作一个基路伯，二基路伯接连一块，在施恩座的两头。二基路伯高张翅膀，遮掩施恩座，基路伯是脸对脸，朝着施恩座"。
[4] 参见《诗篇》第99章第1节。

承诺奖赏那些服从的人，同时使用警告惩罚那些不服从的人等方式管辖其臣民的人才可以被适当地称为统治者。因此，神的国中的臣民既不是非生灵，也不是没有理性的生灵，因为他们无法理解神的诫律；而且也不会是无神论者或者不信上帝对人类行为进行任何管理的人，因为这种人不承认神的道，不期望他的奖赏，也不惧怕他的警告。所以，只有那些相信有上帝统治的世界且相信他为人类制定了诫律、设置了奖赏和惩罚的人，才是上帝的臣民，其他的人都应被理解为是敌人。

通过言语进行统治就要求这种言语能够让人明确地知悉，否则这些言语就不是法律，因为法律的本质就要求充分且明确地公布，避免人们以不知法作为（违法的）借口。人类的法律要做到这一点只有一种方法，即通过人的声音来宣布或公布法律。但是，上帝公布神律的方式有三种，即通过自然理性的命令、上帝的启示以及因神迹的作用而得到他人信仰的人的声音。据此，上帝的道有三种形式，即理性的言语、感性的言语和先知的言语。与之相对应，也有三种听到神的道的方式，即正确的理性、超自然的感觉和信仰。其中，超自然的感觉存在于神的启示或神灵感应之中，因为上帝用这种方式说话的时候，只是向特定的人说话，并且对不同人说的事也各不相同，所以从未通过这种方式提出过任何普遍性的法则。

根据上帝另外两种降谕之道之间的区别，即理性的言语和预言之间的区别，可以认为存在两种神国，一种是自然的神国，另一种是先知的神国。在自然的神国中，上帝统治所有根据正确理性的自然命令而承认上帝的安排的人；在先知的神国中，他拣选了一个特殊的民族即犹太民族作自己的臣民进行统治，并且只统治他们。上帝不仅通过自然理性统治他们，而且通过借由圣人先知之口颁行的法律来统治他们。我将在本章对自然的神国进行讨论。

上帝根据自然权利统治人类并惩罚违犯他的律法的人，这种权利不是源自于他创造了人类，因为如果是这样，那么就好像是说上帝要求人们以服从来报他的恩一样；这种权利是源自于上帝不可抗拒的权柄。我之前曾阐明了主权者权利是如何从信约中产生的；如果要阐明同样的权利是如何从自然中产生的，我们只需说明在何种情形下这种权利从不会被取消即可。因为就其本质而言，所有人对所有的事物都享有权利，所以每个人都有权利统治所有其他人。但是，因为无法通过暴力获得该权利，所以放弃该权利，并一致同意使一些人享有主权权利统治和保卫自己就与每个人的安全相关。但是，如果任何一个人具备难以抵抗的权柄，那么他就没有理由不按照自己的意愿借助这一权柄来统治和保卫自己。这种具备难以抵抗权柄的人，因为他们在权柄方面具有优势，所以统治所有人的权力就自然地归属他们。由此，基于王国统治人们的权利和根据其意愿使人类受苦的权利就自然地归属于全能的神。但是，这并不是因为他是造物主和他的慈悯而属于他，而是因为他是全能的神。尽管惩罚只是对罪恶的惩罚（这个词本身就包含着因罪恶而遭受的痛苦），但是使人受苦的权利往往并不是源自人们犯下的罪恶，而是源自神的权柄。

古人对为什么"恶人常得福，好人遭祸殃"这个问题进行了大量的讨论，这与我们此处讨论的问题是相同的，即上帝根据何种权利降福祸于今世。这个问题非常难回答，因为它动摇了凡夫俗子、哲学家乃至圣人对"神意"的信仰。例如，《圣经》中大卫说："神实在恩待以色列那些清心的人。至于我，我的脚几乎失闪。我的脚险些滑跌。我见恶人和狂傲人享平安就心怀不平。"[1]

□ 上帝与约伯关于利维坦的对话

学术界对利维坦的象征意义一直有积极的探讨和追问。利维坦的形象出现在《约伯记》中，上帝以利维坦的可怕诘问约伯道："你能用鱼钩钓上利维坦吗？你能用绳子压下它的舌头吗？你能用绳子穿过它的鼻子吗？你能用钩子穿过它的鳃骨吗？它肯用温言软语，向你连连祈求吗？它肯与你立约，使你拿它永远作奴仆吗？"约伯无言以对，默认自己不敢惹它。

约伯虽然刚正不阿，但是他也历经了诸多苦难，他是如何急切地与上帝争辩的呢？上帝亲自裁断了约伯的问题，其根据不是约伯犯下的罪恶，而是他自己的权柄。因为当约伯的朋友将他所受苦的理由都归因于他犯下的罪恶，他却坚持认为自己无罪并为自己辩护时，上帝亲自来回答了这个问题，通过"我立大地根基的时候你在哪里呢"[2]等来证明他是根据自己的权柄而使

---

[1] 参见《诗篇》第73章第1、第2和第3节。
[2] 参见《约伯书》第38章第4节。

约伯受苦的。这样就既证明约伯是无罪的,又驳斥了他朋友的错误观点。关于天生眼瞎的问题,我们的救主所说的话和上述说法也是一致的,"也不是这人犯了罪,也不是他的父母犯了罪,是要在他的身上显出神的作为来"[1]。虽然我们可以说"死又是从罪来的"[2](即是说如果亚当没犯罪,那么他就永不会死,也就是说他绝不会受灵魂与他的躯体脱离的痛苦),但是不能据此得出推论认为上帝没有理由使没有犯罪的人受苦,就像他不能使那些犯不了罪的生物受苦一样。

我们已经阐明上帝的主权者权利的基础只是以自然为根据,下一步我们将讨论神律或自然理性的命令,这些律法所规定的要么是一个人对另一个人所承担的自然义务,要么是我们对神性主权者的自然尊敬。前者即为自然法(诸如公平、正义、慈悯、谦卑以及其他道德品行),我在本书第十四章和第十五章中已进行过讨论。所以,我们后续将要讨论自然理性的指令而不是从其他神的道中得出关于尊敬和崇拜上帝的准则。

尊敬是对另一个人权势和善良的内在想法和观点。因此,尊敬上帝就是尽可能高地评价他的权势与善良。这种观点通过语言表达出来就是"崇拜"(worship),拉丁人将这个词理解为包含在"培植"(cultus)一词中的部分意义。从严格且常用的意义上而言,"培植"是指一个人为了从任何一件事物中得到好处而对它投入的劳动。这些事物要么从属于我们,只是根据自己的意愿来回报我们在它们身上投入的劳动而自然产生的一种结果;要么这些事物不从属于我们,而只是按照它们自己的意愿来回应我们所付出的劳动。对于第一种意义而言,投入在土地上的劳动称为"培育",对子女的教育称为对他们心灵的"培育"。对于第二种意义而言,并非通过暴力而是以顺从的方式使人们的意志服从我们的目的,诸如通过颂赞、承认他们的权势以及任何可以使他们喜悦的方式从而从他们那里获得好处。这就可以被恰当地称为"崇拜"。就这种意义而言,"publicola"[3]可以被理解为一个崇拜人民的人,"cultus Dei"[4]可以被

---

[1] 参见《约翰福音》第9章第3节。

[2] 参见《罗马书》第5章第12节,该节原文为"这就如罪是从一人入了世界,死又是从罪来的;于是死就临到众人,因为众人都犯了罪"。

[3] "publicola"意思为"人民之友"。

[4] "cultus Dei"意思为"培育神"。

理解为崇拜上帝。

内心的崇敬寓于对权力和善良的看法之中，并产生了三种激情——爱（与善良有关的激情）、希望和畏惧（与权力有关的激情），由此又生出三种外在的崇拜方式，即赞美、夸奖和颂赞。赞美的对象是善良，夸奖和颂赞的对象是权力，所产生的效果是福祉。赞美和夸奖一方面可通过言词表示，另一方面可以通过行动表示。当我们说某一个人善良或伟大的时候，就是通过言词表示；当我们为感谢某一个人的恩惠而服从他的权力时则是通过行动表示；而对他人幸福的看法，则只能通过言词表示。

在品性和行为方面表示崇敬的标志，有些是自然的，例如品性方面的善良、公正和大度等，行为方面的祷告、感谢和服从等；其他一些则是根据人们的制度或习惯而来的。有些标志在某些时间和地点是崇敬，在另一些时间和地点则是不敬，而在其他的时间和地点则是无所谓崇敬与否。如不同地方表示行礼、祈祷和感恩时使用的姿势各不相同。前者属于自然的崇拜方式，后者则属于人定的崇拜方式。

□ 统帅

霍布斯认为，统帅不仅要有统领之才，还要具备良好的德行，即勤劳勇敢、关爱士兵、奖惩分明等，这样才能深得人心，树立威望，进而取得丰功伟绩。图为战场上的统帅。

因为人定的崇拜有时候是根据命令进行的，有时候则是自愿的，所以它存在两种形式。按照被崇拜者的要求而崇拜的是根据命令进行的崇拜；按照崇拜者认为恰当的方式进行的崇拜是自愿的崇拜。根据命令进行的崇拜，不在于言词或姿势，而在于服从。但是，对于自由的崇拜则在于旁观者对这种崇拜的看法，如果在旁观者看来我们用以崇拜的言词或行动是荒唐可笑并有意欲轻蔑之意，那么它们就不是崇拜，因为其中没有崇拜的表现。之所以说其中没有崇拜的表现，是因为对于做出它的人来说，这些并不能成为一种表现，而对于此表现的对象而言，才能作为崇拜的表现；即只有对旁观者而言才能作为表现。

除此之外，崇拜也分为公众崇拜和私人崇拜。公众崇拜是国家作为一个人格而进行的崇拜。私人崇拜是个人进行的崇拜。对于整个国家而言，公众崇拜是自由的，但对于特定的个人而言则不是这样的。在私下进行的时候，私人崇拜是自由的，但是在大庭广众之下绝不能没有来自于法律或舆论的一些限制，这与自由的性质是相违背的。

人类存在崇拜的目的是为了权势。因为当一个人看到另外一个人受人崇拜的时候，就会认为该人有权势，并且愿意服从他，由此会更加壮大这人的权势。但是，对上帝崇拜则没有目的可言。我们对上帝的崇拜源自我们的责任，并根据我们的身份、按照某些崇拜的规则进行崇拜，即按照理性命令，弱者为希望获得利益、因畏惧伤害或因从强者那里得到好处而感恩的规则。

通过自然的教导，我们可以知道什么是对上帝的崇拜，我将以上帝的属性作为讨论的切入点。第一，显而易见，我们必须承认存在是上帝的属性，因为没有人会去崇敬一个自己认为不存在的事物。

第二，认为世界或世界的灵魂是上帝的哲学家，贬损了上帝并否认了他的存在。因为上帝应被理解为世界的起因，如果说上帝是世界，那么就等于说世界不存在起因，即不存在上帝。

第三，因为永恒的事物是没有起因的，所以说世界不是被创造出来的而是永恒存在的就等于否认上帝的存在。

第四，有些人根据他们的想法赋予上帝安闲的属性，认为他不关心人类，使他失去人们对他的崇敬；这将使人们不再敬爱和畏惧上帝，而敬爱和畏惧恰恰是崇敬的根源。

第五，对于表示伟大和权力的事物，说上帝是"有限的"就是不崇敬上帝。因为在赋予上帝属性时，如果我们不能尽自己所能，那就是不愿意崇敬上帝的表现；"有限的"就是比我们所能做到的要少，因为我们可以很容易地在有限的东西上增加更多东西。

因为所有的形象都是有限的，所以将上帝赋予形象就不是崇敬。

因为我们所构想出的任何事物都具备"有限性"，所以说我们在我们的意识中构想和想象出上帝或者上帝的一个概念也不是崇敬上帝。

因为只有"有限性"事物才具有部分或整体的属性，所以我们赋予上帝部分或整体的属性也不是崇敬上帝。

因为不论何等事物，只要处于某一空间就具有"范围"和"有限性"，所以认为上帝处于某一空间也不是崇敬上帝。

因为说上帝是运动的或静止的就是赋予上帝空间，所以认为上帝是运动的或静止的也不是崇敬上帝。

如果认为有不止一个上帝，那么就是暗指他们都是有限的，因为不可能存在一个以上的无限的存在，所以这也不是崇敬上帝。如果赋予上帝忏悔、愤怒、怜悯等带有内心不安的性质的激情（除非采用比喻手法指代的不是激情而是实际效果），或认为他具有嗜好、希望、欲望等或任何消极官能也不是崇敬上帝，因为激情是受其他东西限制的力量。

因此，当我们认为上帝具有一种意志，就不应当将这种意志理解为和人的意志一样，即一种理性的欲望，而应将其理解为上帝实现创造万物所具备的力量。

与此类似，当我们认为上帝具有视觉等感官活动时也是如此。这些东西在我们身上只不过是外物施加在身体的各部分器官而造成的意识波动。上帝身上不存在这类东西，因为这些是取决于自然原因的事物，所以就不能将其归于上帝身上。

一个人要赋予上帝那些以自然理性作为根据的属性，他就必须只能使用"无限""不朽""不可思议"等具有否定属性的形容词，或"至高""至大"等具有最高级属性的形容词，或者使用"善""公正""神圣""造物主"等具有无限定属性的形容词，而将这些形容词用在上帝身上的时候，其意义似乎不是为了宣示上帝是什么（因为这样就将他限制在我们幻象的范围之内），而只是说明我们如何崇敬以及如何随时准备服从他。这是谦卑的一个象征，是我们尽可能崇敬他的意愿的一个象征。因为只有一个名称能说明我们关于上帝性质的概念，即"我存在"；并且只有一个名称能说明他与我们之间的关系，即"上帝"，其中包含着"父""国王"和"主"的含义。

关于崇拜神的行为，最普遍的一条理性准则即这些行为应当是崇敬上帝意愿的标志，其中第一是祈祷。因为雕工在雕像的时候，人们并不认为他们能使雕像成神，而是向它们祈祷的人才使它们成为神。

第二是感恩。在崇拜神时，它与祈祷的区别只是在于祈祷先于恩赐，感恩后于恩赐，二者的目的都是承认上帝是过去和未来全部恩惠之源。

第三是礼物，即牺牲和供物。如果这些是最好的，那么就是崇敬的标志，因为它们是称谢之物。

第四是只以上帝之名起誓，这天然是一种崇敬的标志。因为这是明证只有上

帝洞悉人心，没有任何人的智慧或力量可以庇护一个起假誓的人免遭上帝对他的报复。

第五是不妄谈上帝，这是理性崇拜的一部分，因为这是对上帝的敬畏，而敬畏就是承认他的权柄。由此可以得出推论，不可轻率地和无目的地用上帝之名，因为那样就等于滥用上帝之名。同时，除非通过起誓、国家命令而做出确定性裁断或为避免国际战争而使用上帝之名，否则就属于无目的地用上帝之名。争论上帝的本质是有违上帝尊荣的。人们认为，在自然的神国中，除了根据自然理性即自然科学的原理外，没有任何其他可以认识事物的方法。但是，这种原理远不能教导我们何为上帝的本质，这正如它们不能教导何为我们自己的本质，也不能教导何为最微小生物的本质。因此，人们以自然理性原理为根据来争辩上帝的本质就是不崇敬上帝；对于我们赋予上帝的属性，我们不应考量其哲理意义，而只应考虑向上帝致以我们最高崇敬的这种虔诚意愿的意义所在。因为缺少这种考量才导致人们会写出那些不是为了崇敬上帝而是为了自诩自己的智慧和学问的一卷卷书籍来争论上帝的本质，这只不过是在轻率且毫无目的地滥用上帝的神圣之名。

第六是当祈祷、感恩、祭献和牺牲是自然理性的命令时，在每一项中我们都应当为上帝挑选最好的和最能表达崇敬的东西。例如，祈祷和感恩的词句不应是仓促完成的、轻浮的或庸俗的，而应是美好且行文优美的；否则，我们就是没有穷尽可能地崇敬上帝。因此，异教徒崇拜上帝为偶像是荒谬的。但是，他们通过诗文和音乐（包括唱歌和击打乐器）崇拜上帝是合理的。他们用作牺牲的牲畜、贡献的祭礼以及他们崇拜上帝的行为都充满着服从和不忘所得恩惠的意蕴，这一切崇敬上帝的行为是源自崇敬上帝的意愿，所以也是合理的。

第七是理性命令我们不但要在私下里崇拜上帝，而且尤其是要公开地在人看

□ 燔祭

古代以色列人献祭的时候，他们会从羊群中捉来一只羊羔，宰了它，放在坛上，放火烧了它。这种用火烧全兽作为献祭的方式被称为燔祭。这种祭不可为任何人留下一点牲畜的肉，被认为是最好的一种祭。在以色列人的帐幕里，祭司每天献两只羊羔为祭。图为一个以色列人向上帝献上燔祭。

得见的地方崇拜上帝。因为如果不这样做，那么便失去了崇敬上帝中最令人认可的一点，即让他人崇敬上帝。

最后是服从神律（在这种情况下就是自然法），这是所有崇拜之中最伟大的崇拜。因为相比于敬献牺牲，上帝更接受服从；所以漠视上帝的诫命就是所有不敬之中最大的不敬。这些都是自然理性命令个人崇拜神的法则。

但是，既然国家只是一个人格，那么对上帝也只应当有一种敬拜方式。当国家命令个人公开敬拜时就是这种情形。这就是公共敬拜的方式，它的特征在于整齐划一性，因为不同的人做出不同的行为不能被称之为一种公众敬拜。因此，如果允许私人的宗教有许多不同的敬拜方式，那么就不能说存在任何公众敬拜，也不能说这个国家信奉了任何宗教。

言语的意义是根据人们的合意和习俗而得来的，所以关于上帝属性的形容词亦是如此，之所以应认为这些关于属性的形容词是表示崇敬的，是因为人们意欲使它们表达尊敬。在不存在法律而只存在理性的地方，人们根据意志做出的作为，国家也可根据市民法通过意志做出这些作为。因为国家没有意志，只有那些享有主权权利的某一个人或多个人的意志制定的法律，所以主权者在上帝的崇拜中规定为表示尊敬属性的那些形容词，个人在公共敬拜中应在同等的意义下使用它们。

但是，并不是所有的行为都是依据规定的表现方式，其中一些是天然地属于崇敬的表现，另一些是天然地属于轻蔑的表现，后者也是人们羞于在自己敬拜的人面前做出的行为，因此就不能因人为的权势而使之成为崇拜神的方式的组成部分。前者诸如正派、端庄和谦恭的行为也不可能在崇拜的方式中分离开来。但是，不计其数的行为和姿势对人们来说是无所谓的，对于其中国家规定公开普遍地用作表示崇敬和敬神方式的那一部分，臣民就应按规定予以采用。《圣经》说："投靠耶和华，强似倚赖人"[1]，这在按信约建立的神国中是成立的，但是

---

〔1〕此处霍布斯明确说明是引用自《圣经》，但并未说明具体章节，而在英王詹姆斯钦定版《圣经》中并没有这句话。与之最为近似的一句话似乎应是《诗篇》第118章第8节的 "It is better to trust in the LORD than to put confidence in man"，中文和合本《圣经》翻译为 "投靠耶和华，强似倚赖人"。此处，似应是霍布斯引用的当时的《圣经》版本之一。

在自然的神国中则不然。

　　以上对自然的神国和上帝的自然法进行了简短的讨论，我将在本章中对上帝的自然惩罚作简短补充说明。人类在今世生活中的每一行为都是一长串因果链条的开端，对这种因果链条，人类的远见还不足以看到它尽头的情况。在这个链条中，苦乐之事交织在一起；对于想为了自己行乐而行事的人而言，他必然会遭受与之相关的全部痛苦；这些痛苦是对这些行为的自然惩罚，而这些行为则是弊大于利的情势开端。由此，放浪形骸就会自然地招致疾病缠身的惩罚；恣意放肆就会招致灾祸临头的惩罚；多行不义就会招致敌人暴力行为的惩罚；骄傲自大会招致一败涂地的惩罚；懦弱无能会招致被压迫的惩罚；王国慵懒散政会招到叛乱动荡的惩罚，叛乱动荡会招致尸横遍野的惩罚。既然惩罚是因为违背法律导致的，那么自然的惩罚就是因违背自然法而自然发生的，所以这些就是自然产生的结果，而不是任意性的结果。

　　行文至此，本书讨论了关于主权者如何建立及其性质和权利，以及根据自然理性的原理推导所得出的臣民义务。现在，考虑到这种学说与世界大部分地区的实践情况差异太大，尤其是同我们这种接受罗马和雅典伦理学的西方世界的实践相去甚远，同时考虑到掌握主权权利的人需要的伦理哲学又极为深奥，我几乎认定我的这些努力就如同柏拉图提出的理想国理论一样毫无用处：因为他也认为在哲学家担任主权者之前，永远无法避免因国家动乱和内战而导致的政权更迭。但是，当我又考虑到主权者和他们的股肱之臣唯一所必需的知识是有关自然正义的知识，他们不需要像柏拉图所说的那样，去学习远超出良法要求他们的数学知识的程度；并且柏拉图以及迄今为止的任何其他哲学家都没有理清、充分或大概地证明伦理学的全部公理，即那些人们能习得的治理和服从之道。鉴于此，我秉持的希望又恢复了一些，我认为终究有一天某位主权者会看到我的这本书（因为本书篇幅短小，并且我认为本书也通俗易懂），他会亲自研读，并且不需要任何存在利害关系或有嫉妒心的解释者的帮助；他会行使全部的主权权利以保护此书可被公开讲授，从而将思考的真理转化成实践的效用。

第三编 | 论基督教国家

　　霍布斯在本编中讨论了在当时最为困难且最危险的问题：教权和世俗政权究竟谁凌驾于谁之上。霍布斯讨论了宗教的起源、《圣经》的历史沿革，通过对《圣经》原文的分析和论证，指出教会为了一己之私而对《圣经》断章取义，愚弄世人，教会的权力基础和对《圣经》的解读是极其荒谬的。他结合自己的主权理论，"大逆不道"地抨击了教皇对世俗政权的干涉，对教皇权力进行了"釜底抽薪"式的打击，从根本上否认了教皇所享有的世俗权力，为世俗权力解开了枷锁。通过论证，霍布斯提出，教权必须服从世俗政权，教会只不过是世俗政权的一种辅助机构，这从根本上否定了教会的"君权神授"国家理论体系。

第三十二章　论基督教体系的政治原理

到目前为止，我仅根据自然原理得出了主权权利和臣民的义务，并根据经验或一致的词汇用法证明了这些自然原理是正确的，即我只是从经验所表明的我们的人类本性以及所有政治推论中必不可少而又取得广泛一致性看法的言词定义中引申出这些自然原理。但是，随后我将要探讨的是基督教国家的性质和权力；在这类国家中，人们极其依赖上帝意志的超自然启示。我探讨这个问题时必然要依据上帝的自然降谕之道，同时也要依据上帝的预言降谕之道。

但是，我们不是要将我们的感觉和经验抛之脑后，也不是要抛弃无疑是上帝降谕之道的自然理性。因为它们是我们的救主重新降临世间之前上帝赐予我们解决问题的智慧，所以就不能在暗地里用信仰之布巾将它包裹起来不加利用，而要用它来获得正义、和平与真正的宗教。虽然在上帝的道之中存在很多超理性的东西，即它们无法通过自然理性进行证明或否定，但天赋理性中没有任何东西与之相违背。如果真的出现了与之相违背的情形，那么过错要么在于我们笨拙的解释，要么在于我们错误的推理。

因此，如果上帝的降谕之道中包含了我们难以研究的内容，我们就必须要将我们的智慧限定在研究这些圣谕之道中，而不是耗费过多的精力——通过逻辑方法——从这些难以理解的内容且又不属于任何自然科学的规则之中得出一个真理。因为我们宗教的这些神秘教义就像是治病的丹药，如果整颗吞下去就会产生疗效，但是细嚼，则大部分会被呕出来，因而不会有任何效果。

但是，我们的才智被限定并不表示它将屈从任何他人的意见，而是意志在应服从的地方予以服从。因为感觉、记忆、才智、推理和看法不因我们的能力而改变，而必然总是像我们看到、听到、想到的事物那样呈现给我们。因此，它们不是我们的意志产生的效果，而是它们导致了意志的产生。那么，在我们容忍矛盾，按照合法的权力机关的命令说话并在生活中予以奉行时——总而言之，就是当我们的潜意识中对一个人所说的话没有任何概念，却仍然相信和信赖这个人时，就是我们的才智和理性被限定了。

　　当上帝对人降谕时，必然是直接谕示或者间接地通过一个此前曾经接受过他的圣谕的人传达。那些被上帝亲自传谕的人，完全可以理解上帝是怎样向一个人谕示的；但是要其他人（没有接受过上帝的圣谕的人）理解，即便并非不可能，那也是很难做到的。比如一个人向我声称上帝曾通过超自然的方式直接向他传谕，但我却心存疑惑，那么从他所提供的证据之中，我就很难找到让我不得不相信他的证据。的确，如果这个人是我的统治者，那么他可以强制我服从他，让我在言行上不得表示出对他的不信任，但是却不能迫使我的内心不按照理性驱使我的方式去思考。但是，如果这个人不是我的统治者，或者说他的权力不在我之上，那么他就没有任何东西使我相信或服从。

□ 耶利米的警告

　　耶利米是《圣经》中记载的一位先知。随着自称先知并宣称能预言政治事件的人越来越多，真先知耶利米警告以色列人，不可受假先知的迷惑；他继而指出，留在犹大的百姓也不能逃避上帝的审判；最后他还预言了假先知的结局。

　　因为《圣经》中所说的上帝向一个人传谕，并不是说上帝亲身和他说话，而是通过先知、使徒或教会向他传达，这与所有其他基督徒是一样的。如果说上帝通过梦和他说话，那么这就是说，他梦见上帝和他说话；对于任何一个知道梦大部分属于自然现象且它能够从以前的思想中衍生出来的人，这种说法就不能使他信服。有些自负、自大且对自己的圣洁或其他品德持错误看法的人，往往认为自己有资格获得神的特殊启示的恩典，那么这些就是做梦。如果说他看到了一个异象或是听到了一个声音，那就等于说他在半睡半醒的状态下做了一个梦；因为人们很多时候并没有意识到自己是在犯困，所以就自然地将梦当成了异象。如果说他在超自然的神灵感应作用下说话，那么就等于说他发现自己有一种想要说话的强烈欲望，或者有一种强烈的看法，只是无法提出自然而充分的理由。因此，尽管全能的神能够通过梦、异象、声音和神灵感应向一个人传谕，但是他没有强制任何人相信他向那些自称有这事的人传过谕。既然这种人是一个普通人，那么他就会犯错，甚至还会说谎。

那么对未从上帝那里获得过谕示的人而言，除了自然理性之外，他怎么才能立即知道什么时候服从、什么时候不服从那些自称先知的人所传达的圣谕呢？以色列王就攻取基列的拉末的事咨询四百先知，其中只有米该亚是真先知。[1]虽然被派去作预言反对耶罗波安所设立邱坛的先知是一位真先知，[2]并且他在耶罗波安面前所行的两件神迹表明他是上帝遣派去的，但是他却被一位老先知诓哄了；老先知告诉他，上帝让他同自己一起饮食。如果一位先知还能诓哄另一位先知，那么我们除了根据理性，还有什么方法能确切地知道上帝的旨意？对于这个问题，我可以根据《圣经》作答，通过两种迹象（两者不能分割）来辨识真先知。一种是行神迹，另一种是除了传播已有宗教之外不再传播任何其他宗教。我认为将两种迹象分开之后，任何一种迹象都不足以用来辨识一位真先知。"你们中间若有先知或是做梦的起来，向你显个神迹奇事，对你说，我们去随从你素来所不认识的别神，事奉他吧！他所显的神迹奇事虽有应验，你也不可听那先知……那先知或是那做梦的既用言语叛逆耶和华你们的上帝，你便要将他治死。"[3]我们从这段话中可以看出两点：第一，上帝不会仅通过神迹来证明先知的天命，而是将神迹用来试验我们是否可以尽心地爱他（如《申命记》第13章第3节）。因为埃及巫师的法术虽然不如摩西所行的那样伟大，但是也是大神迹。第二点，不论神迹何等伟大，如果它是要煽动人们背叛国王或背叛依靠国王权力统治的人，那么就应当认为行这种神迹的人是派来考验人们的忠诚。因为此处"叛逆耶和华你们的神"就等同于"叛逆你们的王"。要知道，他们在西奈山下已立约使上帝作他们的王，上帝只通过摩西治理他们，因为只有摩西可以与上帝对话，并不时向百姓宣布上帝的谕令。同理，在我们的救主基督让自己的门徒承认自己是弥赛亚（上帝的受膏者，是犹太民族每天都盼望立王而在他降临后又拒绝的人）之后，仍不忘告诫他们信神迹的危险，《圣经》中说："因为假基督、假先知将要起来，显大神迹、大奇事。倘若能行，连选民也就迷惑了。"[4]由此可见，假先知可能具备行神迹的能力，但是我们却不能将他们的说法视为上帝的谕令。圣保罗还进一步对加拉太

---

[1] 参见《列王记上》第22章。
[2] 参见《列王记上》第13章。
[3] 参见《申命记》第8章第1~5节。
[4] 参见《马太福音》第24章第24节。

人说："但无论是我们，是天上来的使者，若传福音给你们，与我们所传给你们的不同，他就应当被咒诅。"[1]福音就是说，基督是王，所以接受所有反对王权的布道的人们因为这些话而受到圣保罗的咒诅。因为他这话是说给那些听了他的布道而承认"耶稣就是基督（耶稣是犹太人的王）"的人听的。

正如行神迹而不宣讲上帝已立的教义一样，宣讲真教义而不行神迹也不能充分证明得到了上帝的直接谕示，因为一个人如果不教导假教义但又不行任何神迹而自称是先知，那么人们绝不会因为他的自我标榜而高看他。从《申命记》第18章第21和第22节就明显可以看出这第一点，"你心里若说，耶和华所未曾吩咐的话，我怎能知道呢。先知托耶和华的名说话，所说的若不成就，也无效验，这就是耶和华所未曾吩咐的，是那先知擅自说的，你们不要怕他"。但是，在这里有人也许又问：当先知预言了一件事后，我们又怎能知道这事会发生还是不会发生呢？因为他可能预言的一件事要经过相当长一段时间后（比人的寿命时间还长）才会发生；或者，他作不确定的预言，即一件事在某一个时候会发生：在这种情况下，先知的标志就没有用处了。因此，要让我们相信一位先知，神迹就应该通过立即发生或延迟一段较短的时间发生的事情来验证。由此，只有将宣扬上帝已确立的教义和展示立即发生的神迹两者结合起来，才是《圣经》中判定一位真先知的标志，即承认神的直接谕示的标志。单凭其中任何一项，都不足以使另一个人有义务去尊重他的言词。

现在已经没有神迹了，也就是说，没有任何迹象可以让我们将之作为承认

□ 毗斯迦山上

按照《创世记》的说法，由于以色列人的抱怨，摩西也曾经对上帝产生怀疑。上帝为了惩罚摩西，在摩西带领以色列人靠近迦南圣地的时候，带着摩西在毗斯迦山上某一处遥望迦南，指给他应许之地，但是同时告诉他，在他的有生之年，他不得进入迦南。据传，摩西在临死前遥望了一眼迦南圣地，然后永远地闭上了眼睛。

---

[1] 参见《加拉太书》第1章第8节。

任何个人所宣称获得的谕示或神灵感应的依据；我们也没有义务去听从除了符合《圣经》的教义之外的任何教义；自从我们的救主时代以来，《圣经》代替且充分地填补了所有其他预言的缺陷；并且，只要经过睿智博学的解释以及细致的推理，就很容易使我们从《圣经》中推导出认识上帝和人类义务的知识所必需的全部规则和诫律，从而无需神灵附体或超自然的神灵感应。对于世俗基督教国家的最高统治者的权利以及基督教臣民对他们的主权者的义务，我恰恰要从《圣经》中找寻其原理。为了达到这个目的，我将在下一章中对《圣经》各篇、作者、目的和依据进行讨论。

第三十三章　论《圣经》篇章的数目、年代、范围、依据和注释者

　　《圣经》的篇章是指那些应被理解为归为正典的篇章，即构成基督徒生活法则的篇章。因为人们的良知所遵守的一切生活法则都是法律，所以关于《圣经》法则的问题就是整个基督教世界中什么是自然法和市民法的问题。因为《圣经》虽然未规定每一位基督徒国王应在自己管辖的范围之内制定什么样的法律，但是却规定了其不应制定什么样的法律。我在前文中已证明主权者是自己管辖范围内的唯一立法者；既然如此，那么在每个国家中，只有经主权机关确定为正典的那些篇章才是法律。的确，上帝是所有主权者的主权者；所以他向任何臣民传达圣谕时，不论俗世的君主颁布了何等相反的命令，臣民都应当遵从。但是，问题不在于服从上帝，而在于上帝何时传达了什么圣谕。对未得到超自然启示的臣民而言，除了通过那指导他们遵守国家权力当局（即服从合法主权者的自然理性）从而获得和平和正义的自然理性之外，他们无法通过其他方法知晓。根据这种义务，除了英格兰国教当局下令规定承认《旧约》中那些属于《圣经》的篇章外，我不会承认其他篇章是《圣经》的组成部分。关于是哪一些篇章的问题，这是众所周知的，此处无需列出一个目录，它们和圣杰罗姆[1]所承认的篇章是相同的。他将其他的各篇都视为《次经》（Apocrypha），其中包括《智慧书》《传道篇》《犹达德记》《多比亚记》《马加伯记》上下两篇（虽然他曾见过希伯来语文本的上篇）和《以斯拉记》第三和第四篇。在图密善大帝[2]时代写就的、被犹太学者约瑟

---

　　[1]圣杰罗姆（347—420年），古罗马杰出的基督教教父。他最大的功绩是将希伯来语和希腊语原本《圣经》翻译为拉丁语译本《圣经》，其拉丁语译本《圣经》仍被奉为标准版本，英王詹姆斯钦定版《圣经》即参照该版本翻译而来。

　　[2]图密善大帝（51—96年），罗马帝国皇帝，81—96年在位。罗马帝国第11位皇帝，弗拉维王朝最后一位皇帝。

夫斯[1]承认为正典的篇章共有22篇，这就使篇章的数量恰好等于希伯来字母的数量。圣杰罗姆承认的篇章数量也是22篇，但是他的计算方法有所不同。因为约瑟夫斯所承认的篇章是指摩西五经[2]、记述他们那个时代历史的先知书13篇（这些与《圣经》所包含的先知书匹配到什么程度，可参见下文的讨论）以及诗篇和箴言4篇。但是，圣杰罗姆所承认的22篇是指摩西五经、先知书8篇和其他圣书9篇，他将后者称为《哈吉奥格拉法》（Hagiographa，意为"圣录"）。埃及国王托勒密请七十位犹太学者将希伯来文的犹太法律翻译为希腊文，英格兰教会所接受的那一些就是他们留给我们的希腊文《圣经》译本，此外别无其他。

对于《新约》的各篇而言，所有基督教教会和教派承认的属于正典的篇章，便被同等承认为正典《圣经》。

关于谁是《圣经》各篇的原作者的问题，历史中无法找到任何充分的证据，而这是证明该事实的唯一证据。同时，任何自然推理的证据都无法证明这个问题，因为推理仅仅有助于证明因果关系，但不能证明事实的真相。所以，关于这个问题，唯一能够给我们指引的就是《圣经》各篇所提供的信息。虽然这一线索不能告诉我们《圣经》各篇的作者，但是却有助于我们了解它们的成书年代。

首先，对于摩西五经而言，其名称不足以证明它们是由摩西写的。正如《约书亚记》《士师记》《路得记》和《列王记》一样，名称不能作为充分的证据说明作者就是约书亚、诸士师、路得和列王。因为用篇章名表明主题和表明作者的情况一样，极为常见。例如，《李维罗马史》（The History of Livy）[3]说明作者是李维，而《斯坎德培史》（History of Scanderberg）[4]则说明了主题。我们在《申命记》最后一章第6节中读到关于摩西坟墓的原文，"只是到今日没有人知道他的

---

[1] 弗莱维厄斯·约瑟夫斯（37—100年），犹太历史学家，著有《犹太古史》，其中记录了自创世记至公元66年的犹太人历史，其中糅杂了《圣经》故事和古代传说。

[2] 即《圣经》前五篇，包括《创世记》《出埃及记》《利未记》《民数记》和《申命记》。

[3] 此处的《李维罗马史》是指古罗马历史学家李维关于罗马历史的著作，英文版本一般翻译为 The Early History of Rome。

[4] 此处应是指关于阿尔巴尼亚民族英雄斯坎德培（1405—1468年）历史的著作。斯坎德培原名乔治·卡斯特里奥蒂，出生在拜占庭帝国的贵族家庭，拜占庭被奥斯曼帝国征服后，他被迫皈依伊斯兰教。在伊斯兰军队中，他骁勇善战，被封为"阿纳夫特鲁·伊斯坎德·贝伊"，阿尔巴尼亚语中为"Skënderbe shqiptari"，即"斯坎德培"。

坟墓"。[1]这就是说，直到写这些文字的时候，尚没有人知道他的坟墓在何处。因此，显而易见，这些文字是在他被埋葬之后才写的。因为如果摩西本人在谈及他自己的坟墓时居然说，至今仍然没有找到自己的坟墓，那么即便这是用预言的方式说出，也无疑是一种让人觉得莫名其妙的解释。但是，人们可能会说，摩西五经中只有上面这最后一章才是别人写的，其余都不是别人写的。既然如此，那我们来看一看《创世记》中的一句话："亚伯拉罕经过那地，到了示剑地方摩利橡树那里，那时迦南人住在那地。"[2]这句话肯定是作者在迦南人不住在那地时写的，因为摩西在到迦南地之前就去世了，所以这就不可能是他说的话。《民数记》第21章第14节中也是一样，作者引述了一本年代更久远的书，名为《耶和华的战记》[3]，其中记录了摩西在红海和亚嫩河谷的事迹。因此，我们就可以得出明确的结论，摩西五经是在摩西去世之后的时代写成的，具体年代则不可考。

尽管摩西未编写全部五篇原文，也没有编成现在我们看到的这种形式，但是其中写明是由他写成的那些地方则都是由他写的，例如《申命记》第11章以及往后一直到第27章中出现并且被下令刻在迦南福地入口石头上的律法篇。这些文字确实是摩西自己写的，并交给了以色列的祭司和长老，由他们在以色列人每逢七

□ 迦南圣地

迦南，一般而言指位于约旦河与地中海之间的地区，在《旧约》中被描述为"流着奶和蜜"的地方。摩西带领以色列人逃离古埃及，历经40多年的艰难跋涉，终于来到富饶的迦南圣地（摩西在快要到达迦南的时候去世了）。

---

[1] 参见《申命记》第34章第6节。
[2] 参见《创世记》第7章第6节。
[3] 此书的作者不详，且内容均已失传。《圣经》中引述了这本书的内容，具体为《民数记》第21章第14和第15节，"所以《耶和华的战记》中上说，苏法的哇哈伯与亚嫩河的谷，并向亚珥城众谷的下坡，是靠近摩押的境界"。

年末一年的住棚节相聚时念给以色列众人听[1]。这便是上帝的诫命，上帝命令他们的国王（在建立王国形式的政府时）到祭司和利未人那里去取副本，摩西也曾命令祭司和利未人将它放在约柜旁边[2]。这些诫律曾遗失，很久之后又被希勒家重新找到并送到约西亚王那里[3]，约西亚让人向百姓宣读[4]，重订了上帝与他们之间的信约。

约书亚时代结束很久之后《约书亚记》才成书，从该篇中的许多原文可以推导出这一点。约书亚曾在约旦河中立起十二块石头作为他们越过这条河的纪念；关于这件事，作者写道："直到今日，那石头还在那里。"[5]"直到今日"，这个短语说明是在已经过去的时代，超出了人们的记忆范围。与之类似，在上帝说"我今日将埃及的羞辱从你们身上辗去了"时，曾写道："因此那地方名叫吉甲，直到今日。"[6]这句话如果是在约书亚时代说的就不妥了。此外，关于"亚割谷"是因亚干引起的麻烦而得名的问题，作者也用了"直到今日"这一短语[7]；因此，这句话必然是在约书亚时代之后很久才说的。还有很多其他的这类证据，诸如《约书亚记》第8章第29节、第13章第13节、第14章第14节、第15章第63节等。

根据《士师记》第1章第21和第26节、第6章第24节、第10章第4节、第15章第19节及第17章第6节以及《路得记》第1章第1节等类似的证据，可以明显地看到相同的情况；《士师记》第18章第30节尤为明显，其中说道，"约拿单和他的子孙作但支派的祭司，直到那地遭掳掠的日子"。

类似的证据也证明《撒母耳记》上下两篇是在他自己的时代之后成书的，如《撒母耳记上》第5章第5节、第7章第13和第15节、第27章第6节，其中第30章第25节中，大卫裁定上阵的应分得多少所夺财物、看守器具的应得多少之后，作者接着说，"大卫定此为以色列的律例典章，从那日直到今日"。除此之外，大

---

[1]参见《申命记》第31章第9和第10节。
[2]参见《申命记》第31章第26节。
[3]参见《列王记下》第22章第8节。
[4]参见《列王记下》第23章第1、第2和第3节。
[5]参见《约书亚记》第4章第9节。
[6]参见《约书亚记》第5章第9节。
[7]参见《约书亚记》第7章第26节。

卫（乌撒伸手扶住神的约柜，耶和华不悦而击杀乌撒，大卫心里愁烦）称那地方为"毗列斯乌撒"；此处作者也说"直到今日"。[1] 所以，这一篇的写作时间肯定是在这一事实发生很久之后，即大卫的时代很久之后。

关于《列王记》上下两篇和《历代志》上下两篇，除了其中《列王记上》第9章第13节、第9章第21节、第10章第12节、第12章第19节，《列王记下》第2章第22节、第8章第22节、第10章第27节、第14章第7节、第16章第6节、第17章第23节、第17章第34节、第17章第41节以及《历代志》第4章第41节以及第5章第26节等提到了作者所说的、一直保存到他那一时代的一些遗迹的内容外，这两部分足以证明其是在被掳至巴比伦后写成的。因为记录的事实总是早于记录本身，比提及和引证该记录的篇章要早得多，所以这些篇章在多处不同的地方会让读者参阅犹太《列王记》、以色列《列王记》《撒母耳先知书》《拿单先知书》《亚希亚先知书》、耶多的异象、塞尔维亚《先知书》和阿多《先知书》等。

□ 希伯来文《圣经》手稿

《旧约圣经》，又称《旧约》，原本共24卷，用希伯来文写成。基督教将从犹太教继承下来的圣约命名为《旧约圣经》，共39卷，主要包括摩西五经、历史书、诗歌、智慧书、大先知书、小先知书。图为11世纪的希伯来圣经手稿。

《以斯拉记》和《尼希米记》两篇肯定是在他们从巴比伦被掳返回之后写成的；因为其中记载了他们的返回、重建耶路撒冷城墙与圣殿、重新立约和规定他们的办法的情形。

因为王后以斯帖的经历发生在被掳时期，所以作者必然是同时期或该时期之后的人。

《约伯书》中没有证据可以证明其写作的时代。尽管明显可以看出约伯不是一个假想出来的人物[2]，但是这一篇本身似乎并不是记录了一段历史，而是讨论

---

[1] 参见《撒母耳记下》第6章第8节。
[2] 参见《以西结书》第14章第14节及《雅各书》第5章第11节。

了古代极富争议的一个问题，即"为什么恶人往往在今世昌盛而好人却受苦"？此外，该篇从开篇至第3章第3节约伯开始抱怨的原文为止，希伯来《圣经》文本都是散文文体（圣杰罗姆证实了这一点），随后一直到最后一章第6节的文体则是以六步韵诗写成，这一章的其余部分又是散文体，由此看来，这种情形的可能性就更大了。因此，所有的争论都采用了韵文的文体，而开头的序和结束部分的跋则采用散文文体。但是，像约伯这样遭受极大痛苦的人自己或是来安慰他们的人（诸如他的朋友），一般都不采用韵文文体，而古代哲学尤其是道德哲学（著述）却常采用这种文体。

《诗篇》的大部分内容都是大卫写给唱诗班用的，此外还有摩西和其他圣者写的诗歌也是这种用途。其中有些章节，如第137章和第126章等是被掳返回后写成的；据此，显然《诗篇》是犹太人从巴比伦返回之后才编撰和写成现在这种形式的。

《箴言》是一篇至理名言和真言集，其中部分由所罗门完成，部分由雅基的儿子亚古珥完成，还有一部分由利幕伊勒的母亲完成；不过这些我们不可能认定是由所罗门、亚古珥或利幕伊勒的母亲搜集而成的。虽然借他们之口说了这些话，但是搜集或编撰成篇则是另一个晚于他们所有人的信徒完成的。

对《传道书》和《雅歌》而言，除了标题或内容概要之外，其他所有内容都是由所罗门完成的。因为似乎只是在《圣经》各篇编成一整部律法后，为了进行区分，才写成"在耶路撒冷作王，大卫的儿子，传道者的言语"[1]以及"所罗门的歌是歌中的《雅歌》"[2]，这样做的目的不仅是为了使教义而且是为了使这两篇的编者能够流芳后世。

最早的先知包括西番雅、约拿、阿摩斯、何西阿、以赛亚和米该亚，他们都生活在犹太王亚玛谢和亚撒利雅时代。但是将《约拿书》称为约拿预言的正式记录并不妥当，因为他的预言只有"再等四十日，尼尼微必倾覆了"这几个字。[3]这一篇记载或叙述的只是他的刚愎自用和对神的命令的违抗。既然该篇的主题是他

---

[1] 参见《传道书》第1章第1节。
[2] 参见《雅歌》第1章第1节。
[3] 参见《约拿书》第3章第4节。

本人，那么他是该篇作者的可能性就极小。而《阿摩斯书》记载的是他（阿摩斯）的预言。

耶利米、俄巴底亚、那鸿和哈巴谷是在约书亚时代作预言的先知。

以西结、但以理、哈该和撒迦利亚是在巴比伦被掳时期作预言的先知。

根据约珥和玛拉基写作的篇章，看不出他们是在何时作预言的。但是，根据他们所作篇章的题名或标题就可以明显地看出，犹太人从巴比伦被掳返回以后才形成了整部《旧约》现在的形式，时间在埃及国王托勒密·斐拉德尔斐斯从犹太请去七十人将《旧约》译成希腊语文本的时代之前。对于这个问题，如果教会向我们推荐的《次经》（虽然未推荐作为正典，但却被认为对启发我们有所裨益）值得信赖的话，那么就是以斯拉编成了《圣经》现在的这种形式，从他自己在《以斯拉二书》第14章第21和22节等所说的话中就可以清楚地看出这一点来。他对上帝说："你的律法已毁于大火，所以没人能知道你过去的所作所为和你将来打算做些什么。请把你的圣灵降临到我身上吧，以使我能够记下创世以来发生的事情和你的律法中所载的一切。那样在末日来临时，如果人们愿意，他们就能找到正确的道路，就能获得生命。"第45节又说："在四十天的最后，至高无上的上帝对我说：现在你把你所写的前24卷书公之于众，这样一来，无论人们德行高尚与否，都能读到它们。但带回你所写的后70卷书，只把它们送给人民中的那些智者。"[1]关于《旧约》各篇写作的年代就讨论到这里。

《新约》的所有作者都生活在基督升天后的一个世代之内，除了圣保罗和圣路加以外，他们全都见过我们的救主或做过他的门徒。所以，他们著作的成书年代与使徒们所处的时代一样古老。但是《新约》各篇被教会接受并承认的成书时间却没有那么古老。

正如《旧约》各篇流传起始的时代不可能早于以斯拉所处的时代（当时它们已佚失，以斯拉根据圣灵的指引将它找回后才流传下来），因为《新约》各篇抄本数量不多又不易于全部保存在一个私人手上，后来教会主教搜集、批准并将其作为

---

[1]作为《次经》的组成部分，《以斯拉二书》目前没有公认的权威版本，此处引用的是赵沛林、张钧、殷耀的中文译本（《圣经次经》，时代文艺出版社，1995年10月版，第619页和第621页）。

□ 钦定版《圣经》

霍布斯写作《利维坦》时是17世纪,当时在英国最具影响力的《圣经》文本为英王詹姆斯一世修订完成的,即钦定版《圣经》。钦定版《圣经》于1611年正式出版,是英语世界第一部通行的《圣经》版本,在西方英语世界尤其是英国宗教和文学史上占据极其重要的地位。除了某些较小的差异外,霍布斯写作的《利维坦》所引用的原文大部分与钦定版《圣经》一致。

那些以其名字作为篇章标题的使徒和门徒的著述而推荐给我们,所以《新约》全部篇章的起始时代不会早于这一时代。使徒法典首次全部列出了《旧约》和《新约》全部篇章。人们认为,(继圣彼得之后的)罗马第一任主教克莱门特搜集完成了该法典。但是,这仅仅是一个假设,很多人提出了质疑;就我们所知,公元364年召开的老底嘉教会会议第一次将《圣经》作为先知和使徒的著作推荐给了当时的教会。当时教会的大圣师们野心勃勃,基督徒国王不是被当作百姓的统治者而是被当作羔羊,非基督徒国王则被当作是狼;他们处心积虑,不像布道者那样将他们的教义作为建议和参考,而是像专制统治者一样将其当作法律,并且认为他们这种欺骗百姓使其更加信服基督教教义的行为是虔敬之举。但是,我相信虽然《新约》各篇抄本只保存在教士手中,但是他们不会因此去篡改《圣经》,因为如果他们有意为之,就必然会使这些篇章比现在更有利于他们控制基督徒国王和世俗主权的权力。因此,我找不出任何理由去怀疑我们现在所见到的《旧约》和《新约》是先知和使徒的作为和言词的真实记录。那些被称为次经的某些篇章可能存在这种情况,它们之所以被列在经典之外,并不是因为它们和正典其他部分的教义不符,而只是因为它们没有希伯来语的文本。因为在亚历山大大帝征服亚洲之后,那些博学的犹太人中极少有人不精通希腊语。我们可以看到,将《圣经》译成希腊语的七十名译者全是希伯来人;并且我们还可以看到犹太人斐罗和约瑟夫流传至今的著作,他们都是用流利的希腊文撰写这些著作的。但是,并非作者而是教会的权威才使某一篇原文成为正典。尽管这些篇章是由不同的人写成的,但是显然各位作者秉持着同一种精神,即他们都希望实现同一种目的——详细展示圣父、圣子、圣灵的王国的权力。因为《创世记》中上帝臣民的世系是从创世之初到进入埃及之时;

此外，摩西四经记载了以色列人选上帝为他们的王的事以及上帝为他们的政府制定的律法。《约书亚记》《士师记》《路得记》和《撒母耳记》记录的时代是扫罗时代，记叙了上帝的臣民直到摆脱神的统治、要求为他们像他们的邻国那样选立一个王时为止的事。《旧约》其他部分记载的历史涵盖了一直到被掳时期大卫世系的事，从这一世系中产生了神的国的恢复者，即我们的救主——圣子，先知的书中已经预言了他的降临，在这些先知之后的《福音书》的作者们记叙了他在俗世的生平和行迹以及他拥有天国的权利。最后，《使徒行传》和使徒书信宣告了上帝圣灵的降临以及他给他们及其继承者的权力，使他们领导犹太人和召劝外邦人。总而言之，《旧约》所记载的历史和预言，以及《新约》所记载的福音与使徒书信，其目的都是一致的，那就是使人皈依上帝：即服从摩西和诸祭司，服从降生为人的基督以及服从使徒及教权的继任者。因为上述三者在不同的时期代表了上帝的人格：《旧约》中是摩西、继任者大祭司和犹太人诸王代表了上帝人格；基督在俗世时则是基督本身代表了上帝人格；从圣灵降临节（圣灵降在他们身上时）一直到今天，使徒及他们的继任者代表了上帝人格。

基督教各教派就《圣经》权威源自何处的问题存在大量争议。有时人们也会通过其他方式提出这一问题，比如我们怎么能知道它们就是上帝的谕示，或我们为什么要相信它们是上帝的谕示。解决这个问题的困难主要在于表达问题时词语使用欠妥。因为人们都认为《圣经》各篇的第一位和最初的作者均为上帝，所以这不是争议的问题所在。此外，除了那些上帝亲临通过超自然的方式对他传谕过《圣经》的人，显然没有人知道《圣经》是上帝的谕示之道（尽管所有真正的基督徒都相信这一点）；因此，我们提出关于《圣经》知识的这个问题是不正确的。最后，如果问题是针对我们的信仰——有的人是基于某一原因相信《圣经》，而其他的人则是基于其他的原因——对所有人没有一个普适性的答案。问题的正确表述是这样的：《圣经》各篇是依据什么权威而成为法律的。

因为它们与自然法并无不同，所以它们无疑就是神的律法，因而就具有权威，所有能运用自然理性的人都能够理解。但是，这种权威不是别的权威，而不过是所有其他符合理性的道德教义的权威，这些命令是永恒的法律，不是人定法。

如果是上帝本身使它们成其为律法的，那么它们就具有成文法的性质。唯有对那些上帝让他们充分知晓这种律法的人而言，它们才是法律；在这些人中，任何人都不能以不知它们是上帝的律法为借口而进行规避。

因此，如果上帝没有给一个人超自然的启示说明它们是他的律法，也没有说明是他差遣那些人来公布这律法的，那么除了根据发布命令的人已具有法律效力的权威之外，这个人就没有服从的义务。即除了根据国家赋予主权者作为唯一具有立法权的人而具有的权威外，他没有义务根据任何其他的权威而予以服从。除此之外，如果不是国家立法权力机关赋予其法律效力，那么必然就是源自于上帝的、某种其他公共或私人权威使其具备法律效力；如果是私人权威，那么就只有上帝独宠而特别向其启示的这个人才受约束。因为如果每一个人都要将某些人借口得到亲授的神感或神启而强加在其自身身上的东西当作上帝的律法（如有些人因为傲慢和无知而将他们自己的梦、过度的幻象和疯狂视为圣灵，或者有些人因为野心而违背良知地假装证明具有这种神迹），那么任何神律都不可能得到承认。如果是公共权威，那么它就是国家或教会的权威。但是，如果教会是一个人格，那么它和基督徒国家就是一回事；之所以称其为国家，是因为它是由联合在它们的主权者人格下的人们所组成的，同时又因为它是由联合在一个信仰基督的主权者人格下（即教会）的基督徒组成的。但是，如果教会不是一个人格，那么它就根本没有权威；它既不能发号施令，也不能做出任何行为，不可能享有对任何事物的任何权力或权利；它不会有任何意志、理性或声音，因为所有这些都是人的属性。现在，如果所有基督徒不是在一个国家中，那么他们就不是一个统一的人格，而且也没有任何一个普世教会具有任何权力去管理他们。因此，《圣经》不是由一个普世教会使其成为法律的；或者，如果教会是一个国家，那么所有基督徒君主和统治者就是平民，全基督教世界的普世主权者可以对其进行审判、废黜或惩罚。由此，《圣经》权威的问题就简化成了这个问题：基督徒国王和基督教国家的主权议会在它们自己的领土范围内，是直接在上帝管辖之下还是在构成一个普世教会的基督教皇之下而享有绝对的权力，并根据其（上帝或教皇）认为是否有好处或符合公共利益的情况而被判定罪责、废黜或处死。

如果不对神的国进行更详细的讨论，那么就无法解决这个问题；同时，我们也要根据神的国对解释《圣经》的权限问题进行判断。因为如果任何人对任何文字具有合法的权力而使之成为法律，那么他就有权力接受或否定它的解释。

第三十四章 论《圣经》各篇中"灵""天使"和"灵感"的意义

鉴于所有正确的推理都是以词语的恒常意义为基础的，在如下的理论中，这种意义既（不像自然科学那样）不以作者意志为转移，也不（像在平常的谈话那样）以惯常的用法为转移，而是取决于它们在《圣经》中的意义。因此，在进行进一步讨论之前，我们有必要根据《圣经》来确定某些词语的意义。因为这些词语本身意思的模糊性可能导致我们后续以之为依据而得出的推论产生模糊的意义和争论。我将以"物体（body）"与"灵（spirit）"这两个词作为切入点，在经院哲学的术语中，它们被称为"物质实体"和"非物质实体"。

按照最普通的意义来理解，"物体"一词表示充满或占据一定空间或想象空间的事物。它不以想象为基础，而是我们称之为宇宙的一个真实组成部分。因为宇宙是万物的集合体，所以宇宙任何的真实部分都不可能不是物体，而具备任何形式的物体也不可能不是作为万物集合体的宇宙的一个组成部分。由于物体会发生变化，即在生物的感官上可能会出现不同的表象，所以物体也称为"实体"，即物体具有各种各样的偶性，例如时而运动，时而静止；根据我们感官的感觉，时而炽热，时而冰冷；其颜色、气味、味道、声音则是变动不居的。我们将这种因物体对我们感官所施与的不同作用而产生的不同表象归因于发生作用的物体的变化，将其称为"物体的偶性"。就这种意义而言，"实体"和"物体"指的是同一种东西；因此，对于"非物质实体"而言，"非物质"和"实体"放在一起就是自相矛盾的，这就像一个人说"非物质物体"是一样的。

但是，根据一般人的理解，宇宙万物并非都能被称为"物体"，而是只有一部分事物才可以被称为"物体"，例如通过触觉能让他们感受到自己的力受到阻碍的事物，或者通过视觉能让他们感觉到自己的视线受到阻碍的事物。所以，人们在日常言谈中，通常不会将"空气"和"气体"实体视为"物体"。但是只要人们能够感受到它们产生的效果时，就将它们称为"风""气息"或者拉丁语中的"spiritus"，即"灵"；人们将存在于所有动物体内并使它生存和运动的气性实体称为"生命灵"和"元气灵"就是这样的情形。但是，在没有物体存在的地方，比如镜子和睡梦中，或者那些清醒着的却又心烦意乱的人的大脑中表现为物体的幻象，就什么也不是，这就和使徒们关于所有偶像的一般性观点一样。我所说的是，在它们看上去存在的地方其实什么也没有，它们不过是大脑因为对象的作用或者因为我们感官紊乱的兴奋而形成的一种扰动而已。对那些从事其他工作而未探讨其成因的人而言，他们自己都不知如何称呼它们；所以，他们就极易被那些自己所崇拜的博学之人说服。有些人称其为"物体"，认为它们是超自然力量通过凝结的空气而创造的，因为视觉将它们当作具有物质性的物体；另外一些人则将其称为"灵"，因为在它们出现的地方，触觉辨别不出对他们的手指产生阻碍的任何东西。因此，在日常语言中，"灵"一词的本义是指一种稀薄的、流动的且看不见的物体，或是一种鬼魂，或是想象中的其他幻觉或幻象。但是，因为有时它被视为意识的意向或倾向，如喜欢控制别人讲话的意向被称为"对立的情绪"，不纯洁的意向被称为"不纯洁的情绪"，别扭的意向被称为"独断专行的情绪"，忧郁的意向被称为"沉默寡言的情绪"，敬神和侍奉神的倾向被称为"神的灵"，所以这个词具有多种喻义；有时候，任何超凡的能力、特殊的激情，或者心理的疾病亦是如此（用"灵"表示），例如大智慧就被称为"智慧之灵"，疯子则被称为"精灵附体"。

我在任何其他地方都没有发现"灵"的其他含义。如果上述各种说法都不符合这个词在《圣经》中的含义，那么它的意义就超出人类的理解范围了。在这一点上，我们的信仰不在于我们秉持的观点，而在于我们的服从；例如在将上帝说成是一个"灵"的所有原文中，或者在说"上帝的灵"就是上帝本身的地方即是如此。因为上帝的性质具有不可思议性，即我们完全不能理解他是什么，而只是知道他的存在。因此，我们形容上帝属性的形容词不是用来阐明上帝是什么，也不是阐述我们关于他的性质的观点，而是表达我们用最高贵的名称对他以示崇敬的一种愿望。

《圣经》中说，"神的灵运行在水面上"[1]。如果这里面的"神的灵"指上

---

[1]《创世记》第1章第2节。

帝本身，那么运动就是上帝的属性，空间也随之被赋予上帝的属性。空间只是物体才具有的属性，而不是非物质实体具有的属性；所以，认为运动的物体能够不改变方位或不具有广延性是完全超出了我们认知范围的空间观，因为凡具有广延性的东西都是物体。但是，在类似的原文中可以最清楚地看出这些词语的意义，原文中说，当大地像最初一样被水淹着，神要使水退去，露出旱地，原文使用了类似的词语："神（spirit）叫风吹地，水势渐落。"[1] 此处，"神"被理解为"风"，也就是运动的空气或灵，因为它是上帝的伟绩，可以如前文那样被称为"神的灵"。

□ **耶稣受洗**

《圣经》中记载，耶稣来到约旦河，要约翰为他施洗。耶稣受洗后，约翰看见天忽然为耶稣打开了，上帝的灵仿佛鸽子，降落在他身上。

法老将约瑟夫的智慧称为"神的灵"。因为当约瑟夫建议他拣选一个有聪明才智的人去治理埃及地时，他说："像这样的人，有神的灵在他里头，我们岂能找得着呢？"[2] 在《出埃及记》第28章第3节中，上帝说："又要吩咐一切心中有智慧的，就是有我用智慧的灵所充满的，给亚伦作衣服，使他分别为圣。"虽然这里特殊的智慧只是做衣服的智慧，但是由于它是神的恩赐，所以被称为"神的灵"。《出埃及记》第31章第3—6节和第35章第31节也可以发现同样的词语。在《以赛亚书》第11章第2节和第3节两节中，先知谈到弥赛亚时说："耶和华的灵必住在他（弥赛亚）身上，就是使他有智慧和聪明的灵、谋略和能力的灵、知识和敬畏耶和华的灵。"此处的"灵"显然不是指数量众多的幽灵（ghosts），而是指上帝将如此多显赫的恩宠赐予了他。

在《士师记》中，保卫上帝子民的巨大热情和勇气被称为"神的灵"。如

---

[1]《创世记》第8章第1节。
[2]《创世记》第41章第38节。

《士师记》第3章第10节、第6章第34节、第11章第29节、第8章第25节和第14章第6、19节中，"神的灵"激起了俄陀聂、基甸、耶弗他和参孙将他们从奴役中解救出来的热情。扫罗听到亚扪人凌辱亚比基列人的情形后，他被神的灵大大感动，甚是发怒（拉丁语文本翻译过来作"暴怒"）。[1] 此处的"灵"不可能是指"幽灵"，而是指惩罚亚扪人残酷行为的一种超乎寻常的热情。当扫罗站在一班通过唱歌和音乐颂赞上帝的先知中时，"神的灵"通过一种类似的方式降临在扫罗身上[2]，此处的"灵"不能理解为"幽灵"，而只是一种未曾预想到的、突然之间想与他们一起敬奉上帝的热情。

假先知西底家对米该亚说："耶和华的灵从那里离开我与你说。"[3] 此处的"灵"也能理解为"幽灵"，因为米该亚通过异象而不是在他身上说话的灵，比以色列和犹太国王更早地知道了战争的结局。

与之类似，先知书中也说得很清楚，虽然他们是借着神的灵说话，即借着作预言的特殊神恩说话，但是他们知道的未来事实不是从他们里面的幽灵那里获得的，而是从某种超自然的梦或异象那里获得的。

《圣经》中说："神用地上的尘土造人，将生气吹在鼻孔里，他就成了有灵的活人。"[4] 此处上帝吹入的生气不是别的什么东西，而是上帝赐予他的生命。"神所赐呼吸之气仍在我的鼻孔内"[5] 就相当于说"我还活着的时候"。《以西结书》第1章第20节说"活物的灵在轮中"，就相当于说"轮在活着"。"灵就进入我里面，使我站起来"[6] 就相当于说"我恢复了活力"，但是这并不是说任何幽灵或非物质实体进入并依附于他的身体。

在《民数记》第11章第17节中，上帝说："也要把降于你身上的灵分赐他们，他们就和你同当这管百姓的重任。"即分赐七十长老；据说七十人中有两人就在会幕里作预言，有人抱怨他们，约书亚请求摩西去制止他们，但是摩西没有

---

[1] 参见《撒母耳记上》第11章第6节。中文和合本《圣经》中该节的原文为："扫罗听见这话，就被神的灵大大感动，甚是发怒。"
[2] 参见《撒母耳记上》第19章第20节。
[3] 参见《列王记》上第22章第24节。
[4] 参见《创世记》第2章第7节。
[5] 参见《约伯记》第27章第3节。
[6] 参见《以西结书》第2章第2节。

这样做。据此可以看出，约书亚并不知道这些长老已获得了这样行事的权力，他们是根据摩西的意志作预言，即根据依附于摩西本身的一种灵或权力作预言。

与之类似，我们可以看到《圣经》中说："约书亚因为摩西把手按在他头上，所以就被智慧的灵充满。"[1]这是因为他受摩西之命做摩西开始做的事情，也就是将上帝的子民带到应许之地，摩西因去世而未能完成这件事。

有一句原文与之类似，"人若没有基督的灵，就不是属基督的"。[2]此处的"灵"不是指基督的灵魂，而是指对他教义的服从。此外，还有"凡灵认耶稣基督是成了肉身来的，就是出于神的。从此你们就可以认出神的灵来了"。[3]此处的"灵"是指真实不虚的基督教精神，是对基督教信仰的主要信条"耶稣是基督"的服从，不能将其解释为一个"幽灵"。

与之类似，"耶稣被圣灵充满"[4]，此处的"灵"可被理解为耶稣被圣父遣派来行神迹的热情；如果将其解释为"灵"，而我们的救主就是上帝，那就是说，上帝本身充满着上帝；这种说法显然并不妥当，而且毫无意义。我不清楚人们为什么将"spirit"这个词译为"ghosts（幽灵）"，但是我认为，"spirit"一词在原文中并不是指"幽灵"，"幽灵"一词不指代天国或俗世里的任何东西，它只表示人们脑中存在的一些幻象。我所要说的是，"灵"这个词在《圣经》文本中不是指（幽灵）这种东西，它或者从本义上指一种真实的实体，或者从喻义上指意识或身体方面的某种超乎寻常的能力或者情感。

耶稣的门徒看见他在海面上走[5]，认为他是个"鬼怪"；此处的"鬼怪"是指一种气性的物体，而不是一个幽灵。因为据说他们都看见了他（耶稣）；这不能被理解成一种大脑的幻觉，而只能将其理解为"物体"（因为幻象与可见的物体不同，通常不会同时发生在众人身上，而是发生在个别人身上）。在同等情形下，同一批门徒也将基督当成了鬼怪。[6]此外，当彼得被（天使）领出监狱时，众人不

---

[1] 参见《申命记》第34章第9节。

[2] 参见《罗马书》第8章第9节。

[3] 参见《约翰一书》第4章第2节。

[4] 参见《路加福音》第4章第1节，这与《马太福音》第4章第1节和《马可福音》第1章第12节中所说的一样，"充满着圣灵"。

[5] 参见《马太福音》第14章第26节和《马可福音》第6章第49节。

[6] 参见《路加福音》第24章第3和第7节。

□ 耶稣在水上行走

耶稣在水上行走是《新约》中耶稣的奇事之一。耶稣送门徒坐船回加利利海的那一边（西边），然后一个人留在岸边祈祷。那时，夜幕降临，狂风大作，门徒坐的船摇橹甚苦。夜里四更天，耶稣在海面上行走，向门徒而去。门徒看见耶稣在海上走，以为是鬼怪，吓得大叫起来。耶稣叫他们不要害怕，然后进到他们的船上，风便止住了。

信；但是当那个疯人说他站在门外时，众人说那是他的天使。[1]此处的"天使"必然指的是一种物质实体，否则我们就得说使徒们本身和犹太人以及外邦人的普遍看法是一样的，即认为某些这类幻影不是想象的，而是真实的，其存在不依赖人的幻想。无论它们是善是恶，犹太人将其称为"灵"和"天使"，希腊人将其称为"魔"，这些幻影中有一些可能是真实且实质的，即难以捉摸的物体，上帝可以通过创造万物的同一神力将其造出来，并像利用代理者或使者（即天使）那样，通过它们来传达自己的谕示，也可按照他的意愿通过不同寻常和超自然的方式让他们来执行同样的意旨。但是，一旦上帝通过这种方式将其创造出来之后，它们就成为具备广延性的实体，可以占据空间，能够从一个地方移动到另外一个地方，然而这恰恰是物体所特有的属性。因此，它们就不是非物质的鬼怪，不是那不存在于空间中的鬼怪，不是在任何地方都不存在的鬼怪，也不是看起来似乎存在而实际上却并不存在的东西。但是，如果我们从通常意义上来理解"物质"一词，将其表示为我们外在的感官能感知到的实体，那么非物质实体就不是一种幻想出来的东西，而是实实在在的东西；即它是一种稀薄但不可见的实体，但是却具备更显见的实体所具有的那种广延性。

"天使"一词通常是指使者，最常见的是指上帝的使者。所谓"上帝的使者"就是指使人们知道上帝的非凡存在的任何事物；即非凡地展示上帝的权柄的任何事物，尤其是梦或异象。

---

[1] 参见《使徒行传》第12章第15节。

《圣经》中没有关于天使是如何出现的内容。虽然常提及他们是"灵",但无论在《圣经》中还是在一般的用法中,无论是在犹太人中还是在外邦人中,"灵"这个名词有时指一种单薄的物体,诸如空气、风、动物的"生气灵"和"元气灵";有时指在梦境和幻觉的幻象中构想出的影像,它们不是真实的实体,其存续时间不能长于它们所存在于其中的梦或幻觉的时间。虽然幻影不是真实的实体,而是大脑的偶性,但是当上帝通过超自然方式唤起它们去宣示自己的意愿时,则将其称为"上帝的天使",即"他的使者",就并无不妥。

因为外邦人曾将大脑的构想映象庸俗地当作体外存在的,且不以他们的幻象为转移的东西;他们还从这些构想映象中形成了许多关于"善魔"和"恶魔"的观点。因为这些魔看起来似乎是实际存在的,所以它们就被称为"实体";因为他们用自己的手触摸不到它们,所以就称它们为"非物质的"。此外,犹太人(除撒都该教派之外)基于同样的原因(加之因为《旧约》中未对此作出限制)形成了一种一般性的观点,认为上帝根据其意愿出现在人们的幻象中为自己服务而被称为"他的使者"的事物,有时候属于实体;它们不依赖于幻象,而是上帝创造的永久性的物。他们将那些认为对自己有好处的事物称为"天使";将那些认为会伤害自己的事物称为"恶鬼"或"恶灵",如皮同[1]的灵、疯人、精神病人和羊癫风患者的灵等就属此类,这些人被认为是因魔鬼附体而患了这些病。

但是,如果看一下《旧约》中提及"天使"的地方,我们就会发现,其中大部分"天使"不能作其他理解,只能将其理解为通过超自然方式唤起幻象中的某种影像,以此说明上帝亲自完成了某种超自然的伟绩;在未说明其性质的其他地方,也可通过同一种方式进行理解。

因为我们会读到,同一个幻象不仅被称为"天使",也被称为"上帝"。被称为"耶和华的使者"的天使曾对夏甲说:"我必使你的后裔极其繁多"[2],这就是天使代表上帝在说话。这种幻象没有形象,只是一个声音。基于这一点,此处"天使"一词显然是指上帝自身,他使夏甲从天上超自然地听到一个声音;或者毋宁说只不过是一种超自然的声音,证明神在某地特别显现。所以,天使出现在

---

[1] 古希腊神话中的魔鬼,是一条大蟒蛇,最后被阿波罗斩杀。
[2] 参见《创世记》第16章第7和第10节。

256 | 利维坦　Leviathan

□ 天使和夏甲

《创世记》中，夏甲原为撒拉的埃及女仆，撒拉由于不孕，便将夏甲送给丈夫亚伯拉罕作妾。夏甲怀孕后，一反常态，对撒拉处处忤逆，撒拉在亚伯拉罕的支持下，对夏甲使出主母的权威。夏甲于是逃跑了出来，被耶和华的天使找到。天使吩咐她回到主母撒拉身边，谦卑自抑。图为天使出现在旷野的夏甲面前。

罗得面前，并被称为"人"[1]；尽管他们是两个人，但是罗得却只对一个说话，并将其当作上帝；因为说的话是这样的："罗得对他们说，我主啊，不要如此。"[2]那么为什么这两个天使不能像之前被理解为幻象的声音那样被理解为通过超自然的方式在幻象中显现的人的构想影像呢？从天上让亚伯拉罕不要杀害以撒的使者[3]也不是幻影而是一个声音，但是却被恰当地称为"耶和华的使者"或"天使"。原因在于，它通过超自然的方式宣布了上帝的意旨并让人们不必辛苦地假定存在任何永恒的幽灵。因为雅各所看到的天梯上的使者[4]是他睡梦中的异象，所以这只是一个幻象和梦；但是因为它是超自然的，并且是上帝亲自在某处显现的证明，所以将这些幻影称为"使者"就并无不妥。与之相同，约伯说，"神的使者在那梦中呼叫我"[5]也应这样理解。因为对于在睡梦中见到的幻影，人们都称之为"梦"，而不论它是自然的或超自然的。因为这个使者说"我是伯特利的神"，所以约伯在此处所称的"使者"就是上帝自己。[6]

此外，在以色列营前行走到红海去，然后又转到后面的使者[7]也是上帝本人。他不是以一个华美的人形出现，而是日间为云柱，夜间为火柱。[8]但是，这

---

[1]参见《创世记》第19章第12节。
[2]参见《创世记》第19章第18节。
[3]参见《创世记》第12章第11节。
[4]参见《创世记》第28章第12节。
[5]参见《创世记》第31章第11节。
[6]参见《创世记》第31章第13节。
[7]参见《出埃及记》第14章第19节。
[8]参见《出埃及记》第13章第21节。

个柱是应许摩西为军人领路的所有异象和使者。因为据说这一云柱曾降下来立在帐幕的门口并和摩西说话。[1]

由此可见，因为云柱被作为神显现的象征，所以它被赋予了运动和语言等一般属于使者的属性；即便他没有人或华美绝伦的儿童形象，或者也没有像通常为了毫无事实依据地教导普通百姓而画出来的翅膀，它也是一个实实在在的使者。因为不是根据其表而根据其功用才将它称为"使者"。但是，使者的功用是表明上帝亲临超自然的事件。例如，当摩西希望上帝像铸金牛犊之前经常做的那样，随着军营同往时，上帝的回答既不是"我会去"，也不是"我将派一个使者替我去"，而是"我必亲自和你同去"[2]。

要将《旧约》中提及"天使"一词的地方一一列举出来则太过冗长了。因此，总而言之，我认为在英国国教教会认定为正典的那部分《旧约》中，没有任何原文可以使我们得出结论，即从认知角度而言，存在或被创造出的不具有量的永恒之物（"灵"或"天使"）是不可分割的，也就是不能按部分进行认知，因为一部分可能处在一个空间中，而另一部分可能处在另一空间中。总而言之，如果某一物体被认为是某种东西或存在于某处，那么它就是物质性的。但是，在每一处，这种永恒之物的意义均可将"使者"解释为"信使"。例如，施洗者约翰被称为"使者"，基督被称为"立约使者"；以此类推，在鸽子、火舌等作为上帝亲临的象征时，也可被称为"使者"。虽然《但以理书》提到两个天使的名字，一个名为加百列，另一个名为米迦勒；但是根据原文本身来看，显而易见，基督认为米迦勒不是一位使者而是一位国王，而加百列不是别的（正如同其他圣者在他们的梦中出现的类似幻影一样），正是一种超自然的幻象。[3]通过这种幻象，但以理在梦中仿佛看到两位圣者在谈话，其中一位对另一位说："加百列啊，要使此人明白这异象。"[4]因为上帝无需通过名字来区分他天国的仆人，名字只对凡人短暂的记忆有用处。《新约》中也没有任何原文能够证明天使（除了作为上帝的传谕之道或伟绩的使者与代理人之外）是永恒存在且又是非物质的。从我们的救主自己

---

[1] 参见《出埃及记》第33章第2节。
[2] 参见《出埃及记》第33章第14节。
[3] 参见《但以理书》第12章第1节。
[4] 参见《但以理书》第8章第6节。

的话中可以推导出天使是永恒存在的,他说在末日将对恶人说,"你们这被咒诅的人,离开我,进入那为魔鬼和他的使者所预备的永火里去"[1];据此,显而易见,恶魔的使者是永恒存在的(除非我们认为"魔鬼"及"他的使者"可以被理解为教会的反对者和他们的代理),但是这种理解又与它们的非物质性是不相容的。因为对那些像所有非物质的东西那般无法遭受痛苦的实体而言,"永火"不能成为一种惩罚。因此,无法根据这些证明天使是永恒存在的。圣保罗说:"岂不知我们要审判天使么?"[2]《彼得后书》第2章第4节中说,"就是天使犯了罪,神也没有宽容,曾把他们丢在地狱",以及《圣经》中又说,"又有不守本位、离开自己住处的天使,主用锁链把他们永远拘留在黑暗里,等候大日的审判"[3],这些原文也与上述("永火"的情形)类似。尽管这些话证明天使具有永久性,但同时也肯定了它们是具有物质性的。"当复活的时候,人也不娶,也不嫁,乃像天上的使者一样。"[4]但在复活时,人将成为永恒的,也不是非物质的,所以使者也是如此。

我们也可以根据其他一些原文得出相似的结论。对于能理解"实体"和"非物质"(由于"非物质"不能被看作稀薄的物体,那么就只能将其看作不是物体)这两个词的意义的人来说,二者隐含着一个矛盾,即在那种意义下,如果"天使"或"灵"属于非物质实体,那么就等于说实际上根本不存在"天使"或"灵"。因此,鉴于"天使"在《旧约》中的意义以及根据自然界的一般方式发生在人身上的梦或异象的性质,我曾倾向于认同这样一种观点:"天使"不过是幻象的超自然幻影,它是通过神的特殊且超乎寻常的神力促成的,由此使人们——主要是他自己的子民知晓他的亲临和谕令。虽然我的推理能力不强,但是根据《新约》中的许多原文、我们的救主本人说的许多话以及不可能怀疑存在谬误的许多原文,都使我不得不相信并承认存在一种具有物质性的且永在的使者。然而,如果像那些通过间接方式指出他们是非物质性的人的说法那样,认为它们不存于任何空间位置,也就是没有存在的处所(这个意思就是指无物),那么《圣经》是无法对此

---

[1] 参见《马太福音》第25章第41节。
[2] 参见《哥林多前书》第6章第3节。
[3] 参见《犹大书》第1章第6节。
[4] 参见《马太福音》第22章第30节。

加以佐证的。

　　"灵感"一词的意思取决于"灵"一词的意思。就其本意而言，它不是其他的东西，而是像一个人用他的气息吹一个气泡一样，将微弱稀薄的空气或风吹到人身体中去；或者是说，如果"灵"是非物质的，只存在于幻象之中，那么就没有吹入别的什么，而只是吹入了一种幻影。这样的观点既不恰当，也是不大可能的：因为幻影并非真的是什么东西，而只是看上去像是什么的东西，它实际上并不存在。因此，《圣经》中只用了这个词的喻义，例如《圣经》中说上帝将生气吹入人体，这里的意思只是说上帝让他有了生命活动，除此之外没有其他的意思[1]。因为我们不能认为上帝首先创造了"生气"，然后在造了亚当之后再将其吹入他的身体中去，不论"生气"是物质的还是看起来与物质并无二致，都只能认为是"自己倒将生命、气息赐给万人"[2]，使其成为有生命的物。《圣经》中说"《圣经》都是神所默示的"[3]，此处是指《旧约》的原文。这是一种简明的比喻，表明上帝促使那些作者的灵感或意识写出有益于教导、谴责、纠正和启迪人们的东西，使人们过上正义的生活。但是，圣彼得说："因为预言从来没有出于人意的，乃是人被圣灵感动说出神的话来。"[4]此处的"圣灵"是指在梦或超自然异象中上帝的声音，而不是指灵感；当我们的救主向门徒吹气时说"受圣灵"，这气也不是"灵感"，而只是他赐给他们圣灵恩典的象征。尽管据说有很多人以及我们的救主身上都充满着"圣灵"，但是"充满"不能被理解成注入了神的本质，而只能将其理解为是神的恩赐的累积。诸如生活的圣洁、口才等皆是如此，不论这些是通过超自然的方式获得的，还是通过学习与努力获得的，它们都是神的恩赐。与之类似，上帝说："以后我要将我的灵浇灌凡有血气的。你们的儿女要说预言，你们的老年人要做异梦，少年人要见异象。"[5]此处，我们不能从其本义上进行理解，就如同说他的灵就像水一样能倒出或倒入；而要看作如同上帝应许赐予他们先知的梦和异象。但是，用"倒入"这个词的本义形容上帝

---

[1] 参见《创世记》第2章第7节。
[2] 参见《使徒行传》第17章第25节。
[3] 参见《提摩太后书》第3章第16节。
[4] 参见《彼得后书》第1章第21节。
[5] 参见《约珥书》第2章第28节。

的恩赐是一种滥用。因为恩赐是一种德行，不能像物体那样可以带到这里或带到那里，并像倒入桶中一样灌入人的身体。

同理，如果我们使用"灵感"一词的本义，或者说"善灵"进入人的身体使之作预言，"恶灵"进入人的身体使之发癫狂、发疯或癫痫时，那么这就不是《圣经》中"灵"的意思。因为《圣经》中将"灵"视为上帝的权柄，它因何等原因发生作用是不可知的。此外，使徒在五旬节那天聚集的屋子充满了风[1]，也不能将此处的"风"理解为"圣灵"，"圣灵"是神本性（Diety）[2]；而只能将其理解为上帝在他们心中产生特殊作用的一种外在征兆，这种作用让他们获得上帝认为要完成他们作为使徒的使命而必须具备的内在恩赐和圣品。

---

[1] 参见《使徒行传》第2章第2节。

[2] 对于"Diety"一词，在《圣经》中仅出现过一次，并被译为"神本性"，即《歌罗西书》第2章第9节，"因为神本性一切的丰盛，都有形有体地居住在基督里面"。

第三十五章 论《圣经》中"神的国""圣洁""神圣"和"圣礼"的意义

在神职人员的著述中（尤其是布道文和祈祷文），"神的国"最常见的意思是指今世之后在最高天堂中享的永福，它也被称为"荣耀的王国"；有时则表示这一福乐的诚挚之情，将其圣化后，他们就称其为"恩典的王国"。但是，他们却从未用它指代一个君主制国家，即上帝根据其臣民自己的同意而对臣民进行统治的主权权力，这也是"王国"的本意所在。

与之相反，我发现《圣经》中"神的国"一词大多数时候都是指"王国"的本义，即以色列百姓根据一种特别的方式投票而成立的"王国"，他们与上帝立约，选上帝作他们的王，上帝应许他们占有迦南地；但是它极少采用喻义，在采用喻义时，则指罪的统治（只出现在《新约》中）。因为在神的国中，每一位臣民都会享有这种统治权，并且不会妨害主权者。

上帝自创世之初就不仅通过他的神力自然地统治所有人，而且也有"特选的子民"；他通过像一个人对另一个人说话那样的言词去统治他们。上帝通过这种方式统治亚当，并命令他不能吃智慧树上能够辨别善恶的果实，但是亚当没有听从，偷吃了树上的果实，竟作起神来，不按照创造者的命令辨别善恶，而是像上帝那样按

□ 耶稣把天国的钥匙交给圣彼得

"神的国"为《新约》中的普遍称谓，意为神的所在地；《马太福音》中称为"天国"；《新约》中则用"诸天的国""神爱子的国""父的国"等不同的名称代替"神的国"，以启示它的各方面。图为主耶稣把天国的钥匙交给圣彼得，即把天国的管理权和监察权交给彼得，立他为自己的全权代表。

照他自己的意识辨别善恶。上帝对他的惩罚是剥夺最初创造他时赋予他的永生状态。后来，上帝又因为亚当后裔的罪恶而惩罚了他们，除了其中八个后裔之外，其他所有人全被大洪水所淹没，这八个人就构成了当时的神的国。

自此以后，上帝就降恩与亚伯拉罕说话，并根据以下言词和他立了一个约："我要与你并你世世代代的后裔坚立我的约，做永远的约，是要做你和你后裔的神。我要将你现在寄居的地，就是迦南全地，赐给你和你的后裔，永远为业。"[1]在这个约中，亚伯拉罕许诺他和他的后裔会尊奉对他说话的主为神，而上帝则赐予亚伯拉罕迦南地，并应许作为他们的永业。为纪念这个约并作为这个约的象征，上帝规定要行割礼。[2]此即《旧约》，其中包含着上帝和亚伯拉罕订立的契约；根据这个约，亚伯拉罕使自己和自己的后裔通过一种特殊的方式遵从上帝的成文法；因为根据他此前效忠道德律的誓言，他已有义务服从。尽管当时上帝尚未被尊奉为王，亚伯拉罕及其后裔也没有被称为王国，但是情形还是一样，即上帝依约建立了对亚伯拉罕后裔的特殊主权。摩西在西奈山重新订立该信约时，就明确地称其为犹太人特殊的神的国。圣保罗说的"信者之父"[3]并非指摩西，而是指亚伯拉罕，他是当时那些通过行割礼、后来在《新约》中通过行洗礼的方式向上帝宣誓效忠且不违背誓言的信徒们的父。

摩西在西奈山下重新立了约；上帝在那里命令摩西通过如下方式对百姓说话："如今你们若实在听从我的话，遵守我的约，就要在万民中做（特别）属我的子民；因为全地都是我的。你们要归我作祭司的国度，为圣洁的国民。"[4]在通行的《圣经》拉丁语译本中，"做（特别）属我的子民"被译为"众人之上"；詹姆斯王朝初期的《圣经》英译本则将其译为"高于万民的、属于我的珍宝"；《日内瓦圣经》法文译本中的翻译为"万民中最宝贵的宝石"。但是，因为第一种译法得到了圣保罗本人的肯定，所以是最准确的译法；他在这一段原文中说：

---

[1] 参见《创世记》第17章第7和第8节。

[2] 参见《创世记》第16章第11节。

[3] 参见《罗马书》第4章第11节，"信者之父"在基督教中又称为"信心之父"，即"the father of the faithful"。《罗马书》第4章第11节的译文为："并且他受了割礼的记号，作他未受割礼的时候因信称义的印证，叫他作一切未受割礼而信之人的父，使他们也算为义。"

[4] 参见《出埃及记》第19章第5节。

"他为我们舍了自己，又洁净我们，特作（即'超凡的'）自己的子孙"[1]，也就是指特别的子民。因为这个词在希腊文中写作"περιούσιος"，一般与"ἐπιούσιος"一词相对，后者意指"平素的、日常的"；或者像在主的祈祷文中一样作"日用的"讲。所以另一个词（即前者）的意思就是"剩下的、储起来的，以及通过特殊方式享有的"，在拉丁语中写作"peculium"。上帝随后提出的理由也证实了此处的这一意义，他说"因为全地都是我的"，就如同他是在说"全世界的人都是我的"，但你们不是通过这样的方式而是一种特殊的方式属于我。因我的权力他们才全属于我，但是你们是因你们自己的同意和信约而属于我，对所有人而言，这是他所享有的一般权利外新增的权利。

同一原文中明确的文字也印证了这一点，"你们要归我作祭司的国度，为圣洁的国民"。通行的拉丁语《圣经》译本中译为"Regnum Sacerdotale"，这与"有君尊的祭司"[2]翻译为"Sacerdotium Regale"的译法相符，并且符合除大祭司之外任何人不得进入至圣内殿（即不得直接求问上帝的意旨）的制度本身。上文中提到的英译本根据《日内瓦圣经》译本将其翻译为"诸祭司的王国"；这话如果不是说一个大祭司对另一个大祭司的继承，那么就与彼得的意思相左；同时也不符合大祭司所行使的职权；因为只有大祭司可以将上帝的意旨谕示给百姓，除他之外从没有且也从未允许任何祭司会议进入至圣内殿。

除此之外，因为"圣洁"一词是指上帝根据特殊权利而不是普通权利所享有的一切，所以"圣洁的国民"这一名称也证明了同一问题。正如原文中所说，全地都是上帝的，但是全地并不能被称为"圣洁的"，只有经过拣选的特别侍奉神的民族才可称为"圣洁的"，犹太民族就是如此。所以，"神的国"的恰当意义显然是指为了他们的世俗统治以及管理他们的行为而建立的一个国（根据服从这个国家的人们的同意而建立的这个国家），在正义的问题上，这个国家不仅仅要管理他们与上帝（他们的王）的关系，同时也要管理他们之间的关系，以及管理和平与战争时他们与其他国民的关系；恰当地说，这是一个王国，上帝是国王，在摩西死之后，大祭司是他的唯一副王或代治者。

---

[1] 参见《提多书》第2章第14节。
[2] 参见《彼得前书》第2章第9节。

但是，很多其他原文也清楚地证明了这同一个问题。例如，最初，以色列的长老对撒母耳的儿子收受贿赂气愤不已，要求立一个王（治理他们）；撒母耳心中不悦而祷告耶和华，耶和华答复他说："百姓向你说的一切话你只管依从，因为他们不是厌弃你，乃是厌弃我，不要我作他们的王。"[1]据此，当时上帝本身显然就是他们的王，撒母耳只是将上帝不时吩咐他的谕令传达给他们，并不治理他们。除此之外，撒母耳还对百姓说："你们见亚扪人的王拿辖来攻击你们，就对我说，我们定要一个王治理我们，其实耶和华你们的神是你们的王。"[2]显而易见，上帝是他们的王，治理着他们国家的世俗政府。

在以色列人弃绝了上帝之后，先知们预言他将复位，如《圣经》中说："那时月亮要蒙羞，日头要惭愧，因为万军之耶和华必在锡安山、在耶路撒冷作王。"[3]此处，明确地指出他将在锡安山和耶路撒冷作王，即在俗世作王；又如，"耶和华要在锡安山作王治理他们"[4]，锡安山位于耶路撒冷，是在俗世之中的；又如，"主耶和华说：'我指着我的永生起誓：我总要作王，用大能的手和伸出来的膀臂，并倾出来的愤怒，治理你们'"；[5]再如，"我必使你们从杖下经过，使你们被约拘束"[6]，即我将统治你们，使你们遵守你们通过摩西和我立的约，对你们在撒母耳的时候背叛我和你们另立另外一个王的事加以教训。

此外，《新约》中天使加百列讲到我们的救主时说，"他要为大，称为至高者的儿子，主神要把他祖大卫的位给他。他要作雅各家的王直到永远，他的国也没有穷尽"。[7]这个国也是指俗世的王国，他正是因为宣称这一权利而被当作该撒的敌人而被处死的。他在十字架上被安的名号是"犹太人的王，拿撒勒人耶稣"，并且为了嘲讽他，还给他戴上了荆棘冠冕。因为宣告他作王，人们便称耶稣的门徒"都违背该撒的命令，说另有一个王耶稣"。[8]因此，"神的国"就

---

[1]参见《撒母耳记上》第8章第7节。
[2]参见《撒母耳记上》第12章第12节。
[3]参见《以赛亚书》第24章第23节。
[4]参见《弥迦书》第4章第7节。
[5]参见《以西结书》第20章第33节。
[6]参见《以西结书》第20章第37节。
[7]参见《路加福音》第1章第32和33节。
[8]参见《使徒行传》第17章第7节。

是真实的王国而不是喻义上的王国，《旧约》中是这种含义，《新约》中也是这种含义。当我们说"因为国度、权柄、荣耀，全是你的"[1]时，它就应被理解为是根据我们的信约而不是根据上帝权柄的权利建成的神的国；因为上帝拥有这个国，所以我们在祷告时说"愿你的国降临"时，除非"你的国"是指因为以色列人叛逆并选出扫罗为王而导致中断并由基督复兴的王国外，否则说这话就是画蛇添足。如果神的国仍然存续，那么说"天国近了"，或者祈祷"愿你的国降临"就是不恰当的。

还有许多其他原文都印证了这种解释，以至于让人感到奇怪为什么没有更多的人注意到这一点，除非是因为它过多地让基督徒国王注意到他们对教权政府所享有的权利。他们清楚了这一点之后，便没有将其译为"一个祭司的王国"，而是将其译为"一个诸祭司的王国"，因此他们将"一位有君尊的祭司"译为"祭司职权的诸国王"，比如对圣彼得就是这样。此外，他们将"特属的子民"译为"一颗宝贵的宝石"或"宝物"，人们也可以将由一个将军承担特殊使命的军队称为"将军的宝贵的宝石"或者"他的宝物"。

简而言之，"神的国"就是一个世俗的王国，其成立首先是因为以色列百姓服从摩西从西奈山带给他们的律法的义务，后来这律法暂由大祭司在至圣内殿中从基路伯那里谕示给他们；这个国在选扫罗为王时就被抛弃了，先知则预言基督会复兴这个国。当我们每天在主祷文中祈祷说"愿你的国降临"，就是祈祷复兴这个国；当我们接着说"因为王国、荣耀、权柄永永远远全是你的。阿门"时，则是承认了他对这个国的权利；使徒所布的道就是宣告这个国。教士传布这一福

□ 不要忧虑说

《圣经》中，耶稣对门徒说："不要忧虑吃什么、喝什么、穿什么，要先求上帝的国和上帝的义。所以，不要为明天忧虑，因为明天自有明天的忧虑。"

---

[1] 参见《马太福音》第6章第13节。

音是为了让人们准备好迎接这个国；皈依这一福音，（承诺服从上帝的统治）就是在"恩典的王国"之中。因为上帝已无条件地赐予了这种人作为其子民（即上帝之子）的权力；之后当基督在威严中降临为王审判世界并实际治理他自己的子民时，这个国则称被为"荣耀的王国"。如果神的国（因为王座的荣耀及令人景仰的崇高，它也被称为"天国"）不是上帝通过他的代治者或代理人传达他的谕令来治理人民并的确在地上存在的，那么就不会引发在上帝通过谁向我们说话问题上的诸多争论和战争；众多祭司也不会为了宗教管辖权而使自己身陷麻烦之中，也就不会有任何国王否认他们享有这种权利。

根据这种对"神的国"的文意解释，可以得出对"圣洁"一词的正确解释。因为这个词在神的国中相当于在俗世王国中常说的"公共的"或"国王的"。

任何国家的国王都是他自己全体臣民的公共人格或代表。上帝作为以色列的王就是以色列的圣洁者。服从一个俗世主权者的国民就是这位主权者的国民，即公共人格的国民。所以，犹太人作为上帝的国民就被称为"圣洁的国民"。[1] 因为"圣洁"始终就是要么指上帝自己，要么指上帝所有的事物，这就如同"公共"始终要么指国家人格或国家本身，要么指属于国家的、私人不可主张任何所有权的事物。

因此，"安息日"（上帝的日子）被称为"圣日"；"神殿"（上帝的殿）被称为"圣殿"；献给上帝的"祭祀牺牲""什一税"和"贡物"（上帝的贡品）被称为"圣献"；"祭司""先知"和"在耶稣之下受膏的国王"（上帝的代理人）被称为"圣者"；"天上服侍的灵"（上帝的传信使）被称为"圣使"，诸如此类。就"圣洁"这个词的本义而言，仍指代某种根据同意而获得的专有权的含义。在说"尊你的名为圣"时，我们就只是在祈祷神的恩典，使我们遵守（摩西）第一诫律，即"除了他以外，不可有别的神"。人类是上帝专有的国民，但犹太人才是唯一"圣洁的国民"。除了是因为通过立约而使他们成为他所专有的选民之外，还有什么原因呢？

在《圣经》中，"世俗"一词通常被认为与"普通"一词具有相同的意思。因此，在神的国中，与这两个词意义相对的"圣洁"和"专有"两个词在神的国

---

[1] 参见《出埃及记》第19章第6节。

必然也具有相同的意义。但是，根据其喻义，过着虔诚生活、似乎已看破俗世且全身心献给上帝的人也被称为"圣者"。就其本义而言，那些因上帝指定或拣选出来为上帝所用的事物则被认为是被上帝圣化了，例如摩西第四诫律中提到的第七天便是如此。又如《新约》中提及选民被赋予神性时就是指他们被圣化了。此外，人们用来敬神的、奉与上帝的、只用于对他公开祭祀中且因而成为圣洁之物的，也被称为"神圣的"；如神殿以及其他公共祈祷的殿堂，其中他们的用品、祭司、牧师、牺牲、贡物以及圣礼中其他的外在事物等都被称为圣化之物。

□ 耶稣对法利赛人讲"神的国"

《圣经》中记载，法利赛人问耶稣："神的国几时来到？"耶稣回答说："神的国不是眼所能见的。人也不得说，'看哪，在这里！看哪，在那里！'因为神的国就在你们心里。"

　　神圣的程度有所差别。可能会再从特别选择出来侍奉上帝的物中选择出一部分用于更为亲近和特殊的侍奉事务。例如，虽然全体以色列国民是上帝的圣洁的国民，但是利未支派是以色列民族中的圣洁支派；在利未人中，祭司更为圣洁，而在祭司中则是大祭司最为圣洁。所以，犹大地是圣洁之地，但是敬奉上帝的圣城更为圣洁，神殿又比圣城更为圣洁，至圣内殿则比神殿的其他部分更为圣洁。

　　"圣礼"就是将某些有形物体从一般用途中分离出来使之圣化，并用来侍奉上帝，以此作为我们获得许可进入神的国并成为特属于他的子民一员的一个象征或是对这同一件事的一种纪念。在《旧约》中，许可进入神的国的象征就是"割礼"；在《新约》中，这种象征就是"洗礼"。在《旧约》中，（在每年的某个时间）吃逾越节羊羔就是这种纪念，通过这样能够使他们记住他们从埃及的奴役被解救出来的那个夜晚。在《新约》中，祝宴主的晚餐就是这种纪念，以便使我们记住正是由于我们神圣的救主在十字架上的牺牲，我们才得以从罪的枷锁中解罪。因为只需要得到一次允准进入神的国即可，所以只要有一次圣礼就足够了；但是，因为我们需要时常从心里记住我们被解救和效忠的事，所以圣礼作为纪念则必须重复举行。这些是主要的圣礼，就如同我们就自己的效忠所发出的自己的庄严誓言一般。此外，因为"圣礼"这个词的意义只是指奉献给上帝的祭祀，所以还有其他被圣化的事物可以被称为"圣礼"。但是，当"圣礼"中包含着对上帝效忠的誓言或承诺时，在《旧约》中"圣礼"没有别的，就只有割礼和逾越节祭神的羊羔；在《新约》中"圣礼"没有别的，就只有洗礼和主的晚餐。

第三十六章　论上帝的道和先知的言词

当提及"上帝的道"或"人的言词"时，它并不是指讲话的一个组成部分，诸如文法学家所称的一个名词或动词，或与其他言词没有关联因而没有意义的任何简单的发音；它是指一次完整的讲话或谈话，说话人用来对某些事物予以肯定、否定、命令、承诺、威胁、期望或询问。从这种意义而言，言词不是指词汇（vocabulum），而是指语句（sermo，希腊语为λόγος），即某一次讲话、谈话或言谈。

除此之外，当我们说"上帝的道"或"人的言词"时，它可以被理解为是说话人所说的话，即上帝或说话人已说过的话；从这种意义而言，当我们提到圣马太的福音时，我们就认为该福音的作者是圣马太。有时它则是指主题，从这种意义而言，当我们读到《圣经》中"以色列或犹大王时候的话"[1]这句话时，意思就是说这些话的主题是那时的事情。希腊语版本《圣经》中保留着很多希伯来文原文，其中"上帝的道"往往并非指上帝说的话，而是指关于上帝和上帝统治之道的话，即宗教的教义，以至于"耶和华的道（λόγος θεοῦ）"和"神学（Theologia）"（即我们通常所称的"神性"）成了一回事，这一点可以通过以下原文明显地看出来："保罗和巴拿巴放胆说，神的道先讲给你们，原是应当的，只因为你们弃绝这道，断定自己不配得永生，我们就转向外邦人去。"[2]此处所谓"神的道"就是指基督教教义，根据紧接前面的原文可以明显看出这一点。并且，在一处原文中，一位天使对使徒们说："你们去站在殿里，把这生命的道都讲给百姓听。"[3]此处所谓的"生命的道"是指福音书中的教义。从这一章最后

---

〔1〕霍布斯原文中的这句话是"The words of the days of the kings of Isael, or Judah"，实际上，英王钦定版《圣经》中并没有这句话。

〔2〕参见《使徒行传》第13章第46节。

〔3〕参见《使徒行传》第5章第20节。

一节说明他们在殿里所做的事情来看，这一点是显而易见的，"他们就每日在殿里、在家里，不住地教训人，宣传耶稣基督"[1]，根据这节原文，显然，耶稣基督是"生命的道"的主题，或者也可以说是我们的救主赐给他们"这一永恒生命的道"的主题。因为其中包含着基督的国的教义，所以将"上帝的道"称为"福音的道"；这同一种"上帝的道"又被称为"信主的道"[2]；也就是原文中所说的，基督降临并让他从死里复活的道理。此外，"凡听见天国道理的人"[3]指听到基督教导的有关天国道理的人。除此之外，《圣经》中还说上帝的道"日见兴旺，越发广传"[4]。这句话不难被理解为福音的道理，但却很难被理解为上帝的声音或上帝说的话，而且这样理解会显得有些古怪。同理，《圣经》中的"魔鬼的道理"[5]的意义也与此相同，它不是指任何魔鬼说的话，而是指异教徒关于魔鬼和那些他们敬奉为神的幽灵的道理。

关于《圣经》中"上帝的道"包含的两种意义，从后者（即被视为基督教的教义）的意义来说，整部《圣经》就是"上帝的道"；但是从前者的意义来说，则不是这样。例如，从"我是耶和华你们的神"直到十诫末尾，它们都是上帝说给摩西听的；但是其前面的那段开头就提到"神吩咐这一切的话说"[6]应被理解成

□ 耶稣布道

《圣经》中，耶稣说道："信我的，不仅是信我，也是信差我来的那位。看见我的，也就是看见那差我来的。"意思就是耶稣所说的话，是代表上帝说的；耶稣所做的事，是代表上帝做的。

---

[1] 参见《使徒行传》第5章第42节。
[2] 参见《罗马书》第10章第8和9节："他到底怎么说呢？他说：'这道离你不远，正在你口里，在你心里。'就是我们所传信主的道。你若口里认耶稣为主，心里信神叫他从死里复活，就必得救。"
[3] 参见《马太福音》第13章第19节。
[4] 参见《使徒行传》第12章第24节。
[5] 参见《提摩太前书》第4章第1节。
[6] 参见《出埃及记》第20章第1节。

是该圣史的作者说的话。"上帝的道"有时是从本意上，有时是从喻意上被理解为上帝所说的话。从本意上理解时，它是指上帝对他的先知说的话。从喻意上理解时，它是指上帝创世的智慧、权力和永恒的律例。从这种意义而言，《圣经》中的"要有光""要有天""我们要造人"等[1]命令都是上帝说的话。《圣经》中说"万物是借着它造的。凡被造的，没有一样不是借着它造的"[2]，也具有同样的意义；"常用他权能的命令托住万有"[3]就是说通过他的话的权能托住万有，即通过他的权能托住万有，"诸世界是借神话造成的"的意义也是如此[4]，还有很多其他地方具有同等意义；另外，拉丁语中"fate"一词的本义是"已说出的话"，也被用于同样的意义。

其次，"上帝的道"是指他的道的效果，即通过他的言语确定、命令、警示或承诺的事物本身。例如，《圣经》中说约瑟被囚在监狱里，"直等到他所说的应验了"[5]，即一直等到他此前对法老的酒政[6]所作"他官复原职"的预言应验了之后[7]，因为"他的话应验了"就意味着事情本身得到了应验。与之相同，《圣经》中说，以利亚对上帝说"我是奉行你这一切的话"[8]，而不是说"我按你的话行这一切的事"或"我是按你的命行这一切的事"。《圣经》中说"耶和华的话在哪里呢"[9]而不是说"他所警示的恶果在哪里呢"。《圣经》中说"我的话没有一句再耽延的"[10]，此处的"话"是指上帝应许他子民的那些事情。《圣经》中说"天地要废去，我的话却不能废去"[11]，这是指我（上帝）所应许或预言的，没有一样不应验。并且，对于福音作者圣约翰而言，我认为只有圣

---

[1] 参见《创世记》第1章。
[2] 参见《约翰福音》第1章第3节。
[3] 参见《希伯来书》第1章第3节。其中"万有"对应的英文为"all things"，即"万物"。
[4] 参见《希伯来书》第11章第3节。
[5] 参见《诗篇》第105章第19节。
[6] 负责给法老拿杯递酒、看护其吃喝的服务人员。
[7] 参见《创世记》第40章第13节。霍布斯在原文中指出引自《创世记》第11章第13节，该说法是错误的，实为第40章第13节。此处特别说明。
[8] 参见《列王记上》第18章第36节。
[9] 参见《耶利米书》第17章第15节。
[10] 参见《以西结书》第12章第28节。
[11] 参见《马太福音》第24章第35节。

约翰将我们的救主本身称为"上帝的道成了肉身"是指这种意思，即"道成了肉身"[1]；这就是说，"起初与神同在"的基督将降临人世的话或应许肉身化了。换言之，圣父派圣子到世间的目的是来指示人们得永生的道，但是在那时之前都不会实施和实际化为肉身；所以，我们的救主在此处被称为"道"，不是因为他就是"应许"，而是因为他是"应许之事"。那些据此断章取义的人一般都会将他（即救主）称为"上帝"的动词，这样做只会将原文文本变得更模糊；他们也可将他称为"上帝"的名词。因为对于名词和动词，人们都只是将其理解为讲话、说话或声音的一部分，而没有判断、否定、命令、应许或任何肉体或精神的实体；所以，既不能说他（救主）是神，也不能说他是人，而应说我们的救主是人神一体。圣约翰在他的福音一书中说，这"道"原与神同在，即"生命之道"[2]，以及"原与父同在的那永远的生命"[3]。所以，他所说的"道"没有其他的意义，只是指耶稣被称为"永远的生命"的意义，即他以肉身降临使我们得永生。使徒说，耶稣穿着溅了血的衣服，他的名称为"神之道"，这句话也是一样[4]，应被理解为正如他已经说过他的名："他是根据神从太初起的目的、根据先知所传的神之道与神的应许而来的。"所以。此处"道化肉身"不是其他的什么东西，而是圣子肉身化；之所以称之为"道"，是因为他的肉身化是对应许的履行；圣灵被称为"应许"也是一样的。[5]

在另外一些《圣经》原文中，"神的道"有时候尽管既不是指先知的言语，也不是指圣者的言语，但却是指符合理性和公平的言语。法老尼哥是一个偶像崇拜者，但是据说他差遣使者给善良的约西亚王传话，建议他不要阻挡自己进军迦基米施，就是传达的神的口谕。约西亚不听他们的话而战死沙场，这些可参见《历代志下》第35章第21、第22和第23节。实际上，根据与《以斯拉记》第一篇的记载相同的故事，这些话不是法老，而是耶利米将主的口谕传给约西亚的。但是，不论《次经》中写了什么样的内容，我们都要相信正典。

---

[1] 参见《约翰福音》第1章第14节。
[2] 参见《约翰一书》第1章第1节。
[3] 参见《约翰一书》第1章第2节。
[4] 参见《启示录》第19章第13节。
[5] 参见《使徒行传》第1章第4节；《路加福音》第24章第49节。

因此，当《圣经》中提到"上帝的道"写在人心上时，则是将"上帝的道"视为了理性与公平的口谕。例如《诗篇》第37章第31节[1]、《耶利米书》第31章第33节[2]、《申命记》第30章第11和第14节[3]以及很多其他类似的原文。

《圣经》中"先知"这个名词有时被视为"传言者"，即他负责将上帝的话传达给人类或将人类的话传达给上帝；另外，它有时也被视为"预言者"，即未来事物的预言家；并且有时被视为语无伦次的人，如那些注意力不集中的人。这个词最常用的意思是指将神的话传给百姓的人。所以，摩西、撒母耳、伊利亚、以赛亚、耶利米等人都是先知。根据这种意义，大祭司是一位先知，因为只有他才可以进入至圣内殿去询问上帝，并向民众宣告他（上帝）的答复。因此，当该亚法说一个人替百姓死是有益处的时候，圣约翰说："他这话不是出于他自己，是因他本年作大祭司；所以预言耶稣将要替这一国死。"[4]此外，在基督徒会众中教导百姓的人也被称作是在作预言。[5]上帝对摩西所说的、关于亚伦的一段话"他要替你对百姓说话，你要以他当作口，他要以你当作神"的意义与之类似。[6]此处，替他说话的人在《出

□ 先知耶利米

耶利米是《圣经》中犹大国灭国前最黑暗时期的一位先知，也是希伯来基督教《圣经·旧约》的主要先知之一。他被称为"哭泣的先知"，因为明知犹大国注定遭遇悲惨的命运，却不能改变国人顽固的心。耶利米著有《耶利米书》《耶利米哀歌》《列王纪上》及《列王纪下》。图为米开朗基罗在西斯廷教堂天花板上描绘的耶利米。

---

[1] 该节的原文为"神的律法在他心里，他的脚总不滑跌。"

[2] 该节的原文为"耶和华说：那些日子以后，我与以色列家所立的约乃是这样：我要将我的律法放在他们里面，写在他们心上。我要作他们的神，他们要作我的子民。"

[3] 该两节的原文分别为"我今日所吩咐你的诫命，不是你难行的，也不是离你远的"和"这话却离你甚近，就在你口中，在你心里，使你可以遵行。"

[4] 参见《约翰福音》第11章第51节。

[5] 参见《哥林多前书》第14章第3节。

[6] 参见《出埃及记》第4章第16节。

埃及记》第7章第1节中被解释为"先知",上帝说:"我使你在法老前代替神,你的哥哥亚伦是替你说话的先知。"从人对神讲话的角度来看,当上帝在一个梦里用这样一种方式和亚比米勒说话,"现在你把这人的妻子归还给他,因为他是先知,他要为你祷告"[1],这里亚伯拉罕被称为是一位先知;由此也可以得出推论,即将那些在基督教教会中作为会众的代表并承担为公众祈祷的人称为"先知"并无不妥。从同一意义上讲,一班先知从邱坛上或神的山上下来,其中有鼓瑟的、击鼓的、吹笛的、弹琴的,扫罗也在其中:他们也是因为通过公开的方式赞颂上帝而被称为是作预言。[2]基于相同的意义,米利暗被称为"女先知"。[3]此外,圣保罗说:"凡男人祷告或是说预言,若蒙着头,就羞辱自己的头。凡女人祷告或是说预言,若不蒙着头,就羞辱自己的头。"[4]其意义也是一样,因为在这处原文中,作预言的意义就只是通过诗篇或圣歌来赞颂上帝,女人在教会中可以做这事,尽管她们对会众说话是不合法的。基于这种意义,异教徒中那些通过作圣诗或其他种类的诗歌崇敬他们的神的诗人也被称为"先知",对那些熟悉外邦人书籍的人来说,这是众人皆知的;并且根据圣保罗在谈及克里特人时所说的话,这一点也是显而易见的,他说他们(克里特人)自己的一个先知说他们是说谎话的人[5]。这里圣保罗并不是将他们的诗人当作先知,而是认为"先知"一词一般是指通过韵文赞颂神的人。

　　如果作预言是指预言或预测未来可能的情形,那么"先知"就不仅仅包括原先代上帝说话、将上帝预先告诉他们的事情转告给其他人的人,而且包括所有那些通过类似的鬼怪帮助或根据虚假的原因而迷信占卜过去的事件、自称可预知未来类似事件的骗子。这种人(我已在本书第十二章中进行了说明)可谓三教九流,形形色色;只要他们偶尔有一件事能通过牵强附会的解释迎合人们的心意,那么随后出现了再多不灵验的事情时,他们也不会丧失已建立起来的预言家的声望。作预言不是一门艺术,也不能作为一项长期从事的职业,它只是来自上帝的一种超

---

〔1〕参见《创世记》第20章第7节。
〔2〕参见《撒母耳记上》第10章第5、6和10节。
〔3〕参见《出埃及记》第15章第20节。
〔4〕参见《哥林多前书》第11章第4和5节。
〔5〕参见《提多书》第1章第12节。

乎寻常的、临时的差遣，通常是由善良的人来做这种事，但是有时候也会由奸邪之人来做这种事。例如，隐多珥有一个妇人，据说她养了一个供巫师使用的鬼，因此招来了撒母耳的亡魂，并向扫罗预言了他的死，但是她并不能因之成为一位女先知，因为她既没有可以招上来这样一个亡魂的任何学识，同时也看不出她是根据上帝的命令才招来了它（撒母耳的亡魂），而只是根据她的引导，将这种骗人伎俩作为使扫罗感到恐怖和沮丧的一种手段，从而导致扫罗被挫败，最终丧生。外邦人将语无伦次的言语视为一种预言，因为德尔斐派东神龛穴中的灵或熏气将他们的神的先知弄醉了，当时这些先知们确实陷入了疯癫，说起话来像疯子。对于任何事情而言，他们所说的模糊不清的言词都可以解读出一套与之相适的含义，比如所有的物体均由原始物质所构成。在《圣经》中，我发现如下原文也表达了这种含义："恶魔大大地降在扫罗身上，他就在家中胡言乱语作预言。"[1]

虽然"先知"一词在《圣经》中有多种意思，但最常见的含义是指上帝直接降谕并命其代为传示给另外其他人或百姓的人。因此，此处就可提出一个问题：上帝是通过什么样的方式降谕给先知的？也许有人会问，从严格意义上来说，如果说上帝像人一样有舌头或其他器官是不妥的，那么认为他会发声和说话就是妥当的吗？的确，先知大卫曾提出了这种观点："造耳朵的，难道自己听不见么。造眼睛的，难道自己看不见么。"[2]但是，这些话并不像通常意义上那样是指上帝的本质，而是表达我们崇敬上帝的意愿。因为"看见"和"听见"是崇敬上帝的属性，将其归于上帝则是穷尽我们所能想到的来说明他所具备的万能权柄。但是，从严格、恰当的意义上来讲，一个人可以根据上帝创造了人体所有其他部分得出推论，认为上帝也和我们一样在用身体的这些组成部分，但是其中有很多不雅的用途，以至于让上帝具备这些属性是世间最大的亵渎。因此，我们可以将上帝直接降谕的方式解释成上帝让人们理解他意旨的方式，他可以通过多种方式来达到这一目的，并且我们只能从《圣经》中去寻找；尽管《圣经》中多次提到上帝对这人或那人说话，但是并没有说采用何种方式说话，而又有很多原文也提到了上帝使人们认识到他亲临并降谕的迹象，据此就可以理解上帝是如何对众多其他人降

---

[1]参见《撒母耳记上》第18章第10节。
[2]参见《诗篇》第94章第9节。

谕的。

《圣经》并未明示上帝采用何种方式与亚当、夏娃、该隐和挪亚说话。直到亚伯拉罕离开他自己的国来到迦南的示剑地方之前，他也不清楚上帝是用什么方式与他说话，在此之后，据说上帝向他显现。[1]因此，显相或异象就是上帝展示他的亲临的一种方式。除此之外，《圣经》中说"耶和华在异象中有话对亚伯拉罕说"[2]，此即有某种事物为上帝亲临的迹象，上帝通过使者的身份向他说话。另外，上帝还曾通过三个使者的显相向亚伯拉罕显现[3]，在一个梦中向亚比米勒显现[4]，通过两个天使的显相向罗得显现[5]，通过一个天使的显相向夏甲显现[6]，通过从天上呼叫的声音的显相再一次向亚伯拉罕显现[7]，在晚上（即他睡后或通过梦）向以撒显现[8]，在一个梦中向雅各显现，即（按照原文的说法）他"梦见一个梯子"[9]并通过使者的异象而显现[10]，还通过一束荆棘里的火焰的显相向摩西显现。在摩西时代之后，在《旧约》中，关于上帝直接与人对话的方式的原文中，上帝始终通过异象或梦与人说话，例如与基甸、撒母耳、

□ 先知以利亚

以利亚，在基列寄居的提斯比人，生活在列王时代。当时的众先知中，以利亚的名字在《新约》中被提及最多。

---

[1] 参见《创世记》第12章第7节。
[2] 参见《创世记》第15章第1节。
[3] 参见《创世记》第18章第1节。
[4] 参见《创世记》第20章第3节。
[5] 参见《创世记》第19章第1节。
[6] 参见《创世记》第21章第17节。
[7] 参见《创世记》第22章第11节。
[8] 参见《创世记》第26章第24节。
[9] 参见《创世记》第28章第12节。
[10] 参见《创世记》第32章第1节。

以利亚、以利沙、以赛亚、以西结和其他先知说话的方式都是这样；在《新约》中，上帝也常通过这种方式向约瑟、圣彼得、圣保罗和圣约翰说话；《启示录》中指出上帝和福音约翰说话的方式也是这样。

上帝只是在西奈山和会幕中对摩西说话时才采用了一种更为超凡的方式；上帝在会幕和圣殿的至圣内殿中对大祭司说话时也是采用了一种更为超凡的方式。但是，摩西和他之后的大祭司都享有更高的神宠地位。上帝自己曾明确宣称，他通过梦和异象与其他先知说话，但是却像与朋友说话一样和他的仆人摩西说话。该段原文如下："你们中间若有先知，我耶和华必在异象中向他显现，在梦中与他说话。我的仆人摩西不是这样，他是在我全家尽忠的。我要与他面对面说话，乃是明说，不用谜语，并且他必见我的形象。"[1]此外，《圣经》还说："耶和华与摩西面对面说话，好像人与朋友说话一样。"[2]但是，上帝仍是通过一个或多个天使像这样对摩西说话，《使徒行传》第7章第35和53节以及《加拉太书》第3章第19节清楚地展示了这一点；所以，尽管这比向其他先知显现的异象更清楚，但是这仍是一种异象。《圣经》中上帝说的"你们中间若有先知或是做梦的起来"这句话也印证了这一点。[3]后面的词（"做梦的"）解释了前面的词（"先知"）。《圣经》中说："你们的儿女要说预言，你们的老年人要做异梦，少年人要见异象。"[4]此处"异梦"和"异象"是用来解释预言的。上帝对所罗门说话时，也是用这种方式应许他智慧、财富和荣耀；因为《圣经》中说，"所罗门醒了，不料是个梦"[5]，所以一般而言，《旧约》中那些超凡的先知除了通过他们的梦或异象知道"上帝的道"之外，没有其他方法；这就是说，他们通过睡后或狂热中的意念才知晓"上帝的道"。每一个真先知的意念都是超自然的，而假先知的意念要么是自然的，要么是伪造的。

但是，据说这些先知也是通过"灵"来说话。例如，《圣经》中提到一位先知，他在谈及犹太人时说："使心硬如金刚石，不听法律和万军之耶和华用灵借

---

[1] 参见《民数记》第12章第6、第7和第8节。
[2] 参见《出埃及记》第33章第11节。
[3] 参见《申命记》第8章第1节。
[4] 参见《约珥记》第2章第28节。
[5] 参见《列王记》第3章第15节。

从前的先知所说的话。"[1]通过"灵"说话的先知被认为是超凡的先知，每一个新的神示或者一个新梦或异象都有一种特殊的使命，这些都是一致的。由此，靠"灵"或"灵感"说话显然不是上帝不同于异象的一种独特说话方式。

在《旧约》中，被神长久召唤的先知中有些是至高的先知，有些是从属的先知。至高的先知中排名第一的就是摩西，在他之后，当大祭司具有君尊时，在其本人所处的时期中，他就是至高的先知。当犹太人厌弃上帝，上帝不再统治他们之后，那些服从上帝治理的国王也是他的先知首领，大祭司一职变成了副职。当有事情要向上帝问询的时候，他们就身着神圣的祭司服饰，按照国王的命令向上帝请求开示；在国王认为恰当的时候，也可据夺他们的职分。因为扫罗王曾下令将燔祭带到他那里去[2]，并命令祭司将约柜运去[3]，接着又命令"停手吧"，因为他看到他的敌人有可乘之机。[4]同一章中（《撒母耳记上》第14章第37节），扫罗曾向上帝求问。同样地，大卫受膏后和继王位前，曾"求问耶和华"他可不可以攻打基伊拉的非利士人。[5]同一章中说，大卫命祭司"将以弗得拿过来"，求问他是否应留在基伊拉。[6]所罗门王曾革除祭司亚比亚他[7]，并将这一职位授予撒都。[8]因此，对摩西、大祭司和虔敬上帝的国王而言，都是主权者先知求问上帝自身如何处理一切非同寻常的事或者事情将会有何结局。然而，上帝用什么方式向他们说话并不明确。如果说摩西到西奈山上帝那里去就如同其他先知一样是一个梦或异象，那么这就与上帝对摩西和其他先知进行的区分不符。[9]如果说上帝通过其本质的形式显现，那么这就是否认了他的无限性、不可见性和不可知性。如果说他通过"灵感"或"注圣灵"说话，因为"圣灵"就是神，那么这就将摩西等同于基督；正如圣保罗所说，神本性有形有体地居住在基督里面。[10]

---

[1] 参见《撒迦利亚书》第7章第12节。
[2] 参见《撒母耳记上》第13章第9节。
[3] 参见《撒母耳记上》第14章第18节。
[4] 参见《撒母耳记上》第14章第19节。
[5] 参见《撒母耳记上》第23章第2节。
[6] 参见《撒母耳记上》第23章第9节。
[7] 参见《列王记上》第2章第35节。
[8] 参见《列王记上》第2章第27节。
[9] 参见《民数记》第12章第6、第7和第8节。
[10] 参见《哥罗西书》第2章第9节。

最后一点，如果说他借"灵"说话，因为这意味着圣灵的恩慈或赐予，那么就未阐明摩西具有超自然的属性。因为上帝就是通过道理、实例和不同的自然与平常之事使人具备虔敬、正义、慈悯、忠诚、信任和所有道德和知识层面的美德。

上帝不是通过这些方式在西奈山上对摩西说话，他也不是通过这些方式从施恩座上对大祭司说话。因此，《旧约》中关于上帝和负责求问他的主权者先知的说话方式并不明确。在《新约》时代，其他主权者先知是不存在的，只有我们的救主；他既是与上帝说话的对象，又是听上帝说话的先知。

至于那些被长久召唤的从属先知，我并未发现有任何原文可以证明上帝通过超自然的方式对他们说话，而只是通过自然的方式对他们说话，就像他让所有其他基督徒奉行虔敬、信仰、正义以及其他美德那样对他们说话。虽然

□ **大祭司该亚法**

该亚法，《圣经》中的一个犹太大祭司。《新约》上是这样记载他的："内中有一个人，名叫该亚法，本年作大祭司，对他们说，你们不知道什么。独不想一个人替百姓死，免得通国灭亡，就是你们的益处。"该亚法组织并参与了杀害耶稣，也参与了犹太议会对耶稣的审判。

这种方式寓于人们制定、教诲、教育、要求和引导基督教的美德之中，但是实际上被归因于神灵或圣灵的作用，因为任何善的意向都是上帝作用的结果，所以我们在我们的语言中将其称为"圣魂"。但是，这并不总是超自然的作用。所以，当说一位先知根据神灵或借神灵说话的时候，我们可以理解为他不过是根据上帝通过至高先知所宣示的意旨在说话。因为"灵"一词最普遍的意义就是指人们的意愿、意识或意向。

在摩西时代，除他本人外，还有另外七十人在以色列人的营中作预言。《民数记》第11章第25节中阐明了上帝对他们说话的方式，"耶和华在云中降临，对摩西说话，把降与他身上的灵分赐给那七十个长老，灵停在他们身上的时候，他们就受感说话"。通过这段话我们可以清楚地看出：首先，七十个长老向百姓作的预言依赖并从属于摩西作的预言，为此上帝将摩西身上的灵分赐给他们，从而使他们按摩西所要求的那样作预言，除此之外没有要求他们作任何其他预言。因

为当时有人向摩西抱怨他们，约书亚要求摩西禁止他们；摩西并未这样做，而是对约书亚说："不要为我的缘故嫉妒人。"[1]其次，此处的"神灵"指的并非别的什么，而只是服从并辅助摩西治理的意愿和意向。因为如果说他们拥有实质的"神灵"，或者他们体内有注入的神性，那么他们拥有它（"神灵"）的方式就与耶稣本身并无二致，但"神灵"只是有形有体地居住在（基督）里面。因此，这里是指上帝指导他们和摩西合作的神的恩赐，他们的灵就是源自于他（摩西）。因为《圣经》中说，"你……招聚七十个人，就是你所知道做百姓的长老和官长的，到我这里来"，所以似乎是摩西本人派他们来做百姓的长老和官长。[2]这段原文中"你所知道"与"你所指派的"或"你已指派的"是同样的意思。之前我们知道，因为摩西听从他岳父叶忒罗的话，的确曾拣选敬畏上帝的士师和官长来治理百姓[3]，在这其中就有上帝将摩西的灵分赐给他们的七十人，上帝让他们辅佐摩西治理王国。《圣经》中说，"耶和华的灵"在膏立大卫时就降到大卫身上，并离开扫罗[4]，意思也是一样。耶和华将神的圣恩降与他拣选出来治理他的百姓的人，弃绝的人则被掳去神的恩典。所以"灵"是指侍奉上帝的意愿，而不是任何超自然的启示。

上帝曾多次通过掣签降谕，由他授权治理他的百姓的人下令安排这种掣签。因此，我们在《圣经》中可以看到，上帝通过扫罗命人掣签来昭示约拿单因违背对百姓的誓言而吃蜜的罪[5]。上帝凭借"约书亚就在示罗耶和华面前，为他们拈阄"[6]，把迦南地分给了以色列人。上帝似乎也通过这种方式指出了亚干所犯下的罪[7]。在《旧约》中，这些是上帝宣布意旨的方式。

上帝在《新约》中也使用了所有这些方式。对圣母玛利亚用的是使者的异象，对约瑟则用的是梦的方式；另外，上帝在保罗去大马士革的途中用的是救主异象的方式，对彼得用的是一种异象的方式——从天上降下一块大布，里面是各

---

[1]参见《民数记》第11章第27节。
[2]参见《民数记》第11章第16节。
[3]参见《出埃及记》第18章。
[4]参见《撒母耳记上》第16章第13和第14节。
[5]参见《撒母耳记上》第14章第43节。
[6]参见《约书亚记》第18章第10节。
[7]参见《约书亚记》第7章第16节等原文。

样洁净和不洁净的动物；对监狱中的彼得用的是天使异象的方式；对所有使徒和《新约》的作者用的是圣灵的神的恩赐；对使徒在选出马提亚来代替加略人犹大时也采用了掣签的方式。

既然所有预言都假定存在异象或梦（当二者都是自然发生的时候，它们是同一回事），或是人类罕见且令人称羡的特殊的神的恩赐；并且，这种恩赐可被视为与最超乎寻常的梦和异象一样，不但可能源自于上帝超自然和直接的作用，并且也可能源自于自然的作用，或通过第二因而引发；那么，我们就需要根据理性和判断力来辨识自然和超自然的恩赐，以及自然与超自然的异象或梦。因此，如果一个自称是先知的人以上帝之名告诉我们通向福乐的路并要求我们按照这条路来服从上帝，那么人们就必须非常谨慎。因为自称要教导人们通向至福之路的人，也会要求对被教导者进行统治，即对其进行管辖和统治；这是所有人自然的欲求，所以其中是否包藏了野心和欺骗就值得怀疑了。因此，他在使他们服从之前，就应该受到每一个人的检验和考察，除非人们已经在按约建立国家的时候就服从于他；这就如同先知是世俗主权者或是经世俗主权者进行了授权的情形。如果不是允许每个人都能检验先知和灵，那么指出让每个人都可以分辨人应当听从哪些（他们的话）、不应当听从哪些的标志就是毫无用益的。因此，《圣经》中指出了如何识别"先知"[1]和"灵"的标志[2]；并且，《旧约》通过许多预言，以及《新约》中通过许多布道，告诫人们假先知的数量一般要远远多于真先知的数量，每个人在听从先知的指导方面要十分谨慎，要自担风险。首先，从以下描述可以看出假先知的数量远比真先知的数量多：亚哈王曾求问四百先知，他们之中除了米该亚一人之外，其他人都是假冒的骗子；一般而言，在巴比伦被掳之前不久的时代，所谓的先知都是骗子。耶利米说上帝告诉他，"那些先知托我的名说假预言，我并没有打发他们，没有吩咐他们，也没有对他们说话。他们向你们预言的，乃是虚假的异象和占卜，并虚无的事，以及本心的诡诈。"[3]因此，上帝便借着先知耶利米之口，命令百姓不要服从他们，"万军之耶和华如此说，这些

---

[1] 参见《申命记》第13章第1节等。
[2] 参见《约翰一书》第4章第1节等。
[3] 参见《耶利米书》第14章第14节。

282 | 利维坦　Leviathan

□ 骸骨复活异象

在《以西结书》中，以西结讲述了"骨骸复活"的异象。上帝让他向四野的骸骨发预言，说上帝要让骨骸复活。以西结"遵命说预言"后，骸骨便复活了。

先知向你们说预言，你们不要听他们的话。他们以虚空教训你们，所说的异象是出于自己的心，不是出于耶和华的口。"[1]

在《旧约》时代，因为借异象而成的先知彼此之间发生过许多争论，就像《耶利米书》第14章第14节中所记载的那样，米该亚同其他四百个先知就"耶和华的灵从那里离开我与你说话"展开争论。先知之间还互相撒谎；在《新约》中，借灵而成的先知也有这样的争论，所以当时和现在的每个人都需要通过个人的自然理性去检验所有的预言，这些是上帝赐予我们分辩真理和谬误的法则。对于这些法则，《旧约》中有一条与主权者先知摩西教导给他们的相契合，还有一条则与我在上文中所提到的《申命记》第13章第1节等处的原文相契合，即预言上帝将要实现的神迹的神异力量。《新约》中只有一处标志，那就是传布"耶稣是基督"，即他是《旧约》中所应许的犹太王的教义。对于否认这一法则的任何人，不论从表面上看他能行何等奇事，他都是一位假先知，但是布这种道的人是一位真先知。因为圣约翰在他告诉他们会出现假先知之后，明确说明了检验灵是否出自于上帝的方法[2]："凡灵认耶稣基督是成了肉身来的，就是出于神的，从此你们可以认出神的灵来"[3]，即称许并认同他是上帝的先知：这不是说因为他是一位虔诚之人或因他明证、公开宣称或布"耶稣是基督"的道而成为上帝的一位选民；而是因为这一点，他才成为一位公认的先知。因为上帝有时候通过某些他并不认同其为人处世的先知说话，如（上帝）通过巴兰说话、通过隐多珥的女巫预言扫罗的死亦是如此。《约翰

---

[1] 参见《耶利米书》第23章第16节。
[2] 参见《约翰一书》第4章第2节等处。
[3] 该段原文出自《约翰一书》第4章第2节。

文化伟人代表作图释书系

一书》同一章下一节中说："凡灵不认耶稣，就不是出于神，这是那敌基督者的灵。"[1]所以，这一法则是两方面皆为圆满的完美法则：凡是宣传救主已降临在耶稣身上这一教义的人，他就是一位真先知；凡是否认他（救主）的降临并在将来某个使自己享受虚荣的骗子身上去寻找（救主）的人，他就是一位假先知，使徒可恰当地称其为"敌基督者"。所以，每个人都应该考虑谁是主权者先知的问题，即谁是上帝在地上的代治者，并且仅在上帝之下有权管辖基督徒；而且应将他以上帝之名命令教导的教义视为法规奉行，并以之检验和考察那些行奇事或不行奇事的假先知在任何时候提出的说法的真理。如果他们发现这些说法与这一法则背道而驰，那么就要像之前所做的那样，到摩西那里抱怨有人在营帐里作预言，质疑这些人作预言的权力；并像他们对摩西所做的那样，根据所看到的情形支持或禁止他们：如果否定他们，那么就不再听信他们的话；如果赞成他们，那么就将他们视为被上帝分赐了他们的主权者一部分灵的人而服从。因为当基督徒不将信奉基督教的主权者视为上帝的先知，他们要么必须将他们自己的梦视为支配自己的预言，将他们自己心上的肿块视为上帝的灵；要么就必须听从某外邦君主或某些通过诽谤政府而蛊惑他们叛乱的臣民的支配，这些人除了在某些时候的一次异常的成功和免于损失的事情之外，没有其他的奇事能够确证他们的恩召。通过这种方式，一切神定和人定的律法被摧毁，一切秩序、政府和社会退回至充斥着暴力与内战的原始混乱状态之中。

---

[1] 参见《约翰一书》第4章第3节。

第三十七章　论神迹及其用处

"神迹"[1]是指上帝令人惊叹的伟绩，所以也被称为"奇事"。大部分神迹都是用来表示上帝的命令，如果没有神迹，人们很容易（根据其个人的自然推理）对什么是或者什么不是上帝的命令产生怀疑。《圣经》中一般将其称为"signs"，拉丁语"miracles"（迹象）和"wonders"（征兆）也是同样的意思，它是从现实或预示万能的主将要实现的神迹的意义之中产生的。

因此，要理解什么是神迹，首先要理解什么事情能让人感到惊奇而崇敬赞叹。令人感到惊奇的只有两种事情：第一是新奇之事，即类似的事从未或极少发生；第二是在事情发生之后，我们没有办法认定这事是通过自然方式实现的，而认为只可能是由上帝亲身实现的。但是，当我们看出导致这事的某种可能的自然原因时，则不论类似的事何其罕见或是经常发生，我们都不会再感到奇怪，也不会将其视为神迹。

如果一匹马或一头牛能说话，那么这就是一个神迹，因为这事很新奇，并且很难推导出自然原因。此外，当看到自然世界中发生了奇怪的畸变，出现了某种新动物物种的时候，也是这样的情形。但是，当人类或其他动物繁衍时，同上面的情形一样，虽然我们也不知道这种事是如何发生的，但是因为这事是司空见惯的，所以这并不是神迹。同样，如果一个人变成了一块石头或一根柱子，那么这就是一个神迹，因为这种事很新奇；但是一根木头像这样发生了变化（变成一根柱子）的话，因为这是司空见惯的，所以这也不是神迹。但上帝究竟是通过何种作用使它们出现的，我们对此的了解并不比另一件事更多。

---

[1]需要特别说明的是，"miracles"和"signs"在《圣经》和合本中译为"神迹"，"wonders"译为"奇事"，"mighty work""wonderful works"则被译为"异能"，在说明上帝的神奇时，这三个词在很大程度上是通用的。

人们在俗世见到的第一道彩虹是一个神迹，因为它是第一次出现在人们眼前，所以是新奇的；并且彩虹是垂于天际作为上帝所设的征兆，使百姓确信世界从此不会因洪水而遭到整体性毁灭。但是，因为现在彩虹已是司空见惯，所以就不是神迹，不论人们是否知道它的自然成因，它都不是神迹。此外，人类的技艺也完成了很多罕见的事，但是当我们知道人们完成了这些事的同时，也知道了它们是如何完成的，所以我们就不将其视为神迹，原因在于它们不是上帝亲手完成的，而是通过人类的辛勤劳动而间接完成的。

此外，赞叹和惊奇源自于知识和经验，但是因为人们所具备的经验和知识参差不齐，所以对于同一件事，有些人认为是神迹，而另外一些人则不认为是神迹。因此，无知和迷信的人视为是非常大的奇事的事情，对于那些知道它们是自然发生

□ **医治彼得的岳母**

按《圣经》所说，耶稣到了彼得家里，见彼得的岳母害热病躺着。耶稣摸了她的手，热就退了。

的人（不是上帝直接完成的神迹，而是普通的奇事）看来则根本不值得赞叹。比如，普通人认为日食、月食是超自然的伟绩，但是另外有一些人却可以根据自然原因准确预言它们出现在哪个具体的时刻。又比如，一个人通过和旁人串通及秘密调查，知道了一个无知且不谨慎的人的私事，据此就告诉这人说他此前做了什么事情时，在他（无知和不谨慎的人）看来（通过和旁人串通及秘密调查而知道该人所做事情）就是一种神迹；但是，对于明智且谨慎的人，这种"神迹"不容易"得逞"。

除此之外，神迹还具备一种属性，即它的出现是为了让人们相信上帝的使者、代理者和先知，让人们知道他们是被上帝召唤、遣派和拣选的，因此人们就更愿意去服从他们。因此，尽管创造世界以及随后毁灭所有生灵的大洪水是令人惊叹的伟绩，但是因为它们并不是为了使人们相信某一位先知或其他上帝的代理

者，所以一般也不将其称为"神迹"。因为任何一件事，无论何等地令人惊奇，由于人们天然相信万能的主无所不能，所以一件事情让人们惊异的地方并不在于这事能够做成，而是在于上帝回应人的祈求或言词而做成了这事。但是，上帝通过摩西之手在埃及所做的事是真正的神迹，因为这些事情是为了让以色列的百姓相信摩西不是为了任何私利的目的到他们那里去的，而是上帝遣派他去的。因此，在上帝命令摩西将以色列人从埃及人的奴役中拯救出来后，摩西说："他们必不信我，必说'耶和华并没有向你显现'"[1]时，上帝就给予他一种神力，将手中的杖变为蛇，然后又变回杖；并让他把手放在怀里，使之长上大麻风，抽出来后又复原了，从而让以色列的子民相信他们祖宗的神向他显现了[2]；倘若那还不够，上帝又赋予他一种能够使他们的水变成血的力量。当他在百姓前行了这些神迹后，"百姓就信了"[3]。但是，因为他们害怕法老，所以仍然不敢服从他。因此，其他折磨法老和埃及人的事都是为了让以色列人相信摩西，这些事被称为神迹是恰当的。同样，如果我们考量一下通过摩西之手以及巴比伦被掳之前通过所有其他先知所行的神迹，以及我们的救主及其使徒在之后所行的神迹，我们会发现他们的目的都是为了形成或坚定一种信念，即让人相信他们并非出于自己的心意而来的，而是由上帝遣派来的。我们从《圣经》中还可以进一步看出，行神迹的目的不是使选民和神所弃绝的人产生普遍的信念，而是要使选民产生信念，也就是使那些上帝决定让其成为自己的子民的人产生信念。但是，并不是为了改变法老的信仰才让他们在埃及遭受那些神迹的折磨，因为上帝事先已告知摩西，他要使法老的心刚硬，法老必不容百姓走，当最后他（法老）让他们走时，并不是神迹说服了他，而是折磨迫使他这样做的。所以，《马太福音》中写到救主时还说，因为他们不信，他在自己的国中就没有多行异能了[4]；另外，《马太福音》中不说"不多行异能"，而是说"不得行什么异能"[5]。这不是因为他没有力量，这样说就是渎神；也不是说由于神迹的目的不是为使不信的人皈依基

---

[1] 参见《出埃及记》第4章第1节。
[2] 参见《出埃及记》第4章第5节。
[3] 参见《出埃及记》第4章第31节。
[4] 参见《马太福音》第13章第58节。
[5] 参见《马可福音》第6章第5节。

督；因为摩西、先知、我们的救主以及他的门徒所显的神迹都是为了增加教会人数；这是因为神迹的目的不是使所有人加入教会，而是使应得救的人即上帝的选民加入教会。既然我们的救主是他的父遣派的，那么他就不可能通过自己的权能使他的父弃绝的人皈依。解释圣马可这一段话的某些人说，"他不得（He could not）"的表述是代替"他不想（He would not）"的。在希腊语中，这种希腊语语调没有先例（对那些不存在意志的非生命物体而言，"不想"有时会代替"不得"，但是从未有过"不得"代替"不想"的情况）；他就是通过这种方式，在软弱的基督徒面前设置了一块绊脚石，就如同基督只能在轻信的人中行神迹一样。

□ 创世说

不同文明中的早期人类，都会思考宇宙的起源和人类的起源。按照《圣经》的说法，上帝创造了天地和世间万物。

根据我此处所说明的神迹的属性与用途，我们可以将"神迹"定义为上帝所行的一项伟绩（通过他在创造世界时所采用的自然方式完成的），其目的是为了向他的选民说明一位使者，这位使者背负着为他们救恩的特殊使命。

根据这个定义，我们可以得出推论：第一，一切神迹所完成的伟绩，都是上帝亲手促成的结果，所以不是先知者的任何美德导致的结果。即是说，上帝在完成这一伟绩中没有依赖先知的帮助。

第二，没有魔鬼、天使或其他被创造出来的灵可以行神迹。因为神迹要么是根据某种自然之理，要么就是根据咒语（即言词）而产生的。如果巫士独立地通过自己的力量完成，那么就是依照并非源自上帝的力量完成的，因而所有人都不会承认这一点；如果他们是通过被上帝赋予的力量完成的，那么这种伟绩就不是通过上帝亲自促成的，而是一种自然伟绩，因此它就不是神迹。

根据《圣经》中的某些原文，似乎将行奇迹的能力等同于上帝自身行神迹的能力，将其视为是某种魔术或巫术。例如，《圣经》中说，摩西的杖丢在地上变成蛇，"埃及行法术的也用邪术照样而行"[1]；摩西将埃及的江、河、池、塘水都变成血，"埃及行法术的也用邪术照样而行"[2]；摩西借神的力量使青蛙上地，"埃及行法术的也用邪术叫青蛙上了埃及地"[3]；当读完这些之后，那么一个人是否会将神迹归因于"法术"，即说话的声音，并认为此处和许多其他类似的原文已明显确证了这一点？但是，《圣经》中没有任何地方告知我们什么是"法术"。因此，如果法术不像许多人想象的那样是通过咒文和咒语形成的奇怪结果那样，而只是通过普通的伎俩去诈骗和欺诈；如果它远不是超自然的，因为行骗的人如果行法术根本不必深究其自然原因，而只要深究人类普遍的无知、愚昧和迷信就可以；那么对于那些看似证明了魔术、巫术和法术力量的原文，则要对其乍看起来的意义进行再审视。

显然，因为言词只能对理解它们的人产生效果，并且这种效果不是其他什么别的东西，只是表达了说话的人的意愿和情感，从而让听到的人产生希望、畏惧以及其他的激情或概念，所以当杖看起来变成了蛇，水看起来变成了血，或法术看起来作了任何其他神迹时，如果不是为了启发上帝的子民，那么受到法术，即受到咒语作用的就不是杖、水或者其他任何东西，而只是旁观者。因此，一切所谓的"神迹"都只是行法术的人骗人而已，这不是"神迹"，而只是易如反掌的一件事而已。

一般而言，所有人，尤其是那些对自然原因及人类的本性与利害关系所知不多的人，都会因无知和容易犯错，而被不可数计且简单的伎俩所欺骗。在认识到存在星体运行的科学之前，一个人具备了什么神迹的力量后，他才会告诉人们这一时刻或今天的太阳将会变暗？对于变戏法的人耍弄他那高脚杯和其他小玩意儿而言，如果不是现在人们都普遍在耍弄这些玩意儿，人们就会认为他是至少借助了妖魔的力量才耍弄出他的"奇迹"来。练习用吸气方式说话的人（古时候称这种人为"腹语人"）会使他那微弱的声音听起来不像是来自声音器官的微弱振动，而像是来自遥远处，他就能让很多人相信这些话都是从天上传来的。有一种奸诈之

---

[1] 参见《出埃及记》第7章第11节。
[2] 参见《出埃及记》第7章第22节。
[3] 参见《出埃及记》第8章第7节。

人，他们刺探他人的秘密以及此人向旁人推心置腹地说出的有关自己此前的行为和冒险活动的事情之后，他们再将刺探到的这一切告诉本人，这原本是一件非常容易做到的事，但是仍然有很多人靠这种伎俩得到了"巫师"的名望。要将这些人的名单罗列出来，未免太过冗长。希腊语将其称为"Thaumaturgi"，即"行魔幻之事的人"；他们都是通过他们自己的熟练技巧来完成他们所做的事的。如果我们考察一下那些沆瀣一气的欺诈行为，那么就会发现一件事的出现无论是何等不可能，但是人们仍可能信以为真。因为如果两个人串通一气，一个人假装瘸子，一个人用咒语使他"痊愈"，那么这就可能让很多人受骗。但是，如果很多人沆瀣一气，一个假装瘸子，一个用咒语使他"痊愈"，其他人则充当见证人，那么这就会使更多人受骗。

□ 耶稣医治瘫痪病人

《圣经》中记载了多起耶稣治好病人的故事，包括治好瘫痪病人、盲人、聋子、麻风病人。这些都被认为是耶稣的"神迹"。

对人们轻信虚假神迹的这一倾向而言，我认为最好的告诫就是（我在上一章中已经提及）上帝首先通过摩西谕示的诫律，除此之外没有其他诫律；此即《申命记》第13章开头部分和第18章末尾部分记录的诫律：对于任何传布上帝的代治者（当时是摩西）已创立宗教之外的任何其他宗教的人，我们都不应将其视为先知；即便有任何人传布同一种宗教，但是如果没有看到他的预言应验，也不能将其视为先知。在任何时代，当我们相信一个自称可行神迹或自称是先知的人之前，我们都应当求问那个仅在上帝自己之下、作为神的子民的最高统治者，即教会的会首，问他确定了什么样的教义；在摩西时代，这个最高统治者就是摩西，在亚伦或他的继承者的时代，这个最高统治者就是亚伦或他的继承者。当这样做了之后，对人们所称"神迹"之事，我们必须要看到这个神迹已经完成并且穷尽一切可能的方法来判断它是否已经真正做成。不仅如此，我们还要判断它是不是没有人能够通过他的自然能力完成类似的事情，而必须凭借上帝亲自来完成。就此而言，我们必须求助上帝的代治者，即对所有存有疑虑事情的个人判断都交由其进行裁断。例如，如果一个人对着一片面包说了几句话后，就声称上帝马上就将使它不再是面包，而是变作一位神或一个人，或者将其变成是神人合一；但是这片面包看起来却还像之前的面包一样，那么在通过上帝的代理人或代治者求问上帝这件事情是否真正做成之前，任何人都没有任何理由认为事情确实已做成了，因此也不必畏惧他。如果他说事情没有做成，那么就是摩西所说的那样："那是他擅自说的，你不要怕他。"[1]如果他说事情已经做成，那么他就不能反对这事。同理，如果我们看到它没有做成，只是道听途说有一个神迹，那么我们就要去问合法的教会，即它合法的会首，判断一下我们对说这事的人可以相信几分。对于生活在基督徒主权者统治下的人们而言，这就是他们所处的主要境况。因为在这些时代之中，我不认为有人曾看见因咒语或因一人的言辞或祈祷而做成了任何这种奇闻异事，而让那些具备中等理性的人以为这是超自然的事情。这里的问题已不再是我们看到做成了的事是否是神迹；我们所听说的或所读到的神迹是否确有其事，抑或是口头或写作编造的；用直白的话语说，我们要考虑的是它是确有其事或是一个谎言。关于这个问题，我们每一个人都不能根据我们自己的理性或良知而是要根据公众的理性去判断，即根据上帝的最高代治者的理性去判断。实际上，如果我们已将主权交给了他，让他去做那有必要的、维护我们的和平和防卫的一切事情，那么我们就已将他视为事物的裁判者了。因为思想是自由的，所以一个人一直享有根据那些自称能够行神迹或认为是神迹的事情带来的益处，在内心中决定相信与否的自由，并以此来推测它们究竟是神迹还是谎言。但是对信仰的明证而言，个人的理性必须服从公众的理性，即服从上帝的代治者。但是，我将在后续适当的地方对上帝的代治者和教会的会首是谁的问题进行讨论。

---

[1] 参见《申命记》第28章第22节。

第三十八章　论《圣经》中永生、地狱、救恩、来世和救赎的意义

司法是用来维系世俗社会的，司法的维系作用依赖于国家主权者所掌握的生杀大权以及程度较轻的奖赏和惩罚。如果在主权者以外还有人能施与比生更高的奖赏或施与比死更重的惩罚，那么国将不国。既然永生是重过今生的奖赏，而永罚是重过自然死亡的惩罚，那么对于希望通过服从权力机关避免混乱和内战的所有人而言，就值得认真考量《圣经》中"永生"和"永罚"的意思，人们因犯何罪和对谁犯罪而会遭到"永罚"，又因何作为而配享"永生"。

首先，我们会发现，如果亚当未违背上帝的意旨，那么他可以在伊甸园中永远享受他被创造伊始所享受的生活条件。因为伊甸园中有生命之树，只要他不去吃上帝禁止他们吃的、可以分辨善恶的智慧之树的果实，上帝便允许他吃这棵生命之树的果实。所以，在他吃了禁果以后，上帝就将他赶出了伊甸园，"恐怕他伸手又摘生命树的果子吃，就永远活着"。[1] 由此可见，我认为如果亚当没有犯罪，那么似乎他就会在地上永生，因为他的第一次犯罪而导致他本人以及他的后裔身上有了必死的命运。（但是，对于这个问题以及所有其他需取决于《圣经》的问题，我都服从我的祖国所认可的《圣经》解释。）当时进入他体内的不是实际的死亡，要不然亚当就不可能有后裔；但是，他后来还活了很久，并且在去世之前看到了繁衍众多的子孙。但是，《圣经》上说："你吃的日子必定死。"[2] 这必然是指他必死的命运和必然的死亡。既然亚当是因为犯罪而被剥夺并丧失了永生，如果有人撤销了这种剥夺，那么这人就可以恢复永生。既然耶稣基督已经为所有信他的人赎了罪，那么这也就为所有信徒恢复了因亚当之罪而失去的永生。圣

---

[1] 参见《创世记》第3章第22节。
[2] 参见《创世记》第3章第17节。

□ 无法永生的亚当

按照《创世记》的说法，亚当原本住在伊甸园中，那里有生命树，亚当吃了生命树上的果子就永远不会死。但是，亚当偷吃了伊甸园中的智慧树之果，破坏了人与上帝的盟约，犯了原罪，便被上帝赶出了伊甸园。没有了生命树的果子，亚当就无法永生了。

保罗正是从这种意义上进行了对比，他说："如此说来，因一次的过犯，众人都被定罪；照样，因一次的义行，众人也就被称义得生命了。"[1]在以下原文中，他对这一点提出了更清晰的说明："死既是因一人而来，死人复活也是因一人而来。在亚当里众人都死了。照样，在基督里众人也都要复活。"[2]

关于人们在何处享受耶稣为他们获得的永生的问题，上文所援引的这段原文之前的一段原文似乎认为人们是在地上享受"永生"的。因为众人如果在亚当那里都死了，那么他们就是被剥夺了在伊甸园和在地上的永生；与之相同，众人在基督里都要复活；所以众人就都要在地上复活，否则对比就不恰当了。《诗篇》作者的原文似乎也与此处的说法相符："在锡安山……有耶和华所命定的福，就是永远的生命。"[3]因为锡安山是位于地上的耶路撒冷。圣约翰所说亦是如此，他说："得胜的，我必将神乐园中生命树的果子赐给他吃。"[4]这是亚当的永生之树，而他原本就是要在地上生活。圣约翰还有一句话似乎再次肯定了同一个说法，他说："我又看见圣城新耶路撒冷由神那里从天而降，预备好了，就如新妇装饰整齐，等候丈夫。"[5]《启示录》第10节中的话亦是如此，似乎是说新耶路撒冷是上帝的乐园，在基督重新降临人世时，他将从天上降临到神的子民中来，

---

[1] 参见《罗马书》第5章第18和第19节。
[2] 参见《哥林多前书》第15章第21和第22节。
[3] 参见《诗篇》第133章第3节。
[4] 参见《启示录》第2章第7节。
[5] 参见《启示录》第11章第2节。

而不是要他们从地上升天。当使徒们望着基督升天时，两个穿白衣的人（即两位使者）对他们说："这离开你们被接升天的耶稣，你们见他怎样往天上去，他还要怎样来。"[1]这与上面的观点没有任何差别。乍听起来，他们似乎是说耶稣还要降临，将在他父之下永远地在这里统治他们，而不是将他们升到天上去进行统治。此外，这也符合由摩西按约建立的神的国的复兴，那个国是犹太人在地上的政权。除此之外，我们的救主也说："当复活的时候，人也不娶也不嫁，乃像天上的使者一样。"[2]这里的描述与失去永生的亚当的婚姻类似。因为亚当和夏娃如果没有犯罪，他们作为个体就会在地上获得永生，那么显然他们就不应继续繁衍生息。因为永生之人如果像人类现在这样繁衍，那么过不了多少时日，地上就没有他们的立足之地了。犹太人曾问我们的救主一个问题，即一个妇人和好几个兄弟结婚，如果她复活了，那么她究竟是谁的妻子。[3]提问的这人根本就没明白永生的结果。因此，我们的救主让他们记住永生的结果，即那时没有生育，于是也就不存在婚姻，就如同没有婚姻或生育的天使一样。将亚当失去的永生和因我们的救主战胜死亡而获得的永生进行类比也符合如下的情况，亚当因为犯罪而丧失永生，但是他此后还生活了一段时期，虔诚的基督徒因为基督受难而恢复永生时的情形也是一样的。虽然他会经历自然死亡并且有一段时期会处于死亡状态中，即他一直到复活之前都处于死亡中。因为正如死亡是从亚当被定罪之时起算，而不是从死亡之时起算的，所以永生也是从被赦罪之时起算，而不是从被选在基督里的人复活之时起算。

就我所看到的原文来说，没有任何一处原文可以使人轻易得出结论，认为人们复活之后是在天上享受永生；此处所谓的"天上"是指宇宙中距离地球最遥远的地方，比如在星宿之地或在星辰之上另一个更高的、被称为"天堂（拉丁语为"coelum empyreum"）"的地方（《圣经》中未提到这个"天堂"，也没有理性根据）。"天国（Heaven of Kingdom）"是指位于天上的王的国，而他（上帝）的国是他通过代治者先知统治以色列百姓的国；上帝先是通过摩西，后来是通过以利

---

[1] 参见《使徒行传》第1章第11节。
[2] 参见《马太福音》第22章第30节。
[3] 参见《马可福音》第12章第19至25节。

沙和主权者祭司进行统治；到撒母耳时，以色列人厌弃上帝，要求像列国一样立一个凡人作王。当我们的救主基督通过他的使者布道劝说，使犹太人回心转意并感召外邦人服从他后，就出现了一个新天国，因为那时上帝将作我们的王，所以天堂是他的宝座。《圣经》中没有任何明显的原文，表明人类必然将升至高于上帝立足的大地上方去享受他的幸福。与之相反，我们看到《圣经》中说："除了从天降下仍旧在天的人子，没有人升过天。"[1]另外，我注意到紧接在这段话前面的一段话是救主说的，但是这段话却不是，这只是圣约翰自己说的。因为基督当时不是在天堂而是在地上。同时，圣彼得为了证明基督升天，也同样说大卫在地上，他引用了《诗篇》作者说的话："你必不将我的灵魂撇在阴间，也不叫你的圣者见坏朽。"[2]圣彼得的这句话是在说救主而不是大卫。为证明这一点，他补充了这样一个理由："大卫并没有升到天上。"[3]但是，关于这一点，有人很容易会作出回答，并指出尽管他们的躯体不会在最后审判日之前升天，但是他们的灵魂一离开他们的躯体后即是在天上了。我们的救主的话似乎也证实了这一点，他在通过摩西说的话来证明复活时说："至于死人复活，摩西在《荆棘篇上》称主是亚伯拉罕的上帝、以撒的上帝、雅各的上帝，就指示明白了。上帝原不是死人的上帝，乃是活人的上帝，因为在他那里，人都是活的。"[4]但是，如果仅将这些话理解为灵魂的永生，那么它们就完全未证明救主基督所要证明的躯体复活，即人的永生。因此，我们的救主的意思是之所以这些族长会永生，并不是因为人类的本质和天性所致的性质，而只是因为上帝降神恩赐予信徒永生的意志。虽然当时这些族长和很多其他信徒都已死去，但是原文中却说他们"在神那里是活的"。即他们和那些已解除罪恶、在复活时获得永生的人一并被写在永生簿上了。从人类灵魂的本质而言，它是永生不朽且独立于人的躯体之外而存在的；或者说除了以诺和以利亚之外，在《圣经》之中找不到一个纯粹的凡人可不在最后审判日复活而永生的说法。《约伯记》整个第14章都是对这种必死命运的抱怨，这些话是约伯自己说的，而不是约伯的朋友说的；但是，这与复活时的

---

[1] 参见《约翰福音》第3章第13节。
[2] 参见《诗篇》第16篇第10节。
[3] 参见《使徒行传》第2章第34节。
[4] 参见《路加福音》第20章第37和第38节。

永生并不冲突。约伯说："树若被砍下，还可指望发芽，嫩枝生长不息，其根虽然衰老在地里，干也死在土中，及至得了水汽，还要发芽，又长枝条，像新栽的树一样。但人死亡而消灭，他绝气，竟在何处呢？"[1]在《约伯记》第14章第12节他又说："人也是如此，躺下不再起来，等到天没有了，仍不得复醒。"但天是在什么时候就没有了呢？圣彼得告诉我们在普遍复活时天就没有了。因为他在《彼得后书》第3章第7节中说："现在的天地还凭着那命存留，直留到不虔敬的人受审判遭沉沦的日子，用火焚烧。"在第12节，他又说："切切仰望上帝的日子来到，在那日，天被火烧就销化了，有形质的都要被烈火熔化。但我们照他的应许，盼望新天新地，有正义居在其中。"所以，当约伯说"人死了虽等到天没有了，还可得复醒"时，仿佛就是说人类在复活和审判日之前不会出现不朽的生命（"灵魂"和"生命"在《圣经》中通常就是指同一回事），原因不是他特殊的本质和生育繁衍，而是（上帝的）应许。因为圣彼得只是说，"我们照他的应许，盼望新天新地"。[2]

最后，在本书第三十五章中已根据《圣经》中大量明确的原文证明了神的国是一个世俗的国，上帝本人先是根据《旧约》，后是根据《新约》而成为这个国的主权者，并通过代理人或代治者统治。因此，这同一些原文也证明当我们的救主在他的威严和荣耀中重新降临人世并且实在地、永远地为王时，神的国就是在地上。尽管所引述的《圣经》原文为数不少，也并不含糊，但是对大多数人而言，这一教义可谓一种新奇的说法，所以我只是将它提出来；对于这种宗教或任何其他与之相悖的宗教，我不持任何立场，我只关注关于权力（国人尚未确认这权力）所导致的武装纷争的结果。不论平民持什么样的观点，对于依据这种权力确定并通过言词或书面发布的命令，凡是想得到它法律保护的人就必须服从。之所以这样做，是因为有关神的国的观点对俗世王国的影响非常大，因而只能由在上帝之下享有主权权力的那些人进行裁定。

根据《圣经》中的说法，正如同神的国和永生一样，上帝的敌人和他们经审判后所遭受的刑罚都是在地上的。对于所有人而言，不论是被埋葬的抑或是

---

[1] 参见《约伯记》第14章第7节。
[2] 参见《彼得后书》第3章第13节。

被吞没到地里，《圣经》中一般都用指代"在地下"这种意思的词来指代他们在复活之前停留的地方。在拉丁语中，这一般称为"坟墓"和"地狱"，在希腊语中则是"ἄδης"，即"人看不到的地方"，包括坟墓和任何其他更深的地方。但是，对于复活后遭罚的人所在的地方，《新约》或《旧约》中没有任何相关原文，而只是说他们将与谁人为伍；也有说这个地方是上帝通过超凡且不可思议的方式将恶人从地面上消灭掉的地方，如他们现在所在的地狱、塔尔塔罗斯（即地狱冥府）或无底洞；因为可拉、大坍和亚比兰就是都被活活地吞到地里去的。《圣经》的作者并不是要让我们相信在大小有限而且和星辰的高度、广袤相比不可同日而语的地球上竟然存在一个无底洞，即存在一个像希腊人在他们的魔鬼学（即他们关于魔鬼的学说）中所说的且后来被罗马人称为"塔尔塔罗斯"的无限深的洞，维吉尔曾将其描述为：

□ 耶稣与使徒在锡安山

位于耶路撒冷以南的锡安山，被基督徒视作圣地。据《圣经》记载，公元30年，耶稣在耶路撒冷被捕，其后遇难。此后，教徒们就沿着耶稣受难前曾到达过的地方，筑成一条受难之路。锡安山上的马克楼，正是传说中耶稣与十二使徒享用最后晚餐的地方。

一入幽暗之地深如许，
深若两倍奥林匹斯山。[1]

根据天地之间的比例，这种洞穴是不可能存在的，但是我们应该相信他们将永远地处在那些被上帝施与惩戒性处罚的人所处的地方。

除此之外，因为在大洪水之前、挪亚时代生活在地上的巨人（希腊人称他们

---

[1] 这是古罗马诗人维吉尔创作的史诗《埃涅伊德》第六卷第578行和579行的诗句，描写了塔尔塔罗斯之深邃。

为"英雄",《圣经》中称他们为"巨人",都认为他们是神的后代和人的后代结合而生的）全都因为他们的邪恶生活而被大洪水所吞噬，所以有时候遭受惩罚的人所在的地方也就指那些死去的巨人在的地方。例如，《箴言篇》第21章第16节中说，"迷离通达道路的人必住在阴魂的会中"。《约伯记》第26章第5节中说："将恶人投于水中，使他们与水呻吟不息。"由此可见，遭受惩罚的人是在水下。《以赛亚书》第14章第9节中说："你（巴比伦国王）下到阴间；阴间就因你震动，来迎接你。又因你震动在世曾为首领的阴魂，并使那曾为列国君主的都离位站起。"如果从严格的意义而言，那么此处就是再次表明遭受惩罚的人在水下。

第三，所多玛及蛾摩拉两座城市因为它们的罪恶而导致上帝勃然大怒，上帝用硫黄与火将其焚毁，这两座城以及周围的郊区形成了一个气味刺鼻的沥青湖，因此有时遭受惩罚的人所处的地方也被称为"火"或"火湖"。例如，《启示录》第21章第8节中说："唯有胆怯的，不信的，可憎的，杀人的，淫乱的，行邪术的，拜偶像的，和一切说谎话的，他们的份就在烧着硫黄的火湖里，这是第二次的死。"由此，显而易见，"地狱之火"在这里使用的是所多玛真火的比喻意义，它不是指任何一种确定的苦刑或受苦的地方，而应不受限定地被理解为"消灭"之意，恰如《启示录》第20章第14节中说的"死亡和阴间也被扔在火湖里"，也就是说被取代和消灭，就如同在审判日后就不再有死亡或者下地狱的事情。这也就是说不必进入冥府（Hades，我们的英语中表示"地狱"的"hell"一词可能就是源于此[1]），这与没有了死亡之苦是相同的。

第四，对于施加给埃及人的黑暗之灾，《圣经》中说："三天之久，人不能相见，谁也不敢起来离开本处，唯有以色列人家中都有亮光。"[2]据此，经审判后，恶人的处所也被称为"彻底的黑暗"，或者最初被称为"外面的黑暗"。《圣经》中还有原文亦是如此，如王对使唤的人说："把那个不穿礼服的捆起他的手脚来，把他丢在永无光明的黑暗里，或境外的黑暗里。"[3]虽然这句话被译为"永恒的黑暗"，但是意思并不是指黑暗何等深邃，而是表示黑暗所在的

---

〔1〕哈迪斯（Hades）是古希腊神话中掌管冥界和瘟疫的神，此处代指冥界。
〔2〕参见《出埃及记》第10章第23节。
〔3〕参见《马太福音》第22章第13节。

□ 摩洛崇拜

据《圣经》记载，当以色列人最终进入迦南之后，上帝警告他们，不许他们崇拜摩洛，并且反复告诫他们要摧毁崇拜摩洛的文化。但以色列人没有把上帝的警告放在心上，反而把摩洛崇拜纳入他们自己的传统中。此行惹怒了上帝，上帝便命约书亚在耶路撒冷城外的欣嫩谷将摩洛的祭司烧死在他们自己的祭坛上。

地方，即在上帝选民居住地之外的地方。

最后，耶路撒冷附近的一个地方叫欣嫩谷，那里有一个叫陀斐特的地方，犹太人在那里犯下了最严重的偶像崇拜罪，他们将自己的孩子献给了偶像摩洛，上帝在这里也对他的敌人施与了最严厉的惩罚；约书亚在那里将摩洛的祭司烧死在他们自己的祭坛上，相关情形可参见《列王记下》第23章。后来，这个地方就用来倾倒从城中运来的污秽垃圾，并且不时通过烧火的方法来祛除腐烂尸体的臭味，以净化空气。这个地方非常恐怖，此后犹太人习惯将遭受惩罚的人所处的地方称为"矶汉那（Gehenna）"或"欣嫩谷（Valley of Hinnon）"。现在"Gehenna"一词常常被翻译为"地狱"；并且因为那里不时会冒出火焰，所以也使我们有了"永火（everlasting fire）"[1]的概念。

既然现在没人对《圣经》作出一种解释，认为所有的恶人均将于审判日后在欣嫩谷遭受永罚；或是他们将通过某种方式复活，自此后将永远处于地下或水下；或是他们在复活后彼此不能相见，或是从一处转移到另外一处。因此，我认为由此必然能够得出这样一个结论："地狱的火"是指其喻意。因此，我们就要考虑"地狱的处所""地狱之苦"的性质和"阴曹酷吏"恰当的意义（因为所有的比喻都有某些真实的根据，可以通过恰当的词语表达出来）。

---

[1] 该概念在《马太福音》中出现过。其中《马太福音》第18章第8节中说："倘若你一只手或是一只脚叫你跌倒，就砍下来丢掉。你缺一只手或是一只脚进入永生，强如有两手两脚被丢在永火里。"另外，《马太福音》第25章第41节中说："王又要向那左边的说：'你们这被咒诅的人，离开我，进入那为魔鬼和他的使者所预备的永火里去！'"

第三编 论基督教国家

首先，对"阴曹酷吏"而言，"仇敌"或"撒旦"，即《圣经》中的"魔王""控告者（Accuser）""魔鬼（Diabolus）""灭命的（Destroyer）[1]"或"亚巴顿（Abaddon）[2]"等名称已准确且恰当地表达出了他们的本质和性质。与那些专有名词不同，"撒旦""魔鬼（Devil）"和"亚巴顿"等重要的名词不是向我们展示任何单独个别的对象，而只是表达了一种职分或者地位，因此它们是普通名词，不应当按照拉丁语和现代《圣经》的做法不翻译其意思；因为（如果不翻译）它们看起来就像是"魔鬼"的专有名词，人们就会更容易地被诱导去相信魔鬼的教义，那时魔鬼的教义是外邦人的宗教，与摩西和基督的宗教是背道而驰的。因为"仇敌""控告者"和"灭命的"是指将进入神的国的人的仇敌，所以复活后如果神的国是在地上（根据《圣经》，我在上一章中已证明，似乎确应如此），那么仇敌和他的国也必然在地上，犹太人厌弃上帝前也是这种情况。因为神的国在巴勒斯坦，而周边的各国是仇敌的王国，所以撒旦就是指教会在地上的任何敌人。

有时，"地狱之苦"被表述成"哀哭切齿"[3]，有时被表述成"良知之虫（the worm of conscience）"[4]；还有时被表述成是"火"，就如同上文引述的原文就说"他们的虫是不死的、火是不灭的"，此外还有很多地方也是这种说法。此外，有时候则被说成是"羞辱和憎恶"；例如，《圣经》中说："罪人睡在尘埃中的，必有多人复醒，其中有得永生的，有受羞辱永远被憎恶的。"[5]所有这些地方都是通过比喻描写悲哀和不满的心情，这种心情是通过由人及己、因为

---

〔1〕这个名词在《圣经》中多次出现，例如，《出埃及记》第12章第23节中说："因为耶和华要巡行击杀埃及人，他看见血在门楣上和左右的门框上，就必越过那门，不容灭命的进你们的房屋，击杀你们。"《哥林多前书》第10章第10节中说："你们也不要发怨言，像他们有发怨言的，就被灭命的所灭。"

〔2〕即无底坑的使者，这个名词在《圣经》中出现过一次，《启示录》第9章第11节中说："有无底坑的使者作它们的王，按着希伯来话，名叫亚巴顿。"

〔3〕参见《马太福音》第8章12节。

〔4〕参见《以赛亚书》第66章第24节和《马可福音》第9章第44、46和48节。实际上，需要特别说明的是，上述章节并没有提及"the worm of conscience"，而只是出现了"worm"的字眼。例如，《以赛亚书》第66章第24节中说："他们必出去观看那些违背我人的尸首，因为他们的虫是不死的，他们的火是不灭的。凡有血气的都必憎恶他们。"

〔5〕参见《但以理书》第12章第2节。

不服从和不信神而导致失去永恒的福祉之后而产生的情绪。同时，因为这种他人的福祉如果不与自身实际所遭受的苦难相对比，那么是不容易觉察的；因而，我们可以推论出这样一点，他们将遭受的肉体之苦和灾难，就是那些不仅生活在邪恶和残酷的统治者之下而且以永远的圣者为王的人，即与万能的上帝为敌的人所应遭受的苦难。这些肉体的痛苦也应被视为是每一个恶人第二次的死亡。因为尽管《圣经》清楚地说明会有普遍的复活，但是我们没有看到应许任何受惩罚的人可得永生。关于人们将以什么样的躯体复活的问题，尽管圣保罗说"所种的（躯体）是朽坏的，复活的是不朽的；所种的是羞辱的，复活的是荣耀的；所种是软弱的，复活的是强壮的"[1]，但是根本不能将恶人的躯体称为是荣耀和强壮的，而且也不能说只能死亡一次的人存在第二次死亡。尽管根据比喻的说法，虽然永遭灾祸的生活可被称为"万劫不复的死亡"，但是将其称为"第二次的死亡"是难以理解的。为恶人预备下的火是"永火"，这就是说没有人能够不受身心两方面的痛苦，这种情况在人复活之后还将永存。正是根据这种意义，那火才是"不灭的"，苦也是"永续的"，但是我们不能据此得出推论，认为被投入火中或受苦刑的人能够忍受和抵抗这火或苦刑，能够永远被烧着或受苦而又不被毁灭或死去。虽然（《圣经》中）有很多地方肯定了永火和苦刑（人们可能接连不断地被投入其中而没有尽日），但是我却没有找到一处能够说明任何人可以在其中得到永生；与之相反，的确存在永不复活的死，即第二次死亡。《圣经》中说："死亡和阴间也交出其中的死人，他们都照各人所行的受审判。死亡和阴间也被扔在火湖里，这火湖就是第二次的死。"[2] 由此，显而易见，每一个在审判日被惩罚的人都将经历第二次死亡，随后他就不会再有死亡。

在《圣经》中，"永生之乐"全都包含在名词"救恩"（或"得救[3]"之中）。"得救"或者是个别地被免除特殊的罪孽，或者是被绝对地免除一切罪孽，其中包括穷困、疾病和死亡本身。因为人类在被创造之时是永生的，不会腐朽，所以

---

[1] 参见《哥林多前书》第15章第42和第43节。
[2] 参见《启示录》第20章第13和第14节。
[3] "得救"在《圣经》中仅出现过一次，即《罗马书》第5章第10节中说："因为我们作仇敌的时候，且借着神儿子的死得与神和好；既已和好，就更要因他的生得救了。"

就不会遭受任何导致其本质解体的事；亚当是因为犯罪才失去了这一幸福（永生）；因此，从罪中"得救"就是从罪带给我们的全部罪孽和灾难中"得救"。因此，在《圣经》中"赦罪（remission of sin）"和从死亡和灾难中"得救"就是指同一回事，从我们救主的话中就可以看出这一点，他在治好一个患有瘫痪病的人之后说："小子，放心吧，你的罪已经获赦了。"[1]同时，我们的救主又知道文士们认为一个人竟声称赦人家的罪是僭妄，于是便问他们道："或说你的罪赦了，或说你起来行走，哪一样容易呢？"[2]这和说"你起来行走"的意思一样。他所用的这种说法只是说明他有权赦罪。此外，从理性上讲也很明确，因为死亡与苦难是罪的惩罚，所以解除罪也是从死亡和苦难中解脱，即信徒在审判日后因耶稣基督的权力和神恩而享有绝对的"救恩"，正因为这个原因，耶稣基督被称为"我们的救主"。

□ 审判日

基督教中的审判日，又作最后的审判。按照《圣经》的说法，在世界末日之时，耶稣会再次降临，对每一个国家的百姓作最终和永恒的审判。

对于"特殊的救恩"，正如《圣经》中说的"救以色列人永生的耶和华"[3]是指将以色列人从他们临时遭遇的敌人那里拯救出来；并且，《圣经》中说："我的救主啊，你是救我脱离强暴的。"[4]《圣经》中还说："上帝赐给以色列人一位拯救者，使他们脱离亚兰人的手。"[5]此外，还有类似的原文。对

---

[1] 参见《马太福音》第9章第2节。
[2] 参见《马太福音》第9章第5节。
[3] 参见《撒母耳记上》第14章第39节。
[4] 参见《撒母耳记下》第22章第4节。
[5] 参见《列王记下》第13章第5节。

于这些，我无须赘言，要在解释这类原文时出现谬误，既没有难度，也不会让人产生兴趣。

但是，对于"普遍的救恩"而言，因为它必定发生在天国中，所以关于（普遍的救恩）处所的问题就存在一个很大的难题。一方面，对于王国而言，它是人类为应对敌人和（物资）匮乏，为获得他们的长久安全而建立的，由此似乎这种"救恩"应该是在地上。对于"救恩"而言，它向我们昭示的是我们的王通过征服而登上君尊之位，而不是通过逃避获得安全；因此，在我们期待得到"救恩"的地方就必然同时在那里期待凯旋；但是在期待凯旋前，则必定先期待取得胜利，在胜利之前则必先期待爆发战争，在天上爆发战争是难以想象的，但是这种论点不论如何言之凿凿，如果《圣经》中没有关于这一点十分明确的原文，那么我是不会信的。《以赛亚书》第33章第20、21、22、23和24节详细描述了"救恩"的状况：

"你要看锡安为我们守圣节的城，你的眼必见耶路撒冷为安静的居所，为不挪移的帐幕，橛子永不拔出，绳索一根也不折断。"

"在那里光荣的主必显威严与我们同在，当作江河宽阔之地，其中必没有荡桨摇橹的船来往，也没有威武的船经过。"

"因为我主是审判我们的，我主是给我们设法律的，我主是我们的国王，他将拯救我们。"

"你的缆索松脱，不能栽稳桅杆，也不能扬帆起篷来，那时许多掳来的物都被人分了，即跛者也得一份。"

"城内居民必不说，我病了。其中居住的百姓罪孽都赦免了。"

根据这些原文，"救恩"始于"耶路撒冷安静的居所"，"救恩"永恒的状态是"不挪移的帐幕"等；此处的救主即主，是审判他们的、是给他们设法律的、是他们的国王，他将拯救他们；"救恩"是"主对他们成为江河宽阔之地"等。他们敌人的情况是"缆索松脱、桅杆脆弱，跛者也分得一份（他们）掳来的物"；获救者的情况是"城内居民必不说，我病了"；最后，所有这一切均包含在赦罪中，"其中居住的百姓罪孽都赦免了"。据此，显而易见，"救恩"发生在地上，即发生在当基督重临人世、上帝在耶路撒冷作王的时候。被接纳进入神的国的外邦人，他们的获救从耶路撒冷开始。同一位先知也进行了更明确的说明："他们必将你们的弟兄从列国中送回，使他们或骑马，或坐车、坐轿、骑骡子、骑独峰驼，到我的圣山耶路撒冷，作为供物献给耶和华，好像以色列人用洁净的器皿盛供物奉到耶和华的殿中。我也必从他们中间取人为祭司，为利未人。"[1]由此，显而易见，神的国的中心就是耶路撒冷，即我们和外邦人"得救"开始的地方。我们的救主和撒玛利亚的妇人在谈论拜父的地方时也确认了这一点。他对那妇人说，撒玛利亚人所拜的自己不知道，但犹太人所拜的自己知道，"因为救恩是从犹太人出来的"[2]（拉丁语为"ex Judaeis"，即"从犹太人开始"）。他的意思似乎是说，你们拜父，但是却不像我们一样知道他会通过谁救你们；我们知道自己会因为犹太支派中的一个人得救，这人是犹太人，不是撒玛利亚人。于是那个妇人又答复救主说："我们知道弥赛亚要来。"[3]这句话不能说是不恰当的。所以，我们的救主说"救恩是从犹太人出来的"这句话的意思和保罗所说的意思是一样的，即"福音是神的大能，要救一切相信的，先是犹太人，后是希腊人。因为神的义，正在这福音上显明出来；这义是本于信，以至于信"[4]，从犹太人的信而至于外邦人的信。与之类似，先知约珥也根据同样的意义描述了审判日的情形："上帝要在天上地下，显出奇事，有血，有火，有烟柱，日头要变为黑暗，月亮要变为血，这都在耶和华大而可畏的日子未到以前。"[5]他在第32节又补充说："到那时候，凡求告耶和华名的就必得救。因为在锡安山和耶路撒冷必有逃脱的人。"[6]《俄巴底亚书》第17节[7]中也说："在锡安山必有逃脱的人，那山也必成圣地；雅各家必得原有的产业。"得原有的产业就是得异教徒的产业，他在后面的几节中对这产业进行了更为具体的说明，即以扫山、非利士地、以法莲地、撒玛利亚地、基列和南地的城邑，结论就是"国度就归耶和华了"[8]。所有这些地方都是救恩发生的地方，这说明神的国（在审判日后）将是在地上。另一方面，我找不到任何恰当的原文可以引用来证明有任何圣者升到了

---

[1] 参见《以赛亚书》第66章第20和21节。
[2] 参见《约翰福音》第4章第22节。
[3] 参见《罗马书》第1章第16和第17节。
[4] 参见《约珥书》第11章第30和第31节。
[5] 参见《约珥书》第11章第32节。
[6] 参见《约珥书》第11章第32节。
[7] 《俄巴底亚书》仅有1章。
[8] 参见《俄巴底亚书》第21节。

天堂，即升到任何高天（拉丁语为"caelum empyreum"）[1]或其他天境的事，除非那地方被称为"天国"；因为上帝作犹太王时，他从天上让使者降谕给摩西统治犹太人；在他们（犹太人）背叛（上帝）后，上帝从天上遣派他的儿子来让他们服从；并将再次从天上遣派他来，自审判日后永远作犹太人和其他所有信徒的王。又或是因为我们的大君王（即上帝）的座位是天，而地则是他的脚凳[2]，以上可能是将其命名为"天国"的原因。但是，对于上帝的臣民将拥有任何与上帝的座位平起平坐或是高于他脚凳的处所的说法似乎与王的尊严不符，并且在《圣经》中我也没找到任何明显的原文证明存在这种情况。

根据上述关于"神的国"以及"救恩"的论述，不难理解"来世"的意义。《圣经》中提到存在三个世界，即"上古的世代""今世"和"来世"。关于"上古的世代"，圣彼得曾说："神也没有宽容上古的世代，曾叫洪水临到那不敬虔的世代，却保护了传义道的挪亚一家八口。"[3]因此，第一个世界是从亚当算起一直到淹没世界的大洪水时代的世界。关于"今世"，我们的救主曾说："我的国不属这个世界。"[4]因为他降临人世只是为了教导人们得救之道，并通过他的道恢复他父的国。关于"来世"，圣彼得曾说："但我们照他的应许，盼望新天新地。"[5]基督正是在这世界中才会有大能力和大荣耀，驾着天上的云降临；要差遣天使把他的选民，从四方、地极直到天边，都招聚了来，以后永远在他父之下为他们的王。[6]

对一个有罪之人的"救恩"是事先假定存在"救赎"。因为这人一旦有罪，就要遭受同种罪的惩罚，并且必须根据受到侵犯而又将其（犯罪之人）置于自己[7]权力掌握中的人所提出的要求，由这人（有罪的人）或由他人代替付出赎

---

[1]神学家将其称为"天堂"，意即上帝的居所。
[2]此处实际出自《圣经》，《以赛亚书》第66章第1节中说："耶和华如此说：'天是我的座位，地是我的脚凳。你们要为我造何等的殿宇？哪里是我安息的地方呢？'"
[3]参见《彼得后书》第2章第5节。
[4]参见《约翰福音》第18章第36节。
[5]参见《彼得后书》第3章第13节。
[6]此处分别引自《马太福音》第24章第30和第31节以及《马可福音》第13章第27节。
[7]即指被侵犯的人。

价。因为受侵犯的是万能的上帝，而且上帝又是万物之主，所以他在获得"救恩"前就必须付出上帝按其意愿所要求的赎价。这种赎价不是足以抵偿原来侵犯的罪而用来偿罪的赎价；任何罪人自己都不能付出这种赎价，任何义士也都不能替代他人付出这种赎价：一个人对另一个人的损害可以通过偿还或报应补偿，但是无法通过报应的方式除罪；因为如果能够这样的话，那么就会使犯罪的自由变成为一种能交易的东西。但是，忏悔的人可以被无偿地赦罪，上帝根据其意愿也可在接受偿罪之物后赦罪；在《旧约》中，偿罪之物是指某种牺牲或素祭。虽然惩罚是事前威慑，但是赦罪不是非正义的行为。即使在人与人之间，善意的承诺可以约束做出承诺的人，但是恶意的承诺，则不能约束他们。对于比人们仁慈得多的上帝而言，恶意的承诺则更不能对其构成威慑约束。从本质而言，当我们的救主通过他的受难来拯救我们时，并不是基于补偿人类罪恶的意义而这样做，（如果是基于这种意义）这将导致上帝通过永死惩罚罪人成为一种非正义的事。只是在他第一次降临后，为使那些在第二次降临前悔罪并信上帝的人获得"救恩"，他使自己成为素祭和牺牲，这种对他们的要求是上帝所喜悦的。在《圣经》中，虽然我们这种"救赎"不是一直被称为"牺牲"或"素祭"，有时也被称为"价值"，但是我们却不能将"价值"理解为耶稣有权从他被冒犯的父那里，根据价值的要求获得的赦免我们的一样东西，而应理解为是圣父根据其慈悯所要求的"价值"。

第三十九章 论《圣经》中"Church"一词的含义

在《圣经》各篇中,"Church"一词可指代不同的对象。它有时但并不是经常指"神的殿"[1],即基督徒聚会公开举行圣礼的神殿;例如《圣经》中说:"妇女在会中要闭口不言,像在圣徒的众教会一样。"[2]但是,"Church"指代聚会的会众是比喻用法;后来用来指大殿本身,以此区分基督徒和偶像崇拜者的神殿。耶路撒冷的神殿是"神的殿"和"祷告的殿";同样,基督徒用来崇拜基督的任何大殿也是"神的殿"。因此,希腊教父将其称为"Κυριαχὴ",即"主的殿";在我们的语言(英语)中将其称为"kirk"[3]或"Church"[4]。

当"Church"一词不是指一处殿堂时,它和古希腊城邦中的"集会"(Ecclesia)一词指代的就是同样的事物,即会众或是被召前来听长官向他们讲话的公民集会,在罗马共和国时期被称为"concio",讲话的人被称为"concionater"。如果他们是由合法的权力机关召集来的,那么他们就被称为"常例聚集"(ecclesia legitima,希腊语为"ἔννομος Ἐκκλεσία")[5];如果他们是受到骚乱和煽动的喧嚣所挑动而聚合起来的,那么他们就被称为"混乱的会众"(希腊语为"Ἐκκλεσία συγκεχημένη")。

有时,"Church"也指有权参与集会但未实际参与的人,即指全体基督徒会众,至于他们分散得多远,则在所不问。比如《圣经》中说"扫罗就残害教会"[6],正是基于这一意义,基督被称为是"教会的头"[7]。有时,"church"

---

[1] 例如,《创世记》第28章第22节,"我所立为柱子的石头也必作神的殿"。
[2] 参见《哥林多前书》第14章第34节。
[3] 此处的意思为"教堂",特指苏格兰教堂。
[4] 此处的意思为"教堂",特指基督教教堂。
[5] 参见《使徒行传》第19章第39节。
[6] 参见《使徒行传》第8章第3节。
[7] 参见《以弗所书》第5章第223节:"因为丈夫是妻子的头,如同基督是教会的头"。

一词指部分基督徒，正如《圣经》中说："请问……他家里的教会安。"[1]有时，"church"一词也仅仅指选民，正如《圣经》中说："作个荣耀的教会，毫无沾污皱纹等类的病，乃是圣洁没有瑕疵的。"[2]此处的"church"是指"得胜的教会""未来的教会"。有时，"church"一词指的是明证基督信仰的人聚合成的会众，不论其明证信仰的真假，正如《圣经》中说："告诉教会，若是不听教会，就看他像外邦人或税吏一样。"[3]这正属于此种意义。

□ 所罗门造殿

耶和华圣殿建成于公元前957年，以色列的第三任君主所罗门王在圣殿安放约柜以示犹太教人神之间的契约关系。公元前586年，圣殿毁于战火。

只有在上述最后一种意义下，"church"一词才可视为一个人格。即只有在这种意义之下，它才有权具有意志、宣告事项、发布命令、使人服从、制定律法或做出任何其他行为。不管聚会的一群人做出何等行为，因为他们未经合法会众授权，所以这个行为是当时在场并提供协助以实现该行为的每一个人的个体行为，而不是像一个整体那样做出的是全体的行为，更不算是那些不在场或虽然在场但是不愿做出这种行为的人的行为了。从这种意义而言，我对"church"（即在指代"会众"的情况下）的定义就是"公开信仰基督教并结合在一个主权者人格之中的一群人，他们应当根据主权者的命令集会，因为未经主权者的授权则不应集会"。由于未经世俗主权者承认的集会均为非法集会，所以在任何禁止其集会的国家中，教会就属于非法集会。

由此，我们还可以得出一个结论，因为世界上并不存在让所有其他国家都

---

[1] 参见《哥罗西书》第4章第15节。
[2] 参见《以弗所书》第5章第27节。
[3] 参见《马太福音》第18章第17节。

臣服的一个权力机关，所以世界上没有一个所有基督徒都要服从的普遍教会。虽然基督徒生活在各个彼此独立的国王和国家的范围内，但是他们中的每一个人都要服从自己本身作为一名成员的国家，所以他们就不能服从任何其他人的命令。因此，能够发号施令、断讼决狱、赦罪免责、谴责宣判或做出任何其他行为的教会就构成了一个由基督徒组成的世俗国家。因为这个国家的臣民是人，所以它被称为"世俗国家"；因为这个国家的臣民是基督徒，所以它被称为"教会"。世界上存在的"世俗政府"和"神灵政府"这两个词汇，只不过是为了让人们分辨不清和弄错他们的合法主权者。确实，信徒在复活之后，他的躯体不仅是属灵的，而且是不灭的；但是，他的躯体在今世却是肉身凡胎和会腐朽的。因此，在今世，除世俗政府外，既没有国家的政府，也没有宗教的政府；如果国家兼教会的统治者禁止传布任何教义，那么向任何臣民传布任何教义也是不合法的。并且统治者只能有一位，否则教会与国家、神灵与世俗以及正义之剑与信仰之盾之间就必然会在这个国家中爆发纷争和内战；更有甚者，在每一个基督徒心中必然会出现基督徒与普通人之间的纷争。教会的圣师[1]被称为"牧人"[2]，世俗的主权者也被冠以这种称号。如果不是一个牧人服从另一个牧人，而是让其中一人成为牧人的首领，那么就会存在互相冲突的教义并向人们传布，双方都可能是错误的，而且必然有一方是错误的。根据自然法，此前章节中已说明了谁会担任这唯一的牧人首领，他就是世俗的主权者；至于《圣经》中将这一职分授予了什么人，我们将在随后的章节中见分晓。

---

[1] 对于"doctors"一词，中文和合本《圣经》中将其翻译为"教师"，参见《路加福音》第2章第46节："过了三天，就遇见他在殿里，坐在教师中间，一面听，一面问。"一般习惯将其翻译为"圣师"。

[2] 对于"pastors"一词，中文和合本《圣经》中将其翻译为"牧人"，参见《耶利米书》第17章第16节："至于我，那跟从你作牧人的职分，我并没有急忙离弃，也没有想那灾殃的日子。"

第四十章　论亚伯拉罕、摩西、大祭司和犹太诸王的神国权利

亚伯拉罕是信心之父和第一位按约进入神国的人。因为最初上帝就是和他订立的信约，根据订立的信约，他使自己和自己的后裔都有义务承认并服从上帝的命令，其中不仅包括他通过自然之道认识到的命令（如道德律），而且还包括上帝以特殊方式通过梦和异象传给他的命令。因为对于道德律而言，他们已承担了义务，所以无需通过对迦南福地的应许来立约。根据这种义务，他们和所有其他人都必须自然而然地服从全能的主，任何契约都无法对该义务进行增益或强化。所以，亚伯拉罕和上帝订立的约就是将上帝在梦和异象中以上帝之名命令他的一切当作上帝的命令，并传示给他的家人，使他们同等奉行。

从上帝与亚伯拉罕所立的这项信约中，我们会注意到在对上帝的子民进行治理方面有三个关系重大的要点：第一，因为上帝在立约时只和亚伯拉罕说话，所以上帝没有和他的任何家人或后裔立约，除非他们的这种意志（这是所有信约的本质所在）已在立约前包含在了亚伯拉罕本人的意志中。因此，亚伯拉罕被认为具有合法的权力使他们履行自己为他们立约规定的一切。据此，上帝说："地上的万国都必因他得福。我眷顾他，为要叫他吩咐他的众子和他的眷属，遵守我的道。"[1] 由此，可以得出第一点，对上帝未曾直接向其降谕的人，应从他们的主权者那里接受上帝正式的命令，就如同亚伯拉罕家人与后裔从亚伯拉罕那里，即他们自己的父亲、主和世俗主权者那里接受命令一样。因此，在任何国家中，凡未得到相反超自然启示的人，就应在外在行为和明证宗教信仰方面服从自己主权者的法律；对于人们的内在思想和信仰而言，俗世统治者无所知晓（因为只有上帝

---

[1] 参见《创世记》第18章第18和第19节。

可知晓人的心灵），它们既不能自我呈现出来，也不是法律导致的结果，而是未表现出的意志与上帝的权力所导致的结果，因此它们不属于义务的范畴。

据此，可得出另一个要点，即如果他的臣民中有任何人假称得了上帝的亲身启示、神感或任何其他神启，使他赞成亚伯拉罕所禁止的任何说法时，或是有臣民听从或拥护任何这种僭越的假冒者时，那么亚伯拉罕对他们进行惩罚就不是不合法的。因此，对于主权者而言，当下即可以依法惩罚任何根据神感反对法律的人，因为主权者在国家中的地位和亚伯拉罕在他自己家庭中的地位是一样的。

同理，由此还可以得出第三个要点，正如在亚伯拉罕的家庭中唯有他一个人知道什么是或不是"上帝的道"一样，那么在基督教国家中就唯有主权者可以做到这一点。因为上帝只向亚伯拉罕说话，所以只有他才知道上帝说了什么，并将同样的话向他的家人解释；所以，在国家中只有具有亚伯拉罕这种地位的人才是上帝言词的唯一解释者。

□ 亚伯拉罕接待天使

按照《创世记》的描述，耶和华曾向亚伯拉罕显现。亚伯拉罕坐在帐篷门口，只见有三个人在对面站着。于是，他跑过去接待了他们，却不知道自己竟然在不知不觉间接待了天使和上帝。三人中有一位对亚伯拉罕说："到明年这时候，我必要回到你这里，你的妻子撒拉必生一个儿子。"撒拉听后不相信。于是那人对亚伯拉罕说："耶和华岂有难成之事？"

上帝曾和以撒重订了同样的信约，后来又和雅各重订该信约，但是此后直到以色列人从埃及人手中被解救出来并到达西奈山下时，上帝才和摩西重新订约（此前第三十五章中已经提及这一点）；通过这种（订约）方式使他们从那时起成为特属的神的国，摩西在世时由他担任上帝的代治者，随后确定由亚伦及其后裔继任这一职分；对上帝来说，这国永远是一个祭司的国。

通过这种按信约建立的国家，上帝就有了一个王国。但是，既然摩西不能作为亚伯拉罕权利的继承人，那么就无法获得统治以色列人的权力，因为他不能根据继承而要求享有该权力。因此，在百姓不再相信上帝向他（亚伯拉罕）说话时，就看不出有什么理由仍必须将其作为上帝的代治者。因此，尽管他们和上帝立了约，但是摩西的权力依据仍只能是他们关于他的圣洁、他和上帝交谈的事实以及他所行奇迹的真实性的看法；这种看法改变后，他们不再承担将他以上帝的名义向他们提出的任何东西视为神律的义务。因此，我们就要考量还有什么其他依据要求他们承担服从摩西的义务，因为上帝没有直接而只通过摩西对他们说话，所以使他们承担义务的不可能是上帝的命令。我们的救主在谈到自己时说："倘若我为自己作证，则作证为不实在。摩西如果为自己作见证，尤其是在要求对上帝的子民具有王者的权力这种事情上，他的证据就更不应当被接受了。"[1]由此而言，就像所有其他国王的权力一样，他的权力必须以民众的同意和服从他的承诺为依据。情形确实如此，因为《圣经》中说："众百姓见雷轰、闪电、角声、山上冒烟，就都发颤，远远的站立，对摩西说：'求你和我们说话，我们必听，不要上帝和我们说话，恐怕我们死亡。'"[2]这里就是他们自己服从的承诺。根据该承诺，他们使自己受约束，服从他传示给他们的上帝诫命的全部要求。

尽管根据信约建立的国家是一个祭司的国，即由亚伦世袭的国，但是这种继承应被理解为是从摩西去世之后开始的。因为不论是谁作为国家的建立者、采用何种方式颁布和制定了政策之后，不管这个国是君主制国家、贵族制国家抑或民主制国家，都必然在他做这些事情的全部时期内对人们享有主权权力。《圣经》中已经明确确认了这一点，摩西在他自己的整个时代都享有这一权力。首先，在前面引述的原文中，百姓承诺服从他（摩西）而不是亚伦。其次，《圣经》中说："耶和华对摩西说，你和亚伦、拿答、亚比户，并以色列长老中的七十人，都要上到我这里来，远远的下拜。唯独你可以亲近耶和华，他们却不可亲近；百姓也不可和你一同上来。"[3]根据这段原文，显而易见，唯一被召唤到上帝那里去的人是摩西（而不是亚伦、其他祭司、七十长老以及禁止上去的百姓），他是唯一在以色列人那里代表上帝的人，即摩西是他们在上帝之下的唯一主权者。虽然《圣经》后面说："摩西、亚伦、拿答、亚比户，并以色列长老的七十人

---

[1] 参见《约翰福音》第5章第31节。
[2] 参见《出埃及记》第20章第18节。
[3] 参见《出埃及记》第24章第1和第2节。

都上了山，他们看见以色列的神，他脚下仿佛有平铺的蓝宝石，如同天色明净。"[1]但是，这是摩西事先已上到上帝那里并将上帝谕示他的话传给百姓后才发生的事情。唯有摩西才是为百姓的事情到上帝那里去的，其他的人都是随从他的尊者上去的，为这种百姓不曾得到的特殊恩典的荣耀，才允许他们享有这种特殊恩典，正如我们在下一节（即《出埃及记》第24章第11节）中所看到的，他们就是去观看神，享受生活；"他的手不加害在以色列的尊者身上，他们观看神，他们又吃又喝。"这也就是说，他们确实是在享受生活，但是他们没有从上帝那里将什么命令传达给百姓。此外，关于所有其他政务方面，（《圣经》）随处都可见"神晓谕摩西说（God spake unto Moses）"的字眼，《出埃及记》第25、26、27、28、29、30和31章以及《利未记》整篇中在谈到规定的宗教仪式时，也是这样说的，但是极少提到"晓谕亚伦"的字眼。亚伦所铸的金牛犊也被摩西扔到火里去了。最后，关于亚伦权力的问题，上帝自己代摩西审判了亚伦和米利暗反抗摩西的骚乱的事[2]。对于摩西和有权管辖百姓的人之间的问题亦是如此，当可拉、大坍、亚比兰以及以色列会众的二百五十个首领聚集攻击摩西、亚伦说："你们擅自专权！全会众个个既是圣洁，耶和华也在他们中间，你们为什么自高，超过耶和华的会众呢？"[3]上帝就使地开了口，把可拉、大坍和亚比兰以及他们的家眷全都活活地吞下去，并用火烧灭了那二百五十个首领。[4]因此，只有摩西是仅次于上帝的且对以色列人享有主权，亚伦、百姓以及百姓主要首领中的任何贵族等其他的人都不享有这种主权，不仅世俗政府方面如此，宗教方面亦是如此。原因在于只有摩西能和上帝说话，因此唯有摩西才能对百姓说出上帝对他们的要求。胆敢靠近上帝与摩西说话的山的任何人都将遭到死亡。耶和华对摩西说："你要在山的四围给百姓定界限，说：'你们当谨慎，不可上山去，也不可摸山的边界；凡摸这山的，必要治死他'。"[5]又说："你下去嘱咐百姓，不可闯过来

---

[1]参见《出埃及记》第24章第9和第10节。
[2]参见《民数记》第12章。
[3]参见《民数记》第16章第3节。
[4]具体可参见《民数记》第16章第30至35节。
[5]参见《出埃及记》第19章第12节。

到我面前观看。"[1]根据这些原文，我们可以得出一个结论，即在基督教国家中，如果任何人具有摩西的地位，那么哲人就是上帝唯一的使者和他谕令的解释者。根据这个结论，任何人在解释《圣经》时都不得超出他们的主权者所确定的范围。现在，既然上帝在《圣经》各篇中说出自己的话，于是《圣经》就相当于西奈山，边界就是在地上代表上帝的人的法律。阅读这些（《圣经》中的）篇章，通过其内容可以观瞻上帝作的奇迹并学习如何敬畏上帝，但是要解释这些篇章即窥探上帝与他自己指派在其手下统治百姓的人所说的话并自行判断这人是否按神谕统治，则僭越了上帝为我们设下的边界并且是在亵渎地审视神。

□ 火烧荆棘的异象

《出埃及记》中讲述了火烧荆棘而荆棘不被烧毁的异象。年迈的摩西到何烈峰下放羊，看到荆棘丛在燃烧，荆棘却没有被烧毁。上帝在燃烧的荆棘中显现，对摩西说："不要近前来，把你脚上的鞋脱下来，因为你所站之地是圣地！"

在摩西时代，除了经他同意和授权的人之外，不存在其他先知或声称具有耶和华的灵的人。因为在他的时代，据说只有七十个人通过神感而说话，他们全都是摩西选出来的；关于这些人，上帝曾对摩西说："你从以色列的长老中招聚七十人，就是你所知道作百姓的长老的，到我这里来。"[2]上帝将灵分赐给他们，但是与摩西的灵没有差别，因为《圣经》中说："耶和华在云中降临，对摩西说话，把降与他身上的灵分赐那七十个长老。"[3]但是，正如我在之前第三十六章中所说的那样，灵应理解为意识。所以这一段原文的意思只不过是在说上帝赐给他们一种符合和服从摩西意识的意识，让他们能作预言；即以上帝的名义在一种方式下对百姓说话，（作为摩西的臣属并根据他的权力）提出摩西认同的

---

[1]参见《出埃及记》第19章第21节。
[2]参见《民数记》第11章第16节。
[3]参见《民数记》第11章第16节。

说法。因为他们只是臣属，当其中有两个人在营里说预言时，人们便认为这是一种新奇且不合法的事；根据同一章（《民数记》第11章）第27和28节的原文，他们（这两个人）被人家告了；当时约书亚因为不知道他们是通过摩西的灵说预言，所以请摩西禁止他们。据此，显而易见，任何臣民都不得声称自己能说预言或有灵，不得违抗上帝赋予摩西之位的人所确定的教义。

后来亚伦去世了，再后来摩西也去世了；因为这个王国是一个祭司的国，所以根据所立的约将国传给亚伦的儿子大祭司以利亚撒。上帝宣布他是主权者，地位仅次于自己，同时指派约书亚担任他们军队的军长。关于约书亚，上帝说得非常明白："他要站在祭司以利亚撒面前，以利亚撒要在耶和华面前为他求问。他和以色列全会众，都要遵以利亚撒的命出入。"[1]大祭司掌握着宣战和媾和的最高权力。因为律法书由祭司保管，所以大祭司也掌握着最高司法权。根据《申命记》第17章第8、9和10节，只有利未人和祭司可以充任世俗案件的臣属审判官。直到扫罗的时代，决定崇拜上帝方式的最高权力都不可置疑地归属于大祭司。因此，世俗和宗教的权力都集于大祭司一人之手，并且任何人根据神权（即根据直接源自于上帝的权力）统治时，这两种权力应集于他一人之手。

《士师记》中，一般将从约书亚去世到扫罗这段时间称为"那时以色列中没有王"，有时还会补充说，"各人任意而行"。[2]对于其中提到"没有王"的时候，是指以色列中不存在主权权力。如果我们考虑到这种权力的行为与行使时，那么情况确实如此。因为在约书亚和以利亚撒去世之后，"后来有别的世代兴起，不知道耶和华，也不知道耶和华为以色列人所行的事。以色列人行耶和华眼中看为恶的事，去侍奉诸巴力"。[3]圣保罗指出，犹太人具有一种品性，即他们不仅在服从摩西统治之前而且在他们使自己服从并负有义务之后，"去寻求一种征兆"。然而，奇迹和征兆的目的是为了获得信仰，而不是在人们已信仰了后不让他们去破坏信仰，因为对于后者而言，人们已受自然法的约束。但是，如果我们考虑的是统治权利而不是进行统治，那么大祭司仍然掌握着主权；因此，不论

---

[1]参见《民数记》第27章第21节。

[2]参见《士师记》第17章第6节、第18章第1节、第19章第1节和第21章第25节，其中第17章第6节和第21章第25节中补充了"各人任意而行"一句话。

[3]参见《士师记》第2章第10和第11节。

人们如何服从士师（上帝特别拣选出来的、负责将背叛他的子民从敌手之中解救出来的人），都不能以之作为反对大祭司享有一切政治和宗教事务的主权权利的理由。士师和撒母耳本人对于"政权"[1]所承担的使命不是一般的使命，而是特殊的使命；以色列人不是因为义务而服从他们，而是因为他们的智慧、勇敢或至福中所显露出神宠的尊敬才服从他们。所以，直至那时，管理政治和宗教的权利是不可分割的。

　　士师之后就是国王，此前大祭司拥有宗教和政治方面的一切权力，现在则是归国王拥有。因为此前统治民众的主权不但是因神的权力，而且也是因以色列人所立的特殊的约，而归属上帝以及在他之下、作为他在地上的代治者的大祭司所有，但是民众厌弃了这一主权并得到了上帝本人的认可。因为当他们对撒母耳说"求你为我们立一个王治理我们，和列国一样"[2]时，意思即是说他们不愿再接受祭司以上帝的名义发布命令来统治他们，而是要由一个人采用治理列国的那种方式来治理他们。因此，当他们废黜了有君尊的大祭司时，就是推翻了那个特殊的上帝的政权。但是，上帝同意了，他对撒母耳说："百姓向你说的一切话，你只管依从，因为他们不是厌弃你，乃是厌弃我，不要我作他们的王。"[3]他们通过这种方式厌弃了上帝，而上帝的权利是祭司统治的依据，所以留给祭司的权力就只是国王愿意而准许他们拥有的权力，其权力大小不一，要依国王的善恶而定。对于世俗事务的管辖权而言，显然是由国王完全掌控，因为在同一章中他们说，要一个王来统治他们，使他们像列国一样，有王治理他们，统领他们，为他们争战。[4]即无论是平时抑或是战时，国王都拥有全部的权力。该权力还包括管理宗教事务的权力；因为当时对于宗教管理而言，除了摩西律法（即他们的市民法）之外，没有其他上帝的话可作为依据。除此之外，我们在《圣经》中还会读到，所罗门"就革除亚比亚他，不许他作耶和华的祭司"。[5]因此，他有权管

---

　　[1]《圣经》中共出现3次"政权"，均是出现在《以赛亚记》中，其中第9章第6节提到"政权必担在他的肩头上"；第9章第7节提到"他的政权与平安必加增无穷"；以及第22章第21节提到"将你的政权交在他手中"。
　　[2] 参见《撒母耳记上》第8章第5节。
　　[3] 参见《撒母耳记上》第8章第7节。
　　[4] 参见《撒母耳记上》第8章第20节。
　　[5] 参见《列王记上》第2章第27节。

辖大祭司,正如同他有权管辖其他臣民一样,这是在宗教上拥有最高权位的一大标志。我们也可以看到所罗门为神建殿、(祈求上帝)保佑上帝的民并亲自完成了将一切教堂和神殿堂奉献给神时所念的无与伦比的祷词,这也是(所罗门王掌握)宗教最高权位的另一大标志。[1]除此之外,我们也可以看到,当(约西亚王)发现殿中所找到的律书存有疑问的时候,大祭司不会做决定,而是由约西亚派遣祭司和其他人[2]到女先知户勒大那里去求问,又是宗教最高权位的另一大标志。[3]最后,我们可以看到,大卫使哈沙比雅和他的弟兄(希伯伦族人)在约旦河以西的以色列人中作官长,"办理耶和华与王的事"[4]。与之相同,他(大卫王)派另一些希伯伦族人"在流便支派、迦得支派、玛拿西半支派(这些人是住在约旦河外的其余的以色列人)中办理神和王的事"[5]。他们说世俗权力和宗教权力的提法是对权力的割裂,这难道不是说兼有这种全面的权力吗?综上,从神的国初建到犹太人被掳至巴比伦之前,宗教最高权力和世俗主权一直同时集于同一人之手,在选出扫罗为王之后,祭司的职位是代理职位,而不是主管职位。

就权力而言,虽然首先是由大祭司统管政治和宗教事务,随后由列王统管,但是就同一神圣历史而言,民众却并不理解;但是其中的大部分人,可能是绝大部分人只有在他们看到大奇迹或他们统治者的事业中具有超凡的能力(相当于奇迹),或至福时才会充分相信摩西的名或上帝和祭司的谈话;一旦他们对统治者感到不满,为了使政府更迭或恣意推翻他们的从属关系,他们就会乘机而动,时而对政治事务指手画脚,时而对宗教事务评头论足;由此,不时就会导致内乱、分裂和国家发生灾难。例如,在以利亚撒和约书亚去世之后,下一代人未曾见过上帝行的奇迹,而只靠自身微弱的理智判断。不知道自己受祭司国信约的约束,他们对祭司的命令或任何摩西律法置若罔闻,他们自以为是,信马由缰;在世俗事务方面,他们服从那些不时自认为可以将他们从邻国压迫之下解救出来的人。

---

[1]参见《列王记上》第8章。
[2]祭司为希勒家,其他人是指沙番的儿子亚希甘、米该亚的儿子亚革波、书记沙番和王的臣仆亚撒雅,具体参见《列王记下》第22章第12节。
[3]参见《列王记下》第22章。
[4]参见《历代志上》第26章第30节。
[5]参见《历代志上》第26章第32节。

他们不像他们应做的那样去求问上帝，而是在心里胡思乱想，认为那些预测未来的男人女人是先知，因此就去问询他们。虽然他们在教堂里摆放了偶像，但是如果他们让一个利未人作教堂祭司，他们就解释说他们是在敬拜以色列人的上帝。

后来，他们要求像列国一样立一个王治理他们，但是却不想背弃对他们的王上帝的崇拜，而是对撒母耳的儿子办事不公道感到失望，要求立一个王为他们审理世俗案件，但不是让他们的国王改变他们所认为的、由摩西向他们宣教而建立的宗教。因此，他们总是留着一个法律或宗教借口，以便在他们一旦有希望得势时就使他们自己摆脱他们的服从关系。因为百姓们要求立一个王，所以撒母耳就不喜悦（因为上帝已是他们的王，撒母耳只是在上帝之下享有权力），但是当扫罗不听他的劝告并根据上帝的命令去杀夏甲时，撒母耳就另立他人为王，将王位继承权从扫罗的继承人那里承继下来，即大卫王。耶罗波安不是偶像崇拜者，但是当民众认为他欺压百姓时，该世俗问题的借口就是让十个支派叛离而归顺了偶像崇拜者耶罗波安。

□ 夏甲和以实玛利被逐

《圣经》中记载，撒拉有了儿子以撒以后，要亚伯拉罕将夏甲及其儿子以实玛利赶走，并说："这婢女的儿子不可与我的儿子以撒一同继承产业。"亚伯拉罕于心不忍。耶和华安慰他说："你不必为这童子和你的使女忧愁，凡撒拉对你说的话，你都该听从，因为从以撒生的，才要称为你的后裔。至于使女生的儿子，我也会使他的后裔成为一国，因为他是你所生的。"于是，亚伯拉罕将夏甲和以实玛利送走。母子二人在耶和华的保护下，生活在旷野中。以实玛利长大后成为巴兰的一名弓箭手。

一般而言，在犹太和以色列人诸王的整个历史之中，都始终有先知对国王干涉宗教之事进行辖制，有时也对其国政失误进行辖制。例如，《圣经》中说，先知耶户谴责约沙发王帮助以色列王攻打叙利亚人一事[1]；以赛亚谴责希西家王将财物展示给巴比伦的使者们看。[2] 综上

---

[1] 参见《历代志下》第19章第2节。
[2] 参见《以赛亚书》第39章第3—7节。

所述，虽然国王全面掌控着政治与宗教的权力，但是除了因为自己受恩而天赋异禀或享有福祉的人外，没有人可不受辖制地行使这两种权力。因此，就这些时代的实际情况而言，我们得不出任何论据认为国王没有掌握着宗教的最高权力；除非认为先知掌握着这种权力，并得出结论指出因为希西家王在使者像前向上帝祷告，但并没有从那里得到回应，因为后来先知以赛亚作了回应，所以以赛亚就是教会的最高首领；或者说，因为约西亚王就律法书的问题问询了女先知户勒大，所以除了户勒大之外，他和大祭司都不拥有宗教事务的最高权力。我认为，任何圣师都不拥有这种权力。

在犹太人被掳期间，他们根本没有国。虽然他们在被掳回来之后和上帝重新立了他们的约，但是他们没有承诺服从以斯拉或任何其他人；不久，他们成了希腊人的臣民，在希腊人的风俗、魔鬼学以及希伯来神秘哲学教义的影响下，他们的宗教被大大地败坏了：对于政治和宗教事务而言，从他们的混乱困惑之中，看不出政治和宗教的最高权力归属于谁。因此，就《旧约》而言，我们可以得出结论认为，当任何人在犹太人中享有国家主权时，这人也享有敬拜上帝对外事务方面的最高权力，并且他代表上帝，即代表上帝圣父；只是在上帝没有遣派他的独子耶稣基督降临人世去为人赎罪，将他们带入"永远的国"并永远得救之前，上帝并不被称为"圣父"。关于这一点，我们将在下一章中进行讨论。

第四十一章　论我们的神圣救主的职分

我们从《圣经》中可以看出，弥赛亚的职分共有三部分：首先是"救赎主"或"救主"的职分；其次是"牧人""策士"或"宣教者"的职分，即上帝遣派来让那些被选入救恩的选民皈依的先知者的职分；第三是"国王"或"永世的君王"的职分，但他是在圣父之下作王，这与摩西以及诸大祭司在他们各自时代的情形一样。对应这三部分职分的是三个时期。为我们救赎是通过他在第一次降临时牺牲自己而实现的，他为我们的罪被钉在十字架上而献出了自己的生命。当时，他自己亲身完成了让我们皈依的部分事务，现在还有一部分要由他的代理者（教士）完成，并且将一直持续到他再次降临人世时为止。在他重新降临人世后，他将开启他对他的选民永在且荣耀的统治。

对于"救赎主"（即为我们的罪支付赎价的人，赎价是死亡）的职分而言，根据上帝的要求，他牺牲了自己，由此承担并带走了我们的罪孽。从严格的正义观而言，即使一个人没有罪，但是他的死并不能赎去所有人的过犯；只是因为上帝慈悯，他才乐意在他的慈悯中接受这种赎罪方式。《旧约》（我们会从《利未记》第16章中读到相关内容）[1]中，上帝规定每年应当为包括祭司和其他所有人在内的所有以色列人赎一次罪。为了做到这一点，亚伦要单独为他自己和祭司们宰杀一只公牛犊；至于其他人，他要从他们那里取两只公山羊，将其中一只宰杀，另一只山羊用来替罪，他要把两手按在羊头上，承认以色列人诸般的罪孽过犯，把这罪都归在羊的头上，然后借着所派之人的手，将羊送到旷野去，让它带着人们的罪孽过犯逃走。正如（上帝）接受牺牲一只羊就足以作为使所有以色列人赎罪的代价，因为上帝并没有其他的要求，所以弥赛亚的死就足以作为使全体人类赎罪的代价。此处，关于我们的救主基督受难的描写就如同对以撒的祭献或他在《旧

---

[1] 参见《利未记》第16章。

约》中的任何其他象征的描写一样清晰。他既是祭献的羊，又是替罪的羊，"他被欺压，在受苦的时候却不开口。他像羔羊被牵到宰杀之地，又像羊在剪毛的人手下无声，他也是这样不开口"。[1]此处，他就如同祭献的羊。"他诚然担当我们的忧患、背负我们的痛苦"[2]以及"耶和华使我们众人的罪孽都归在他身上"[3]，此处，他就如同替罪的羊。《圣经》中又说："他从活人之地被剪除，是因我百姓的罪过。"[4]此处，他又如同祭献的羊。此外，《圣经》中又说："他要担当他们的罪孽。"[5]所以，他便又如同替罪的羊。因此，"神的羊羔"就相当于是这两只羊，祭献是他的死，逃走则是他的复活；他的父将其适时地接上天，并且在升天时离开人类的住处。

因此，赎罪的人因为在救赎和支付赎价之前，不享有要赎的对象的权利，而该赎价是赎罪者的死；所以，显而易见，作为一个人，我们的救主在他受难前，即当他在地上肉体转化的时候，不是他所赎的人的王。我是指当时他不能因信徒在受洗中和他立的约而成为现世的王。但是，基于他们在受洗中和上帝立了约，在他愿意掌管王国时他们有义务将其作为他父之下的国王进行服从。基于此，我们的救主本人明确地说："我的国不属这世界。"[6]现在既然《圣经》中仅提到了两个世界，即现世（它将一直存在，直至"审判日"，因此这一日也就称为"末日"）和审判日之后出现新天新地时的世界，所以"基督的国"在普遍复活之前不会出现。这就正如我们的救主所说："人子要在他父的荣耀里，同着众使者降临，那时候，他要照各人的行为报应各人。"[7]"照各人的行为报应各人"就是履行王的职分，但是这一点却要一直等到他在他父的荣耀里，同着众使者降临时才成为现实。当我们的救主说："即使文士和法利赛人坐在摩西的位上，凡他们所吩咐你们的，你们都要谨守遵行。"[8]他清楚地说明那时他不是把王权归于自

---

[1]参见《以赛亚书》第53章第7节。
[2]参见《以赛亚书》第53章第4节。
[3]参见《以赛亚书》第53章第6节。
[4]参见《以赛亚书》第53章第8节。
[5]参见《以赛亚书》第53章第11节。
[6]参见《约翰福音》第18章第36节。
[7]参见《马太福音》第16章第27节。
[8]参见《马太福音》第23章第2和第3节。霍布斯原文中说引自《马太福音》第23章第2节，实际上在英王詹姆斯钦定版《圣经》中是在《申命记》第23章第2和第3节。

己，而是归于他们。他也是这样做的，他说："谁立我做你们断事的官，给你们分家业呢？"[1]他还说："我来本不是要审判世界，乃是要拯救世界。"[2]但是，我们的救主降临今世乃是为了成为一位来世的王和断事的官；因为他是弥赛亚，是基督，也是受膏的祭司和上帝的主权者的先知；即他将享有先知摩西、继承摩西的大祭司以及继承大祭司的诸王的权力。圣约翰曾明确地说："父不审判什么人，乃将审判的事全交与子。"[3]这句话和另一处所说的"我来不是要审判世界"并不矛盾，因为前一句是说"今世"，后一句话说的是"来世"；在基督第二次降临世界时也是一样，《圣经》中说："你们这跟从我的人，到复兴的时候，人子坐在他荣耀的宝座上，你们也要坐在十二个宝座上，审判以色列十二个支派。"[4]

那么，如果基督在世时，他在这世界没有国，那么他第一次降临的目的是什么呢？他的目的是通过创立新约，使原先根据《旧约》属于上帝、后来又因以色列人选扫罗为王而背叛上帝所切断（与上帝）关系的王国重归上帝。为了达到这个目的，他要向他们宣讲他是弥赛亚，先知向他们应许的王，并为那些因信仰而服从他的人的罪而牺牲自己；如果这个民族（犹太民族）普遍弃绝他，那么他就要让外邦人中信他的人服从他。所以，我们的救主在世的时候，他的职分分为两部分，一部分是宣告他自己是基督，另一部分是通过宣教和行奇迹来劝服人们，并使他们准备过一种生活，从而当他在威严中降临并掌管他父的国时，他们可配享信徒们所享的永生。因此，他自己往往将其传道的时期称为"复兴"[5]；将其称为一个"王国"和据此拒绝服从当时的长官是不恰当的；因为他曾命令人们服从当时坐在摩西位上的人，并进贡给恺撒；但是，对那些蒙上帝恩典而成为他的门徒并信他的人而言，这是他们提出的关于未来神的国的保证。基于此，虔诚的人便被说是已处于"蒙恩的王国"，即归化于"天国"。

因此，到那时止，在基督所做和所宣教的事中，没有一件削弱了犹太人或者

---

[1] 参见《路加福音》第12章第14节。
[2] 参见《约翰福音》第12章第47节。
[3] 参见《路加福音》第5章第22节。
[4] 参见《马太福音》第19章第28节。
[5] 参见《马太福音》第19章第28节。

□ 弥赛亚

弥赛亚是一个头衔或者称号，而不是名字。在希伯来语中，弥赛亚最初是指受膏者。《新约》主张弥赛亚就是耶稣，而犹太教信徒则不肯承认。

恺撒的世俗权利。因为当时犹太人的王国的统治者抑或是被统治者都期盼弥赛亚和神的国；如果法律禁止他在降临人世时表明并宣告自己，他们是不能那么做的。因此，他没有做任何事，而只是通过宣教和行奇迹力证自己就是那个弥赛亚，他没有做任何违反他们的法律的事。他声称，自己的国在另一个世界，他让所有人服从当时坐在摩西位上的人，让他们代他向恺撒进贡，并拒绝使自己成为一位审判者。那么，他的言词或行为怎么会具有煽动性且具有推翻他们当时的世俗政府的意向呢？但是，因为上帝已决定让他献身，从而让他的选民重新回到根据原先立的约所规定的服从关系；为实现这一目的上帝利用了他们的恶意与忘恩。这也没有违反恺撒的法律。对于彼拉多本人而言，尽管他为了让犹太人欢喜才将他（即耶稣）交出来并钉在十字架上，但是在此之前，彼拉多却公开声称他查不出这人（即耶稣）犯了什么罪。并且，彼拉多在定耶稣的罪名时，并未根据犹太人的要求写成"他自己说我是犹太人的王"[1]，而是简单地写成"犹太人的王"[2]；虽然他们大声抗议，但是彼拉多拒绝更改，并说："我所写的，我已经写上了。"[3]

弥赛亚的第三部分职分是"作王"，我已指出，在复活以前，他的国是不会出现的。但是到那时，他将不仅仅是以上帝的身份作王（从这种意义上说，他已经为一个王，并因着自己的全能而永远地成为"全地之王"），并且由于他自己的选民在

---

[1] 参见《约翰福音》第19章第21节。
[2] 参见《约翰福音》第19章第19节。
[3] 参见《约翰福音》第19章第22节。

他们的洗礼中和他立的约而特别地成为他们（即他的选民）的王。因此，我们的救主说"当人子坐在他荣耀的宝座上"时，他的门徒"也要坐在十二个宝座上，审判以色列十二个支派"[1]。他是指那时他将因他的人性作王；并且，"人子要在他父的荣耀里，同着众使者降临。那时候，他要照个人的行为报应各人"[2]；《马可福音》第13章第26节、第14章第62节也有类似的记载；关于时间的问题，《路加福音》第22章第29和第30节则说得更明确："我将国赐给你们，正如我父赐给我一样。叫你们在我国里，坐在我的席上吃喝，并且坐在宝座上，审判以色列十二个支派。"根据这段原文，我们可以清楚地看出，在人子在荣耀里降临并使他的门徒审判以色列十二支派之前，他的父指派给他的国不会出现。但是，此处人们也许会问，既然天国中没有婚姻，那么那时人们是否有吃喝呢？因此，此处的"吃"的含义是什么呢？对此，我们的救主进行了说明："不要为那必坏的食物劳力，要为那存到永生的食物劳力，就是人子要赐给你们的。"[3]所以，在基督的席上吃的是生命之树的果，即可在人子的王国中永生。根据上述各段原文和其他多处（原文），显而易见，我们的救主将通过他的人性治理他的王国。

除此之外，他那时为王，也是在天父之下，是天父的代治者，和摩西在旷野中、扫罗为王之前的大祭司以及其后诸王的情形是一样的。因为关于基督的预言之一就是他的职分和摩西相同，"我必在他们弟兄中间，给他们兴起一位先知像你。我要将当说的话传给他。"[4]从我们的救主本身在世时的行为也可以看出他与摩西的相似之处。因为正如摩西选十二支派族长在他之下治理一样，我们的救主基督也同样拣选了十二位门徒，让他们将来坐在十二宝座上，审判以色列十二支派；摩西曾准许七十长老受圣灵并向百姓作预言，即如我此前所述，这就是以神的名义向百姓说话；因此，我们的救主基督也同样任命七十门徒向万国宣讲他的国和救恩。并且，当有人向摩西抱怨七十长老之中有人在以色列营中作预言时，他以这样有助于他的治理为他们辩护；与之相同，当圣约翰向我们的救主抱

---

[1] 参见《马太福音》第19章第28节。
[2] 参见《马太福音》第16章第27节。
[3] 参见《约翰福音》第6章第27节。
[4] 参见《申命记》第18章第18节。

怨有人奉他的名赶鬼时，他为此辩解说："不要禁止他，因为不敌挡你们的，就是帮助你们的。"[1]

除此之外，我们的救主和摩西类似，允许为进入神的国以及纪念天父将选民从悲惨的状况中解救出来而作圣礼。正如在摩西时代之前，以色列人的孩子以割礼作为他们被接纳进入神的国的圣礼，后来这种圣礼废于旷野之中，在他们来到应许之地后马上又恢复；在我们的救主降临之前，犹太人也有洗礼，即用水洗所有皈依以色列的神的外邦人。施洗约翰在接受所有将他们自己的名归于基督（他宣讲说基督已降临人世）的人时就采用了这种洗礼；我们的救主也规定，对于所有信他的其他人也要行同样的圣礼。《圣经》并未正式说明洗礼最初是如何产生的，或许我们也可认为它模仿了关于麻风病的摩西律法，他命令将患有该病的人放在以色列的营外过一定的时期，之后如果祭司认为病人已是洁净的，那么在举行一次圣洗后，他们可以被准许进入营中。因此，这可能是洗礼中的一种洗涤，用信仰洗去"罪孽的麻风"的人，通过洗礼而被教会所接纳。还有一种猜测，有人认为这是源自于外邦人在一种极为少见的情形下举行的仪式，即当人们认为已死去的人恰好又复活之后，其他人在和他交谈的时候会有所顾忌，就像是害怕和鬼打交道一样，除非像刚出生的婴儿被洗去他们从胎中带来的污秽一样，他接受洗涤并被自己人接纳，这即是一种新生。在亚历山大大帝和他的希腊继承者统治时期，这是希腊人在犹太人处所举行的一种仪式，它很可能融入了犹太人的宗教中。然而，因为我们的救主不可能容忍一种异教徒的仪式，所以可能性最大的情形是洗礼源自于人患麻风病之后举行的法定洗涤仪式。至于另一种圣礼，即吃逾越节羔羊，则是明显模仿了圣餐的圣礼；其中，撕面包和倒酒是让我们记住自己是因为基督蒙难而从罪的悲惨境遇中被解救出来，这和吃逾越节羔羊是使犹太人记住自己是从埃及的奴役之中被解救出来是一样的。因此，既然摩西的权力只是从属性的权力，工作只是上帝的代治者，那么我们就可以得出一个推论，即像摩西一样，基督的人性权力也只不过是从属于他父的权力。从基督教我们作的祈祷词中就可以清楚地看出来，如"父啊，愿你的国降临""国度、权柄、荣耀全是你的""他将在他父的荣耀里降临"以及圣保罗所说的"末期到了，基督就把国

---

[1]参见《路加福音》第9章第50节。

交与父上帝"[1]，此外还有许多其他表述得更清楚的地方。

因此，像摩西一样，我们的救主在宣教以及为王时代表上帝的人格；在此之后，上帝才被称为"父"，此前并未这样称呼他。作为同一个实体，摩西代表一个人格，他的儿子基督代表另外一个人格。尽管同属一个实体，鉴于人格是相对于代表者的一种关系，因为存在多个人格，所以存在多个代表者。

---

[1] 参见《哥林多前书》第15章第24节。

第四十二章　论教权

为了认识教权，即教权是什么以及谁掌握教权，我们将我们的救主升天后的时期分作两个部分：一部分是国王和享有世俗主权的人皈依基督教之前的阶段；另一部分是他们皈依基督教之后的阶段。因为在（基督）升天之后很久的时间内，没有任何国王或世俗主权者接受并公开允许传播基督教。

显而易见，在这两个阶段之间的时间中，使徒们掌握教权。在他们之后，那些接受他们的任命去传播福音、让人皈依基督教并指导皈依于救恩之道的人掌握着教权；在这些人之后，教权则再次转到那些人所任命的人手中；在（对这些人进行）任命时，他们会将手按在被任命者的头上，这意味着将圣灵或上帝的灵献给他们任命为上帝的传道人来发展他的国的人。因此，按手礼不是别的什么东西，而是赋予受礼者传播耶稣基督并宣传耶稣基督教义的使命。通过按手礼赐予圣灵，这是模仿了摩西的做法，因为摩西对他的帮手约书亚也采用了相同的仪式，我们在《申命记》第34章第9节中可以读到："摩西曾按手在嫩的儿子约书亚的头上，约书亚就被智慧之灵充满。"因此，在我们的救主复活和升天之间的阶段，他将他的灵赐予了使徒，先是向他们吹一口气，说："你们受圣灵。"[1] 在我们的救主升天之后，则是向他们刮"一阵大风，又有舌头如火焰显现出来"[2]，并没有行按手礼，上帝也没有把手放在摩西头上；后来，他的门徒就像摩西对约书亚所行的那样，通过行按手礼传递这同一圣灵。据此，最初没有任何基督教国家时，明显可以看出教权是持续地掌握在谁的手中，即掌握在那些相继行按手礼并从使徒手中接过这同一权力的人的手中。

由此，我们看到现在上帝的人格是第三次被代表。因为就像在《旧约》中摩

---

[1] 参见《约翰福音》第20章第22节。
[2] 参见《使徒行传》第2章第2和第3节。

西和大祭司是上帝的代表，我们的救主基督本身，作为人在世上时也是上帝的代表；圣灵、接受圣灵的使徒及他们的继任者在他（我们的救主基督）之后一直代表他。但是，人格（正如我在前面第十三章中所说）就是被代表的人，就如同他被代表的那样；因此，上帝被代表（即被人格化）了三次，那么可以十分恰当地说他是三个人，虽然《圣经》中并没有将"人格"或"三位一体"用在他身上。圣约翰确实曾经说："作见证的原来有三，就是圣灵、水与血，这三样也都归于一。"[1]但是从"人格"恰当的本义即由他人代表的对象而言，这句话和三个人格的说法非但没有冲突，反而恰好相符。所以，圣父由摩西代表时是一个人格，由他的儿子代表时是另外一个人格，由使徒及根据使徒所传权力教导的教父们代表时是第三个人格；但是，此处的每一人格都是同一上帝的人格。然而，此处有人也许会提出这三者究竟见证了什么的问题。因此，圣约翰告诉我们他们所见证的是"这永生也是在他儿子里面"。[2]除此之外，如果有人提出证据在哪里的问题，那么答案很简单，因为上帝已经通过先由摩西、后由他的儿子本人、最后由接受了圣灵的基督门徒所行的奇迹进行了证明；这三者在各自的时期通过做预言或宣教耶稣基督都代表了上帝的人格。对于使徒而言，十二个大使徒身上特有的职分是见证耶稣的复活，圣彼得作为一位新门徒被拣选出来

□ 摩西任命约书亚

据《圣经》中记载，约书亚继摩西之后成为以色列人的领袖。摩西在新任的大祭司以利亚撒面前，以按手在约书亚头上的方式选立他接替自己。约书亚继续摩西的工作，将以色列人带到迦南。

---

[1]霍布斯原文中这句原文是在《路加福音》第5章第11节，但实际上英王詹姆斯钦定版《圣经》中的该节没有这句话，而只有"他们把两只船拢了岸，就撇下所有的，跟从了耶稣"。霍布斯所引用的这句话出自英王詹姆斯钦定版《圣经》中的《约翰一书》第5章第7节。

[2]参见《约翰一书》第5章第11节。

替代加略人犹大的地位时曾说过的一段话清楚地表达了这一点，即"从约翰施洗起，直到主离开我们被接上升天的日子为止，必须从那常与我们做伴的人中，立一位与我们同作耶稣复活的见证"[1]。这些话解释了圣约翰提及的"作见证"的说法。同处原文还提到地上的另一个三位一体的见证。因为他说："作见证的原来有三：就是圣灵、水与血，这三样也都归于一。"[2]这也就是说圣灵以及洗礼与圣餐这两种圣礼的神恩搭配构成了一个见证，以确保信徒们对永生的内心认识；对于这一证据，他指出："信神的儿子的，就有这见证在他心里。"[3]在这个地上的三位一体中，一体不在于事物方面，因为尽管他们所提供的是同一见证，但是圣灵、水和血不是同一物质；而在天上的三位一体中，尽管存在三个不同的时间和机会被代表，但是人格是同一个上帝的人格。综上所述，从《圣经》所直接推导得出的意义而言，三位一体教义的主要内容是指上帝永远是那同一个上帝，即摩西代表的人格、他的儿子降生代表的人格以及基督门徒代表的人格。当（上帝的人格）由使徒代表时，他们借以说话的圣灵就是上帝；当由他的儿子（神人合一）代表时，圣子就是上帝；当由摩西和大祭司代表时，圣父即我们的主——耶稣基督的父就是上帝。据此，我们得出推论，即从其神性的意义而言，《旧约》中从未出现"圣父""圣子"和"圣灵"这三个词的原因是因为三者均表征一种人格，由于（上帝的人格）被代表而得此名，但是这种代表作用直至有不同的人代表上帝的人格进行统治或在上帝之下进行治理后才出现（"圣父""圣子"和"圣灵"的称呼）。

  因此，我们就可以看出教权是如何由我们的救主传给使徒的以及（为了使他们能更好地行使这一权力的目的）如何降圣灵在他们（即使徒）身上的。因此，《新约》中有时会将"圣灵"称为"训慰师"，这个词的意思是"扶助者"，也就是被召来提供帮助的人，但是通常将其翻译为"保惠师"。[4]现在，我们对（教权）权力本身进行讨论，探究这种权力本身是为何物以及权力行使的对象是谁。

---

[1] 参见《使徒行传》第1章第22节。
[2] 参见《约翰一书》第5章第8节。
[3] 参见《约翰一书》第5章第10节。
[4]《约翰福音》第14章第16节中说："我要求父，父就另外赐给你们一位保惠师（或作'训慰师'）。"

贝拉明主教[1]在他第三次一般辩论中曾讨论了许多关于罗马教皇教权的问题，他以该教权究竟应是君主制、贵族制还是民主制的权力作为切入点进行了讨论。所有这些类别的权力都属于主权权力和强制性权力。现在，如果我们的救主没有将强制性权力传给他们，而只是一种宣称基督的国、劝人们将自己委身于基督的国的权力；并且通过戒条和忠告教导服从者如何做才可在神的国降临时被接纳；以及使徒和其他传福音的教士都是我们的圣师而不是我们的长官，他们的戒条不是法律而是有益的忠告；那么所有争论皆是徒劳无益的。

我在前一章中已经证明基督的国不在今世。因此，他的助手不能以他（基督）的名要求别人服从他，除非他（基督的助手）是国王。因为至高之王的君主权力如果不是在今世，那么他的臣子又凭借什么权力要求人们服从呢？所以，我们的救主说："父怎样差遣了我，我也照样差遣你们。"[2]但是，我们的救主被差遣来是为了劝谕犹太人回到他圣父的国以及劝化外邦人接受他圣父的国。在审判日到来之前，他并不是作为他圣父的代治者在威严中作王而进行统治。

从（我们的救主）升天到普遍复活的这段时期不是被称为"基督为王的时期"，而是被称为"复兴时期"，即人们为审判日基督在荣耀中第二次降临人世进行准备的时期，从我们的救主的言词中就可以看出这一点："你们这些跟从我的人，到复兴的时候，人子坐在他荣耀的宝座上，你们也要坐在十二个宝座上，审判以色列十二个支派。"[3]圣保罗说："又用平安的福音，当作预备走路的鞋穿在脚上。"[4]我们的救主还将其类比为钓鱼，意思是并非通过强制和惩罚使人服从而是通过劝说使人服从。因此，他不是让他的门徒成为一个又一个宁录[5]，即不是成为以人为猎捕对象的猎户，而是成为"钓人"的渔夫。同时，（我们的救主）还曾将其比喻为面酵和播种以及芥菜种子（种在地上）生长；所有这些都不含

---

[1] 罗伯特·贝拉明（1542—1621年），意大利人，教皇克莱门特八世的私人神学助理，宗教改革中的重要人物。
[2] 参见《约翰福音》第20章第21节。
[3] 参见《马太福音》第19章第28节。
[4] 参见《以弗所书》第6章第15节。
[5] 宁录是《圣经》中的人物，是挪亚的后裔。《创世记》第10章第9和第10节中说："古实又生宁录，他为世上英雄之首。他在耶和华面前是个英勇的猎户，所以俗语说，像宁录在耶和华面前是个英勇的猎户。"

强制性，因此那时就不可能存在实际的统治。代替耶稣布道的人的职分是传布福音，即宣告基督，为他第二次降临作准备，这就像施洗约翰传布福音是为他第一次降临作准备是一样的。

除此之外，基督的使者在今世的职分是使人相信和信仰基督，但是这种信仰既与强制或命令无关，也丝毫不依靠它们（即强制或命令）；而只是依靠从理性中或从人们已相信的事物中所推导出的论点的确定性或可能性。因此，根据这一名义，今世之中基督的教士没有权力惩罚那些不相信或反对他们的说法的人。我是说他们根据基督的教士的名义没有权力对这些人进行惩罚。但是，他们如果根据政治制度拥有世俗主权，那么他们自然就可以依法惩罚那些任何违背他们的任何法律的行为。圣保罗在谈到他自己以及当时其他传布福音的使者时说："我们并不是辖管你们的信心，乃是帮助你们的快乐。"[1]

根据基督留给所有基督徒国王或异教徒国王的合法权柄，可以得出另一观点，即基督的教士在今世不享有发布命令的权利。圣保罗说："你们作儿女的，要凡事听从父母，因为这是主所喜悦的。"[2]并说："你们作仆人的，要凡事听从你们肉身的主人，不要只在眼前侍奉，像是讨人喜欢的，总要存心诚实敬畏主。"[3]虽然这些话是说给主人是异教徒的人听的，但是他却让这些人凡事都要听从他们（即异教徒主人）。此外，对于服从国王的问题，他劝告人们服从在上有权柄的人，他说："在上有权柄的，人人当顺服他。因为没有权柄不是出于上帝的，凡掌权的都是神所命的。你们必须顺服，不但是因为刑罚，也是因为良心。"[4]圣彼得说："你们为主的缘故，要顺服人的一切制度，或是在上的君王，或是君王所派、罚恶赏善的臣宰。因为神的旨意原是要你们行善，可以堵住那糊涂无知人的口。"[5]保罗又说："你要提醒众人，叫他们顺服作官的、掌权的，遵他的命。"[6]此处圣彼得和圣保罗所说的"君王"和"在上有权柄的"都

---

[1] 参见《哥林多后书》第1章第24节。
[2] 参见《歌罗西书》第3章第20节。
[3] 参见《歌罗西书》第3章第22节。
[4] 参见《罗马书》第13章第1—6节。
[5] 参见《彼得前书》第2章第13、14和15节。
[6] 参见《提多书》第3章第1节。

是异教徒；因此，对于上帝指派来掌握主权并统治我们的基督徒，我们就更应该服从他。因此，对于任何基督的助手的命令，如果我们做出违背了自己国家的国王或其他代表国家的主权者命令的任何事情，而我们又正希望这个主权者来保护我们，那么我们又有什么义务要服从基督的助手呢？因此，显而易见，基督并没有留给他在今世的教士任何辖治他人的权力，除非他同时也享有世俗权力。

但是，也许有人会提出反对意见，指出如果国王、元老院或其他主权者禁止我们信仰基督，那么会出现什么情况呢？关于这一问题，我的回答是：这种禁令就是一纸空文，因为"信仰"和"不信仰"不能依他人的命令而行。信仰是上帝的恩赐，人无法通过承诺给予回报或是威胁施与惩罚来赋予或剥夺人的信仰。再进一步追问，如果合法的国王命令我们亲口说我们没有某种信仰，那么又会出现什么情况呢，我们必须要服从这种命令吗？口头明证不过是表面文章而已，正如同我们表示服从的其他姿态是一样的；对于这一点，心中笃信基督信仰的基督徒具有和先知以利沙准许叙利亚人乃缦所享有的同等自由。乃缦从心里已皈依上帝，因为他说："从今以后，你们的仆人必不再将燔祭或平安祭献与别神，只献给上帝。唯有一件事，愿上帝饶恕你仆人，我主人进临门庙礼拜之时，我用手搀他在临门庙，我也屈身，我在临门庙屈身的这件事，愿上帝饶恕我。"[1]先知同意了，让他"平平安安地回去"。在这里，乃缦在心里是信仰（耶和华）的；但是，当他向临门庙的偶像叩拜时，其效果则是否认真神，正像他嘴上说的话是一样的。那么

□ 圣彼得殉难

西门彼得是十二使徒之一，后世尊为"圣彼得"，彼得原是靠捕鱼为生，后来受耶稣蒙召，开始广传教义。后被罗马皇帝尼禄迫害，在罗马被处死，临死前，彼得要求将自己倒钉在十字架上。

---

[1] 参见《列王记下》第5章第17节。

救主说的下一句话，我们又该如何作答呢？"凡在人面前不认我的，我在我天上的父面前也必不认他"[1]，就这个问题而言，我们可以说，像乃缦那样的任何一位臣民所做的任何事情均是为了服从他的主权者而被迫做的事情：他不是发自内心而是为了（服从）国家的法律而做出的；这种行为不是属于他的行为，而是属于他的主权者的行为；在这种情形下，在人面前不认基督的不是他，而是他的统治者和他的国家的法律。如果有任何人抨击这种说法，说他与真诚无瑕的基督教义相左，那么我就要问他，如果在任何一个基督教国家中有一位臣民从内心信仰伊斯兰教，但是他的主权者命令他到基督教教会中礼拜，否则就将其处死；那么他是否认为该伊斯兰教徒从良心上负有义务为了这一原因而赴死，而不应服从他的合法君主的命令。他如果说这人应承受被处死之刑，那么他就是授权所有平民，不论自己的宗教（信仰）真假，都可为维护他们的宗教而不服从他们的君主。如果他说这人应当服从，那么他就是宽以待己、严以律人，与我们的救主所说的话背道而驰，即"你们愿意人怎样待你们，你们也要怎样待人"[2]；并且这违背了"己所不欲，勿施于人"的自然法（毫无疑问，这是永恒的神律）。

然而，对于我们从教会史中读到的那些无谓牺牲自己性命的殉道者又当如何作评呢？要回答这个问题，我们必须对因之而赴死的人进行区分，其中有一些人是因受天命传道、公开宣告基督的国（而殉道）；另一些人则没有受天命，对他们提出（殉道）要求的只是他们自己的信仰。对于前一种人而言，如果他们是为了见证基督复活而被处死，那么他们就是真的殉道者，因为就"殉道者"一词的正确定义而言，它是指耶稣弥赛亚复活的一位见证人；但是，除了在地上曾与耶稣交谈、在耶稣被接上升之后又曾见过耶稣的人外，再没有任何人能够成为这种见证人。因为见证人必须要亲眼见过他作证的事，否则他的证明就是不可靠的。除了这种人以外，没有人可以被恰当地称为"基督的殉道者"，也可以从圣彼得的下一段话中明显地看出这一点来："所以主耶稣在我们中间始终出入的时候，就是从约翰施洗起，直到主离开我们被接上升的日子为止，必须从那常与我们做伴的人中，立一位与我们同作耶稣复活的殉道者（即'见证人'）。"[3]据此，我们可

---

[1]参见《马太福音》第10章第33节。
[2]参见《路加福音》第6章第31节。
[3]参见《使徒行传》第1章第21和22节。

以看出，要为耶稣复活这一真理作见证的人（也就是要为基督教基本教义——"耶稣是基督"的真理作见证的人），必须是曾经和他交谈过、在复活前后都曾见过他的某一位门徒；因此，（这个作见证的人）也就必然是最初跟随他的使徒。所以，不在此列之人所能作的见证就只是"前人曾经这样说"，因此只是旁人证明的见证，是第二等的殉道者或是基督见证者的殉道者。

如果一个人为了维护他自身从我们的救主的历史以及使徒行传或使徒书信中所引申来的全部观点，或是为了维护他根据一位平民的权威而相信的全部道理，以致反对世俗国家的法律与权力，那么他就远不能算是一个基督的殉道者，也远不能算是基督殉道者的见证者。只有为一个教义而赴死才配享这一尊号，这个教义就是"耶稣是基督"；即他为我们赎罪并将再一次降临使我们得救，还要在他荣耀的王国中让我们得享永生。为教士争权夺利的任何信条而死都是无谓的牺牲；让人成为殉道者的不是见证者的死，而是见证本身。因为不管他是否因他的作证而被处死，这个词除了指作证人外，没有其他意思。

另外，对于没有被差遣来宣传这一基本信条而只是通过自身去宣传这一基本信条的人，尽管他是一位见证者，他也因此是一位殉道者，或者直接是基督的见证者，或者间接是基督的使徒、门徒或继任者的见证者。尽管如此，他并不承担因此事而赴死的义务。因为他并没有被召唤去做这样的事，所以并不要求他为此赴死；如果他想从那未差遣他来做这种事的人那里得到报偿但却未有所获，他也不应有所抱怨。因此，对于任何未经授权而去宣道基督以肉身降临这一教义的人而言，即没有被差遣来使不信者皈依的人，他们也不能成为第一等或第二等的殉道者。因为对已经相信因而无需作见证的人而言，没有人可以成为见证者；唯有对于否认、怀疑或未曾听见过的人而言才可成为见证者。基督差遣他的使徒和七十门徒并赋予他们权力，让他们去传道；他并没有差遣所有信徒（去这样做）。同时，基督差遣他们到不信的人中去，基督说："我差你们去，如同羊进入狼群。"[1] 而不是像一个羊群混到另外一个羊群中去。

最后，福音中明确记载了他们[2]的各项使命，这些使命未包含任何辖治会众

---

[1]参见《马太福音》第10章第16节。
[2]此处的"他们"是指十二使徒和七十门徒。

的权力。

我们首先看到十二使徒被差遣到"以色列家迷失的羊那里去",并受命传道"天国近了"[1]。现在,就"传道"一字的原义来说,它是指公务传告人、传会官或其他官员公开宣告国王登基信息时例行之事。但是,一个传告公务的人并没有权利辖治任何人。七十门徒被差遣去传道,应该像"作工的,而不是庄稼的主"[2],他们被命去说:"神的国临到你们了。"[3]此处所说的"国"不是"恩典的王国",而是"荣耀的王国";因为他们曾被吩咐要警告那些不接待他们的城,宣告说:"所多玛所受的,比那城还容易受呢。"[4]并且我们的救主告诉两位争座位先后顺序的门徒,他们的职分是服侍人,"正如人子来,不是要受人的服侍,乃是要服侍人"[5]。因此,传道者只有服侍人之权,没有管束人之权。我们的救主说:"也不要受师尊的称呼,因为只有一位是你们的师尊,就是基督。"[6]

他们的使命中还有一项是"教导万民"[7],或"往普天下去,传福音给万民听"[8]。因此,教导和布道就是一回事。因为对于宣布王降临的人而言,如果要叫人服从这王,那么就必须同时让人知道他是根据何种权利降临的,就像圣保罗对帖撒罗尼迦的犹太人的作为是一样的:"一连三个安息日、本着《圣经》与他们辩论,讲解陈明基督必须受害,从死里复活,又说:我所传与你们的这位耶稣,就是基督。"[9]但是,根据《旧约》教导"耶稣是基督,也就是王,并从死里复活"的道理,并不等于说人们在相信之后就必得服从那个教导这个道理的人,去违抗他们主权者的法律与命令;而只是说,他们应明智行事,保有耐心和秉持信仰,等待随后基督的降临并且服从今世的统治者。

---

[1] 参见《马太福音》第10章。
[2] 参见《路加福音》第10章第2节。
[3] 参见《路加福音》第10章第9节。
[4] 参见《路加福音》第10章第12节。霍布斯原文中说引自《路加福音》第10章第11节,实际上在英王詹姆斯钦定版《圣经》中是在《路加福音》第10章第12节。
[5] 参见《马太福音》第20章第28节。
[6] 参见《马太福音》第23章第10节。
[7] 参见《马太福音》第27章第19节。
[8] 参见《马可福音》第16章第15节。
[9] 参见《使徒行传》第17章第2和第3节。

他们使命中的另外一项内容是"奉父、子、圣灵的名给他们施洗"[1]。施洗是什么呢？施洗就是浸入水中。但是以某种名义将人浸入水中又是什么意思呢？这几个关于"施洗"的词的意义是受洗的人被浸入水中或用水洗濯，是变成一个新人并成为上帝忠实的臣民的象征。古时，在上帝作犹太人的王时，他的人格由摩西和大祭司代表。同时，受洗的人要成为既是人又是神的耶稣基督即圣子的忠实臣民，耶稣曾为我们赎罪，并且他将在复活之后，在他永恒的王国里以他的人性代表他父的人格。除此之外，他（受洗的人）还要承认使徒的教义，使徒得到圣父与圣子的灵的帮助，留下来作为指导者，将我们带入天国，这是唯一且可靠的路。这是我们在洗礼中所作的承诺，地上主权者的权力在审判日之前不会被掳夺，因为圣保罗已经明确肯定了这一点，他说："在亚当里众人都死了，照样，在基督里众人也都要复活。但各人是按着自己的次序复活，初熟的果子是基督，以后在他来的时候，是那些属基督的。再后，末期到了，那时基督既将一切执政的、掌权的、有能的，都毁灭了，就把国交与父神。"[2]显而易见，我们在洗礼中并没有设立另一种权力来管辖我们今生的外在行为，而只是承诺将使徒的教义作为我们永生之道的指引。

"赦罪"和"留罪"的权力，也被称为"释放"和"约束"的权力，有时则被称为"天国的钥匙"；这源自于施洗与拒绝施洗的权力，因为洗礼是那些将被接纳进入神的国的人表达效忠的圣礼，即获得永生，也就是指"赦罪"；因为人曾因犯罪而丧失永生，所以通过对人的"赦罪"而恢复永生。施洗的目的是"赦罪"，所以当那些在圣灵降临节听了圣彼得的布道而皈依的人问他应做什么的时候，圣彼得建议他们说："你们各人要悔改，奉耶稣基督的名受洗，叫你们的罪得赦，就必领受所赐的圣灵。"[3]因此，接受施洗就是宣布接受人们进入神的国，拒绝施洗则是宣布将其排除在神的国之外，所以就赋予了这同一些使徒以及其代理人与继承人宣布排除在天国之外和保留在天国之内的权力。因此，我们的救主在向他们吹气，说"你们受灵"[4]后，接着在下一节原文中补充说："你们赦

---

[1] 参见《马太福音》第28章第19节。
[2] 参见《哥林多前书》第15章第22、23和24节。
[3] 参见《使徒行传》第2章第38节。
[4] 参见《约翰福音》第20章第22节。

□ 十二门徒

　　十二门徒，又称十二使徒，是耶稣从诸门徒中特选出的十二个人，他们分别是：彼得、安得烈、西庇太的儿子雅各和约翰、腓力、巴多罗买、多马、马太、亚勒腓的儿子雅各、达太（又作雅各的儿子犹大）、奋锐党的西门以及加略人犹大。他们原本是文盲或穷人，在成为耶稣的追随者后，开启了世界历史上的"后基督"时代。

免谁的罪，谁的罪就赦免了；你们留下谁的罪，谁的罪就留下了。"[1]这些原文并未授予他们[2]上帝所拥有的、纯粹且绝对赦罪或留罪的权力，上帝了解人们的内心并且知道某个人悔罪与皈依的真相，使徒以及其代理人与继承人为悔罪者这样做（赦罪或留罪）是有条件的；并且如果被解罪的人是假装悔罪，那么解罪者无需说任何其他的话或采取其他行动，该人就会因之使这种赦罪或解罪归于无效；这对获救没有起到任何作用，而且会适得其反，加重他的罪行。因此，使徒和他们的继承者只能以外表的悔罪表现为依据，如果存在这种表现，那么他们无权拒绝为之解罪；如果不存在这种表现，那么他们无权为之解罪。洗礼也要遵守这一点，因为对于一个已皈依基督的犹太人或外邦人而言，使徒无权拒绝为其施洗，也无权为不悔罪的人施洗。因为任何人对他人悔罪的真相，除了对其言行的外在表现进行辨别之外，没有其他的方法，但是这种表现又有可能是虚假的，因此就会出现另外一个问题：究竟谁来做那些表现的裁断者呢？我们的救主自己解决了这一问题，他说："倘若你的弟兄得罪你，你就去趁着只有他和你在一处的时候，指出他的错来。他若听你，你便得了你的弟兄；他若不听，你就另外带一两个人同去，要凭两三个人的口作见证，句句都可定准。若是不听他们，就告诉教会；若是不听教会，就看他像外邦人和税吏一样。"[3]根据上述原文，显而易见，判断悔罪真

---

〔1〕参见《约翰福音》第20章第23节。
〔2〕此处就是指上帝没有将这种权力直接无条件地授予使徒以及其代理人与继承人。
〔3〕参见《马太福音》第18章第15、第16和第17节。

相的权力不属于任何个人，而是属于教会，即属于信徒的教会或有权代表他们的人。但是，除了做出裁断之外，还须宣告判词，这事永远是由使徒或担任宗教会议主席的牧师掌管；关于这一点，我们的救主说："凡你们在地上所捆绑的，在天上也要捆绑；凡你们在地上所释放的，在天上也要释放。"[1]圣保罗的做法也与之相符，他说："我身子虽不在你们那里，心却在你们那里，好像我亲自与你们同在，已经判断了行这事的人。就是你们聚会的时候，我的心也同在。奉我们主耶稣的名，并用我们主耶稣的权能，要把这样的人交给撒旦。"[2]这即是说将他当作没有得到赦罪的人而驱逐出教会。这是保罗宣告的判词，（因为保罗当时不在场）教会先进行听审，而后根据结果判他的罪。但是，在同一章中，对于这种情况下的裁断之权更明显归属于教会，其中说"但如今我写信给你们说：若有称为弟兄是行淫乱的"等等，"这样的人不可与他相交，就是与他吃饭都不可。因为审判教外的人与我何干？教内的人岂不是你们审判的吗？"[3]因此，是由使徒或牧师宣读将某个人驱逐出教会的判词，但是教会负责对案件的是非曲直进行审判，即在国王和享有国家主权的人皈依基督教之前的时代，由居住在同一个城中的基督徒教会进行审判；例如，在哥林多地区，由哥林多基督徒教会进行审判。

在"天国的钥匙"的权力中，有一部分是将人们驱逐出神的国的权力，即"开除教籍权（excommunication）"。它在希腊语中的意思是"逐出会堂"，即逐出行圣礼的地方。这个词源自犹太人的一种风俗，他们会把自己认为会将言论和生活方式传染给别人的人驱逐出会堂，就像按照摩西律法那样，将患有麻风病的人与以色列的会众隔离开，直到祭司宣布他们已洁净时是一样的。

在没有以世俗权力作为后盾时，行使开除教籍权及其效果只不过是使未被开除教籍的人避免和已被开除教籍的人来往而已。只将从来不是基督教徒的人称为"异教徒"是不够的，因为他们（基督徒）可以和异教徒共饮食，但是却不能和被开除教籍的人共饮食，这从圣彼得所说的话中可以看得出来，他在这里对那些人说，他原先曾禁止他们"与淫乱的人相交"[4]，但是，要做到这一点，除非是他

---

[1] 此处是指《马太福音》第18章。
[2] 参见《哥林多前书》第5章第3、第4和第5节。
[3] 参见《哥林多前书》第5章第11和第12节。
[4] 参见《哥林多前书》第5章第9和第10节等。

们离开这个世界,所以他将这种禁止相交的行淫乱和其他方面的邪恶之人限于兄弟的范围之内;他说,不能与"这样的人"交往,"就是与他吃饭都不可"。这句话相当于我们的救主所说的:"就看他们像外邦人和税吏一样。"[1]因为需要缴税的犹太人对税吏(其中包括国家的包税人和收税人)深恶痛绝,以至于他们将其视同为罪人。因此,当我们的救主接受税吏长撒该的邀请时,虽然他是为了使他(撒该)皈依,但是人们却反对他(我们的救主),将这视为是一种罪行。因此,当我们的救主说了"外邦人"之后又增加了"税吏"这个词时,他就的的确确是禁止他们和被开除教籍的人一起吃饭。

但是,有人要将一个人排斥在会堂或聚会地之外,不论这个人是基督徒或是外邦人,那么除非这人是那个地方的主人,否则他无权这样做。因为所有地方当然地归属于国家管辖之下,被开除教籍和从未受洗的人都可以基于世俗长官的授权而进入这些地区;例如,保罗在皈依之前就曾接受大祭司的指令进入大马士革的会堂,逮捕男女基督徒并将他们捆绑到耶路撒冷。[2]

由此可见,在一个世俗权力不支持或迫害教会的地方,如果一个基督徒叛教,那么开除他的教籍既不会使之在今世受损,也不会使之产生恐惧。之所以不会产生恐惧,是因为他们不再信教;之所以不能使之受损,则是因为他们因之会重回世俗的宠爱之中,而对于来世的情况,也不会比从未信教的人更差。反倒是教会受到了损害,因为那些被他们驱逐出教从而可以更为自由地为恶的人会对他们进行攻击。

因此,开除教籍只会对那些相信基督将在荣耀中重临人世为王并审判死人和活人的信徒产生效果,由此也会拒绝被留罪的人即被教会开除教籍的人进入他的国。因此,这就是圣保罗将开除教籍说成是将被开除的人交给撒旦的原因。因为在经审判后,除基督的国之外,所有其他王国都属于撒旦的国之列。当开除信徒的教籍时,即当他们因自己的罪未被赦免的状态时,他们所畏惧的正是这一点。根据这一点,我们就可以理解为什么在世俗权力未承认基督教时,开除教籍的方法只适用于纠正品行方面的瑕疵,而不适用于纠正见解方面的谬误。因为对于这

---

[1] 参见《马太福音》第18章第17节。
[2] 参见《使徒行传》第9章第2节。

种惩罚，只有信教并且期待基督会重新降临人世进行审判的人才会感受到它的效果，然而相信这一点的人无需秉持其他的观点，只要他为人正直就能得救。

有些人是因为做出非正义的行为而被开除教籍。例如，根据《圣经》中说："倘若你的弟兄得罪你，你要趁着私下在一处的时候指出来，（他若不听）然后和见证人一起前去，（他若还是不听）最后才去告诉教会，如果他仍不听，就看他像外邦人和税吏一样。"[1]此外，也有些人因为声名狼藉而被开除教籍。例如，《圣经》中说："若有称为弟兄是行淫乱的、或贪婪的、或拜偶像的、或辱骂的、或醉酒的、或勒索的，这样的人不可与他相交，就是与他吃饭都不可。"[2]但是，一个人如果秉持"耶稣是基督"这一基本信仰，而在其他问题上有不同的意见，这种不同的意见并不会损害基本信仰，那么从《圣经》和使徒的事中都看不出存在开除其教籍的权力。的确，《圣经》中圣保罗说的一段原文似乎与此相反，他说："分门结党的人，警诫过一两次，就要弃绝他。"[3]虽然分门结党的人属于教会的成员，但是他们传布的却是被教会禁止的某些私人看法。对于这样的人，圣保罗劝提多在警诫过一两次之后就弃绝他们；但是，此处的"弃绝"并不是开除他的教籍，而只是不再对他警示，任其自生自灭，不再与其争辩，将其当作是一个自以为是的人。这个使徒还说："唯有那愚拙无学问的辩论，总要弃绝。"[4]对于此处的"弃绝"和前面（即《提多书》第3章第10节中圣保罗所说的话中）的"弃绝"，二者在希腊语（《圣经》）原文中是同一个词，即"paraitou"。但是，对于愚拙的问题，大可以通过不开除教籍就能解决。除此之外，《圣经》中说："要避免愚拙的辩论。"[5]（在希腊语《圣经》）原文中是"periistato"，即"让他去"之意，这个意思与前面的"弃绝"一词是相同的。除

---

[1] 参见《马太福音》第18章第15、第16和第17节。这三节的原文是："倘若你的弟兄得罪你，你就去趁着只有他和你在一处的时候，指出他的错来。他若听你，你便得了你的弟兄；他若不听，你就另外带一个人或两个人同去，要凭两三个人的口作见证，句句都可定准。若是不听他们，就告诉教会；若是不听教会，就看他像外邦人和税吏一样。"

[2] 参见《哥林多前书》第5章第11节。霍布斯引文指明本段引文"参见《哥林多前书》第5章第3、第4和第5节"，实际引文应为《哥林多前书》第5章第11节。

[3] 参见《提多书》第3章第10节。霍布斯引文指明本段引文"参见《哥林多前书》第5章第11和第12节"，实际引文应为《提多书》第3章第10节。

[4] 参见《提摩太后书》第2章第23节。

[5] 参见《提多书》第3章第9节。

了上述引用的原文之外，我们并不引用那些似乎有道理的其他原文段落来支持这一种做法，即开除那些尽管相信基本信条，但是却有着一种特殊上层结构的人们的教籍，该结构可能是源自善意和虔诚的意识。

但是，与之相反，所有要求人们避免这些争论的原文都是写出来教导提摩太和提多这些牧人的，让他们不要为了解决每一个小的争议而制定新信条；因为这样就会导致不得不增加人在良知方面不必要的负担或者搅动他们勾结起来破坏教会的团结。对于这种教训而言，使徒们本身很好地奉行了这种教训。虽然圣保罗和圣彼得之间的争论异常激烈，从《加拉太书》第2章第11节中就可以看出这一点，但是双方却没有互相将对方开除出教会。然而，使徒时代也有其他牧人未遵守这一点，例如丢特腓就以骄傲自大为由，将圣约翰本人认为适合接纳入教会的人驱逐出去。[1]没想到基督教会居然这么早就出现了虚荣和野心之事。

要将一个人开除教籍，必须具备多个条件：他应是某个团体的成员，即某个合法会众的成员；或者他应是某个有权审断开除他教籍问题的基督教会中的成员。因为如果没有团体，那么就无所谓开除会籍；在没有审断权的地方，也没有任何权力裁断。

因此，从这一点看，一个教会不能被另一个教会开除教籍。因为两个教会要么具有同等的权力而可以互相开除教籍，在这种情况下开除教籍不是惩戒，也不是一种权力行为，而是分裂和友爱的瓦解；要么就是一个教会从属于另外一个教会，在这种情况下，二者不过是同一个教会，被开除教籍的部分则不再算作一个教会，而是像个人组成的一盘散沙。

并且，因为开除教籍的裁断意味着一种劝告，让人不要去和那被开除教籍的人来往甚至不能和他一起吃饭，所以如果开除一个主权君主或议会的教籍，那么这种裁断是无效的。因为根据自然法，经主权者要求，所有的臣民都必须和他发生往来并去觐见他；他们也不能合法地将他（主权者）从他自己领土的任何一部分中驱逐出去，至于普通的土地或是圣地则在所不问，臣民也不能未经他的批准而离开他的领土。当他给予臣民荣宠而邀请他们参加宴席时，臣民就更不能拒绝和他一同进餐。至于其他国王和国家，因为他们不是同一会众的组成部分，所以要

---

[1]参见《约翰三书》第9节等。

让他们不与被除籍之国往来就无需任何其他裁断。因为恰恰是这个使许多人结成一个团体的制度本身导致一个团体和另一个团体相分离；所以对于使各个君主和国家互不往来这一点而言，开除教籍权是毫无必要的，而且除了政策本身的性质外，开除教籍权也没有更大的作用，但煽动各位君主之间的战争除外。

对一个基督徒臣民而言，他遵守自己主权者的法律，不论其主权者是基督徒或是异教徒，开除（这个臣民的）教籍（对于主权者而言）也不会有任何效力。因为，如果他相信"凡信耶稣是基督的，都是从神而生的"[1]；"神住在他里面，他也住在神里面"[2]。但是，如果他从神而生，他住在神里面、神也住在他里面，那么人们开除他的教籍不能使他受到任何损害。基于此，相信"耶稣是基督"的人不会遭受威吓被开除教籍的人的全部危险，而不相信这一点的人就不是一个基督徒。因此，一个真正的、非虚假的基督徒不可能被开除教籍；对于表面声称信教的基督徒，当言行暴露出他的虚伪之前，即他的行为违反了他的主权者的法律之前，也就是违反基督和他的使徒命令我们服从的行为准则之前，也不可能被开除教籍。因为除了根据外在的行为之外，教会无法对一个人的行为进行判断，而对于这种外在的行为而言，除了它们公开违反国家的法律之外，就不可能是非法的。

如果一个人的父亲、母亲或师长被开除了教籍，那么既不能禁止儿童和他

□ **净化圣殿**

耶稣净化圣殿在《圣经》中有多处记载。耶稣在逾越节来到耶路撒冷，看到圣殿里混乱不堪，他拿绳子做成鞭子把牛羊都赶出殿外，倒出兑换银钱之人的银钱，推翻他们的桌子，指责那群做买卖的人。

---

[1] 参见《约翰一书》第5章第1节。
[2] 参见《约翰一书》第4章第15节。

们交往，也不能禁止儿童和他们一同吃饭；因为如果这样做（禁止与他们一同进食），儿童就无法获得食物，在大多数情形下也就等同于强制儿童不吃任何东西；并且，让儿童不服从父母和师长也违背了使徒的诫律。

综上所述，开除教籍的权力不得超出我们的救主赋予使徒和教会牧师的使命所要达到的目的，不能通过命令和强制手段来实现这一目的，而只能通过教诲和指引人们在来世中得救的办法来实现。对于任何一门学科的老师而言，如果学生冥顽不化地不遵从他的教导，老师可以弃绝他的学生，但却不能因此而斥责（他的学生）做了非正义的事，因为学生从没有承担要服从他的义务；同理，对于一个传布基督教义的教士而言，当门徒冥顽不化地遵循与基督教的要求不相符的规则生活时，他也可以弃绝这种门徒，但是却不能说他们（这些门徒）给他造成了损害，因为他们未承担服从他的义务。对于发出这种抱怨的教士而言，可以通过上帝在类似情况下对撒母耳的答复进行回应，上帝说："他们不是厌弃你，乃是厌弃我。"[1]因此，在没有世俗权力的支持下，开除教籍权是没有效力的，这就如同一个基督教国家或君主被一个外国权力当局开除教籍时的情形一样，因此也就不应具有威慑性。"开除教籍之霹雳"是罗马主教靠想象而提出的说法，最初的时候，它是用来指代万王之王，就如同异教徒将朱庇特视为众神之王并在神话中将他描绘为使用霹雳来降服并惩罚那些胆敢否定他的权力的巨人一样。这种想象是根据以下两种错误而得出来的：一个错误是"基督的国在今世"，这种说法违反了我们的救主自己说的话——"我的国不属这世界"[2]；另一个错误是"他是基督的代治者，不仅可以管辖自己的臣民，而且可以管辖全世界所有的基督徒"，这一点在《圣经》中找不到根据，而《圣经》中适当的地方却证明了相反的观点。

《圣经》中说，圣保罗来到帖撒罗尼迦，在那里有一个犹太人的会堂，"他照他素常的规矩进去，一连三个安息日，本着《圣经》与他们辩论，讲解陈明基督必须受害，从死里复活，又说，我所传与你们的这位耶稣，就是基督"[3]。此处所提到的《圣经》是犹太人的《圣经》，即《旧约》。

---

[1] 参见《撒母耳记上》第8章第7节。
[2] 参见《约翰福音》第18章第36节。
[3] 参见《使徒行传》第17章第2和第3节。

那些听圣保罗证明"耶稣是基督"的人是犹太人，那些听圣保罗说"耶稣从死里复活"的人也是犹太人，而且犹太人已相信这就是"上帝的道"。根据第4节[1]的说法，（犹太人）听了这些话以后，有些人相信；根据第5节的说法，有些人则不相信。[2]虽然他们都信《圣经》，但是信法不一样；对于圣保罗引证出来给出的解释，有人赞成，有人却反对，而且每个人各自有他们自己的解释，原因是什么呢？原因在于：圣保罗到他们那里去的时候，他没有任何合法的任命，而且其方式不是命令而只是劝说；而通过这种方式，他要么像摩西在埃及时对以色列人那样行奇迹，使他们能够从上帝的伟绩中看出他（圣保罗）的权力；要么他就得根据公认的《圣经》说理，让他们看出他（圣保罗）对上帝的道的说法中所蕴含的真理。但是，任何人如果根据经书上的原理所得出的推论劝服别人，那么他就是将听他讲话的人当成了裁断者，即裁断原理的意义以及他根据原理所作推论的说服力。如果帖撒罗尼迦的犹太人不是圣保罗所引《圣经》的裁断者，那谁又是呢？如果圣保罗本人是裁断者，那么他何必引证这些原文证明他的说法呢？他只要说这句话就足够了，即"我在《圣经》中看到的，恰如在你们律法中所看到的；我是基督遣派来解释这律法的"。由此而言，那就不存在帖撒罗尼迦的犹太人必须遵从的《圣经》解释者。每一个人均可以根据自己认为的其所说的话与原来的出处意义是否相符来决定是否要相信上述说法。一般而言，对于世界上的所有情形，提出证明的人都将听（他证明）的人当成他证明的裁断者了。单以犹太人为例，根据《圣经》原文的明确说法，他们必须接受当时以色列的祭司与审判官对所有困难问题的裁断。[3]但是，这只能解释为尚未皈依基督教的犹太人（才会这样做）。

为使外邦人皈依基督教而引用他们所不信的《圣经》是徒劳的。因此，使徒们就采用说理的方法，驳斥他们拜偶像的行为；在这样做了之后，则根据基督的生平和复活的证据劝说他们信基督。因此，当时就解释《圣经》的权威问题而

---

[1]即《使徒行传》第17章第4节，"他们中间有些人听了劝，就附从保罗和西拉，并有许多虔敬的希腊人，尊贵的妇女也不少"。

[2]参见《使徒行传》第17章第5节："但那不信的犹太人心里嫉妒，招聚了些市井匪类，搭伙成群，耸动合城的人闯进耶孙的家，要将保罗、西拉带到百姓那里。"

[3]参见《申命记》第17章。

言，不可能出现任何争议；因为在不信之后，除了听从他的主权者对他国家的法律进行解释之外，任何人没有义务听从任何人对任何《圣经》原文的解释。

现在，让我们对"皈依"本身进行讨论，探究其中究竟是什么导致产生了这一义务。人们皈依的信仰只能是使徒所传的道，而使徒所传的道不是其他别的什么，而只是"耶稣是基督"，即耶稣是拯救他们并在来世中永远统治他们的王；根据这种说法，他就是没有死，而是从死中升天了；他还会在审判世界的日子再次降临（世上的人也会复活受审），按每个人的所为施以报偿。他们中没有人曾传布说，他自己或任何其他使徒是那样的《圣经》解释者，从而所有成为基督徒的人都应将他们的解释看作是法律。因为解释法律是今世王国政务的组成部分，但是使徒们不享有这种权力。当时以及自此之后，他们和所有其他教士只是祈祷"愿你的国降临"，并且劝告皈依者服从他们当时的异教徒君主。当时，《新约》还没有作为一整本书被刊印出来。每一位福音书的作者都是他自己福音书的解释者，每一位使徒也是他自己书信的解释者。就《旧约》而言，我们的救主就曾亲自对犹太人说："你们查考《圣经》，因你们以为内中有永生，给我作见证的就是这经。"[1]如果他（我们的救主）的意思不是他们应当解释它们，那么他就不会让他们从这里（《圣经》）去找"他（我们的救主）是基督"的证明，而是自行解释或是让他们参考祭司的解释。

当遇到困难时，使徒和教会长老就会聚集在一起，以确定应传布和教导的内容以及如何向民众解释《圣经》，但是并没有剥夺人们自行阅读并解释《圣经》的自由。使徒曾给教会写了大量的书信，并且就其教导撰写过许多著述，如果不让这些人解释即考量它们的意思，那么这一切就是徒劳的。由于当时处于使徒时代，必须要等到教士可以授权一个解释者且让大家普遍服从他的解释的时候才可以实现；而要做这样的授权，又只有在国王作教士或教士作国王的情况下才可以实现。

当某一著述被称为"教规"时，它就具备两种意义。因为教规是指一种戒条，据此来引导和指导人们的各种行为。这种戒条虽然由师傅向他的门徒、或劝告者向他的朋友提出的，并不存在强制他们奉行（戒条）的效力，但是因为它们

---

[1] 参见《约翰福音》第5章第39节。

是规则，所以它们是教规。但是，当提出它们的人可以使接受它们的人必须服从时，那么这些教规就不仅仅是规则而是法律；所以，此处的问题就是使《圣经》即基督教信仰的规则成为法律的权力的问题。

《圣经》中最早成为法律的那一部分原文是写在两块石板上、由上帝亲自交给摩西并由摩西向百姓宣布的十诫[1]。在那之前，上帝没有任何成文法；因为他当时还未选定任何百姓作为特属于他的国的百姓，所以除了自然法之外也就没有赐予人类任何法律。自然法就是自然理性的戒条，它写在每个人的心中。至于这两块法板，第一块内容规定了关于主权者的法律，即：

（一）他们不可服从或敬拜他国的神，原文是这样说的："除了我以外你们不可有外邦所敬奉的别神。"[2]据此，除了先由摩西降谕、之后通过大祭司降谕给他们的人之外，禁止他们服从或尊敬任何其他神或统治者。

（二）他们"不可雕刻偶像；也不可作什么形像"来代表他[3]。意即他们不能根据自己的想象在天上或地下为自己选定任何代治者，而只得服从摩西和亚伦，他们是他（上帝）拣选出来担任这一职务的。

（三）"不可妄称耶和华的名。"[4]意即不可轻率地谈论他们的王，也不可对他的权利以及他的代治者摩西和亚伦的职分提出异议。

（四）"第七日无论何工都不可做。"[5]要在这一天公开地敬拜上帝。

第二块法板规定了人与人之间应承担的义务，例如"孝敬父母"[6]"不可杀人"[7]"不可奸淫"[8]"不可偷盗"[9]"不可作假见证陷害人"[10]等，最后

---

[1]需要明确的是，《圣经》并没有明确指出"摩西十诫"的具体条目，"十诫"的内容包含在两处，分别是《出埃及记》和《申命记》。
[2]参见《出埃及记》第20章第3节、《申命记》第5章第7节。
[3]参见《出埃及记》第20章第4节、《申命记》第5章第8节。
[4]参见《出埃及记》第20章第7节、《申命记》第5章第11节。
[5]参见《出埃及记》第20章第11节、《申命记》第5章第14节。
[6]参见《出埃及记》第20章第12节、《申命记》第5章第16节。
[7]参见《出埃及记》第20章第13节、《申命记》第5章第17节。
[8]参见《出埃及记》第20章第14节、《申命记》第5章第18节。
[9]参见《出埃及记》第20章第15节、《申命记》第5章第19节。
[10]参见《出埃及记》第20章第16节、《申命记》第5章第21节。

□ 摩西律法

摩西律法包括《申命记》中所写的全部律法，其中大部分是礼仪律法，十诫也包含在内。摩西律法涵盖人们生活的方方面面，它促进了法典形式和法律思想的确立，在世界法律发展史中具有非常大的进步意义。

一项是"不可在心里设计互相陷害"[1]。现在的问题在于究竟是谁赋予了这两块法板法律约束力。毫无疑问，它们是上帝本人制定的法律。但是法律除了对那些承认其为主权者行为的人之外，并没有约束力，也不能成之为法律。既然不允许以色列人走近山[2]听上帝对摩西说的话，那么他们为什么必须服从摩西给他们宣示的所有那些法律呢？在这其中，的确有些属于自然法，比如第二块法板中的所有内容都是（自然法），所以就应当认为这些法律不仅适用于以色列人，而且适用于所有人。但是，对于专门为以色列人制定的那些法律，比如第一块法板上记载的那些法律，依然存在这个问题[3]；除非是在（摩西）向他们提出这些法律以后，他们通过说下面的话而立刻承担了服从摩西的义务："求你和我们说话，我们必听；不要神和我们说话，恐怕我们死亡。"[4]因此，在那时只有摩西有权在地上使这一小段《圣经》原文成为以色列国家的法律，随后只有上帝通过摩西公开谕令其治理特属他的国的大祭司。但是，摩西、亚伦和继任的大祭司是世俗主权者，所以直到现在，世俗主权者享有制定教规法典的权力，即将《圣经》规定为法律的权力。

---

[1] 需要说明的是，尽管不同基督教宗派关于十诫的内容有不同的观点，然而却是大同小异。但是，需要特别指出的是，霍布斯提到的这最后一点似并不属于"摩西十诫"的范围。一般而言，摩西十诫的最后一诫是"不可贪恋人的妻子；也不可贪图人的房屋、田地、仆婢、牛、驴，并他一切所有的"。具体可参见《出埃及记》第20章第17节、《申命记》第5章第19节。

[2] 此处是指西奈山。

[3] 即如何具有法律约束效力的问题。

[4] 参见《出埃及记》第20章第19节。

"司法律"即上帝为以色列人的长官制定的法律，是让他们将其作为执行法律或者就人与人之间的诉讼进行裁断时所适用的规则。"利未法"即上帝规定的祭司和利未人祭礼仪节的规则，它们都只是通过摩西传给他们的，所以也根据他们服从摩西的同一允诺关系而成为法律。虽然原文中并未说明当时这些法律是否誊录下来或是当摩西登山在耶和华那里住四十日后通过口头向百姓宣谕，但是它们全都是实在法，等同于《圣经》，它们通过世俗主权者摩西而成为教法。

以色列人来到耶利哥对面的摩押平原并准备进入应许之地后，摩西在原先的法律上又增加了许多不同的法律；因此，它们被称之为"申述法"，即"第二律法"。根据（《圣经》）记载："这是耶和华在摩押地吩咐摩西与以色列人立约的话，是在他和他们于何烈山所立的约之外。"[1]（之所以称为"申述法"）原因是摩西在《申命记》一开始解释了原先那些法律后，从《申命记》的第12章一直到第26章的末尾，他增加了其他法律。摩西命他们在过约旦河时将法律写在墁上石灰的大石头上[2]，同时摩西还亲自写成律法书交到祭司和以色列的众长老手中[3]，吩咐他们"放在耶和华的约柜旁"[4]，因为约柜本身除了存放十诫外，没有别的东西。摩西曾命以色列国王将律法誊抄一部并保存起来；这律法就是在长期遗失之后、在约西亚时代又重新从神殿中找到并根据他的权力被当成上帝的律法而被接受的律法。但是，当摩西写成该律法以及约西亚恢复该律法时，他们都享有世俗主权。因此，从古至今，将《圣经》定为教会法典的权力一直都掌握在世俗主权者手中。

除了这一部律法书之外，从摩西时代起到被掳[5]之后，犹太人未接受其他典籍作为上帝的律法。因为在先知之中，除了少数先知之外，他们都是生活在被掳期间，其余的先知则生活在被掳之前不久的时代。当时，就连他们自己都受到假先知和受假先知引诱的国王的迫害，他们的预言就更没有被普遍接受为法律。后来，约西亚将这一部律法书定为上帝的律法；在被掳和耶路撒冷城被洗劫时，

---

[1] 参见《申命记》第29章第1节。
[2] 参见《申命记》第27章第3节。
[3] 参见《申命记》第31章第9节。
[4] 参见《申命记》第31章第26节。
[5] 此处的"被掳"是指巴比伦王尼布甲尼撒王掳走犹太王约雅斤及其王室、百姓的事，可参见《耶利米书》。

当初（这部律法书）曾和所有其他有关上帝神迹的圣史一并遗失，正如《以斯拉下》第14章第21节中所说："你的律法已被焚烧，你所行的和将要行的都无人知晓。"[1] 在被掳之前，从这律法遗失时（《圣经》中未提及，但是可以认为是罗伯安时代埃及王示撒洗劫神殿时[2]）起到约西亚王重新发现时止，他们没有明文写明的上帝神谕，而是根据自己的判断进行统治或者根据他们均认可是先知的人的指导进行统治。

由此，我们可以得出推论，对犹太人而言，在他们从巴比伦被掳返回、在以斯拉治下复他们的国并与神重新立约之前，我们现在所看到的《旧约》既不是教法，也不是一部法律。但是，自从那时之后，它们就被当成了犹太人的法律，并且基于这一原因，犹太七十长老将其翻译成希腊语版本，并由亚历山大城的托勒密图书馆收藏，且被承认为是"神的道"。

既然将以斯拉视为大祭司，而大祭司是他们的世俗主权者，那么《圣经》显然除了根据世俗主权权力才成为法律之外，它从未成为法律。

根据君士坦丁大帝接受并承认基督教为国教之前时代的教父们的著述，我们发现现在《新约》的全部内容都被当时的基督徒视为是圣灵的指令，因此被视为教会法典或信仰的法规（只有少数基督徒除外，因为它的数量非常少，所以其余的基督徒被称为"公教教会"，其余的人则被称为"异教徒"），这体现了他们对自己先师的尊敬和看法。一般而言，作为先师，门徒通过各种方式从他们那里得到了各种教义，门徒会对他们表示极大的尊敬。因此，毫无疑问，当圣彼得给他所劝化的教会写信时，或者当其他基督的使徒或门徒给当时已信基督的人写信时，这些人收到他们所写的文字后将其视为真正的基督教教义。但是，那时他们之所以接受并非是因为先师的权力与权威，而是听道者的信仰，不是使徒使自己的书信成为教会法典，而是皈依的人自身将其视为教会法典。

但是，此处的问题不在于基督徒究竟把什么当成他自己的法律或教会法典，他原来是根据何种权利接受的，那么就可以根据该同一权利抛弃；问题是在于究

---

[1]《以斯拉下》又被翻译为《以斯拉记续篇下卷》或《以斯拉二书》，被列入"次经"之中。相应地，现在通行的《圣经》和合本中文译本中不包含该部分的一文。此处的译文是引自赵沛林、张钧、殷耀祖的《次经》，时代文艺出版社1995年版。

[2] 参见《列王记上》第14章第26节。

竟是什么通过这种方式成为了他们的教会法典，导致他们只要违犯就不得不失义。据此，《新约》成为教会法典，即在没有任何国家法律规定其为法典的地方成了法律，那么这就是违背了法律的本质。因为如前所证，法律只是个人或会议的某种命令；我们赋予了该个人或会议主权，使之依照其所认为恰当的方式制定有关我们的行为规则，并在我们有任何违犯时对我们进行惩罚。所以，当任何其他人向我们指出非主权者所制定的任何其他法规时，这只不过是一种劝诫和建议；不论（劝诫和建议）好坏，听者不予奉行也不是非正义的行为；如果（劝诫和建议）违背了已制定的法律，那么不论他认为其出发点如何之好，他听取时就不能不构成非正义的行为。我的意思是说，在这种情形下，无论他在做出行为还是在与旁人交谈时，都不能奉行这种意见；但是他却可以相信他自己的老师，希望可以自由地践行他们的建议，并希望这些建议被接受为法律而不被人谴责。因为从本质而言，人内在的信仰是无法看到的，所以也不承受任何世俗的司法裁判，但是由此出现的言行如果破坏了世俗的服从关系，那么对神和人来说都属于非正义的事。既然我们的救主否认他的国属于这世界，还说他不是来审判这世界而是来拯救这世界[1]，那么他除了让我们服从国家的法律之外并没有让我们服从任何其他的法律。即是说，他让犹太人服从摩西律法，他说他来不是要废掉这律法，乃是要成全这律法[2]，并让其他国民服从各自主权者的法律，而所有的人都要服从自然法。对于服从自然法而言，他本人和他的使徒在他们的传道中向我们推荐的时候，都将其作为在大日里允许进入他的永国的必要条件，在那永国中我们将得到保护并获得永生。既然在这世界我们的救主和他的使徒没有留下任何新法律对我们进行约束，而只是留下了新的教义让我们为来世做准备；包含这种教义的《新约》的各篇原文，直到经神授权使之成为地上立法者的人命令我们服从之前，它们都不是具有约束力的教会法典，即法律；而只是使罪人获救的善意和可靠的建议；每个人都可以自行决定采纳或拒绝而不至于成为非正义的行为。

除此之外，我们的救主基督赋予他的使徒和门徒的使命是宣告他来世的国，

---

[1] 具体参见《约翰福音》第18章第36节，耶稣说："我的国不属这世界。"《约翰福音》第12章第47节，耶稣说："我来本不是要审判世界，乃是要拯救世界。"

[2] 参见《马太福音》第5章。具体为第17节："莫想我来要废掉律法和先知，我来不是要废掉，乃是要成全。"

而不是今世的国；教导万民并对信者施洗，凡接待他们的，就进入他的家，凡不接待他们的，就把脚上的尘土跺下去[1]，但是却不要呼求火从天上降下来，烧灭他们[2]，也不要用武力强制他们服从。在这所有一切中，没有权力，只有劝说。他差他们去是如同羊进入狼群，而不是国王来到他们的臣民中间。[3] 他们的使命不存在制定法律这一项，而只是服从既定的法律并教导别人服从法律；因此，如果没有最高世俗权力的帮助，那么就无法使他们所写的文字成为具有约束力的教会法典。因此，只有在合法的世俗权力规定《新约圣经》成为法律的地方，它才是法律；此外，在君主或主权者将它（《新约圣经》）当成自己的法律的地方也能成为法律；在此情形下，他并不是服从劝服他皈依的圣师或使徒，而是直接服从于上帝本身和他的儿子耶稣基督，这与使徒的作为是一样的。

在迫害（基督徒）的时代和地方，他们自己在会堂中制定的法规使《新约》对已皈依基督教义的人产生法律效力。我们会看到使徒、长老和整个教会所召开的宗教会议模式是这样的："因为圣灵和我们定意不将别的重担放在你们身上，唯有几件事是不可少的"[4]，这种模式说明（他们拥有）将重担承加在已接受基督教义的人身上的权力。对当时的基督徒而言，因为将重担承加在别人身上似乎是让别人承担义务，所以那次宗教会议的决议就是法律。但是，这些决议之所以成为法律，不过是因为这些决议和以下这些其他的诫命是一样的，如"应当悔改"[5] "遵行我的诫命"[6] "信福音"[7] "到我这里来"[8] "变卖你一切所有的，分

---

[1] 参见《马可福音》第6章第10和第11节："你们无论到何处，进了人的家，就住在那里，直到离开那地方。何处的人不接待你们，不听你们，你们离开那里的时候，就把脚上的尘土跺下去，对他们作见证。"

[2] 参见《路加福音》第9章第54节："主啊，你要我们吩咐火从天上降下来，烧灭他们，像以利亚所作的吗？"

[3] 参见《马太福音》第10章第16节："我差你们去，如同羊进入狼群。"

[4] 参见《使徒行传》第15章第28节。

[5] 参见《马太福音》第3章第2节和第4章第17节："天国近了，你们应当悔改。"

[6]《圣经》中多处提到了这处诫命，诸如《利未记》第22章第31节："你们要谨守遵行我的诫命。"《申命记》第6章第17节："要留意遵守耶和华你们神所吩咐的诫命。"等等。

[7] 参见《马可福音》第1章第15节："你们当悔改，信福音。"

[8] 参见《创世记》第45章第9节："神使我作全埃及的主，请你下到我这里来，不要耽延。"

给穷人"[1]"跟从我"[2]等。上述都不是命令,而是招劝人们皈依基督教,这就如同以赛亚所说的那样:"你们一切干渴的都当就近水来,没有银钱的也可以来。你们都来,买了吃,不用银钱,不用价值,也来买酒和奶。"[3]原因在于,第一,使徒的权力和我们的救主是一样的,即招劝人们皈依神的国;他们自己也承认,神的国不是今世的国而是来世的国,而对于不拥有国的人而言,他就不能制定法律。第二,如果他们的宗教会议决议属于法律,那么不服从这种决议就不能称其为无罪。但是,我们在任何地方都没有看到说这种不接受基督教义的人是犯了罪,而只是知道他们负罪而死;这即是说,他们违反自己应服从的法律的罪孽未被赦免。那些法律就是自然法和每一个基督徒他自己已立约服从的国家的市民法。因此,使徒们承加在他们所劝服的人身上的重担就不能被理解为是法律,而只能将其理解为是向那些寻求救恩的人提出的条件;对于这种条件,他们可以自行决定接受或拒绝,但不会因之而犯下新罪,然而这种人仍会面临因为此前的罪孽而被谴责并被拒于神的国之外的风险。因此,对于不信的人,圣约翰没有说"神的震怒将临到他们的身上",而只是说"神的震怒常在他们身上"。[4]他也没有说"他们将被定罪",而只是说他们"罪已定了"[5]。此外,我们无法认定信带来的好处就是赦免了罪,除非我们认为不信导致的损害就是保留了同等的罪。

但是,基于这个目的,有人也许会问,既然任何人都没有义务服从他们的法规,那么为什么使徒以及此后教会的其他牧师要聚会并在信仰和品行两方面就所应布道的教义形成一致意见?关于这一点,我们可以这样回答,即使徒和长老一旦加入这种会议就有义务传布他们会议所做出的决议和由其规定传布的教义,只要该教义和他们原先负有服从义务的法律不存在冲突即可;但不是说所有其他基督徒都有义务奉行他们所传布的教义。因为他们虽然可以审核每一个人应当传布的内容,但除非他们的会议具有立法权,否则他们就不能审核别人应当如何做,

---

[1]参见《路加福音》第18章第22节:"要变卖你一切所有的,分给穷人,就必有财宝在天上。你还要来跟从我。"

[2]参见《马太福音》第8章第22节:"耶稣说,任凭死人埋葬他们的死人,你跟从我吧。"

[3]参见《以赛亚书》第55章第1节。

[4]参见《约翰福音》第3章第36节。

[5]参见《约翰福音》第3章第18节。

□ 耶稣和他的使徒

《圣经》中记载着大量的神迹、奇事，它们主要集中在摩西和约书亚时期、以利亚和以利沙时期、但以理和以西结时期、耶稣和四福音时期、保罗和初期教会时期。

而除了世俗主权者外，没有人享有立法权。虽然上帝是全世界的主权者，但是对于每一个人以上帝之名提出的任何东西，我们却没有义务将其当作上帝的法律；我们也没有义务要服从任何违反市民法的东西，这种法律是上帝已明谕我们应当服从的法律。

既然在当时使徒会议的决议案不是法律，而只是劝谕，那么对于此后任何其他圣师或宗教会议的决议而言，如果它们不是根据世俗主权者的权力参加的会议通过的，那么就更不能称它们为法律。因此，虽然《新约》各篇是最完善的基督教义规则，但是除国王或主权者会议的权力之外，其他任何权力都不能使其成为法律。

将我们现有的《圣经》确定为宗教法规的第一次宗教会议已不可考，因为圣彼得之后担任第一任罗马主教的革利免[1]编纂的使徒正典现今已受到了质疑。因为虽然此处列举了《圣经》正典各篇，但是"教士与俗界当尊重此书"一句话中包含了教士与世俗界的区别，在当时距离圣彼得时代很近的时代并不适用。老底嘉会议[2]（参见《宗教法典》第59条）是确定现存《圣经》正典的第一次宗教会议，这次会议禁止阅读教会之外收藏的其他任何书籍；这是一项命令，针对的对象并不是每一位基督徒，而是仅仅针对那些有权在教堂公开宣读任何文献的人，即针对的对象只是教士。

在使徒时代，有些教士是主管教士，有些则是助理教士。[3]主管教士的职分

---

[1] 革利免（生卒年存在争议，一般认为生于约1世纪），是早期的使徒教父之一。
[2] 老底嘉会议是363年左右安纳托利亚的吕卡士河河畔的老底嘉召开的一次天主教会议。
[3] 实际上，这是从教士从事职权和扮演的角色方面进行的分类。

是负责向异教徒传布神的国的福音、做圣礼和礼拜仪式，将信仰和品行的法规教导给已皈依的人等。助理教士的职分是负责辅祭，即在教士依靠信徒自愿捐助所募集而来的公共资金储备维系生活的时代，他们被指派来负责管理教会中非宗教性的日常事务。

第一批和主要的主管教士是使徒，最初仅有十二人，他们是由我们的救主自己拣选并指定的。他们的职分不仅要传道、教诲和施洗，而且要作见证者（见证我们的救主的复活）。这种见证是区分使徒职分和其他主管教士职分的特有和根本性的标志。因为使徒必须是在我们的救主复活后见过他，或之前曾与他面谈过，并见过他行的奇迹和其他神性的证据，他们据此才会被视为有充分资格作见证者。因此，在拣选新使徒代替加略人犹大时，圣彼得说："所以主耶稣在我们中间始终出入的时候，就是从约翰施洗起，直到主离开我们被接上升的日子为止，必须从那常与我们做伴的人中，立一位与我们同作耶稣复活的见证。"[1]这句话中，"必须"一词说明使徒所必应具备的一项条件，即当我们的救主以肉身显现时曾与他的第一批和主要的使徒在一起。

在那些不是由耶稣自身在地上时亲自拣选的使徒中，第一位是马提亚，耶稣是通过如下方式拣选他的：约有一百二十名基督徒在耶路撒冷集会[2]，他们指定了两人，即犹士都的约瑟和马提亚[3]；于是众人为他们摇签："摇出马提亚来，他就和十一个使徒同列。"[4]所以，由此可见，除非圣彼得和使徒是集会的成员，否则做出拣选这位使徒决定的人，既不是圣彼得，也不是十一位使徒，而是会众。

在他（马提亚）之后，除了保罗和巴拿巴外，就再未拣选出任何其他使徒。拣选他们二人的方式如下："在安提阿的教会中，有几位先知和圣师，就是巴拿巴和称呼尼结的西面、古利奈人路求，与分封之王希律同养的马念并扫罗。他们事奉主，禁食的时候圣灵说，要为我分派巴拿巴和扫罗，去做我召他们所做的工。

---

[1] 参见《使徒行传》第1章第21和第22节。
[2] 参见《使徒行传》第1章第15节。
[3] 参见《使徒行传》第1章第23节。
[4] 参见《使徒行传》第1章第26节。

□ 马提亚和天使

犹大身亡后，其余十一位耶稣的门徒抽签选出马提亚替代犹大的职分。相传马提亚在耶路撒冷殉道，他先被人施以石击，后被斩首身亡。

于是禁食祷告，按手在他们头上，就打发他们去了。"[1]

根据这段原文，显而易见，虽然他们是由圣灵召命的，但是向他们宣布召命和批准其使命的是安提阿这个教会。他们所奉的召命是做使徒，从将其称为"使徒"这一点上就可以看出来[2]。同时，他们之所以能成为"使徒"，乃是以安提阿教会的决议为基础的，圣保罗引述神灵召命他的话时说得非常明白，他说自己是"奉召为使徒，特派传神的福音"[3]，这句话是暗含了上面圣灵说的话"要为我分派巴拿巴和扫罗"等。但是，既然使徒的工作是见证耶稣的复活，那么此处人们也许会问，在我们的救主受难前，圣保罗并未和他当面说过话，又怎会知道他升天了呢？这个问题很容易解答，我们的救主自己升天后，在他（即保罗）去大马士革的路上从天上向他显现："他是我所拣选的器皿，要在外邦人和君王并以色列人面前宣扬我的名。"[4]因此，既然他在主受难后见过主，那么他就有充分的资格见证他（此处是指主）的复活。至于巴拿巴，他在主受难前就是一名使徒。因此，显而易见，保罗和巴拿巴就是使徒，但是他们不是由第一批使徒而是由安提阿教会选出和批准的使徒，这与耶路撒冷教会选出和批准马提亚的情况是相同的。

---

[1] 参见《使徒行传》第8章第1、第2和第3节。需要特别指出的是，如果对《圣经》不太熟悉的读者可能认为霍布斯这个地方的说法是错误的，因为前面说"除了保罗和巴拿巴之外，就再未拣选过任何其他使徒"，与后面《圣经》中所说"要为我分派巴拿巴和扫罗，去做我召他们所做的工"是相冲突的，前者是"保罗、巴拿巴"二人，后面则是"扫罗和巴拿巴"。实际上，这并没有错，《圣经》中"扫罗"是保罗皈依之前用的名字，《使徒行传》第13章第9节也说"扫罗又名保罗"。特此说明。

[2] 参见《使徒行传》第14章第14节。该节的原文如下："巴拿巴、保罗二使徒听见，就撕开衣裳，跳进众人中间。"其中明确提到了"巴拿巴、保罗二使徒"。

[3] 参见《罗马书》第1章第1节。

[4] 参见《使徒行传》第9章第15节。

英语语言中的"Bishop（主教）"一词是由希腊语"episcopus"演变而来的，指某一事务的监督人或监管人，尤其是指牧师或牧人。因此，不仅仅原来本是牧人的犹太人，而且包括异教人都采用这个词的喻义，指代君主或其他任何百姓的统治者与支配者，不论他是根据法律或是教义统治都是一样的。因此，使徒们就是基督亲自任命的最初主教；从这种意义而言，犹大使徒的职分就是"他的主教职分"[1]。后来，当基督教会任命长老依据教义和劝谕来指导信徒时，这些长老也被称为"主教"。提摩太就是一位长老［"长老（elder）"一词在《新约》中既是职务名称，也用来说明年龄状况］，但他同时也是一名主教。当时的主教们也对冠以"长老"尊号感到满意。不仅如此，圣约翰本人，即我们的主宠爱的使徒在他第二封书信中开头就这样写道："做长老的写信给蒙拣选的太太。"[2]根据这一点，显而易见，主教、牧师、长老、圣师和师傅等都是使徒时代对同一职位的不同称谓。因为当时没有采用强制方式（进行统治）的政权，而只是通过交易和劝说的方式（进行布道）。因为神的国尚有待在新世界中降临，所以在国家没有奉行基督信仰前，任何教会都不具有强制性的权力。基于这一原因，虽然当时职务称谓多种多样，但是他们的权力却是一样的。

在《新约》中，教会中的主管职位除了使徒、主教、长老、教长和圣师之外，没有其他称谓；他们的使命是在犹太人和异教徒中间宣布基督，指导和教导信徒。因为"福音作者"和"先知"等称谓不是指任何职务，而是指对教会有贡献的一些人的几项天赋。例如，"福音作者"一词便是因为他们记述我们救主的生平与事迹而得名，其中包括使徒圣马太、圣约翰以及门徒圣马可、圣路加以及记述该主题的任何其他人（例如，据说圣托马斯、圣巴拿巴就曾记述过，只是教会并未将按照他们的名字命名并流传的篇章保存下来）；又如"先知"一词，是因为他们解释《旧约》的天赋而得名，有时则是因为他们告诉教会他们的特殊神启而得名。对于上述这些天赋以及语言天赋，赶鬼、医治其他疾病或行任何其他事的天赋，它们都不能使一个人成为教会的教士，只有经正式召命和拣选出传道的人才可成为教士。

就像使徒马提亚、保罗和巴拿巴都不是由我们的救主本人拣选的，而是由教

---

[1] 参见《使徒行传》第1章第20节。
[2] 参见《约翰二书》第1章第1节。

会选出的；即耶路撒冷教会选出了马提亚，安提阿教会选出了保罗和巴拿巴；所以其他城市的长老和牧师也是由本城的教会选出的。为了证明这一点，我们首先讨论下圣保罗在他和巴拿巴接受使徒职务之后，他随后是如何在他劝化人皈依基督信仰的城中选立长老的。我们在《圣经》中可以读到："二人在各教会中选立了长老。"〔1〕乍看起来，这句话可以作为他们自己选立（长老）并赋予其权力的一种论据，但是我们如果看一看这段原文的原文，那么就会明显地看出来，这些长老是由各城的基督徒会议选出并赋予权力的。因为（希腊语版本《圣经》）原文是"那时他们在每一个会里都举手拣选自己的长老"。现在，众所周知，在所有城中，主管教士和神职人员的拣选方式均根据多数票决定。因为区别赞成票与反对票的一般方法是举手，所以任何一个城中选择神职人员时，都只不过是将人们聚在一处，由多数票选出；不论是通过举手、声音表示多数，或是通过投球、投豆、投小石子表示多数（每人投到一个标有"赞成"或"反对"的容器中）都是一样的；因为对于这一点而言，不同城的风俗各异。因此，会众实际上选出了自己的长老，使徒只不过是这个会议的主席，其任务是召集信徒集会进行选举、宣布当选人并为他们举行祝福式，现在称为"圣职授任式"。基于这一点，在使徒不在场的情况下，像长老那样担任信徒会议主席的人，希腊语称之为"προεστῶτες"，拉丁语称之为"antistites"，这个词的意思是"会议主管人"，他的职务是计票并根据结果宣布当选人，当票数相等时，则通过加上自己的一票以确定（当选人），这正是会议主席的职分。因为所有教会拣选长老的方式都是一样的，所以对于（《圣经》）出现的"设立"一词，就应将其理解为是同一回事；例如，《圣经》中说："我从前留你在克里特……在各城设立长老。"〔2〕这就是说他应召集信徒，根据多数票为他们拣选长老。如果一个城中的人从未见过不经会议而选出来的任何主管长官，但是当城中的人成为基督徒之后，他们却没有想到参照保罗那样通过多数票"选立"〔3〕的方式选出他们自己的师傅和教导者，即他们的长老（或称为"主教"），那么这可真是怪事一桩。同样，对于主教的拣选而言，在罗马

---

〔1〕参见《使徒行传》第14章第23节。
〔2〕参见《提多书》第1章第5节。
〔3〕参见《使徒行传》第14章第23节。原文为："二人在各教会中选立了长老，又禁食祷告，就把他们交托所信的主。"其中使用的是"选立"而非"设立"一词。

皇帝认为为了保持他们之间的和睦而必须进行管理之前，只通过各城的基督徒会议拣选。

即使到现在，罗马主教的选举仍沿用这种方式，这也确认了这个观点。因为任何地方的主教在将一个城中的牧师教职调至另一处时还有权选出另一个人来继任牧师的教职，那么他在自己最后居住和去世的地方就更享有指派自己继任者的权力；但是，我们却没有发现任何罗马主教曾指派自己的继任者。长期以来，他们都是由民众选举的，这一点从确定达马苏斯[1]和乌尔希努斯[2]二人由谁就任教皇的事情上就可以看得非常清楚，当时还引发了一次骚乱。根据阿米亚努斯·玛尔塞利努斯[3]的记载，事态如此严重以至于政务官尤文修斯不能维持秩序，因此主教被迫逃出城去；在这一事件中，教堂里就发现了一百多位死者。此后，虽然先由罗马的全体教士选举，随后再由红衣主教选举，但是主教却从未由他的前任指派。因此，如果他们不要求享有指派继任者的权力，那么我认为我可以合理地得出结论：在他

□ 五饼二鱼的故事

《圣经》中有这样一个故事：百姓从四面八方赶来，跟随耶稣到野外，太阳快要落山了，人却越来越多。耶稣问腓力说："我们到什么地方去买饼给这么多人吃呢？"腓力说："就算有二十两银子买饼，也不够一人吃一口的。"这时，安得列带着一个小孩子来，说："他有五个大麦饼和两条鱼，不过，这一点点东西，哪里够这么多人吃呢？"耶稣吩咐门徒让群众五十人一排坐好。他拿起饼来祝谢，分给坐着的人，分鱼也是这样。不算妇女和孩子，光是男子就有五千，大家都吃饱了，剩下的碎饼和鱼，装满了十二个篮子。

---

[1] 达马苏斯（305—384年），第37任教皇，366—384年在位。

[2] 当教皇选举存在争议时，会产生一位为正统教宗所承认的教皇，以及一位甚至是两位名誉教皇（又被称为"敌教皇""对立教皇""伪教皇""反教皇"）。在达马苏斯和乌尔希努斯就教皇之位进行争夺的过程中就出现了这种情况，最后的结果是达马苏斯成为教皇，乌尔希努斯则成为"敌教皇"。这种情况从公元3世纪一直持续到公元15世纪。

[3] 阿米亚努斯·玛尔塞利努斯（330—395年），古罗马历史学家，著有《晚期罗马帝国史》。

们未获得某种新权力之前，他们无权指定其他主教的继任者。而对这种新权力而言，能从教会中取得并授予他们这项权力的人，就只有那些不但享有合法权力教导教会信徒，同时也享有合法权力管辖教会信徒的人，而这一点除了世俗的主权者能做到之外，没有人能做得到。

"助理人员"一词的希腊语原文是"Αιάκονοσ"，意思是指自愿为另外一个人做事的人。他们与仆人的区别只在于仆人因受（契约）条件约束而要做他人命令他们去做的事情，而助理人员则只受自己事业的约束（而去做事），因此除了受自己从事的事业约束之外，他不对任何其他事情承担义务。因此，布上帝的道和处理教会世俗事务的人都属于助理人员，只是他们所辅助的对象有所差异。教堂的牧师被称为"传道者"，他们是基督的辅理人员，传的也是基督的道；而辅祭的辅理职务[1]被认为是"管理饭食"，这是为教会或会众提供的管理服务；因此，任何人或整个教会都不能将牧师称为他们的助理人员，而只能这样称呼辅祭。对于辅祭，不论他的职分是管理饭食，抑或是在居住于各城之中的基督教徒依靠公共资金或者捐助生活时负责为他们分配物资，又或是管理礼拜堂、金钱收入或教会的其他世俗事务，所有会众都可恰当地称其为他们的助理人员。

作为辅祭，他们的职分是服务会众，虽然有时候不会辱没他们，让每一个人各尽其才去传播福音，维护基督教义（圣司提反即是如此），（这其中有人）传道和施洗（腓利即是如此）：在撒玛利亚城宣讲福音（基督）[2]并为宦官施洗[3]的腓利是辅祭腓利，而不是使徒腓利。因为很明显的一点是当腓利在撒玛利亚传道时，使徒们正在耶路撒冷[4]，并且《圣经》中说："当他们听见撒玛利亚人领受了神的道，就打发彼得、约翰往他们那里去。"[5]通过他们（即彼得、约翰）按手，

---

[1] 参见《使徒行传》第6章第2节。此节原文为"十二使徒叫众门徒来，对他们说，我们撇下神的道去管理饭食原是不合宜的"。

[2] 参见《使徒行传》第8章第5节。

[3] 参见《使徒行传》第8章第38节。

[4] 参见《使徒行传》第8章第1节。该节的原文是："从这日起，耶路撒冷的教会大遭逼迫。除了使徒以外，门徒都分散在犹太和撒玛利亚各处。"这句话也就是表示包括腓利在内的使徒都留在了耶路撒冷，而此处又说腓利在撒玛利亚传道，所以两个"腓利"必然不是同一人。

[5] 参见《使徒行传》第8章第14节。

那些人受洗并受灵（在腓利施洗礼之前，他们没有受灵）[1]。因为要授圣灵，他们的洗礼就有必要由（上帝的）道的助理人员而不是教会的助理人员进行辅助或确认。因此，为了确认那些接受辅祭腓利施洗的人完成的洗礼，使徒们从他们之中选派彼得和约翰从耶路撒冷来到撒玛利亚；他们两人授予原先只是经过洗礼的人恩典，即随着当时所有真正的信徒的圣灵所作的神迹。这一点可以通过圣马可所说的话来理解，他说："信的人必有神迹随着他们，就是奉我的名赶鬼，说新方言，手能拿蛇；若喝了什么毒物，也必不受害；手按病人，病人就好了。"[2]腓利是无法赋予他们做这些事的能力，但是使徒却能做到；同时，根据此处的话，他们实际上给予了每一位真正的信徒（这种能力），还由一位基督自己的执事施洗。在我们这个时代，基督的执事无法授予这种能力，或是因为基督真正的信徒少之又少，或是基督自己的执事太少。

以上提到的第一批辅祭不是由使徒而是由门徒会众拣选出来的，即由各种各样的基督徒一起拣选出来的。这一点从《使徒行传》第6章中可以清楚地看出，其中我们可以知道，在门徒人数增加了之后，十二使徒把他们叫到一处，对他们说，使徒们撇下神的道去管理饭食原是不合宜的，"所以兄弟们，当从你们中间选出七个有好名声，被圣灵充满，智慧充足的人，我们就派他们管理这事"。[3]由此可以清楚地看出，虽然由使徒宣布他们当选，但却是由会众选出他们来的；以下这节原文则是说得更明白："大众都喜悦这话，就拣选了七人。"[4]

在《旧约》中，利未人只能担任祭司和教会中其他较低层级的职务。其他族对土地进行分配时也把利未人排除在外；将约瑟支派再分为以法莲支派和玛拿西支派后，支派的数目仍然是十二个。利未人分到了若干城作为他们的居住地，并分配到了可供放牧牲口的郊野；至于他们的应得之份则是从他们弟兄土地收成之中分取十分之一。此外，为了维持生计，祭司会抽取上述十分之一的十分之一，还

---

[1] 参见《使徒行传》第8章第17节。该节的原文为："于是使徒按手在他们头上，他们就受了圣灵。"
[2] 参见《马可福音》第16章第17和第18节。
[3] 参见《使徒行传》第6章第3节。
[4] 参见《使徒行传》第6章第3节。这七个人分别是司提反、腓利、伯罗哥罗、尼迦挪、提门、巴米拿以及进入犹太教的安提阿人尼哥拉。

有一部分祭礼与牺牲。因为上帝对亚伦说："你在以色列人的境内不可有产业，在他们中间也不可有份。我就是你的份，是你的产业。"[1]因为当时上帝作以色列人的王并已拣选利未人作他的公众助理，他允许他们依靠公共收入维持生计，即依靠上帝留给自己的那一部分维持生活，也就是"什一税"和"贡物"，即上帝所说的"我就是你的产业"指代的东西。因此，我们称利未人为"神职人员（clergy）"就并非不恰当；"clergy"一词出于希腊语"κλῆρος"，指"应得之份"或"产业"；这并不是说他们（利未人）比其他人更能够成为神的国的继承人，而是因为上帝的产业是他们的生计所在。现在来看，既然当时上帝是以色列人的王，而摩西、亚伦和继任的大祭司是上帝的代治者，因此很显然，是世俗权力规定了利未人征收什一税和贡物的权利。

在他们（利未人）厌弃上帝并要求（为他们）立一个王之后，虽然他们仍享有这份收入，但是他们是因为国王未剥夺他们的这种收入而享有这一权利的。[2]因为公共收入是由代表众人的人支配，而在巴比伦被掳前，这个代表就是国王；此外，在被掳返回之后，他们仍像之前那样将什一税交给祭司；因此，直到那时，都是世俗主权者掌握着教会的生计。

至于我们的救主和他的使徒的生活供给，从原文上我们可以看到他们只有一个（由加略人犹大带着的）腰袋，有时门徒中的渔人等也通过他们从事的职业维持生计；当我们的救主差遣十二使徒去传道时，叫他们"腰袋里不要带金银铜钱，……因为工人得饮食是应当的"[3]。由此，对他们的职分而言，他们的日常生计可能并非不恰当，因为他们的职分是"白白地得来、也要白白地舍去"[4]；他们

---

[1]参见《民数记》第18章第20节。

[2]根据《撒母耳记上》第8章，以色列的长老都聚集到拉玛见撒母耳，对他说："你年纪老迈了，你儿子不行你的道。现在求你为我们立一个王治理我们，像列国一样。"撒母耳不高兴他们说立一个王治理他们，就祷告耶和华。耶和华对撒母耳说："百姓向你说的一切话，你只管依从，因为他们不是厌弃你，乃是厌弃我，不要我作他们的王。"此处霍布斯原著中的逻辑结构在于，以色列人厌弃耶和华，而利未人作为"厌弃耶和华"的以色列人支派的一支，也厌弃上帝。要求为自己立一个王的是所有以色列人十二支派而不仅仅是利未人这一支，这是一种部分与整体、一般和特殊的关系；而利未人一支作为以色列一个特别的分支是依靠什一税和部分祭祀贡物作为生计，其他以色列人的分支并没有这个权利。此处特别予以说明。

[3]参见《马太福音》第10章第9和第10节。

[4]参见《马太福音》第10章第8节。

的生计是由信他们所传布的、关于他们的救主弥赛亚降临的佳音的那些人白白赠与的。此外,供给还包括被我们的救主医好疾病的人因感恩而捐出来的东西,关于这一点,《圣经》中说:"还有被恶鬼所附、被疾病所累、已经治好的几个妇女,内中有称为抹大拉的马利亚,曾有七个鬼从她身上赶出来;又有希律的家宰苦撒的妻子约亚拿,并苏撒拿和好些别的妇女,都是用自己的财物供给耶稣和门徒。"[1]

在我们的救主升天后,各城的基督徒人人都将田产房屋卖了,把所卖的价银拿来,放在使徒脚前,并依靠这钱一起生活,像这样放在使徒脚前是源自真心诚意,而非义务[2];因为圣彼得对亚拿尼亚说:"田地还没有卖,不是你自己的么?既卖了,价银不是你作主么?"[3]这说明,他无需为保留自己的土地或银钱撒谎,因为除非他自愿,否则他不必捐献任何东西。我们可以看到,从使徒时代起往后一直到君士坦丁大帝时代,基督教会的主教和教士的生计就一直同使徒时代一样,完全是由皈依他们教义的人自愿捐助的。当时还没有提到什一税的问题,但是在君士坦丁大帝和他儿子的时代,基督徒与他们的教士有着深厚的感情。正如阿米亚努斯·玛尔塞利努斯描写达马苏斯和乌尔希努斯争夺主教之乱时所说,该职位值得他们争夺,因为教民们的慷慨捐赠,尤其是阔太太们的捐赠,主教过着极其奢华的生活:他们出门乘坐四轮马车,享受着锦衣玉食。

□ 捕鱼神迹

《约翰福音》讲到了耶稣捕鱼的"神迹"。西门彼得、多马、拿但业,以及西庇太的两个儿子、两个门徒一起打鱼。他们在海上花了一整夜的工夫,一条鱼也没有打上来。天将亮的时候,耶稣站在岸上,对他们说:"小子!你们有吃的没有?"他们回答说:"没有!"耶稣说:"你们把网撒在船的右边,就必得着。"门徒们便撒下网去,果然拉上来好多鱼。

---

[1] 参见《路加福音》第8章第2和第3节。
[2] 参见《使徒行传》第4章第34和第35节。
[3] 参见《使徒行传》第5章第4节。

但是，此处有人也许会问，牧师是否必须依靠布施等自愿的捐赠作为生计呢？圣保罗说："有谁当兵自备粮饷呢？……有谁放牧牛羊，不吃牛羊的奶呢？"[1]又说："你们岂不知为圣事劳碌的就吃殿中的物吗？伺候祭坛的就分领坛上的物吗？"[2]这不就是说分领献在坛上的物作为他们的生计么？随后，他得出结论说："主也是这样命定，叫传福音的靠着福音养生。"[3]根据这一段话，确实可以得出一个推论，即教会的牧师应由教民供养，但是牧师自己不能决定自己供奉的数量或种类，就如同自己是自己的主宰那样。基于此，他们的供奉就必须取决于每一个教民的感恩和慷慨捐赠的意愿，或是取决于全体会众。在当时，这一点不可能由全体会众决定，因为在那个时候，他们的决议不是法律；所以在罗马皇帝和世俗主权者没有制定法律规定教士的供给之前，（牧师的供奉）没有别的，只有慈善捐赠。伺候祭坛的人，靠坛上的贡物维持生计。因此牧师也可以取用教民捐赠给他们的物品，但是却不能征用未捐赠的物品。（这就如同）如果法院中没有人，那么人们又去哪里找法庭提起诉讼呢？即使人们自己中间有仲裁人，那么当他们没有权力来"武装"他们的人时，谁又能执行这些裁定呢？因此，问题依旧在于除了通过全体会众之外，无法向教会的任何教士配发任何确定的生计所需，而仅当他们的规定不但具有教会法典的效力，而且同时也具有法律效力时，才可以做到这一点；除了皇帝、君主或其他世俗主权者能制定这种法律外，没有其他人能做得到。摩西律法中关于征收什一税的权力是当时的福音使者不具备的权力，因为摩西和大祭司是在上帝之下的百姓的世俗主权者，他们在犹太人中的国是今世的国，而通过基督治理的神的国尚未降临。到此为止，已经说明了什么是教会的牧师；他们的各项使命如传道、教诲、施洗、在各人的会众中作首领等是什么；教会的制裁即开除教籍是什么，它是指在基督教被市民法禁止的地方，让自己不与被除籍者交往，而在基督教受市民法管辖的地方，将被除籍者驱除出基督徒的会众团体；教会教士和助理人员是由谁选出来的，是会众；谁使会众为圣并为之祝福，答案是牧师；他们的应得收入是什么，即只是他们自己的财

---

[1] 参见《哥林多前书》第9章第7节。
[2] 参见《哥林多前书》第9章第13节。
[3] 参见《哥林多前书》第9章第14节。

产、自己的劳动成果以及虔诚而感恩的基督徒的自愿捐赠。现在我们将要讨论的问题是那些既是世俗主权者，又皈依了基督教的人在教会中的职分问题。

首先，我们应当记得，在所有的国家中，审核何等学说适合和平以及适合用来教导臣民的权力均不可分割地属于最高世俗主权者，不论该权力是掌握在一个人还是一个由众人组成的议会手中都一样（在第十八章中已经进行了证明）。显而易见，因为即使是智力最平庸的人也能看出，人们的行为源自于他们对这些行为究竟将为他们自己带来什么样的好的或坏的结果所持有的看法；因此，人们一旦认为自己服从主权者所带来的害处比不服从所带来的害处大的时候，他们就不再服从法律，以致他们揭竿而起推翻政府，导致混乱和内战；建立所有世俗政府的目的就是为了避免这一点。因此，在所有异教徒的国家中，主权者都被称为"民众的牧人"[1]；因为除非经他们的允许和授权之外，任何臣民都不得合法地教化百姓。

在异教徒国王皈依基督教信仰之后，我们不能认为他们被剥夺了君主权利；他（基督）从未规定因为信他（除了他之外不服从任何人）而应被废黜王位，或是剥夺他维护国内安定和抵御外敌的权力（二者是同一回事[2]）。因此，基督徒国王仍然是他的臣民最高的牧者，有权根据其意愿任命牧师去教导教众，即教导那些在其治下的民众。

除此之外，正如在国王皈依之前，教会掌握着遴选他们（做最高牧者）的权利，在使徒他们的时代也是一样（本章中已经证明了这一点）；这种权利（在国王皈依信教之后）也仍然属于基督徒世俗主权者。因为他（在皈依后）是一个基督徒，所以传教的事务应经他允许；并且，因为他是一个主权者（相当于说是教众的代表

---

〔1〕实际上，在《圣经》中有多处将百姓比喻为"羊群"，而上帝或统治者则被比喻为"牧人"或"牧者"。例如，《耶利米书》第23章第2节中说："耶和华以色列的神斥责那些牧养他百姓的牧人如此说，你们赶散我的羊群，并没有看顾它们，我必讨你们这行恶的罪。"《民数记》第27章第17节中说："可以在他们面前出入，也可以引导他们，免得耶和华的会众如同没有牧人的羊群一般。"《列王记上》第22章第17节中说："我看见以色列众民散在山上，如同没有牧人的羊群一般。"《诗篇》第23章第1节中说："耶和华是我的牧者，我必不至缺乏。"《诗篇》第80章第1节中说："领约瑟如领羊群之以色列的牧者啊，求你留心听！"

〔2〕此处的"二者是同一回事"，是指废黜王位和剥夺国王维护国内安定和抵御外敌的权力是同一回事。

者），所以他所选任的牧师也是教众所选出的牧师。当一个基督教国家召开基督徒会议选举自己的牧师时，就是主权者在选举牧师，因为这是根据他的权力才这样做的；其情形犹如同一座城选举市长的情形，这是拥有主权权力的人在遴选市长，因为人们所做的每一个行为都是他允许（拥有主权权力的人）的行为；未经他的同意，这行为便归于无效。因此，不论我们引述历史上关于民众或神职人员选举牧师方面什么样的例证，它们都不能作为反对任何世俗主权者权力的论据，因为他们是根据主权者的权力选举牧师的。

既然世俗主权者是每一个基督教国家的最高牧者，全体臣民都由其进行管辖；那么，所有其他牧师[1]的任命、传教的权力以及履行其他牧师职分的权力都是从主权者权力那里得来的；因此，根据主权者的授权才选任出所有其他牧师，以及衍生出他们传教、布道和有关牧师职分的其他一切职权，所有其他的牧师都是他的助理人员，这就像城邑长官、法院法官、军队指挥官等都只是他的助理人员是一样的；世俗的主权者永远都是整个国家的长官、负责审理一切案件的法官和指挥所有军队的统帅。这并不是因为教导者是他的臣民，而是因为被教导者是他的臣民。如果一个基督徒国王将任命境内牧师的权力赋予另一个国王（就如同许多基督徒国王将这种权力让与教皇是一样的），那么他就并没有因为这样做而在自己之上指派了一个"牧者"，也没有因为这样做而为自己的百姓指派了一位主权者牧师，因为这会据夺了他的世俗权力。这取决于人们关于自己对他所承担义务的看法以及对自己在另一个世界中将受惩罚的畏惧，同时也取决于圣师的技巧和忠诚，而圣师和其他任何一种人都是一样的，或是雄心勃勃，或是愚昧无知。因此，如果一个外国人有权指派牧师时，那（这种权力）就是在他传道的领土上的主权者赋予的。基督教的圣师是基督教中我们的"师傅"[2]，而国王则是家长；后者可以接受其他人的推荐为臣民聘请"师傅"，但是却不会接受其他人的命令这

---

〔1〕根据霍布斯的观点，在这种情况下，实际上世俗主权者被视为所有牧师或者牧者中的一员，但同时又是位阶最高的一员，所以这里就有"所有其他牧师"的说法。

〔2〕"师傅"在英王詹姆斯钦定版《圣经》中出现过两次，分别是《加拉太书》第3章第24节和第25节，其中24节的原文为："这样，律法是我们训蒙的师傅，引我们到基督那里，使我们因信称义。"第25节的原文为："但这因信得救的理既然来到，我们从此就不在师傅的手下了。"

样做，尤其是在会给臣民带来低劣的教化但却显然会为推荐者带去巨大利益的时候，就更不能这样做。同时，"师傅"的聘任期也不能超过公共利益所要求的时限；在主权者具备任何其他主权的必要权利的情况下，他们有责任维护公共利益。

如果一个人在履行职分的时候，像祭司长和民间的长老问询我们的救主一样去问一个教士："你仗着什么权柄做这些事？给你这权柄的是谁呢？"[1]那么他所能给出的恰当回答就只能是他所依仗的是代表国家君主或议会所赋予他的国家权力。除了最高牧师[2]，所有其他牧师均根据世俗主权者的权柄履行职分，即根据世俗的权力来履行职分。但是，国王和一切其他主权者则根据直接来自上帝的权柄履行他最高牧师的职分，即根据神权履行职分。因此，只有国王能在他们的尊号之前加上"神恩国王某某"，以之作为他们只服从上帝的标识。主教委任状的开头则只能写"承国王陛下恩典，某某教区主教"，或者就像世俗大臣委任状开头那样写作"钦命某某大臣"。因为认为"天命"和说"神恩"是同一回事，尽管对此进行掩饰，但实际上这是否认了自己从世俗国家的手中获得的权力，并且狡黠地解除了套在他们脖子上的世俗臣属关系的束缚，对国家的统一和防卫是背道而驰的。

但是，如果每一个基督徒主权者都是他自己臣民最高的牧者，那么由此看来他不仅有权传道，也许没有人会否认，他同时也有权施洗、举行圣餐的圣礼，并使神殿与牧师为圣，去侍奉上帝。也许没有人否认前一种权力，而大部分人则都会反对后几种权力。之所以大多数人会反对，部分是因为他们通常不这样做，部分是因为行圣礼和使一些人与一些地方成圣及用于圣事都需要某些人给他们行按手礼，即需要那些自使徒时代以来一直通过同样的按手礼前后相继、受指任来管理这些事情的人给他们行按手礼。因此，为证明基督徒国王享有施洗和行成圣礼的权力，我要给出一个理由，说明为什么他们通常不做这事以及当他有意愿要做这事时，如何无需正常的按手礼即能做到。

毫无疑问，任何国王只要精通科学，那么根据他自己批准其他人在大学中阅

---

[1] 参见《马太福音》第21章第23节。
[2] 根据霍布斯的观点，主权者本身是最高牧师。

读讲稿的同等权利，他可以亲自去宣读（这些讲稿）。但是，因为他要处理国家的所有政务，这已经占据了他所有的时间，所以对这种具体事项事必躬亲就存在不便。同时，如果他愿意，那么他自己就可在法院审理并判决各类案件，也可以授权其他人以他的名义审理案件，但是由于要主导和管理各种事务，所以他必须一直掌控着机要部门，并将这种副职的职分交由在他之下的人。同理，对我们的救主而言，他必然有权施洗，但是他自己从未施洗，而是派他的使徒与门徒去施洗。[1]圣保罗的情形亦是如此，因为他必须在不同且相距遥远的地方传教，所以他施洗了极少的人；在所有的哥林多人中，他只施洗了基利布司、该犹和司提反[2]，原因是他的主要任务在于传道[3]。因此很明显，负责诸如教务管理等紧要之事后，就可不必去做琐碎之事。因此，一般基督徒国王不进行施洗的原因就更明显了。现今主教施洗的人极少，而教皇施洗的人则更是少之又少，道理亦是如此。

至于是否必须通过按手的方式授权国王施洗并行成圣礼的问题，我们可以这样考虑。

按手礼是犹太人最古老的公开仪式，用于指示并确认一个人在祈祷、祝福、献祭、成圣、诅咒或其他的言词中所指的人或其他事物。因此，雅各在为约瑟的孩子祝福时，"伸出右手来，按在以法莲的头上，以法莲乃是次子；又搭过左手来按在玛拿西的头上，玛拿西原是长子"[4]。尽管约瑟将他们带到雅各面前时，使他不得把手交叉过来，但雅各是刻意为之，以此表示他欲使哪个人获得更大的福。与之相同，在宰杀用作燔祭的祭祀牲畜时，（上帝）吩咐亚伦"按手在公牛的头上"[5]，并"按手在这羊的头上"[6]。《利未记》第1章第4节和第8章第14节

---

[1] 参见《约翰福音》第4章第2节。该节原文为："其实不是耶稣亲自施洗，乃是他的门徒施洗。"

[2] 参见《哥林多前书》第1章第14和第16节。这两节原文分别是"我感谢神，除了基利司布并该犹以外，我没有给你们一个人施洗""我也给司提反家施过洗；此外给别人施洗没有，我却记不清"。

[3] 参见《哥林多前书》第1章第17节。

[4] 参见《创世记》第48章第14节。

[5] 参见《出埃及记》第29章第10节。

[6] 参见《出埃及记》第29章第15节。

中也说了一样的话。[1]与之相同，当摩西拣选约书亚当以色列人的军长时，即使之成圣并侍奉上帝时，也"按手在他头上，嘱咐他"[2]，明确指出在作战时他们应服从谁。在上帝使利未人成圣时，上帝吩咐："以色列人要按手在他们头上。"[3]在上帝惩罚咒诅他的人时，上帝谕令："叫听见的人都放手在他头上，全会众就要用石头打死他。"[4]那么为什么只有听见他的人才将手放在他头上，而不是让祭司、利未人或其他审判者这样做，难道不是因为除了这些人之外，其他的人都不能向会众指出诅咒圣名而应处死的人吗？用手指明一个

□ 雅各为约瑟的儿子祝福

约瑟带着他的两个儿子以法莲和玛拿西去看他的父亲雅各。年迈的雅各坐起来，给以法莲和玛拿西祝福。他将两手交叉，右手放在左边次子以法莲的头上，左手放在右边长子玛拿西的头上，这意味着，他给予约瑟次子更多的祝福。

人或指任何其他东西给人看，比让人听见叫名字会更少发生错误。在同时为全体会众祝福的时候，不能通过按手的方式做到这一点，亚伦就"向百姓举手，为他们祝福"。[5]同时，我们还看到，异教徒为庙宇举行成圣礼时也采用这种仪式，僧人将手按在庙宇的某一根柱子上，口中则一直念祝圣词。因此，上帝的公开祭礼就很自然地采用用手指让人亲眼看到而不是说话使人听到的方式来指明任何具体的东西。

因此，这不是在我们的救主的时代出现的新仪式。例如，睚鲁的女儿生病的时候，他不是求我们的救主给她治疗，而是"求你去按手在她身上，使她痊

---

[1]《利未记》第1章第4节原文为："他要按手在燔祭牲的头上，燔祭便蒙悦纳，为他赎罪。"第8章第14节原文为："他牵了赎罪祭的公牛来，亚伦和他儿子按手在赎罪祭公牛的头上。"

[2] 参见《民数记》第27章第23节。

[3] 参见《民数记》第8章第10节。

[4] 参见《利未记》第14章第14节。

[5] 参见《利未记》第9章第22节。

愈"[1]，又说，"那时，有人带着小孩子来见耶稣，要耶稣给他们按手祷告"。[2]

根据这一古老的仪式，使徒、长老和长老会本身都会为他们所拣选的教士行按手礼并为他们祈祷，从而让他们受灵；并且按手礼也不是一次即可，当出现新情况时，还可以行多次；但是，其目的仍然是相同的，即准确而虔诚地指明拣选某人担任一般的牧师职务或担任某一特殊的使命。因此，《圣经》中说："使徒祷告了，就按手"在七个辅祭头上。[3]这次按手不是使他们受圣灵，而是给他们指派职分。（因为从紧接在前面的话中，即第3节，可以看出，他们在被选出来前就被圣灵充满了。）[4]当辅祭腓利在撒玛利亚让一些人皈依之后，彼得和约翰往那里去"按手在他们头上，他们就受了圣灵"[5]。不仅仅是使徒，长老也有这种权力：因为圣保罗曾劝告提摩太"给人行按手的礼，不可急促"[6]，即不要轻率地指派人担任牧师的职分。《提摩太前书》第4章第14节中也提到"众长老都按手在提摩太头上"[7]。但是，这一点应理解成某一人受众长老的指派行按手礼，此人最可能是他们的议长[8]，而议长则可能就是圣保罗自己。因为他在写给提摩太的第二封信中说："你将神借我按手所给你的恩赐，再如火挑旺起来。"[9]需要顺便指出的是，此处所谓的"圣灵"不是指三位一体中的第三位，而是履行牧师职分的必要恩赐。此外，我们知道圣保罗曾受两次按手礼，一次是他在大马士革由亚拿尼亚为他洗礼时行的按手礼[10]，另一次是他在安提阿最初被派出去传道

---

[1] 参见《马可福音》第5章第23节。
[2] 参见《马太福音》第19章第13节。
[3] 参见《使徒行传》第6章第6节。
[4] 《使徒行传》第6章第3节的原文为："所以弟兄们，当从你们中间选出七个有好名声、被圣灵充满、智慧充足的人，我们就派他们管理这事。"
[5] 参见《使徒行传》第8章第17节。
[6] 参见《提摩太前书》第5章第22节。
[7] 《提摩太前书》第4章第14节的原文为："你不要轻忽所得的恩赐，就是从前借着预言、在众长老按手的时候赐给你的。"
[8] 拉丁语为"proestos"，英语作"prolocutor"，即"主席"之意，教士会议议长。
[9] 参见《提摩太后书》第1章第6节。
[10] 参见《使徒行传》第9章第17和第18节。原文为："亚拿尼亚就去了，进入那家，把手按在扫罗身上说，兄弟扫罗，在你来的路上向你显现的主，就是耶稣，打发我来，叫你能看见，又被圣灵充满。扫罗的眼睛上好像有鳞立刻掉下来，他就能看见，于是起来受了洗。"

时行的按手礼[1]。由此，就拣选教士而言，这种仪式的用处是表明他们将这种权力传给了谁。但是，如果有任何基督徒事先就有宣教的权力，那么施洗使他成为基督徒却并未赋予其新的权力，而只是让他去传布正确的教义，即正确地行使他的权力；因此，行按手礼是毫无必要的，仅洗礼本身就已足够。但是，对于每一个主权者而言，在他成为基督徒之前就拥有宣教和委任教士的权力，所以教徒的身份并没有赋予他任何新的权利，而只是在传布真理的道路上给他们提供指引；因此，没有必要举行任何其他按手礼（除了洗礼中所行的按手礼之外）以授权他们履行牧师任何部分的职能，如施洗和成圣礼。在《旧约》中，当大祭司掌握主权时，虽然只有祭司才有权行成圣礼，但是当国王掌握着主权时，情形则不一样了。因为我们在《圣经》中会读到，所罗门为民祝福，使神殿为圣，并作了公众祈祷[2]，现在所有教会与教堂举行的成圣礼将该祷告奉为典范。由此，我们可以清楚地看出，他不仅具有教会政权的权力，而且也有行使教会职能的权力。

□ 贝拉明主教

贝拉明（1542—1621年），意大利人，天主教会红衣主教，反宗教改革运动中最重要的人物之一。贝拉明是神学教授，后来成为罗马学院的院长，1602年成为卡普阿大主教。他支持特伦特议会的改革法令。他还因在布鲁诺事件、伽利略事件以及对曼弗雷迪修士的审判中所扮演的角色而为人们所熟悉。

根据上述提及基督徒主权者掌握政教权力的情形，我们可以清楚地看出，他们个人具有统治他们的臣民并管辖其政治与宗教外在行为的一切权力，并且他们可以制定他们认为最为适当的、对他们自己的臣民进行统治的法律，他们既是国民也是教民，因为国民和教民是同一群人。

因此，如果他们愿意，就如同现在许多基督徒国王所做的一样，那么他们可

---

[1] 参见《使徒行传》第13章第3节。原文为："于是禁食祷告，按手在他们头上，就打发他们去了。"

[2] 参见《列王记上》第8章。

以赋予教皇管理臣民宗教事务的权力；但是，这时教皇在这一点上是要从属于他们（即主权者），并且教皇是在他人的统治范围内根据世俗主权者的世俗权力而不是神权来履行这一职分。因此，主权者为了其臣民的利益，在他认为必要时也可以免除该职分。此外，他们（世俗主权者）如果愿意，也可以将宗教事务的管辖权交给一个最高牧师或牧师会议，并且可以按他们认为最有利的方式赋予其管理教会，或管理另外一个牧师或牧师会议的权利，同时也可以根据意愿授予主教、大主教、祭司或长老等荣衔；还可根据自己的意愿制定关于通过什一税或是其他方式提供给他们给养的法律，他们这样做是出于自己的真心诚意，对此唯有上帝才可判定。只有世俗主权者才能指派正典《圣经》的审定者和解释者，因为正是世俗主权者使《圣经》各篇成为法律。也是世俗主权者使开除教籍具有效力，因为如果不是制定了法律，规定了惩戒，可以使那些顽固离宗叛道的人屈服并使他们和教会中其他人形成一个团体，那么（开除教籍）就会遭到蔑视。总而言之，他（世俗主权者）享有宗教和世俗两界以及与言论和行为有关的全部事务的最高权力，因为唯一可为人所知并控告的就是言语和行为；至于无法进行控告的事情，则除了能知道人的内心的上帝之外，没有其他审判者。这些是一切主权者都享有的权力，主权者是君主或议会则在所不问，因为作为基督教臣民代表者的人也就是教会的代表者，一个基督教臣民的教会和一个基督教臣民的国家是一回事。

尽管我在此处以及本书其他地方已经清楚地阐述了这一切，足以确定最高教权应属于基督徒主权者，但是因为罗马教皇普遍地对这一权力提出了挑战，我认为这一点是因为贝拉明主教备受争议的《论教皇》一文中提供了主要且尽可能强有力的支持。因此，我有必要对他文章中的理论基础和说服力进行简短讨论。

关于这一主题，他共撰写了五个章节，第一章包含三个问题：第一个问题，简而言之，君主政体、贵族政体和民主政体哪一种政体是最佳的政府形式？他得出的结论是这些全都不是，最佳的形式是三种形式结合起来的政府。第二个问题，三者之中哪一种是最佳的教会当局形式？他得出的结论是混合形式，但是君主政体的成分所占比重应当最高。第三个问题，在这种混合君主政体中，最初圣彼得是否享有君主的地位？关于他的第一个结论，我已充分证明（参见第十八章），人们有无条件和绝对服从一切政府的义务。在君主政体国家中，只有一个人居于最高位，对于所有在这个国家享有任何一种权力的其他人而言，都是根据这个人在愿意的情况下经其委派而享有该权力并以他的名义行使该权力的人。在贵族政体和民主政体国家中,只有一个会议居于最高地位,并且具有和君主政体国家中君主同样的权力,这不是一种混合式的政府,而是一种绝对的主权。关于三种形式中哪一种是最佳形式的问题,在已建了其中任何一种形式的地方,这一点无须争论;只有现存的政府形式才应被永远地认为是优于其他、应得到支持和最佳的形式;因为从事任何旨在推翻现存政府的行为不仅违背自然法,而且违反神定的实在法。此外,对于牧师而言(除非牧师具有世俗主权),不论哪种政府形式最好,都不会对他们的权力产生任何影响;因为他们的使命不是通过命令的方式去管治人,而是教诲以及通过论据劝服人,让人们自己去考虑究竟是接受或抛弃牧师所教导的教义。因为君主政体、贵族政体和民主政体给我们指出的是三种主权者,而不是三种牧师;或者换言之,它们给我们指出了三种家长,而不是为子女聘请的三种师傅。

因此,对于第二个结论而言,即关于哪种是教会当局最好形式的结论,这与教皇在自己辖区之外的权力没有关系。因为在所有其他国家中,如果他拥有任何权力的话,那么也只是拥有师傅的权力而不是家长的权力。

关于第三个结论,即最初圣彼得在教会中是否享有君主地位的问题,他提出的主要论据是《马太福音》中的一段话:"你是彼得,我要把我的教会建造在这磐石上,阴间的权柄不能胜过他。我要把天国的钥匙给你,凡你在地上所捆绑的,在天上也要捆绑;凡你在地上所释放的,在天上也要释放。"[1]对于这处原文,如果我们对其进行仔细考量就会发现它证明的不过是这一点,即基督的教会基础只有一个信条,就是彼得以全体使徒的名义所说的,使我们的救主说出了以上所引述的话。为了能够清楚地理解这一点,我们就要知道我们的救主本人以及他通过施洗约翰与其他使徒所布的道只有这样一个信条,即"他是基督"。所有其他一切信条所要求的信仰只不过是建立在这一信条的基础之上。最先约翰只是布了这样的道:"天国近了。"[2]随后,我们的救主本人也布了一模一样的道[3],当他将使命交与十二使徒的时候,除了这一条之外,并未提及布了任

---

[1]参见《马太福音》第16章第18和第19节。
[2]参见《马太福音》第3章第2节。
[3]参见《马太福音》第3章第2节。原文为:"天国近了,你们应当悔改!"

何其他的道[1]。这是基本信条和教会信仰的基础。后来，当门徒晓得他说的，他问他们所有人而不仅仅是西门彼得[2]道："人说我人子是谁。"他们说："有人说是施洗约翰，有人说是以利亚，又有人说是耶利米，或是先知里的一位。"[3]于是，他又问他们所有人而不仅仅是西门彼得道："你们说我是谁？"[4]因此西门彼得就代表他们全体答道："你是基督，是永生神的儿子。"[5]我认为，这就是整个教会的基本信条。关于这一点，我们的救主借此机会说："我要把我的教会建造在这个磐石上。"[6]根据这句话，显而易见，教会的基石就是指教会的基本信条。但是，有些反对者这时候就会问，我们的救主为什么又要加上"你是彼得"这一句话呢？[7]如果严格翻译这段原文，那么道理很容易弄清楚。因此，我们必须考虑到使徒西门[8]的姓有"石头（Stone）"之意（叙利亚语"cephas"以及希腊语"petrus"就是指"石头"之意[9]）。所以，我们的救主在承认了那一项基本信条之后，便点到他的名说了一句话："Thou art a stone, and upon this stone I will build my church（你是一块石头，就是在你这块石头上我将建立我的教会）"。这就等于

---

〔1〕参见《马太福音》第10章第7节。原文为："随走随传，说，'天国近了'！"

〔2〕西门彼得，原名西门巴约拿，又作"西门""彼得"，后世尊称为"圣彼得"。从《马太福音》第16章第15节到第18节中可以清楚地看到这一点，耶稣说："你们说我是谁？"西门彼得回答说："你是基督，是永生神的儿子。"耶稣对他说："西门巴约拿，你是有福的！因为这不是属血肉的指示你的，乃是我在天上的父指示的。我还告诉你：你是彼得，我要把我的教会建造在这磐石上，阴间的权柄不能胜过他。"《圣经》中还称其为"矶法"，这一点从《约翰福音》第1章第40节到第42节中可以清楚地看到：听见约翰的话跟从耶稣的那两个人，其中一个是西门彼得的兄弟安得烈。安得烈先找着自己的哥哥西门，对他说："我们遇见弥赛亚了（'弥赛亚'翻译出来就是'基督'）"，并领他去见耶稣。耶稣看着他说："你是约翰的儿子西门，你要称为矶法（'矶法'翻译出来就是'彼得'）。"为便于读者理解，此处特别予以说明。

〔3〕原文中，霍布斯标明此处引自《马太福音》第16章第13节，实际在英王詹姆斯钦定版《圣经》中是《马太福音》第16章第13和第14节。

〔4〕参见《马太福音》第16章第15节。

〔5〕参见《马太福音》第16章第16节。

〔6〕参见《马太福音》第16章第18节。

〔7〕《马太福音》第16章第18节的原文为："我还告诉你：你是彼得，我要把我的教会建造在这磐石上，阴间的权柄不能胜过他。"

〔8〕耶稣给西门起名"彼得"，意思是"石头"之意。一般习惯称"使徒彼得"或"西门彼得"，他死后，罗马教皇尊其为第一任教皇。

〔9〕此处是指叙利亚语和希腊语中关于"Peter"的写法分别为"cephas"和"petrus"，二者在各自的语言中都是指"石头"之意。

说，对于所有将要加入我的教会的人而言，我要求他们将"我是基督"这一信条作为一切信仰的基础。这种提到名字的事情，在一般的谈话中并不罕见。但是，如果我们的救主打算将他的教会建造在彼得这人身上而说，"你是一块石头，在这石头上我将建立起我的教会"，那么这句话就是一句奇怪而且模糊不清的话；此时，他如果说："我将把我的教会建造在你的身上"，那么这样说就十分清楚且没有模糊不清的地方，这同样提到了他（彼得）的名字。

至于随后说的话"我要把天国的钥匙给你"[1]，与我们的救主给予所有其他使徒的是一样的："凡你们在地上所捆绑的，在天上也要捆绑；凡你们在地上所释放的，在天上也要释放。"[2] 无论对此作何解释，有一点毋庸置疑，即此处所赐予的权力属于所有的最高牧师，即所有基督徒的世俗主权者在其自己的管辖范围之内担任的那种牧师。其情形就如同是西门彼得或我们的救主本人已使他们其中的任何一个人皈依了他，并承认了他的国；但是，因为他的国不属于这世界，所以他将使他的臣民皈依的最高管理权留给了自己而不是其他人。否则，他就必然导致他的主权被掳夺，因为宣教权和主权是不可分割地关联在一起的。上述即是对他（贝拉明主教）文章第一章的批驳，他在这一章中就是为了证明西门彼得是全教会的君主，也就是说，他是世界上所有基督徒的君主。

第二章中有两个结论：第一个结论，西门彼得担任罗马主教并死于罗马；第二个结论，罗马教皇都是他的继承者。这两点都遭到了他人的质疑。但是，假定它们是真实的，如果罗马主教是指教会的君主或最高牧师，那么这个主教就不是西尔维斯特[3]，而是君士坦丁大帝（第一位基督徒皇帝）[4]。就像君士坦丁大帝一样，所有其他基督徒皇帝当然都是罗马帝国的最高主教。我说的是"罗马帝国"，而不是说整个基督教世界，这是因为其他基督徒主权者在他们各自的领域内

---

[1] 参见《马太福音》第16章第19节。
[2] 参见《马太福音》第18章第18节。
[3] 此处应当是为君士坦丁大帝洗礼的西尔维斯特一世，其生卒年月不详，为第33任教皇，314—335年在位。
[4] 君士坦丁大帝，全名为弗拉维·瓦莱里乌斯·奥勒里乌斯·君士坦丁（272—337年），罗马帝国皇帝，306—337年在位。313年，他颁布米兰赦令，承认基督教为合法且自由的宗教并受洗。

对本质上属于他们主权的职分都享有同一权利。以上就是对他第二章的回应。

第三章中，贝拉明主教对教皇是否是"敌基督"的问题进行了讨论。我认为，从《圣经》中使用该名词的意义而言，我尚找不到任何论据可以证明他是"敌基督"；同时，我也不会从"敌基督"的性质中得出任何论据，反驳他现在行使的权力或此前一直在其他王国或国家的统治范围内所行使的权力。

显而易见，《旧约》中先知已经作了预言，并且犹太人也期盼有一个弥赛亚（即基督）能在他们之中恢复他们的神的国；在撒母耳时代，他们要和别国一样立王时，他们厌弃了这个神的国。当他们有了这一期盼之后，那些包藏野心以谋国的人或是通过假奇迹、诈巧虚伪、巧言善辩的讲演与教义而耍弄欺骗民众伎俩的人，就往往容易让他们（即有了想恢复神的国的期望的犹太人）上当受骗。因此，我们的救主和他的使徒就事先警告人们，要提防假先知和假基督。"假基督"就是自称为基督而实际并不是基督的人；称其为"敌基督"是恰如其分的，其意义就如同教会分裂并选出两个教皇时，一个教皇将另一个教皇称为"反教皇"或"假教皇"一样。因此，究其本义，反基督具有两个基本标志：第一，他否认"耶稣是基督"；第二，他自称是基督。圣约翰在他的《约翰一书》第4章第3节中就已经确定了第一个标志，他说："凡灵不认耶稣，就不是出于神，那是敌基督的灵。"另一个标志则是由救主的话指出的："将来有好些人冒我的名来，说：'我是基督。'"[1]并且又说："若有人对你们说'基督在这里'，或说'基督在那里'，你们不要信。"[2]因此，敌基督必定是假基督，即这种假称基督的人中的某一个人。同时，根据否认"耶稣是基督"和"自称是基督"这两个标志，那么可以推论说他必然是耶稣真基督的敌人，这也是"敌基督"一词另外一种常用的意思。但是，在这许多"敌基督"之中却有一个特殊的"敌基督"，这一个"敌基督"确实是一个"敌基督"，就如同他是一个确定无疑的人一样，他并不是一个不确定的"敌基督"。既然罗马教皇未自称是基督，也未否认耶稣是基督，那么我就看不出将其称为"敌基督"的原因来，这个词的意思并不是指冒称是基督的代治者或代理主教，而是假称为他（基督）的人。此外，这个特殊的反基督出

---

[1]参见《马太福音》第24章第5节。
[2]参见《马太福音》第24章第23节。

现的时期也有某种标志，正如但以理所说的"那行毁坏可憎的"〔1〕"站在圣地"〔2〕，这灾难在这世界之始未曾见过，在这世界终结之后也不会再有，它似乎将要长久地持续下去。"凡有血气的，总没有一个得救的；只是为选民，那日子必减少了。"〔3〕但是，这种灾难尚未降临，因为紧随其后，"日头就要变黑，月亮也不放光，众星要从天上坠落，天势都要震动。人子要有大荣耀，驾着天上的云降临。"〔4〕因此，"敌基督"还未来临，但前后相继已历经多位教皇了。的确，教皇在擅自给所有基督徒国王及国家制定法律时，他就是在今世篡窃了一个基督不曾有的王国；但是，这不是他以基督的身份做的，而是以基督的名来做的，这与"敌基督"是不相干的。

在第四章中，为证明教皇是所有信仰与行为问题的最高审判者，即全世界所有基督徒的绝对君主，贝拉明主教提出了三个论据：第一，他（教皇）的审断永无谬误；第二，他可以制定实在法，并对那些违法之人进行惩罚；第三，我们的救主将所有

□ 耶稣医治两个瞎子

《圣经》中记载，耶稣出耶利哥的时候，有很多人跟随他。有两个瞎子坐在路旁，听说是耶稣经过，就喊着说："主啊，大卫的子孙，可怜我们吧！"众人责备他们，不许他们做声。他们却更大声地喊着："主啊，大卫的子孙，可怜我们吧！"耶稣停下来，叫他们来，说："要我为你们做什么？"他们说："主啊，要我们的眼睛能看见！"耶稣就动了怜悯心，把他们的眼睛一摸，他们立刻看见，就跟从了耶稣。

---

〔1〕参见《但以理书》第9章第27节。该节原文为："那行毁坏可憎的（或作'使地荒凉的'）如飞而来，并且有愤怒倾在那行毁坏的身上（或作'倾在那荒凉之地'），直到所定的结局。"

〔2〕参见《马太福音》第24章第15节。此节原文为："你们看见先知但以理所说的'那行毁坏可憎的'站在圣地。"

〔3〕参见《马太福音》第24章第22节。

〔4〕参见《马太福音》第24章第29和第30节。原文中，霍布斯标明此处引自《马太福音》第24章第29节，实际应为第24章第29和第30节。这两节的原文为："那些日子的灾难一过去，日头就要变黑，月亮也不放光，众星要从天上坠落，天势都要震动。那时，人子的兆头要显在天上，地上的万族都要哀哭。他们要看见人子有能力，人子要有大荣耀，驾着天上的云降临。"

的宗教审判权都授予了罗马教皇。

为了证明教皇的审断永无谬误，他引用了《圣经》中的原文。首先，他引用了《路加福音》第22章第31和第32节："主又说：'西门，西门！撒旦想要得到你们，好筛你们像筛麦子一样。但我已经为你祈求，叫你不致失了信心。你回头以后，要坚固你的兄弟。'"[1]根据贝拉明的解释，这段话的意思是耶稣在此处赋予西门彼得两种特性：第一，他的信仰不会动摇，他的任何一位继承者的信仰也不会动摇；第二，他或他的任一位继承者对于信仰或品行问题的任何规定都永无谬误，也不会同之前教皇的规定存在冲突。这是一种奇怪且极其牵强附会的解释。但是，细心读过这一章的人就会发现，整部《圣经》中没有其他地方比这一处对教皇权力构成了更多的不利。祭司长和文士想方设法杀害我们的救主，犹大打定主意要出卖他；须宰逾越羊羔的那一天到了，救主仍和他的使徒一起庆祝这个节日；他说不再吃这筵席，直到成就在神的国里，同时又告诉他们说，那出卖他之人在他们之中。这时使徒就问这个人是谁，同时因为他们知道他们的主庆祝下一个逾越节的时候是他为王的时候，于是就争论起（他们中间）哪一个可算为大；因此，我们的救主就对他们说，外邦人有君王为主治理他们，并以希伯来语中表示"恩主"的名称称呼（治理他们的君王）。"但我对你们可不是那样，你们必须努力互相服侍。我将国赐给你们，如同我父将国赐给我一样；这就是现在要用我的血来取得、然而在我第二次降临以前却不能具有的国。那时你们将坐我的席上吃喝，并坐在宝座上审判以色列十二个支派。"[2]随后，他对西门彼得说："西门，西门！撒旦设法要提出一个今世的统治权来动摇你对未来的信仰。但我已经为你祈求，使你不至于失了信心；因此，注意这句话：你回头而且懂得我在来世的王国以后，就要坚固你的弟兄的这种信心。"对此，西门彼得答复时就如同一个不再希望在这世界获得权力的人一样，他说："主啊，我就是同你下监、同你受死也是甘心。"[3]由此，显而易见，救主不仅没有将今世的审判权授予西门彼得，而且还指派给他一项任务，让他教导所有其他使徒，使他们认识到他们

---

〔1〕原文中，霍布斯标明此处引自《路加福音》第22章第31节，实际应为第22章第31和第32节。

〔2〕参见《路加福音》第22章第26至第30节。

〔3〕参见《路加福音》第22章第33节。

也不能拥有这一审判权。至于西门彼得关于宗教事务的最后审断永无谬误性的问题，这段原文中能为这一说法提供支持的只有这一点，即西门彼得应继续相信基督将重临人世并在审判日具有他的国。这一段原文也未将这国赋予他全部的继承者，因为我们所看到的是他们在今世要求具有他的国。

贝拉明主教引用的第二处地方是《马太福音》第16章第18节的一段原文："你是彼得，我要把我的教会建造在这磐石上，阴间的权柄不能胜过他。"我在本章中业已证明，这段原文只不过是证明了阴间的权柄不能胜过彼得的明证信仰，从这一点引出了"耶稣是神的儿子基督"。

贝拉明主教引用的第三处原文是《约翰福音》第21章第16和第17节，其中有一句话"你牧养我的羊"[1]，这句话的意思只不过是进行宣教的使命。如果我们将其他使徒也包括在"羊"这个名词的含义中，那么这就是指最高的宣教权，但是这仅限于没有基督徒主权者获得这种最高地位的时代。然而，我已证明基督徒主权者在他们各自的统治范围之内是最高的牧师；虽然（基督徒主权者）不再另行按手礼，但是他们一经受洗就被任命担任了该职分。当他们享有按约统治臣民的绝对权力时，就已被赋予根据其意志传布任何教义的权力，因此这种按手礼作为一种指明人选的仪式就再无必要了。因为正如我在前文中已经证明的一样，一般而言，因为其职位的关系，主权者同时也是最高的"教师"[2]。因此，他们在受洗之后就承担了传布基督的道的义务。当他们容忍其他人教导他们的百姓时，他们是用自己的灵魂冒险；因为对于上帝教导他的子民和仆人而言，须要由其家长负

---

[1]《约翰福音》第21章第16和第17节中都出现了这句话，其中这句话在第16节被译为"你牧养我的羊"，在第17节被译为"你喂养我的羊"。

[2] 对于"teacher"一词的翻译，《圣经》中有着不同的译法。总体而言，"teacher"指代基督的时候，一般译为"夫子""师尊"或是"传道者"，在这种情况下一般首字母大写。如《马可福音》第13章第1节，"耶稣从殿里出来的时候，有一个门徒对他说：'夫子（Teacher），请看。这是何等的石头，何等的殿宇！'"《马太福音》第23章第10节："因为只有一位是你们的师尊（Teacher），就是基督。"《传道书》第1章第12节："我，传道者（the Teacher），在耶路撒冷做过以色列的王。"当"teacher"是指代传教相关的职务时，多译为"教师"，例如，《哥林多前书》第12章第28节中提及"神在教会所设立的：第一是使徒，第二是先知，第三是教师（teachers），第四是行异能的，第五是得恩赐医病的、帮助人的、治理事的、说方言的"；在这种情况下，也有少数情形将"teacher"翻译为"师傅"，例如《雅各书》第3章第1节："我的弟兄们，不要多人作师傅（teachers），因为晓得我们要受更重的判断。"（转下页）

责。上帝说，"我眷顾他，要叫他吩咐他的众子和他的眷属，遵守我的道，秉公行义"，说这句话的是亚伯拉罕而不是佣工。[1]

贝拉明主教引用的第四处原文是《出埃及记》第28章第30节："又要将乌陵和土明放在决断的胸牌里。"贝拉明主教指出，七十士版本《圣经》（Septuagint）[2]将其译为"启示和真理"。因此，他得出结论认为，上帝已将"启示"和"真理"交给了大祭司，这似乎已是永无谬误的；同时，不论这是指将"启示"和"真理"本身交给大祭司，或者仅是箴诫祭司，即要求其在审案时明察秋毫并公正断案；但是，因为这已经赋予大祭司了，所以就是赋予世俗主权者了（因为在以色列，大祭司的位置仅次于上帝）。同时，这是可以说明世俗主权者具有"启示"和"真理"的一项论据，即享有对他们的臣民的最高教权，这是与教皇自封的权力相左的。以上就是贝拉明主教所引述的全部原文，他通过它们来证明教皇在信仰问题方面的审断是永无谬误的观点。

关于教皇对审断行为永无谬误的问题，贝拉明主教引用了一段原文，即《约翰福音》第16章第13节："只等真理的圣灵来了，他要引导你明白一切的真理。"他指出，此处所谓的"一切的真理"至少是指得救所必需的一切真理。但是，即便是由此缓和了一些，相比于明证基督教信仰而不致被定罪的任何人，他也并未给予教皇更多的永无谬误性；因为任何人如果在那些犯错后就不能得救的事上犯错，那么他就不可能得救；这是得救的唯一条件，缺少这一条件则不可能得救。关于这些论点究竟是什么的问题，我将根据《圣经》在下一章中进行说明。我在此处只是想要表达一点，即让我们承认教皇在布道中完全不可能发生任

（接上页）除此之外，在一般"学生与老师"的意义上讲，有些地方翻译为"为师的""教训人的"和"先生"等，如《历代志上》第25章第8节："这些人无论大小，为师的（teacher）、为徒的，都一同掣签分了班次。"《约伯记》第36章第22节："神行事有高大的能力，教训人的（teacher）有谁像他呢？"《马太福音》第10章第24节："学生不能高过先生，仆人不能高过主人。"此外，当"teachers"是作为"teachers of the law"的简称时，则翻译为"文士"，如《马太福音》第23章第34节："所以我差遣先知和智慧人并文士（teachers）到你们这里来。"

〔1〕参见《创世记》第18章第19节。
〔2〕公元前280年前后，埃及国王托勒密二世命令大祭司着手推进《圣经》希腊语版本的翻译工作，大祭司共选派72位学者从事该项工作，这些人所完成的《圣经》译本称为七十士版本《圣经》。

何谬误，这也不可能使他在另一国王的管辖范围内理所当然地享有管辖权；除非我们同时认为，一个人即使原先已承诺将自己的工作交给另外一个人去做，他从良心上仍有义务在任何时候都使用技术最好的工人（去做这项工作）。

贝拉明主教除了引用原文以外，他还根据推理进行论证。如果教皇可能会在必要的事务上犯错，那么基督便是未就教民的得救做出充分安排，因为他已命令教会遵从教皇的指导。但是，除非他能指明基督何时、何地发布了这一命令，或是提到了教皇的任何一处，否则他的这个推论就经不起推敲。不仅如此，即便认为赋予圣彼得的一切都是赋予教皇的，但是当他（即圣彼得）的命令与一个人的合法主权者的命令相冲突时，《圣经》中并没有要求任何人服从他的命令。

最后一点，教会或教皇自己均未宣称他是世界上所有基督徒的世俗主权者。因此，所有基督徒都没有义务承认他享有行为方面的管辖权。因为世俗主权和在行为争议方面的最高裁判权是一回事。市民法的立法者不仅仅是行为是非曲直的裁判者，而且也是行为是非曲直规则的制定者。除了是否符合他主权者法律这一点之外，没有任何其他东西能够用来评判他们的行为是否正义。因此，当教皇对管辖行为纠纷的最高权力提出挑战时，他就是在教唆民众不服从世俗主权者；这种做法是一种错误的教导，与《圣经》中我们的救主及他的使徒传给我们的许多诫命都是相左的。

为了证明教皇有权制定法律，贝拉明主教通过引用多处原文进行证明；第一处，他引用了《申命记》第17章第12节的原文："若有人擅敢不听从那侍立在耶和华你神面前的祭司，或不听从审判官，那人就必治死。这样便将那恶从以色列中除掉。"关于对这一点的回应，我们应记住，大祭司是仅次于上帝的世俗主权者，所有的审判官都要由他进行委派。因此，他所引证的这一原文的意思似乎是"若有人擅敢不听从当时的世俗主权者或他的任何代行官员，那人就必治死"，显然这是赞成世俗者主权而反对教皇的普世权力的。

第二处，他引用了《马太福音》第16章中的原文："凡你在地上所捆绑的"[1]，并且还将这种"捆绑"说成是《圣经》中对文士和法利赛人的那种捆

---

[1] 参见《马太福音》第16章第19节。

绑，即"他们把难担的重担捆起来搁在人的肩上"[1]；他认为，此处就是指制定法律，并由此得出教皇可制定法律的结论。但是，这也只证明了世俗主权者的立法权，因为文士和法利赛人坐在摩西位上，而在以色列民众之中，摩西又是地位仅次于上帝的主权者。因此，我们的救主便谕示门徒们说，凡他们所吩咐你们的，你们都要谨守遵行，但不要效仿他们的行为[2]；即服从他们的法律，但不能以之为榜样。

第三处，他引用了《约翰福音》第21章第16节的原文，其中提到"你牧养我的羊"，这不是制定法律的权力，而是教诲般的命令。制定法律是属于家长的负责事务，家长可以根据自己的判断来选择他的家庭牧师，也可以像这种方式一样选定师傅来教育他的子女。

第四处，他引用了《约翰福音》第20章第21节的原文，这处引用对他的观点并不有利。此处原文为："父怎样差遣了我，我也怎样差遣你们。"但是，我们的救主被差遣来是通过他的死为信他的人赎罪，并通过他自己和他的门徒的传道使他们（信基督教的人）做好进入他的国的准备；他亲口说，这国不属这世界[3]，并教导我们祈祷他在来世中的降临，只是不告诉使徒们降临的时间[4]；在他降临时，十二使徒将在这国中坐在十二宝座上（每一个宝座或许都和西门彼得的宝座一样高）审判以色列的十二支派[5]。既然圣父没有差遣我们的救主到今世制定法律，那么我们可以根据该原文得出一个结论，即救主也没差遣西门彼得在今世制定法律，而只是劝说人们坚定信仰，期盼他第二次降临；同时，如果是臣民，那么就要服从他们的君主；如果是君主，那么一方面他们自己要相信这一点，另一方面还要尽力使他们的臣民同样相信，这就是一名主教的职分。因此，此处原文最强有力地支持了宗教最高权力和世俗主权合一的观点，与贝拉明主教引证它的目的

---

[1] 参见《马太福音》第23章第4节。

[2] 参见《马太福音》第23章第3节，该节原文为："凡他们所吩咐你们的，你们都要谨守遵行。但不要效仿他们的行为。因为他们能说不能行。"

[3] 参见《约翰福音》第18章第36节。

[4] 参见《使徒行传》第1章第6和第7节。该两节的原文为："他们聚集的时候，问耶稣说：'主啊，你复兴以色列国就在这时候吗？'耶稣对他们说：'父凭着自己的权柄所定的时候、日期，不是你们可以知道的。'"

[5] 参见《马太福音》第19章第28节和《路加福音》第22章第30节。

是南辕北辙的。

第五处，他引用了《使徒行传》第15章第28和第29节的原文："因为圣灵和我们定意不将别的重担放在你们身上，唯有几件事是不可少的，就是禁戒祭偶像的物和血，并勒死的牲畜和奸淫。"[1]他将此处的"放重担"解释为立法权。但是，在读了这段原文后，对于适用于使徒提出劝告的这种语气并不适用于制定法律这一点，谁还能说什么（不同意见）呢？法律的语气是"我们命令"，但是"我们认为适宜于"则一般是提出劝告的人的语气。他们在提出劝告的时候会将"重担"放在别人身上；但是这是有条件的，即那些听劝告的人能达到目的时，这"重担"才放到了他们身上。例如，禁戒勒死的牲畜和血就是这种"重担"，这不具有绝对性，而是在他们不愿犯错时才是"重担"。我此前（第二十五章）已证明法律和劝告的区别在于：制定法律的动机源自于制定者的目的和利益，但是提出建议的动机则源自于听从者的目的和利益。但是，（上述原文中）使徒们的目的只是为了皈依基督的外邦人的利益，即使他们得救，而不是为了他们（使徒）自己的利益；因为他们完成了自己的工作后，不论劝告是否被别人遵从，他们都可以获得他们的报偿。因此，这种劝告的行为就不是法律而是建议。

第六处，他引用了《罗马书》第13章的原文："在上有权柄的，人人当顺服他；因为没有权柄不是出于神的"。[2]他这句话所指的不仅仅是世俗君主，而且

□ **基督治愈患血漏病的女人**

《圣经》中记载，有一个女人患了十二年的血漏，她来到耶稣背后，摸他的衣裳，在心里说："我只摸他的衣裳，就必痊愈。"耶稣转过来看看她，说："女儿，放心！你的信救了你。"从那一刻起，女人就痊愈了。

---

[1]原文中，霍布斯标明此处引自《使徒行传》第15章第28节；实际上，在英王詹姆斯钦定版《圣经》中为《使徒行传》第15章第28和第29节。

[2]参见《罗马书》第13章第1节。

也指掌握教权的君主。对于这一点，我的回应是：第一，不存在（只是）掌管教权的君主，而是君主（在掌管教权的同时）也掌管世俗主权。他们的王国（即教权的王国）不能超过他们世俗主权所辖的范围。在这个范围之外，尽管他们业已被奉为"圣师"，但是却不能被奉为君主。因为如果这个使徒[1]的意思是让我们同时服从我们自己的君主和教皇，那么他就是教导了我们一种基督本身曾告诉我们的不可能实现的教义，即"侍奉两个主"[2]。并且，尽管这位使徒在另一处说"所以，我不在你们那里的时候把这话写给你们，好叫我见你们的时候，不用照主所给我的权柄严厉地待你们"[3]，他也并不是反对将他们中的任何人处死、监禁、流放、鞭笞或处以罚金等的权力，这些都属于惩罚；他所反对的只是开除教籍的权力，在不存在世俗权力时，这种权力不过是要求不和他们（即被开除教籍的人）相处和来往，就像不和异教徒或税吏来往一样，在很多时候，这种做法使开除教籍的人比被开除教籍的人遭受更大的痛苦。

第七处，他引用了《哥林多前书》第4章第21节的原文："是愿意我带着刑杖到你们那里去呢？还是要我存慈爱温柔的心呢？"但是，此处所说的"刑杖"也不是指那种治安官惩罚违反法律之人的权力，而只是指开除教籍的权力。就其本质而言，这种权力并不是一种惩罚，而只是一种对惩罚的宣示，即宣告基督在审判日具有他的国时将会对他施与的惩罚。到那时（即审判日），将其称为一种惩罚也不恰当，就像对一位违法的臣民所施与的惩罚那样，它只是对那些否认救主对天国拥有权利的敌人或反叛者所施与的报复。因此，这一句原文并不能证明任何不掌握世俗权力的主教是拥有立法权的。

第八处，他引用了《提摩太前书》第3章第2节的原文："作监督的，必须只作一个妇人的丈夫，有节制，自守……"，他认为这是一条法律。我原以为除教会的君主圣彼得外，在教会中没有人能够制定法律。但是，即便这一诫命是根据圣彼得的权力所提出的，我也看不出有什么理由将其称为"法律"而不是"劝

---

[1] 指使徒保罗。

[2] 参见《马太福音》第6章第24节和《路加福音》第16章第13节，该两节原文是一样的："一个仆人不能侍奉两个主，不是恶这个爱那个，就是重这个轻那个；你们不能又侍奉神，又侍奉玛门。"

[3] 参见《哥林多后书》第13章第10节。

告"；因为提摩太不是圣保罗的臣民而只是他的门徒；提摩太所管辖的教民也不是他的王国中的臣民，而只是他的基督学校中的学者。如果他向提摩太所提出的诫命均为法律，那么"因为你……屡次患病，不要再照常喝水，可以稍微用一点酒"[1]是不是法律呢？此外，为什么良医说的那么多的劝诫不能成为法律呢？难道不是因为对这个人的绝对服从，而并非命令式的语气才使他的诫言成为法律的吗？

同理，对于他引用的第九处原文——《提摩太前书》第5章第19节"控告长老的呈子，非有两三个见证人就不要收"而言，这也是一条明智的诫言，但不是法律。[2]

第十处，他引用了《路加福音》第10章第16节的原文："听从你们的就是听从我，弃绝你们的就是弃绝我。"毫无疑问，弃绝耶稣差遣来的人的劝告，就是弃绝基督本人的劝告。但是，现在除了合法权力机关委派为牧师的人之外，谁还是由基督差遣来的呢？经合法委派的人，谁又不是由主权者牧师委派的呢？对于一个基督教国家而言，在主权者牧师委派的人中，谁又不是根据这个国家主权者的权力委派的呢？因此，由此可见，听从基督徒的主权者就是听从基督，弃绝他的基督徒国王所准许的教义就是弃绝基督的教义；此处，贝拉明主教并不是想证明这一点，而是恰恰与他所要证明的南辕北辙。但是，所有这一切都与法律毫不相干。更进一步讲，对于作为臣民的牧师和传道者，基督徒君主并不能因为这种身份而使他的教义变成法律。他不能强制人们相信，但是他作为世俗主权者却能制定与他的教义相适应的法律，强制人们做出某些行为；有时，他会强制人们去做那些在其他情形下不做且他们不应被要求去做的行为。但是，当他命令人们去做时，这即为法律。在内心并不赞同而只是为了服从这些法律而做出的外在行为，即为主权者的行为而非臣民的行为；在这种情形下，因为是上帝命令要服从这些法律，所以臣民不过是一个工具，他们没有自己的任何动机。

第十一处，他引用了使徒保罗通过一般是用来发布命令的某些语句提出的关于劝告的所有原文，以及将听从他（即使徒保罗）的劝告称为"服从"的所有

---

[1] 参见《提摩太前书》第5章第23节。
[2] 此即为贝拉明主教引用的"第九处"原文。

原文。因此，他引证的原文如下，《哥林多前书》第11章第2节："我称赞你们，因为你们凡事纪念我。"这句话远不能说明他所传示的是法律或其他东西，或只是善意的劝告。他还引用了《帖撒罗尼亚书》第4章第2节的原文："你们原晓得我凭主耶稣传给你们什么命令。"此处，希腊文是"παραγγελίας ἐδώκαμεν"，与"παρεδώκαμεν"意思相同，翻译为英文为"what we delivered to you"，即前一句中所说的"我所传给你们的"。尽管第8节中说"所以那弃绝的，不是弃绝人，乃是弃绝神"，但是这一点并不能证明使徒的传统超出了劝告的范围。因为我们的救主自身降临不是要审判这世界，即他不是来这世界做王，而是要为罪人牺牲自己。他在自己的教会中让圣师去引导人们皈依基督而不是强迫人们皈依基督；基督从不接受强制而行的行为（这都是法律导致的结果），而是接受内心的皈依，这不是由法律所导致的结果，而是劝告和教义所导致的结果。

他还引用了《帖撒罗尼亚后书》第3章第14节的原文："若有人不听（obey）我们这信上的话，要记下他，不和他交往，叫他自觉羞愧。"他根据此处的"obey"一词得出推论，认为对帖撒尼罗亚人而言，这封书信就是法律。诚然，皇帝的诏书是法律。但是，如果说使徒保罗的书信因此而成为法律，那么他们就是服从两个主了。"obey"（服从）一词在希腊语中写作"upakouei"，意思不仅是指听从或者执行有权施加刑罚的人的命令，同时也指听从或者执行那些为了我们的利益而通过劝告方式所说的话。因此，圣保罗并未让他们将那些不服从的人处死、鞭笞、监禁或是罚金，所有立法者都可以做这些事情；他只是让他们不和这种人交往，叫他自觉羞愧。根据这句原文，显而易见，基督徒不是敬畏使徒的统治权，而是敬畏他在信徒中的声望。

他引用的最后一处原文是《希伯来书》第13章第17节的："你们要依从（obey）那些引导你们的，且要顺服，因他们为你们的灵魂时刻警醒，好像那将来交账的人。"此处，"obey"一词也是指听从他们的劝告。因为我们服从的动机不是源自我们牧师的意旨和命令，而是源自我们自己的利益，即我们得到他们的警醒而使我们的灵魂得救恩，这样做并不是抬高他们自己的权势和权柄。此处的意思如果是指他们所教导的一切均是法律，那么不仅是教皇而且甚至是每一个牧师在自己的教区内都享有立法权。除此之外，有义务服从牧师的人没有权力审核他们的命令。这样一来，对于圣约翰教导给我们的"一切的灵你们不可都信。总要试验那些灵是出于神的不是。因为世上有许多假先知已经出来了"，这又当

□ **康斯坦茨宗教会议**

中世纪，天主教会内部因推选教皇而引起分裂，至1409年，形成了三个教皇（约翰二十三世、本笃十三世和格列高利十二世）鼎立的局面。自15世纪初以来，在捷克爱国者胡斯的领导下，捷克掀起了反对教皇和德意志天主教会的改革运动。这迫使神圣罗马帝国皇帝西吉斯孟于1414年在德国南部的康斯坦茨召开普世会议，即康斯坦茨会议（1414—1418年），旨在解决天主教分裂的问题。

作何评论呢？[1]因此，显而易见，我们可以质疑牧师的教义，但是却不能质疑法律。所有各方均认同，世俗主权者的命令就是法律，如果除了他之外还有人能够制定法律，那么整个国家以及所有的和平正义均将被摧毁，这种情形是与所有法律（包括神律和人定法）相违背的。因此，这所有的原文或任何其他原文均无法证明教皇的教谕在他不同时执掌世俗主权的地方可以成为法律。

他要证明的最后一个观点是"我们的救主基督除开教皇以外，没有直接将宗教法权交给任何人"。关于这个观点，他所要讨论的不是教皇和基督徒国王的最高权力问题，而是教皇与其他主教的最高权力问题。首先，他指出人们均同意，主教的审判权从通常意义上来说至少均是源自神权这一观点。就这一问题，他引用了圣保罗在《以弗所书》第4章第11节中所说的话，"基督升天以后，他所赐的

---

[1] 参见《约翰一书》第4章第1节。

有使徒、有先知、有传福音的、有牧师和圣师"。他据此得出推论，认为他们的法权确实源自神权，但是他不认为他们直接从上帝那里获得了法权，而是从教皇那里获得了法权。但是，如果说一个人掌握的管辖权源自神权，但又不是直接源自于神权，那么一个基督教国家中的合法管辖权，即便是对于世俗管辖权而言，有哪一样不都是同样地源自神权呢？因为基督徒君主的世俗权力直接来自上帝，在他之下的臣属则根据他的委任而履行各自的职分；由此，他们所行之事就像主教根据教皇的委派所行之事一样，均间接地源自神权，最高统治者手中的所有合法权力均直接地属于上帝，在他之下享有权柄的人，这些权柄则间接地属于上帝。因此，要么他必须承认国家每一个官员都是根据上帝的权力而担任他的职位，要么他就坚决不认同除了教皇本人之外还有任何主教根据上帝的权力而担任该职位。

但是，对于整个争议的问题而言，即基督究竟将管辖权只交给了教皇还是也交给了其他主教的问题，如果在超出教皇世俗主权的范围的地方进行讨论，那么这个问题就是无足轻重的事。对于教皇而言，在任何自己不是主权者的地方，都不能享有任何管辖权。因为管辖权就是审理并裁断人与人之间诉讼的权力，只有有权规定裁断是非准则的人才享有这种权力，即只能属于有权制定法律并通过司法权强制他人服从由他宣布或他指派法官所宣布的判决的人。除了世俗主权者之外，任何其他人都不能合法地做这种事。

他还引用了《路加福音》第6章的原文，指出我们的救主曾经召集门徒并选出了其中十二名称为"使徒"的人。因此，贝拉明主教证明说是他（我们的救主）选出了他们（马提亚、保罗和巴拿巴除外），并赋予他们传道的权力，但是却没有赋予他们审理人与人之间纠纷案件的权力，因为就连他自己都拒绝享有该项权力，他说："谁立我作你们断事的官，给你们分家业呢？"[1]还说："我的国不属于这个世界。"[2]但是，无权审理并判决人与人之间纠纷案件的人不能被称为具有任何管辖权。然而，这并不能妨碍我们的救主赋予他们在世界各地传道和施洗的权力，只要当地合法主权权力当局不禁止他们这样做即可。因为根据（《圣经》中）许多不同的原文，基督自己和他的使徒都明确地要求我们要服从我们自己主权者

---

[1] 参见《路加福音》第12章第14节。
[2] 参见《约伯记》第18章第36节。

的所有一切。

他原本用来证明主教的管辖权来自教皇的论据（因为教皇自己在其他国王的统治范围之内并不具有管辖权）则成了一纸空文。但是，因为这些引文恰好相反地证明了所有主教的管辖权均源自于世俗主权者，所以我会引述这些内容而不会对其视而不见。

第一处引自《民数记》第11章，因为摩西无法独自承担管理以色列百姓的全部重任，所以上帝吩咐他从长老中招聚七十人，将摩西的灵分赐给七十长老。[1]这并不是说上帝弱化了摩西的灵，因为他身上的灵一点也没有被削弱；而只是说，他们所有人全都是从他（摩西）那里获得了权柄；此处贝拉明主教对这段原文进行了准确且独出心裁的阐释。但是，因为摩西在犹太人的国中掌握全部的主权，所以此处显然是指他们的权柄源自世俗主权者，因此这里也证明，一切基督教国家的主教都是从世俗主权者以及自己领土范围内的教皇那里获得了他们的权力，而不是从任何其他国家领土范围内的教皇那里获得了他们的权力。

第二个论据源自君主国的性质，在这样的国家中，所有权柄集于一人之身，其他人的权柄都是源自于其。但贝拉明主教说教会当局是君主制的。这就支持了基督徒君主，因为他们才是自己百姓的真正君主，即自己教会的君主（教会与教民是同一回事）。但是，关于教皇的权力，即便是对教皇圣彼得而言，他的权力也不是君主的权力，其中也不包含任何"君主"或"政体"的性质，而只是一种宣教的权力。因为上帝不接受强制的服从，而只接受自愿的服从。

第三个论据是圣西彼廉[2]曾称圣彼得的教权为"首脑""本源""根源"和"太阳"，主教的权柄正是源于此。但是，自然法作为是非判断的原则要优于任何仅作为凡人的圣师的言词；每一个国家的世俗主权者都是"首脑""本源""根源"和"太阳"，一切管辖权均源于此。因此，主教的管辖权源自于世俗主权者。

---

〔1〕参见《民数记》第11章第16和第17节，这两节的原文为："耶和华对摩西说，你从以色列的长老中招聚七十个人，就是你所知道做百姓的长老和官长的，到我这里来，领他们到会幕前，使他们和你一同站立。我要在那里降临与你说话，也要把降于你身上的灵分赐他们，他们就和你同当这管百姓的重任，免得你独自担当。"

〔2〕圣西彼廉，生卒年月不详，公元3世纪意大利基督教修士，天主教列品圣人。

第四个论据是他们（即主教）的管辖范围大小不一。贝拉明主教指出，如果上帝是直接将管辖区域赐予他们，那么他所赋予的管辖区域和位次就是平等的。但是，我们看到有些主教的辖区只有一座城，有些主教的辖区则有几百座城，而有些主教的辖区则是很多整个的行省，这种差别并不是由上帝的谕令所决定的；所以他们的管辖区域就不是上帝赐予的管辖区域，而是由世俗人赐予的；某一人的管辖区域大一些，另一人的管辖区域则小一些，这依照教会君主的意愿而定。如果贝拉明主教事先能够证明教皇对全部基督徒拥有普遍的管辖权，那么就可以证明他的上述观点。但是因为没能证明这一点，并且众所周知，教皇自己庞大的管辖区域也是由拥有该辖区的人所赐，即罗马帝国的皇帝赋予的（因为这一点，君士坦丁堡大主教以其名义，即以他是首都和王座所在都城的主教的名义，要求与教皇平起平坐），因此我们可以得出推论，即其他主教的管辖区域也是从各自实施管辖权所在区域的君主那里得来的。这一原因既说明他们的权柄不是从神权那里得来的，也说明除了在他作为世俗主权者的地区外，教皇的权柄也不是源自于神权。

贝拉明主教的第五个论据是"如果主教的管辖权确实直接得自上帝，那么教皇就不可予以剥夺（该管辖权），因为他不能做出违反上帝的规定的事"。这一推论掷地有声而且证明充分。随后，他指出："但教皇可以剥夺，而且曾经剥夺过这种管辖权。"这一点也被认为是对的，教皇在自己的管辖范围或者在赋予他这种权力的任何另一位国王的管辖范围内都是如此行事的，但却并不是全以教皇的身份如此行事的。因为在每一个基督徒主权者的领地范围之内，这种权力都属于主权者自己，并且和主权是不可分割的。根据上帝向撒母耳发出的神谕，在以色列的子民没有同列国一样为自己立王之前，大祭司掌握着世俗政权，除了他之外没有人可以委派或革除低级的祭司。但是，后来这一权力则归属国王，贝拉明主教的同一论据可以证明这一点。因为如果祭司（不论是否为大祭司）的管辖权直接源自上帝，那么国王就不能剥夺（该管辖权），因为国王不能做出任何违反上帝命令的事。但是，可以确定的是，所罗门王就曾经革除了大祭司亚比亚他的大祭司职位[1]，

---

[1]参见《列王记上》第2章第26和第27节。这两节的原文为："王对祭司亚比亚他说：'你回亚拿突归自己的田地去吧！你本是该死的，但因你在我父亲大卫面前抬过主耶和华的约柜，又与我父亲同受一切苦难，所以我今日不将你杀死。'所罗门就革除亚比亚他，不许他做耶和华的祭司。这样，便应验耶和华在示罗论以利家所说的话。"

并以撒督[1]来代替他。因此，为了治理好他们的臣民，国王在他们认为恰当的时候，可以通过类似的方式委派或革除主教的职务。

贝拉明主教的第六个论据是如果主教的管辖权源自神权，即直接源自上帝，那么提出这种观点的人就应当引用神的话进行证明，他们却又找不出这样的话。他的这个论据很有说服力，因此我对此不加反驳。这一论据也同样可以证明教皇本身在任何其他国王的管辖范围内不享有管辖权。

最后，他还引述英诺森和利奥两位教皇的证言作为论据。我毫不怀疑，他同样有充足的理由引述自圣彼得之后所有其他教皇的证言。因为人类的本性中天然存在权力欲，所以不论谁是教皇，都会诱使他支持同样的观点。但是，他们的这种作为却像英诺森和利奥一样，只能为他们自己作见证，因而他们证言的说服力并不充分。

贝拉明主教在第五章中得出了四个结论。第一个结论，教皇不是整个世界的君主。第二个结论，教皇不是整个基督教世界的君主。第三个结论，教皇在自己的管辖区域之外不能直接享有世俗管辖权。这三个结论很容易得到认可。第四个结论是教皇在其他君主的领土内间接地享有最高的世俗权力，这一结论则不能得到认同；除非所谓的"间接地"是指通过间接方式获得的，那么这一结论尚可被认同。但是，我认为他说"间接地"这句话时，他表达的是这种意思，即这种世俗管辖权当然属于他，然而这种世俗权力只是源自于他的教权；没有世俗的管辖权，他就无法行使他的教权。因此，最高的世俗权力与教权，即他所称的"灵权"便必然不可分割地联系在一起。由此，他有权在他认为有利于灵魂得救时，使王国易帜、国王更迭。

在我考量贝拉明主教用来证明这一观点的论据之前，先不妨说明一下这种观点将导致的后果。它将导致的后果就是在各自的国家中具有世俗主权的国王和统治者自己可能要思忖一番，即认可这一观点对他们是否有利，对他们的臣民是否有好处，他们（君主和统治者）在审判日是要就此向他们（臣民）作说明的。

当提到教皇在其他国家的领土内不直接享有最高的世俗权力时，我们的理解

---

[1] 参见《列王记上》第2章第35节。该节的原文为："王就立耶何耶大的儿子比拿雅作元帅，代替约押，又使祭司撒督代替亚比亚他。"

□ 尼西亚宗教会议

公元313年，君士坦丁大帝对帝国的宗教政策进行了一次重大的改革，他承认基督教，并赐予其保护。君士坦丁实施新政，一方面是源于他基督徒母亲圣海伦的影响，另一方面据说源于一次超自然事件。在公元312年的一场战役之前，君士坦丁梦见了一个十字架，上面写着"此符之下，君必胜矣"。第二天，他的士兵们在十字架的保护之下，势如破竹，赢得阵地。在大约30年后，年迈的君士坦丁本人才接受洗礼。图为君士坦丁大帝时期的尼西亚宗教会议。

是，他并没有像其他世俗主权者那样，将被统治者对他们最初的服从作为理由来进行反对。因为这一点是显而易见的，并且本书已充分证明，所有主权者的权利从根本上都是经被统治者中每一个体的同意而得来的，不论他们选择他是为了共同抵御敌人（如经过合意选择一个人或一个议会来保护自己），还是为免于死亡而服从一个征服他的敌人都是一样的。因此，当教皇宣称自己对其他国家不直接享有最高的世俗权力时，他否定的只是他的权力最初是源自这种方式这一点，但是他却绝不会因之而不通过另外一种方式来要求获得这种权力；即他无需被统治者的同意，而是通过自己在就任教皇时神所赋予的权利来要求获得这种权力，这就是他所称的"间接地"。但是，无论他要求通过何种方式来获得这种权力，这种权力始终都是一样的；并且如果他获得了这种权力，那么他就可以在自己认为有利于灵魂得救的时候，根据自己的意愿随时罢黜国王以及使国家更迭，而因为他同时也要求享有唯一的管辖权，所以就事实而言，是否是为了灵魂得救并没有什么不同。不仅贝拉明主教宣讲这种理论，其他很多圣师也在自己的布道文和著述中宣讲这种理论；并且有些宗教会议还将其作为教谕，有些教皇则抓住时机将其付诸实践。例如，英诺森三世所主持的第四届拉特兰宗教会议[1]［《论异端（De Haereticis）》的第三章］规定了一条宗教法规："如君主在教皇告谕下，不清除其境内的异端教徒，

[1] 1215年，教皇英诺森三世在罗马拉特兰教堂召开的一次大公会议。

并因此而被开除教籍后，在一年之内如不赎罪时，臣民可解除其从属关系。"而且我们可以看到，这一教谕在不同的情况之下都付诸实施了；比如废黜法兰克王契尔德里克[1]，将罗马帝国交给查理大帝[2]、压制英国国王约翰[3]、使纳瓦拉王国更迭以及后来反对法国国王亨利三世的同盟[4]，还有在许多其他情况下均是如此。我认为，极少有君主认为这不是非正义且不利于自己的，但是我希望他们所有人进行抉择，是做国王还是做臣民？人不能侍奉两个主。因此，他们要将自己（即从侍奉两个主的困境之中）解脱出来，要么是自己完全掌握政权统治权，要么是将其全盘交给教皇，从而使那些愿意服从的人能够从他们的服从中得到保护。因为这一世俗权力与教权的区别只是遣词造句上的差别，权力实际上是被分割了。和另一间接的权力当局分享权力就如同与另一直接的权力当局分享权力一样，基于任何目的进行权力分割都是危险的。但是，现在我们来看一看他的论据。

他的第一个论据是认为"俗权服从于灵权，所以具有最高教权的人就有权管辖世俗君主，并按照性灵事务去处理他的世俗事务"。至于世俗与性灵的区别，让我们考量一下从何种意义上能使人理解世俗权力服从于性灵权力。这些词汇只有在两种说法的情形下才有意义。当我们说某一权力服从于另一权力时，其含义要么是享有一种权力的人服从享有另一权力的人，要么是某一权力服从另一

---

[1] 此处应该是指法兰克国王希尔德里克三世（714—755年），公元751年被教皇扎加利废黜。

[2] 公元800年，罗马教皇利奥三世为查理大帝加冕，并称其为"罗马人的皇帝"。

[3] 约翰（1167—1216年），英格兰国王，1199—1216年在位。1206年，约翰因拒绝承认兰顿为坎特伯雷大主教而与当时的教皇英诺森三世发生冲突，教皇宣布开除约翰的教籍并剥夺了他的教权，还要求其逐出教门，同时教皇还说服法国向英国开战。最终，约翰于1213年作出让步，接受教皇指派的主教，并且每年向罗马教廷缴纳年贡1.3万马克。

[4] 纳瓦拉王国原是位于比利牛斯山附近、夹在西班牙和法国之间的一个小王国。1584年，亨利三世的继承人、王弟阿朗松公爵去世，因亨利三世本人无后裔，所以选择继承人就成为一个问题。根据法国国王血缘远近，1585年，确认纳瓦拉国王亨利成为法国国王最有资格的继承人，但却因他是新教胡格诺派而遭到当时教皇西克斯图斯五世的反对，并被革出教门。教皇宣布剥夺他的王位继承权，还暗地里联合法国的吉斯公爵、西班牙等组成反对亨利三世的同盟。迫于压力，亨利三世宣布剥夺纳瓦拉国王亨利的王位继承权，但由此引发大规模骚乱，亨利三世也在这场骚乱中丧生。骚乱过后，1589年，纳瓦拉国王亨利成功继承法国王位并成为波旁王朝开国君主亨利四世，纳瓦拉与法国合并，此举再次遭到教皇西克斯图斯五世的反对，并宣布亨利四世继承王位无效，号召天主教国家联合反对亨利四世。

权力，这就如同方法服从目的一样。如果说某一权力可以辖治另一权力，或是说某一权力可以享有对另一种权力的权利或可以支配另一权力，那么我们是无法理解的。因为服从、命令、权利和权力都不是权力的偶性而是人的偶性。某一权力可能从属于另一权力，就如同马鞍匠的技艺服从骑手的技艺一样。承认世俗政府是可以带领我们进入精神至福状态的一种手段，但是并不能得出推论认为如果一个国王掌握着世俗权力而教皇掌握着灵权，那么这个国王就应从属于教皇。这就如同每一个马鞍匠应服从骑手一样。因此，正如同依照技艺的从属关系并不能推导出执业者的从属关系，也不能依照政府间的从属关系推导出统治者之间的从属关系。所以，当贝拉明主教指出"俗权从属于灵权"时，他的意思就是说世俗主权者从属于性灵主权者。这一论据就是说因为世俗主权者服从于性灵主权者，所以管理宗教事务的君主可以管辖世俗君主（此处的结论与前提一样均有待他进行证明）。但是，为证明这一点，他首先提出了这一理由——"国王、教皇、教士和俗界诸众所组成的是一个共和国；这就是说，组成了一个教会。在所有机构之中，成员之间彼此相互依赖；但是，宗教事务并不依赖世俗事务，而是世俗事务依赖宗教事务，所以世俗事务就要服从宗教事务，因此就需要服从他们（即宗教主权者）"。这一论证存在两大谬误。第一，一切基督徒君主、教皇、教士和所有其他基督徒只是组成了一个国家。显而易见，法兰西是一个国家，西班牙是另外一个国家，威尼斯则又是第三个国家等等。这些国家是由基督徒构成的，因此就是若干基督徒组成的团体，即若干教会，并且他们由自己主权者所代表，所以就能像一个自然人那样形成管辖和服从、施与和承受的关系。总教会或普世教会在没有代表之前是不能形成这种关系的，但是它在俗世又没有这样的代表，因为如果有这样的代表，那么毫无疑问，整个基督教世界就是一个共和国，其主权者就是世俗与性灵事务两方面的代表。教皇要想成为这样的代表，却缺乏救主所未赋予他的三项权利，即发号施令、判讼决狱以及施与除了开除教籍之外的惩罚，即除了对那些不接受他宣教的人进行惩罚，不能进行任何其他惩罚。因为尽管教皇是基督的唯一代治者，但是他要等到基督第二次降临时才可以行使他的治理权；那时，教皇本人也不是世界的审判者，教皇圣彼得与其他使徒才是世界的审判者。

他的第一个论据中的另一项错误是他认为任何一个国家的成员就如同自然躯体的组成部分那样是互相依存的。诚然，他们是聚合在一处，但是他们却只依赖于主权者，主权者是国家的灵魂。失去了灵魂，国家就会陷入一场内战之中，没有人会如此多地与另外一个人联系在一起，因为对众所周知的主权者的依赖已不复存在，这就如同自然躯体的各个部分没有了灵魂的维系就会归于尘土一样。因此，这个比喻没有任何可作为依据的地方能够得出世俗世界应当服从教士或世俗官员应服从神职人员的推论，而只能得出双方均应服从世俗主权者的推论。世俗主权者应使他的世俗命令有助于实现灵魂得救，但是他不会因之而服从除了上帝之外的任何人。因此，你们就可以看到，他利用第一个论据中精心编造的谬论来欺骗一些人，使他们无法分清行为对目的的从属关系和人与人之间在利用手段方面的从属关系。对于任何一种目的而言，手段都是由自然或由上帝本身通过超自然的方式决定的。但是，在每一个国家之中，因为自然法禁止人们违背他们已服从的信仰，所以决定人们利用手段的权力属于世俗主权者。

他的第二个论据是：因为每一个国家都被认为是完美无缺和自给自足的，所以就可以命令任何另外一个不从属于它的国家，强制其改变政府行政管理事务；并且在没有抵御该国君主将行侵害的其他方法的时候，就可以废黜该君主。当宗教的国家不能通过其他方法来保护其宗教利益的时候，就更可以命令一个世俗国家改变其政府行政管理事务并废黜君主，另立他人。

一个国家为了使其自身免于侵害，可以合法地实施贝拉明主教在此处所提及的一切行为，这一点是非常正确的，本书前文中也已进行了充分证明。如果世上果真存在一个不同于世俗国家的宗教国家，那么其君主就可以因受到损害或者因保证未来不受损害的方面防范不足，通过发动战争进行补救和保护自己；总而言之，就是废黜、杀戮、征服或进行任何敌对活动。但是，基于同一理由，一个世俗主权者在遭到类似损害或畏惧遭到类似损害时，也可同样合法地对宗教主权者发动战争，我认为这超出了贝拉明主教原本计划从他自己的主张中所得出的推论。

但是，世上不存在宗教国家，因为宗教国家和基督的国是同一回事，而基督本人却说他的国不属这世界[1]，而只会在复活时存于另一个世界中，那时虽然为人正派且相信"耶稣是基督"的人肉身已殒，但是却会以灵性的身体复活[2]，

---

[1] 具体参见《约翰福音》第18章第36节，耶稣说："我的国不属这世界。"
[2] 参见《哥林多前书》第15章第44节，该节原文为："所种的是血气的身体，活的是灵性的身体。若有血气的身体，必有灵性的身体。"

到那时，我们的救主就会审判世界，征服他的敌人并建立一个宗教国家。目前，因为俗世之中人的躯体都不是性灵的，所以目前仍以肉身活着的人之中就不会存在宗教国家；除非我们将那些传道者（即负有布道使命、使人准备在他们复活时被接引至基督的国）称为一个国家，但是我已证明并不存在这种国家。

他的第三个论据是"如果一位不信神或异端的君主竭力使基督徒相信他的异端邪说或不信神时，那么基督徒对此予以容忍是非法的。但是，判断君主是否使臣民接受异端邪说的权力属于教皇。因此，教皇有权决定是否应当废黜一位君主"。

关于这一论据，我的回应是：这两个判断均是错误的。因为基督徒或任何其他宗教的教徒如果不容受他们的国王，不论国王制定了何种法律，即便他制定了关于宗教的法律，那么他就是违反了忠诚的义务，违反了自然法和成文法的神律。臣民之中，除了他们自己的世俗主权者之外，没有任何人可以担当异端邪说的裁断者。因为异端邪说并非他物，而只是一种被固执笃信的私人观点，这种观点与国家代表者下令教导的学说是相左的。据此，显而易见，明确规定可以进行教导的观点不能是异端邪说，批准这类观点的世俗君主也不能是异端教徒。因为异端教徒不是其他人，而是某些固执捍卫其合法主权者所禁止的教义的个体。

但是，为了证明基督徒不能容忍异教或异端的君主，他引用了《申命记》中的规定，即"上帝禁止犹太人在立王的时候选立外国人"。[1] 他据此得出推论，认为基督徒选立不信基督的人为王是非法的。的确，作为一名基督徒就已承担义务，要在我们的救主重新降临的时候将救主当成他自己的王，如果在今世选立一个王时，选立了一个他知道会竭力通过恐怖行为和劝说让他背弃自己的信仰的人，那么就是对上帝的大不敬。但是，他认为，选立一个非基督徒国王或选立了国王之后而不予废黜是同样危险的。关于这一点，我认为问题不在于不予废黜会出现何种危险，而在于废黜是否符合正义。在某些情形下，选立这样的国王是非正义的；但是，在任何情形之下，选立国王了之后又予废黜都是非正义的。因为不管在何时，这样做永远都属于违背了忠诚的义务，所以就是违反了自然法；然

---

[1] 参见《申命记》第17章第15节，该节原文为："总要立耶和华你神所拣选的人为王，必从你弟兄中立一人，不可立你弟兄以外的人为王。"

而，自然法是上帝永恒的法律。《圣经》中，我们也没有看到使徒时代将这种说法当作基督教的教义，教皇拥有罗马世俗主权之前的罗马皇帝时代亦是如此。但是，他对此问题的回答是之所以古代基督徒没有废黜尼禄[1]、戴克里先[2]、尤利安[3]或阿利乌斯教派信徒维伦斯[4]，只是因为他们缺少世俗的权力。情形可能就是如此。但是，我们的救主只要召请就可以得到十二营永生不朽、坚不可摧的天使襄助他，难道他也缺少力量来废黜恺撒或至少是废黜那个找不出耶稣的过错而又非正义地将耶稣交给犹太人钉在十字架上的彼拉多吗？如果使徒没有废黜尼禄的世俗权力，那么是不是在他们致新入教教民的信中有必要像他们之前所做的那样教导他们服从按信约建立的、管辖他们的权力当局（当时的尼禄就是其中的一个权力当局），并且教导他们不应出于畏惧他们的愤怒而是基于良心的缘由而服从呢？难道我们能说他们是因为缺少力量，所以不仅要服从而且也将有违本意的话教导给其他人？因此，基督徒容忍异教徒君主或批准宣教错误学说的君主（因为我不能将那些本身的学说已变成公众学说的人称为异端教徒），就不是因为缺少权力而是出于良心。对于教皇的世俗权力，他又进一步指出，圣彼得在当时异教徒君主统治之下，曾经委派过未经这些君主任命的审判者[5]。这种说法是不对的。因为圣彼得只是劝告他们从自己的弟兄中选出某些人充当仲裁者，弥合他们之间的分歧，而不是要到异教徒审判者面前去争讼。这是一条充满善意且有益的箴言，即便在最好的基督教国家中也是适合付诸实施的。至于臣民容忍一个异教徒君主或犯错的君主对宗教可能带来的危险方面，臣民没有资格充当这个问题的裁断者；如果他们有资格，那么教皇的世俗臣民也可以裁断教皇的教义。因为正如我在前文中所证明的，和教皇一样，每一位基督徒君主对他自己的臣民来说是最高牧师。

他的第四个论据是国王的洗礼。经过洗礼，他们为了成为基督徒而臣服于基督，并承诺奉行和捍卫基督教的信仰。这是真实的。因为基督徒国王也只是基督

---

[1] 尼禄（37—68年），罗马帝国皇帝，54—68年在位。
[2] 戴克里先（约244—312年），罗马帝国皇帝，284—305年在位。
[3] 尤利安（137—193年），罗马帝国皇帝，193年担任罗马皇帝，在位仅66天。
[4] 维伦斯（328—378年），东罗马帝国皇帝，364—378年在位。
[5] 参见《哥林多前书》第6章。

的臣民而已。但是无论如何，他们和教皇也是平起平坐的，因为他们是自己臣民的最高牧师；而即便在罗马当地，教皇也不过是国王兼牧师。

他的第五个论据是我们的救主的一句话："你牧养我的羊。"[1]贝拉明主教认为这句话授予了作为一名牧师而必须具备的一切权力。例如，驱除狼的权力，即驱除异端教徒的权力；羊发狂或用角抵其他羊时（那些邪恶的基督徒国王就是这种"羊"），将它们圈禁起来的权力；以及给羊群提供适当食物的权力。据此，他得出推论认为耶稣赋予了圣彼得这三项权力。对此，我的回答是其中最后一项权力不过是传道的权力或命令。第一，即关于驱除狼（异端教徒）的权力，他引用的《圣经》原文是："你们要防备假先知，他们到你们这里来，外面披着羊皮，里面却是残暴的狼。"[2]但是，他们既不是假先知，更不是先知。即便承认此处所说的"狼"是指异端教徒，也没有命令让使徒去杀掉他们，或是当他们是君主时去废黜他们；而只是防备、避开并规避他们。耶稣提出防备假先知的这一劝告不是向圣彼得提出来的，也不是向任何使徒提出来的，而是向随他上山、大部分尚未皈依的犹太百姓提出来的；因此，如果说这句话赋予了任何废黜君主的权力，那么（这种权力）不仅授予了普通平民，而且授予了根本不是基督徒的人。至于隔离和圈禁发狂的"羊"，他以此指代不服从罗马主教的基督徒国王的权力，就是连基督本人也拒绝在今世享有这种权力，而是劝告旁人，在审判日之前，就让小麦和稗子一起长。所以（这权力）就更没有赋予圣彼得，圣彼得也不可能将其赋予教皇。圣彼得和所有其他牧师都得到吩咐，要将不服从教会即不服从基督徒主权者的基督徒看作异教徒和税吏。既然人们不承认教皇享有统治异教徒君主的权力，那么他们也不应承认任何人享有统治那些被看作异教徒的人的权力。

但是，他仅从教导的权力又推论得出教皇享有对国王的强制权力。他认为，牧人必须给他的羊群适当的食物，因此，教皇就可以而且应强迫君主履行他们的义务。据此，他得出了一个推论：作为基督徒的牧师，教皇是万王之王；所有的基督徒国王，或者是必须承认这一点，或者是在他自己的统治范围内自行承担起

---

[1]《约翰福音》第21章第16和第17节中都出现了这句话，其中这句话在第16节翻译为"你牧养我的羊"、第17节翻译为"你喂养我的羊"。

[2] 参见《马太福音》第7章第15节。

最高牧师的职分。

他根据实例提出了第六个论据，也是最后一个论据。对于这一点，我的回应是：第一，那些实例根本无法证明任何东西；第二，他所引用的实例尚不足以说明存在权力的可能性。《圣经》的原文说耶和耶大杀死了亚他利亚，如果他不是根据约阿施王的权柄才这样做，那么大祭司就是犯下了滔天之罪，自从选扫罗为王后，大祭司就只不过是一介平民而已。[1]对于圣安布罗斯[2]将皇帝狄奥多西开除教籍之事[3]，假使他真的这样做，则是属于犯了死罪。对于教皇格里高利一世[4]、格里高利二世[5]、扎加利[6]和利奥三世[7]，他们在自己裁断的案件中所作出的判决都没有效力；他们根据这一观点（贝拉明主教的观点）而做出的行为都是人类本性所能犯下的最大罪行，扎加利的行为尤其如此。以上就是关于教权问题的讨论。如果贝拉明主教只是以一位平民的身份提出了这些观点，而不是作为反对所有其他基督徒君主与国家主权者并为教皇权力而辩护的斗士身份，那么我讨论的篇幅将更为简短。

□ 卡塞尔国王的洗礼

霍布斯指出，国王受洗之后成为基督徒并臣服于基督。但是，基督徒国王也仅仅是基督的臣民，不管怎样，他们是和教皇平起平坐的，因为他们是自己臣民的最高牧师。图为卡塞尔国王的洗礼。

---

[1] 参见《列王记下》第11章。
[2] 圣安布罗斯（340—397年），罗马人，曾任米兰大主教。
[3] 狄奥多西（约346—395年），罗马帝国皇帝，379—395年在位。公元390年，希腊发生暴乱导致罗马帝国委派的总督被杀，罗马皇帝狄奥多西下令屠杀希腊人。米兰大主教圣安布罗斯闻讯后十分震惊，下令开除皇帝狄奥多西教籍。迫于压力，狄奥多西公开承认错误，最后圣安布罗斯同意缩短皇帝的服罪期，并恢复其教籍。
[4] 格里高利一世（约540—604年），第64任教皇，590—604年在位。
[5] 格里高利二世（669—731年），第89任教皇，715—731年在位。
[6] 扎加利（679—752年），第97任教皇，741—752年在位。
[7] 利奥三世（675—741年），第96任教皇，717—741年在位。

第四十三章　论一个人被接受进入天国的必要条件

　　长期以来，当上帝和人的命令互相冲突时，对两者同时服从的难题一直就是导致基督教国家发生叛乱和内战最常见的理由；这一难题至今尚未得到充分解决。显而易见，当一个人接到两个相互冲突的命令时，如果他知道其中一项命令是上帝发出的，那么他就应当服从那一项命令而不是另外一项命令，而不论另一项命令是他的合法主权者（不论是君主或主权议会）或他父亲所发出的。因此，难题就在于此，当以上帝的名义对人们发布命令时，很多时候人们并不知道这项命令是出自于上帝，或是发布命令的人滥用上帝之名以谋取一己私利。因为就如同犹太人的教会中很多假先知通过虚假的梦和异象在民众中沽名钓誉一样，各个时期的基督教会中也有很多假牧师通过荒诞和虚伪的言论在民众中间沽名钓誉，并利用这种名声对民众进行统治（这种名声恰是野心的本质所在），以谋求私利。

　　但是，如果一个人能分辨他被接纳进入天国的必要和非必要条件，那么对他而言，同时服从上帝和地上的世俗主权者的困难就不再是难题。因为如果服从了世俗主权者的命令之后而不至于丧失永生，那么不服从就是非正义的，这种情况下就适用使徒保罗的诫言，"你们作仆人的，要凡事听从你们……的主人"[1]，"你们作儿女的，要凡事听从父母"[2]；以及我们救主的诫言，"文士和法利赛人坐在摩西位上，凡他们所说的你们都要谨守遵行"[3]。但是，如果服从了命令后就必然遭受永死的惩罚，那么服从就是疯癫昏乱，这种情况之下就适用我们的救主的劝告："那杀身体不能杀灵魂的，不要怕他们。"[4]因此，所有的人要想避免因为不服从地上的主权者而遭受今世惩罚以及因为不服从上帝而遭受来世惩罚

---

[1] 参见《歌罗西书》第3章第22节。
[2] 参见《歌罗西书》第3章第20节。
[3] 参见《马太福音》第23章第2和第3节。
[4] 参见《马太福音》第10章第28节。

的，就必须接受教导，从而清晰地分辨对永远的得救而言何为必要的和不必要的条件。

"信基督"和"服从法律"两种美德中蕴含了救恩所必需的全部（条件）。如果后一种美德被全然奉行，那么对我们而言本来就已是足够的。但是，因为我们全都违犯了神律（这种违反不仅仅是原来亚当违犯了神律，而且我们自己也实际违犯了神律），所以现在对我们的要求就是我们不仅要在往后余生服从它，而且要赦免过往的罪孽，这种赦免是对我们信基督的报偿。除此之外，关于救恩的必要条件则再无其他内容，这在这句话中体现得非常明显：天国只对罪人掩闭，即只对违抗神或违犯神律的人是掩闭；只要这种人悔改并相信救恩所必需的一切基督教信条，天门对他们也就不会掩闭。

□ **法利赛人**

法利赛人是耶稣时代的一个犹太人宗派。他们强调对摩西律法的遵行，反对耶稣的福音信息，在守法问题（尤其是守安息日）上顶撞耶稣。

在我们的所有行为之中，上帝都是将我们的意志当作实际行动而接受的，他所要求我们的服从就是尽力地认真服从他，同时一切包含这种"努力"含义的名词也都能用来指代这种"努力"。因此，有时候"服从"被表述为"爱心、慈爱之意"和"爱、热爱"之意[1]，因为它们包含着"服从"的意愿；并且我们的救主本人将我们对上帝的爱和对其他人的爱视作是对全部神律的遵守。有时候，"righteousness（即"义""公义"之意）"[2]这一名词也用来表示（服从），因为

---

〔1〕在《圣经》中，"慈爱"作为名词在英王詹姆斯钦定版《圣经》出现的次数较多，"爱"则在简易英文译本《圣经》出现的次数较多，并且在大多数情况下，二者是通用的。例如，《哥林多前书》第13章第4节："爱是恒久忍耐，又有恩慈。爱是不嫉妒。爱是不自夸，不张狂。"

〔2〕《圣经》中多处出现"righteousness"一词，一般翻译为"义"或"公义"。例如，《约伯记》第29章第14节："我以公义为衣服，以公平为外袍和冠冕"；又如《申命记》第6章第25节："我们若照耶和华我们神所吩咐的一切诫命谨守遵行，这就是我们的义了。"

"righteousness"一词是指使各人的东西各归其所的意愿，即服从法律的意愿；并且有时候用"悔改"一词来表示（服从）[1]，因为悔改意味着除罪，等同于回心转意而去服从。因此，不管是何人，只要他诚实地希望符合上帝的诫命，或是对他的过犯真诚悔过，或是全心全意地爱上帝且爱邻人如己身，那么他就具备了被天国接纳所需的一切必要的服从；因为上帝如果要求的是彻彻底底的无罪，那么就没有肉身凡胎能够得救。

但是，上帝给了我们什么样的诫命呢？经摩西之手给予犹太人的所有法律是否全是上帝的诫命呢？如果它们是，那么又为什么没有教导基督徒遵守它们呢？如果它们不是，那么除了自然法之外，还有什么是（上帝的诫命）呢？因为我们的基督没有给我们新的法律，而只是告诫我们遵守那些我们已经服从的法律，即自然法和我们各自主权者的法律。他在山上对犹太人提出训诫时也没有制定新的法律，而只是对他们原先已服从的摩西律法进行了解释。[2]

因此，神律并非他物，而是自然法，其中主要的一条神律是"不应背信"，即要服从我们自己根据互相间的信约建立起来的世俗主权者的诫命。对于命令我们服从市民法的这一神律而言，根据逻辑推论就是命令我们服从《圣经》中的全部诫命；正如我在前一章中已经证明的那样，（《圣经》中的诫命）只有在世俗主权者使之成为法律的地方才成为"法律"，在其他地方都只是"劝告"，人们可以自行决定拒绝服从，而不因此被认为非正义。

现在既然已弄清了救恩所必需的是何样的服从以及要服从谁，那么接下来我们就要讨论一下在信仰方面我们要听信谁以及为什么要听信他，还有要得救的人要相信什么信条或观点。第一，就我们要听信谁的问题而言，因为当我们不知道一个人说出什么话之前不可能听信于其，所以这人就必须是我们曾听见他说话的人。因此，亚伯拉罕、以撒、雅各、摩西和先知们听信以超自然方式向他们说话的上帝本人；与基督当面谈过话的使徒与门徒听信我们的救主本人。但是，对于既未听过圣父上帝说话，且又未听见我们的救主说话的人，就不能说他们所听

---

[1]《圣经》中多次出现"repentance"一词，一般翻译为"悔改"。例如，《马可福音》第1章第4节："照这话，约翰来了，在旷野施洗，传悔改的洗礼，使罪得赦"；又如《路加福音》第5章第32节："我来本不是召义人悔改，乃是召罪人悔改。"

[2] 参见《马太福音》第5章。

信的是上帝。他们听信的是使徒，使徒之后便是教会中教导他们相信《新约》和《旧约》历史的牧师和圣师；因此，自从我们的救主的时代以来，起初基督徒信仰的基础是牧师的声誉，后来是接受《新约》和《旧约》作为信仰法律的权力当局，这一点除了基督徒主权者以外，没有人能做得到，因此他们（权力当局）也就是最高牧师，即当今基督徒所唯一听到上帝话的人；现在仍通过超自然方式听到上帝话的人则不属此类。但是，因为世上冒出了很多假先知，所以其他人都要根据圣约翰告诫我们的那样去试验那些灵"是出于神的不是"。[1] 因此，既然最高牧师负责裁断教义，那么每一个国家中所有没有得特殊神启的人要相信的人就是最高牧师，即世俗主权者。

人们相信全部基督教教义的原因是五花八门的：因为信仰是上帝赐予的礼物，上帝按照他认为看起来对自己有好处的方式使之在每个人的心中起作用。至于让我们相信任何一条基督教信仰的最为常见的直接原因就是我们相信《圣经》乃是上帝之言。但是，对于我们为什么相信《圣经》是上帝之言的这个问题，答案则是众说纷纭，因为所有未经明确阐述的问题都必然会出现这种情况。因为他们不是将这问题看作"我们为什么相信"，而是看作"我们怎样知道"，似乎"相信"和"知道"就是一回事一样。由此而来，一方将教会的永无谬误性当作自己知识的依据，另一方则将对个人的灵的证明作为（自己知识的）根据，任何一方都没有得出自己声称将要得出的结论。因为一个人如果不是先知道《圣经》的无误性，那么他又怎能知道教会的无误性呢？或者，一个人又怎么能知道他个人自己的灵不是根据牧师的权威与论据，或是根据他自身假定的禀赋而得来的一种信念呢？此外，《圣经》中没有任何原文可以推导得出"教会无误性"的推论，更不能得出"任何特定教会无误性"的推论，也就更不用说推导得出"特定的个人无误性"的推论了。

因此，显而易见，基督徒不是"知道"而只是"相信"《圣经》是上帝之言；并且，上帝一般乐于使人们通过自然的方式（即从他们的圣师那里得来的）使人

---

[1] 参见《约翰一书》第4章第1节。该节的中文和合本《圣经》译文为："亲爱的弟兄啊，一切的灵，你们不可都信，总要试验那些灵是出于神的不是，因为世上有许多假先知已经出来了。"

们相信这一点（《圣经》是上帝之言）。圣保罗所说的基督教信仰的一般性教义是"信道是从听道而来的"[1]，即从听我们合法的牧师的话那里得来的。此外，他又说："未曾听见他，怎能信他呢？没有传道的，怎能听见呢？没有奉差遣的，怎能传道呢？"[2]根据这一点，显然相信《圣经》是上帝之言的一般原因和相信我们信仰中所有其他信条的原因是一样的，即听了根据法律许可和指定来教导我们的人的话，（这样的人）在我们的家中是父母，在教会中则是我们的牧师，这一点从经验判断就更为明显。在基督教国家中，所有的人都相信或者至少在口头上承认《圣经》是上帝之言，而在其他国家中鲜见这种情况，难道这不是因为人们在基督教国家中从婴儿时代就接受这种教导，而在其他国家则是接受不同教导吗？

但是，如果教导是信仰的原因，那么为什么不是所有的人都相信呢？因此，信仰肯定是上帝的恩赐，他只将其赐予了自己所愿意赐予的人。但是，因为他通过圣师将信仰赐予受赐者，所以信道的直接原因是听道。在一所学校中，众人受教，部分人受益，部分人没有受益；他们学而有所得的原因在于圣师，但是我们不能因此得出推论，认为学而有所得不是上帝的恩赐。一切善事皆源自于上帝，但是不能让（遇见好事的）人们都说善事源自于神感；因为这意味这是一种超自然的恩赐，并需要借由上帝之手直接介入；如此声称的人就是声称自己是先知，并应受到教会的检验。

但是，人们是否知道、相信抑或承认《圣经》是上帝之言，当我根据《圣经》中没有半点模糊之处的原文提出哪些是救恩所必需且仅需的信条时，那些人就必然同等需要知道、相信或认可它们。

《圣经》上明明白白地说明救恩所唯一需要的信条就是"耶稣是基督"。以"基督"之名即理解为上帝在《旧约》中通过先知应许差遣一个王到这世界，永在他之下统治（犹太人和其他信他的国民），并将因亚当的罪而失去的永生赐予他们。当我根据《圣经》对这一点进行证明之后，还需要进一步证明在何时和从何种意义上其他的信条也可以被称为是必要的信条。

---

[1] 参见《罗马书》第10章第17节。
[2] 参见《罗马书》第14章第15节。

为了证明"耶稣是基督"这一信条是救恩所必需的全部信仰，我的第一个论据源自福音书作者的目的；他们的目的是通过记述我们的救主的生平来确立"耶稣是基督"的信条。概括而言，圣马太的福音书就是说耶稣是大卫的后裔，是由童贞女所生，以下是真基督的标志：东方三博士前来将其当成犹太人之王来拜他，希律王因之而企图除灭耶稣[1]；施洗约翰宣告他是王；他自己和他的门徒也传布耶稣就是那个王；他教导律法时正像有权柄的人，不像文士[2]；他仅凭言语就能治好病，并行了许多其他的奇迹，这是预言中基督要做的事情[3]；他进入耶路撒冷时，曾被称颂为王[4]；他曾事先警示他人提防一切自称是基督的人[5]；因为他自称为王，因而

□ 天使在耶稣诞生时祈祷

耶稣诞生于伯利恒的马棚中，这可能是传播最广的《圣经》故事。耶稣的母亲玛利亚即将临盆的时候，罗马政府下了命令，全部人口务必到伯利恒申报户籍。约瑟和玛利亚只好遵命。可当他们到达伯利恒时，天色已将近黄昏，由于没有找到下榻处，他们便暂住在一个马棚里。就在这时，耶稣要出生了，于是玛利亚只好在马槽上生下耶稣。这时天使出现，包围着耶稣，为他祈祷，牧羊人也在一旁看着，天上满是伯利恒之星。

---

[1] 耶稣出生时从东方来送礼的三位贤人（wise men），参见《马太福音》第2章。

[2] 参见《马太福音》第7章第29节和《马可福音》第1章第22节。

[3]《圣经》中记载了耶稣通过说话治疗疾病的故事，其中治疗过的疾病包括大麻风病、热病等。例如，《马可福音》第1章第40、41和42节就记录了他通过说话治疗大麻风的过程："有一个长大麻风的，来求耶稣，向他跪下说，你若肯，必能叫我洁净了。耶稣动了慈心，就伸手摸他，说，我肯，你洁净了吧。大麻风即时离开他，他就洁净了。"又如《路加福音》第38和第39节就记录了他通过斥责热病而治好了西门的岳母的热病："耶稣出了会堂，进了西门的家。西门的岳母害热病甚重。有人为她求耶稣。耶稣站在她旁边，斥责那热病，热就退了。她立刻起来服侍他们。"

[4] 参见《约翰福音》第12章第12和第13节："第二天，有许多上来过节的人，听见耶稣将到耶路撒冷，就拿着棕树枝，出去迎接他，喊着说，和散那，奉主名来的以色列王，是应当称颂的。"

[5] 参见《马可福音》第13章第5和第6节："耶稣说，你们要谨慎，免得有人迷惑你们。将来有好些人冒我的名来，说，我是基督，并且要迷惑许多人。"

被捕、被控告和被处死[1]；十字架上所写的罪状是"拿撒勒人耶稣，犹太人的王"[2]。所有这一切，没有其他目的，都是为了让人相信"耶稣是基督"。这就是圣马太福音书的目的。但是，在我们通读所有福音书之后，会发现其目的是一模一样的。因此，全部福音的目的就是要树立唯一的信条（即"耶稣是基督"）。并且，圣约翰在他的结论中明确地指出："记这些事，要叫你们信耶稣是基督，是神的儿子。"[3]

我的第二个论据是根据我们的救主在世上的时候和升天以后使徒讲道的主题而得来的。在我们的救主所处的时代，差遣使徒出去是为了宣传神国的道。[4]在这一节原文[5]和《马太福音》第10章第7节中，基督赋予他们的使命只是"随走随传，说，天国近了"，即耶稣是弥赛亚、基督和应许要降临的王。在基督升天以后，使徒们所传的道也一样，这一点从《使徒行传》第17章第6和第7节中就可以清楚地看出来，圣路加说："找不着他们，就把耶孙和几个兄弟拉到地方官那里，喊叫说：那扰乱天下的也到这里来了，耶孙收留他们。这些人都违背该撒的命令，说另有一个王耶稣。"[6]《使徒行传》第17章第2和第3节中又说："圣保罗照他素常的规矩进去，一连三个安息日本着《圣经》与他们辩论，讲解陈明基督必须受害，从死里复活。又说：'我所传与你们的这位耶稣就是基督。'"

第三个论据是从《圣经》中简明地说明救恩所需的信仰的那些原文而得来的。因为现在所宣教的、对于救恩所必需的所有基督教信仰教义之中最大的那一部分存在争议，所以要从内心信服（得救的教义），那么世界上再没有比成为一名基督徒更为困难的事情了。由此，虽然钉十字架的强盗进行了忏悔，但是也不能因为他说了"主啊，你的国降临的时候，求你纪念我"而获得救恩[7]，他通过这

---

[1] 相关具体内容可参见《马太福音》第27章。
[2] 参见《约翰福音》第19章第19节。
[3] 参见《约翰福音》第20章第31节。
[4] 参见《路加福音》第9章第2节。该节原文的内容是："又差遣他们去宣传神国的道，医治病人。"
[5] 此处是指《路加福音》第9章第2节。
[6] 霍布斯原文中说引自《使徒行传》第17章第6节，实际上它出现在英王詹姆斯钦定版《圣经》中的《使徒行传》第17章第6和第7节。
[7] 参见《路加福音》第23章第42节。

句话没有证明任何其他信条，只是证明了"耶稣就是那个王"这个信条。如果真如此，《马太福音》第11章第30节不可能说"我的轭是容易的，我的担子是轻省的"，《马太福音》第18章第6节也不可能说"这信我的一个小子"；圣保罗也不可能因为说"神就乐意用人所当作愚拙的道理拯救那些信的人"[1]而使其本人得救，更不可能突然间成为教会中如此至大的一位圣师。之前他可能从未曾想到"变体论"[2]"炼狱论"[3]或者任何现在强制人们接受的其他信条。

第四个论据是根据明确且解释上不存在争议的原文而得来的。第一，《约翰福音》第5章第39节中说："你们查考《圣经》，因你们以为内中有永生，给我作见证的就是这经。"此处，我们的救主所说的《圣经》只是《旧约》，因为那个时候《新约》尚未写出来，犹太人不可能进行查考。但是，《旧约》中没有半点关于"基督"的内容，而只是指出人们知道他降临的标志，诸如他是大卫的后裔、降生在伯利恒并由贞女所生、可行大奇迹等。因此，相信这是耶稣就足以使他得到永生，超出这一点就是毫无必要的了，因此不需要其他信条。第二，《圣经》中又说："凡活着信我的人，必永远不死。"[4]因此，"信基督"这一信仰足以使人获得永生，超出这一信仰之外的就是毫无必要的。信"耶稣"和信"耶稣是基督"就是一回事，这在紧随其后的几节原文中可以看得很清楚。因为当我们的救主对马大说："你信这话么？"[5]她答道："主啊，是的，我信你是基督，是神的儿子，就是那要临到世界的。"[6]因此，单凭这一信条就足以获得永生的信仰，超出的就是毫无必要的。第三，《约翰福音》第20章第31节中说："但记这些事，要叫你们信耶稣是基督，是神的儿子，并叫你们信了他，就可以因他的名得生命。"由此可见，信"耶稣是基督"就是足以获得永生的信仰，其

---

[1] 参见《哥林多前书》第1章第21节。

[2] 基督教宗教理论。耶稣在最后的晚餐上祝圣饼和酒时曾说："这是我的身体""这是我的血"。在教会举行圣餐礼仪式后，基督的血化酒，基督的肉化作面饼。

[3] 基督教宗教理论。炼狱指人死后净炼的过程，在这个过程中人身上的罪被净化从而达到圆满的境界。

[4] 参见《约翰福音》第11章第26节。

[5] 参见《约翰福音》第11章第26节。

[6] 参见《约翰福音》第11章第27节。

□ 耶稣使水变为酒

把水变为酒，被《圣经》描述为耶稣的"神迹"之一。在小城迦拿的一个婚宴上，主家的酒喝光了。耶稣的母亲玛利亚听说后，叫来耶稣，告诉了他；同时又叫来管家，让他听从耶稣的话。耶稣要管家搬来几口大缸，装满水。之后，耶稣叫人们把水盛给在座的宾客们。当这水被送到宴席上时，立即变成了上好的美酒。

他的信条都是毫无必要的。第四，《约翰一书》第4章第2节中说："凡灵认耶稣基督是成了肉身来的，就是出于神的。"《约翰一书》第5章第1节中说："凡信耶稣是基督的，都是从神而生。"第5节中又说："胜过世界的是谁呢？不是那信耶稣是神儿子的吗？"第五，《使徒行传》第8章第36和第37节中说："太监说：'看哪！这里有水，我受洗有什么妨碍呢？'腓利说：'你若是一心相信，就可以。'他回答说：'我信耶稣基督是神的儿子。'"因此，相信"耶稣是基督"这一条就足以受洗，即就足以被接受进入神国，因此这是唯一必要的条件。一般而言，在所有情况下，当我们的救主对任何人说"你的信救了你"时[1]，他说这话的原因就是明证信仰时直接承认或结论中暗含着"耶稣是基督"的信仰。

最后一个论据是根据将这一信条当成信仰基础的原文，因为拥有这一基础的人就可得救。关于这些原文，第一处是《马太福音》第24章第23和第24节："那时若有人对你说，'基督在这里'，或说：'基督在那里'，你们不要信。因为假基督、假先知将要起来，显大神迹、大奇事。"[2]由此，我们就可以看到，虽

---

〔1〕耶稣多次对人说"你的信救了你"。例如，《路加福音》中，耶稣对一个"用嘴连连亲他的脚，把香膏抹上"的女犯人说："你的信救了你。"（参见该篇第7章第50节）又如，同篇中，耶稣曾使一个瞎子能够看得见时，对这个瞎子说："你的信救了你。"（参见该篇第18章第42节）

〔2〕霍布斯原文中说引自《马太福音》第24章第23节，实际上它出现在英王詹姆斯钦定版《圣经》中的《马太福音》第24章第23和第24节。

然教导相反观点的人能显大神迹，但是仍然需要坚信"耶稣是基督"这一信条。第二处原文是《加拉太书》第1章第8节："但无论是我们，是天上来的使者，若传福音给你们与我们所传给你们的不同，他就应当受咒诅。"但是，因为保罗和其他使徒所传的福音只是"耶稣是基督"这一信条，所以为了信仰这一信条，我们应否定天上下来的使者的权威，更不用说任何俗世之人所传布的相反说法的观点了。因此，这一信条就是基督教信仰的基本信条。第三处原文是《约翰一书》第4章第1和第2节："亲爱的弟兄啊，一切的灵，你们不可都信，总要试验哪些灵是出于神不是，因为世上有许多假先知已经出来了。凡灵认耶稣基督是成了肉身来的，就是出于神的。"[1] 由此，显而易见，这个信条是一种尺度和规则，据此可以对所有其他信条进行评估或检验，因此，它就是唯一的基本信条。第四处原文是《马太福音》第16章第16和第18节，此处圣彼得对我们的救主说的"你是基督，是永生神的儿子"明证了自己对这一信条的信仰之后，我们的救主回答道："你是彼得，我要把我的教会建立在这一磐石上。"[2] 由此，我们就可以得出推论，即教会的所有其他教义都是建立在这一信条之上的，就如同建造在墙基上一样。第五处原文是《哥林多前书》第3章第11和第12节等："因为那已经立好根基就是耶稣基督，此外没有人能立别的根基。若有人用金、银、宝石、草木、禾秸在这根基上建造，各人的工程必然显露。因为那日子要将他表明出来，有火发现，这火要试验各人的工程怎样。人在那根基上所建造的工程若能存得住，他就要得赏赐。人的工程若被烧了，他就要受亏损，自己却要得救，虽然得救乃像从火里经过的一样。"[3] 这些原文中有一部分是清晰明白且易于理解的，另一部分则是蕴含寓意且难于理解的。从清晰明白部分的原文中可以得出推论：由牧师教导"耶稣是基督"这一基本信条，虽然据此而得出了错误的结论（有时，所有人都在所难免），但是却可以得救；如果本身不是牧师而只是听信了自己合法的牧师所教导给他们的话，那么就更能得救了。由此看来，只要信仰这一条已是充分

---

[1]霍布斯原文中说引自《约翰一书》第4章第1节，实际上它出现在英王詹姆斯钦定版《圣经》中的《约翰一书》第4章第1和第2节。

[2]霍布斯原文中说引自《马太福音》第16章第18节，实际上它出现在英王詹姆斯钦定版《圣经》中的《马太福音》第16章第16和第18节。

[3]《哥林多前书》第3章第11、12、13、14和15节。

的；因此，其他信仰的信条就都不是救恩所必需的信条。

现在，至于具有寓意的部分，诸如"这火要试验各人的工程怎样"及"自己却要得救，虽然得救乃像从火里经过的一样"，或者是"通过火里"（因为希腊语版《圣经》的原文为"δια πυρὸς"），这和我根据其他清晰明白的原文所得出的结论并不存在冲突。但是，因为有人根据此处原文提出了一个证明"炼狱的火"的论据，所以我此处也要向你们提出有关以火验道和救人问题方面的思考。此处，使徒保罗所指的似乎是先知撒迦利亚的话，他在谈到神国复兴时，曾说："这全地的人，三分之二必剪除而死；三分之一仍必存留。我要使这三分之一经火，熬炼他们，如熬炼银子；试炼他们，如试炼金子。他们必求告我的名，我必应允他们。"〔1〕审判日是神国复兴之日。圣彼得告诉我们，那一日将有大火，恶人被焚烧，但是其他被上帝拯救的人则将通过这次焚炼并将毫无损伤；在这焚炼中，他们将（像金银经火熬炼而清除渣滓一样）受到试验，祛除其偶像崇拜并归于真神之名。〔2〕圣保罗通过隐晦的话指出，"那日子"（审判日，即我们的救主降临在以色列复兴神国的大日）将试验每一个人的道，判断一下哪些是金、银、宝石的，哪些是草、木、禾秸的。因此，在正确的基础上得出错误推论的人将看到他们的道遭到惩罚，尽管如此他们自己却可以得救；他们毫发无损地通过这火并可得永生，归于真正和唯一的上帝之名。从这一意义而言，它并没有任何地方与《圣经》其他部分相冲突，或者是存在任何关于炼狱之火的影子。

但是，此处有人可能会问，对于救恩而言，相信"上帝是无所不能的创世者""基督已升天"以及"所有其他的人都将在最后的审判日从死里复活"是否和相信"耶稣是基督"具有同等必要性呢？关于这一点，我的回应是它们具有同等的必要性，此外还有更多的信条亦是如此；但是，它们是寓于这一信条之中的，从其中〔3〕可以推导出来，其难度大小不一。既然有人相信耶稣是以色列的神的儿子，而以色列人又认为上帝是无所不能的、创造万物的造物主，那么谁又看不出他将必然会因此而相信上帝是无所不能的、创造万物的造物主呢？或者说除非一个人也相信耶稣将从死里复活，否则他又如何能够相信耶稣将永远作王呢？

---

〔1〕参见《撒迦利亚书》第13章第8和第9节。
〔2〕参见《彼得后书》第3章。
〔3〕这里就是指从"耶稣是基督"这一条中推导出来。

因为已死之人无法作王。总之，相信"耶稣是基督"这一基础的人就明确地相信他自己认为可以从这一信条中直接推导得出的全部，并且相信根据其隐晦意义而得出的全部逻辑结论，尽管他并不具有足够的技巧来辨识这个结论。因此，以下观点仍然是正确的，即：相信这一信条是充分的信仰，足以使悔罪之人得到赦免，因而使他们进入天国。

现在，我已说明，救恩所需的服从全然在于服从神律的意志，即悔改；而救恩所需的信仰则全寓于"耶稣是基督"这一信条之中。我将进一步引用福音书的一些原文，证明救恩所必需的一切在于将它们两者结合在一处。在救主升天后的第一个圣灵降临节当天，听圣彼得讲道的人问他和其他的使徒说："弟兄们，我们当怎样行？"[1]彼得回答他说："你们各人要悔改，奉耶稣基督的名受洗，叫你们的罪得赦，就必领受所赐的圣灵。"[2]因此，悔改和受洗即相信"耶稣是基督"就是救恩所必需的全部。《路加福音》第18章第18节中说，有一个官问我们的救主"我该作什么事才可以承受永生"，救主答道："诫命你是晓得的，不可奸淫、不可杀人、不可偷盗、不可作假见证、当孝敬父母。"[3]当他说他这一切都已奉行后，我们的救主补充了一句："要变卖你一切所有的，分给穷人，……还要来跟从我。"[4]这等于是叫他信靠他这个为王的人。因此，遵守神律，相信耶稣是王，便是使人承受永生所必需的全部。第三处原文，圣保罗说："义人必因信得生。"[5]并非每一个人都能因信得生，而只有义人才可以。所以"信"和"义"（即为"义"的意志，或称为"悔改"）是永生所必需的全部条件。《圣经》中说，我们的救主在传道时说"日期满了。神的国近了，你们当悔改、信福音"[6]，便是指基督降临的好消息。因此，"悔改"和信"耶稣是基督"就是救恩所必需的全部。

那么，既然（寓于"悔改"一词之中的）信仰和服从必定会同时对我们的救恩产生作用，那么对于究竟通过其中的哪一项使我们被赦罪的问题则是不相干的争

---

[1] 参见《使徒行传》第2章第37节。
[2] 参见《使徒行传》第2章第38节
[3] 参见《路加福音》第2章第18和第20节。
[4] 参见《路加福音》第2章第22节
[5] 参见《罗马书》第1章第17节。
[6] 参见《马可福音》第1章第15节。

论。但是，对于两者各自通过何种方式对我们被赦罪产生作用、究竟从何种意义上说我们因其中一项或另一项而被赦罪的问题，则不是互不相干的。首先，如果将伟绩本身的"义"理解为"公义"，那么没有人能得救，因为不存在没有违犯神律的人。因此，当人们说我们因为自己的伟绩而"称义"（to be justified）[1]时，则应将其理解成"意志"；上帝永远将"意志"当作伟绩本身来接受，对于好人或坏人没有差别。如果一个人被称为"义"或"不义"都只能从"意志"的意义上进行理解，那么他的"义"使其得到赦罪，即他的"义"使其在"神的义"之下称"义"，使其因着他的信仰而生，而在此之前则不是这样的。因此，"义使人获得赦罪"的意义就是使获得赦罪与称一个人为"义"具有同等的意义；这不是从法律执行的意义上才这样说，在这种意义下对他的罪孽进行惩罚是非正义的。

但是，当一个人的祷告本身虽然不充分但又被神所接受的时候，也可以称其为"有义"。当我们向神祷告我们的意志以及努力去奉行神律并对未能奉行表达忏悔，而上帝又将其当作奉行神律的行为本身而接受时，就属于这种情形。但是，因为除了信徒之外，上帝并不会将"意志"当成"行为"而接受，所以只有"信"才能使我们的祷告有效。正是从这种意义来说，唯有因信而有义，所以对于救恩而言，"信"和"服从"二者都不可或缺；但是，从各自的意义而言，可将其称为使我们"有义"。

据此说明了对救恩而言什么是必需的之后，将我们对上帝的服从和对世俗主权者（要么是基督徒，要么是异教徒）的服从进行调和就不再困难。如果他（世俗主权者）是一位基督徒，那么他也会承认"耶稣是基督"这一信条以及寓于这一信条之中的、或是根据明显的逻辑结论可以从中推导而出的其他所有信条，这一切就是救恩所必需的全部信仰。因为他是一个主权者，所以他就可以要求（臣民）服

---

[1] 对于"to be justified"的翻译，根据《圣经》中相关文字的中文和合本《圣经》译文，可以将其翻译为"称义"或"有义"。如《加拉太书》第2章第16节，中文和合本《圣经》的译文为："既知道人称义，不是因行律法，乃是因信耶稣基督，连我们也信了耶稣基督，使我们因信基督称义，不因行律法称义，因为凡有血气的，没有一人因行律法称义。"又如《约伯记》第13章第18节，中文和合本《圣经》译为："我已陈明我的案，知道自己有义。"

从自己的一切,即要求服从所有的市民法;市民法中包含着全部自然法,即全部神律,因为除了自然法与作为市民法组成部分的教会法之外(因为可以制定法律的教会就是国家),不存在其他的神律。所以,不论是谁在服从他的基督徒主权者时,在信仰或服从上帝这一点上不会因之而产生妨碍。如果一位基督徒国王根据"耶稣是基督"这一基本信条得出许多错误的结论,即"建成一些草木禾秸的上层工程"并命人对其宣教,但是既然圣保罗说他能够得救,那么奉他的命令宣教这些结论的人就更能够得救,就更不用说那些不宣教而只是听信自己的合法牧师的人了。如果一位臣民被世俗主权者禁止宣教他上述见解中的某些见解,那么他(即这一位臣民)根据何种正当理由能够不服从呢?基督徒国王在推导得出一个结论时可能出错,但是由谁来进行裁断呢?关于一位平民服从的问题,要由这位平民进行裁断吗?或者是经教会指派来的人,即代表教会的世俗主权者指派来的人进行裁断吗?又或者,如果由教皇或使徒进行裁断,那么他们在推导得出一个结论时就不会出错吗?当圣保罗当面反对圣彼得时,是否他们两人之中的一位在关于"上层工程"的理论方面出错了呢?因此,神律和基督教体系国家的法律之间不可能存在冲突。

如果世俗主权者是一个异教徒,那么反抗他的任何臣民都因违犯神律(因为这是自然法)而有罪,并且他们也违背了使徒要所有基督徒服从自己的君主、所有儿女与仆人凡事服从父母与主人的劝诫。[1]他们的信仰是内在和看不见的,他

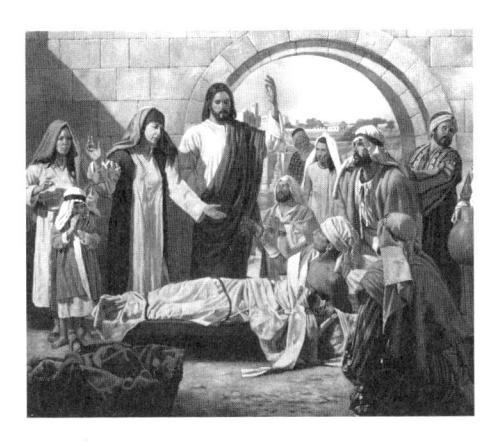

□ 拿因城寡妇之子复活

让死去的人复活,这是《圣经》中多处讲到的耶稣的"神迹"。比如在拿因城,耶稣见一死人被从城门抬出来;这人是他母亲独生的儿子,他母亲又是寡妇;城里的很多人和寡妇一同送殡。耶稣走上前去对死人说:"少年人,我吩咐你,起来!"那死人就坐起来开口说话了。

---

[1]参见《歌罗西书》第3章第20节:"你们做儿女的,要凡事听从父母。"第22节:"你们做仆人的,要凡事听从你们肉身的主人。"

们可以具有乃缦享有的自由，不必使自己为此而冒风险。但是，如果他们这样做了，那么他们也应当期待在天上得到报偿，不应抱怨他们的合法主权者，更不应向其发动战争。因为不能在任何正当的殉道时机慷慨赴义的人就不具有自己表面上所宣称具有的信仰，而只是假装出来使自己的拒不服从显得有声势而已。如果一个异教徒国王明知道自己的一位臣民期待将来基督在今世被焚烧后的第二次降临，打算在那时服从基督（即相信"耶稣是基督"的义旨所在），但当下则认为自己有义务服从这位不信基督的国王的法律，即所有基督徒根据良知都负有服从的义务，但是他（不信基督的国王）仍将该臣民处死或施与迫害，怎么会如此之荒唐呢？

因此，对于神国和教权政策的问题，这些论述已经非常充分。对于这一点，我并不自认为是提出了任何自己的观点，而只是说明我认为从基督教政治学的原理（即《圣经》）中究竟能推导得出一些什么结论，从而确认世俗主权者的权力和他们臣民的义务。在引用《圣经》的时候，我尽量避免引用那些含糊不清或存在解释争议的原文，而只引用意思最为清晰易懂且同时又与整部《圣经》（是为了在基督之中恢复神国而写就的）的一贯精神与见解相符的原文。

因为对于任何著作而言，不是纯粹的字句，而是作者的目的可以提供符合其真义的解释。那些只是固守孤立的文本而不考量主旨的人是不可能从这些文本中得出任何清晰的推论，而毋宁是如同使零散的《圣经》原文像浮尘一样掠过人们的眼前，让所有的东西变得更模糊；这不是追求真理而是为了追求自己利益所惯常使用的一种伎俩。

第四编 ｜论黑暗的王国

霍布斯清楚地知道，如果无法将教权的基础彻底击碎，那么他整部书的核心——国家理论将无从立足，其理论将无异于建造在流沙之上的宫殿。因此，在本编中，他将矛头集中转向了罗马教会。从内容上讲，这是第三编的延续和巩固，目的是彻底击碎教会权力的神学基础，从而真正为世俗主权凌驾于教权之上的论点提供现实基础。他系统分析了异端邪说产生的原因，即对《圣经》的曲解、外邦人的魔鬼学说以及空洞的哲学和荒诞的传说。以此为基础，他将罗马教廷的虚伪和贪婪面目展示在了世人面前，犀利地斥责了教皇和教士们腐化堕落的本性。教会和教皇的至高无上、圣洁崇高和神秘感在他的笔下荡然无存。

第四十四章　论因曲解《圣经》而产生的灵的黑暗

除了我在前文中已讨论过的"神的主权权力"与"人的主权权力"之外，《圣经》中还提到了另外一种权力，即"管辖这幽暗世界的权力"〔1〕"撒旦的王国"〔2〕和"别西卜驱鬼的王国"〔3〕，即空中出现的幽灵的统治者：基于此，撒旦也被称为"空中掌权者"〔4〕；并且，因为他统治今世的黑暗，所以他被称为"这世界的王"〔5〕。因此，与"信者（即光明之子）"〔6〕相对，处在他统治之下的人们被称为"黑暗之子"。因为别西卜是幽灵的王，所以根据喻义，他统治的空气和处于黑暗之中的居民、"黑暗之子"〔7〕、魔鬼、幽灵或幻觉的灵就是指同一回事。考虑到这一点，上面提到的《圣经》原文以及其他原文中提到的"黑暗王国"只不过是个"骗子联盟"，他们为了实现攫取在今世统治人的权力这个目的，竭力通过黑暗和错误的说法抹灭他们身上的天性和福音之光，以此破坏他们为进入未来的神的国所做的准备。

对那些天生就完全失明的人们而言，他们对任何光都没有概念，任何人在想象中所能想到的光，都不会比他在某一时刻经由他的外在感官所感受到的光更

---

〔1〕参见《以弗所书》第5章第12节。

〔2〕参见《马太福音》第12章第26节。需要注意的是，该节在中文和合本《圣经》中译为："若撒旦赶逐撒旦，就是自相分争，他的国怎能站得住呢？"其中并没有出现"the kingdom of Satan"的意思，似应是霍布斯引用当时的一种《圣经》版本。

〔3〕参见《马太福音》第9章第34节。相关内容在英王詹姆斯钦定版《圣经》和简易英文译本《圣经》的该节中均未出现。中文和合本《圣经》译为："法利赛人却说，他是靠着鬼王赶鬼。"

〔4〕参见《以弗所书》第2章第2节。

〔5〕参见《约翰福音》第16章第11节。

〔6〕参见《帖撒罗尼迦前书》第5章第5节："你们都是光明之子，都是白昼之子，我们不是属黑夜的，也不是属幽暗的。"

〔7〕需要特别指出的是，《圣经》中并没有"黑暗之子"这样的说法。

强烈；所以，任何人所能想象到的福音之光或悟性之光都不可能比他已感受到的程度更强烈。因此，就会出现这种情形：人们除根据自己所遭受的、不能预见的灾祸得出推论外，他们没有其他方法去认识自己的黑暗。在撒旦的王国中，最黑暗的是上帝教会之外的那一部分，即存在于不信耶稣基督的人中的那一部分。但是，我们不能因此说教会就像哥珊地[1]一样，具备完成上帝谕令我们做的事情而所必需的一切光明。如果我们之中没有黑暗或至少未被蒙上一层雾，那么基督教世界怎会几乎从使徒时代就开始通过外战或内战而相互排斥？人们又怎会在自己的命运途中稍遇坎坷或在他人小有成就时就犹豫迟疑，而在追求同一目标（即至福）时，道路却又存在如此大的差异呢？因此，我们仍处于黑暗之中。

敌人一直存在于我们天性无知的黑暗之中，而且撒下了性灵错误的坏种子。他们通过以下方式做到了这一点：

第一，滥用和遮蔽《圣经》的光芒，因为我们不了解《圣经》所以才犯错。第二，引入异教神话创作者的魔鬼学，即引用他们关于魔鬼的荒诞学说，这些魔鬼只不过是一些偶像或大脑的幻象，它们的真正本质与任何人类幻象并无二致，诸如死者的亡灵、妖魔以及老妪们的闲话故事中所谈到的其他一些东西。第三，在《圣经》中混杂进各种宗教的残余和希腊人的诸多虚妄且谬误的哲学思想，尤其掺入了亚里士多德的哲学思想。第四，混杂了错误或不确定的传说和虚构或不确定的历史。因此，我们便会因为听信引诱人的邪灵以及在伪君子的外表之下昧着良心、明知故犯地撒谎的人的魔鬼学说而犯错，根据《圣经》原文，这种人就是"说谎之人"[2]。对于第一点，即滥用《圣经》引诱人的方式，我将在本章中进行简要讨论。

滥用《圣经》最大且主要的情形就是用《圣经》牵强附会地证明其中经常提及的"神的国"就是指现在的教会或今世的基督徒会众，或是那些已经死去但在

---

[1]根据《圣经》中的记载，哥珊地是以色列人在出埃及前所居住的埃及北部一片肥沃的牧羊地。《创世记》第47章第27节中说："以色列人住在埃及的歌珊地，他们在那里置了产业，并且生育甚多。"《出埃及记》第8章第22节中说："当那日，我必分别我百姓所住的歌珊地，使那里没有成群的苍蝇，好叫你知道我是天下的耶和华。"

[2]参见《提摩太前书》第4章第1和第2节。霍布斯原文中说引自《提摩太前书》第4章第1和第2节。

□ **中世纪的撒旦**

中世纪的神学家塑造了一个崭新的可怕的形象：撒旦坐在火王座上，等待罪人的惩罚。

关于魔鬼的最著名的描绘，是英国诗人约翰·弥尔顿在他1667年《失乐园》一书中精心设计的。这部史诗讲述了人的堕落和天使的堕落：路西法，那天使中最美丽者，背叛了上帝，变成了撒旦。

最后的审判日将会复活的众人；所有其他的错误几乎都是因此而产生或是附属于它的。最初，神的国只是由代治者摩西建立的，只是统治犹太人，因此犹太人被称为"上帝特选的子民"；当他们拒绝再被上帝统治，要求像列国一样为他们立王并选出扫罗作王的时候，神的国就中断了。上帝自己也同意了这事，我已在本书第三十五章中进行了更为详尽的证明。之后，除了上帝根据自己的意旨以他无限的权力在前世、现世和来世作所有人和所有生灵的王的神国外，世界上就没有任何按信约建立的或通过其他方式建立的神的国。但是，他根据他的先知应许，在他秘密定好的日子完全降临，当人们又通过忏悔和在生活中改邪归正的方式回到他那里时，他要恢复对他们的统治。不仅如此，他还召请外邦人进入这个国，依据同等的皈依和忏悔条件享受他统治的福。同时，他还应许差遣他的儿子耶稣降临人世，通过耶稣的死为所有人赎罪，并根据耶稣的道让他们准备好在基督第二次降临时去迎接耶稣。因为他还没有第二次降临人世，所以神的国还没有到来；现在除了在我们的世俗主权者统治之下，我们不处于任何按信约建立的王的统治下；只是因为基督徒已获得在基督第二次降临时被接纳的应许，所以他们就已处在神恩的王国中了。

根据"现有的教会是基督的国"这个错误观点，现在居于天上的我们的救主应借着一个在所有基督徒中代表他人格的人或者议会，或借着在基督教世界中不同部分代表他人格的不同的人或议会来说话并制定法律。教皇宣称普世性地拥有这种位于基督之下的王权，在各国则是当地的牧师会议宣称拥有这种王权（《圣经》中并没有赋予他们任何人这一权力，而只是赋予了世俗主权者这种权力）；因此，围绕这一王权发生了如此激烈的争论以至于磨灭了自然之光，导致在人类的知性中出现了极大的黑暗，使人们看不清自己究竟承诺过服从哪一方了。

教皇如此声称自己是基督在现存教会（即被认为是福音中告知我们的那个神的国）中的总代治人，据此就会得出一种观点，即基督徒国王必须由主教加冕，就如同从该仪式中得到他"蒙神恩"的国王头衔一样；只有经上帝在俗世的总代治人加冕后，他才能算作因"蒙神恩"而成为国王。对于每一位主教而言，不论他的主权者是谁，在他被授予圣职时都会宣誓绝对服从教皇。基于同一种错误的观点，于是就出现了在英诺森三世所主持的第四届拉特兰宗教会议提出的观点（参见《论异端》第三章）："如一国王在教皇告谕下不清除其境内的异端，并因此而被开除教籍后，于一年内又未作补赎，则其臣民可解除其服从的义务。"此处所谓的"异端"应理解为是罗马教会所禁止的所有教义。教皇和其他基督徒君主意欲达到的政治目的之间常常会出现冲突，而通过这种方式，如果一旦发生冲突，那么他们的臣民就如同置于云蒙雾罩之中，以致无法分辨窃取他们合法王位的外邦人和被他们自己奉为王的人；在这种心灵黑暗之下，他们就会受到旁人野心的指使而不分敌友地互相攻击。

根据上述同一种观点，即现存教会是神的国的观点，可以得出一个结论，牧师、执事和教会的所有其他助理人员都自称"神职人员"，而将其他的基督教徒称为"俗众"，即纯粹的百姓。因为神职人员是指那些依靠上帝在统治以色列人时留给自己并划拨给利未人（他们是上帝的公务仆人，因此就不会像那些兄弟部落一样靠分得的土地谋生活）作为他们遗产并以之为生活来源的那些人。既然教皇（声称现存教会就像以色列领地一样是神的国）将同样的收入作为上帝的遗产并声称这份遗产属于他自己以及他的助理人员，所以这种要求[1]与他们"神职人员"的称谓是相称的。由此，就出现了一种情况，长期以来，神职人员都是根据神权从基督徒身上课征什一税和征收以色列人作为上帝的权益而划拨给利未人的其他贡物。根据这种方式，各地的百姓都不得不缴纳双份的捐税，一份交给国家，另一份交给神职人员。其中，因为交给神职人员的捐税是他们收入的十分之一，所以（税负）就两倍于某一位雅典国王（他被认为是一位暴君）向臣民征收用以支付全部公务开支的捐税，这位国王所课征的捐税不过是二十税一，而这二十税一的捐税就已足够充裕以维持他的国家的运转。在犹太人的王国中，在上帝作祭司统治时期，什一

---

[1] 以遗产收入作为生活给养。

税和贡物就是全部的公共收入。

根据现存教会是神的国的同一错误观点，也出现了市民法和教会法的划分；市民法是在主权者自己的统治范围内的法令，教会法则是教皇在同一统治范围内的法令。虽然这种教会法令只是教会颁布的令典，即倡议性的法令；尽管在罗马帝国被转交给查理大帝之前，只是由基督徒君主自愿选择接受，但是后来因为教皇的权力日益扩大，这种法令就演变成为命令性的法令。神圣罗马皇帝自己为了避免因民众被蒙蔽后而导致更大的灾难，他们被迫通过教会法令而使之成为法律。

由此又出现了一种情况，在全面接受教皇教权的所有地域内，只要犹太人、突厥人和外邦人在奉行和明证其宗教信仰时不冒犯他们的世俗主权当局，罗马教会就会宽容他们的宗教；但是，对于一个基督徒而言，虽然他是一个外邦人，如果他不信奉罗马教会，那么就是犯下了死罪，因为教皇声称所有基督徒均是他的臣民。否则，因明证其本国的宗教信仰而对一个外邦的基督徒进行迫害的时候，也就如同是迫害一个不信者，所以这有违万民法；甚至有过之而无不及，因为不反对基督的人就是与基督同在的人。

根据同一个观点，每一个基督教国家都会普遍根据教权免除某些人所承担的世俗国家的赋税义务和接受该世俗国家司法审判的义务；因为除了牧师和助理牧师之外，在很多地方管理世俗事务的神职人员在平民中所占的比例非常大，以至于在必要的情况下，仅在他们这些人中就可以招募一支（数量）可观的军队，足以使教会的好战者发动一次反对本国或外国国王的战争。

第二种普遍性滥用《圣经》的情形是将圣礼变作符咒或法术。在《圣经》中，成圣是根据虔敬而恰当的言词和动作将任何其他东西或一个人从一般用途中分列出来，将其奉献、贡奉或献身于上帝。即使之成为圣洁的或上帝的物，并仅供上帝所差遣的公务仆人使用（我在第三十五章中已经进行了详细讨论）；由此并没有改变已成圣之物，而只是改变了它们的用途，使其从平凡和普通之物变为圣洁和特别用于侍奉上帝之物。如果声称因为这些言词而导致事物的性质或本质发生了改变，那么这就不是成圣礼，而应是上帝的超乎寻常的业迹，或者是虚妄和不虔敬的符咒。但是，因为人们假称在他们的成圣礼中频繁出现性质发生改变的事物，所以就不能将其视为是一种超乎寻常的业迹，而只是一种符咒或咒语，他们会利用这些使人违背自己的视觉及其他所有感觉而得到的证明，让人相信实际上未发生变化的事物性质发生了变化。例如，在主的晚餐圣礼之中，使饼和酒成圣而成为专用作供奉上帝的祭礼（就是将它们从一般用途中分列出来，意在让人们记住自己因基督受难而获得赎罪；因为我们所犯下的罪行，他的躯体在十字架上裂开，鲜血流在上面）。借着我们的救主所说的"这是我的身体""这是我立约的血"[1]，无酵饼的性质就不复存在了，而是确确实实成了救主的身体；但是，从接受者的视觉或其他感觉来看，却并未出现任何成圣礼之前未出现的事物。据说埃及的术士将他们的杖变成了蛇，将水变成了血，他们被认为是要弄了一套把戏，撺掇出一些假东西欺骗了旁观者的感觉而已，他们还被认为是巫师。那么，如果有人的杖中根本未出现任何看上去像蛇的东西，被念了咒的水中也根本不存在像血的东西或其他的东西而只是像水，但他们却又颠倒黑白地对国王说这是看起来像杖的蛇和像水的血，那么对于这种人我们又作何想法呢？上述两种均是幻术和谎言。但是，祭司的日常事务也是这同一套把戏，将祭神的祷词变成了一种符咒，对感觉而言，这种符咒不会产生任何新东西；但他们却颠倒黑白地告诉我们，符咒使饼变成了人，还不仅仅是个人，而是一位神；并要求人们像敬拜我们的救主本人一样去敬拜他，这样就犯了最令人鄙夷的拜偶像罪。如果"饼已不是饼而是上帝"这种说法足以作为一种理由而使之不被认为是偶像崇拜，那么当埃及人厚颜地说他们所崇拜的葱和蒜并不是葱蒜本身而是属于它们的种属或具有它们外貌的神时，为什么这种说法不能成为同样的理由呢？"这是我的身体"这句话等同于"这是指或这代表我的身体"，这只不过是种普通的比喻说法而已；但是，如果进行严格文义解释，那么

□ 巫术

霍布斯认为，教会对《圣经》的曲解主要在于两个方面，最严重和最主要的滥用《圣经》的方式，就是用《圣经》证明其中出现过的神的国就是现世教会或现在活着的基督徒。第二个滥用《圣经》的方式，就是将圣礼变为符咒和法术。

---

[1]参见《马太福音》第26章第26和第28节。

这就是一种滥用；即便要这样解释，也只能限于耶稣自己亲手奉为圣的那块饼。因为他从未说过，不论是什么饼，也不论是哪个祭司，只要说"这是我的身体"或"这是基督的身体"，那块饼就立刻会发生实体转换。在英诺森三世之前，罗马教会也未确立这种实体转换，这不过是最近五百来年才发生的事，当时教皇权势正处于鼎盛时代，黑暗疯狂滋长，以至于人们都分辨不清他们吃的饼，尤其是当饼上印着耶稣钉在十字架上的画像时就好似他们让这些人相信这饼已发生了实体转换，不但变成了基督的身体，而且变成了他的木头十字架，在圣礼中他们将二者一并吃下了。

施洗圣礼也是使用类似的咒语而不是成圣礼：在这种圣礼中，对于"三位一体"中的每一位以及"三位一体"的整体，他们都在滥用上帝之名，每唤一位的名就画一个十字架，像这样就构成了一种符咒。首先，在他们做圣水时，他们念："我以上帝全能圣父的名、以天主的独子耶稣基督的名，我凭圣灵祝祷造物中的水，愿你成为受祷祝之水，驱除一切敌人的力量，驱除并根绝敌人……"同样，在为加到水里去的盐祷祝时也念这样的话："愿此盐成为受祝祷之盐，撒到之处，幽灵与魔鬼所作邪祟无不驱散；污鬼都由降临审判有血气的与死去的人的救主的咒语消除。"为油祝祷时也念这样的话："一切敌人的力量、一切魔鬼的军队，撒旦的一切进攻和幽灵，都将被造物中的此油驱除。"对受洗礼的婴儿也要念很多咒语。首先，祭司要在教堂门口朝婴儿的脸吹三口气，口中念着："污鬼出来，让圣灵保惠师进去。"就好像在祭司吹气之前恶鬼已缠附了所有婴儿一样。随后，在他进入教堂之前，仍要像之前一样口中称念着："我召唤你……出来，离开这上帝的仆人。"婴儿受洗之前，祭司还要重念一次同一个咒语。在行洗礼和主的晚餐等圣礼时，要念这些以及其他一些咒语，而不使用祝福礼和成圣礼时说的咒语；对于这两种圣礼，除祭司们吐出的那些污秽不洁的唾沫之外，每一种供神使用的物什都有一定形式的咒语。

婚礼、临终涂油仪式[1]、探病、教堂与墓地的圣礼等仪式都需要使用咒语；因为在这些仪式中都要用念过咒语的油和水，用时会画十字并随意念大卫的圣洁

---

[1] 按照基督教的仪轨，用油涂临终之人或病人前额的仪式，意在求主赦免其罪，接引其进入天堂，医治其疾病。一般念的咒语是："我用油涂你，因圣父、圣子及圣神之名，阿门。"

之语"求你用牛膝草洁净我"[1],将这一切用作具有魔力、可驱除幽魂与假想的灵的物什。

另外一个普遍的错误是因曲解"永生""永死"和"第二次的死"而产生的。从《圣经》中我们可以清楚明白地看到,上帝造出亚当来并使之享永生,但条件是只有当不违抗上帝之命的时候才会永生;人类本性并非具备必有的永生,而是因为生命树的性质才有永生。在亚当未犯下罪过时,他可以自由地食用这树上的果子;当他犯下罪之后,他被赶出了乐园,不允许再吃这树上的果子而得永生。基督受难是为所有那些信他的人去赎罪,因此也就是为所有信他的人恢复了永生并且只为他们恢复了永生。但是,现在这个教义在很长一段时间中却出现了极大的偏离,即认为因为人类灵魂是不朽的,所以人类根据其本性就享有永生。因此,虽然乐园门口的"发火焰的剑"[2]能阻挡一个人走到生命树前,但是却不能阻止他获得上帝因他的罪而从其身上所掳去的永生,因而他也不需要通过基督的受难来恢复永生;由此,不但仅仅是信者和公义之人,而且连同那些恶人和异教徒也可将享有永生,没有死亡,他们更不会遭受第二次的死和永死。为了掩饰(这种不合理的说法),他们就说"第二次的永死"是指第二次的永生,只不过是活在痛苦之中,这个词仅在这里使用,在其他地方从未使用过。

上述所有说法都只是以《新约》中一些更为含糊不清的原文为依据。但是,如果根据《圣经》整体见解对这些原文进行考量时,那么就会发现它们明显表征了另外一种意思,并且对基督教的信仰也是不必要的。如果人死之后没有留下别的什么,而只是他的尸首,既然上帝说一句话就能使无生命的灰尘和泥土成为活物,那么难道他就不能同样轻而易举地使人死而复生并得永生,或是说另外一句话使人再次死去吗?在《圣经》中,"灵魂"一直就是指生命或生物;躯体和灵魂结合在一处则是指活的躯体。上帝在创世的第五日,曾说水要多多滋生活物,英文把它翻译为"有生命的物"[3]。除此之外,上帝还造出了大鱼和各样有活魂

---

[1]源自《诗篇》第51章第7节:"求你用牛膝草洁净我,我就干净,求你洗涤我,我就比雪更白。"

[2]参见《创世记》第3章第24节:"在伊甸园的东边安设基路伯,和四面转动发火焰的剑,要把守生命树的道路。"

[3]参见《创世记》第1章第20节。

□ 炼狱

按照基督教会的传统，炼狱是指人死后精炼的过程，是将人身上的罪污加以净化，体验从死亡到圆满的境界（天堂）过程中的一种净炼。《圣经》中并未直接讨论炼狱，只有旧约晚期犹太宗教才采用了阴府的概念。耶稣时代则将阴府视作赏报之所，所以炼狱不但含有阴府的概念，也和生活中的伦理道德有关。霍布斯指出，"炼狱"亦成为滥用《圣经》使用符咒、召魔和召魂的理由之一。

的物，英文将其翻译为"各样有生命的动物"[1]。造人的情形亦是如此，上帝用土做人后，把生气吹到他的脸上，人就成了活动物，英文将它翻译为"他就成了有灵的活人"[2]。挪亚从方舟出来后，上帝说他不会再毁灭一切生物，英文将它翻译为"每一种生物"[3]。《圣经》中说："不可吃血，因为血是灵魂。""血"也就是指生命。根据这些原文可以看出，如果灵魂是无形体的实体，可以脱离躯体存在，那么其他生物就和人是一样的，我们也可以得出这种推论。但是，信者的灵魂并非因为其本性而是因为上帝的悯慈而从复活时期就永远保留在躯体之中。关于这一点，我认为我已在第三十八章中根据《圣经》进行了充分证明。对于《新约》中关于所有人将连同身体和灵魂被投到地狱之火之中的原文[4]，其意思也只不过是指肉体和生命，即他们将被活活地投到欣嫩子谷的不灭之火中去。

恰恰这一扇"窗"为黑暗的观点提供了一个入口，首先是关于"永罚"的观点，此后则是关于"炼狱"的观点，随后也出现了关于亡魂在外游荡，尤其游荡在被

---

[1] 参见《创世记》第1章第21节。

[2] 此处所引用的文字，在英王詹姆斯钦定版《圣经》中《创世记》第2章第7节中的翻译和简易英文译本《圣经》同章节中的翻译一样，都是"他就变成了有生命的灵魂"。其中并没有出现"有灵的活人"，这应是霍布斯引用的当时的一个《圣经》版本。

[3] "每一种生物"是直译的译法。在中文和合本《圣经》中将其译为"有血肉的活物"。

[4] 参见《马太福音》第10章第28节。

奉为圣的、荒僻的或黑暗的地方的观点。据此，也就引入了使用符咒、召魔和召魂的理由；同时，也引入了赦罪的说法，即暂时或永远地免受炼狱之火。据说在炼狱之火中，无形体的实体因煅烧而被洗除了罪恶，变得可以进入天国。在我们的救主的时代之前，因为人们普遍被希腊人的魔鬼学观点所迷惑，所以人们认为人的灵魂是不同于躯体的实体。因此，当躯体死亡之后，不论好人抑或坏人，每个人的灵魂都因其本身的本质而必然会停驻在某一个地方，根本不承认其中有任何上帝超自然的恩赐。长期以来，教会的圣师就怀疑这些灵魂在复活和躯体重新结合之前究竟停驻在何处。曾有一段时期，教会的圣师认为这些灵魂躺在邱坛下面；但是，后来罗马教会发现，给它们造出炼狱这样的一个地方更方便；根据当今另外一些教会的观点，这个炼狱已被摧毁了。

我们现在来看一下有哪些原文看起来最能证实我在此处所提到的三种普遍性错误。关于贝拉明主教引用来证明由教皇治理今世神的国的原文（在其他的文章中，均未提出如此有力的证明），我已进行了回应，并证明摩西所建立的神的国因为选扫罗为王而中断。在此之后，祭司从未根据自己的权力废黜任何国王。大祭司对亚他利亚所做的一切，其根据并不是他自己的权利，而是她的孙子幼主约阿施的权利[1]，但是所罗门根据自己的权利将大祭司亚比亚他废除并另立他人替换他。[2]在所有能引证上帝通过基督治理的神的国在今世就存在的原文中，最难做出回应的既不是由贝拉明主教引用的原文，也不是由罗马教会任何其他人引用的

---

[1] 根据《圣经》的记载，亚他利亚是犹大王国的王后，她是亚哈谢的母亲，亚哈谢后来成为犹大王，但仅仅执政一年就去世了。于是，亚他利亚就起来剿灭犹大王室，篡了国位。约阿施是亚哈谢的儿子，即亚他利亚的孙子。大祭司耶何耶大的妻子约示巴（耶何耶大的妻子，约阿施的姑母）把他和他的乳母都藏在卧房里，以躲避亚他利亚，免得被杀。约阿施和她们一同在神殿里藏了六年。约阿施七岁的时候，大祭司耶何耶大领他出来，给他戴上冠冕，将律法书交给他，立他作王，并将亚他利亚带到圣殿外，在王宫的马匹入口处将她处死。参见《历代志下》第22和第23章。

[2] 根据《圣经》的记载，亚比亚他是挪伯城祭司亚希米勒的儿子，是大祭司亚伦及以利的后代。在所罗门王的父亲大卫王时代，亚比亚他担任祭司。亚比亚他对大卫王忠心耿耿，但是当亚多尼亚图谋篡夺所罗门将继承的王位时，亚比亚他没有帮助所罗门而是归顺了亚多尼亚。所罗门成功登上王位之后，杀死了亚多尼亚。但所罗门王念及亚比亚他曾与父亲大卫王同受苦难并在大卫王面前抬过约柜，便没有杀死亚比亚他，只是不许他再做祭司。参见《列王记上》第1和第2章。

原文，而是由伯撒[1]引用的原文，他认为这国将始于基督复活之时。但是，他当初是打算据此说明长老会在日内瓦共和国中有资格行使最高教权[2]，从而说明每一个长老会在任何其他国家中都享有这种权力，抑或是打算说明国王和其他世俗主权者具有这种权力，对于这一点，我并不知晓。因为在享有这种教权政府的地方，长老会声称有权开除本国君主的教籍，并成为宗教中的最高审判者，其情形不亚于教皇声称普遍享有的这种权力。

他引用的原文是："我实在告诉你们：站在这里的，有人在没尝死味以前，必要看见神的国大有能力临到。"[3]从文法方面理解，可以肯定的是要么当时站在基督旁边的人还活着，要么神的国现在就必然存在于今世。接下来，对另外一处原文进行回应则更为困难。因为在我们的救主刚复活之后和升天之前，使徒们曾问我们的救主："你复兴以色列国就在这时候吗？"耶稣对他们说："父凭着自己的权柄所定的时候、日期，不是你们可以知道的。但圣灵降临在你们身上，你们就必得着能力；并要在耶路撒冷、犹太全地和撒玛利亚，直到地极，作我的见证。"[4]这就等同于说，我的国还没有降临，你们也不能知道它何时降临，因为它的降临就像是夜幕下出现的贼一样。但是，我将赐予你们圣灵，借着圣灵你们将有权通过传道的方式向全世界为我作见证，即证明我的复活、我所行的业迹以及我所宣教的教义，让他们能信我并期待在我重新降临人世时能获得永生。这一点又怎能与基督的国在复活时降临的说法相符呢？对于这一点，圣保罗曾说："（因为他们自己已经报明我们是怎样进到你们那里）你们是怎样离弃偶像归向神，要服侍那又真又活的神，等候他儿子从天降临"[5]此处，"等候他儿子从天降临"就是等候他享有权力降临作王。如果现在就存在他的国，那么就没有必要等

---

[1] 全名为西奥多·伯撒（1519—1605年），法国宗教改革家、基督教神学学者。他是宗教改革家加尔文的徒弟，积极参加了当时的宗教改革运动。

[2] 16世纪欧洲宗教改革时期，在宗教改革家加尔文的推动下，1541年11月20日，日内瓦议会通过了《教会条例》（*Ecclesiastical Ordinances*），在日内瓦建立了政教合一的政权，即日内瓦神权共和国。长老会作为教会的权威机构，负责监督教徒的宗教生活和审理宗教案件。

[3] 参见《马可福音》第9章第1节。

[4] 参见《使徒行传》第1章第6节。霍布斯原文中说引自《使徒行传》第1章第6节，实际上在英王詹姆斯钦定版《圣经》中是在《使徒行传》第1章第6、7和第8节。

[5] 参见《帖撒罗尼迦前书》第1章第9和第10节。

候。除此之外，如果真像伯撒根据那段原文（即《马可福音》第9章第1节）所说，神的国在复活的时候开始，那么基督徒自复活后为什么又一直在自己的祷告中说"愿你的国降临"呢？因此，显然不能将圣马可的话照此解释。我们的救主说，站在这里的，有人在没尝死味以前，必要看见神的国大有能力临到。如果耶稣复活之时这个国就降临了，那么为什么又要说"有人"而不是说"所有人"呢？因为他们在耶稣升天后都还活着。

但是，对要求严格解释这段原文的人而言，让他们首先解释一下我们的救主向圣彼得所说的、有关圣约翰的一段话："我若要他等到我来的时候，与你何干。"[1]有人以此为据说他不会死。但是，这个传闻既没有将这话作为一个可靠的依据而肯定该说法是真，也并未将这话作为一个不可靠的依据而否定它，而只是被当作没有理解透的话而保留了下来。回应上面所引用的《马可福音》中的原文也有同等的困难。如果我们可以根据紧接该节原文之后的一节原文（其中重复了同一段话）以及《路加福音》的原文推测这句话的意思，那么我们就不是不能说这句原文和变容有关，紧随其后的几节原文也对此进行了描述，其中提到"过了六天，耶稣带着彼得、雅各、约翰（不是全体门徒而只是其中几位）暗暗地上了高山，就在他们面前变了形象。衣服放光，极其洁白，地上漂布的没有一个能漂得那样白。忽然有以利亚和摩西向他们显现，并且和耶稣说话"[2]。所以，他们见到基督在荣耀和威严之中，正如同他将要降临时一样，以致他们"甚是惧怕"。因此，通过异象我们救主的应许完成了。我们可从《路加福音》中推导出来这是一个异象；他叙述了同一个经历，并说彼得以及和他在一起的人都睡得很熟。[3]但是，对此最为肯定的是《马太福音》第17章第9节，其中再次叙述了同一个事实，因为我们的救主吩咐他们说："人子还没有从死里复活，不要将所见的告诉人们。"无论如何，根据此处都得不出证明神的国要到审判日才开始的论据。

还有其他一些原文（除了贝拉明主教所引用的）被引用来证明教皇拥有统治世俗主权者的权力，例如，基督和他的使徒拥有"两把刀"，分别是"世俗之刀"

---

[1] 参见《约翰福音》第21章第22节。
[2] 参见《马可福音》第2、3和4节。
[3] 参见《路加福音》第9章第28节。

和"性灵之刀"[1]，据说基督将"世俗之刀"交给了圣彼得；又比如，在太阳和月亮两个天体中，"大的"代表教皇，"小的"代表国王[2]；除此之外，人们还可根据《圣经》第1节得出推论，认为"天"代表教皇，"地"代表国王[3]。这些说法并非是根据《圣经》得出的论据，而是对国王的恣意亵渎；这种情形在教皇权势如日中天以致轻视所有基督徒国王之后就演变成了风潮，这时他们踏在皇帝的脖颈上，用《诗篇》第91章中的话"你要踹在狮子和虺蛇的身上，践踏少壮狮子和大蛇"[4]嘲讽皇帝和《圣经》。

对于成圣礼的仪式而言，虽然大部分仪式要以教会管理者的裁断而不是以《圣经》为依据，但是这些管理者有义务遵循事物本身的性质所要求的准则，仪式、词句、动作都应得体且有意义，至少也要与仪式相适。当摩西使帐幕、祭坛以及其上的器具成圣时，他用上帝吩咐用于这一目的的油抹在上面，所有这些都成圣了，[5]其中没有念咒赶鬼的事。在同一个摩西（以色列的世俗主权者）使亚伦（大祭司）和他的儿子成圣时，确实是用水（不是经念过咒语的水）为他们施洗，让他们穿上衣服并给他们涂油。[6]他们由此成圣并以祭司的职分服务上帝。这种方式简单而得体，让他们先洗干净并穿好衣服，然后将其呈荐给上帝，做上帝的仆人。当所罗门王作为以色列的世俗主权者而将他修建的神殿奉为圣时，他站在全体以色列会众前，为他们祝福；之后，他感谢上帝让他的父亲发愿去修建神殿，并赐神恩与他使他建成了这神殿。随后，他向上帝祷告说，虽然这殿与上帝的至大是不相称的，但是请上帝接受这神殿并听取在这神殿中向其祷告的仆人的祷词；如果这些仆人不在神殿中时，那么请其倾听这些人向着这神殿所作的祷告。最后，他献了平安祭的牺牲，于是这神殿成圣了。[7]这里没有游行仪式，国王仍

---

[1] 参见《路加福音》第22章第28节："他们说，主啊，请看！这里有两把刀。耶稣说，够了。"这种观点也称为"双剑论"。

[2] 参见《创世记》第1章第16节："于是神造了两个大光，大的管昼，小的管夜。"

[3] 此处所指的第1节应为《创世记》第1章第1节："起初神创造天地。"

[4] 参见《诗篇》第91章第13节。

[5] 参见《出埃及记》第40章。

[6] 参见《利未记》第8章。

[7] 参见《列王记上》第8章。

是站在他的首位上，也没有什么念过咒语的水；没有洒水式，也没有适用于其他事情的所念的不相干的言词；这里用的只是得体且合乎情理的语言，这是用于将他新建的神殿献给上帝这事上最为适当的语言。

我们并未看到有哪些原文说圣约翰向约旦河水念咒语，也没有看到有哪些原文说腓利向他为太监施洗的水念咒语；也没有看到在使徒时代任何牧师将自己的吐唾放到受洗的人的鼻子中，然后说"愿你得到奉主的异香"。对于这种做法，不洁的吐唾仪式以及滥用《圣经》等问题都不能根据任何俗世的权威使其正当化。

灵魂可以脱离躯体而永在，不仅那些因为受到特殊的神恩而恢复亚当因犯下罪行而失去的永生后的选民的灵魂是如此，而且那些信者因为我们救主的受难而恢复永生的信者的灵魂亦可以如此；因为人类本性之中自然产生的一种特性，只需普遍赐予全人类的神恩而无需其他神恩，因此即便是那些被神遗弃的人，他们的灵魂也同样可以脱离躯体而永在。乍看起来有多处原文足以证明上述观点，但是当我将这些原文和我在前文中（第三十八章）所引用的《约伯书》第14章进行对比时，我认为它们所带来的不同解释要远比约伯的话（所带来的不同解释）多得多。

首先，所罗门说："尘土仍归于地，灵仍归于赐灵的神。"[1]如果没有其他意思与之直接相反的原文，那么这段原文就足可以这样解释：当人死去，只有上帝知道人的灵的结局，而人是不知道的。所罗门在同一篇中说的同样的话与我所指出的这种意义是相符的，他说："（人与兽）都归于一处，都是出于尘土，也都是归于尘土。谁知道人的灵是往上升，兽的魂是下入地呢？"[2]即除了上帝之外，没人知道；对于那些不能理解的事情，我们说"上帝知道是什么""上帝知道在什么地方"也并非不常见。《创世记》第5章第24节中说："以诺与神同行，神将他取去，他就不在世了。"对于这一点，《希伯来书》第11章第5节中作了解释："以诺因着信，被接去，不至于见死，人也找不着他，因为神已经把他接去了。只是他被接去以先，已经得了神喜悦他的明证。"这句话不仅说明了躯体

---

[1] 参见《传道书》第7章第7节。
[2] 参见《传道书》第3章第20和第21节。

□ 所罗门王的神殿成圣

当所罗门王作为以色列的世俗主权者而将他修建的神殿奉为圣时，他站在全体以色列民众前，为他们祝福。随后，他向上帝祷告，请上帝接受这神殿并请其听取在这神殿中向其祷告的祷词。最后，他献了平安祭的牺牲，表示这神殿成圣了。

和灵魂的不朽性，同时证明只有让神喜悦的人才会有他这种肉体的升天，而与恶人同在的人则没有；并且，这取决于神恩而不是人类的本性。但是，从相反的方面而言，所罗门说的"因为世人遭遇的，兽也遭遇，所遭遇的都是一样：这个怎样死，那个也怎样死，气息都是一样。人不能强于兽，都是虚空"[1]这段话除了从字面文义解释外，还能够做什么解释呢？就其字面意思而言，此处并没有说灵魂是天生不朽的，这与选民根据神恩而享有的永生不存在任何矛盾。《圣经》中说"我以为那未曾生的……比这两等人更强"[2]，即强过现在活在世上或曾活在世上的人。如果所有曾在世上生活的人的灵魂都是不朽的，那么就很难理解这句话，因为（这样一来）有一个不朽的灵魂还不如根本没有灵魂。除此之外，《圣经》中又说"活着的人知道必死，死了的人毫无所知"[3]，这是从本性的角度来说的，而且是指躯体复活前的情形。

似乎另外一处原文能证明灵魂是自然不朽的，即我们的救主说亚伯拉罕、以撒和雅各都活着的原文。[4]但是，这里是说上帝的应许和他们复活的确定性，而不是指当时实际的生命；当上帝对亚当说，在他吃禁食之果的日子，他就必定死[5]，

---

[1] 参见《传道书》第3章第19节。

[2] 参见《传道书》第4章第3节。

[3] 参见《传道书》第9章第5节。

[4] 这里是指《马太福音》第22章第32节："我是亚伯拉罕的神，以撒的神，雅各的神。神不是死人的神，乃是活人的神。"有些神学家们认为，根据最后一句"神不是死人的神，乃是活人的神"，可以得出结论认为耶稣是说亚伯拉罕、以撒和雅各从某种意义上还活着。

[5] 参见《创世记》第2章第16和第17节："耶和华神吩咐他说，园中各样树上的果子，你可以随意吃。只是分别善恶树上的果子，你不可吃，因为你吃的日子必定死。"

这句话的意思和上面那句话的意思是一样的；自那时起，他就是一个被判处死的人，但是过了近一千年才执行。因此，当亚伯拉罕、以撒和雅各在耶稣说话的时候，就是根据（耶稣给他们的）应许而活着，但是在他们复活之前并不是实际地活着。如果从本意上将财主和拉撒路的故事视为一个寓言，那么上面的话也没有矛盾之处。[1]

但是，似乎《新约》中还有其他原文直接说明奸邪之人是不朽的。因为他们显然全部都将复活受审。此外，许多原文中还提到他们将进入"永火"[2]"永苦""永罚"，并说"良心的虫是永远不死的"，这一切均包含在"永死"这一名词中[3]，一般都将这名词解释为"苦难中的永生"。但是，我却找不出任何地方可以证明所有人都能从苦难中获得永生。作为仁慈的父，上帝可以在天上和地下行他所喜悦行的一切事，他掌握着所有人的心，既让人做出行为，又让人形成意志；如果没有他丰厚的赐予，那么人们既不会有意愿去行善，也不会有意愿去悔罪；即使如此，也很难让人认同上帝会永无止境地用穷尽人们的想象或远超人们想象的苦刑去惩罚人们的过错这种无情的说法。因此，我们应考量"永火"和《圣经》中其他类似名词的含义。

我已证明基督治下神的国的开始之日就是审判日，在那日，所有信者均将通过荣耀的和性灵的躯体而复活，并且将在他的永国中作他的臣民，他们不像自己的肉身那样，而是无嫁无娶，也无饮无食，各人各获永生，也不必通过繁衍获得

---

[1]参见《路加福音》第16章。这是《圣经》中的一个故事，是关于一位锦衣玉食的财主和一位浑身生疮、名为拉撒路的乞丐之间的故事。拉撒路被人放在了财主门口，要得财主桌子上掉下来的零碎充饥，并且狗来舔他的疮。后来两人都去世，拉撒路被天使带去放在亚伯拉罕的怀里，财主却在阴间受痛苦。财主希望亚伯拉罕去救他，亚伯拉罕说与财主之间有深渊限定，无法做到。财主希望能派人去告诉他的五个弟兄，免得他们也来到这痛苦的地方，并且说若有一个从死里复活的，到他们那里去的，他们必要悔改。亚伯拉罕则告诉他，若不听从摩西和先知的话，就是有一个从死里复活的，他们也是不听劝。

[2]《马太福音》中曾经提及"永火"。例如，《马太福音》第18章第8节："倘若你一只手或是一只脚叫你跌倒，就砍下来丢掉。你缺一只手或是一只脚进入永生，强如有两手两脚被丢在永火里。"《马太福音》第25章第41节："王又要向那左边的说：'你们这被咒诅的人，离开我，进入那为魔鬼和他的使者所预备的永火里去！'"

[3]需要提请注意的是，"永苦""永罚""良心的虫是永远不死的"和"永死"在英王詹姆斯钦定版《圣经》和简易英文译本《圣经》中均未出现，此处似应是霍布斯引用的当时的一个《圣经》版本。

种族的永生。那被神遗弃的人也会复活并接受对他们所犯的罪的惩罚。同时，在那日，借着俗世的躯体而活着的选民，将会突然变作性灵的与不朽的躯体。被神遗弃的、构成撒旦王国的人的躯体也将变作荣耀的或性灵的躯体；或者可以说像神的天使一样，他们将无饮无食，也不生育；又或者可以说，他们将和信者或亚当在未犯罪时的生命一样，各获永生，但是在《圣经》中没有任何原文能够证明这一点，除非是那些关于"永罚"的原文，而那些原文却又可以解释作其他的意思。

据此，我们可以得出推论：就像选民在复活后将恢复亚当没有犯罪前的状态一样，被神遗弃之人则将处在亚当及其后裔在犯罪之后所处的状态。但是上帝应许，亚当和他的后裔中相信且悔罪的人将会出现一个赎罪者，但却没有应许像被神遗弃之人在罪中死去的人那样（将会出现一个赎罪者）。

根据对上述事项的考量，提及"永火""永苦"或"永不死的虫"的原文与"第二次永死"的说法，就与"死亡"一词的自然本义不存在冲突。欣嫩子谷、陀斐特〔1〕或不论什么地方为恶人准备的火或痛苦会永远持续，而且在其中受苦的人也不会少，尽管并不是每一个人或者任何一个恶人都将在其中受苦。因为恶人原来所处的境况就是他们在亚当犯罪之后所处的境况，所以他们在复活时将和他们以往一样生活，正如同全人类现在的境况，有娶有嫁、有世俗和可朽坏的躯体；因此，他们在复活后将像从前那样繁衍生息，因为《圣经》中并没有意义与这一点相左的原文。圣保罗在谈及复活时，他认为复活只是恢复永生，而不是恢复惩罚。〔2〕对于前者，他说："所种的是必朽坏的，复活的是不朽坏的。所种的是羞辱的，复活的是荣耀的，所种的是软弱的，复活的是强壮的，所种的是血气的身体，复活的是性灵的身体。"〔3〕那些受惩罚的人的躯体复活则不存在这些情况。我们的救主在谈到人复活后的特性时，也是指恢复永生而不是恢复惩罚。《路加福音》第20章第34、35和36节的原文具有丰富的内涵："这个世界的人有娶有嫁，唯有算为配得那世界，与从死里复活的人，也不娶也不嫁，因为他们不

---

〔1〕参见《以赛亚书》第30章第33节："原来陀斐特又深又宽，早已为王预备好了，其中堆的是火，与许多木柴。耶和华的气如一股硫黄火，使它着起来。"

〔2〕参见《哥林多前书》第15章。

〔3〕参见《哥林多前书》第15章第42、43和44节。

能再死，和天使一样。既是复活的人，就为神的儿子。"这些今世之人，他们生活在亚当留给他们的境况之中，将有娶有嫁，有腐败朽去，有繁衍生息，这是种族永生而非个人永生。他们不值得被列入将得到来世生活并从死亡之中绝对复活的人中，而只能是短暂地作为那个世界中被收留的人之列，（这样做的）目的只不过是去接受因自己的顽劣而应当遭到的惩罚。只有选民才是复活的子民，即永生的唯一继承者，只有他们才不会再死（即第二次的死）。他们才是与天使平起平坐，才是上帝的子女，那些被神遗弃的人则不一样。被神遗弃之人复活之后还有第二次的永死，在复活与第二次的永死之间只是处在受罚和受苦的一段时期；因为罪人接连不断，这种惩罚和痛苦会一直持续下去，这种人通过生育所延续的时间和受罚、受苦的时间一样久，永恒不断。

正如我指出的那样，"炼狱"观点是以主张个体灵魂本性是永恒不灭的观点为基础的。因为假定永生只是根据神恩而得来的，所以除开躯体的生命外就不存在其他生命，并且在复活前没有永生。在贝拉明主教从正典《圣经旧约》中所引用的有关"炼狱"的原文中，首先是《撒母耳记下》第1章第12节中提到关于大卫为扫罗和约拿单禁食的一段原文，接着第3章第35节中又提到他为押尼珥的死而禁食。贝拉明主教认为，大卫是为了从上帝那里获得一些东西供他们死后享用而禁食。因为在大卫为自己的孩子的康复而禁食时，他一听到孩子死了，他就马上吩咐人摆饭。[1] 既然灵魂能脱离躯体而存在，那么为已处在天堂或地狱的灵魂禁食也无法为它们带来什么，由此可以得出一个结论：有些死人的灵魂既不在天堂中，也不在地狱里，因此必然在某一第三处地方，那么这第三处地方就必定是炼狱。经过这样七拼八凑后，他便牵强附会地引用那些原文证明存在一个炼狱。但是，明显的事实在于对守丧和禁食等仪式而言，当亡者的生命对守丧者不产生利益时，就是因为荣誉而为他们个人举行了这种仪式；如果守丧者曾从他的生命中获得过利益，那么就是因为他们的损失（而举行这种仪式）：因此大卫通过禁食的方式尊敬扫罗和押尼珥；当他自己的孩子去世后，他就进食日常食物而使身体恢复舒适状态。

贝拉明主教从《旧约》中引用的其他原文则不存在任何作为证据的形式或意

---

[1] 参见《撒母耳记下》第12章第15至第23节。

义。只要是原文包含着"愤怒""火""清净""洁净"字眼的,但凡有任何教父在任何布道文中曾通过喻义引用说明被信的"炼狱"的观点,他就会引用它。例如,《诗篇》第38章第1节中说:"耶和华啊,求你不要在怒中责备我,不要在烈怒中惩罚我。"[1]对于这段原文,如果不是奥古斯丁将"wrath"一词用来指代"地狱之火",将"displeasure"用来指代"炼狱之火",那么它们与"炼狱"又有什么关系呢?又如,《诗篇》第66章第12节"我们经过水火,你却使我们到达丰富之地"及其他同属一类的原文。当时的圣师想通过引用原文使他们的布道文或注释绘声绘色,或进行意义上的延伸,但是他们生搬硬套地使之服务于自己的目的,那么这与"炼狱"又有什么关系呢?

但是,贝拉明主教还引用了《新约》中其他一些原文,这些原文则不像这样容易进行回应。首先,他引用了《马太福音》第12章第32节的原文:"凡说话干犯人子的,还可得赦免;唯独说话干犯圣灵的,今世来世总不得赦免。"他据此认为来世存在炼狱,有些今世未赦免的罪将在那里获得赦免。但是,很明显有且仅有三个世界,第一个世界从上帝创世界起到大洪水时期止,大洪水摧毁了这个世界,在《圣经》中被称为"上古的世代"[2];另一个世界则是从大洪水时期起到审判日止,被称为"今世(present world)"[3],火将会摧毁这个世界;第三个世界则是从审判日起永远存在的,被称为"来世";因为大家均认为"来世"之中没有炼狱,所以"来世"和"炼狱"是互不相容的。但是,我们的救主说这话又是什么意思呢?我承认,它们与目前普遍接受的所有观点之间是难以调和的;并且一个人能够坦承《圣经》太过深奥,人类的认知能力浅薄而无法认知它,这并不是脸上无光的事。但是,我可以将原文本身所指的内容交由更渊博的神学家考量。首先,因为圣灵是"三位一体"中的第三位,所以"说话干犯圣灵的"就

---

[1]霍布斯原文中说引自《诗篇》第37章第1节,实际为《诗篇》第38章第1节。此处所引用的诗句与英王詹姆斯钦定版《圣经》中的翻译是一致的。

[2]参见《彼得后书》第2章第5节:"神也没有宽容上古的世代,曾叫洪水临到那不敬虔的世代,却保护了传义道的挪亚一家八口。"

[3]关于"present world",在《圣经》中有两种译法,一种译为"今世",例如,《提多书》第2章第12节:"教训我们除去不敬虔的心,和世俗的情欲,在今世自守公义,敬虔度日。"另一种译为"现今的世界",例如,《提摩太后书》第4章第10节:"因为底马贪爱现今的世界,就离弃我往帖撒罗尼迦去了。"

是干犯圣灵所停驻的教会。这看起来似乎是将我们的救主在地上教导世界时容受人们对他的干犯的宽宏大量和在他之后的牧师对待否认他们的权柄源自神灵的人的异常严厉进行了对比。他（即我们的救主）似乎是表示，你们这些否认我权柄的人，甚至是你们这些将我钉在十字架的人，只要悔罪并归向我，就能够得到我的宽恕；但是，如果你们否认今后根据圣灵教导你们的人的权柄，那么他们会无情无义，不会宽恕你们，而且会在今世追赶（迫害）你们；（虽然你们归向我，但是除非你们同时也归向他们）否则他们就会让你们在来世将不可赎救地遭到惩罚。因此，可以视这些话是关于时间的预言，基督教教会一直持这样的观点。如果不是这种意义（对于这种疑难之处，我不会自以为是），那么复活后就可能存在一个让某些犯罪者忏悔的地方。同时，也有另一处原文看起来与这一观点是相符合的。对于圣保罗说的一段话："要不然，那些为死人受洗的，将来怎样呢？若死人总不复活，因何为他们受洗呢？"[1]一个人可能会像其他人那样得出推论，认为圣保罗时代有一种为代亡者受洗的习俗（就如同现在信主的人为那些还不能信主的婴儿的信仰作担保一样），为他们已去世的朋友个人担保，保证他们已准备好在我们的救主重新降临人世时服从并接受他作王。据此，来世的赦罪就无需经受炼狱之苦。但是，这两种解释存在如此多的自相矛盾之处，以至于让我无法相信它们，并且要将他们交由极精通《圣经》的方家探讨是否存在与这些解释相反的、更清楚的原文。仅就这些问题而言，我所读到的《圣经》中有明显的原文让我相信既不存在"炼狱"这个词，也不存在"炼狱"这回事；这段原文中没有，其他原文中也没有；同时，也不存在能证明必须有一个脱离躯体的灵魂停驻处所的任何东西；对拉撒路死后四天时的灵魂而言，这种让灵魂停驻的地方是没有必要的；对罗马教会所称现在炼狱中受苦的人的灵魂而言，亦是如此。因为上帝既然能赋予一块泥土生命，那么他就有同样的神力让死人复生，让那毫无生气和朽去腐败的尸首恢复成荣耀的、性灵的和不朽的躯体。

贝拉明主教引用的另外一处原文是《哥林多前书》第3章，其中提到在正确的基本教义上用草木、禾秸等建造工程的人所建造的一切都将被毁灭，但是他们

---

[1] 参见《哥林多前书》第15章第29节。

434 | 利维坦　Leviathan

"自己却要得救，虽然得救却像从火里经过的一样"[1]，他认为这种火就是指"炼狱的火"。正如我在前文中所说，这些话是暗指《撒迦利亚书》第13章第9节的原文，我们的救主在该节中说："我要使这三分之一的人经火熬炼他们，如熬炼银子；试炼他们，如试炼金子。"这是说弥赛亚在权力和荣耀中降临，即在审判日和今世的火中降临，选民不会被消灭而只是会被熬炼，即剔除他们错误的观点和传言，就如同一笔勾销了一般，之后就归向真神的名。使徒们在谈及那些主张"耶稣是基督"这一基本教义却在此基础上提出某些其他错误的观点的人时，也同样说这些人不会在复兴这世界的火中被消灭，而是会经这火而得救，但是前提是要看清并放弃此前的错误（观点）。建造这种工程的人是牧师，（工程的）根基是"耶稣是基督"，从无知和人性的弱点的根基上推导得出的错误结论是指用"草木""禾秸"建造的工程，他们正确的说法是"金""银"和"宝石"，他们的"熬炼"或"涤罪"就是指放弃他们的错误。在所有这些说法中，根本找不到焚烧无形的物体即焚烧不能被焚烧的灵魂的那种事。

□ 保罗复活犹推古

《使徒行传》中讲到，保罗因为第二天要远行，与门徒们一直讲论到半夜。有一个少年，名叫犹推古，坐在窗台上困倦沉睡，在睡梦中从三层楼上掉下去，摔死了。保罗下去，伏在他身上，抱着他说："你们不要发慌，他的灵魂还在身上。"说完保罗又上楼去，谈论了很久，直到天亮才离开。不久，有人把活着的犹推古领了进来。

贝拉明主教引用的第三处原文是前文所提到的《哥林多前书》第15章第29节，即关于为死人受洗的原文，据此他得出了如下结论：第一，为死人祈祷并非无益，他由此指出存在炼狱的火。但是，这两个推论都不是正确的。因为对于"洗礼"一词的诸多解释中，他首先赞成的是其喻义，即比喻忏悔的洗礼。（他认为）当人们在禁食、祈祷和施舍时，就是在这种意义下受洗。所以，为死人受洗

---

[1] 参见《哥林多前书》第3章第15节。

和为死人祈祷就是同一回事。但是，这是一种比喻，《圣经》和语言的任何其他用法中都没有这种实例，而且它也不符合《圣经》（意旨）的圆融性与目的。"洗礼"一词指浸在自己的血泊中，就如同基督被钉在十字架上以及大多数使徒为他作证明时的那种情形一样[1]。但是，我们很难说祈祷、禁食和施舍与浸在血泊中有任何相似之处。在《马太福音》第3章第11节中，"洗礼"一词也是同样的用法，用来说明用火涤罪（这处原文看起来有些像证明存在炼狱）。但是，显而易见，此处所提及的"火"和"涤罪"与先知撒迦利亚所说的是一样的，即"我要使这三分之一经火、熬炼他们……"[2]；在他之后，圣彼得也说："叫你们的信心既被试验，就比那被火试验仍然能坏的金子更显宝贵，可以在耶稣基督显现的时候得着称赞、荣耀、尊贵。"[3] 此外，圣保罗还说："这火要试验各人的工程怎样。"[4]但是，圣彼得和圣保罗说的"火"是基督第二次降临时的火，而先知撒迦利亚所说的"火"则是审判日的火。因此，圣马太此处所说的话则可以作同样的解释，炼狱之火是没有必要存在的。

我在前文中提到了为死人洗礼的另一种解释，贝拉明主教认同第二种关于其可能性的原文，他也据此得出推论，认为为死人祈祷是有益的。因为如果在复活之后未听到过基督或不信基督的人可被接纳进入基督的国，那么在他死去之后和复活之前他的朋友为他祈祷就不是没有益处的。即使我们承认在听到信者的祈祷时，上帝可以使那些没有听过基督传道因而不可能否认基督的人皈依他，并承认人们在这一点所表现出的爱心是无可指责的，但是从此处也得不出关于炼狱的结论；因为从死亡中复活是一回事，从炼狱中恢复生命是另一回事，后者是从一种生活上升为另一种生活，从受痛苦的生活上升到享福乐的生活。

贝拉明主教引用的第四处原文是《马太福音》第5章第25和第26节："你同告你的对头还在路上就赶紧与他和息，恐怕他把你送给审判官，审判交付衙役，你就下在监里了。我实在告诉你，若还有一文钱没有还清，你断不能从那里

---

[1] 参见《马可福音》第10章第38节和《路加福音》第12章第50节。
[2] 参见《撒迦利亚书》第13章第9节。
[3] 参见《彼得前书》第1章第7节。
[4] 参见《哥林多前书》第3章第13节。

出来。"[1]根据这个比喻,"犯法的人"指罪人,"对头和审判官"指上帝,"路"指今世的生活,"监"指坟墓,"衙役"指死亡,"罪人"不会从死亡中恢复永生,而只是会在还清最后一文钱时受第二次的死;或是由基督通过自己受难而代他付出,这对所有种类的罪恶都是充分的赎价,二者都因基督受难而被同样地宽恕。

贝拉明主教引用的第五处原文是《马太福音》第5章第22节:"凡无缘无故地动怒的,难免受审。凡骂弟兄是拉加的,难免公会的审断。凡骂兄弟是魔利的,难免地狱的火"。[2]他根据这些话推导出三种罪和三种罚;在所有的罪中,只有最后一种罪才会受地狱之火的惩罚;因此,今生之后,微小的罪行将在炼狱中受惩罚。这一推论与迄今已作出的任何解释根本毫不相干。今生之后,难道对不同种类的罪行进行听审和判决的法庭会像我们的救主时代的犹太人的情形,由法官和宗教会议对其分门别类吗?难道审判权不全都归属基督和他的使徒吗?因此,为理解这段原文,我们就不能对其孤立地理解,而是必须联系前后文进行理解。在这一章中,我们的救主解释了摩西律法,犹太人认为,不论他们如何违背立法者的精神或意旨,只要他们没有违犯字面含义,那么就可算作已充分遵守了这律法。因此,犹太人认为只有杀人才算是违反了第六诫(即"不可杀人"),只有与不是自己妻子的女人睡觉才算是违反了第七诫(即"不可奸淫");但是,我们的救主告诉他们,一个人没有正当理由而从内心里向他的弟兄动怒就是杀人。他说,你们听说过摩西律法了——"不可杀人""凡杀人的,难免受审判"[3]或由七十人开庭举行会审。但是我(即我们的救主)对你们说,无缘由地向自己的弟兄动怒,或者骂他们是拉加或魔利,这就是杀人,在审判日将由基督和他的使徒开庭会审,以地狱的火施予惩罚。所以,那些言词不是为了区别不同的罪行、法庭和惩罚,而只是用来判定罪与罪之间的区别,对于这一点,犹太人并不根据各人服从上帝意志的差别而是根据世俗法庭的区别作区分。并且,这些话也是向他们

---

〔1〕霍布斯原文中说引自《马太福音》第5章第25节,实际上在英王詹姆斯钦定版《圣经》中是在《马太福音》第5章第25和第26节。

〔2〕"拉加"是亚兰语中骂人的话,意思是无用、无知、废物之意。"魔利"是希伯来语中骂人的话,意思是愚蠢、叛逆、白痴之意。

〔3〕参见《马太福音》第5章第21节。

说明，有意去伤害弟兄的人，虽然结果只是表现为谩骂，甚至即便完全没有表现出来的，但是法官或会审者也会将其投入地狱之火中；审判日的法庭是一样的法庭，而不是不同的法庭。考虑到这一点，我难以想象出能从这段原文中引证出什么来支持炼狱的说法。

贝拉明主教引用的第六处原文是《路加福音》第16章第9节："要借着那不义的钱财结交朋友，到了钱财无用的时候，他们可以接你们到永存的帐幕里去。"他引用这段原文是为了证明对已故圣者招亡魂的问题。但是，显而易见，这段原文的意思是指我们应该用自己的财富与穷人结交朋友，让他们活着的时候为我们祈祷。

贝拉明主教引用的第七处原文是《路加福音》第23章第42节："耶稣啊，你的国降临的时候，求你纪念我。"因此，贝拉明主教认为，今生之后就有赦罪。但是这个结论并不是一个具有说服力的好结论。到那时，我们的救主会宽恕他，当他在荣耀之中重新降临时，会记住让他恢复永生。

贝拉明主教引用的第八处原文是《使徒行传》第2章第24节，圣彼得谈到基督时说："神却将死的痛苦解脱了，叫他复活，因为他原不能被死拘禁。"贝拉明主教将这句话解释为基督在炼狱降临，让某些灵魂从他们的苦境之中脱离出来。但是，显而易见，我们可以看出基督得到了解脱。是基督而不是炼狱中的灵魂，不被死亡和坟墓拘禁。但是，就这处原文而言，如果我们仔细看一下伯撒的笔记，那么每个人都会发现此处不应是"痛苦"而应当是"羁缚"，因此就没有更多理由从这一段原文中去寻找"炼狱"。

第四十五章　论外邦人的魔鬼学及其他宗教残余

　　明亮的物体通过一条光线或多条光线被不透明的物体反射回来或在中途被透明物体折射之后，它们会在视觉器官上形成感觉，上帝使生物体具有这些器官从而将感觉生成一种对物体的想象；这种想象被称为"视觉"，似乎这并不仅仅是一种想象，而是存在于我们身外的物体的本身。当一个人用力按压他的眼睛时，他身外会有一道光通过同一种方式呈现在他眼前，除了他自己之外没有其他人能看得见，因为他身外实际上并没有这光，而只是受外力压迫的内部器官产生的一种运动使他认为是这样（即出现了一道光）。将导致产生运动的物体移除之后，继续存在的运动就是我们所称为的"想象"和"记忆"；在入睡之后，有时候器官因为疾病或猛烈的外力而形成很大的骚扰时出现的运动被称为"梦"；我已在第二章和第三章中对这些进行了简短讨论。

　　古代自称通晓自然知识的人从未发现视觉的这种性质，那些不考虑与其眼前用途风马牛不相及的事物（知识就是这种事物）的人更没有发现视觉的这种性质。那时，人们很难不把幻象和感觉形成的映象视为实际上是我们身外存在的事物，其中有一些映象消逝不见，但是人们又不知道有些映象消逝到了何处和如何消逝的，因此就认为它们是绝对无形的，即非物质的或不存在物质形式的（物质形式是指颜色和形状，即它们是没有任何颜色或形状的物体），它们可以附着气态的物体，根据自己的意愿可以让我们肉眼看见它们。另一些人认为它们是物体且是活着的物体，认为它们是生物，但是它们是由空气或其他更为稀薄的、类似以太的物质构成的，在其浓缩后能够被人看见。但这两种人同意赋予它们一个通用的称谓，即"魔鬼"。就如同他们所梦见的死人并未存在于自己大脑之中，而是存在于空气、天堂或地狱之中；这不是幻影，而是鬼魂。其中的原因就如同一个人说他从镜子中看到了自己的魂，或如同他说自己在江河中看到了星辰之魂，又或如同他将（看起来是）太阳的一英尺左右的普通幻影称为"魔鬼"或将其当作能照亮可见世界所有角落的、伟大的太阳的魂。据此，那些人就将它们当作具有不可知性的、即具备无穷的力量可以为他们降灾赐福的事物而畏惧它们。因此，异教徒国家的统治者就可以建立魔鬼学（其中作为异教祭司长的神话创作者会受到特别恩宠或尊敬）来操纵他们的这种畏惧，从而能够维护公共和平并获得维护公共和平所必需的臣服。他们将其中的一些说成是"善魔"，将另一些说成是"恶魔"；一个使人臣服，另一个则约束人们不作奸犯科。

就他们所指的"魔鬼"而言，可以从希腊最古老的神话作者之一赫西俄德[1]创作的《神谱》中知其一二，从其他的历史中知道一些知识，本书第十二章中已讨论过其中少数的几本书。

希腊人通过征服和建立殖民地将自己的语言和典籍传播至亚洲、埃及和意大利。由此必然导致的一种结果就是传布了他们的魔鬼学；圣保罗将其称为他们的"鬼魔的道理"[2]。这种"传染病"也传播到了居住着犹太人的犹大、亚历山大里亚以及其他犹太人散居的地区。但是，他们并不像希腊人那样将"魔鬼"的名称同时指"善魔"与"恶魔"，而只是用来指"恶魔"。对于"善魔"，他们将其称为"神的灵"，并认为"神的灵"进入身体后，人就变成了先知。总之，对于一切奇事，如果是正面的，那么就将其归因于"神的灵"；如果是负面的，那么就将其归因于某种"魔鬼"，即"恶魔"。因此，他们将我们所谓的疯人、精神病人和颠倒症病人称为"恶鬼缠身的人"，将那些说出的话让人不能理

□ 《神谱》中的神

古希腊诗人赫西俄德创作了长诗《神谱》。《神谱》描写了宇宙和神的诞生，讲述了从地神盖亚诞生一直到奥林匹亚诸神统治世界这段时间的历史，内容大部分是神之间的争斗和权力的更替，同时也描写了大量的魔鬼。

---

[1] 赫西俄德，古希腊诗人，生活在约公元前8世纪，代表作为长诗《工作与时日》和《神谱》，被称为"希腊训谕诗之父"。

[2] 参见《提摩太前书》第4章第1节，"圣灵明说，在后来的时候，必有人离弃真道，听从那引诱人的邪灵和鬼魔的道理"。

解且被认为是语无伦次的人称为"恶鬼缠身的人"。同时，他们还常将那些污秽不堪的人称为"被一个污鬼附身"，并且将哑巴说成是"被哑魔附身"。因为施洗约翰禁食的奇事，所以他也被说成是"被鬼附着的"[1]。他们还认为我们的救主身上附着一个鬼，因为他说过，"人若遵守我的道，就永远不尝死味……现在我知道你是鬼附着的。亚伯拉罕死了，众先知也死了"[2]。除此之外，因为他（我们的救主）问为什么想要杀他，众人回答说："你是被鬼附着了的，谁想要杀你。"[3]据此，显然犹太人对幽灵的认知是同一种认知，即认为它们不是幻影即大脑的像，而是独立于幻象之外的真实事物。

也许有人会问，如果这种说法是错误的，那么我们的救主为什么不予驳斥并教导与之相反的教义呢？不仅如此，他为什么还在不同场合提出了一些似乎证实存在这种鬼的观点呢？对此，我的回应是：第一，当基督说"灵没有肉和骨头"[4]时，虽然他说魂是存在的，但是他没有否认它们是物体。圣保罗说"复活的是灵性的身体"[5]，他承认了灵的性质，但是这里的灵是一种有形有体的灵，这一点不难理解。因为空气和很多其他东西都是物体，但并非是肉和骨头（构成的），也不是可以通过肉眼辨认的、可见的其他物体。但是，当我们的救主对魔鬼说话并命其从一个人的身体中出来时，如果他所说的魔鬼是指癫痫、发疯之类的疾病，或是指一种有形有体的灵，那么是否就应认为这种说法是不恰当的呢？疾病能听得懂话吗？难道一个有形有体的灵就存在于那已充满生气灵和动物灵的血肉之躯内吗？如果是这样，那么有没有既非有形有体也非属于单纯想象的灵呢？对于第一个问题，我的回应是：我们的救主在向他所治愈的发疯病或癫痫病下令的时候，并不比他斥退热病或海水和风更显不恰当，因为这些都听不懂话；同时，因为它们在其自身存在之前也听不懂话，因此也不比上帝创造光、天、太阳和星辰的命令更显不恰当。但是，因为它们说明了上帝之语的权威性，所以这些原文并非不恰当；因为当时一般将发疯病或癫痫病视为魔鬼，所以用"魔鬼"

---

[1] 参见《马太福音》第11章第18节。
[2] 参见《约翰福音》第8章第52节。
[3] 参见《约翰福音》第7章第20节。
[4] 参见《路加福音》第24章第39节。
[5] 参见《哥林多前书》第15章第44节。

的名称来命令这种病离开人身就不会显得不恰当。对于第二个问题，即它们是无形体的问题，任何人除了他自己的灵（即让他身体自然运动的灵）外，我没有看到任何《圣经》的原文可以得出推论认为人还可以被另外一种有形有体的灵所附着。

圣马太说，当圣灵化为鸽的样子降临到我们的救主身上后，当时"耶稣被圣灵引到旷野"[1]；《路加福音》第4章第1节也有同样的描述："耶稣被圣灵充满，……圣灵将他引到旷野。"据此，此处所说的"灵"显然就是指圣灵。因为基督和圣灵是一体的，因为它不是一种实体或形体附着于另一种实体或形体之上，所以此处不能将其解释为灵附体。紧随其后的几节原文说，基督被"魔鬼领到耶路撒冷去，叫他站在殿上"[2]，难道我们就能据此得出结论，认为他被魔鬼附体或是被强制领到那里去的吗？除此之外，《圣经》中又说："魔鬼又领他上了高山，霎时间把天下万国都指给他看。"[3]根据这段原文，我们不能认为他被魔附体或被魔强迫；与此同时，据字义来看，没有一座足够高的山能让他们看到世界的整个半球。因此，他自己到旷野中去、他被带上带下、从旷野到城市、从城市到一座山上，难道这里的含义不是说这是一个异象吗？圣路加说过的话与这一点也是相符的，他说救主不是被灵引到旷野中去的，而是在灵之中被引到旷野中去的。至于他被引到山上和殿顶上去的事，圣路加和圣马太所说的都一样，这符合异象的特质。

此外，圣路加谈及加略人犹大时说："撒旦入了那称为加略人犹大的心……他去与祭司长并守殿官商量，怎么可以把耶稣交给他们。"对此，可以这样回应，撒旦（即敌人）进入他的心中意味着敌对和背叛的企图，意味着对他的主和恩师的背叛。因为《圣经》中往往将圣灵理解为是圣灵所赐予的神恩和善良的意愿，所以撒旦进入心中就可以理解为基督及其使徒的敌人的邪恶想法与企图。因为正如我们很难说在犹大还未有任何这种敌对企图时恶魔就已进入他的心中一样，说犹大先在心中变成基督的敌人，随后魔鬼才进入他的心也是不恰当的。如果照此而言，那么撒旦进入心中和他的邪恶企图就是一回事。

但是，如果根本不存在非实体的灵，同时也没有任何有形有体的灵缠附人，

---

[1] 参见《马太福音》第4章第1节。
[2] 参见《路加福音》第4章第9节。
[3] 参见《路加福音》第4章第5节。

那么也许人们又会问，为什么我们救主的使徒不能用这种明明白白的言词去教导百姓不再怀疑这事？但是，对一个基督徒的救恩而言，相比于提出这类问题的必要性，更多的是因为好奇心。人们同样也可以提出一个问题，既然基督可以赐予所有人信仰、虔敬以及各种美德，那么他为什么只赐予一部分人而不是所有人呢？为什么他让人们通过自己的自然理性和勤奋工作去探究自然原因和科学知识，而不是通过超自然的方式给所有人或每个人以启示呢？还有很多其他这类问题，但是我们都能够指出可能成立且符合敬神之道的理由。因为在上帝把以色列人带到应许之地时，并未征服周围所有的国家从而确保他们能在那里安居乐业，而是留下很多国家让其像荆棘那样存在于他们的周围，不时激发起他们的虔诚和勤恳之心。所以，我们的救主在接引我们进入他神圣的天国的过程中，并未消除自然问题中的所有困难，而是让我们通过自己的勤恳和理性去解决这些困难。他传道的目的只是向我们说明获得救恩的简单且直接的方式，那就是相信这一信条："他是基督，是永生神的儿子，派到这个世界里来为了我们的罪而牺牲自己。在他重临的时候，在荣耀里统治他的选民，把他们从敌人手里永远拯救出来。"对于灵或幽灵附身的观点，虽然可以成为某些人离经叛道、标新立异的原因；但是不能成为人们相信这一信条的障碍。在我们执行上帝的命令时，如果我们要求《圣经》对我们可能遇见的一切困难问题进行说明，那么我们就可以抱怨摩西没有为我们记录下（上帝）造这种灵的时间和造出地与海、人与兽的时间。总而言之，我在《圣经》中看到了天使、善灵和恶灵，但是却没有发现它们像人们在黑暗中、梦境里或异象中所看到的幽灵那样是一种无形体的存在：拉丁语将该幽灵称为"幻影"，并将其视作"魔鬼"。并且，我发现存在有形有体的灵，尽管其稀薄且不可见；但是，我没有看到任何人的躯体被缠附或它们钻进去停驻其中；并且，正如圣保罗所告诉他们的那样，圣人的躯体是属灵的躯体。

但是，在教会中却一直盛行与此相反的说法，即存在无形体的灵，以至于以此为基础撺掇出了念咒语的名堂（即用咒赶鬼）；并且，尽管这种事极少出现并且也是悄悄地出现，但是一直没有被彻底抛弃。在早期的基督教会中，有很多被魔鬼缠附的人，很少有疯人和患有其他奇病怪症的人；但是，现在我们却听说并看见有许多疯子，而被魔鬼缠附的人却非常之少；这不是因为事物性质，而是因为名称发生了变化。但是，以前使徒以及随后的一个时期中的教会牧师确曾治好了这些奇病怪症，然而人们却没有看到现在他们能做到这些事。同时，现在的每一位真正的信者也做不到当时的信者所做的一切行为，即《马可福音》第16章第17和第18节中所说："奉基督的名赶鬼，说新方言，手能拿蛇；若喝了什么毒物，也必不受害；手按病人，病人就必好了。"[1]并且除了说"奉基督的名"之外并没有其他的话，这又是另外一个问题了。可能这些超自然的恩赐只是在人们完全笃信基督并只是在他未来的国中期待至福之时才恩赐给教会的；因此，当他们追逐权力与财富，并靠着自己的阴险狡猾夺取一个今世的王国时，上帝的这种超自然的恩赐就再次从他们身上被掳去了。

另一项外邦人教义的残余就是形象崇拜，摩西在《旧约》中或基督在《新约》中都没有要求形象崇拜，这也不是源自外邦人的，而是人们在将自己的名归于基督后遗留在他们中间的。在我们的救主传道前，外邦人就有一种普遍性的宗教，即将外界物体在他们感官中形成的印象并遗留在他们大脑中的表象视为神而敬拜。产生这种表象的外在物体通常被称为"意象""偶像""幽灵"和"幻象"等；它们并不是任何实质性的物体，就如同梦中呈现在我们面前的事物没有任何实质性一样。这就是圣保罗为什么说"我们知道偶像在世上算不得什么"[2]的原因。他并不是认为金属、石头或木头的形象是虚无的，而是认为当存在于敬拜的偶像之中，受敬拜或畏惧并视之为神时，只不过是一种虚构。它不占据空间，没有地方可以停驻；它不存在运动，也不是一种存在，只不过是大脑中存在的运动而已。如《圣经》中所说，以敬神之道敬拜这些东西被称为"拜偶像"[3]和"悖逆上帝（rebellion against God）"[4]。因为上帝是犹太人的王，他的代治者

---

[1] 霍布斯原文中说引自《马可福音》第16章第17节，实际上在英王詹姆斯钦定版《圣经》中是在《马可福音》第16章第17和第18节。

[2] 参见《哥林多前书》第8章第4节。

[3]《圣经》中多次提及"拜偶像"，如《以西结书》第22章第49节："人必照着你们的淫行报应你们，你们要担当拜偶像的罪，就知道我是主耶和华。"又如《启示录》第21章第8节："唯有胆怯的、不信的、可憎的、杀人的、淫乱的、行邪术的、拜偶像的和一切说谎话的，他们的份就在烧着硫黄的火湖里，这是第二次的死。"

[4] "rebellion against God"这个短语在英王詹姆斯钦定版《圣经》和简易英文译本《圣经》中均未出现，似应是霍布斯引用当时的一个《圣经》版本。"rebellion"一词在中文和合本《圣经》中译为"悖逆"。例如，《约书亚记》第22章第22节："大能者神耶和华。大能者神耶和华。他是知道的。以色列人也必知道。我们若有悖逆的意思，或是干犯耶和华。"又如《约伯记》第34章第37节："他在罪上又加悖逆。在我们中间拍手，用许多言语轻慢神。"故而，此处译为"悖逆上帝"。

□ 所罗门王的偶像崇拜

所罗门王作为耶路撒冷第一圣殿的建造者，拥有超人的智慧、大量的财富和无上的权利。他在晚年的时候，随着嫔妃去敬拜、侍奉诸多神明，而没有像其父亲大卫王那样专一侍奉耶和华。

先是摩西，后来是大祭司，如果允许百姓敬拜并向偶像祈祷（作为他自己幻象的代表），那么他们就不会信靠与这些偶像的样貌没有相似性的真神了，同时他们也不会信靠他的最高代治者摩西和大祭司，而每个人只会根据自己的欲望管理他自己的事，从而导致国家陷入彻底混乱之中，并且也会因为缺乏团结而导致自身的毁灭。因此，上帝的第一条诫律就是"他们不可奉外邦人的神为神，而只能奉唯一的真神，真神降恩与摩西对话，由摩西传与他们律法和神谕，为他们维持和平并将他们永远从敌人手中拯救出来"。第二条诫律是"他们不可自己造偶像敬拜"。因为在臣服于另外一个国王时，不管这个国王是由邻国所拥立的抑或是由我们自己所拥立的，都是废黜了原来的王。

据称《圣经》中有准许在敬拜上帝的处所立偶像并敬拜偶像，或是准许单纯立偶像的说明。首先，有两个这样的例子：一个是上帝约柜上的基路伯，另一个是铜蛇[1]。其次，还有一些原文命令我们，因为某些事物与上帝之间存在关系，所以我们必须敬拜，比如敬拜他的脚凳。[2]最后，还有另外一些原文允许人们以敬神之道敬拜圣物。但是，在讨论这些原文的说服力以及所声称的事情究竟是什么之前，我首先必须得解释一下"敬

---

[1]参见《民数记》第21章第8和第9节："耶和华对摩西说：'你制造一条火蛇，挂在杆子上，凡被咬的，一望这蛇，就必得活。'摩西便制造一条铜蛇，挂在杆子上，凡被蛇咬的，一望这铜蛇，就活了。"

[2]《圣经》中多次提及"脚凳"。诸如《历代志下》第9章第18节："宝座有六层台阶，又有金脚凳，与宝座相连，宝座两旁有扶手，靠近扶手有两个狮子站立。"又如《诗篇》第99章第5节："你们当尊崇耶和华我们的神，在他脚凳前下拜，他本为圣。"

拜（worshipping）"[1]和"偶像（images and idols）"[2]是什么。

　　我已在本书第二十章中阐明[3]，"尊重"是对一个人的权势所做出的高度评价，这种评价依照我们对他和其他人进行的比较来衡量。但是，因为没有任何事物能够在权势方面与上帝相提并论，所以对他做出的任何低于"无限"的评价就不是尊重他，而是羞辱他。因此，从恰当的意义上说，"尊重"是隐含在内心之中的。但是，人们的言词和行为从外在表现出的内心思想就是尊重的表现，这些表现均被称为"敬拜"。因此，总而言之，对他祈祷、对他起誓、服从他、勤恳端正地服侍他，一切表现为不敢冒犯他或者希望取悦他的言语和行为，不论是出于真心诚意抑或是虚情假意，都是"敬拜"：因为它们表现出的是尊重的迹象，所以一般会被称为"尊重"。

　　我们对于那些只是视其为凡人的对象所表现出来的敬拜（诸如对国王和位高、有权柄之人的敬拜）是世俗敬拜；但是，不论采用何种言语、仪式、姿态或做出其他行为，对于自己认作是神的对象所表达的敬拜，都是对神灵的敬拜。如果一个人拜伏在国王面前，但是心里认为他（即这位国王）只不过是凡夫俗子，那么这种敬拜就只是世俗敬拜；但是，如果一个人在教堂中因为认为此处是上帝的神殿而脱帽表达敬意时，那么他就是因崇拜神灵而进行敬拜。有些人不是从敬拜者的意愿而是从"奴隶"和"奴仆"这两个词汇中去寻找世俗敬拜与神灵敬拜的区

---

　　[1]在《圣经》中，"worshipping"一词在中文和合本《圣经》中多译为"侍奉"或"敬拜"，诸如《尼希米记》第9章第3节："那日的四分之一，站在自己的地方，念耶和华他们神的律法书；又四分之一认罪，敬拜耶和华他们的神。"又如《耶利米书》第44章第3节："这是因居民所行的恶，去烧香侍奉别神，就是他们和你们，并你们列祖所不认识的神，惹我发怒。"

　　[2]对于"images and idols"，在中文和合本《圣经》中译为"偶像"，在"images"和"idols"同时出现的时候，对其并未进行明确的区分，在"images"和"idols"单独进行使用时，译作"像"或"偶像"。比如，《申命记》第29章第17节："你们也看见他们中间可憎之物，并他们木、石、金、银的偶像。"《民数记》第33章第52节："就要从你们面前赶出那里所有的居民，毁灭他们一切錾成的石像，和他们一切铸成的偶像（cast idols），又拆毁他们一切的邱坛。"

　　[3]原文中指出，关于"尊重"问题在本书第二十章中进行了讨论。这里需要指出的是，第二十章"论宗法管辖权与专制管辖权"主要是对宗法管辖权和专制管辖权问题的讨论，其中并未涉及"尊重"的问题。实际上，关于"尊重"的问题是在第十章"论权势、身价、地位、尊重及资格"中出现的，其中对于"尊重"的表现和实质进行了讨论。此处似以为霍布斯笔误，特别进行提醒。

别，这些人是自欺欺人的人。因为有两种"奴仆"，一种奴仆是战争中被俘的奴隶及其后代，他们处于主人权力的绝对控制之下；奴仆没有掌控自己的身体的权利（其性命取决于主人的意愿，以至于只要出现最轻微的违犯就会丧命），并且还可以被当作动物一样买卖，他们被称为"真正意义上的奴隶"，其提供的服务被称为"奴役"。另一种奴仆是因雇佣或希望得到主人的好处而自愿提供服务，被称为"家庭用人"，主人对他们所提供服务的权利仅限于包含在双方所立信约中的权利。这两种奴仆的共同之处在于他们根据他人的要求提供服务，他们通称为"奴仆"，即那些为别人劳作的人，不管是奴隶抑或是出于自愿的仆人均包括在内。因此，一般而言，"奴仆"这个词的意义是指全部的劳作，"奴役"则只是指奴隶的劳作和受奴役的状况。《圣经》对它们不加区别地混用，用来指我们对上帝的敬拜。因为我们是上帝的奴仆，所以我们被称为"奴役"；因为我们侍奉上帝，所以被称为"奴仆"。对于各种"侍奉"而言，这其中不仅包含服从，而且还蕴含着敬拜的意蕴，即表示尊重的行为、姿态和言语。

就"image"一词而言，从其最严格的意义上讲，就是指某一可见对象的相似形态[1]。根据这种意义，幻象、幻影或者视觉中可见物体的景象只是"影像"而已。比如人和其他物体在水中经过反射或折射所形成的影像就是这样，通过视觉直接在空气中看到的太阳或星辰的景象亦是如此。这些都不是所见物体中真实存在的东西，并且从表面上看存在这些东西的地方实际上它们并不存在，它们的大小形状和所见到的物是不一致的，它们随视觉器官或眼睛的变化会有所变化。当某一客体不存在的时候，这种影像往往会呈现在我们的想象中或梦中，或是变为其他的颜色与形状，这与只依赖幻象的东西是一样的。以上所说的这些"影像"，按照其原意和最恰当的意义而言，它们是被称为"意象（idea）"和"偶像（idols）"的东西，其源自于希腊语中的"Εἴδω"，原意就是"看见"。它们也被称为"幻象"，在同一种语言（希腊语）中，它被称为"幻影"。正是由于这些影像的原因，人类本性的一种官能被称为"想象"。由此，现在显然不存在而且也不可能存在由那些不可见的事物构成的任何影像。

此外，还有一点也非常明显，无限的事物不可能存在影像，因为根据可见事

---

[1] 在这种情况下，可以翻译为"影像"。

物的映象所形成的所有影像和幻象都是有形状的，但是形状的方方面面都存在被确定的量。因此，上帝、人类的灵魂、灵等都不可能有影像，只有那些可见物体才会有影像；即只有本身能够发光或被这种发光体照亮的物体才有影像。

但是人们能够幻想出那些他们从未见过的形状，将不同生物的各个部分拼凑成一种形状，就如同那些空想家想象出他们所说的那些半人半马的怪物、狮头羊身蛇尾的怪物或其他从未见过的怪物一样。人们可以将实际的物质填充到这些形状之中，用木头、陶土或金属将其制作出来。它们也被称为"偶像"，这不仅仅是因为它们与任何有形体的东西具有相似性，而且因为它们与制作者大脑中所存在的某些虚幻对象具有相似性。但是，因为这些偶像最初是存在于头脑之中，而且是通过实物描绘、雕刻、雕塑或铸造而成的，所以它们彼此之间存在相似性；因此，可以说人类的技艺所能制作出来的实在的物体就是由自然界所形成的虚幻偶像的影像。

但是，对于"image"一词更广泛意义上的用法而言[1]，也包括一种事物被另外一种事物代表的意义。因此，一个世俗的主权者可以被称为是"上帝的形象"，一位职位较低的长官也可被称为"世俗主权者的形象"。很多时候外邦人拜偶像时不会过多考量实际的偶像和他们幻象中的偶像之间是否具有相似性，而将其称为"偶像的形象"。因为他们曾立了一块未加雕刻的石头并视之为海神尼普顿[2]。此外，他们所鼓捣出的许多其他形状的物体也和他们想象中的神灵的形状相差甚远。今天，我们可以看到圣母玛利亚和许多其他圣者的形象彼此之间也存在差异，并且也和任何人的想象都存在差异，但是却可以很好地实现被树立起来的目的，用来代表历史上提及的人物。不同的人将自己的想象套在这些人物身上，或者连这种想象都不套用。因此，从最广泛的意义而言，"形象"是类似或代表某种可见物体的形状，但是在大多数情形下它是这二者结合的产物。

但是，《圣经》中"idols（偶像）"一词还进一步指太阳、星辰或被敬拜为神的任何其他可见和不可见的物体。

在对"敬拜"和"偶像"一词进行说明之后，我现在将其结合起来，讨论一

---

[1] 在这种情况下，可以翻译为"形象"。
[2] 尼普顿，古罗马神话中的海神，是罗马十二主神之一。

下第二诫律和《圣经》中其他禁止偶像崇拜的原文。

偶像崇拜就是自愿做出某些外在行为，通过这些迹象表达对想象所要表征的物体的尊重（如木头、石头、金属或其他某种可见的实物）或表达对大脑模拟物体形状和形状的幻象的尊重，或是对物体和大脑幻象结合物的尊重，例如敬拜某些生物即是如此，这就是对实际物质和幻象作为躯体和灵魂结合物的尊重。

在有权势和有权力的人面前，在国王的宝座前，或是当他不在场时根据他的规定而用作该目的的其他场所前脱帽致礼，就是通过世俗敬拜之礼敬拜这人或国王。因为这不是表示尊重这个座位或场所，而是尊重这个人，所以这不能算作拜偶像。但是，敬拜者如果认为宝座上面是国王的灵魂或是向宝座呈递请愿书，那么这就是神性敬拜和偶像崇拜。

在恳求国王去做他可以为我们做的事情时，虽然我们拜伏在他的面前，但是这也只是一种世俗崇拜，因为我们只承认他具有凡人的能力，并不承认他具有其他能力。但是，我们如果自愿向他祈求风调雨顺或其他只有上帝才能为我们做的事，那么就是神性敬拜和偶像崇拜。从另一方面而言，如果一个国王以死刑或其他严重的体刑逼迫一个人这样做，那么这就不是偶像崇拜；因为主权者借助刑律的威慑命令别人对他自己做出的事情并不代表服从他的人从内心里将他当作神尊重，而只是表示自己希望免于处死或苦难的生活；因为那些不表示内心尊重的行为不是敬拜，所以这也不是偶像崇拜。我们也不能说如此行事之人玷污了他的弟兄或给他下了绊脚石；因为不论通过这种方式敬拜的那个人何等聪慧或学识渊博，另外的一个人也都只能因为畏惧而不能因此（那个人的聪慧或学识渊博）才赞同这种做法；这不是他自己的行为，而是他的主权者的行为。

在某一特定的地方敬拜神或是将自己的脸朝向一个形象或确定的地方（进行敬拜），这不是敬拜或尊重这一地方或形象，而是承认它是神圣的，即承认这一形象或地方被从它的普通用途之中分离出来，这恰恰是"神圣"一词的意义所在；这并不是意味着那个地方或形象具有任何新的性质，而只是因为专门用于侍奉上帝而产生的一种新关系，因此这就不是偶像崇拜。在铜蛇面前敬拜上帝也不是偶像崇拜；犹太人在离开自己的国家之后，祈祷时面向耶路撒冷的神殿也不是拜偶像；摩西在升腾着火焰的荆棘丛前脱掉他的鞋子，因为这里是西奈山所属的地方，上帝选定这个地方显现并向以色列民众诏示律法，所以这里就不是因为传统的神圣而是因为划归上帝所用而成为神圣之地；以及基督徒根据国王或教会的真正代表的权利，曾在奉献给上帝专门用作礼拜的教堂中庄严地进行礼拜，这也不是偶像崇拜。但是，如果在敬拜上帝时认为上帝就驻在这形象之中或处于这场所之内，或使之具有生命，即无限的实体驻在有限的空间内，那么这就是偶像崇拜：因为这种有限的神只是存在于大脑中的偶像，并不是什么真实的物体，《圣经》中一般将其称为"虚空（vanity）"[1]"谎言（lies）"[2]和"虚无（nothing）"[3]。虽然敬拜上帝时不是将他当作处于这一处所或形象之内，或使之具有生命，但是如果为了让自己记住他或他行的某些业迹，这一处所或形象又是根据私人的权力而不是我们的主权者牧师的权力所建立的，那么这就是偶像崇拜。因为诫律要求，"不可为自己雕刻偶像"。上帝命令摩西去制造铜蛇，因为他不是为自己制造的，所以他没有违反这一诫律。[4]但是，因为亚伦和百姓铸造金牛犊的根据不是上帝的权力，所以这就是偶像崇拜。[5]这不仅是因为他们将金牛犊当作上帝，还因为他们没有得到主权者上帝或代治者摩西的许可就将其用作宗教目的。

外邦人还将朱庇特和其他一些人视为活神来敬拜，这些人在世时或许都取得了丰功伟绩。同时，他们还将许多男女视为上帝的后代，认为他们达到了永生的

---

[1] "vanity"一词在《圣经》中被翻译为"虚妄"或"虚空"。如《诗篇》第94章第11节："耶和华知道人的意念是虚妄的。"《传道书》第1章第14节："我见日光之下所作的一切事，都是虚空，都是捕风。"

[2] "lies"一词在《圣经》中大部分被译作"谎言""谎话""夸大的话"或"虚谎"等，如《箴言》第6章第19节："吐谎言的假见证，并弟兄中布散分争的人。"《诗篇》第144章第8节："他们的口说谎话，他们的右手起假誓。"《以赛亚书》第16章第6节："我们听说摩押人骄傲，是极其骄傲，听说他狂妄，骄傲，愤怒，他夸大的话，是虚空的。"《何西阿书》第12章第1节："而对于以法莲吃风，且追赶东风。时常增添虚谎和强暴。与亚述立约，把油送到埃及。"

[3] 从"不真实"意义上而言，"nothing"在《圣经》中被翻译为"虚无"，例如《以赛亚书》第40章第17节："万民在他面前好像虚无，被他看为不及虚无，乃为虚空。"

[4] 参见《民数记》第21章第8和第9节："耶和华对摩西说：'你制造一条火蛇，挂在杆子上，凡被咬的，一望这蛇，就必得活。'摩西便制造一条铜蛇，挂在杆子上，凡被蛇咬的，一望这铜蛇，就活了。"

[5] 参见《出埃及记》第32章。这是《圣经》中一个非常著名的故事，以色列人为了走出埃及而求亚伦为他们作神像，亚伦就让他们摘下他们妻子、儿女耳朵上的金环，铸了一只牛犊。以色列人将牛犊称为"这是领你出埃及地的神"，由此而引发上帝的愤怒，上帝于是派摩西去惩罚以色列人。

□ 最后的晚餐

这是达·芬奇最著名的油画之一，描绘的是耶稣与门徒最后一次晚餐的场景。耶稣到耶路撒冷去过逾越节，犹太教祭司长想在夜间逮捕他，但却找不到人带路。正在这时，耶稣的门徒犹大向祭司长告密说："我把他交给你们，你们愿意给我多少钱？"祭司长便给了他30块钱。于是，犹大跟祭司长约好：他亲吻的那个人就是耶稣。逾越节那天，耶稣与12个门徒坐在一起，共进最后一次晚餐，他忧郁地对12个门徒说："我实话告诉你们，你们中有一个人要出卖我了！"12个门徒听后，或震惊、或愤怒、或激动、或紧张。《最后的晚餐》表现的正是这一时刻的画面。

神和终死的人之间的阶段。因为他们既没有从上帝永恒的理智律中找到他给他们授权的根据，也没有在上帝已证实或做出启示的意旨中找到他给他们授权的根据，而是自己这么认为而已，所以这就是偶像崇拜。虽然我们的救主是一个凡人，我们也笃信他是不朽的上帝和上帝之子，但是这并不是拜偶像，因为我们的这种信仰不是以自己的幻想或判断为依据，而是以上帝在《圣经》中所启示的话为依据。关于敬拜圣餐物而言，如果基督说"这是我的身体"[1]，那么这句话的意思是指从表面上看，他本人和他手中看起来是饼的东西甚至于后来一切看起来是饼的小块东西以及此后祭司在任何时候奉为圣的东西都是基督众多的身体，但是却又是同一个身体，因为这是经我们的救主所承认的，所以这就不是偶像崇拜。但是，如果这句原文不是指这个意思（因为没有可援引的其他原文予以证明），因为这是对人类制度的崇拜，那么这就是偶像崇拜。这样并不足以说上帝能将"饼"这一实体转换为基督的身体，因为外邦人同样认为神是万能的，并且也可以此为据像其他人一样声称他们的木头和石头经实体转化而成为了全能的神，为他们的偶像崇拜辩解。

尽管有人认为神灵感应是由圣灵通过超自然方式进入一个人的躯体而出现的，不是源自于教义与研究而获得的神恩，但是我认为他们是陷入了一种极其危

---

[1] 参见《马太福音》第26章第26节："他们吃的时候，耶稣拿起饼来，祝福，就掰开，递给门徒，说：'你们拿着吃，这是我的身体。'"

险的两难困境之中。因为他们如果不敬拜他们相信的具备这一神灵感应的人，那么他们就犯下了不敬神的罪过，即不尊重上帝通过超自然方式的亲临；因为使徒们绝不会让人们像那样来敬拜自己，所以他们如果崇拜这些人，那么他们就犯下了拜偶像的罪过。因此，最稳妥的方式就是将圣灵通过鸽子的形式降临在使徒身上，以及基督通过向他们吹气和行按手礼赐予他们圣灵等，这些被理解为是上帝喜悦或规定使用的动作，表示他应许通过研究传扬他的国，在他们的谈话中去帮助他们，使他们不是玷污而是启发其他人。

除了对形象进行偶像崇拜之外，还存在一种玷污式崇拜；这也是一种罪，但是却不是偶像崇拜。因为偶像崇拜是通过内在和真正尊重的迹象进行崇拜，但是玷污式崇拜只是一种表面上的崇拜，有时这种崇拜可能和内心中对这一形象的强烈憎恶以及对幻象中的魔鬼或用来敬拜这种魔鬼的形象的强烈憎恶联系在一起，它只是因为畏惧死亡或其他严厉的惩罚而生的憎恶。但是，在其他人的注视下以领拜人的身份进行这种敬拜仍是一种罪，因为其他人也会模仿他们的做法，他们会在信仰宗教的过程中被羁绊而跌倒。但是，那些我们未理会的领拜人就不会对我们产生任何作用，而只会让我们自己谨小慎微，所以他们就不能成为致使我们跌倒的原因。

因此，如果一个依法被派来教导并指导他人的牧师或是任何其他学识备受推崇的人因为畏惧一个偶像而表现出外在的尊重，那么除非是他将自己的畏惧与不情愿的感情和自己的敬拜表现得一样明显，否则就会因为从表面上看起来这是一种偶像崇拜行为而玷污了他的弟兄。因为他的弟兄根据自己的牧师或自己推崇的学识渊博之人的行为进行推论时，就会得出这种行为本身属于合法的结论。这种玷污是一种罪行，是一种"可援引先例"的玷污。但是，如果一个人不是牧师，在基督教教义的知识方面也不具有很高声望，他按此行事而后又有另一人也跟从他做了同样的事情，那么这并不是可援引先例的玷污（因为他没有理由效仿这先例），而是他将其称为玷污以作为借口在他人面前给自己开脱。因为一个没有学问的人，当处于一个拜偶像的国王或国家的权力掌控之下，在被命令去敬拜偶像否则将面临处死的情况下，如果他虽然内心憎恨这一偶像，但是却对其敬拜，那么这也无可厚非；如果他宁死不拜，那么其勇气更值得嘉许。但是，如果是一位牧师，作为基督使者负有在列国宣教基督教义的使命，竟也做了同样的事，那么这就不仅是对其他基督徒良知的一种罪恶玷污，而且是背信弃义地抛弃了自己的职分。

到此为止，就我所讨论的关于形象崇拜的问题，归纳起来就是敬拜形象或任何事物，不论敬拜其实物抑或敬拜自身所具有的且又自认为存在于该形象或事物之中的幻象，或是二者兼而有之的，又或是相信这类无耳或无眼的物能听到他的祈祷或者看到他真心诚意的敬奉，即为偶像崇拜。如果一个人因为惧怕惩罚而假装做出这种敬拜，但是他的先例作用在他的弟兄之中又具备对他人产生影响的力量，那么他就是犯了罪行。如果他在某个形象前或是在某个地方敬拜造物主，但是这个形象或地方又不是自己制作或选定的，而是源自上帝的谕令，那么这就不是偶像崇拜。例如，犹太人在天使像前敬拜上帝，有一段时期在铜蛇前敬拜上帝，以及在耶路撒冷的神殿中或是在一段时期朝着神殿敬拜上帝，这些就不是偶像崇拜。

至于当前罗马教会敬拜圣人、形象、遗迹及其他东西，我认为这是未经上帝的道允许的，也不是从他们所宣教的教义带进罗马教会的，而是由外邦人最初皈依时被部分地遗留下来的，后来经罗马主教支持、肯定并进行了扩展。

至于从《圣经》中引证的证据，即根据上帝指定建造的形象的那些例证，它们被建造出来不是为了让百姓或任何人去敬拜，而是让人们在它们前面敬拜上帝本身；例如，在铜蛇或者约柜上的基路伯像前敬拜上帝。因为我们在《圣经》中没有看到祭司或任何其他人去敬拜基路伯像。与之相仿，我们看到因为百姓向摩西造的铜蛇烧香，所以以西结打碎了它。[1] 除此之外，因为第二诫命说"你们不可为自己雕刻偶像"，区分了根据上帝命令建立的形象和我们自己建立的形象，所以援引这些例证不是为了使我们去模仿，而是为了在它们前面敬拜上帝并造偶像而找借口。因此，根据基路伯像或铜蛇而认为可以敬拜人造形象、根据上帝谕令敬拜而认为人类可以随意敬拜，这种根据是不充分的。同时，我们还需要考虑到，以西结是因为犹太人敬拜铜蛇才将它打碎，从而让他们不能再这样行事；因此，基督教的主权者也应摧毁他们的臣民习惯敬拜的形象，从而清除这种偶像崇拜的根源。因为在当今敬拜形象的地方，愚昧的百姓的确相信形象之中存在神力；牧师们确曾告诉他们，有些形象曾说过话、流过血并且行过奇事；他们将该

---

[1]参见《列王记下》第18章第4节。

奇事理解为圣者所行的奇事,他们认为如果圣者不是形象本身,那么就存在于形象之中。当以色列人拜金牛犊的时候,他们的确认为自己是在敬拜将他们带出埃及的上帝,但这却是偶像崇拜;因为他们认为,如果金牛犊不是上帝,那么就是上帝在(金牛犊)肚子里藏着。虽然有些人认为百姓不可能如此愚昧以至于认为形象就是上帝或圣者本身,或是百姓心怀这种想法进行敬拜,但是《圣经》以下原文所说明的情形却明显与之相反:当金牛犊铸成时,百姓说:"以色列啊,这是领你出埃及地的神!"[1]拉班的偶像被称为他的神[2]。同时,根据日常经验,我们也可以看到,人有百种千样,有一种人除了关心自己的吃喝安逸外什么也不关心,他们可以欣然接受任何荒谬的言论,而不会根据自己的思考对其加以审视;除了以

□ 雅各梦见天梯

《创世记》中有雅各梦见天梯的故事。雅各在逃亡的路上做了一个梦,他梦见一个梯子立在地上,梯子的顶端顶着天,有神的使者在梯子上上下下。雅各醒来后说:"耶和华真在这里!我竟不知道!"

明确且新颁布的法律为依据外,他们总是笃信自己的信仰,将其视为如同根据不可放弃的限定承继而得来的一样。

但是,他们根据《圣经》中的其他原文得出推论,认为绘制天使是合法的,绘制上帝本身也是合法的,其根据就是诸如描写上帝在园中行走[3]、雅各在梯子顶上看见上帝[4]以及其他异象和梦的原文。但是,不管异象和梦是自然的还是超自然的,它们都只是幻象,依照任何幻象绘制出形象的人均未描绘出上帝的形

---

[1]参见《出埃及记》第32章第4节。
[2]参见《创世记》第31章第30节。
[3]参见《创世记》第3章第8节:"天起了凉风,耶和华神在园中行走。"
[4]参见《创世记》第28章第12和第13节:"梦见一个梯子立在地上,梯子的头顶着天,有神的使者在梯子上,上去下来。耶和华站在梯子以上说:'我是耶和华,你祖亚伯拉罕的神,也是以撒的神,我要将你现在所躺卧之地赐给你和你的后裔。'"

象，而只不过是描绘了他自己的幻象，这就是造偶像。我并不是说根据幻象来绘画是一种罪，而只是说将其绘制出来并把它当作上帝的代表形象时违反了第二诫律；它没有其他的用途而只能用来敬拜。为天使或亡者所绘制的形象，除了将其作为友人或值得纪念之人的纪念物之外，与上述也属同一情形。因为作为纪念物的某种形象，其用途不是敬拜形象，而是对人的一种世俗崇拜。但是，如果是敬拜我们使之成为圣人的形象，理由仅仅是认为我们觉得他死后没有知觉时可以听到我们的祈祷并对我们向他表示的尊重而感到喜悦，那么我们就是赋予了他超凡的神力，因此这就是偶像崇拜。

因此，摩西诫律或福音中没有对形象以及对人们自己设立的其他代表上帝的形象行宗教敬拜，或是敬拜天上、地上或地下任何物的形象的根据；但是，基督徒国王（即代表上帝的活人）的臣民敬拜他的任何行为，对他的权力表达的尊重都不能超出对凡人本身所享有的权力的尊重，据此我们很难想象现在所有的宗教崇拜是因为对《圣经》的误解而被带入教会中的。因此，可以说那些拜偶像的外邦人在皈依时未毁掉他们的偶像而使其留在教会中。

导致出现这种情形的原因是人们过于看重和高估了偶像制作技艺的价值。由此导致那些敬拜偶像的外邦人，尽管改变了之前将其当作魔鬼敬拜的做法，仍将这种偶像留在家中。借口通过这种方式尊重基督、圣母玛利亚、众使徒以及早期教会其他牧师。因为这事很容易做到，只要给原先也许被称为"维纳斯"[1]和"丘比特"的像取上新名，将其称为"圣母玛利亚"或"她的儿子"即我们的救主的像就可以了；同样，也可将朱庇特[2]的像变成巴拿巴的像、把墨丘利[3]的像变成保罗的像等等。因为牧师渐渐起了俗世的野心，他们竭力取悦新基督徒，同时也让自己喜欢上这种偶像崇拜，希望自己死后可以像已得到这种敬拜的人那样得到这种敬拜，因此人们敬拜基督和使徒形象一事变得越来越具有偶像崇拜的性质。这仅仅是在君士坦丁大帝时代之后不久，许多皇帝、主教以及教会公会才认识到这种事的非法性质并进行反对，但已为时已晚或已是强弩之末。

---

〔1〕维纳斯，古罗马神话中爱与美的女神，罗马十二主神之一。

〔2〕朱庇特，古罗马神话中统领神域和凡间的众神之王，是天空神及光明、法律之神，罗马十二主神之首。

〔3〕墨丘利，古罗马神话中众神的使者，罗马十二主神之一。

外邦人宗教的另一项残余是封圣人。这既不是因误解《圣经》而导致的，也不是罗马教会的新创造，而是一种与罗马共和国同样古老的风俗。罗慕卢斯是第一个被列为罗马圣人的人[1]。根据尤里乌斯·普罗库鲁斯的说法，他在元老院前发誓，表示罗慕卢斯去世后和他说话并真切地告诉他说自己住在天上，被称为"奎里努斯"[2]，会护佑他们的新城邦，由此元老院公开承认了他的神圣性。尤里乌斯·恺撒和他之后的罗马皇帝也得到了类似的承认。这就是封圣人的行为，因为现在封圣人的定义就是根据这种证明得来的，这与异教徒的封圣徒行为是相同的。

教皇作为"最高教长"的封号和权力也源自异教徒罗马人。罗马共和国中具有这一尊号的人享有在元老院和百姓之下管理一切他们的宗教仪式和教义的最高权力。当奥古斯都·恺撒将共和国变成帝国时，他只不过是取得了这一职位（即最高教长）和百姓的护民官一职而已（即政教两个领域内的最高权力），此后继位的皇帝也有同样的权力。第一个公开承认基督教信仰并支持这一信仰的皇帝君士坦丁大帝在世的时候，他让罗马主教在其权力之下掌管宗教事务的做法与他公开承认信仰的精神是一致的。尽管那些主教并没有很快获得"教长"的称号，而是后来的主教们自封的，从而以此支持他们享有管理罗马帝国各行省主教的权力。这并不是圣彼得使他们享有管理其他主教的权力，而是因为皇帝始终支持罗马城享有该特权。这一点从以下就明显可以看得出来：罗马皇帝定都君士坦丁堡时，君士坦丁堡主教就声称与罗马主教享有平等的地位；尽管最后经过一番斗争，教皇胜出并成为最高教长。但是，教皇只是根据皇帝的权力而成为最高教长，并且他在帝国范围之外也不是最高教长；当皇帝丧失了对罗马的权力后，即使是教皇本人从皇帝手里夺取了权力，教皇在任何地方也不是最高教长。由此，我们可以顺便推理得出推论，除了在以下两种地方之外，教皇并不具有较其他主教更高的地位：一是在他本人即世俗主权者的统治范围之内；二是在皇帝享有世俗主权并明确选定教皇在其下担任基督徒臣民的牧师的地区。

希腊和罗马宗教的另一项残余是在仪仗队中载着偶像游行。因为他们也用

---

[1] 罗慕卢斯，传说中罗马城的建造者和第一任国王。
[2] 奎里努斯，古罗马神话中的战神。

□ 嘉年华

嘉年华源于《圣经》中的一个故事：一个魔鬼把耶稣困在旷野里，四十天没有给他吃东西，耶稣尽管饥饿，却经受住了魔鬼的诱惑。后来，为了纪念耶稣在这四十天中的旷野禁食，信徒们便将每年复活节前的四十天作为自己斋戒及忏悔的日子，即"四旬斋"。由于在此期间不能食肉、娱乐，人们便在斋期前的一周或半周内专门举行宴会、舞会、游行，纵情欢乐，这就是"嘉年华"。

一种专门用作该用途的车载着偶像四处游行，拉丁语将这种车称为"圣车"和"神车"。偶像被放在框中或匣中，他们将其称为"神龛"。他们所谓的"队伍"就是我们现在所称的"仪仗队"。据此，元老院对尤里乌斯·恺撒的神灵崇拜中，有一项是在色西安竞技会的仪仗队中为他准备一辆圣车和一个神龛，这等于将其当作是神载着游行，正如同现在瑞士卫兵为教皇撑着华盖各处行走一样。

在这些仪仗队中，希腊人和罗马人会在神像前点燃火炬和蜡烛。后来，罗马皇帝也都接受了与此相同的尊敬方式。我们从书上可以读到，卡利古拉[1]登基时，一大群百姓拥簇着他乘车从米塞卢姆[2]来到罗马，道路旁边摆满了香案和祭祀的祭品，点着火炬。人们也燃香、撒花以及持着火炬将撒卡拉[3]迎入亚历山大里亚，这里的火炬是指希腊人在他们载着神的仪仗队中手持的那种火炬。经过一段时间之后，虔诚而无知的百姓便经常在教堂中通过举办类似的盛大活动来敬拜他们的主教，其中也有蜡烛以及救主像和圣人像。这就是点蜡烛的起源，有些古老公会将其确定了下来。

异教徒也有圣水。罗马教会在礼拜日也模仿他们（这种圣水仪式）。异教徒有酒神节，与之对应，我们也有通宵礼拜。异教徒也有农神节，我们则有嘉年华以

---

[1] 卡利古拉，本名盖乌斯·尤里乌斯·恺撒·奥古斯都·日耳曼尼库斯（12—41年），罗马帝国皇帝，37—41年在位，"卡利古拉"是他的外号，意为"小军靴"。
[2] 米塞卢姆，位于今天意大利的中南部，罗马位于其北方。
[3] 罗马皇帝，198—217年在位。

及仆人们可自由支配的星期二忏悔日；他们有普里阿波斯游行集会[1]，我们则是把五月柱抬进场地、立起来并围着它跳舞[2]，跳舞也是一种敬拜方式。他们在所谓的恩巴伐农神节[3]列队游行，我们则在祈祷周[4]时在田野里仪仗游行。这些不过是我现在能记得的全部，我认为，这些并不是从外邦人最初皈依基督教时遗留在教会中的全部仪式。如果有人认真看一下希腊人与罗马人宗教仪式历史中的内容，那么我一点也不怀疑他会发现更多的这类外邦人宗教的旧空瓶，罗马教会圣师们因疏忽或野心而装入了基督教的新酒，这到了一定的时候必然会导致瓶子炸裂。

[1] 普里阿波斯是希腊的生殖神，敬拜该神是为了祈求丰产和生育。
[2] 在西方尤其是在英国庆祝的节日，祈求农业丰收和庆祝春天到来。一般是在草地中央，树起一根高柱，装饰花环、树叶等，人们围着五月柱跳舞。
[3] 古罗马纪念农神克瑞斯的节日。
[4] 耶稣升天节前三日举行的仪式，用以祈求并欢庆农业丰收。

第四十六章　论空洞的哲学和荒诞的传说所导致的黑暗

"哲学"可以被理解为是为了使人们在物力或人力所允许的范围内形成人类生活所需的效果,为了达到上述目的,或是根据任何事物的产生方式推导其特性,或是根据事物的特性推导该事物某种可能的产生方式所获得的知识。因此,几何学家根据图形结构得出了其中的许多特性,随后又根据这些特性经过推理得出许多新的构图方法,以用于测量土地、水域以及其他不可数计的用途。与此相同,天文学家根据太阳和星星在星空不同区域的升起、落下以及运行情况,可以找出白昼、黑夜和一年中不同季节形成的原因,从而能够记录时间,其他科学知识的形成也与之相似。

根据该定义,显而易见,我们不可以将包含慎虑原始知识的经验算作哲学的任何组成部分;因为它不是通过推理而得出的,而是可以在人类和猛兽身上都可同样找得到的;它不过是关于此前一系列事件的记忆,其中只要忽略了任何一个非常小的环节,效果就会改变,从而导致经过最为深切的慎虑而得出的预期遭遇失败。但是,从正确的推理之中得出的不是别的知识,而只能是具有普遍性、永久且恒定的真理。

因此,我们不能将任何错误的结论都冠以哲学之名,因为用自己所理解的词语进行正确推理的人不会得出错误的结论。

任何人经由超自然的启示所知晓的知识也不能被冠以哲学之名,因为它不是通过推理而得来的。

根据书本的权威说法推理而得来的知识也不能冠以哲学之名,因为它不是从原因推论而得来的,亦非由结果推论原因而得来的知识,因此它就不是知识而是信仰。

因为通过使用语言可以产生推理的官能,所以通过推理就可能发现某些几乎与语言本身一样古老的普遍真理。美洲野蛮人并非没有关于道德的箴言,同时他们也具备少量的算术知识,可以对不太大的数目进行加减运算,但是他们不会因此而成为哲学家。正如对谷类和用来酿酒的植物而言，当人们知道它们的属性并汲取它们的养分或在田地和葡萄园中栽培前，田野和森林中就有少量分布，当时人们以橡实为食，以水为饮；所以起初就存在许多正确、普遍且有益的推论，就像人类推理领域中原本就存在的"自然植物"一般。但是，最初栽培的植物数量非常少，人们凭粗陋的经验生活，没有所谓的方法，即除了错误与推测等"野草"和"普通植物"之外，没有对知识本身的"播种"或"栽培"。原因在于人们在获得生活必需品和防备邻人之外，不可能还有闲暇时间；所以只有当建立了幅员辽阔的国家后，情况才会有所改观。闲暇是哲学之母，国家则是和平与闲暇之母。哪里率先出现了规模庞大且繁荣的大城市，哪里就会出现哲学研究。印度的天衣派信徒[1]和波斯拜火教的博士[2]以及埃及和迦勒底的祭司都被认为是最古老的哲学家，而这些国家则是最古老的王国。在希腊人和西方其他民族的国家（也许没有卢卡[3]或日内瓦[4]大）未实现和平前，当他们对彼此抱有同样的畏惧时，他们没有闲暇工夫观察任何事物，并且只能相互盯住彼此，此时（在这些国家）哲学不会兴起。最后，当战争导致许多规模较小的希腊城邦整合为少数几个但规模较大的城邦时，来自希腊不同地区的七个人获得了"贤人"的声誉。其中有几位贤人是因道德和政治哲言而闻名于世，有些则是因研究迦勒底和埃及人的天文和几何学而著称。但是，当时我们还没有听说任何哲学学派。

在雅典人打败了波斯军队并夺得了海上的统治权之后，他们获得了对欧洲和亚洲位于爱琴海中的全部岛屿以及沿海城市的统治权并逐渐繁荣起来，正如圣路加所说，国内外那些无所事事的人就"只将新闻说说听听"[5]，或是向城邦中的年轻人公开宣讲哲学。每一位老师都会找一处讲学的地方。柏拉图讲学的公共场所被称为"学园"，这个名称源自一个名为阿卡德摩的人[6]；亚里士多德则是在

---

[1] 印度耆那教的一个分支，要求信徒放弃物质，以天为衣，基本上裸体，但是只有最伟大的圣人才能全裸；又称空衣派或裸体派。

[2] 波斯拜火教的祭司和神职人员的称呼。

[3] 卢卡，意大利中部小城。

[4] 日内瓦，瑞士西部靠近法国、意大利边境的城市。

[5] 参见《使徒行传》第17章第21节。

[6] 公元前387年，柏拉图在雅典城外西北角的阿卡德摩建立学园。此地原为希腊英雄阿卡德摩的墓地所在地。

□ **柏拉图学园**

又名"阿卡德摩学园"。公元前399年，苏格拉底受审并被判死刑，柏拉图（苏格拉底的学生）逃往梅加腊避难，并游历了西西里岛、南意大利、埃及等地。公元前387年，柏拉图回到雅典，在朋友的帮助下，在雅典西北郊外约两公里的地方购置了一片风景秀丽的土地，办起了一所学校。学校以战斗英雄阿卡德摩的名字命名，后人为了方便，仍称它为"柏拉图学园"。

潘神庙的步行道上讲学。这里被称为"吕克昂学园"。有些人则是在画廊（即商人们摆地摊卖货的拱廊）讲学，还有一些人则是在其他一些地方教导别人或与人讨论他们的见识来消磨闲暇时光。还有一些人则没有固定的场所，只要是能将城市中的年轻人召集在一起听他讲话就可以。卡涅阿德斯[1]在罗马担任使者的时候也这样做，因而加图[2]劝告元老院尽快让其离开（罗马），担心年轻人喜欢听他的高谈阔论（他们认为是这样）而导致败坏年轻人的品行。

据此，他们中任何人进行宣教或辩论的所在地就被称为"schola"，在他们的语言中是"闲暇"之意。他们的争论则被称为"消磨时间"。另外，哲学家学派也以自己的名字命名，其中有些人就以上述学派的名称命名，例如，认同柏拉图学说的人被称为"学园派"，亚里士多德的门徒则因其教学所在的步行道而被称为"逍遥学派"，芝诺的门徒则是根据"画廊"一词而被称为"廊下派"，这种情形就如同人们经常在其他地方、保罗教堂或交易所聚会侃大山和混日子时被称为"天南海北派"[3]"保罗教堂派"或"交易所派"这种风俗一样。

但是，人们却对这种习俗推崇备至，以至于迅速风靡整个欧洲和非洲的大部分地区，因此该地区的几乎所有国家都公开设立讲学会并支持他们开展演讲和辩论。

---

〔1〕希腊的怀疑派哲学家，柏拉图学园的学者之一，公元前156年曾作为雅典派出的官方使者出使罗马。
〔2〕加图（公元前234—前149年），罗马共和国政治家、活动家。
〔3〕此处对应上文的"在其他地方"，意即随意的一些不确定地点。

在古代，犹太人的学派在我们的救主的时代前后都是存在的，但是这些学派是关于他们法律研究的学派。因为他们虽然将其称为"教堂讲经会"，即百姓聚会，但是因为会在每一个安息日在他们中间宣读、解释和辩论法律，所以其性质和公开的学派并无二致，仅是名称有所差异。并且（这种学派）不但在耶路撒冷设有这种讲经会，有犹太人居住的每一个外邦人的城市中都设有这样的讲经会。比如，大马士革就设有一个这样的讲经会，圣保罗曾进入这个会堂并遭到（犹太人的）迫害。[1]在安提阿、以哥念和帖撒罗尼迦也设有这种讲经会，圣保罗曾进去那里辩论过。设在利百地拿、古利奈、亚历山大、基利家和亚西亚的会堂亦是如此，即位于利百地拿和在耶路撒冷的外地犹太人的学派，同圣司提反辩论的那些人就属于该学派。[2]

但是这些学派有何用益呢？究竟能从他们的解读和辩论之中得到什么样的科学知识呢？虽然几何学是自然科学之母，但是我们现在的几何学却并非是由这些学派留给我们的。柏拉图是最优秀的希腊哲学家，他创立的学派不吸收那些未掌握一定几何学知识的人。[3]尽管研究这种知识的人有很多且人们也从中受益颇多，但是没听说那些人提到这些人的学派，同时也没有出现任何几何学家的学派，他们也未被冠以哲学家之名。与其说这些学派的自然哲学属于科学范畴，倒不如说是一场梦，空话连篇，毫无意义；如果一个人没有先在几何学方面具备很深的造诣就去讲授哲学，那么就不可避免地出现这种情况。因为自然通过运动而产生作用，如果没有线形比例及其性质的知识，那么就不可能知晓该运动的方式和程度。他们的道德哲学只不过是在描述他们自己的激情罢了。因为对于行为方式而言，在没有世俗政府的情况下，其法则就属于自然法；在存在世俗政府的情况下，其法则就是世俗法。该法则判定诚实和虚假、公正和偏私以及普遍意义上的善和恶。但是，他们却按照他们自己的好恶制定善恶法则。根据这种方式，既然每个人的偏好各不相同，所以就不存在那些普遍达成一致意见的事情；而每个人对于自己认为有好处的事，只要他敢做，他就会放手去做，进而导致国家走向

---

[1] 参见《使徒行传》第9章。
[2] 参见《使徒行传》第6章第9节。
[3] 柏拉图在学园的门口曾立了一块牌子，上面写着"不懂几何学者不得入内"。

灭亡。他们的逻辑本应是推理的方法，但是却不过是言之无物的诡辩以及意图通过标新立异驳倒那些诡辩之人的伎俩而已。总之，世界上最为荒谬的事情莫过于连老哲学家都得不到人们的支持（对此，正如西塞罗所说，他本人就是这样的哲学家）。我认为，自然哲学最荒谬之处就是现在所谓的亚里士多德形而上学的理论；与政治最不能相容的就是他在《政治学》一书中提出的那一套；最为愚蠢的观点也莫过于他的《伦理学》中提到的大部分内容。

最初，犹太学派只是一个研究摩西律法的学派，摩西命令每逢七年的末一年，就在住棚节的时候，在众人面前将这律法念给他们听，让他们听，让他们学习。[1]因此，在每一个安息日宣读律法（在以色列人被掳以后的做法）应该没有其他目的，而只是让百姓认识到他们应予服从的诫律并向他们解释先知的著作。但是，根据我们的救主给予他们的诸多谴责，他们显然根据自己错误的注释和荒诞的传说而误用了律法的原文。并且他们对先知也知之甚少，以至于他们不承认先知所预言的基督和他所行的业迹。因此，他们根据自己在会堂里的演讲和辩论将律法原理变成了一门关于上帝和灵的、不可思议的空想哲学。他们从《圣经》中语意更为含混不清的、最易于穿凿附会地为自己提供支持的原文以及关于自己祖先荒诞的传说中幻想出一些东西来，将希腊人那种空洞的哲学和神学糅杂在一起而形成了这种哲学。

当今所谓的"大学"是指在同一个政府当局之下，由同一个城镇或城市中许多公开的学派结合而成的一个集合体，主要学派被划分为三种研习专业，即罗马宗教、罗马法和医学专业。哲学研究不过是罗马宗教的"使唤丫头"而已。因为这里流行的权威观点只有亚里士多德的观点，所以这种研究就不是正式的哲学（其性质不是由著作家所决定）而是"亚里士多德学"。因为几何学不服从任何事物而只服从严格的真理，所以几何学在最近时期之前的时代中毫无地位可言。如果任何人凭借自己的天赋在几何学方面达到了炉火纯青的程度，那么一般他就被认为是魔术师，他的技艺就被认为是魔鬼式的技艺。

---

[1]参见《申命记》第31章第10、11和12节。霍布斯原文中说引自《申命记》第31章第10节，实际上在英王詹姆斯钦定版《圣经》中是在《申命记》第31章第10、11和12节。

现在我将对空洞哲学的具体教义展开讨论，这些教义部分是因为亚里士多德、部分是因为理解的盲目性而被传入大学中并由大学传到教会中。我首先讨论其原理。有一种所谓的第一哲学，它是所有其他哲学的依据所在，它主要包含对那些最具普遍性的名词的意义的正确界定。这种界定可以避免推理中含糊不清和模棱两可的地方，它们一般被称为"定义"，诸如物体、时间、地点、物质、形式、本质、主体、实体、偶性、权势、行为、有限性、无限性、数量、质量、运动、行为、激情以及其他等等。除此之外，还有人们用于解释关于物体产生及其性质的概念时所必需的很多其他定义。经院哲学派将上述这些以及类似的名词解释（即确定其意义）作为亚里士多德哲学的组成部分通称为"形而上学"，而这部分亚里士多德哲学就是以"形而上学"命名的，但它具有不同的意义。因为在亚里士多德哲学中它是指"写在或置于他的自然哲学之后的各篇"，经院哲学派则将其当作是超自然哲学的各篇，因此"形而上学"可以具备上述两种含义。确实，其中所写的内容绝大部分都是无法理解的，而且同自然理性之间存在如此巨大的冲突，以至于如果有任何人认为可以据此理解任何东西的话，那么就会必然认为它是超自然的知识。

这种形而上学的内容与《圣经》糅杂在一处，于是形成了经院学派神学。它告诉我们，世界上有些要素是脱离于物体而存在的，他们将其称为"抽象本质"和"实质形式"；在对这一术语进行解释时，此处就得比平常更加谨慎。此处，我要请求那些不习惯此类讨论的人原谅，我此处要专门为那些习惯于此类讨论的人就这个问题展开讨论。世界是有形之体（我是说不仅指俗世，喜爱俗世的人被称为"俗世的凡人"；我指的是宇宙，即万物构成的一个整体），它是具有尺寸大小的，即具有长度、广度和厚度；同样，物体的每一个组成部分也是物体，也同样具有尺寸大小；所以，宇宙的每个组成部分都是物体，不是物体的东西就不是宇宙的组成部分。因为宇宙容纳万物，所以不存在不属于宇宙组成部分的东西，因此在任何地方都不存在不是物体的东西。据此，也不能得出结论认为不存在灵，因为灵具有尺寸，它是实在的物体；尽管从其一般意义上而言，"物体"只是指可看见和可感知的物，即在一定程度上具有不透明性的物。对于灵而言，它们被称为是"无形体"，这一名词之中包含着更多尊敬的意蕴，可被更为虔诚地适用于上帝本身；之于上帝，我们不必考虑用何种性质的形容词最能说明他的属性，其属性是无法表达出来的，而只须考虑用什么形容词最能表达我们尊重他的意愿。

□ 亚里士多德讲学

亚里士多德，古希腊著名的哲学家、科学家和教育家，柏拉图的学生，亚历山大大帝的老师。他是一位百科全书式的科学家，几乎在每个学科都有所贡献。他总结了泰勒斯以来古希腊哲学发展的结果，首次将哲学和其他学科区别开来，开创了逻辑学、伦理学、政治学和生物学等学科的独立研究。他的著作构建了西方哲学的第一个广泛系统，包含道德、美学、逻辑和科学、政治和玄学。图为亚里士多德在潘神庙的步行道讲学。

现在，为了搞明白他们基于何种理由认为存在抽象本质和实质形式，我们必须考虑这些词语的本义。词语的用途在于为自己进行记录以及向其他人阐明我们自己内心的想法与概念。在这些词语中，有一些是可被感知的事物的名称，例如对感官产生作用并在想象中留有印象的所有物体的名词即是如此。另外一些是关于想象自身的名词，即我们对看见的或者记住的所有事物的想法或心理表象的名词。另外还有一些是名词的名词或不同种类语言形式的名词。诸如，"普遍""复数"和"单数"就是名词的名词；"定义""肯定""否定""真""假""三段论法""询问""许诺""信约"则是某些语言形式的名词。另外，还有一些名词表示一个名词和另外一个名词的推理或矛盾关系。诸如，当一个人说"人是一种物体"的时候，他是指"物体（body）"这个名词是在"人（man）"这个名词后面出现的，是因为"物体"只是同一种对象的名词，"人"是所称为"物体"这一名词中若干对象中的一个。这种因果关系通过"是（is）"将它们关联在一起而表达出来。正如同我们使用动词"is"一样，拉丁人用"est"，希腊人用"esti"的不同变形来表达。我不敢说世界其他各国自己的语言中是否都有与"is"这个词相对应的词，但是根据我的想象，它们并不需要这个词。因为将两个名词按照顺序放在一起，只要有这种习惯，就可以像"is""be"或"are"等词一样来表征其因果关系（因为习惯使语言形成了它们的效用）。

如果存在一种与"est""is"或"be"没有任何相对应动词的语言，使用该语言的人在进行推论、得出结论和作各种各样推理的能力方面与希腊人和拉丁人相比也毫不逊色，那么对于这种情况，从这一动词所表示出来的"实体""本质""必要""必要性"等词语以及其他最常见用法中根据这些词所得出的更多的词语，它们会如何呢？因此，它们就不是事物的名称，而仅仅是一些符号，通过这些符号能够说明我们自己设想出来的一个名词或性质形容词与另外一个词之间的推理关系：例如，在我们说"人是一个活的物体"的时候，这句话的意思并非是指"人"是一回事，"活物"是另一回事，"是"则又是一回事，而是说"人"和"活物"并无二致。因为"如果他是人，那么他就是一个活的物体"这一推论是由"是"一词所表征的真实推论关系。因此，"是一个物体""走路""说话""活着"以及其他不定形式的词汇与"有形体性""行走""说话""生命""视觉"等名词所指的就是同一回事，即不表征任何事物的名称，我在别处已经进行了更为充分的说明。

但是，有人也许会问，就我所写的这本书的性质而言，既然本书指出要说明的只是关于政府和服从关系的学说所必需的全部问题，那么讨论这些细枝末节的目的何在呢？我的目的是让人们不被那些人愚弄，他们用亚里士多德的那种空洞的哲学揑掇出一种"独立存在的本质"的学说，通过一些空洞的名词来唬人，让人们不服从自己国家的法律；这就如同人们用一件空空荡荡的紧身上衣、一顶帽子和一根弯木棍来吓唬鸟不让它们吃谷物一样。据此，他们才认为人去世并被埋葬之后，他的灵魂即他的生命还能脱离他的躯体而游走，并且在晚上的时候能在坟冢之间见到。基于同一理由，他们认为，在他们所说的那不存在饼的地方，也存在着饼的形状、颜色和味道。也是基于这同一理由，他们还认为，信仰、智慧以及其他美德和品质有时是从天上灌输的、有时是被吹入到人身体之中的，就如同有德之人和他们的美德是可以分离一样，除此之外，他们还提出了很多动摇臣民服从他们国家的主权者服从关系的言论。当一个人寄希望于"服从"会被灌输到或吹入他的身体时，他怎么会竭力去服从法律呢？如果一个祭司能创造出上帝，那么人们又怎会不服从祭司而去服从自己的主权者乃至于上帝本人呢？怕鬼的人怎会对那些能够制圣水而将鬼从他身上驱走的人不尊敬有加呢？这足以作为一个例证，证明亚里士多德关于实体和本质的观点给教会带来的谬误。有人可能明知这属于谬误的哲学，但是因为害怕遭遇苏格拉底那样的命运，所以便将它写出来，将其作为符合且又能明证其信仰的宗教的东西。

一旦他们陷入"独立本质"的谬误之中后，那么他们必然会因之而卷入到众多其他由此所导致的荒谬说法中去。既然他们认为这些形式是实在的，那么就必然赋予它们一定的空间；但是，因为他们认为这些是无形无体的东西，所以根本不存在尺寸大小，但是大家都知道空间存在尺寸大小，因而只能通过有形有体的东西去填充它；由此，为了维护自己的声誉，他们不得不进行一种区分，指出它们实际上在任何地方都不是"有界限的"，而只是"限定的"，但是这些词语都只是些空洞的词汇，在此处毫无意义可言，只有在掩饰它们空洞性的拉丁语形式下才能蒙混过去。因为某一事物的界限只是确定或划定它所在的空间，所以对此进行区分的这两个名词（即"有界限的"和"限定的"）就是一回事。尤其他们认为人的本质是灵魂，并且肯定地认为灵魂全都存在于小拇指中，而且同时存在于身体的任何其他部分中，不论这一部分如何微小都是一样的；并且整个身体的灵魂并不比任何一部分中的灵魂多。那么谁会认为上帝能认同这样一种荒谬的观点呢？但是，对于那些相信存在一种与躯体分离的无形灵魂的人而言，他们则有必要相信所有这一切。

当他们说明无形体的实体如何遭受痛苦，又如何在地狱或炼狱之火中遭受痛苦时，他们又答不出所以然来，只能说不知道火是如何焚烧灵魂的。

除此之外，因为运动就是空间的转换，无形体的实体是无法占据空间的，所以他们就要绞尽脑汁将没有躯体的灵魂如何从此处去到天堂、地狱或炼狱之地，以及人的魂魄（另外我要加上它们在显形时所身着的衣物）晚上如何游走在教堂、教堂墓地或其他墓地的事说得似乎具有可能性。对这些问题，我不知道他们如何作答。除非说它们是在"有限定地"而不是"有界限地"游荡，或者说它们是通过"性灵的形式"而不是以"世俗的形式"在游荡，因为这种臭名昭著的区分也同样适用于回答任何疑难问题。

关于永恒的意义，他们不认为它是时间无穷性的延续。因为如果是这样的话，那么他们就找不出理由证明上帝的意旨以及为什么他对未来事物的预先判定不是先于他对这一未来事物的预知，就如同有效的原因先于结果之前出现、或行为者先于行为之前出现；此外，对于许多关于上帝的其他不可思议性的鲁莽之见也都找不出理由。但是，他们只告诉我们，永恒是现在的停滞，经院学派将其称为"停顿的现在"。他们自己不明白它究竟是什么意思，别人也不明白，他们用"此处的停顿"来表示"空间的无限"也是这样的情形。

人们在他们的意识中通过对物体各个组成部分计数来对一个物体进行拆分；在计数这些部分的时候也就是计数了它填充的空间的各个组成部分。因此，在拆分这些部分的时候，我们也得同时对这些部分所占据的空间拆分，任何人都无法设想多于或少于所占空间的物体部分。但是，他们要让我们去相信，因为上帝是万能的，所以一个物体可以同时存在于多处地方，多个物体也可以同时存在于同一处地方。似乎我们说"存在的东西不存在""曾经存在的东西不曾存在"，就如同承认了神能一样。他们不但不敬仰、赞颂神的不可思议性，反而从哲学上辩驳，由此这些人必然会陷入矛盾之中，而上述只不过是一小部分而已；神的属性并不能说明神是什么，而是说明我们用能想到的最美好的名词去尊重他的意愿。但是，那些敢用这些表达崇敬性质的形容词去推论神性的人，自从一开始就丧失了他们的知性，由此引发的困难将会一个接一个，永无终结且不尽其数；这就如同一个不懂朝廷礼仪的人，见到了一位比他经常与之交谈的人更伟大的人物一般，刚进门就趔趔趄趄差点摔倒，上衣滑落了下来，刚拉起上衣，帽子又掉了下来；一阵忙乱不迭后，他才发觉自己的惊慌与失礼。

  对于物理学而言，即关于自然事件从属性和次级原因的知识，他们除了满嘴空话之外，并没有提出任何观点。如果你想知道某些种类的物体为什么会自然地向地面坠落，而另一些种类的物体则自然从地面向上升起，经院学派会根据亚里士多德的观点告诉你，往下落的物体是重物，重量是导致它们下落的原因。但是，如果你询问他们所谓的"重量"是指什么，那么他们就会将其定义为一种趋向地心的意向。因此，物体向下方的一种意向是其下降的原因；这就等于说物体升起或下落是因为它们自身打算这样做。或者，他们会告诉你，地心是重物停息和留存之地，因此它们要竭力去向那里。这就如同说石头和金属像人一样存在欲望，或可以辨识它们打算去的地方；或者也可以说它们不像人类那样，喜欢休息，或认为将玻璃装在窗户上反而不如摔到街道上更安全。

  如果我们想要知道同一物体为什么在不增加东西的情况下，此时看起来比彼时要大一些，他们会说，当它看起来小一些时，那就是它是收缩了；当它看起来大一些时，那是因为它展开了。但是，什么是"收缩"和"展开"呢？"收缩"就是同一物质中存在的量比之前少，"展开"则是比之前多，就如同有一种物质可以具有不确定的量一样。实际上，量并非他物，而只不过是对物质的确定而已，即对物体的确定；我们据此才说一物比另一物大多少或者小多少；或者说就好像物体形成的时候根本是不具备量的，而是后来根据人们希望的那样，使这物体的疏密程度多增加或少增加一些。

  关于人类灵魂形成的原因，他们认为是"通过注入而产生的"和"通过创造而注入的"。

关于感觉形成的原因，他们则认为是事物种相的普遍存在，即物体的显像或幻象的普遍存在。当它们对眼睛产生幻象时，就会形成视觉；如果对耳朵产生幻象，就会形成听觉；如果对舌颚产生幻象，就会形成味觉；如果对鼻子产生幻象，就会形成嗅觉；如果对身体其他部位产生幻象，则会形成感觉。

他们将做出任何特定行为的意志（即通常所说的"意愿"）的原因解释为"官能"，也就是说，官能是人类所具有的那种时而愿意做此事、时而愿意做彼事的一般能力；人们将这种能力称为"意志"，并由此将能力视为导致产生行为的原因。这就如同将人们行善和作恶的能力视为导致产生善恶行为的原因。

在很多情况下，他们把他们自己的无知视为自然事件的成因，只是他们通过其他字眼掩饰了这种无知。例如，他们认为运气是种偶然事件，即他们不知道事物发生的原因时，运气就是原因。同样，他们还将许多结果归因于"神秘的性质"；他们所谓"神秘的性质"就是他们自己不清楚，因此也认为其他人也不清楚的性质。除此之外，他们也将自然事件归因于同情、反感、特性相反（希腊语为"Antiperistasis"）[1]和特殊品性以及其他类似的名词，这些并不表示产生它们的行为者，也不表示产生它们的作用。

如果像这样的形而上学和物理学还不算是"空洞的哲学"，那么就没有什么哲学可以被冠以"空洞的哲学"的名号了，圣保罗也就没必要警示我们对此予以躲避。

至于他们的道德哲学和世俗哲学，亦是同样的荒谬或有过之而无不及。如果有人做出了非正义的行为，即做出了违法行为，他们就会说神是法律的初始原因，也是该行为和所有其他行为的初始原因，但绝对不是非正义的原因，即行为与法律规定不符的原因。这就是空洞的哲学。据此，一个人也可以说某人画了一条既笔直又弯曲的线，而它的不调和性是另外一个人所造成的。这就是所有那些

---

〔1〕这是亚里士多德发明的一个词汇。人们很久以来就发现，经过加热的水比冷水更容易结冰，但是人们无法解释这一现象。亚里士多德创造出"Antiperistasis"一词，用来说明一种特性的增加是由于它被另一相反特性包围，即表示一种彼此对立相反的属性。因此，他认为这种现象是一种常见的现象，并不是一个谜团。

在不知其前提而得出其结论的人们的哲学，他们假称能够理解那些不可思议的事情，并将表示尊重品质的形容词解释为表示本性品质的形容词；这种区分只不过是用来支持自由意志的观点，即指人不服从神的旨意的意志。

亚里士多德和其他异教哲学家根据人的欲望来定义"善"和"恶"，因为人们在除了自己的欲望而不存在其他法则的情况下，不可能存在关于"善行"与"恶行"的普遍法则，所以这就足以说明他们是根据他们每个人自身的准则来支配众人的。但是，在一个国家中这一准则（按照个人自己的准则判断"善"和"恶"）则是错误的，准则应该是法律（即国家的意志和欲望）而不应是人的私欲。但是，人们依然信奉这种学说，按照自己的准则判断"善"和"恶"，根据自己的情感判断自己、他人和国家本身行为的"善"和"恶"。人们全然不顾及公法，而只根据一己之见将事物称为"善"或"恶"；只有修士和辅理修士才会因为誓言而必须绝对地听命于他们的上级，每一位臣民也都应认为自己根据自然法而必须绝对地服从世俗主权者。这种判断"善"的私人准则不仅是空洞的，而且对公众的国家是有害的。

将婚姻当作与贞洁或禁欲相冲突的事，并且将其视为道德败坏之事的观点也是一种空洞和谬误的哲学。他们以贞洁和禁欲为由禁止神职人员结婚就是这样一回事。因为他们承认，根据始终保持贞洁、节欲和纯洁的名义，要求一直侍奉祭坛和管理圣礼的神职人员始终远离女色不过是一种教会制度而已。因此，他们将与妻子的合法同房视为不贞和纵欲的行为。因此，他们将婚姻视为一种罪恶，至少也将其视为一种极其污秽以至于使人不再适合侍奉祭坛的事。如果因为与妻子同房属于纵欲和违反贞洁的要求而制订这条规定，那么所有的婚姻都是恶行。如果对献身于上帝的人而言这种事太过污秽不洁，那么就会有许多的人因为全都做过那些自然且必要的日常事务而使他们不配担任祭司一职，因为它们比起婚姻来更加污秽不洁。

但是禁止祭司结婚这一禁令的隐秘依据并非是一朝一夕建立起来的，其依据不是道德哲学的谬误，也不是宁愿独居而不愿结婚的意愿。宁愿独居而不愿结婚源自于圣保罗的智慧，他看到传播福音的人在基督徒遭受迫害的时代被迫从一个国家逃到另外一个国家，他们携妻负子，十分不便。实际上，它的根据是教皇以及后来的牧师企图使自己（即神职人员）成为神的国在今世唯一继承者的图谋。基于此，就必须要禁止他们结婚，因为我们的救主曾说，当他的国在上帝的子民中降临时,"人也不娶也不嫁,乃像天上的使者一样"[1],即成为性灵的人。既然他们已经自称是性灵的人,那么让自己拥有妻室就是一种矛盾的事,这是没有必要的。

根据亚里士多德的世俗哲学,他们将平民国家之外的所有国家(比如当时的雅典城邦)称为"暴君国家"。他们将所有的国王都称为"暴君(tyrants)",将征服他们的斯巴达人在当地的三十位贵族统治者称为"三十僭主"[2];并且将处于民主政治下百姓的状况称为"自由"。"tyrants"最初只是指君主。但是,当后来希腊的大部分地区都废除了这种政府形式之后,该称谓就开始不仅仅表示此前的意义,并且还包含了平民国家对它的仇恨,就如同罗马在废除了国王后,"国王"也变成了一种令人憎恨的称谓;因为所有人自然而然地会想到,要使用那些代表蔑视之情的任何形容词形容强敌的大罪过。而且,当这同一些人对掌控民主政府或贵族政府的人不满的时候,他们就不必去寻找不光彩的称呼来表达其愤怒,而是用现成的话将其中一个称为"无政府状态",将另一个称为"寡头政体"或"少数人的专制统治"。冒犯百姓的不是别的其他事情,就是那种不按照每个人自己所认为合适的方式,而是按照公众代表认为合适的方式去统治他们,不论这个代表是一个人或是一个会议,即被一个独裁政府统治;据此,他们给他们的上级冠以恶名。或许内战爆发后不久,他们才会意识到,缺少这种独裁政府,战争将永无停息之日,不是言词和承诺而是人和武器使法律具有效力和权威。

□ 童女玛利亚

童女玛利亚指的是耶稣的母亲玛利亚。按照《圣经》的描述,她未和任何男人同床就生育了耶稣,所以被称为童贞女。

---

[1]参见《马太福音》第22章第30节、《路加福音》第12章第25节。
[2]公元前404年,斯巴达国王吕西斯特拉图占领雅典并在当地建立了寡头政治的傀儡政府,称作三十僭主,该政权实行恐怖统治,杀害了大量雅典人。

因此，亚里士多德政治学中存在另外一处谬误，即在一个具有良好秩序的国家中，应当是法律而不是人处于统治地位。一个天生有知觉的人，即使不会写字或读书，他又怎不会发现自己是被自己所畏惧的人们所统治，并相信在自己不服从时他们可以处死或伤害自己？他又怎会相信没有人的手与剑，只是文字和纸片的法律条文就能伤害自己呢？这是众多谬论中的一个，因为这些谬论诱使人们在不喜欢他们的统治者时，将归附于那些将统治者称为"暴君"的人，并且认为向这些统治者发起战争是合法的。但是，却有神职人员时常在讲道坛上捍卫这些谬论。

他们的世俗社会哲学中还有另外一处谬误（这处谬误既不是他们从亚里士多德或西塞罗那里学来的，也不是从任何其他异教徒那里学来的）。尽管他们的言论和行为符合宗教的要求，通过对他们进行信仰审查和宗教审判，将仅适用于行为准则的法律效力延伸至适用于人们的思想和良知意识领域。由此一来，如果人们不是因为表达真实的思想而受惩罚，就会因为畏惧惩罚而被迫表达不真实的思想。当一个世俗君主聘用一位牧师负责传教事宜时，他确实会询问该牧师是否愿意传播某种教义；如果他拒绝，那么世俗君主就可以不让他担任该职务。但是，当一个人的行为并未受法律禁止时，强迫这人控诉自己的观点则违背了自然法；有一种人尤其如此，即他们教导一个人说如果在基督教教义的信仰方面秉持错误的见解去世，那么他就会被判遭受永久和极端的痛苦。试问一个人既然知道犯错会面临如此之大的危险，那么对自己天然的关切又怎会不迫使他依照自己的判断让灵魂冒一次险，而要根据对自己的惩罚漠不关心的另外一个人的判断去行事呢？

政治学中的另外一处谬误是一个平民不以国家权力为根据，即未经国家代表许可而按照他自己的精神解释法律；但这并非源自亚里士多德或任何其他异教哲学家。因为他们所有人都承认制定法律的权力也包含着在必要时对法律进行解释的权力。依照国家的权威而使《圣经》中成为法律的原文，因而成为市民法的一部分，难道不就是这种情形吗？

除了主权者之外，任何人限制他人享有国家未予限制的权力，就是犯了同一类错误。例如，法律未就传播福音进行限制，但将其交由特定的人掌管的做法就犯了这类错误。如果国家要求我去传道或宣教，即如果国家对我不予禁止，那么就没有人可以禁止我。如果我发现自己身处美洲的偶像崇拜者之中，尽管我没有得到相应的命令，但是作为一名基督徒，难道在没有接到罗马教廷的命令之前我传布"耶稣是基督"的教义就应被认定为是一种犯罪吗？或者说，当我已经布了道，难道我不能解答他们的疑问并向他们解释《圣经》，即难道我不能宣教吗？对此，有人也许会表示，正如为他们行圣餐礼一样，必要性被认为是一种充分的传道权，这种说法是对的。但是，另外一种说法也是对的，即不论对于何事而言，应在必要的地方设置豁免规定，如果法律未予禁止，那么就无需规定豁免。因此，否定世俗主权者未否定的职权，就是剥夺了一种合法的自由，这与世俗政治的原理是背道而驰的。

关于经院神学的神学家们带入宗教的空洞哲学，还有很多的例子；如果人们愿意，他们可以自己去观察。我只是想补充一点，即经院神学家的大部分著作都是堆砌了一堆毫无意义、诡异鄙俗的词句，或采用与当时通行的拉丁语文法不同的文法所创造出来的语句，西塞罗、瓦罗[1]和古罗马所有文法家都不会用这种语句。对于这一点，任何人如果想要看是否有证明，那么就让他去（像我在前文中所说的那样）尝试一下，看他能否将任何经院神学的著述翻译为英语、法语等现代语言，或是任何其他一种更为丰富的语言。因为如果不能通过大部分这些语言说出使人理解的这样一种东西，那么用拉丁语说出来的东西也是让人无法理解的。对于这种毫无意义的语词，虽然我不能说它是错误的哲学，但是它却具备一种特性，即不仅会掩盖真理，而且会使人自认为已经获得了真理而不会再继续追求真理。

最后，虚假或不确定的历史带来的谬误，例如圣人传记中有许多虚假神迹的传说，罗马教会的圣师们也引用幽灵和鬼魂的历史佐证其关于地狱、炼狱的教义和咒语的效力以及其他从理性和《圣经》中都找不到根据的观点，还有那些他们称之为未记载下来的神的道的那些传说。难道这些不都是老妪们说的神话故事吗？虽然它们散见于古代教父的著作中，但是古代教父也是人，会极易听信虚假的传言。对那些根据圣约翰的观点去查验灵的人而言[2]，他们拿来证明他们所信是真理的那些观点的作用，不过是让他们在关于罗马教会权力（要么是他们没有怀疑这种滥用的情况，要么就是因其而受益）的问题上根据他们过于武断地相信传言

---

[1] 瓦罗（公元前116—前27年），古罗马作家和学者。
[2] 参见《约翰一书》第4章第1节。

这一点而否定他们的证据而已。即便是那些最真诚的人，如果没有渊博的自然原理知识，那么他们也最容易武断地相信传言，教父就是这种人：因为从其本性而言，最善良的人是那些对欺诈意图最不加怀疑的人。教皇格里高利和圣伯纳提出了一些关于鬼魂幻影的说法，认为它们都位于炼狱之中；英国的比德[1]也提到过这种说法。但是，我相信这些只是从别人那里听来的传闻而已。如果他们或者任何其他人根据他们自己的知识来阐述任何这种传闻，那么他们也不能由此而更多地证实这些虚幻的传闻，而只会发现他们自己的弱点或欺诈行为。

除传入的虚伪哲学之外，我们可附带提出关于那些既无合法权力根据，也未经充分研究而成为具备资格的真理判断者的人对正确哲学思想进行压制的问题。我们自己的航海经历清楚地说明，现在所有了解人类科学知识的人都承认（地球）存在两极，并且我们也一天比一天更清楚地知道地球转动决定了年岁和日期（的更迭）。然而，只要人们在著作中提出了这种学说，并以此作为基础提出赞成或反对的理由，就会遭到宗教当局的惩罚。但是，这样做的理由是什么呢？难道是因为这些见解违背了真正的宗教吗？如果这些见解是对的，那么它们就不能违背真正的宗教。因此，我们首先需要让那些具备资格的审定者来查验真理，或者是让那些声称自己知道相反观点的人来驳斥。难道是因为它们违背了已经确立的宗教吗？如果是这样，那么就让教导这些说法的宣教者的君主通过法律压制而使其沉默，即通过世俗的法律使其沉默。因为即便是那些教导正确哲学的人，当其做出不服从的行为时，也可被合法地惩罚。难道是因为它们支持叛乱或骚乱而意欲使政府紊乱吗？如果是这样，那么就让那些负责公共治安的人即世俗权力当局通过权力惩罚这些意见领袖并让这些意见归于沉寂。因为不论教会当局（在任何服从于国家的地方）以自己的权利之名夺得了何种权力，尽管他们称其为上帝的权利，但是这都是一种篡夺行为。

---

[1]比德（约673—735年），英国著名的教会学者，著有《英吉利教会史》。

第四十七章　论这种黑暗所产生的利益及其归属

　　罗马人中一位姓卡西的铁面无私的法官在审判刑事案件方面创设了一种习惯法，西塞罗对此推崇备至。这种习惯法就是在证人的证据不足时询问原告"cui bono"这样一个问题，即被告通过此事所获得的或期望获得的好处、荣誉或其他方面的满足。因为根据所有的推定，能够最清楚说明行为者情形的，莫过于行为的利益。此处，我拟根据同一法则考查在我们这一部分的基督教世界之中，究竟是哪些人利用一些与人类和平社会相冲突的学说将民众迷惑了如此之久。

　　首先，关于现在俗世中激进的卫道教会就是"神的国"（即"荣耀的国"或"应许之地"，而不是"神恩的国"，后者只是对福地的应许）这种错误的观点，它与各种俗世利益存在关联。作为上帝的公务仆人，教会的牧师和圣师借由这一观点享有对教会的管理权利。因为教会和国家属同一人格，因此他们就成了教区长和国家的统治者。借此身份，教皇令所有基督徒国王的臣民们相信，对他旨意的违背就是对基督本身的违背；在他和所有其他的国王之间发生任何分歧时，臣民们（因为被"灵权"一词所迷惑）就得背弃他们的合法主权者，他实际上就成为统治整个基督教世界的普世君主。原因在于他们（教皇）最初虽然处于皈依基督教的罗马皇帝之下，并处于罗马帝国的统治范围之内（他们自己也承认这一点），以隶属于世俗国家的大祭司职分的名义被授予基督教义最高牧师的权利，但是在罗马帝国发生分裂和瓦解之后，就不难将另一种权力强加在已经服从他们的臣民头上，即圣彼得的权利。这样做不仅是意欲用来保全他们自称所享有的全部权力，而且要将这一权力扩展至那些皈依基督教的行省之中，虽然这些行省已不再联合在罗马帝国之下。鉴于人们的统治欲望，这种普世君主的利益即为一种充分的推断，它说明声称享有并长期占据这一王位的教皇们就是编造了"今世在地上的教会是神的国"这一教义并据此夺得该王位的人。因为在承认了这一点后，我们就必须认定基督在我们之中存在一个代治者，由代治者将基督的谕令传达给我们。

　　在许多教会否认教皇的这种普世君主权力后，人们就有理由推断，所有这些教会的世俗主权者都应从这一普世君主权力之中收回原先掌握在自己手中的那些权利（在此之前未经深思熟虑就送出去的）。英格兰就是这类情形，只不过国王用以管理教会当局的人主张自身职务源自于神权。由此看来，即便他们没有篡夺凌驾于世俗权力之上的至高地位，他们也是篡夺了能够与世俗权力相抗衡的独立地位。并且，他们看上去只不过是在承认国王拥有随意掳夺他们行使职权权利的情况下，才篡夺了这一地位。

在长老会掌管这一职分的地方，虽然禁止传播罗马教会的许多其他教义，但是仍然保留了"基督的国已经降临并从救主复活时开始"这一教义。但是，这"对他们有什么好处"呢？他们期望从其中得到什么好处呢？这就是教皇所期望的目的，即对民众享有主权的权力。人们在开除自己合法君主的教籍时，除了革除他在自己的王国中侍奉上帝的一切公务职位，并且在他通过暴力来恢复这一职分时采用暴力来抵抗他之外，还有什么方式呢？当人们未经世俗主权者批准就开除任何一个人的教籍时，除了剥夺他的合法自由（也就是篡夺了一种统治自己弟兄的非法权力）之外，又是什么呢？因此，正是罗马教会和长老会的教士制造了这种宗教黑暗。

就这一点而言，我还要指出所有那些在他们获得该宗教主权后，有助于他们保持这种灵权的观点。第一，认为教皇在行使他的公务职权时不可能犯错。因为凡是认为这一观点是正确的人，又有谁不会心甘情愿地服从他的全部命令呢？

第二，认为无论在哪一个国家，所有其他主教的权利既非直接地源自上帝，也不是间接地源自世俗主权者，而是源自教皇。因为这一观点，基督教国家中涌现了许多有权势的人（包括主教），尽管教皇是一个外邦的君主，但是他们也要依靠教皇并服从教皇。通过这种方式，教皇就能像此前曾经多次做过的那样，对不服从他的意愿且不按他的利益统治的国家发动内战。

第三，认为这些主教、所有其他牧师以及所有修士和辅理修士都享有市民法法权的管辖豁免。因为根据该方式，每一个国家就都会有一大部分人获得法律的益处，并且会受到世俗国家权力的保护；但是却可以不承担公共开支，并且可以不和其他臣民一样因为自己的罪行而受惩罚。由此，他们就不会害怕任何人，而只是畏惧教皇。并且这些人只会依附于教皇，支持教皇普世君主的地位。

第四，赋予他们的教士（即《新约》中的"长老"）"祭司"的称谓。在上帝做犹太人的王时，在犹太人中，这一职分是世俗主权者和上帝代治者的称谓。另外，他们也将主的晚餐当作一种祭献，使百姓相信教皇对所有基督徒都享有摩西和亚伦对犹太人享有的那种权力，即当时大祭司所享有的一切世俗和宗教权力。

第五，认为婚姻是一种圣礼。这样就使神职人员可以裁断婚姻是否合法，裁断儿童是否是通过合法婚姻而生的子嗣，因此也就能够裁断世袭王国的继承权。

第六，禁止祭司结婚以确保教皇对国王的统治权。因为如果国王是一个祭司，那么他就不能结婚并将王国传给他的子嗣；如果他不是一个祭司，那么教皇就会自称对他和他的百姓享有祭司的教权。

第七，秘密忏悔。由此，他们可以获得关于国王们和世俗国家中位高权重者阴谋的情报，这些情报比这些人获得的关于教会国家阴谋的情报要好得多，通过这种方法可确保他们的权力。

第八，通过封圣人和宣告殉道者以维护自己的权力。因为当教皇开除世俗主权者教籍并宣布其为异教徒或教会的敌人（根据他们的解释他们就是教皇的敌人）时，就可以诱使那些头脑简单的人誓死对抗世俗主权者发布的法律或命令。

第九，他们还通过赋予每一位祭司以化身基督、规定忏悔以及赦罪与留罪等权力来维护自己的权力。

第十，神职人员因炼狱、外功折罪和赦罪符等说法而大发横财。

第十一，通过利用魔鬼学和符咒以及与此相关的东西，他们使（或者自以为使）百姓更加畏惧他们的权力。

最后，大学（皆根据教皇的权力建立和进行管辖）中所讲授的亚里士多德的形而上学、伦理学和政治学以及那些毫无意义的区分、粗俗浅陋的术语和经院学者使用的诘屈聱牙的用词等，都能帮助他们让这些错误不为人们所察觉，并让人们错误地将空洞哲学的"鬼火"当作了"福音之光"。

如果上述这些还不充分，那么我还可以指出他们的其他一些黑暗学说来。这些观点显然是有助于建立非法权力，从而辖制基督教臣民的合法主权者；或是有助于维持这种建立起来的权力，还有可能有助于维持这种权力的人获得俗世的财富、荣誉和权柄。因此，根据此前所述关于"获得什么好处"的法则，我们就可以公正地指出，教皇、罗马教会神职人员以及其他竭力使人们对当今现存的教会是《新约》与《旧约》中所提到的上帝国那种错误言论深信不疑的人，就是一切性灵黑暗的始作俑者。

那些君主以及其他基督徒主权者让这些错误的观点和教士们对职权与自身类

似他们的人的侵犯在自己的政府之中悄然滋长，给他们所拥有的东西和他们的臣民带来了侵扰。虽然他们是因为对后果缺乏预见、未能识破传教士的阴谋而遭到了这种侵害，但是却可以认为他们是导致自己和臣民遭受损失的帮凶。因为如果未经他们的批准，煽惑乱众的观点一开始就不可能被公开传布。我是说他们原本在刚开始时就可以阻止这些学说传布。但是，当民众一旦被这些宗教人物迷住之后，谁也想不出补救方法来。对于上帝赐予的补救方法，我们就要等候他（上帝）的恩典；上帝都是及时地摧毁人们危害真理的一切阴谋诡计，很多时候会极度扩张敌人的野心并使之快速膨胀，由此所导致的暴乱打开了他们的前人小心谨慎地封住的双眼，并让他们因为掌控太多而将一切丧失殆尽；正如同彼得的渔网因为网住的鱼太多，鱼一阵挣扎而将渔网撕破的情形一样。但是，有些人缺乏耐心，在他们的臣民的眼睛还未睁开时就竭力抵抗这种侵犯，结果只是导致助长了他们所抵抗的势力。因此，我并不谴责腓特烈大帝[1]侍奉英格兰籍的教皇阿德里安的事[2]，因为当时他的臣民就有这样的意愿，他如果不这样做，那么就不可能继承帝国。我要谴责的是另外一些人，他们刚开始时拥有完整的权力，但是因为他们让自己管辖领域内的大学滋生出这种说法来，所以在以后的历任教皇插足一切基督教主权者的权力中，恣意践踏和欺凌他们以及他们的臣民的时候，他们就是充当了那些侍奉

□ 伊丽莎白一世

伊丽莎白·都铎（1533—1603年），都铎王朝最后一位君主，英格兰与爱尔兰的女王（1558—1603年在位）。1558年11月，伊丽莎白的同父异母姐姐玛丽一世去世，伊丽莎白继承王位。1559年1月，伊丽莎白正式加冕成为英格兰的女王。

---

[1]腓特烈一世（1122—1189年），德意志皇帝，历史上著名的政治家、军事家。1155年，教皇阿德里安四世册封腓特烈为神圣罗马帝国皇帝。在加冕之前，腓特烈俘获了在罗马作乱的布雷西亚的阿诺德，并将其引渡给教皇。

[2]此处应该是指阿德里安四世（1110—1159年），第168任教皇，也是截至目前唯一的英格兰籍教皇，1154—1159年在位。

教皇的人。

　　对于人们编造出来的东西而言，它是如何编造成的，它就会如何散开；其方法都是一样的，只是颠倒了次序而已。这（种网）始于一些关于权势的要素，例如智慧、谦卑、诚恳以及使徒的其他美德；皈依基督教的人们因为敬仰而不是义务而服从使徒。他们有自由的良知意识，他们的言词和行为不服从其他任何人，只服从世俗权力者。后来，随着教会教民的增加，长老们就聚在一起讨论应予宣教的内容，因此他们就是承担了义务，在不去宣教违反他们会议所规定内容的情况下，他们让人认为民众因之而有义务服从他们的教义；如果有人拒绝服从时，那么就拒绝与这种人往来（在当时，这被称为"开除教籍"）。这并不是将他们当作不信者而不与他们往来，而是将他们当作不服从者而拒绝与他们往来，这就是在他们的自由上所打下的第一个结。之后，随着长老数量日渐增多，主要的城市或行省的长老就取得了管辖地方长老的权力，并自封"主教"的称号，这是在基督徒的自由上所打下的第二个结。最后，因为罗马主教在罗马帝国首都，所以取得了管辖罗马帝国中所有主教的权力；这种权力部分是源自于皇帝本身的意旨、部分是源自于"最高教长"的称号；后来，当皇帝权力羸弱之时，则根据圣彼得的特权而取得这种权力；这是（在基督徒的自由上所打下的）第三个和最后一个结。这就是教皇权力的全部构成和结构。

　　因此，分析和解决问题（即上述提到的"网"）的办法就是要按照同一方式展开，但是要从最后打的那个结入手；我们所看到的在英格兰凌驾于政治之上的教会当局的解体就是这样的情形。首先，伊丽莎白女王解除了教皇的全部权力[1]；原先主教是根据教皇的权力行使职权，后来则是根据女王及其继承人的权力行使同一职权；只是因为他们保留"蒙神派任"这样的字眼，所以他们才被认为是根据直接的神权而获得他们的职权的，由此就解开了第一个结。随后，英格兰的长老推翻了教皇的权力，从而解开了第二个结。几乎同时，长老的权力也被掳夺了去，因此我们就又回到了原始基督教徒的那种独立状态，人人都可随自己的意愿

---

〔1〕1558年，伊丽莎白一世即位，随后第二年就重新颁布《至尊法案》，重申英国国王是教会的首脑，一切教职人员必须宣誓效忠女王而不是教皇，彻底解除了教皇对英格兰教会的权力。

跟随保罗、矶法或亚波罗，即选择一个自己最愿意跟随的人。在这种情形之下，如果不存在竞争，同时又不根据我们对教士的个人情感衡量基督（圣徒保罗曾斥责哥林多人就犯有这种过错[1]），那么这或许就是最佳的方式。首先，因为除了道本身之外，不应有辖治人们良知意识的任何权力；但是，当道使每一个人身上产生信仰时，并不会永远按照那些栽种和浇灌之人的目的而产生信仰，而是按照让它生长的上帝本身的目的而产生信仰。其次，有宣教的人指出，任何一个小的过错之中都蕴含着极大的风险，因此自己具有理性的人就要求自己服从另一个具有理性的人的意见或者是服从其他许多人的多数意见，这样做不符合理性，其情形就近乎等于将自己的得救交由掷骰子、看单双的方法来冒险。这些教士们在失去自古传承下来的权力时也不应感到不高兴。他们应该比谁都清楚，维持权力要依靠取得权力的同一类美德，即依靠智慧、谦卑、对教义的明晰了解、交谈的诚恳等等，而不是通过压制自然科学和自然理性所形成的道德等方式进行维持；也不能通过那些含混不清的话语或假称自己满腹经纶但苦于无法表达来进行维持；同时，也不能通过装神弄鬼的骗术进行维持；以及不能通过其他过错进行维持，例如当教会牧师的权力被压制下去之后就一定会让人在某一个时间"摔上一跤"的方式来维持，这对教会牧师来说不仅是过失，而且还是丑闻。

但是，自从"现在俗世中激进的卫道教会就是《新约》和《旧约》中所说的神的国"这一说法被世人接受之后，觊觎这方面职位的野心和争斗日益凸显，尤其是争夺基督代治者的崇高职位以及取得这种主要公职的人获取锦衣玉食的野心和争斗。这种野心和争斗使他们失去了牧师职分所收获的内心敬仰；因为在当时的世俗国家中享有任何权力的那些人中的最聪明者，只要经他们的君主准许，就可以拒绝向他们做出任何进一步的服从。因此，自从罗马主教因自称圣彼得的继承人而占据总主教之位以后，就可以将他们整个教士集团或黑暗王国恰当地类比为"妖魔的王国"；也就是可以恰当地类比为英国老妪们编造出来的，关于妖魔

---

[1] 保罗在《哥林多前书》第1章第10、11、12和13节中曾经说："弟兄们，我借我们主耶稣基督的名，劝你们都说一样的话。你们中间也不可分党，只要一心一意，彼此相合。……说你们中间有纷争。我的意思就是，你们各人说'我是属保罗的'，'我是属亚波罗的'，'我是属矶法的'，'我是属基督的'，基督是分开的吗？保罗为你们钉了十字架吗？你们是奉保罗的名受了洗吗？"

鬼怪和神鬼在夜晚作祟的神话。如果人们审视一下这个庞大的教权原来的情形，那么他会很容易认识到教皇这一职位不过是已经灭亡的罗马帝国的鬼魂佩戴着皇冠端坐在帝国的坟头上而已。因为教皇恰恰是像这样在异教权力的废墟之上突然之间兴起的。

他们在教会和公告的教谕中所使用的语言也是在世界上任何国家都不通用的拉丁语，如果这不是古罗马语言的鬼魂，那么它又是什么东西呢？

不管是哪一个国家的妖魔，它们都只有一个共同的国王，英国有些神话的作者将其称为"奥伯龙王"，而《圣经》中则将妖魔之王称为"别西卜"。对于教士也是一样，不管他们位于哪一个国家的管辖领域之内，他们都只承认教皇是普世国王。

教士是性灵之人和魔鬼的神父，而妖魔鬼怪是幽灵和鬼魂。妖魔鬼怪停驻在黑暗之地、荒芜偏僻之地和坟冢墓地之中。教士则是游走于阴暗的教义、修道院、教会和教堂的墓地之中。

教士拥有他们的主教座堂，不论其矗立在哪个市镇，都因圣水和某种被称为驱魔符的符咒而具备一种力量，能够让这些市镇成为城市，即帝国的都城。此外，妖魔也有它们被魔力附着的城堡，而某些巨型妖魔则统治着城堡的周边区域。

妖魔无法被抓来讯问它们所造成的伤害。教士也不会在世俗法庭上出庭受审。

教士们用形而上学、奇迹、传说和篡改了的《圣经》糅合而成的某种咒语令青年人不能运用理智；因此导致他们在任何事情上都无所用益，而只能按照教士命令他们去做的事而行动。据说妖魔也是将婴孩从摇篮中抱走，并把他们变成天生的白痴，他们因此被称为"淘气精灵"，并且他们往往异常顽皮。

至于妖魔究竟是在什么魔洞或地方施展妖法，老妪们没有给出确切的说法；但是，众所周知，教士的"魔洞"就是受教皇权力所管辖的大学。

当妖魔不喜欢任何人时，据说就会让它们的"淘气精灵"去对这些人施以颜色。当教士们不喜欢任何世俗国家时，也让他们的"淘气精灵"（即迷信和被迷惑的臣民）蛊惑人心、对他们的国王施以颜色，或是用承诺迷惑一个国王对另外一个国王施以颜色。

妖魔无嫁无娶，但有的淫魔会和血肉之躯的凡人交媾。教士也是无嫁无娶的。

教士通过敬畏他们的愚民的贡献和缴纳的什一税等搜刮财产。根据鬼故事的说法，妖魔也钻到牛奶场中去吃从牛奶中撇出来的奶油。

鬼故事并没有说妖魔王国中通用何种货币。但是，教士所接受的钱财同我们大家使用的是一样的，而支付给别人的却成了列圣式、赦罪权和弥撒。

对于教皇国与妖魔王国而言，除了这一种以及类似的地方之外，我还可以补充一点：妖魔除了因为听信老妪或古老神话作家的神鬼故事而存在于他们的心中之外，在其他地方都是不存在的。因此，在教皇本身的世俗主权所管辖的领域之外，教皇的教权只存在于受蒙骗的百姓在道听途说了假奇迹、传说以及错误的《圣经》解释后而对开除教籍所产生的畏惧之中。

因此，亨利八世和伊丽莎白女王用符咒将他们驱赶出去就不是什么难事了。但是，对于现在跑出来的罗马幽灵而言，虽然它在中国、日本和印度那些干旱的土地上鲜有气候形成，但是谁又能说它未来不会卷土重来，甚至是带回一群比它更邪恶的恶鬼回来，来到这被打扫得干干净净的屋子里并停留下来，使此处最后的境况比之从前更为糟糕呢？因为现在声称上帝的国在今世，并企图从中获得不同于世俗国家权力的另一种权力的人不仅仅只有罗马教会的教士。上述内容便是我关于政治学理论的讨论内容。

综述和结论

根据某些自然心理官能之间、一种激情同另一种激情之间的相互对立，以及参考对话中的内容，有人得出一项推论：任何人都不可能完全地履行所有世俗义务。他们认为，严谨的判断力使人求全责备，不会轻易原谅别人的错误与弱点；另外，想象力活跃会使人思想不羁，无法明辨是非。此外，所有的思考和辩论都必须具备扎实的推理能力；因为缺失它会导致人们做出武断的决定和非正义的判断。但是，如果没有引发共鸣、使人心悦诚服的雄辩口才，那么推理能力所发挥的作用将微乎其微。然而，这些都是相互对立的官能，前者源自真理的原理，后者则源自人们普遍接受的见解（无所谓对错）以及人们的激情和利益（两者均因人而异且变动不居）。

在各种激情中，勇敢（我是指不畏惧伤痛和暴死的"勇敢"）使人爱报私仇，有时还会使人蓄意破坏公共治安。胆怯往往使人逃避承担维护公共安全的义务。这些人认为，以上二者不能存在于同一人身上。

他们认为，鉴于人们的见解与行为之间存在普遍对立性，无法做到与所有那些在处理世俗事务时必须要交往的人维持世俗社会中的长期和睦关系，这种世俗事务除了永无休止地争夺名利和权势之外，基本上没有什么其他东西。

对此，我的回答是：诚然，这些是巨大的难题，但并非是不可能解决的问题。经过教导和训练，可以对它们进行调和，并且实际上有时候它们也确实得到了调和。一个人可以同时具备判断力与想象力，但会随着他想达到的目的要求而交替地出现在他身上。这就像以色列人在埃及的时候，他们有时固定从事制砖的工作，有时则到外面去从事捡草工作；有时，判断力是固定于（对事物的）某一种思考，而另一些时候则是任凭想象力天马行空。因此，推理的能力与口才也能像这样一样完美共存，尽管自然科学无法做到这一点，但是人文科学确实能够做到这一点。因为在那些让人们固执己见和粉饰错误的地方，就存在人们对真理的追逐青睐和奉为圭臬（只要存在可以奉为圭臬的真理）。同时，敬畏法律和不畏公敌之间也不存在任何的矛盾，不伤害他人和宽恕他人的侵害亦是如此。因此，人类的天性和世俗义务之间并不存在一些人想象的那种矛盾。我知道有这样的例子，有人将清晰的判断力、宏大的想象力、深邃的推理能力和优秀的辩才、作战的英勇和对法律的敬畏等能力完美地集于一身，这个人就是我最尊贵的朋友西德尼·戈多尔芬先生。他既不憎恨他人，也没有遭到他人的憎恨，但不幸的是，他在上次内战开始后的一次公开纠纷中被一个身份不明且不分对象乱杀无辜的凶手杀害。

关于在第十五章所提及的自然法，我还要增加一条：就天性而言，在战争时期，每个人都应当誓死捍卫在和平时期保护自己的权力机关。因为一个需要根据某项自然权利来保全身体的人，不能要求根据另外的一项自然权利来摧残通过自己的力量来保全自己的人；对他而言，这明显自相矛盾。尽管可以根据该章提到的某些自然法推导得出这一自然法，但是时代却要求我们教导人们并将这一自然法铭记于心。

此外，因为我从最近刊印的各类英文书籍中了解到，到现在为止，内战尚未让人们充分地认识到臣民在何时承担对征服者的义务，也未让人们认识到何谓征服，或征服如何使人承担服从征服者的法律的义务。因此，关于这一问题，为了使人们进一步得到满意的答案，我认为，当一个人可以自由选择服从征服者时，如果通过明确的言词或是其他充分的迹象表示承认自己成为征服者的臣民，那么此时就是他成为征服者的臣民的时刻。至于何时可被称为一个人有服从的自由，我已在前述第二十一章结尾处进行了说明。即是说，如果一个人对自己原先的主权者承担的义务仅仅只是一个普通的臣民承担的义务，那么对他而言，有服从的自由之时就是他的性命处在敌人掌控和保护范围之内之时，因为这时他已无法得到原主权者的保护，而是仅凭自己缴纳的军税[1]而受到敌人的保护。尽管这种军税不可避免，而且它使敌人受益，但是普天之下都认为这是合法的；那么，彻底臣服也只不过是对敌人的一种帮助而已，因此也不能将其视为非法。除此之外，如果我们考虑到一个臣服之人仅仅是利用自己的一部分财产去帮助敌人，但是抵抗之人却是用全部财产去帮助敌人，那么我们就没有理由将他的臣服或和解认作是一种对敌人的帮助，而只能将其说成是一种对敌人的损害。但是，如果一个人

---

[1] 军税即是某地在被军队占领时期，当地居民按照军队要求缴纳的捐税。

除了承担臣民的义务之外还承担了参军这种新的义务，在原先的权力机关仍旧在继续抗争并且在为其军队或守备队配发给养时，那么他就不享有臣服一个新的权力机关的自由；因为在这种情形下，他不能对没有得到保护和作为士兵未得到应谋得的生计而心生怨愤。但是，在这一些也不复存在时，士兵也可以向他认为的希望最大的当局请求得到保护，并且可以合法地臣服于他的新主人。并且，只要他愿意，他不论何时都可以合法地这样做。因此，如果他按此行事，毫无疑问，那么他就负有义务做一个真正的臣民；因为依法订立的契约不可能被合法地违背。

据此，我们也可以知道何时可以说一个人是被征服了、征服的性质以及征服者的权力为何物。因为这种臣服包含了所有这一切。征服并不是胜利，而是根据胜利取得的对一个人享有的一项权利。因此，被杀之人是被战胜了而不是被征服了。虽然被俘投入监狱或者被镣铐所拘禁的人是被战胜了，但却不是被征服了；因为他依旧是一个敌人，并且他在可能的情况下仍然可以自救。如果一个人在承诺服从后，经准许而保住了性命与自由，那么此时他就是因为被征服而成为一位臣民，在此以前则并非如此。罗马人经常提到，他们的将军"平定"（pacified）了某一行省，用英语来说就是"占领"（conquered）了某一行省。当某一地区的民众承诺听从命令时，即承诺根据罗马人的命令行动时，那么该地区就是被战争的胜利所"平定"，也就是被征服了。但是，这样的允诺既可以是明示的，也可以是默示的。明示的允诺就是通过承诺表达出来的，默示的允诺则是通过其他方式表达出来的。例如，或许可能是因为某一个人的力量微乎其微，如果这个人在没有他人让他做出这种明确表示的承诺时，他在他人的保护之下公开地生活，那么就可认定他臣服了该政府当局。但是，如果他是隐秘地生活在此处，那么他就可能受制国家针对间谍和国家公敌采取的所有措施。我并非指是他做了非正义之事（因为不能将公开的敌对行为冠以这种名称），我只是说可以正当地将其处死。同理，如果一个人身在外邦时，他的祖国被外邦征服了，那么他则是未被征服的，他也不是（征服者）臣民。但是，如果他回国之后臣服于该政府，那么他就必须要服从该政府。因此，从定义上而言，征服是基于胜利所取得的主权权利。该权利是源自于百姓的臣服，他们经由这种臣服同战胜者立约，通过承诺服从来保住性命与自由。

我在第二十九章中曾指出，缺少绝对和独断的立法权力而导致建国之基不完整是导致国家解体的一种原因。因为缺乏这种权力，世俗主权者就不能一直掌控司法权之剑，就如同它太过烫手而无法抓住一样。之所以出现该种情形，是因为存在一个理由（在第二十九章中我并未提及），即他们所有人都会为自己最初获取权利的战争辩护，他们认为其权利源于战争，而不是源于占有权。比如说，这就如同说所有英格兰国王的权利确实是源自征服者威廉的伟大功绩，并且源自其后裔及其嫡系的王储；由此，在今天的世界可能就根本不会存在臣民对主权者的臣服关系。尽管他们认为这一说法是在自我辩护，其实没必要这样认为，因为这种观点恰恰是为野心勃勃之人成功挑起的叛乱而辩护，他们和他们的后裔在任何时候都会挑起这种叛乱。因此，我认为对于任何国家的灭亡而言，最能发挥作用的因素即在于征服者不仅要求民众未来在行为上臣服他们，并且要求人们认同他们此前的全部所作所为。实际上，世界上没有任何国家兴业之初在良心层面是白璧无瑕的。

"专制"这一名词的含义恰恰就等于"主权"这一名词的含义，不管主权是掌握在一人之手抑或是多人之手，并没有什么不同，只不过人们在使用前者时认为这表达了他们对他们所说的暴君心怀憎恨。既然是这样，我认为容忍人们对专制政体公开表达憎恨就是容许人们普遍地对国家心怀憎恨。这就是另外一项有害因素，与上述提到的情形并无太多差别。在绝大多数情形下，如果要为征服者创立的事业辩护，就必须要指责被征服者创立的事业。但是，对被征服者的义务而言二者都是不必要的。上述即是我认为对本书第一编和第二编所表达的综述内容。

我曾在本书第三十五章中根据《圣经》充分地证明，在犹太国中，上帝本人通过同百姓立约而成为主权者。因此，这些百姓被称为"特选的子民"，以此区别于世上的其他民族；就统治其他民族而言，上帝所根据的不是他们的同意而是根据他自己的权力。并且，我也证明了在这个国中，摩西是上帝在地上的代治者；正是摩西传达给他们上帝指定用来治理他们的律法。但是，我省略了说明什么人被派去执行刑罚（特别是执行死刑），当时我并不像后来这样认为必须对此事进行讨论。一般而言，我们知道各国要么是由主权当局的警卫或其他的士兵执行体刑，要么就是由那些集无处谋生、不惜颜面、蛇蝎心肠等特点于一身并来谋这一差事的人执行体刑。但是，对以色列人而言，他们的主权者上帝却有一条实在法规定，即百姓要用石头将被判处死刑的人砸死，证人要首先砸第一块石头，随后其他人再砸石头。这就是写明谁是法律执行者的一条法律。在会众作为审判者的地方，未进行定罪判刑前，任何人不得随便向他（罪犯）砸石头。在他们执行刑罚前，还需要听取证人证言，除非是在会众面前犯下的罪行，或是有合法的法官见证，在该情形下，除了法官之外不需要其他的证人，否则就需要听取证人证言。但是，因为人们并没有彻底弄清楚该诉讼的起诉方式，所以就出现了一种危险的观点，认为任何人在某种情形下可根据对权利的热爱而杀死另外的人，就如同是古时神的国惩罚犯罪者不是源自于主权者的命令，而是源自个人对权利的热爱。如果我们查考一下那些似乎表面上支持该观点的原文，那么我们就会发现情况恰恰相反。

《圣经》中有原文提到利未人根据摩西传达的上帝亲自发出的神谕，攻击了那些铸造并敬拜金牛犊的百姓，杀了他们三千人，《出埃及记》第37章第27节明确写明了这件事。《利未记》第25章第11和12节中说，当一位以色列妇人的儿子亵渎了圣名，听到的人并没有杀他，而是把他送到摩西那里，由摩西把他收在监狱里，等上帝判定。此外，《民数记》第25章第6和7节中说，非尼哈杀死了心利和哥斯比，但是其根据并不是个人对权利的热爱而杀死他们。当时，他们是在会众前犯下的罪，不需要证人，法律也是众人皆知的，而他又是主权者的王储；并且主要的一点在于他行为的合法性完全取决于摩西事后的批准，这一点毋庸置疑。有时这种事后批准的假定对一个国家的安定而言是必要的。例如，当突然爆发叛乱时，如果爆发叛乱所在地区的个人能利用自己的力量进行镇压，那么在不存在明文规定的法律或命令的情况下，亦可以进行合法镇压，只要当时或事后得到承认或免罪即可。此外，《圣经》中明确地说："无论谁故杀人，要凭几个见证人的口把那故杀人的杀了。"[1]但是，见证人就是假定存在正式审判，因此就否定了对权利的热爱这一理由。根据摩西律法中有关引诱他人拜偶像的规定（即引诱他人在神的国中背弃上帝），禁止遮庇这种人，并规定由告发人砸第一块石头，将他治死，但是却不能在未经判罪前将其治死。对于拜偶像的审判程序有明确的规定：上帝作为审判官对百姓发出谕令，当有人被控告犯有拜偶像罪时，就要细细地探听真情；果然是真，则用石头将他打死。但是，这仍然要由证人投第一块石头。[2]这不是个人的热情，而是公众进行的罪刑审判。在同样的情形之下，一个

---

〔1〕参见《民数记》第35章第30节。
〔2〕参见《申命记》第17章第4、5和第6节。

父亲若有顽梗悖逆的儿子，律法规定他要将他的儿子带到本城的审判官（长老）那里，然后由本城的众人用石头将他打死。[1]最后，圣司提反也是根据这些律法而不是个人的热情被人用石头打死。因为在他被带去行刑之前，他曾向大祭司提出申诉。[2]以上各处原文以及《圣经》中任何其他原文都没有任何容许根据个人热情去执行刑罚的地方；个人热情往往只是愚妄无知并加上感情冲动的产物，与国家正义与和平都是背道而驰的。

我在第三十六章中曾指出，《圣经》中并没有说明上帝通过何种超自然的方式和摩西对话。这并不是指上帝不像对其他先知那样，往往通过梦、异象和异常的声音和他说话。《圣经》中明确说明了上帝从施恩座上对他说话的方式，即"摩西进会幕要与耶和华说话的时候，听见法柜的施恩座以上、二基路伯中间，有与他说话的声音，就是耶和华与他说话"。[3]但是，对于上帝对摩西说话的方式跟他对撒母耳、亚伯拉罕等先知说话的方式（也是通过声音对他们说话，即通过异象对他们说话）相比究竟有何特异之处，《圣经》中却没有说明，而只不过是说它们的差异在于异象的清晰程度这一点。因为对于"面对面"和"口对口"等说法而言，不能通过字面意义来理解神性的无限性和不可思议性。

至于本书中的整个学说，我尚未做到洞若观火的程度；但是，其中所包含的原理是正确且恰当的，推理也是可靠的。因为我将主权者的世俗权力以及臣民的义务与自由，都构建在众所周知的人类自然倾向与各项自然法的基础之上，凡是那些自认为具备充分的理智足以管理私人家庭事务的人都不会对此茫然无知。并且，对于主权者的教权，我则是以本身明确而又与全部《圣经》的目的相符的原文为基础构建的。因此，我认为，仅为求知的目的来阅读这本书的人会从书中获得这样的知识。然而，对于那些笃言著述、公开讨论以及显见的行为中的相反观点的人而言，他们就不容易像这样获得满足。因为在这种情况下，人们在读这本书的时候，就会自然而然地将注意力又转移到其他地方去，搜寻那些与所读到的内容相反的观点。而在一个人们利益变动不居的时代，（因为许多有利于建立新

---

[1] 参见《申命记》第21章第18节。霍布斯原文中说引自《申命记》第21章第18节，实际上在英王詹姆斯钦定版《圣经》中是在《申命记》第21章第18、19、20和第21节。

[2] 参见《使徒行传》第7章。

[3] 参见《民数记》第7章第89节。

政府的观点，必然与有助于解散旧政府的观点相抵触），这种反对的观点必定会俯拾皆是。

在对基督教体系国家进行讨论的那部分内容之中，本书提出了一些新观点，在已完全认可了相反观点的国家中，一位臣民未经允许而宣称这样的观点则可能构成窃取圣师职位的罪过。但是，在当前人们不仅呼唤和平，而且呼唤真理的时代，我提出了自己认为正确且明显有利于促进和平与忠诚的学说，供那些尚在踟蹰之中的人作为参考，这不是别的东西，恰是新酒装新瓶，二者均可一并得以共存。并且，我认为当新的观点在一个国家中不会导致灾难和混乱的时候，一般而言，人们不会如此冥顽不化以至于宁肯固守旧俗窠臼的错误，也不愿意接受那些已经确证无疑的新真理。

我最信不过的是我的表达，但是我自信我的表达之中并没有模糊不清的地方（印刷错误除外）。我也没有追随新近兴起的潮流，没有通过引用古代诗人、演说家和哲学家所说的话来润色我的表述；不论这种做法好或坏，我决定这样做是基于多项理由的。理由之一，学说中的所有真理不以理性为依据，而以《圣经》为依据。很多人因为这两个方面而赢得了赞誉，但是它们本身却从未从任何著作家那里赢得赞誉。理由之二，我所讨论的问题并非事实问题，而是公理问题，因此与见证人并无干系。理由之三，古代的著作家中很少有不经常展示出自相矛盾并且与人产生冲突的，这样就导致其证据变得不充分。理由之四，仅因尊奉古人而引述他们的观点，从本质上来说，这并不是引用的人做出的判断，而只不过是像打呵欠一样，是根据人们口口相传而流传下来的看法。理由之五，人们将他人的智慧之语当作丁香放入自己腐朽的学说之中，这样做往往有着不可告人的目的。理由之六，我发现那些被今人所援引的古人，他们并没有像今人那样援引他们之前著作家的观点来粉饰自己。理由之七，人们往往将那些囫囵吞枣"吞下"的拉丁语与希腊语文句又原封不动地吐出来，这是说明他们"消化不良"的一个证据。最后一项理由，我虽然推崇那些清晰地陈述真理或让我们能更好地去找寻真理的古人；但是，我认为所处时代久远这一点并不存在什么值得推崇的地方。因为我们如果推崇年代久远的话，那么现在所处的时代就是最古老的时代。一般而言，对于所谓著作家称为"古人"的问题，被赋予这个光荣称号的人在他们写作的时候，我不能肯定他们这些人是否比正在写作的本人更有资格被称为"古人"。然而，但凡我们认真思考一下，就会发现对那些古代著作家的称颂并不是尊敬先辈，而是源自与在世者的竞争和相互之间的忌妒。

　　总而言之，就我所能察觉到的而言，在整部书和此前我就该问题所撰写的拉丁语著作中，不存在任何有违上帝的道或有失礼数的内容，或者是蛊惑人心而扰乱公共生活的安定的内容。因此，我认为将本书刊印公布于世是有好处的；并且如果大学中有人认同我的观点并在大学中进行讲授，那么将会更有裨益。因为大学是世俗与道德学说的起源所在，传道士和贵族士绅都从大学中汲取自己能够找得到的"水源"（即学说观点），并在讲坛之上和谈话之中将其传播给百姓；因此，我们就应当特别谨慎保持"洁净"，避免被异教政治家的毒物以及装神弄鬼的符咒玷污。经由这种方式让大多数的人们清楚他们的责任之后，就不至于被少数别有用心之人将其作为使野心膨胀的工具而危害国家。同时，也可以让他们对（向他们征收的）那些用于维护和平和进行防务所需的税收少些心疼。统治者自身也就没有理由要耗费钱财去维持超出足以保卫公众自由、使其不受外敌侵犯和侵略的、过于臃肿的军队。

　　因此，因当前时局动荡而促使我对世俗政府和教权当局进行的讨论就此终了。讨论无所偏倚且未应用于实务，除了向人们阐明保护与服从的相互关系之外并没有其他目的，人类的天性和神律（包括自然法和实在法的神律）要求我们不容侵犯地遵从这种关系。在爆发革命的国家中（那些推翻旧政府的人的存在使人们怨声载道，而那些建立新政府的人却总是被赶下台去），这种性质的新学说不逢其时，无法问世。但是，我却认为当前公众学说的判定者或任何希望维持治安的人都不会谴责这种新学说。正是倚靠着这一希冀，我又将回到那已经中断讨论的"自然躯体"的假说中去。如果上帝能够赐予我健康来完成关于该假说的讨论，那么我希望从其中所得出的新颖结论愉悦人的程度能不亚于这本书中关于"人造躯体"的学说通常冒犯人的程度。因为这一真理既不损害任何人的利益，也未有悖任何人的愉悦，所以人人都会欢迎它。

文化伟人代表作图释书系全系列

第一辑
《自然史》〔法〕乔治·布封 / 著
《草原帝国》〔法〕勒内·格鲁塞 / 著
《几何原本》〔古希腊〕欧几里得 / 著
《物种起源》〔英〕查尔斯·达尔文 / 著
《相对论》〔美〕阿尔伯特·爱因斯坦 / 著
《资本论》〔德〕卡尔·马克思 / 著

第二辑
《源氏物语》〔日〕紫式部 / 著
《国富论》〔英〕亚当·斯密 / 著
《自然哲学的数学原理》〔英〕艾萨克·牛顿 / 著
《九章算术》〔汉〕张 苍 等 / 辑撰
《美学》〔德〕弗里德里希·黑格尔 / 著
《西方哲学史》〔英〕伯特兰·罗素 / 著

第三辑
《金枝》〔英〕J. G. 弗雷泽 / 著
《名人传》〔法〕罗曼·罗兰 / 著
《天演论》〔英〕托马斯·赫胥黎 / 著
《艺术哲学》〔法〕丹 纳 / 著
《性心理学》〔英〕哈夫洛克·霭理士 / 著
《战争论》〔德〕卡尔·冯·克劳塞维茨 / 著

第四辑
《天体运行论》〔波兰〕尼古拉·哥白尼 / 著
《远大前程》〔英〕查尔斯·狄更斯 / 著
《形而上学》〔古希腊〕亚里士多德 / 著
《工具论》〔古希腊〕亚里士多德 / 著
《柏拉图对话录》〔古希腊〕柏拉图 / 著
《算术研究》〔德〕卡尔·弗里德里希·高斯 / 著

第五辑
《菊与刀》〔美〕鲁思·本尼迪克特 / 著
《沙乡年鉴》〔美〕奥尔多·利奥波德 / 著
《东方的文明》〔法〕勒内·格鲁塞 / 著
《悲剧的诞生》〔德〕弗里德里希·尼采 / 著
《政府论》〔英〕约翰·洛克 / 著
《货币论》〔英〕凯恩斯 / 著

第六辑
《数书九章》〔宋〕秦九韶 / 著
《利维坦》〔英〕霍布斯 / 著
《动物志》〔古希腊〕亚里士多德 / 著
《柳如是别传》 陈寅恪 / 著
《基因论》〔美〕托马斯·亨特·摩尔根 / 著
《笛卡尔几何》〔法〕勒内·笛卡尔 / 著

第七辑
《蜜蜂的寓言》〔荷〕伯纳德·曼德维尔 / 著
《宇宙体系》〔英〕艾萨克·牛顿 / 著
《周髀算经》〔汉〕佚 名 / 著 赵 爽 / 注
《化学基础论》〔法〕安托万–洛朗·拉瓦锡 / 著
《控制论》〔美〕诺伯特·维纳 / 著
《月亮与六便士》〔英〕威廉·毛姆 / 著

第八辑
《人的行为》〔奥〕路德维希·冯·米塞斯 / 著
《福利经济学》〔英〕阿瑟·赛西尔·庇古 / 著
《纯数学教程》〔英〕戈弗雷·哈罗德·哈代 / 著
《量子力学》〔美〕恩利克·费米 / 著
《量子力学的数学基础》〔美〕约翰·冯·诺依曼 / 著
《精确科学的常识》〔英〕威廉·金顿·克利福德 / 著

中国古代物质文化丛书

《长物志》
〔明〕文震亨/撰

《园冶》
〔明〕计 成/撰

《香典》
〔明〕周嘉胄/撰
〔宋〕洪 刍　陈 敬/撰

《雪宧绣谱》
〔清〕沈 寿/口述
〔清〕张 謇/整理

《营造法式》
〔宋〕李 诫/撰

《海错图》
〔清〕聂 璜/著

《天工开物》
〔明〕宋应星/著

《髹饰录》
〔明〕黄 成/著　扬 明/注

《工程做法则例》
〔清〕工 部/颁布

《清式营造则例》
梁思成/著

《中国建筑史》
梁思成/著

《文房》
〔宋〕苏易简　〔清〕唐秉钧/撰

《斫琴法》
〔北宋〕石汝砺　崔遵度　〔明〕蒋克谦/撰

《山家清供》
〔宋〕林 洪/著

《鲁班经》
〔明〕午 荣/编

"锦瑟"书系

《浮生六记》
〔清〕沈 复/著　刘太亨/译注

《老残游记》
〔清〕刘 鹗/著　李海洲/注

《影梅庵忆语》
〔清〕冒 襄/著　龚静染/译注

《生命是什么？》
〔奥〕薛定谔/著　何 滟/译

《对称》
〔德〕赫尔曼·外尔/著　曾 怡/译

《智慧树》
〔瑞士〕荣 格/著　乌 蒙/译

《蒙田随笔》
〔法〕蒙 田/著　霍文智/译

《叔本华随笔》
〔德〕叔本华/著　衣巫虞/译

《尼采随笔》
〔德〕尼 采/著　梵 君/译

《乌合之众》
〔法〕古斯塔夫·勒庞/著　范 雅/译

《自卑与超越》
〔奥〕阿尔弗雷德·阿德勒/著　刘思慧/译